Eva-Maria Roelevink

Geschichtspolitik als Unternehmenskommunikation

Eva-Maria Roelevink

Geschichtspolitik als Unternehmenskommunikation

Krupp im 20. Jahrhundert

DE GRUYTER
OLDENBOURG

Zwischen 2020 und 2023 von der Daimler und Benz-Stiftung gefördert, handelt es sich um die gekürzte und überarbeitete Fassung meiner Habilitationsschrift, die im Sommer 2022 vom Fachbereich Geschichts- und Kulturwissenschaften der Johannes Gutenberg-Universität Mainz angenommen wurde.

ISBN 978-3-11-120558-8
e-ISBN (PDF) 978-3-11-120719-3
e-ISBN (EPUB) 978-3-11-120773-5
DOI https://doi.org/10.1515/9783111207193

Library of Congress Control Number: 2023933214

Bibliografische Information der Deutschen Nationalbibliothek
Die Deutsche Nationalbibliothek verzeichnet diese Publikation in der Deutschen Nationalbibliografie; detaillierte bibliografische Daten sind im Internet über http://dnb.dnb.de abrufbar.

Einbandabbildung: Alfried Krupp von Bohlen und Halbach, 1960; Historisches Archiv Krupp, Essen
Druck und Bindung: CPI books GmbH, Leck

www.degruyter.com

Statt Dank und Widmung

Für die Familie / zwei, zwei
Für die Menschen, die mich brauchen / drei, drei
Für diese Liebe zur Musik / vier, vier
Und all die Menschen, die dran glauben / eins, eins
Für meine Vorfahren und Nachfahren / zwei, zwei
Für alle, die Support gaben und da waren / drei, drei
Für alle Freunde und Verwandten / vier, vier
Für alle neuen Träume, die entstanden

Megaloh, Regenmacher, 2016

Inhalt

1 Einleitung

> Wirtschaftsunternehmen lassen sich nur ungern von der Öffentlichkeit an die Kette legen. Umgekehrt sollten sie auch nicht erwarten, dass die Öffentlichkeit sich von ihnen am Gängelband führen lässt.[1]
>
> Edward Bernays, 1928

Nichts mit „Krupp" zu assoziieren, war im 20. Jahrhundert unmöglich. Als Be- und Kennzeichnung für das Unternehmen und/oder die Familie war „Krupp" Legende, Faszinosum und Reizwort zugleich. Praktisch jeder, der im 20. Jahrhundert zu urteilen pflegte über die deutsche Wirtschaft, aber auch die deutsche Politik und die deutsche Gesellschaft, hatte auch eine Meinung zu „Krupp". Fortwährend wurde „Krupp" im öffentlichen Raum zum Thema gemacht, stetig brachten Journalisten ihre Berichte und Wissenschaftler und Politiker ihre Ansichten vor. Das war nicht nur, aber auch das Ergebnis einer von „Krupp" betriebenen Selbsthistorisierung und Geschichtsvermarktung. Anlass der Berichterstattung waren zuvorderst repräsentative Polittreffen, die Besuche von Königen und Kaisern und hochrangigen Staatsoberhäuptern sowie Politikern auf dem Hügel in Essen.[2] In wirtschaftlicher Hinsicht blieb die Berichterstattung aber unzureichend. Denn an der Veröffentlichung von Berichten zum Status quo des Unternehmens oder gar der Darstellung etwaiger Zukunftsstrategien hatte „Krupp" keinerlei Interesse. Auch war die Berichterstattung über die repräsentativen Polittreffen nur möglich, weil „Krupp" es erlaubte, dass die Pressevertreter informierten und die Journalisten dazu auf den Hügel in Essen oder, was deutlich seltener vorkam, auf den Schießplatz in Meppen einluden. Das aber, was Wirtschafts- und Unternehmenshistoriker die „ökonomische Logik"[3] eines Unternehmens zu nennen pflegen, blieb der zeitgenössischen Öffentlichkeit unbekannt.[4]

---

1 Zit. *Bernays*, S. 64.

2 Vgl. ausf. *Derix*. Eine retrospektive Aufzählung bei *B. Lohmann*, Art. Krupp und die Großen der Welt, in: NRZ, 19.11.2001.

3 Analytisch zielt die „ökonomische Logik" eines Unternehmens auf die Veränderung des Unternehmens als Wirtschaftssubjekt im Wirtschaftssystem ab. Die wesentlichen Fragen hier sind: Wie entwickelt sich das Unternehmen und seine Liquidität, woher kommt das Kapital, wie wird es eingesetzt, womit werden Gewinne erwirtschaftet, wie wird diversifiziert und der Eintritt in Märkte gewagt, wie wird das Unternehmen geführt und organisiert (Governance) usw.? Dazu *Pierenkemper*, Sechs Thesen, S. 158–166; für eine methodische Einführung s. *Berghoff*, Unternehmensgeschichte.

4 Einen Überblick zur ökonomischen Logik des Unternehmens im 20. Jahrhundert liefert insbes. der von *L. Gall* 2002 hg. Band „Krupp im 20. Jahrhundert", mit den Beiträgen von *K. Tenfelde*, *T. Pierenkemper*, *W. Abelshauser* u. *L. Gall*.

 https://doi.org/10.1515/9783111207193-001

Ausgesprochen detailreich wurde dagegen über die Krupp-Geschichte berichtet. Es war typisch für Berichterstattung, dass die Darstellungen der Repräsentationsaktivitäten von „Krupp“ in eine weit zurückreichende historische Fortschrittserzählung eingefügt wurden. Auf diese Weise wirkte die Berichterstattung zwar umfassend, aktuell war sie aber gerade nicht. Das wurzelte in den frei verfügbaren Informationen. Die Grundlage für die Darlegungen der Journalisten bildete ein ausgreifendes Schrifttum über die Entwicklung von „Krupp“. Die Wirkung war so paradox wie eingängig. Die Berichte in der Presse thematisierten aktuelle Repräsentationsmaßnahmen, waren eingefasst in ein historisches Fortschrittsnarrativ und ließen dabei die ökonomische Logik des Unternehmens schlechterdings aus. Im 20. Jahrhundert wusste die Gesellschaft über *die Geschichte* von „Krupp“ immer mehr als über dessen Gegenwart.

Bis in die zweite Hälfte der 1960er Jahre gelang es „Krupp“, die gegenwartsaktuelle Berichterstattung zu konterkarieren. Obwohl das Unternehmen zwischen 1903 und 1943 als Aktiengesellschaft firmierte, blieben Dividenden, Rückstellungen und Investitionsvolumina geheim.[5] „Krupp“ veröffentlichte keine Bilanzen oder Geschäftsberichte, machte keine Angaben über die Entnahmen des Eigentümers, erteilte keine Auskünfte über die Entwicklung der Liquidität, informierte auch nicht über die Erfolgsrechnung im Krupp-spezifischen Mix aus Rüstungsproduktion und ziviler Fertigung, gab keine Detailauskunft über in Aussicht genommene neue Werksanlagen, größere Aufträge oder gab bereitwillig Auskunft über die bearbeiteten Märkte im In- und Ausland. Die zugeknöpfte Haltung des Unternehmens bezog sich zudem nicht nur auf eine allgemeine und breite Öffentlichkeit, sondern galt auch für die Expertenöffentlichkeit. Sogar Hermann Josef Abs,[6] immerhin einer der wohl am besten vernetzten Bankiers der frühen Bundesrepublik, verfügte kaum über belastbare Informationen. Auf seine Anfrage teilte Krupp-Finanzdirektor

5 Wenn Krupp bekannt gab, etwa 1917, 10 % Dividende auszuschütten, und K. Tenfelde konstatiert, andere Unternehmen hätten die doppelte oder gar dreifache Ausschüttung realisiert, dann impliziert das eine Vergleichbarkeit, die de facto nicht möglich war. Ob Krupp 5, 10 oder 30 % Dividende „öffentlich bekannt gab“ war nachrangig, denn die Erfolgsrechnung wurde nicht geteilt oder transparent gemacht. „Bekanntgaben“ waren in erster Linie „politische Dividenden“ und so war auch ihre Meldung eine politische Tat. Das galt auch für die Schaffung von C- und D-Aktien, sog. Mitarbeiteraktien, während der Zwischenkriegszeit, über die ohnehin nicht ein Aufsichtsrat, sondern ein kleiner „Ausschuss“ entschied. *Tenfelde*, Krieg und Krisen, S. 54 f. u. 122–126; *Pierenkemper*, Von Krise zu Krise, S. 212.

6 Hermann Josef Abs zeigte v. a. seit Mitte der 1950er Jahre und als zentrale Figur bei der Deutschen Bank ein starkes Interesse an Krupp, nicht zuletzt, weil die Deutsche Bank große Projekte von Krupp begleitete. Abs befeuerte die öffentlich gemachte Liquiditätskrise von Krupp in der zweiten Hälfte der 1960er Jahre maßgeblich und drang auf einen Umbau des Unternehmens; 1967 stand er schließlich selbst an der Spitze des Krupp aufgezwungenen Verwaltungsrats. S. *Gall*, Abs.

Johannes Schröder[7] lapidar mit: „Die Firma Krupp als Einzelfirma veröffentlicht bekanntlich keine Bilanzen und versendet auch keine Geschäftsberichte“. Abs erhielt von Schröders Büro dann zwar ein Informationsbündel mit einem Begleitschreiben, in dem Schröder seine Erwartung zum Ausdruck brachte, dass die dort aufgeführten Informationen wohl auf Abs Interesse stoßen würden.[8] Das taten sie aber nicht. Denn die Zusammenstellung, die Schröders Büro geschickt hatte, legte die lange Geschichte von Krupp als Familienunternehmen dar, aber Gewinne, Liquiditätsziffern oder aussagekräftige Angaben zu Produktion und Verkauf fehlten. Insofern die Deutsche Bank zu der Zeit die wesentliche, d. h. auch kreditgebende, Bank für Krupp war, konnte Abs damit kaum zufrieden sein. Abs aber war, genauso wie andere Interessierte aus Wirtschaft, Politik und Gesellschaft, gezwungen, Pressematerial und veröffentlichte Krupp-Geschichten zu konsultieren, um sich ein Bild zu verschaffen von „Krupp“. Erst Ende der 1960er Jahre, mit der neu gegründeten Stiftung als Eigentümerin des Unternehmens, akzeptierte „Krupp“ die Publizitätspflicht und gab bekannt, sich nunmehr „nach aktienrechtlichen Vorschriften“ richten zu wollen. Und erst ab diesem Moment war es für die Presse (und auch Bankiers) möglich, die Entwicklung des Unternehmens zur Kenntnis zu nehmen und tagesaktuell zu bewerten.[9]

Dass Krupp die ökonomische Logik derart lange vor der Öffentlichkeit verbergen konnte, bedeutet nicht, dass Forderungen nach einem Mehr an Transparenz nicht erhoben oder artikuliert wurden. Tatsächlich wurde bereits vor der Gründung des Kaiserreichs erheblicher Publizitätsdruck auf Krupp ausgeübt. Seit der Mitte des 19. Jahrhunderts stand das Unternehmen regelmäßig im Zentrum des öffentlichen Interesses, zunächst wegen seines Tiegelstahlgusses, dann in zunehmender Weise wegen seiner Rüstungsproduktion. Rüstungsmärkte galten schon zu der Zeit als Spezialmärkte.[10] Auftraggeber und Abnehmer waren in aller Regel Staaten. Entsprechend waren Rüstungsmärkte strukturell weder von Freiheit noch von vollständiger Konkurrenz geprägt. Im deutschen Fall war die Rüstungsfinanzierung seit der Gründung des Kaiserreichs eine zumindest teilöffentliche Angelegenheit, schließlich waren insbesondere die Flottenvorlagen an das Placet des Reichstags gebunden. Es kann daher kaum verwundern, dass schon im Kaiserreich lautstark

7 Johannes Schröder war zwischen 1954 und 1962 Finanzdirektor von Krupp.

8 Schröder an Abs, 25.3.1955, Historisches Archiv der Deutschen Bank, Frankfurt a. M. (HADB), V01/2101. Dies ist umso bemerkenswerter, als Abs just zu der Zeit die Finanzierung des Rourkela-Projektes begleitete und die Deutsche Bank an der Realisierung des Mammutprojektes maßgeblich beteiligt war. *Tetzlaff*, S. 200 f.

9 Zit., Pressemitteilung, 25.1.1968, Historisches Archiv Krupp, Essen (HAKrupp), Werksarchiv (WA) 63/54.

10 Ausf. *van de Kerkhof*, Waffen und Sicherheit, S. 87–104 u. 144; grdl. *Geyer*, S. 9–23.

auf eine weitergehende Publizität des Unternehmens gedrungen wurde, besonders da Krupp in einzelnen Segmenten des Rüstungsmarktes als Monopolist galt. Das Unternehmen aber lehnte jedwede Offenlegung seiner Kennziffern ab. Und „Krupp" zur Publizität zu zwingen, das gelang während des Kaiserreichs nicht, auch nicht in der Weimarer Republik, während des Nationalsozialismus oder in der jungen Bundesrepublik.[11]

Die Bekanntheit von „Krupp" und die zugeknöpfte Haltung der Unternehmensleitung sorgten für ein großes Interesse bei den Berichterstattern und erzeugten eine hohe öffentliche Aufmerksamkeit.[12] Immer wieder kulminierte das in Affären, von denen nicht wenige zu Skandalen hochgeschrieben wurden. Die einschlägigen wurden von der historischen Forschung durchaus beachtet. Besonders der Capri-Skandal (1902),[13] die Kornwalzer-Affäre (1913)[14] und auch die Enthüllungen Wilhelm Muehlons (1917)[15] wurden von der Forschung untersucht. Eine Veränderung des normativen Wertehorizonts bei der Einordnung von Homosexualität, Korruption und Kriegsursachen ließ sich dabei anhand der Skandale herausarbeiten, *weil* das Unternehmen der Öffentlichkeit nicht nur bekannt war, sondern *weil* auch in der Kneipe – und damit von der Bevölkerung – über Krupp diskutiert wurde.[16] Vom Einfluss des Unternehmens auf die öffentliche Meinungsbildung wurde dabei jedoch abstrahiert. Einigermaßen stereotyp wurde die Öffentlichkeitsarbeit des Unternehmens im 20. Jahrhundert auf eine mächtige, aber nicht weiter spezifizierte Propagandaarbeit reduziert. Auch wurden die Skandale nicht in einen Zusammenhang gebracht. Dabei eint sie eine bemerkenswerte Facette. Bis auf den ersten, die Capri-Affäre von 1902, wurden die zum Skandal hochgeschriebenen

11 Zur Forderung nach mehr „Transparenz" wurde in der PR-Abteilung noch 1964 die Formel für die Außenkommunikation ausgegeben: „Dazu läßt sich sagen, daß schon die Hälfte des Unternehmens, die in der Rechtsform von Aktiengesellschaften betrieben wird, durch die Veröffentlichung von Bilanzen und Geschäftsberichten ohne Einschränkung der Öffentlichkeit zugänglich ist." Zit. Herzog an Zedtwitz-Arnim, betr. Bemerkungen zur Rede des Herrn [Alfried Krupp] von Bohlen [und Halbach] anlässlich der Jubilarfeier, 26.3.1964, HAKrupp, WA 119/v542.

12 Allerdings hatte Krupp sicherlich kein Monopol auf „Geheimhaltung", das gilt ebenso für andere Unternehmen wie auch für die Rüstungspolitik, bes. des preußischen Kriegsministeriums. Der Unterschied bestand darin, dass die Forderung nach Publizität bei einem Unternehmen öffentlich sehr viel einfacher zu platzieren war als beim Staat. *Stein*, S. 21.

13 *Wolbring*, Krupp und die Öffentlichkeit, S. 309–319; *Bösch*, Öffentliche Geheimnisse, S. 97–117; *Winzen*, S. 415–450; *Richter*, S. 157–178.

14 *Bösch*, Öffentliche Geheimnisse, S. 447–467; *ders.*, „Kornwalzer, S. 337–379, *Rothfuss*, S. 260–277.

15 *Zdenek*, S. 133–162; *Benz*, „Fall Muehlon", S. 343–365; *ders.*, Entstehung (Dokumentation), S. 199–212; *Muehlon*, Verheerung Europas.

16 *Bösch*, Zeitungsberichte.

Informationen durchgestochen von Personen, die aus dem Konzerninnersten stammten: Die Information über die Telegramme brisanten Inhalts, die die Kornwalzer-Affäre auslöste, wurden 1912 von einem nur kurz zuvor entlassenen Mitarbeiter des Berliner Krupp-Büros weitergegeben, das zur sog. Fühlungnahme nicht nur, aber auch auf die Bestechung von Ministerialbeamten setzte. Im Fall Muehlon war es das für einen kleinen politischen Kreis bestimmte Memorandum des vormaligen und dann zum Pazifisten bekehrten Krupp-Direktors, das für Wirbel sorgte und nur mithilfe der im Krieg geltenden Zensur einigermaßen unter dem Deckel gehalten werden konnte.[17] Auch kleinere Affären, die vermeintliche Aktienbeteiligung des Kaisers, Kredite und Bürgschaften der Regierung und Liquiditätsengpässe, waren, wenn denn über sie berichtet wurde, erst mithilfe durchgestochener Informationen öffentlich geworden. Das spricht nicht gerade für eine Übermacht der Krupp'schen Pressearbeit, sondern erhärtet vielmehr die Beobachtung, dass die Gegenwartperformanz ganz gezielt aus der Öffentlichkeit herausgehalten wurde und, wenn dann Mosaike, die Aufschluss über das Geschäftsgebaren geben konnten, durchdrangen, dann war die Wirkung deshalb wuchtig, weil die berichtenden Journalisten die Bruchstücke aufgriffen, sie aus Mangel an weitergehenden Informationen aber nicht einordnen konnten, sondern ausschreiben mussten. Zum Skandalon wurden die Affären also nicht allein, weil Krupp über großen Rückhalt in der jeweiligen Regierung verfügte und als ‚Waffenschmiede' der deutschen Gesellschaft ein Begriff war. Wesentlich war vielmehr, dass ein breit verankertes und vitales Wissen über Krupp existierte, das mit dem durch die Skandale aufgedeckten und gegenwärtigen Geschäftsgebaren des Unternehmens konfligierte.[18]

Nun wäre es allerdings ein großer Irrtum anzunehmen, dass die ‚Masse' durchgehend das Zielpublikum der Öffentlichkeitsarbeit des Unternehmens war und es um profane Werbemaßnahmen ging. Der Rüstungsmarkt war kein die Allgemeinheit betreffender Konsumgütermarkt und auch die zivilen Produkte des Unternehmens waren kaum geeignet das Konsumbedürfnis der Bevölkerung zu wecken. Keineswegs adressierte das Unternehmen jeden, sondern die Werbemaßnahmen sprachen die Abnehmerkreise gezielt an und die Repräsentationsmaßnahmen durch den Eigentümer richteten sich zuvorderst an die staatlichen Auf-

17 Wir würden derartige Akteure heute wohl als Whistleblower bezeichnen. Mit Einschränkung lässt sich auch Erik Reger, eigtl. Hermann Dannenberger, zu diesen Aufdeckern zählen, ebenso Johannes Schröder, der lange Finanzdirektor bei Krupp gewesen war. S. ausf. Kap. 2.6 u. Kap. 4.2.

18 Das war bei dem Montankonzern von Carl Ferdinand von Stumm-Halberg z. B. ganz anders. Das Unternehmen war schon in der Kaiserzeit ebenfalls aktiver Rüstungsproduzent, stand aber nicht annähernd so sehr in der Öffentlichkeit wie Krupp. *Wolbring*, Krupp und die Öffentlichkeit, S. 283, 286–288, 295.

traggeber.[19] Bis zur Jahrhundertwende setzte „Krupp“ ganz auf Repräsentation. Nach dem Tod von Friedrich Alfred Krupp,[20] 1902, aber entschied das Management, dass die für das Unternehmen so wichtigen Abnehmerkreise nun anders erreicht werden mussten, fehlte „Krupp“ doch mit einem Mal die repräsentative Eigentümerfigur. Als Notbehelf griff das Management auf die selbsthistorisierte Geschichte zurück und setzte damit eine Aushandlung über die gesellschaftliche Bedeutung von „Krupp“ in Gang, die Jahrzehnte andauern sollte. „Krupp“ reagierte damit ausgesprochen aktiv, zunächst aber richtete sich diese, die Repräsentation ersetzende selbsthistorisierte Rückschau, mehr an eine Experten- denn an eine allgemeine Öffentlichkeit.[21]

Insofern lässt sich an den massenmedialen Auseinandersetzungen mit „Krupp“ sicherlich der Werte- und Normenwandel der Gesellschaft herausarbeiten. Eingeordnet als ‚Nationalunternehmen‘ dürfte dies sogar eine ausgesprochen belastbare Perspektive sein. Allerdings sagt der Blickwinkel von der ‚Masse‘ auf den jeweiligen Skandal nur sehr wenig über die sich entwickelnde Selbstreflexion im Unternehmen aus. „Krupp“ als Kristallisationspunkt zu begreifen, um den gesellschaftlichen Wertewandel zu problematisieren, kann daher nur die eine Seite der Medaille sein. Die andere Seite ist, danach zu fragen, wie und von wem die öffentliche Aushandlung von und aus dem Unternehmen heraus identifiziert, bewertet und dann mittels der selbsthistorisierten Krupp-Geschichte beeinflusst wurde. Denn obwohl 1906, mit der Einheirat von Gustav Krupp von Bohlen und Halbach, eine neue Repräsentationsfigur der Familie Krupp eingeführt wurde, wurde die öffentlichkeitswirksame Präsentation der eigenen und selbsthistorisierten Geschichte fortgeführt. Auch nach dem Tod von Friedrich Alfred Krupp und in Form der

---

19 Begreift man „öffentliche Meinung“ als Prozess selektiver Kommunikation, der sich nach Akteursgruppen in Sprecher, Vermittler und Publikum differenzieren lässt, dann konzentrierte sich die Geschichtspolitik des Unternehmens als Sprecher lange, bis etwa in die Mitte der 1950er Jahre, auf die Vermittler. Die publikumsbezogene Kommunikation wurde bis dahin von den Vermittlern übernommen. Vgl. *Neidhardt*, S. 26. Für die hier gewählte Betrachtung ist es zudem wesentlich, auch die Rezensenten der betr. Publikationen zu den Vermittlern zu zählen. S. dazu *Pfetsch u. a.*

20 Friedrich Alfred Krupp (1854–1902) war der Sohn von Alfred und Bertha (geb. Eichhoff) Krupp. Ab 1882 besaß er Prokura. Nach dem Tod von Alfred Krupp, 1887, übernahm Friedrich Alfred Krupp die Unternehmensleitung. S. *Epkenhans u. Stremmel.*

21 Grdl. zum Begriff der Öffentlichkeit weiterhin: *Noelle-Neumann*, v. a. S. XIf. u. 91. Noelle-Neumann definierte „Öffentlichkeit“ und „öffentliche Meinung“ nicht als Akteur, sondern als Sphäre. Zur spezifischen „Teilöffentlichkeit“, die man auch als „Expertenöffentlichkeit“ bezeichnen könnte, s. *Requate*, Medien und Öffentlichkeit, v. a. S. 5–15; einen knappen Vergleich versch. Öffentlichkeitstheorien bei *Benhabib*; ausf. *Hodenberg*, S. 35–86. Der Begriff Experte wird hier nicht analytisch verwendet, sondern zur Unterscheidung der Zielpublika eingesetzt, um zu zeigen, an welche Gesellschaftsgruppen sich die Geschichtspolitik richtete. Vgl. *Raphael*, Expertenkulturen, S. 181–184.

Aktiengesellschaft blieb das Unternehmen das Buch mit den sieben Siegeln. „Krupp" verweigerte sich auch weiterhin einer transparenten und aktuellen Berichterstattung; die Aushandlung über „Krupp" nahm nicht ab, sondern sie verstetigte sich. Und zu einem nicht unwesentlichen Teil war „Krupp" selbst, und zwar eifrig, an dieser Aushandlung beteiligt. Bei Krupp reflektierten die Akteure die eigene Unternehmer- und Unternehmensgeschichte und unterbreiteten der Öffentlichkeit sehr erfolgreich eigene historisierte Deutungsangebote. Krupp reagierte nach 1902 auf Interesse und Kritik also keineswegs mit Vergegenwärtigung oder Erklärung, sondern mit Geschichtspolitik.

Geschichtspolitik

Die Geschichtspolitik von Unternehmen zu untersuchen, ist in der Wirtschafts- und Unternehmensgeschichte nicht gerade en vogue.[22] Überhaupt ist der Einsatz temporal zergliederter Strategiebegriffe in der Ökonomie nur wenig verbreitet.[23] Das wurzelt in dem fachspezifischen Zeitverständnis. Die Herausforderungen, die ein Unternehmen zu bewältigen hat, werden stark auf die Gegenwart oder, in der wirtschaftshistorischen Sicht, auf die vergangene Gegenwart verengt. Mit den Herausforderungen, tagtäglichem Risiko und wiederkehrender Unsicherheit,[24] sind Unternehmen konfrontiert, und das permanent. Unternehmerische Lösungsstrategien für diese Herausforderungen sind höchst singulär und machen Erfolge wie Misserfolge in der Retrospektive erklärbar. Entscheidungen, die unter den Bedingungen von Risiko und Unsicherheit und in Verbindung mit der Bewertung der umgebenden Umwelt (etwa: Markt- und Absatzverhältnisse, Kapitaleinsatz und -beschaffung, Konkurrenten usw.) getroffen werden, bündeln sich zur ‚ökonomischen Logik' eines Unternehmens. Die vergangene Gegenwart bildet deshalb die grundlegende und auch erste Betrachtungsebene unternehmenshistorischen Arbeitens.

22 „[B]lind für jeden Verweischarakter und alle Zeichenhaftigkeit, sind ihr [der Wirtschafts- und Sozialgeschichte, d. Vf.] ikonographische, semiotische, hermeneutische und linguistische Zugangsmöglichkeiten verschlossen.", so *Gries u. a.*, S. 4–6, Zit. S. 6. Das ist in dieser Schärfe wohl nicht mehr zu halten: s. etwa *Foster u. a.*, *Mordhorst u. Schwarzkopf.*

23 Das ändert sich aktuell, v. a. zur Zukunftsorientierung sind aus den Forschungen, die im Rahmen des SFB 1859 Experience & Expectation vorgenommen werden, wesentliche Impulse für die wirtschaftshistorischen Perspektive zu erwarten. s. für erste Ergebnisse *Jakob u. a.*; zum Begriff Erwartung s. grdl. *Beckert*, S. 509.

24 Grdl. *Siegenthaler.*

Aus dieser Sicht auf die vergangene Gegenwart ist es erst einmal schwierig, das insbesondere in der Ideengeschichte weiter entwickelte Wechselverhältnis von Vergangenheit, Gegenwart und Zukunft zu operationalisieren. *Dass* Unternehmer und Unternehmen danach strebten, ihre Vergangenheit, sofern sie denn als Erfolg zu bewerten war, in ihre Gegenwart zu überführen, um Vertrauen zu stiften oder Entscheidungen zu legitimieren, ist zwar bekannt und auch wiederholt konstatiert. Derartiges Handeln wird aber in aller Regel als unternehmenskulturelles „Blattwerk"[25] angesehen und für die ökonomische Logik als nur wenig entscheidend bewertet.[26] Auch der Ansatz der aus der Transaktionskostenökonomie stammenden ‚Pfadabhängigkeiten' konturiert letztlich ein Konzept,[27] das dazu dient, unternehmerische Fehlentscheidungen aus dem Festhalten an Traditionen analytisch abzubilden. Immerhin scheint die Bedeutung der Vergangenheit für die Unternehmen in diesem Konzept durch; sie wird aber entweder als subjektiver und vergegenwärtigter Erfahrungsraum eines Unternehme*rs* oder als unternehmensspezifisches Korsett aus Tradition(en), und damit als einschnürend und innovationshemmend für die Entwicklung des Unternehm*ens*, bewertet. Der Umstand aber, dass die selbst reflektierte und vergegenwärtigte Vergangenheit eine Relevanz für die Gegenwarts- und Zukunftsperspektivierung von Unternehmen haben könnte, die Vergangenheit also für Gegenwart und Zukunft und mitunter gezielt mit Bedeutung befrachtet wird, ist kaum weitergehend erforscht. Das hat einen sehr überzeugenden Grund: Der Blick auf die Geschichtspolitik bedeutet, die ökonomische Logik, die unternehmensspezifische vergangene Gegenwart also, mit ihrer Bewältigung von Risiko und Unsicherheit, zugunsten der Verzahnung von vergangenen und in die zeitgenössische Gegenwart hineinragenden „Zeitbögen"[28] zu verdecken. Obgleich dies für das engere unternehmenshistorische Erkenntnisinteresse hinderlich ist, soll die temporale Perspektivierung – gefasst über die Geschichtspolitik – hier zum analytischen Primärinteresse erhoben werden.

Das ist eine anspruchsvolle Zielsetzung. Das gilt weniger für die notwendige und aufwendige Kärrnerarbeit, die Hebung und Auswertung des Akten- und Quellenmaterials, als vielmehr für die Präsentation der Ergebnisse. Denn wirkliche

---

25 Zit. *Borscheid*, S. 6.

26 *Gregor*, S. 84.

27 Dazu einführend: *Berghoff*, Transaktionskosten, S. 174.

28 Nach Anselm Doering-Manteuffel handelt es sich bei dem heuristischen Instrument der Zeitbögen um „[s]trukturelle Grundmuster und ideelle Ordnungsentwürfe, die das Handeln in Politik, Wirtschaft und Gesellschaft transnational formatieren, [Zeitbögen] bilden sich allmählich, anfangs ganz unauffällig heraus und bleiben, wenn sie Dominanz gewonnen haben, für einige Jahrzehnte gültig. [...] Diese Zeitbögen ermöglichen die sinnhafte Verbindung zwischen Ereignissen und Basisprozessen"; Zit. *Doering-Manteuffel*, Geschichte in den Zeitbögen des 20. Jahrhunderts, S. 34 f.

Aussage- und Interpretationskraft gewinnt der Zugriff erst, wenn es gelingt, die doppelte Geschichte, den impulsgebenden und höchst gegenwärtigen Ereigniszusammenhang *und* die Vergegenwärtigung der Vergangenheit als Deutungshandlung in ihrem Zusammenwirken darzustellen *und* mit einem in die Zukunft weisenden Anspruch zu verbinden. Das, ‚was ist' und das in eindeutiger Beziehung zur zeitgenössischen ökonomischen Logik steht, muss mit dem zielsetzenden ‚was soll vergegenwärtigt werden' und damit dem ‚wie' einer vergegenwärtigten und selbsthistorisierten Geschichte in Beziehung gesetzt werden.[29] Nur so lässt sich plausibilisieren, dass das geschichtspolitische Handeln für das Unternehmen eine prospektive Bedeutung besaß.

„Geschichtspolitik" wird nicht selten polemisch und als feuilletonistischer Kampfbegriff eingesetzt.[30] Hinter dem populären Einsatz des Begriffs verbirgt sich indes aber auch einiges Potenzial, zielt er doch analytisch auf die Indienstnahme von Geschichte durch Handeln ab.[31] Seit einigen Jahren floriert die Untersuchung von Geschichtspolitik daher auch als Forschungsfeld in der Geschichtswissenschaft.[32] Insgesamt betrachtet, lassen sich die bisher erschienenen Studien weder einer kultur- noch einer gesellschafts-, politik- oder anderen gängigen historischen Perspektive eindeutig zuordnen.[33] Begrenzt wird das Feld bisher weniger paradigmatisch, als vielmehr von den Betrachtungsgegenständen her – und das klar: Geschichtspolitisches Handeln wird in aller Regel auf politische Akteure und politische

29 Im Vordergrund stehen im Folgenden die „lineare Zeit" der Geschichte und die „zyklische Zeit" und damit das Verhältnis von Beobachtung erster Ordnung („was") und zweiter Ordnung („wie"). Eher ausgespart ist die sog. periodische Zeit, die vorwiegend über Jahrestage o. ä. zu greifen wäre. Das gilt auch für die Jubiläumsfeiern 1912 und 1961, die im Rahmen der Untersuchung thematisiert und dabei linear sowie zyklisch interpretiert werden; dazu *A. Assmann*, S. 309.

30 *Winkler*, Hitlers Schatten, S. 263; wissenschaftsgeschichtliche Entwicklung bei *Schmid*. Die Einführung als „Kampfbegriff" verortet Harald Schmid in die 1970er und 1980er Jahre. Die Bedeutung von „Geschichte" ist dabei aber nicht strittig. Dazu *Bieber*, S. 113.

31 „Denn geschichtliche Zeit, wenn der Begriff einen eigenen Sinn hat, ist an soziale und politische Handlungseinheiten gebunden, an konkrete handelnde und leitende Menschen, an ihre Institutionen und Organisationen." Zit. *Koselleck*, Vergangene Zukunft, S. 10.

32 (Auswahl): *François u. a.*, v. a. Beitrag *François*, S. 541–558; zeitlich ausgreifender *Heinrich u. Fröhlich*, darin v. a. *Spoerer*, Unternehmen, S. 111–119; mit klarem Fokus auf die Rezeption politischer Ereignisse *Winkler*, Deutungsmacht, S. 11. Mit Blick auf den 17.6.1953 einschlägig *Wolfrum*; s. auch *Clark*; zusammenfassend *Troebst*. Kritisch zur Konzeption, sie schmecke nach „Neomarxismus", *Bauer*, S. 182. Eine Kausalsetzung von zweckeindeutiger Geschichtspolitik und einer willfährigen Aufnahme durch Gesellschaft und Öffentlichkeit wird hier nicht angenommen. Auch in den Politikwissenschaften findet das Konzept breite Anwendung. S. dazu *Becker*; zu den Unternehmen im Umgang mit der NS-Zeit s. *Brünger*, Geschichte und Gewinn, S. 32–35.

33 S. *Kocka*, S. 471; s. auch *Becker*, S. 33.

Zwecksetzungen bezogen. Hinweise auf die „Vergangenheitsbewirtschaftung"[34] von Unternehmen werden zwar hier und dort angebracht, und damit ein geschichtspolitisches Handeln in der Wirtschaft zumindest angedeutet. Bisher aber wurde die etwaige Spezifik von geschichtspolitischem Handeln durch Unternehmen nicht weiterverfolgt.[35] Das ist zu bedauern. „Wie die Schwerkraft das Licht, so beugt die Macht die Zeit",[36] so Christopher Clark. Er unterstrich damit, dass geschichtspolitisches Handeln ein bewusstes Streben nach Geltung zum Ausdruck bringt und dabei auf der selbstreflexiven Konstruktionsleistung der Akteure aufsetzt. Und das war sicherlich nicht die exklusive Angelegenheit politischer Akteure. Die Forschungen der letzten Jahre zu Unternehmen, Ministerien, Gewerkschaften, Gerichten, Forschungsinstituten, Universitäten und unzähligen anderen größeren Organisationen haben vielmehr gezeigt, dass auch diese Akteure die eigene Geschichte reflektierten und sie darüber hinaus für die Kommunikation mit ihrer Umwelt einsetzten.[37] Wenn es also zutrifft, dass die Geschichtswissenschaft sich zunehmend zur „Gedächtniswissenschaft" entwickelt,[38] dann stellt sich die Frage, *wie* das ökonomisch Vergangene erinnert und als Geschichte öffentlich gemacht wurde, umso mehr. Denn auch jene nicht in erster Linie politischen Kollektivakteure agierten hochgradig geschichtsbewusst, wenn sie etwa ihre Gründung feierten, einen besonderen Unternehmensgeist herausstellten oder spezifische und eigene Traditionen reklamierten. Bekanntermaßen suchten auch Unternehmen mithilfe von sinnstiftender Textarbeit an der Formung des öffentlichen und erin-

---

34 „[U]nter ‚Vergangenheitsbewirtschaftung' kann man die Transformation von vorhandenen Ressourcen, welche in der Gegenwart aus der Vergangenheit in Form von Ideen, Relikten, Erzählungen etc. verfügbar sind, in Güter mit höherem Geldwert verstehen." Zit. *Kühberger*, S. 14.

35 Das gilt auch für den Versuch, die westdeutschen Industriellen über eine „kollektive Identität" und in ihrem Umgang mit der Vergangenheit im Nationalsozialismus zu analysieren, wie etwa den von J.S. Wiesen. Die Unterschiede verschwinden dabei hinter der allgemeinen politischen Herausforderung nach 1945, sodass die Fragen, wie die Industriellen mit ihrer Vergangenheit arbeiteten, wie sie das ‚neue Image' konstituierten, nur unvollständig beantwortet werden können, zumal das Argument, man habe dieselbe „Erfahrung" während der NS-Zeit gemacht, m. E. nicht greifen kann. Die Industriellen, die alten, die weiterhin tätig waren, und die neuen, die 1942/43 aus der zweiten Reihe in die erste Reihe gedrängt waren, teilten keineswegs dieselben Erfahrungen. S. *Wiesen*, Challenge, hier v. a. S. 2–16.

36 Zit. *Clark*, S. 9.

37 Wie in der Wirtschaftsgeschichte gibt es auch in diesen Forschungsfeldern kritische und methodische Auseinandersetzungen mit den etwaigen Folgen der anhängigen Auftragsschwemmen. Dazu *Hachtmann*, Interessengeleitete Wissenschaftsgeschichte?; für die Unternehmensgeschichte s. *Schanetzky*, Gold Rush.

38 *Nolte*, Öffentliche Geschichte, S. 142.

nerten Geschichtsbilds teilzuhaben.[39] Und damit standen sie nicht nur im Bewusstsein, eine Geschichte zu haben. Sie kommunizierten damit zugleich ihren Geltungsanspruch und intendierten, Macht über die eigene und öffentlich erinnerte Geschichte auszuüben.

Selbstreflexive Geschichte(n)

In einem merkwürdigen Gegensatz dazu wird Unternehmern jedoch und keineswegs selten eine regelrechte Geschichtsablehnung und Geschichtsverweigerung unterstellt, so prägend ist die Annahme vom unternehmerischen Streben nach Innovation und Zukunftsgestaltung. Dazu passt das bekannte und 1916 von Henry Ford während eines Interviews formulierte „history is bunk" – aber nur auf den ersten Blick. Bei genauerer Betrachtung zeigt sich, für Unfug hielt Ford die Geschichte keineswegs. Nur wenige Jahre, nachdem er diesen berühmten Ausspruch getan hatte, begann Ford mit der Sammlung von historischen Dokumenten und der Einrichtung eines Archivs. 1922 veröffentlichte er sogar eine Autobiografie.[40] Für Ford war das Empfinden einer persönlichen Zeitenwende ausschlaggebend. 1919 hatte er die Leitung des Unternehmens an seinen Sohn abgegeben. Mit diesem Abschluss seiner aktiven Unternehmerschaft maß er der Geschichte und insbesondere seiner eigenen Lebensleistung mehr Bedeutung zu. Ford veränderte damit die Perspektive auf die von ihm erlebte Vergangenheit, er reflektierte und er vergegenwärtigte sie, und das nicht nur für sich selbst oder sein familiäres Umfeld, sondern in Form einer stringenten Geschichte und für eine breite und interessierte Öffentlichkeit.[41]

Dieser Versuch, die eigene Vergangenheit mittels einer Autobiografie breitenwirksam zur Geschichte zu objektivieren, ist der wesentliche Punkt, denn er zeigt: Die Selbsthistorisierung kann sicherlich verschiedenste Formen annehmen, kann auf unterschiedlichsten Traditionen und Motiven beruhen, aber ganz sicher ist sie nicht zeitlos oder ohne Akteur. Denn Ford blickte zu einem Zeitpunkt auf seine glorreiche Vergangenheit als Unternehmer zurück, als es ‚seinem' Unternehmen nicht gut ging. Insofern ist sicher korrekt: Es ist für Unternehmen und Unternehmer die immanente und auch notwendige Zukunftsorientierung, die kennzeichnend ist. Wie auch Fords Ausspruch verdeutlicht, ist der Kern unternehmerischen Handelns zurecht in der antizipierten Zukunft, in den Markt- und Innovationschancen zu

---

39 Gleichzeitig ist es ausgesprochen voraussetzungsreich, eine ‚Geschichte zu haben'. S. *Landwehr*, Abwesenheit der Vergangenheit, S. 23 u. 35.

40 *Ford u. Crowther*; dazu auch *Manova*, S. 62.

41 Für die nach 1945 von vielen deutschen Industriellen geschriebenen Autobiografien s. *Markus*.

sehen. Das betrifft die ökonomische Logik eines Unternehmens oder die Motivation eines Unternehmers und ist immer und per se als Versuch, Gegenwart und Zukunft zu gestalten, einzuordnen. Gleichwohl, und darauf soll es hier und im Folgenden ankommen, hat die reflexive und rückwärtsgewandte Selbst- und Eigendeutung einen Platz, und zwar auch bei Unternehmen und Unternehmern. Die Frage lautet aber dann: War der gezielte Einsatz der Geschichte bei Krupp „rational-kalkulierend" und somit eine kluge Reaktion auf Krisenerfahrungen? Oder war er ganz anders und „emotionsgeleitet", der persönliche Versuch eines oder mehrerer Akteure, sich glorreich einzuschreiben in das kulturelle Gedächtnis der Gesellschaft?[42] Birgt die Untersuchung unternehmerischer Geschichtspolitik gar das Potenzial, eine „kapitalistische Verwertungslogik eigener Art" zu identifizieren?[43]

Eine Geschichte, die für ein Unternehmen als nützlich bewertet wird, muss aus Sicht des Unternehmens zu managen sein. Damit, so ist jedenfalls zunächst einmal anzunehmen, unterscheidet sich das unternehmerische Geschichtsverständnis grundlegend vom Geschichtsverständnis der Geschichtswissenschaft.[44] Für die Wissenschaftsdisziplin gilt als kleinster gemeinsamer Nenner weiterhin: Es ist die Geschichte an sich, die es wert ist, erforscht zu werden (res gestae). Für Unternehmen dagegen ist nur jene Geschichte interessant, die in die Gegenwart hineinragt und an die Erwartungen und das geltende Normengerüst der Gesellschaft anschlussfähig ist. Die mit der Selbsthistorisierung verbundene und zur Geschichte geformte Botschaft muss von der Gesellschaft entschlüsselt werden können, um Wirkung zu entfalten (Vergegenwärtigung der Geschichte). Damit geht es für Unternehmen und Unternehmer nicht um ein fachlich begründbares Verstehen, Erklären oder Dekonstruieren der Geschichte, sondern geschichtspolitisch bewirtschaftet wird eine Geschichte mit einem konkreten Gegenwartsbezug. Die Geschichte muss dabei in der Lage sein, einen spezifischen Geltungsanspruch zu transportieren.[45] Der wiederholte Rückbezug auf Gründungsvorgänge oder das symbolbefrachtete Erinnern an Gründungsfiguren kann die Funktion einer gemeinsamen Sinnstiftung einnehmen und insbesondere Arbeitnehmern nahelegen, dass ihre Arbeit für ein großes Ganzes Bedeutung hat, dass sie im ‚Geist' eines zeitlich überdauernden Prinzips arbeiten und nicht zuletzt, dass sie als Teil dieses Ganzen eine Sonderstellung bekleiden. Krupp inszenierte und erntete diesen im weitesten Sinne unternehmenskulturellen Nutzen historisierter Sinnstiftung sicherlich.

---

42 Zum Verhältnis von rationalem und emotionalem Handeln grdl. *Frevert*, v. a. S. 198.

43 Zit. *Welskopp*, Zukunft bewirtschaften, S. 96.

44 *Epple*; s. dazu auch *Gerber*.

45 *Van Laak*, Literatur und Geschichte.

Bei Krupp ging es aber nicht nur um die Pflege der Unternehmenskultur[46] im beengten Ruhrgebiet und die Versuche, das im Revier umkämpfte Humankapital loyal an das Unternehmen zu binden, und dies mit der Geschichte zu rechtfertigen.[47] Der Verweis auf die Geschichte hatte vielmehr weitere und als existenziell wahrgenommene Bedeutungen für das Unternehmen und für die Familie: „Euerer [sic] Majestät Anwesenheit zeugt von der Allerhöchsten Billigung der Vergangenheit, Euer Majestät Gegenwart bürgt für die Fortdauer des gnädigen Interesses auch für die Zukunft",[48] so formulierte es Gustav Krupp von Bohlen und Halbach[49] 1912 an den Kaiser gerichtet. Die von Krupp hier zum Ausdruck gebrachte Verkettung von Vergangenheit, Gegenwart und Zukunft war von einiger Relevanz für die ökonomische Logik und die Zukunftsorientierung des Unternehmens. Keineswegs hatte Krupp sie nur aus Gründen der Etikette angebracht. Denn anders als der oft unscharf kontextualisierte Ausspruch von Ford war Krupps Verweis auf die Geschichte nicht nur für den beschränkten Rahmen des Unternehmens und Gustav Krupp persönlich sinnstiftend, sondern die reflexive Selbsthistorisierung war *das* Charakteristikum der Krupp'schen Öffentlichkeitsarbeit im 20. Jahrhundert überhaupt.

Aufzulösen ist dabei freilich die Vorstellung vom Kollektivsingular „Krupp". Krupp lässt sich schlicht nicht als der *eine* Akteur greifen. Die bei Krupp maßgeblichen Akteure der Geschichtspolitik wandelten sich. Die Bedeutung der Unternehmensgeschichte war für Gustav Krupp eine andere als für seinen Vorgänger oder Nachfolger. Und auch die Manager fanden einen anderen Zweck in der eigenen Geschichte. Wohl aber bildeten sich bei Krupp geschichtspolitisch formalisierte

---

46 Unternehmenskultur ist ein Konzept, das sich durch mitunter weit auseinanderdriftende Setzungen auszeichnet: Bei den einen wird Unternehmenskultur als eine „Führungsaufgabe" (und damit als plan- und steuerbar) verstanden, bei anderen wird sie als vollständig vom Unternehmen abgelöst und autopoetisch interpretiert. Deshalb hat das Konzept inzwischen deutlich an Erklärungskraft eingebüßt. Kritisch *Welskopp*, Unternehmenskulturen, v.a. S. 266–271. Zur konzeptionellen Einfassung von Unternehmenskultur grdl. *Wischermann*; *Berghoff*, Unternehmenskultur.

47 Wie die, die sich mit dem Hobsbawm'schen Begriff der „Tradition" untersuchen ließen. Eine „Tradition" ist demnach zu verstehen als ein „set of practices, normally governed by overtly or tacitly accepted rules and a ritual or symbolic nature, which seek to inculcate certain values and norms of behaviour by repetition, which automatically implies continuity with the past. In fact, where possible, they normally attempt to establish continuity with a suitable historic past." *Hobsbawm*, Zit. S. 1.

48 [*Berdrow*], Krupp 1812–1912, Zit. Beilage, o.S. Sogar der Manager Alfred Hugenberg, zu der Zeit Vorstandsvorsitzender des Unternehmens, fand, man blicke „ernst und erwartungsvoll auf den Weg vor und hinter uns". Zit. ebd.

49 Gustav von Bohlen und Halbach, seit 1906 Gustav Krupp von Bohlen und Halbach (1870–1950; im Folgenden Gustav Krupp) war Diplomat und dann „Verwalter" von Krupp. 1906 heiratete er Bertha Krupp. Zwischen 1906 und 1943 stand er dem Unternehmen seiner Frau als „Treuhänder" vor. Eine Gustav Krupp-Biografie liegt nicht vor. Ausf. zu Gustav Krupp Kap. 3.

inhaltliche Eckpfeiler, die die Vorstellung eines Kollektivsingulars hervorrufen und auch abstützen sollten. Über das 20. Jahrhundert betrachtet, spielte die Geschichte bei sehr verschiedenen Akteuren im Unternehmen eine bemerkenswerte Rolle. Und schon frühzeitig war die Arbeit an der Geschichte bei Krupp eine Leitungsaufgabe und damit keineswegs in einer weit unten angesiedelten Abteilung für Öffentlichkeitsarbeit, sondern im strategischen Zentrum des Unternehmens angesiedelt, wenn gleich sich auch der Ort im Unternehmen, wo die geschichtspolitische Aktivität lokalisiert war, mehrfach verlagerte.

Für Unternehmen, dahin tendiert die neuere kulturwissenschaftliche Forschung wie auch die PR-wissenschaftliche Perspektive, sind Narrationen und Storys,[50] die aufbereiteten und erzählten Topoi der Unternehmensgeschichte, als Vermögenswert von immenser Bedeutung.[51] Wenig Berücksichtigung findet dabei allerdings der Umstand, dass die historisierende Narration als Kommunikationsstrategie bei genauerer Betrachtung einen Balanceakt darstellen muss, der sich zwangsläufig daraus ergibt, dass die veröffentlichte Geschichte eine in sich geschlossene Form haben muss, sich das Unternehmen, die umgebende Wirtschaft und die urteilende Gesellschaft aber fortwährend verändern. Die geschichtspolitisch eingefasste vergegenwärtigte Vergangenheit steht damit laufend vor der Herausforderung, anschlussfähig gehalten werden zu müssen. Eine selbsthistorisierte Unternehmensgeschichte muss deshalb, einmal erarbeitet und öffentlich vertreten, stetig mit der sich wandelnden Gegenwart verknüpft werden, damit sie Wirkung entfalten kann.[52] Wenn nicht, falls also die Forterzählung der selbsthistorisierten Geschichte scheitert, droht dem Unternehmen ein Imageverlust. Zu einer sehr realen Herausforderung wird das immer dann, wenn sich die umgebende Umwelt abrupt verändert, etwa durch politische Systemwechsel. Die bis dahin mit einem Geltungsanspruch versehene Unternehmensgeschichte stimmt dann mit der gesellschaftlichen Erwartung nicht mehr überein und lässt sich infolgedessen nicht mehr in eine überzeugende und in der Vergangenheit wurzelnde Rahmengeschichte übersetzen. Im 20. Jahrhundert war das, und für Krupp im Besonderen, gleich mehrfach der Fall, weshalb es angezeigt ist, die Anpassung der unternehmenseigenen Geschichte an die zeitgenössische Gegenwart über eine längere Dauer zu verfolgen.

50 Unterscheidung nach *Shiller*, Narrative Wirtschaft, S. 68 f.

51 *Krüger*, Corporate Storytelling; s. auch *Schach*.

52 In dem Übersetzungsprozess, der Synchronisation, ist die jeweilige Gegenwart der Punkt, an dem Vergangenheit und Zukunft entworfen und abgeleitet, kurz, in einen Zusammenhang gebracht werden. Ausf. *Landwehr*, Gegenwart.

Versuche, den jeweiligen Erzählanschluss glaubhaft herzustellen, lassen sich mit Achim Landwehr als reflexive Relationsbestimmungen, als „Chronoferenzen“, bezeichnen. Chronoferenzen verknüpfen anwesende und abwesende Zeit(en), und zwar sowohl von der Gegenwart in die Zukunft als auch von der Gegenwart in die Vergangenheit hinein.[53] Tragfähige Geschichtserzählungen zu entwickeln und diese öffentlichkeitswirksam zu verankern, ist dann als ein Handeln zu verstehen, das höchst voraussetzungsreich ist: Die Vergangenheit muss recherchiert und selbstreflexiv eingeordnet und mit Sinn befrachtet werden, bevor sie zur Geschichte vertextet werden kann. Erst dann kann sie, wenn sie plausibel und glaubhaft ist, von der Umwelt adaptiert werden.[54] Eine dieserart betriebene Geschichtspolitik kann von einem initiativen Handeln zu einer Praxis werden, aber sie ist nicht per se ein performativer Akt.[55] Wiederholungen und nicht zuletzt die Vermittlung von Glaubwürdigkeit sind wesentlich. Geschichtspolitik kann persuasiv oder manipulativ wirken, gerade weil mit der präsentierten Geschichte keine gleich gerichtete Haltung in der Gegenwart einhergehen *muss*. Geschichtspolitisches Handeln im hier verstandenen Sinne wird von Akteuren entwickelt und stellt eine selbstreflexive Auseinandersetzung unter zielgerichteten Gesichtspunkten dar, es ist aber nicht einem historischen Erkenntnisinteresse verpflichtet, das für das geschichtswissenschaftliche Forschen leitend ist. Geschichtspolitisches Handeln stellt vielmehr einen eigenen und kommunizierten Deutungsanspruch in der jeweiligen Gegenwart dar. Und so ist auch die mit der Geschichtspolitik verknüpfte Agency, die Handlungsfähigkeit und Deutungsmacht der geschichtspolitisch tätigen Akteure, zu verstehen.[56]

In Anlehnung an die von Jürgen Habermas entwickelten Geltungsansprüche kommunikativen Handels lassen sich die verschiedenen Ebenen der geschichtspolitischen Agency aufgliedern: Geschichtspolitisches Handeln beansprucht, mit Geschichte die öffentliche und allgemein akzeptierte Deutung zu beeinflussen. Dazu muss die mit der publizierten Geschichtserzählung unterbreitete Deutung auf mehreren Ebenen plausibel sein. Zunächst muss die dargebotene Geschichte *richtig* sein. Sie muss sich auf für die Umwelt belegbare Tatsachen beziehen lassen und

---

53 Für eine Def. von Chronoferenz s. *Landwehr*, Abwesenheit der Vergangenheit, S. 28. Erwähnung des Terminus auch bei *Hölscher*, Zukunftsforschung, S. 15, als „hermeneutische Brüche“ *ders.*, Zukunftshandeln, S. 239.

54 *Landwehr*, Abwesenheit der Vergangenheit, S. 151 u. 158.

55 Der performative Charakter ist vielmehr Bestandteil des „Handlungspotentials“; daraus ergibt sich die Handlungsrelevanz, aber keine Handlungsverbindlichkeit. *Habermas*, S. 595–601, Zit. S. 596; anders *Böschen u. Viehöver*, S. 309. Vgl. dazu auch *Daniel*, Kulturgeschichte, S. 430–443, v. a. S. 438; s. auch *Hansen*, S. 697.

56 Anders *Brandt*, S. 14–21.

kann damit also keineswegs frei erfunden werden. Die Geschichte muss darüber hinaus *wahr* sein und sich am geltenden normativen Rahmen orientieren, um in der Breite adaptiert werden zu können. Ihre *wahrhaftige* Geltung bezieht sie schließlich, und nicht zuletzt, aus dem Renommee des ausgewiesenen Verfassers. Dessen (tatsächliche oder auch vorgegebene) Haltung bürgt für die Verlässlichkeit und die Authentizität der unterbreiteten Geschichtsdeutung.[57]

Geschichtspolitisches Handeln im hier verstandenen Sinne ist damit nie das Ergebnis willkürlich vorgenommener Geschichtskonstruktion, sondern es ist Ausdruck eines gezielt artikulierten Deutungsanspruchs im Zeitkontinuum. Treten ungelöste Chronoferenzen in der selbst entwickelten Geschichte von Unternehmen auf, die wenig öffentlich sind, bei denen also der geschichtspolitische Zielpunkt auf das Unternehmen im engeren Sinne beschränkt ist, dann kann dies als Zeichen dafür gewertet werden, in die Unternehmenskultur zu investieren. Heute existieren unzählige Dienstleister, die genau damit ihr Geld verdienen, nicht zuletzt mit der auf diese Weise vorgenommenen ‚Bewältigung' der NS-Zeit.[58] Sie bieten Beratung und coachen die Unternehmen auf dem Weg zur sinnstiftenden Geschichte, die im besten Fall die Motivation und Bindung der Arbeitnehmer erhöht. Treten ungelöste Chronoferenzen aber bei Unternehmen auf, die in der Öffentlichkeit oder gar in der öffentlichen Diskussion stehen, dann kann dies tiefer- und weitergehende Konsequenzen haben und unter Umständen zu einem Reputationsverlust und Imageschaden führen, der auf die ökonomische Logik zurückschlagen kann. Berichte über schlechter werdende Qualität, über verbrecherisches und kriegsverbrecherisches Verhalten, die Abkehr vom ‚Geist' des Unternehmens und dergleichen, kann sogar für die Rüstungsindustrie tiefgehende Folgen haben. Hier geht es dann nicht mehr um eine auf das Unternehmen begrenzte Sinnstiftung, sondern um die zügige Entwicklung einer tragfähigen und gesellschaftlich akzeptablen Anschlussgeschichte. Gewissermaßen als Strukturproblem versperrt dabei die vorher verankerte Geschichte, die von der Gesellschaft als plausibel bewertet und übernommen wurde, jedweden fiktionalen Anschluss. Eine geschichtspolitische Anschlusserzählung kann daher niemals neu erfunden werden, sondern muss an die als etabliert geltende Geschichte anknüpfen, sie erweitern, auf ihr aufbauen oder sie ergänzen und sie auf diese Art transformieren. Auch hierfür existieren heute spezialisierte Dienstleister, wenn das Feld auch enger und jünger ist.[59] Zu Beginn des 20. Jahr-

57 *Habermas*, S. 595–601.

58 Zum Unterschied von unternehmenseigener PR und dem Boom der „freien" PR-Agenturen seit den 1980er Jahren: *Fuhrberg*; *Neumann*.

59 Während sich im ersten Markt der Unternehmensgeschichte unzählige, auch kleinere Dienstleister tummeln, die bekannt sind, findet diese spezielle Art der Beratung kaum Beachtung. Denn hier reicht es in der Regel nicht, einen renommierten Historiker zu beauftragen, sondern benötigt

hunderts stand das Dienstleistungsfeld allerdings in seinen Anfängen. Die Untersuchung der Geschichtspolitik von Krupp im 20. Jahrhundert ist geeignet, die Entwicklung dieses Feldes und ihrer Akteure exemplarisch und ein Stück weit nachzuvollziehen. Wie sich zeigen wird, waren es nicht irgendwelche Autoren, die für die Geschichtspolitik von Krupp maßgeblich waren, sondern unter ihnen waren einige ‚Pioniere' der frühen Unternehmensgeschichte; und auch unter den ‚Kritikern' befanden sich einige der maßgeblichen zeitgenössischen Wirtschaftspublizisten.

Operationalisierung, Quellenauswahl und Gliederung

Die bisherige Vernachlässigung von Unternehmen und ihrer Geschichtspolitik stellt ein erhebliches Desiderat dar. Obgleich zu konstatieren ist, dass die Debatte über die Bedeutung von Jubiläen oder die Qualität von Festschriften im Zusammenhang mit der Unternehmenskultur von Unternehmen ratierlich wiederkehrt,[60] ist die Frage nach der Geschichtspolitik durch die Unternehmer und Unternehmen selbst, und zwar insbesondere die ihrer Entfaltung und ihrer Begrenzung durch die vorher vertretene Geschichte, bisher nicht aufgeworfen worden.[61]

Um den Betrachtungsschwerpunkt auf die Agency der Geschichtspolitik, die unternehmerische Selbstreflexion und die erarbeitete Darstellung der Geschichte zu legen, wird von der allgemeinen Presse- und Werbepolitik des Unternehmens, dem Feld der Unternehmenskultur insgesamt, im Folgenden abstrahiert. Gleiches gilt für die repräsentativen Akte, die der Gegenwartsdarstellung dienten, etwa die Kaiserbesuche oder die Inszenierung der „Führer"-Besuche. Auch von der Villa Hügel als Symbolort für Krupp wird abstrahiert. Als wesentliche Erkenntnisebene gilt nicht das Ergebnis (die Berichte und Artikel in der Presse) oder der Raum (das Ruhrgebiet), sondern der Prozess der erzählerischen und historisierten Deutung der Geschichte beim Unternehmen selbst und vom Unternehmen ausgehend (s. Tab. 1). Die größeren Veröffentlichungen zur Geschichte des Unternehmens werden dabei als Kulminationspunkte des geschichtspolitischen Handelns eingeordnet. Vollendet und publiziert trugen sie die Krupp-Geschichte in die Öffentlichkeit. Unvollendet und nicht veröffentlicht sind sie Zeugnis für die Spannung zwi-

---

wird ein PR-Spezialist mit Medienerfahrung. Für einen „Leitfaden" s. *Schug*; kritisch zu Schug *Crivellari*, S. 19 f.

60 Diese Debatte ist nicht ausschließlich, aber stark befördert von der Auseinandersetzung und auch den Folgen des sog. NS-Booms in der Unternehmensgeschichte. Dazu: *Gregor*, S. 80–93; *Pierenkemper*, „Moderne" Unternehmensgeschichte, S. 70–85; *Feldman*, Unternehmensgeschichte des Dritten Reichs; *Brünger*, Geschichte und Gewinn, insbes. S. 353–368.

61 Anders in der internationalen Forschung, s. dazu etwa *Mordhorst u. Schwarzkopf*; *Hansen*.

schen dem unternehmenseigenen Geltungsanspruch und der angenommenen gesellschaftlichen Erwartung.
Mit diesem Rahmen verbunden ist eine Setzung, die man teilen oder auch verwerfen mag. Sie lautet: Die Geschichtspolitik von Krupp wird als *nicht* von außen auferlegt verstanden. Damit war weder im Kaiserreich noch in der Weimarer Republik, im „Dritten Reich" oder in der jungen Bundesrepublik die Beziehung zwischen der jeweiligen Staatsführung und dem Unternehmen so eng, dass die unternehmenseigene Geschichtspolitik der politischen und amtlichen Geschichtspolitik einfach nachfolgte.[62] Es geht damit also nicht um den bereits häufig untersuchten ‚Umgang', und damit um eine von außen oktroyierte Auseinandersetzung mit der eigenen Geschichte.

Ganz anders wird sich zeigen, dass die Geschichtspolitik bei Krupp eigenständig und auch antizipierend war, die Geschichte des Unternehmens im „Dritten Reich" etwa schon seit Beginn der 1950er Jahre als Aktivum bewertet und eingesetzt wurde. Die Geschichtspolitik von Krupp war auch nicht ausschließlich auf die Legitimation als deutsches Nationalunternehmen ausgelegt, sondern reklamierte eine eigene Position, deren Funktion es gerade war, der Gegenwartskritik und -forderung rückwärtsgerichtet etwas entgegenzusetzen und den eigenen Geltungsanspruch zu markieren. Die Rede vom „Freund" Krupp,[63] wie Kaiser Wilhelm II. Friedrich Alfred Krupp postum bezeichnete, oder einem „hart wie Kruppstahl",[64] wie Hitler formulierte, sind in dieser Sicht Ausdruck einer politischen Indienstnahme Krupps, aber kein Bestandteil der Geschichtspolitik des Unternehmens. Denn dafür, dass Friedrich Alfred Krupp den Kaiser öffentlich als „Freund" festgeschrieben wissen wollte oder dass Gustav oder Alfried Krupp den Ausspruch „hart wie Kruppstahl" rezitierten, finden sich keine Belege. Eine geschichtspolitisch vorgenommene Integration derartiger Aussagen und Positionen war auch unwahrscheinlich. Die unternehmenseigne Geschichtspolitik transportierte ein Statement, eine kommunizierte Deutung zur gegenwärtigen Entwicklung, war Ausdruck des vom Unternehmen selbst reklamierten Geltungsanspruches und eine auf Eigenständigkeit und Besonderheit gerichtete Positionierung. Das konnte mit einer Verhältnisbestimmung zum Staat einhergehen, durchlaufendes Kennzeichen war das aber nicht. Staat und Krupp waren in ihrer Verortung in der Zeit keineswegs kongruent, vielmehr stand die Geschichtspolitik des Unternehmens für ein Handlungs- und Aktivitätsfeld, das die Selbstpositionierung mit Blick auf Staat und Gesellschaft gerade

62 Tatsächlich unternahm Alfred Krupp den Versuch, sich direkt in die historisierende amtliche Öffentlichkeitsarbeit einzuhängen; das misslang allerdings. S. dazu Kap. 2.1.
63 Zit., *Obst*, S. 250.
64 „In unseren Augen muss der deutsche Junge der Zukunft schlank und rank sein, flink wie Windhunde, zäh wie Leder und hart wie Kruppstahl."; Zit., O.V.: Reden, S. 57.

Tab. 1: Publikations- und Gliederungsübersicht

Autor	Titel	Jahr
Kap. 2: Machbare Geschichte		
(o.V.)	‚Geschichte der Kanone' (Denkschrift)	(1875, nicht publ.)
Richard Ehrenberg	Grosse Vermögen. Ihre Entstehung und ihre Bedeutung. Die Fugger – Rothschild – Krupp	1902
(div. Vf.)	‚Geschichtliche Studien'	(1906 – 1912, nicht publ.)
Richard Ehrenberg u. Hugo Racine	Krupp'sche Arbeiter-Familien. Entwicklung und Entwicklungs-Faktoren von drei Generationen deutscher Arbeiter	1912
(Wilhelm Berdrow)	Krupp 1812 – 1912. Zum 100 Jährigen Bestehen der Firma Krupp und der Gussstahlfabrik zu Essen-Ruhr	1912
Wilhelm Muehlon	Die Verheerung Europas – Aufzeichnungen aus den ersten Kriegsmonaten von August bis November 1914	1917
Rudolf Herzog	Die Stoltenkamps und ihre Frauen	1917
(Wilhelm Berdrow)	Kriegsdenkschrift	(1919 – 1934, nicht publ.)
Wilhelm Berdrow	Alfred Krupp, 2 Bde.	1926, 1927
Wilhelm Berdrow	Alfred Krupps Briefe 1826 – 1887	1928
Wilhelm Berdrow	Friedrich Krupp, der Erfinder und Gründer. Leben und Briefe	1929
Erik Reger (eigtl. Hermann Dannenberger)	Union der festen Hand	1931
Wilhelm Muehlon	Direktor für Kriegsmaterial bei Krupp. Erinnerungen bis zum Ersten Weltkrieg	1934
Joachim von Kürenberg (eigtl. Joachim von Reichel)	Krupp – Kampf um Stahl	1935
Wilhelm Berdrow	Alfred Krupp und sein Geschlecht. Geschichte eines deutschen Familienunternehmens	1937
Bernhard Menne	Krupp. Deutschlands Kanonenkönige	1937
Gustav Krupp von Bohlen und Halbach	Art. Betriebsführer und Rüstungsarbeiter, in: Front in der Heimat	1942

Tab. 1: Publikations- und Gliederungsübersicht *(Fortsetzung)*

Autor	Titel	Jahr
Wilhelm Treue	‚Kriegswirtschaftsgeschichte'	(1942 – 1944, nicht publ.)
Josef Winschuh	‚Gustav Krupp. Ein Leben für das Werk'	(1942 – 1944, nicht publ.)
Kap. 3: Retardierende Geschichte		
Tilo von Wilmowsky	Warum wurde Krupp verurteilt? Legende und Justizirrtum	1950
(o.V.)	The Krupp Case (Green Series)	1950 (nicht in der BRD publ.)
Gert von Klass	Die drei Ringe. Lebensgeschichte eines Industrieunternehmens	1953
Kurt Pritzkoleit	Männer, Mächte, Monopole. Hinter den Türen der westdeutschen Wirtschaft	1953
Louis Lochner	Tycoons and Tyrant. German History from Hitler to Adenauer	1954
Bernhard Woischnik	Alfred Krupp. Meister des Stahls. Das Lebensbild eines grossen Deutschen	1957
Ernst Schröder	Krupp. Geschichte einer Unternehmerfamilie	1957
Norbert Mühlen	The Incredible Krupps. The Rise, Fall, and Comeback of Germany's Industrial Family	1959
Gordon Young	The Fall and Rise of Alfried Krupp	1960
Rudolf Amelunxen	Ehrenmänner und Hexenmeister. Erlebnisse und Betrachtungen	1960
Gert von Klass	Aus Schutt und Asche. Krupp nach fünf Menschenzeitaltern	1961
Kap. 4: Zurückkehrende Geschichte		
Gabriel Fielding	The Birthday King. A Romance	1962
Tilo von Wilmowsky	Warum wurde Krupp verurteilt? Legende und Justizirrtum	1963 (3. Aufl.)
Ernst Schröder	Otto Wiedfeldt. Eine Biographie	1964
William Manchester	The Arms of Krupp. 1587 – 1968	1968
Bernt Engelmann	Krupp. Die Geschichte eines Hauses. Legenden und Wirklichkeit	1969

an den Wendepunkten zum Ausdruck brachte. Das waren für Krupp nicht grundsätzlich, aber doch graduell andere Zeitpunkte als die, die die politikhistorische Geschichtsschreibung setzen würde. So begann Krupp deutlich vor Ende des Zweiten Weltkrieges mit der Suche und der Versprachlichung einer erneuerten Geschichte, die dazu diente, auch in der nach-nationalsozialistischen Zeit anschlussfähig zu sein. Es gilt daher auch zu untersuchen, auf welche Stimuli reagiert wurde, wann und zu welchem Zweck die Reflexion über die Vergangenheit einsetzte, wie sie entwickelt und betrieben wurde, zu welcher Form sie konstruiert wurde und auch, wann sie mit der gegenwärtigen Entwicklung derart in Konflikt geriet, dass eine sinnhafte, also anschlussfähige Reformulierung der vorher vertretenen Geschichte notwendig wurde oder überhaupt nicht mehr plausibel gestaltbar war. Die Arbeit an der eigenen Geschichte war ein Prozess, der immer wieder aufs Neue die Selektion und die (Re-)Konstruktion der Geschichte bedeutete,[65] und sie stand bei Krupp gerade wegen der großen Bekanntheit in einem hohen Maße in Bezug zur öffentlichen und politischen Diskussion, sie war aber nicht deckungsgleich mit den Zäsuren der politischen Geschichte.

Auch geht es nicht darum, und das sei nachdrücklich herausgestellt, eine durchgehende Kausalität herauszuarbeiten, sondern zentral sind die Aktivitätspunkte geschichtspolitischen Handelns. Die Geschichtspolitik als Handlungsfeld im hier verstandenen Sinne gründete weder auf der einen Erzählung noch war sie die Summe narrativer Topoi, wie etwa des sprichwörtlichen „Kruppianers" oder der „Dicken Bertha", die sich einfach aufzählen ließen. Vielmehr bauten die einzelnen Schritte des geschichtspolitischen Handels aufeinander auf, legten Erzähllinien und Schwerpunkte, die verändert und verschoben, aber nicht glaubhaft durch gänzlich neue ersetzt werden konnten, schon gar nicht durch *das eine* nach außen gerichtete und neue Narrativ. Nicht Kausalität, sondern die Weiter- oder gezielte Wegentwicklung von der vorher etablierten Geschichte stand im Zentrum der geschichtspolitischen Arbeit. Die geschichtspolitischen Aktivitäten waren der Versuch, die unternehmenseigene Wahrnehmung und auch Sinnstiftung durch die Reflexion der öffentlichen Meinung(en) in Übereinstimmung zu bringen. Hinter den Vorhang dieser geschichtspolitischen Deutungshandlungen zu blicken und sie quellenfundiert nachzuvollziehen, darauf zielt die Untersuchung ab.

---

65 Ein Postulat, das Erinnern wie das Vergessen gleichermaßen als „soziale Tatsachen" ernst zu nehmen, bei *Hölscher*, Semantik, S. 101–110. Zentral ist, dass sowohl das Erinnern als auch das Vergessen einer „kumulativen Lernfähigkeit" unterliegen: „Wann dieses Vergessen eintritt, hängt von der jeweiligen geschichtlichen Situation ab, der sinnstiftenden Funktion kollektiver Erinnerung." Zit. ebd., S. 114. Es wird sich zeigen, dass das „Vergessen" nach dem Zweiten Weltkrieg bereits sehr viel früher erlernt worden war.

Welche Quellen bieten Ansatzpunkte, um den geschichtspolitischen Aktivitäten auf die Spur zu kommen? Die zunächst verfolgte Überlegung war, über Presseberichte eine Art Thematisierungs- und Bewertungsmodell im Zeitverlauf quantitativ zu identifizieren. Neuere methodische Ansätze, wie etwa die des Textmining, womit sich große Datenmengen gezielt auf modellierte Topics durchsuchen und auslesen lassen, bieten sich dafür an.[66] Von hier ausgehend ließen sich Zeitpunkte von unternehmerischer Aktivität identifizieren und in ihrer Reaktion im Unternehmen recherchieren. Bei der Durchsicht einschlägiger Artikel, die im Vorwärts, Reich und Handelsblatt erschienen, wurde allerdings etwas ganz anderes deutlich: Die Presseberichte über Krupp hatten nie die Form einer tagesaktuellen Berichterstattung, sondern waren beständig historisierend. Merkwürdigerweise waren sie durch einen fortwährenden Rückbezug auf die längst vergangene Unternehmensgeschichte gekennzeichnet, wobei feste Ereignis- und Wertungsketten für längere Zeitabschnitte immer wieder auftauchten. Daher war es angebracht, den Ursachen dieser Merkwürdigkeit empirisch nachzugehen. Jene auf Zeit fixierte historisierende Bewertungen fanden sich schließlich, und zwar nicht originär in den Presseberichten, sondern in den umfangreicheren Publikationen über Krupp, die sich im weitesten Sinne einer unternehmensgesteuerten „Firmengeschichte" oder dem „literarischen Journalismus"[67] zuordnen ließen, wobei die Unterscheidung zwischen dem, was als vom Unternehmen autorisierte und was als vom Unternehmen unabhängige Veröffentlichung gelten konnte, für die Pressevertreter nicht immer eindeutig war. Folgerichtig bildeten diese Veröffentlichungen in ihrer Entstehung die zentralen und durch das 20. Jahrhundert hindurch verfolgten empirischen Schwerpunkte der Untersuchung (s. Tab. 1). Leitend für die Hebung und Auswertung der Archivalien waren die folgenden Fragen:

- Was motivierte Krupp, sich an der Deutung und der Konstruktion der eigenen Geschichte zu beteiligen und weshalb wurde die Arbeit an der eigenen Geschichte beibehalten und verstetigt?
- Wann wurden sich die Akteure bei Krupp über die Beharrungskraft der bereits verankerten Geschichte bewusst? Wer trat bei und für Krupp als für die Geschichtspolitik zentraler Akteur auf?
- Auf welche Gegenerzählungen bzw. externe Geschichtsdeutungen wurde reagiert? Welchen Rang und welchen Einfluss hatten außerhalb von Krupp ste-

66 Etwa *Wehrheim u. a.*

67 Der literarische Journalismus bezeichnet eine Spielart, gewissermaßen ein eigenes Genre des Journalismus, der besonders in den USA eine lange Tradition aufweisen kann. Kennzeichnend ist seine im Vergleich zur Nachricht in der Zeitung „komplexere Textstruktur" sowie die Suche nach den „symbolischen Wirklichkeiten" einer Geschichte. *Eberwein*, v. a. S. 118–129.

hende Verfasser auf die Gestaltung der Geschichte, was motivierte sie, sich an der Deutung der Krupp-Geschichte zu beteiligen?
- Wie entwickelten sich die geschichtspolitisch handlungsleitenden Geltungsansprüche, inwiefern verschoben sich die Ansprüche an eine richtige, eine wahre und wahrhaftige Krupp-Geschichte?
- Welche Abschnitte der Unternehmensgeschichte wurden geschichtspolitisch eingesetzt und welche Abschnitte wurden – und v.a. wie und wann – ausgeblendet und verklausuliert?

Empirisch fußt die Untersuchung auf einer Reihe von Überlieferungen, zentral aber war die breite Überlieferung im Historischen Archiv Krupp mit den beiden Bestandsgruppen, dem Werksarchiv und dem Familienarchiv.[68] Die geschichtspolitischen Aktivitäten bei Krupp wurden nicht über Jahrzehnte von der einen Stelle im Unternehmen aus gelenkt, sodass hier die Berücksichtigung *eines* Bestandes ausreichend wäre. Vielmehr wanderte die Geschichtspolitik vom Management ins Archiv, wurde dann die persönliche Angelegenheit des Eigentümerunternehmers und mehr oder weniger exklusiv zwischen Gustav Krupp und Wilhelm Berdrow[69] ausgehandelt und verankert. Dann folgte eine Phase, in der die geschichtspolitischen Aktivitäten wieder nachließen, um bald erneut zu einer zentralen Leitungsaufgabe zu werden, die vom Management, besonders dem Berliner Büro, wahrgenommen wurde. Nach dem Zweiten Weltkrieg wurden sie von einem Familienmitglied, Tilo von Wilmowsky, regelrecht monopolisiert, bis sie nach der Wiederkehr von Alfried Krupp und unter der Führung von Carl Hundhausen professionalisiert und fest formalisiert der Stabsabteilung Öffentlichkeitsarbeit zugeordnet wurde. Folgerichtig wurde mit den Vorgängen verschiedener Ebenen und Provenienzen, in aller Regel aber auf Leitungsebene, gearbeitet.[70] Mit den geschichtspolitischen Aktivitäten verbunden war eine umfangreiche Korrespondenz, konzernintern sowie mit Verfassern und auch Verlegern. Ein Quellen- oder Überlieferungsproblem ist nicht zu beklagen. Während Veit Damm in seiner Arbeit über die Repräsentationsakti-

68 Besonders ergiebig waren hierbei: HAKrupp, WA 56 (Geschichtliche Abteilung/Archiv), WA 119 (Zentralbereich Kommunikation, Stabsabteilung Information), WA 125 (Büro Carl Hundhausen), WA 137 (Kanzlei Friedrich von Bülow), WA 55 (Presseausschnitt-Sammlung Krupp) und HAKrupp, FAH (Familienarchiv) 23 (Gustav Krupp von Bohlen und Halbach), FAH 24 (Alfried Krupp von Bohlen und Halbach) und FAH 29 (Tilo von Wilmowsky).

69 Wilhelm Berdrow (1867–1954) entwickelte sich im Vorfeld des Firmenjubiläums 1912 zum ersten Firmenhistoriker von Krupp und gilt zudem als einer der ersten, die das Feld der professionellen Unternehmensgeschichte in Deutschland erschlossen haben. *Schröder*, Wilhelm Berdrow; *Redlich*, S. 19.

70 Nicht möglich waren Recherchen im Bestand Berthold Beitz im HAKrupp. Der Bestand ist für die wissenschaftliche Nutzung weiterhin gesperrt.

vitäten von Banken und Versicherungen konstatieren musste, dass kaum Unterlagen archiviert wurden,[71] ist eine derartige Überlieferungslücke für Krupp nicht feststellbar. Schwieriger war es, die andere, die als extern und unabhängig einzuordnende Perspektive auf Krupp über Primärquellen zu fassen.[72] Immerhin war dies aber bei einigen und maßgeblichen Akteuren möglich, etwa für Bernhard Menne, den als unabhängig geltenden Louis Lochner und für William Manchester.[73] Bei einem anderen engagierten Geschichtsschreiber, dem zeitgenössisch sehr bekannten Wirtschaftsjournalisten Josef Winschuh,[74] war es gerade der Umstand, dass diese Episode kein Bestandteil seines Nachlasses ist, der überaus aufschlussreich ist und der über die Gegenüberlieferung bei Krupp nicht nur fassbar, sondern auch erklärbar wird.

Obgleich der Blick der über Krupp schreibenden Zeitungen interessant gewesen wäre, war diese Perspektive empirisch nicht vielversprechend. Zwar kann das Archiv der FAZ inzwischen als für die Forschung geöffnet gelten.[75] Für andere Zeitungen gilt das jedoch nicht. Zudem, der Journalismus, selbst nach Richtungsberichterstattung und -kommentar differenziert, hatte im Untersuchungszeitraum nicht das eine Zentrum. Ausschlaggebend aber war, dass die Berichterstattung in der Presse im Fall von Krupp nicht die eigentliche Quelle der Meinungsbildung war. Die in der Presse publizierten Meinungen wurzelten in den größeren Veröffentlichungen, die von den Journalisten verwendet wurden, weil eine tagesaktuelle Berichterstattung aufgrund der Verweigerung des Unternehmens nicht möglich war. Dennoch sind einige Quellenfunde in Hinblick auf die journalistische Berichterstattung wahrscheinlich überraschend. Eine breite journalismushistorische und damit kommunikationswissenschaftliche Analyse war aber nicht angestrebt.[76]

---

71 *Damm*, S. 47. Anders Julia Lorenzen, die die Repräsentationsaktivitäten der Automobilindustrie seit den 1930er Jahren untersucht hat: *dies.*, v. a. S. 39–42. Beide Untersuchungen befassen sich mit der Repräsentationsaktivität und den Jubiläumsfeierlichkeiten und arbeiten auf dieser Grundlage die Bedeutung sog. Legitimitätsstrategien heraus.

72 Das gilt für den politischen Journalismus, wobei inzwischen einige Zeitungen auch archivisch untersucht werden können. S. dazu *Requate*, Journalismus als Beruf, S. 26–30. Für die Journalisten und ihre größeren Publikationen, die unabhängig von den Zeitungen veröffentlicht wurden, ist das deutlich schwieriger. Nicht alle literarischen Journalisten haben Nachlässe hinterlassen.

73 Bundesarchiv (BArch), N (Nachlass) 1218 (Menne, Bernhard); Wisconsin Historical Society (WHS), Division of Library, Archives, and Museum Collections, University of Wisconsin, USA, Coll. 37 (Louis P. Lochner Papers); Wesleyan University (WU), Special Collections and Archives, USA, WMP (William Manchester Papers).

74 BArch, N 1223 (Winschuh, Josef).

75 Pointiert zur „Selbstveredelung" der Zeitungen bei einer gepflegten Politik der geschlossenen Archive: *Hachmeister*, Das Problem, S. 7–11.

76 Einschlägig *Hodenberg*, Konsens und Krise, v. a. S. 25–30.

Im Untersuchungszeitraum lassen sich grob drei Phasen voneinander unterscheiden (s. Tab. 1). Der erste Hauptteil befasst sich mit der Vorgeschichte und der Entfaltung der geschichtspolitischen Aktivität. Tatsächlich war die Heranziehung der Geschichte als Argument bei Krupp kein aus dem Unternehmensinneren heraus gewachsener Selbstläufer, sondern eine eilig getroffene Entscheidung des Managements. Die Entdeckung der Geschichte als Argumentationsmöglichkeit der Öffentlichkeit gegenüber war das eine, das andere war die Entwicklung einer tragfähigen Geschichte. Insgesamt ist für diese erste Phase zwischen 1902 und 1943/44 kennzeichnend, dass die Geschichte als ‚machbar' bewertet wurde und das selbsthistorisierte Geschichtsbild in der Öffentlichkeit kaum auf Widerstand stieß. Die zweite Phase, die nach dem Zweiten Weltkrieg einsetzte, kennzeichnete der Versuch, eine nach den Nürnberger Prozessen transformierte eigene Geschichte breitenwirksam zu aktivieren, das nicht zuletzt, um die erheblichen Strukturprobleme des Unternehmens zu verdecken (retardierende Geschichte). Im Zuge der damit einhergehenden starken Formalisierung der unternehmenseigenen Geschichte bedeutete das auch den Höhepunkt der Geschichtspolitik des Unternehmens im 20. Jahrhundert. Die dritte Phase, seit Beginn der 1960er Jahre, war schließlich gekennzeichnet von einer zunehmenden und geschichtlich festgemachten Kritik aus dem In- und auch Ausland, die mit der Abkehr des Unternehmens von der aktiven Geschichtspolitik kulminierte. Die vorher eigens verbreiteten Geschichten schlugen in einer negativen Weise auf das Unternehmensimage zurück. Es kam zu einer Neuerzählung der Krupp-Geschichte durch Externe (zurückkehrende Geschichte).

2 Machbare Geschichte, 1874 – 1943/44

> Es müßte ja schon sehr weit gekommen sein mit den Folgen der Entlassungen und Lohnbeschränkungen, wenn unsererseits eine öffentliche Erklärung nothwendig wäre zur Beruhigung der Leute und für den Credit des Etablissements. Es wäre ein großes Unglück, wenn jemals durch solche Veranlassung solche öffentliche Erklärung nothwendig hervorgerufen werden möchte, und ich würde den entgegengesetzten Erfolg davon voraussetzen. […] Jede Aeußerung, die wie eine Excuse aussieht, wird zur Beschuldigung ausgebeutet werden, und was an Credit gewonnen werden soll, wird im Gegentheil eingebüßt. Wir brauchen in dem Augenblick mehr als je, daß an dem Credit nicht gerüttelt werde und deshalb erschrecke ich vor den Folgen von derartigen Zeitungserklärungen, die nur den Anschein haben können, daß das Etablissement die Nothwendigkeit empfindet für ‚seinen' Ruf und Credit etwas thun zu müssen.[77]
>
> Alfred Krupp, 1867

Natürlich war Alfred Krupp,[78] die bekannte Gründerfigur des Unternehmens, zukunftsorientiert und außerordentlich innovativ. Früh verstand er die Bedeutung der Öffentlichkeitsarbeit für sein Unternehmen.[79] Ein Mitarbeiter der Presseabteilung des Unternehmens konstruierte noch knapp ein Jahrhundert später, Mitte der 1960er Jahre, eine lange Linie und stellte die Öffentlichkeitsarbeit des Unternehmens in eine bereits von Alfred Krupp entwickelte Vorgehensweise: „Auszugehen ist von der Tatsache, dass Krupp als eines der ersten Unternehmen überhaupt Pressearbeit aufnahm und eine Art public relations schon zu einer Zeit betrieb, als man in den USA diesen Begriff[80] noch nicht einmal erfunden hatte. Ebenfalls ist daran zu erinnern, dass schon der alte Alfred Krupp der beste PR-Mann seiner Zeit war, mit Nachwirkungen bis in unsere Zeit."[81]

Wie bereits anklang, ist eine analytische Unterscheidung von Repräsentation auf der einen Seite und Geschichtspolitik auf der anderen Seite ratsam. Bisher war es üblich, beides, die Vermarktung der Unternehmensgeschichte und die Reprä-

77 Zit. Alfred Krupp an Firma, Nizza, 2.3.1867, in: *Berdrow*, Alfred Krupps Briefe, S. 227 f.

78 Alfred Krupp (1812–1887) war Sohn des eigentlichen Unternehmensgründers Friedrich Krupp, der verstarb, als Alfred Krupp gerade einmal 14 Jahre alt war. 1853 heiratete Alfred Krupp Bertha Eichhoff; aus der Ehe ging ein Sohn, Friedrich Alfred Krupp, hervor. *Berdrow*, Alfred Krupp.

79 Zur Repräsentation auf Gewerbeausstellungen s. *Großbölting*. Auch im Wohnungsbau zeigte sich die Marketingpotenz sehr deutlich: Der Krupp'sche Wohnungsbau (im engen Revier stritt man dieserart um die Facharbeiter, sodass die für Berlin so typischen „Mietskasernen" eher selten waren) wurde besser vermarktet als der der anderen Unternehmen im Revier. Dazu *Bolz*, S. 90–116.

80 August Wittkamp bezog sich hier auf Edward Bernays. Bernays gilt als Begründer der modernen Public Relations und definierte Ende der 1920er Jahre: „Propaganda ist der Mechanismus, mit dem Ideen im großen Stil gestreut werden, […] der wohlorganisierte Versuch, einen bestimmten Glauben oder eine Doktrin zu verbreiten." Zit. *ders.*, S. 28.

81 Zit. August Wittkamp: Die Pressearbeit bei Krupp, 10.2.1966, HAKrupp, WA 168/651.

 https://doi.org/10.1515/9783111207193-002

sentationsaktivitäten unter „Marketing", „Öffentlichkeitsarbeit" oder „Public Relations" zusammenzufassen. In einer etwas differenzierten Sicht aber zeigt sich: Die von Alfred Krupp gepflegte Vermarktungsstrategie war sicherlich – und wie auch von August Wittkamp hervorgehoben – bedeutsam.[82] Allerdings basierte sie auf der Repräsentation als einer gegenwartsbezogenen Darstellungspraxis, aber nicht auf der Selbsthistorisierung des Unternehmens.[83] Überhaupt war Alfred Krupp alles andere als ein großer Geschichtenerzähler.[84] Zwar verfügte er über das Bewusstsein grundsätzlicher Geschichtlichkeit allen Seins, das für seine Zeit typisch war. Aber an dem etwa von Friedrich Nietzsche diagnostizierten „historischen Fieber" litt er sicherlich nicht.[85] Vielmehr widmete sich Alfred Krupp ganz dem Fortschritt. „Die Gegenwart für die Zukunft", so fasste Wilhelm Berdrow später die Handlungsmaxime von Alfred Krupp treffend zusammen.[86]

2.1 Die fortschrittliche Repräsentation durch Alfred Krupp

> Ich setze voraus, daß in der Geschichte der Kanone
> nichts Unwahres,
> nichts Ungerechtes oder
> Verletzendes und außerdem nichts enthalten ist, dessen Mittheilung nicht unsere Berechtigung wäre.
> Ich setze voraus, daß irgendwelche möglichen Einwürfe und Bestreitungen unsererseits vorgesehen sind, weil wir ja schon lange wußten, wie selbst hohe Offiziere der Artillerie falsch unterrichtet waren über Thatsachen, wie Sie uns beschuldigten, Constructionen und Geschosse Preußischen Ursprungs anderwärts überliefert zu haben, während das Gegentheil existirte und wir Constructionen, die wir z.B. durch Thätigkeit in Rußland festgestellt hatten, für Preußen angewandt haben.
> Ich setze voraus, daß jeder das Seinige thun wird, diese Schwierigkeit zu beseitigen, denn wir brauchen für unsere nähere Kundschaft, welche uns Vertrauen schenken und Bestellungen machen soll, [eine] solche Geschichte der Entwickelung. Aus derselben geht hervor, daß die ganze Canone unser Werk ist und daß die preußische Artillerie eine Frucht davon ist und nicht der Ursprung.[87]
>
> Alfred Krupp, 1875

82 Der zeitg. Begriff „Reklame" wurde von den meisten Unternehmern naserümpfend abgelehnt. S. *Kellen*, Lehrbuch.

83 *Wolbring*, Krupp und die Öffentlichkeit; *van de Kerkhof*, Waffen und Sicherheit.

84 Anders *Tenfelde*, „Krupp bleibt doch Krupp", S. 16 f.

85 So Friedrich Nietzsche 1874 zu dem seiner Ansicht nach fehlentwickelten geschichtlichen Denken seiner Zeit. *Ders.*, S. 209.

86 [*Berdrow*], Krupp 1812–1912, Zit. S. 306. Zur Formel des Fortschritts s. *Koselleck*, Fortschritt, S. 410 f.; *ders.*, Vergangene Zukunft, S. 368.

87 Alfred Krupp an die Prokura und Sophus Goose, 29.3.1875, in: *Berdrow*, Krupps Briefe, Zit. S. 317.

Berichtende aus aller Welt fanden frühzeitig, dass die um sich greifende und objektsuchende Fortschrittseuphorie und das „Genie“[88] Alfred Krupp hervorragend zusammenpassten. Alfred Krupp trat daher nicht nur als ein Apostel des Fortschritts auf, er wurde auch seit der Jahrhundertmitte in der Öffentlichkeit als personifizierter Träger des technischen Fortschritts wahrgenommen. Alfred Krupp bot ja auch nicht weniger als die ideale Vorlage für das dominante Fortschrittsnarrativ des 19. Jahrhunderts: bescheidene und von Rückschlägen gekennzeichnete Anfänge, einen unbedingten Erfolgswillen sowie einen starken Erfindergeist. Unternehmer wie Alfred Krupp, so sahen es die zeitgenössischen Journalisten, schufen die technischen Entwicklungen, die die Moderne erst ermöglichten. Auf diese Weise machten sie den höchst intensiv spürbaren Wandel für ihre Leser darstell- und auch erklärbar. Die Fortschrittseuphorie zur Zeit Alfred Krupps basierte auf einer linearen Vorstellung von Zeit. „Fortschritt“ wurde zum tragenden und auch sinngebenden Perspektivbegriff. Die Entwicklung von einem Punkt in der vergegenwärtigten und als statisch beschriebenen Vergangenheit in die wandlungsintensive Gegenwart der zweiten Hälfte des 19. Jahrhunderts lieferte dabei zugleich die Grundlage wie den Beleg für den als gradlinig angenommenen Verlauf rapider Weiterentwicklung. Aus diesem linearen Zeithorizont heraus erschien die Zukunft in einem besseren Licht, und wenn nicht, so war sie doch mit den richtigen Erfindern, wie Alfred Krupp einer war, zumindest planbar.[89]

Subjektiv war sich Alfred Krupp seiner eigenen Lebensleistung sehr bewusst.[90] Die Begründung einer vergangenheitsbewirtschaftenden Öffentlichkeitsarbeit kam ihm aber nicht in den Sinn. Feierlichkeiten zum 25-jährigen Unternehmensjubiläum lehnte er ab und entzog sich etwaigen Gratulanten durch Abwesenheit.[91] Was Krupp aber anordnete, war die Aufbewahrung seiner Briefe.[92] Dabei ging es ihm keineswegs darum, die Eckpunkte der Unternehmensgeschichte zu bewahren. Krupp wies in seinen Briefen an, manchmal barsch, oftmals freundlich; er ordnete an, erteilte – besonders seitdem er nach der Gründerkrise, die das Unternehmen empfindlich getroffen hatte,[93] seinen Sohn Friedrich Alfred Krupp stärker in die Unternehmensführung einband – Ratschläge für die Zukunft. Alfred Krupp sah in

88 *Ehrenberg*, Grosse Vermögen, Zit. S. 212; dazu auch Ernst Schröder, Entstehungsgeschichte der StA Information, 27.4.1967, HAKrupp, WA 7 f/156.

89 Dazu *van Laak*, Planung, v. a. S. 397 f.

90 Wie sich auch aus der ikonografischen Darstellungsweise (dazu *Zorn*, Unternehmerportrait, S. 85 f. u. 91) oder an den Bauten (dazu *Henle*, S. 229–231.) ersehen lässt.

91 *Ehrenberg*, Grosse Vermögen, S. 208.

92 *Berdrow*, Alfred Krupps Briefe, passim.

93 Einordnend und vergleichend *Bongartz*, Unternehmensleitung, Teil I, insbes. S. 37–48, u. Teil II, insbes. S. 73–95.

seinen Briefen zeitüberdauernde, die Zukunft bezwingbar machende Handlungsanweisungen.[94] Wesentliche Entscheidungen sollten seiner Ansicht nach in der Zukunft, in der er nicht mehr sein würde, genauso getroffen werden, wie er sie selbst in der Vergangenheit getroffen hatte.[95] Eindringlich waren deshalb auch seine Anweisungen, an der Geheimhaltung Externen gegenüber festzuhalten: Journalisten waren ihm ebenso ein Graus wie Banken, die seiner Erfahrung nach nur danach trachteten, seine Entscheidungskompetenz zu beschneiden. „Krupp", das war sein persönliches Privatunternehmen, Transparenz nach außen war für ihn nicht akzeptabel. Alfred Krupp wies in seinen Briefen an, an diesem, seinem persönlichen Erfahrungswissen, festzuhalten. Insofern war Alfred Krupps Verhältnis zur Geschichte, die bei ihm deckungsgleich war mit der eigenen Erfahrung, durchaus reflektiert; sie blieb aber eine subjektive Handlungskategorie.

Zweifelsohne hatte sich das Unternehmen seit 1826 von bescheidenen Anfängen zu großer Bedeutung entwickelt.[96] In der Breite erhielt die Öffentlichkeit etwa zur Jahrhundertmitte die Kunde von dem überragenden Unternehmer aus Essen. Gekonnt präsentierte Krupp 1851 auf der ersten Weltausstellung im Londoner Hyde Park seinen homogen gegossenen Gussstahlblock, mit 4.500 Pfund Gewicht eine „wahre Krone der Eisengießerei".[97] Das ebenfalls präsentierte englische „Monsterpiece" brachte dagegen lediglich 1.000 Pfund auf die Waage. Journalisten aus aller Welt waren verblüfft über dieses Werk deutscher Technik. Sie waren es dann auch, die die imposante Repräsentation des Unternehmers aufnahmen und verbreiteten. Damit machten sie Krupp weltberühmt.[98] Diese erste große und auf große Resonanz stoßende repräsentative Tat war zwar aufwendig, aber nicht historisierend angelegt worden. Sie, wie auch die folgenden Aktivitäten der kommenden Jahre, waren darauf gerichtet, die zeitgenössische Gegenwart in ein immer neues und noch imposanteres Licht zu rücken. Krupp personifizierte den Fortschritt und zunehmend auch die militärtechnische Entwicklung. Krupps nachfolgende Repräsentationen, seine immer wieder aufs Neue inszenierten technischen Superlative, zeigten an,

---

94 *Stremmel*, Transformation steuern, S. 249–268.

95 Dazu auch die Charakterisierung bei *James*, S. 31–95.

96 S. *Beyer*; zur Wachstumsstrategie s. *van de Kerkhof*, Friedens- zur Kriegswirtschaft, S. 107–115.

97 Bereits 1844 hatte Krupp in Berlin auf der deutschen Gewerbeausstellung ein „dreitöniges Geläute" aus Gussstahl präsentiert sowie zwei Gewehrläufe, gerade weil das preußische Kriegsministerium ihren Erwerb kurz zuvor abgelehnt hatte. *Ehrenberg*, Grosse Vermögen, S. 179 f.

98 S. dazu die frühen und von Externen vorgelegten Biografien von *Baedeker* (1889), *Müller*, Gussstahlfabrik (1896) sowie *Frobenius* (1898). Diese drei Titel waren aber keineswegs die ersten historisierenden Veröffentlichungen über Unternehmer. Es gab auch bereits Unternehmer, die sich historisierend öffentlichkeitswirksam inszenierten. Ein Beispiel dafür bietet die Autobiografie von Bethel Henry Strousberg. S. *ders.*

dass es mit der industriellen Vorherrschaft Englands vorbei war. Mehr noch, Alfred Krupp verkörperte die Welt, wie sie in Zukunft sein könnte.

Schon bald veränderten sich die Objekte der Krupp'schen Repräsentation, jedenfalls die, die von den Berichtenden aufgegriffen und thematisiert wurden.[99] Schnell standen nicht mehr homogen gegossene Stahlblöcke im Vordergrund, und auch die Bedeutung des Unternehmens bei der verkehrsinfrastrukturellen Erschließung ganzer Staaten durch das in Essen gefertigte Eisenbahnmaterial, insbesondere die nahtlosen Eisenbahnreifen, waren kaum ein Thema, das die Öffentlichkeit weitergehend interessierte. Es war Krupp als „Kanonenkönig"[100] und damit als Rüstungsproduzent, über den berichtet wurde, und das umso mehr, je stärker die Gründung des Kaiserreichs als militärisch-kriegerischer Akt durch die Einigungskriege und den deutsch-französischen Krieg thematisiert wurde.[101] Die eigenen Reflexionen von Alfred Krupp blieben derweil exklusiv für seinen Sohn und die Procura bestimmt. In der zweiten Hälfte des 19. Jahrhundert bildete die eigene Geschichte kaum mehr als eine unternehmensinterne Referenz, die etwa in Ansprachen Verwendung fand. Sie stellte aber kein sinnhaftes Argument für das Unternehmen in seiner Außenkommunikation dar.

Die von Alfred Krupp angeordnete Kombination aus Verschwiegenheit und Repräsentation provozierte die berichtenden Journalisten. Sie richteten ihr Interesse zunehmend auf Krupp.[102] Insofern aber als Alfred Krupp in seinem Unternehmen eine Privatangelegenheit sah, sich weigerte, überhaupt irgendeinen gegenwartsaktuellen Bericht zu geben und zudem eine ausgesprochene Abneigung gegen Journalisten kultivierte, waren es genau diese Journalisten, die ihre Berichterstattung gezwungenermaßen in das Format einer Entwicklungserzählung bringen mussten. Sie schufen auf diese Weise die Grundlage für die Historisierung der Krupp'schen Unternehmensgeschichte. Die derart entstehende „Krupplegende" wand, wie Willi Boelcke es formulierte, „den Kranz uneigennützigen Erfindertums und genialer Geschützkonstruktion" um die Entwicklung zum Essener „Industriegiganten".[103] Ganz ähnlich formulierte auch Harold James: „Alfred Krupp machte

99 1851 hatte Krupp neben dem „Monsterpiece" bereits eine Kanone ausgestellt. Für großes Aufsehen sorgte aber erst die 1867 in Paris ausgestellte Kanone. *Schell*, S. 33–42.

100 Der Begriff „Kanonenkönig" wurde 1866 in der Gartenlaube geprägt. *Heimsoth*, S. 35 f.

101 *Wolbring*, Krupp und die Öffentlichkeit, S. 61. Zur Reichsgründung und dem daran anschließenden „grandiosen Werk der ‚Geschichtsrevision'" s. *Langewiesche*, v. a. S. 26–29, Zit. S. 28.

102 Zur dafür zentralen Rolle der Journalisten als „Gatekeeper" s. *Requate*, Der Journalist. Zur Entwicklung des Normsystems im deutschen Journalismus ausf. *Schönhagen*.

103 Zit. *Boelcke*, Krupp und die Hohenzollern, S. 58. Die kommentierte Edition von Boelcke beruhte auf Quellen aus dem Geheimen Staatsarchiv Preußischer Kulturbesitz und dem Bundesarchiv. Für Wilmowsky war Boelckes Quellensammlung, die 1956 erschien, nicht weniger als eine „Hetzschrift",

seinen Familiennamen zu einer deutschen Ikone"[104]. Hier ist zu ergänzen: zu einer Ikone „des Fortschritts". Der Fortschritt im Speziellen wie auch der Sonderstatus des Unternehmens wurden zwar von Alfred Krupp repräsentativ vertreten, aber noch nicht von innen heraus begründet, geschweige denn gesteuert oder historisch fundiert dargestellt. Vielmehr wurde die Geschichtswerdung der „Krupplegende" von außenstehenden Journalisten versprachlicht und öffentlichkeitswirksam platziert.

In die Welt getragen von Journalisten, hatte die öffentliche Meinung schon bald einen hohen Wert für das Unternehmen. Insofern als diese zunächst ausgesprochen positiv und bewundernd, nicht selten sogar ehrfürchtig war, unterstützte sie Krupp in der anhaltenden Auseinandersetzung mit dem widerspenstigen preußisch-deutschen Großabnehmer. Nach der kriegerischen Reichsgründung, die einen Höhepunkt für das gesellschaftliche Ansehen des Unternehmens bedeutete – immerhin war die Schlacht von Sedan v. a. dank des von Krupp entwickelten Geschütztyps gewonnen worden[105] –, reizte ein Konflikt zwischen dem staatlichen Rüstungsabnehmer und Krupp zu einer ersten historisierenden Argumentation: 1874 erteilte Alfred Krupp den Auftrag zur Abfassung der GESCHICHTE DER KANONE.[106] Krupp reklamierte darin mit einigem Recht die Entwicklung des Geschützes für sich.[107] Die preußische Artillerie-Prüfungskommission betätigte sich zu der Zeit allerdings noch selbst als Konstrukteur und wollte von einer Abhängigkeit vom privaten Erfindertum oder gar von einem privaten Unternehmen nichts wissen.[108] Die Schrift war weder eine gezielt entwickelte geschichtspolitische Tat, noch wurde sie von einer Kampagne begleitet. Vorausgegangen war die in einer Fachzeitschrift veröffentlichte Behauptung der preußischen Artillerie-Prüfungskommission, eigentlicher Urheber des Feldgeschützes C/73 zu sein. Dieser Behauptung wollte Krupp etwas entgegensetzen und erteilte deshalb den Auftrag, die bei Krupp vorgenommene Entwicklung des Geschützes als Denkschrift zu verschriftlichen. Erstmals sollte damit nun also eine militärtechnische Entwicklung vom Unternehmen selbst hergeleitet und in die Form einer perspektivischen Fortschrittsargumentation gebracht werden. Die Schrift sollte, so wies Alfred Krupp nach der Fertigstellung an, den preußischen

---

ebenso wie Fritz Fischers „Griff nach der Weltmacht", das 1961 erschien. Wilmowsky an den „lieben Richard", 27.2.1962, HAKrupp, FAH 29/6.

104 Zit. *James*, S. 7.

105 Den im wahrsten Sinne des Wortes durchschlagendsten Erfolg hatte das von Krupp gefertigte Feld- und Festungsgeschütz C/64/67. *Baedeker*, S. 75.

106 Dazu auch [*Berdrow*], Krupp 1812–1912, S. 258 f.

107 Ausf. und das Folgende nach den Ausführungen zur „Geschichte der Kanone" in *Wolbring*, Krupp und die Öffentlichkeit, S. 138–144.

108 *Ehrenberger*, Grosse Vermögen, S. 191.

Militärbehörden übermittelt und zudem werbend an Kunden in der ganze Welt gesendet werden. Die im März 1875 fertiggestellte Denkschrift über die „Entwicklung der Kanonen-Fabrikation in der Gußstahlfabrik von Fried. Krupp in Essen" sang das hohe Lied vom Fortschritt und der rüstungstechnischen Brillanz Krupps, und war damit eingefasst in den geläufigen zeitgenössischen Fortschrittsbegriff. Gegen den Rat seiner Procura wurde sie auf Anweisung von Alfred Krupp an das preußische Kriegsministerium gesandt.[109] Dort reagierte man, wie das Management bereits geahnt hatte, ausgesprochen verstimmt. Eine zur Kenntnisnahme lehnte man ab. Und eine Übernahme der damit von Krupp vorgelegten Deutung in das eigene – und bereits deutlich weiterentwickelte – amtliche militärische Geschichtsbild wurde abgelehnt, und zwar rundweg. Mit anderen Worten: Diesem ersten Versuch, eine selbstbestimmte Entwicklungsgeschichte zu verankern und damit eine amtliche Legitimierung zu erreichen, wurde eine Abfuhr erteilt. Das war auch nur wenig verwunderlich: „[D]aß die ganze Canone unser [Krupps, d. Vf.] Werk ist und daß die preußische Artillerie eine Frucht davon ist und nicht der Ursprung", dieser Topos wies das Unternehmen und seinen Eigentümer als eigentlichen Innovator militärtechnischer Entwicklung derart ungeschminkt aus, dass die stolze preußische Generalität dies nicht akzeptieren konnte. Alfred Krupp hat die Einführung stärker entwicklungsgeschichtlich ausgerichteter eigener Darstellungen danach zwar wiederholt gefordert. Das wurde von seiner Procura aber nicht nur nicht aufgenommen, sondern sogar mit einiger Energie ignoriert.[110]

Der hier durchscheinende Konflikt zwischen der amtlichen Öffentlichkeitsarbeit des preußisch-deutschen Staates und der Öffentlichkeitsarbeit von Krupp ist für die weitere Entwicklung zentral. Insbesondere während der Zeit Alfred Krupps war das preußische Kriegsministerium der wichtigste Abnehmer und gleichzeitig der stärkste Kritiker des Unternehmens. Obwohl die Verbindungen zwischen dem Unternehmen und der Kriegsbürokratie durch die Repräsentationsaktivitäten ausgebaut wurden, kommunizierten Unternehmen und Abnehmer nicht zuletzt über die Öffentlichkeit, übermittelten ihre Kritik und Klarstellungen dabei über fachliche Journale und versuchten, über die zunehmend richtend auftretende Tages- und Parteipresse zu polemisieren. Was Krupp in dieser Auseinandersetzung fürs Erste half, war das Unternehmensimage, das, beginnend mit der Weltausstellung 1851 und mit der Hilfe von begeisterten Journalisten, weltweit übernommen worden war. Und obgleich Alfred Krupp dies selbst nie hatte wahrhaben wollen: Es war die von ihnen, den externen Mediatoren, verbreitete Erzählung vom techni-

109 *Stein*, v. a. S. 27–35.

110 Alfred Krupp an die Prokura und Sophus Goose, 29.3.1875, in: *Berdrow*, Krupps Briefe, Zit. S. 317. Anders etwa bei der Maschinenbauanstalt Borsig, dazu *Knabe*, S. 37–42.

schen Genie aus Essen, die eine zentrale Bedeutung im Gerangel um die begehrten staatlichen Rüstungsaufträge einnahm. Am Anfang stand also das enorme Renommee von Alfred Krupp und seinem Unternehmen. Von einer durch das Unternehmen sinnhaft bewirtschafteten Geschichte war indes, abgesehen von dem glücklosen Versuch, die „Geschichte der Kanone" in die amtliche Öffentlichkeitspolitik einzuschleusen, noch nichts zu sehen.

Krupp war längst nicht das einzige Unternehmen, das sich mit den Techniken der Repräsentation befasste. Im Hinblick auf den gezielten Einsatz der eigenen Geschichte waren andere Krupp sogar einen Schritt voraus. Insbesondere Banken und Versicherungen setzten ihre Geschichte bereits früher als Mittel der Unternehmenskommunikation ein.[111] Allerdings unterschied sich ihre Motivation deutlich von den Motiven für die Öffentlichkeitsarbeit bei Krupp: Banken und Versicherungen stellten mit der aufbereiteten Darstellung ihrer Geschichte den unternehmenseigenen Erfolg heraus und bezweckten damit die Gewinnung und Stabilisierung von Vertrauen. Vertrauen nähren und möglichst stiften, das wollte Krupp auch, nur war der Adressat ein ganz anderer. Während Banken und Versicherungen um das Vertrauen der Konsumenten buhlten, die im wohlhabenden Bürgertum zu suchen waren, inszenierte sich Krupp für einen deutlich größeren Abnehmer: den preußisch-deutschen Staat. Ihn mit Hinweis auf die Geschichte zu bearbeiten, war zunächst nicht naheliegend. Denn der junge Nationalstaat arbeitete selbst kräftig an der Inszenierung einer eigenen historisch hergeleiteten Legitimität. Insofern war für Krupp die Herausstellung der eigenen technischen Leistungsfähigkeit, vermittelt über repräsentative Aktivitäten – Schießübungen in Meppen, Veröffentlichungen in militärisch-technischen Fachzeitschriften[112] und Besuche des Kaisers in Essen[113] – zunächst deutlich naheliegender. Unter Alfred Krupp betrieb das Unternehmen keine Geschichtspolitik, sondern bediente sich mit einigem Erfolg der Repräsentation als Vermarktungstechnik.

111 *Damm*, S. 94–100; *Knabe*, S. 51–71.

112 *Stein*, S. 96; ausf. *Wolbring*, Krupp und die Öffentlichkeit.

113 *Bolz*, S. 99 f.

2.2 Friedrich Alfred Krupps Scheitern an der Gegenwart

> Je verheißender die Zukunft der Fabrik sein möchte, desto eher würde man Dir Fallen legen können. [...] Nimm an, daß so ein Gründer Raubthier, wie sie ja existiren, durch Schmeichlerei und Eröffnung von Aussichten auf Betheiligung und Gewinn, einen oder ein Paar Tonangebende aus der Verwaltung für sich gewinnt, so kann man bei der solidesten ursprünglichen Lage die Verhältnisse so verwickeln, Dich so verstricken, daß Du den Besitz opfern mußt.[114]
>
> Alfred Krupp, 1875

Nach dem Tod von Alfred Krupp, 1887, ging das Unternehmen in den Besitz des einzigen ehelichen Sohnes Friedrich Alfred Krupp über.[115] Als „aktiv-passiver Unternehmer"[116] verließ Friedrich Alfred Krupp den von seinem Vater eingetretenen Pfad kaum.[117] Er übernahm die Aufgabe der repräsentativen Beziehungspflege zum Kaiserhaus und hielt sich auch dabei an den etablierten und fortschrittlichen Repräsentationsstil seines Vaters.[118] Eine Hinwendung zur Geschichte oder einen Versuch, das Unternehmen, jetzt immerhin in dritter Generation, zu historisieren, ist indes nicht feststellbar. Allerdings starb Friedrich Alfred Krupp bereits 1902, 48 Jahre alt. Er wurde damit nicht alt genug, um wie der Vater am Ende des Lebens als Unternehmer ein subjektiv reflektiertes Verständnis über das in der Vergangenheit Geleistete auszubilden.

Seit den 1890er Jahren versuchte Friedrich Alfred Krupp, mit einer „neue[n] Unternehmenskultur"[119] die Arbeiterschaft stärker zu binden und zu befrieden. Krupp hielt dabei, wie bereits der Vater, an der engen Beziehung zum Staat fest. Das zweite Standbein des Unternehmens, seine Rüstungsfertigung, hatte sich unter den Bedingungen des Obrigkeitsstaates ausgesprochen gewinnbringend entwickelt. Inzwischen hatten die Rüstungsproduktion und die zivile Produktion des Unternehmens in etwa gleichgezogen.[120] Die Erfahrungen, die noch Alfred Krupp mit den widerborstigen preußischen Kriegsämtern hatte machen müssen, schienen durchgestanden, nicht zuletzt seitdem Kaiser Wilhelm II. und Friedrich Alfred

114 Alfred Krupp an Friedrich Alfred Krupp, 18.2.1875, in: *Berdrow*, Alfred Krupps Briefe, Zit. S. 315.

115 Ein „Epigone", wie der Journalist Felix Pinner in den 1920er Jahren über Friedrich Alfred Krupp urteilte und anfügte, „nicht ohne Klugheit und Feinheit, aber ohne Kraft und Impuls, ein müder Erbe, der mit höchster Mühe vielleicht das Ueberkommene verwalten konnte, dem aber die Fähigkeit fehlte, es mit schöpferischen Leben neu zu gestalten". *Pinner*, Zit. S. 81.

116 So die Charakterisierung; s. *Stremmel*, Handeln und Selbstverständnis, Zit. S. 46.

117 Er setzte aber durchaus eigene Akzente, dazu ebd., S. 27–75. Zur Entwicklung und v.a. Veränderung der Handlungskompetenzen des Krupp-Managements unter der Leitung von Friedrich Alfred Krupp s. *Keßler*, S. 88–112.

118 *Kohlrausch*, S. 318–320.

119 *James*, S. 101.

120 *Van de Kerkhof*, Friedens- zur Kriegswirtschaft, S. 108 f.

Krupp sich angenähert hatten und der Kaiser den eigenen Herrschaftsanspruch als Oberster Kriegsherr und auch im Hinblick auf die Gestaltung der Rüstungspolitik deutlich anzeigte.[121] Es gab für Friedrich Alfred Krupp also kaum einen Grund, Veränderungen der Vermarktungstechnik vorzunehmen. Im Gegenteil: Ähnlich dem Kaiser, „posierte" auch Krupp als „Mann des Fortschritts, als Führer in eine neue Zeit", und das, ohne sich allzu sehr mit der Vergangenheit zu befassen.[122] Lediglich der Repräsentationsschwerpunkt verlagerte sich: Während der Zeit Alfred Krupps war das Unternehmen für die Heeresausrüstung, insbesondere die Geschützproduktion wesentlich geworden. Nach dem deutsch-französischen Krieg hatten sich die stabilen Nickelstahlrohre des Unternehmens gegen die Bronzerohre endgültig durchgesetzt. In den 1890er Jahren und während der Zeit Friedrich Alfred Krupps kamen die Aufträge für die Marine dazu. Heer und Marine bildeten dabei nicht den einen und damit homogenen staatlichen Auftraggeber- und Abnehmerblock, sondern die Marine war ein weiterer staatlicher Großabnehmer, mit eigenen Regeln und einer Aufsteigeradministration, die sich gegen die bis dahin unangefochtene Dominanz des Heeres zu positionieren hatte.[123]

Und so passten die fortschrittlichen Repräsentationsrezepte des Vaters und der Wandel der von Friedrich Alfred Krupp erlebten Gegenwart immer weniger zusammen.[124] Ein für den Eigentümer wucherndes Problem stellte die unternehmensinterne Verlagerung der Entscheidungsprozesse dar. Friedrich Alfred Krupp wurde zunehmend deutlich, dass er über maßgebliche Entwicklungen im Rüstungsmarkt kaum oder nur unzureichend informiert wurde und sich damit auch nur schwerlich an den Entscheidungen seines Managements beteiligen konnte. Die vorgenommene Umwidmung der „Procura" zum „Direktorium" half ihm da nicht weiter.[125] Krupps Vertrauter, Carl Menshausen,[126] empfahl ihm daher 1890 ein „Informations-Bureau" bzw. ein „Nachrichten-Bureau für Kriegsmaterial" zu errichten. Es sollte die relevanten und verfügbaren Informationen über die in- und insbesondere ausländischen Neuerungen in der Rüstungsfertigung sammeln. Auch das in der Öffentlichkeit zirkulierende Wissen sollte geordnet und für den unternehmensinternen Gebrauch und für Friedrich Alfred Krupp persönlich sortiert

---

121 *König*, Kaiser.

122 *Mommsen*, Zit. S. 52.

123 *Stein*, S. 93–98.

124 *Epkenhans*, Großindustrieller, S. 84. Das erlebten auch andere Schwerindustrielle, s. dazu *Wulf*, S. 154–156.

125 *Keßler*, S. 84–112.

126 Carl Menshausen war enger Vertrauter von Friedrich Alfred Krupp; 1877 hatte Krupp den polyglotten Menshausen zu Krupp geholt, 1893 wurde Menshausen Mitglied des Direktoriums. *Wolbring*, Krupp und die Öffentlichkeit, S. 229–233.

werden. Zudem, aber erst in zweiter Linie, sollte das Bureau Auskunft erteilen über das Unternehmen und damit Sorge dafür tragen, dass wohlgefällige Journalisten mit Informationen versorgt wurden.[127] Kurzum, die das Unternehmen betreffende Informationsflut sollte geordnet und die Ausgabe von Informationen aus dem Unternehmensinneren heraus kontrolliert werden. Für Friedrich Alfred Krupp zentral war aber etwas anderes: Das Nachrichten-Bureau sollte als seine persönliche Informationsschnittstelle fungieren. Denn die durch das erhebliche Wachstum des Unternehmens sich immer weiter ausdifferenzierende Krupp-Organisation hatte dazu geführt, dass das Direktorium, insbesondere Hanns Jencke,[128] die strategisch relevanten Informationen zunehmend auf sich konzentrierte. Friedrich Alfred Krupp selbst konnte sich immer weniger einbringen. Er verband mit der Gründung des Nachrichten-Bureaus daher nicht nur die Zentralisierung von Informationsströmen, sondern er bezweckte damit, persönlich umfassend informiert zu werden: „Alle Mitteilungen für dieses Bureau sind an mich zu adressieren", so legte Krupp eigentlich unmissverständlich fest.[129] Die Mitteilungen an ihn wollte er „weit" verstanden wissen. Auch „unwesentlich" Erscheinendes sollte ihm vorgelegt werden; nichts sei ihm „vor[zu]enthalten". Das betraf v. a. den Bereich „KM" (Kriegsmaterial), für den er separat festhielt: Er wünsche informiert zu werden über „Artillerie-Material; Panzerplatten; Handwaffen; Pulver- und Explosivstoffe; Schiffbau; Anlage von Forts, Festungen; Errichtung neuer Fabriken von Kriegsmaterial; Bestellungen an die Konkurrenz; Ankunft, Abreise & Verhandlungen von Bevollmächtigten der Konkurrenz; die Budgets der Kriegs- und Marine-Ministerien; Anleihen zu Kriegszwecken; Personal-Veränderungen von Interesse; Schießversuche etc. etc."[130] Nicht zufällig formulierte Friedrich Alfred Krupp diese Liste sehr konkret. Der Eigentümer fand, dass das Direktorium ihn informationspolitisch kurzhielt und versuchte, mit der Einrichtung des Nachrichten-Bureaus ein geradezu klassisches Prinzipal-Agent-Problem zu lösen.[131] Die Anweisung wurde allerdings regelrecht ignoriert, jedenfalls fand Krupp sich auch nach der Einrichtung nicht umfassend ins Bild gesetzt. „In keinem Fall", so Krupp, sei „bisher meinen Wünschen so wenig Rech-

---

127 Menshausen an das Direktorium, 7.5.1890, abgedr. in *Benz*, Entstehung (Dokumentation), S. 204–207.

128 Hanns Jencke war zunächst Beamter in einer Eisenbahngesellschaft und wurde dann von Alfred Krupp für die Unternehmensleitung abgeworben, wo er schnell zum Primus inter Pares der Procura wurde. Jencke vertrat Krupp maßgeblich in den Verbänden. *Keßler*, S. 72–88 u. 109–112.

129 F[riedrich Alfred] K[rupp], 13.11.1900, abgedr. in *Benz*, Entstehung (Dokumentation), S. 209 f., Zit. S. 210.

130 Ebd., S. 209 f., Zit. S. 210.

131 Diese Problemstellung zwischen Eigentümer und Management legt auch die Organisationsentwicklung nahe. Dazu ausf. *Bongartz*.

nung getragen worden“, und weiter: „Jede Änderung im Nachrichtenbureau [...] bitte ich vor definitiver Ausführung zu meiner Kenntnis zu bringen.“[132] Auch in der sekundären Funktion als Koordinationsstelle für Informationen nach außen war das Nachrichten-Bureau den Anforderungen nicht gewachsen.[133] Das „Informations-Bureau“, das bis Ende 1890 eingerichtet wurde, ist daher keineswegs mit einer modernen Öffentlichkeitsabteilung oder gar persuasiver Meinungsarbeit zu verwechseln. Vielmehr war die Einrichtung der von Friedrich Alfred Krupp unternommene Versuch, ein in erster Linie konzerninternes Problem zu lösen und das Direktorium mit seiner exklusiven Informationspolitik an die Entscheidungsgewalt des Eigentümers zurückzubinden.[134]

In diese Gemengelage mischte sich die Aufwertung der Marine. Wilhelm II. zeigte schon sehr bald nach der Thronbesteigung an, dass er beabsichtigte, die Marine zu stärken. Maßgeblich beeinflusst war Wilhelm II. dabei von „The Influence of Sea Power upon History“, der Veröffentlichung des US-amerikanischen Admirals und Militärschriftstellers Alfred Thayer Mahan.[135] In dem Buch hatte Mahan die britische Dominanz aus der Flottenstärke abgeleitet. Das musste auf den Kaiser, der händeringend nach eigenen Leistungs- und Kompetenzfeldern suchte, einigen Eindruck machen. Denn während die Administration der Landstreitkräfte als selbsterhaltendes System längst und stark etabliert war, fristete die Kaiserliche Marine noch ein eher kümmerliches Dasein. In der Marine identifizierte der Kaiser seinen eigenen Gestaltungsspielraum und begann, ihn zu nutzen.[136] Bereits im Februar 1895 und im Rahmen eines Vortrags in der Kriegsakademie umriss Wilhelm II. seine Flottenüberlegungen. In der preußischen Kriegsakademie wurden die Generalstabsoffiziere der Landstreitkräfte ausgebildet. Als Oberster Kriegsherr verkündete der Kaiser dort nun nicht etwa eine Ausweitung ihrer Stellung, sondern

---

132 [Friedrich Alfred] Krupp an Fried. Krupp [Direktorium], 9.2.1893, abgedr. in *Benz*, Entstehung (Dokumentation), S. 212.

133 *Wolbring*, Krupp und die Öffentlichkeit, S. 227–229; Entwurf der vorläufigen Organisation eines Nachrichten-Bureaus für Kriegsmaterials, 13.11.1890, abgedr. in *Benz*, Entstehung (Dokumentation), S. 208 f.

134 Die Einrichtung einer derartigen Informationszentrale ist nicht als Besonderheit zu bewerten. Die amtliche Pressepolitik, die für Krupp maßgeblicher war als die Öffentlichkeitsarbeit anderer Unternehmen, war da deutlich weiter. Dazu *Stöber*; anders *Benz*, Entstehung (Dokumentation), S. 201–203.

135 *Kunczik*, S. 108; *Mahan*.

136 Bereits 1889 richtete Wilhelm II. komplementär zum Militärkabinett für die Landstreitkräfte ein Marinekabinett ein, obwohl von einer deutschen „Flotte“ zu diesem Zeitpunkt noch keine Rede sein konnte. *Mommsen*, S. 28 u. 85.

bekundete eine gänzlich neue Aufwertung der Marine.[137] Zwar waren die Ausbauplanungen mit dem Staatssekretär des Reichsmarineamts (RMA) abgestimmt, der Zeitpunkt für die öffentliche Verkündung war es aber nicht. Und Friedrich Alfred Krupp wurde bereits zu diesem Zeitpunkt eine besondere Rolle zugesprochen: Der „größte Fabrikant" – also Krupp –, so der Kaiser, habe erklärt, zum „Selbstkostenpreis zu liefern" und das sei „so gut [...], wie geschenkt".[138] Die damit kolportierte Annahme, mit der sich Krupp seitdem konfrontiert sah, war falsch. Für ein privatwirtschaftliches Unternehmen bedeutete die Produktion der notwendigen Ausrüstung, dass es nicht allein die Stückkosten zu kalkulieren hatte, sondern eben auch die Forschungs- und Entwicklungskosten. Und dass selbst reinster Patriotismus, wie er von Krupp fortwährend bekundet wurde, keine Rüstungsproduktion auf der reinen Stückzahl erlaubte, lag so sehr auf der Hand, dass Kritik an der Preisstellung bzw. den Rüstungsausgaben vorprogrammiert war. Genau das war aber problematisch, schließlich war die Marinerüstung zwar eine Angelegenheit des Obersten Kriegsherrn, über die Finanzierung, die Budgetplanung, aber hatte der Reichstag zu beraten und sein Placet zu geben. Insofern waren erhebliche Schwierigkeiten bei der Durchbringung im Parlament erwartbar. Selbstredend hatte Krupp Interesse daran, an der Ausweitung des Rüstungsprogramms beteiligt und zum ersten Marineproduzenten zu werden. Der Einbezug des Unternehmens an der Ausstattung der Marine bedeutete schließlich nicht weniger als eine auf Jahre sichere Auslastung der seit den 1890er Jahren stark gewachsenen und potenziell auch rüstungstechnischen Anlagen. Das 1893 übernommene Grusonwerk warf ordentliche Gewinne ab – als Schiffswerft und Eisengießerei erweiterte es die Gussstahlproduktion und war mehr oder weniger das Ergebnis einer horizontalen Integrationsstrategie. Die Übernahme der Germaniawerft aber hatte sich als eine Belastung herausgestellt, die durch die in Aussicht gebrachten Aufträge des RMA eine erhebliche Milderung erfahren würde.[139]

Die Kritik an dem von Wilhelm II. ausgestalteten Format des Obrigkeitsstaates ließ nicht lange auf sich warten. Die Massenpresse hatte eine eigene Dynamik und einen eigenen und für den Obrigkeitsstaat kaum mehr zu händelnden Einfluss

---

137 Vortrag in der Kriegsakademie über den Ausbau der deutschen Flotte, 8.2.1895, abgedr. in *Obst*, S. 105–128, hier S. 105. Seinen bekannten Ausspruch, „Unsere Zukunft liegt auf dem Wasser", formulierte er später, im September 1898 anlässlich der Eröffnung des Hafens in Stettin. *Stein*, S. 208.

138 Vortrag in der Kriegsakademie [...], abgedr. in *Obst*, Zit. S. 118.

139 Die Germaniawerft und ihre Vorläufer hatten bereits seit den 1870er Jahren rote Zahlen geschrieben. 1896 wurde zunächst ein Betriebsüberlassungsvertrag vereinbart, 1902 wurde die Aktiengesellschaft dann von Krupp übernommen. *Stremmel*, Handeln und Selbstverständnis, S. 39–44; *James*, S. 111; *Epkenhans*, Zwischen Patriotismus und Geschäftsinteresse, S. 210–224; anders noch *Boelcke*, Krupp und die Hohenzollern, S. 104 f.

entwickelt.[140] Kritik wurde nun im wahrsten Sinne des Wortes gegenwärtig und damit für jedermann lesbar. Das sah auch Friedrich Alfred Krupp. Als der Lobbyist Victor Schweinburg[141] ihm 1897 mit der Gründung der Süddeutschen Reichskorrespondenz einen Pressedienst empfahl, der getarnt in Unabhängigkeit für gute Stimmung dem Obersten Kriegsherr gegenüber sorgen sollte, stimmte Friedrich Alfred Krupp zu. Schweinburg tat Krupp auch darüber hinaus gute Dienste. Als von Friedrich Alfred Krupp beauftragter Dienstleister informierte er ihn persönlich über Entwicklungen sowie Diskussionen, die er in Berliner Regierungs- und Militärkreisen aufgeschnappt hatte. Der Umstand, dass Krupp Schweinburg privat, also nicht über das Unternehmen, engagierte, war wiederum eine Folge der Tatsache, dass Krupp sich von seinem Direktorium auch weiterhin unzureichend informiert sah. Krupp war sich bewusst, dass die Beteiligung an der Zeitung nicht nur ein parteiliches, sondern auch ein gesellschaftspolitisches Engagement war, und zwar eines, das deutlich über das bis dahin übliche Engagement hinausging. Deshalb bestand er darauf, dass seine Beteiligung nicht bekannt wurde.[142] Der damit auf einer Linie liegende und ebenfalls von Schweinburg empfohlene Ankauf der Berliner Neuen Nachrichten 1898 ging in eine ganz ähnliche Richtung. Auch hier sollte das Engagement von Krupp nicht publik werden.[143] Ohne Zweifel bedeuteten diese Aktivitäten eine Veränderung im Umgang mit der Öffentlichkeit. Friedrich Alfred Krupp persönlich empfand die zunehmende Kritik am Obrigkeitsstaat als problematisch. Die Reichskorrespondenz und die Berliner Neuesten Nachrichten sollten deshalb für eine positive Stimmung dem Kaiser und auch der Flottenvorlage gegenüber sorgen. 1897, mit der Ernennung von Alfred von Tirpitz[144] zum Staatssekretär des RMA, wurden die maritimen Aufrüstungspläne allerdings in ein deutlich breiteres Netz gezielter amtlicher Öffentlichkeitsarbeit eingebunden.[145] Tirpitz war sehr klar, dass für die Überzeugung des Reichstags mehr notwendig war, als seinen

---

140 *Requate*, Journalismus als Beruf; *Wilke*, „Großmacht“, S. 79 – 90. Wesentlich ist, wie Frank Bösch herausstellte, dass Missstände v. a. von Politikern über den Presseweg aufgedeckt wurden, es zu der Zeit also nur wenige Journalisten gab, die entlarvten. *Bösch*, Zeitungsberichte, S. 325 u. 327.

141 Victor Schweinburg (1846 – 1914) war Lobbyist beim CDI. *Pulzer*, S. 143 – 240, hier S. 217 f.; *Tebrake*, S. 103 – 105.

142 *Wolbring*, Krupp und die Öffentlichkeit, S. 257 – 261.

143 Ebd., S. 243 f.

144 Alfred von Tirpitz war seit 1895 Konteradmiral, seit 1897 Staatssekretär des RMA und in dieser Funktion die zentrale Figur beim Ausbau der deutschen Flotte. S. *Berghahn u. Deist*.

145 Verfügung des Oberkommandos der Marine, 10. 2. 1894. Bestimmungen über den Verkehr mit der Presse (Ausz.), abgedr. in *Berghahn u. Deist*, S. 194 f. Ausf. zur amtlichen Medienarbeit im deutsch-britischen Vergleich, allerdings ohne Einbezug wirtschaftlicher Interessen oder Pressepolitik *Götter; Kunczik*, S. 120.

Etappenplan bloß mithilfe von guten Argumenten vorzubringen.[146] Im RMA entwickelte das dortige Nachrichtenbüro unter der Leitung von August von Heeringen[147] einen wohlorchestrierten Propagandaapparat. Und Tirpitz wünschte sich – zumindest anfangs – die „[s]tärkere Anteilnahme der direkt von der Flotte Nutzen ziehenden Privat-Industrie"– und damit von Krupp.[148] Der von Schweinburg im Interesse von Krupp maßgeblich beeinflusste Flottenverein ging dabei aber zunehmend „eigene Wege",[149] was das RMA in seinem Anspruch, die Propagandamaßnahmen zu lenken, störte. Krupp brachte das schließlich in eine konfrontative Position zum RMA.[150] Zu dem eingespielten Dauerkonflikt mit dem preußischen Kriegsministerium gesellte sich mit der Marine seit Ende des Jahrhunderts eine neue und durchaus konfligierende Liaison zwischen Staat und Unternehmen.[151]

Auch andere Aktivitäten zeigten an, dass Friedrich Alfred Krupp sich unter Druck wähnte, aber auch fand, gesellschaftlichen Einfluss auf seine Gegenwart ausüben zu können. Der von ihm 1900 anonym gestiftete Preis zur „Übertragung der Deszendenztheorie auf die Gesellschaft", der nicht nur ein für die damaligen Verhältnisse horrendes Preisgeld beinhaltete, sondern auch, wenn auch nicht intendiert, zur Verankerung sozialdarwinistischer Perspektiven beitrug, kann als Beispiel für seinen deutlich über die Unternehmensinteressen hinausreichenden

146 Entwurf der Denkschrift des Konteradmirals Tirpitz vom 3.1.1896 zum Flottenbauprogramm des Oberkommandos der Marine (Ausz., o.D.), abgedr. in *Berghahn u. Deist*, S. 195 – 198.

147 August von Heeringen war Marineoffizier und seit 1896 zuständig für die Öffentlichkeitsarbeit der Reichsmarine. *Wolbring*, Krupp und die Öffentlichkeit, S. 263 – 266.

148 Entwurf der Denkschrift des Kontreadmirals […], abgedr. in *Berghahn u. Deist*, Zit. S. 198.

149 Denkschrift des Fregattenkapitäns v. Heeringen vom 24.9.1900 über Aufgaben und Arbeitsmethoden des Nachrichtenbureaus (Ausz.), abgedr. in *Berghahn u. Deist*, S. 201 – 211, Zit. S. 209. Die Denkschrift belegt die hochgradig professionalisierte Öffentlichkeitsarbeit des RMA. Zu ihren dort von Heeringen herausgestellten Erfolgen gehörte die „Anregung" „bedeutender Männer", die Infiltration nicht nur konservativer, sondern auch „links stehender" Zeitungen, die Nutzung von Vereinen (und zwar nicht nur der „leicht" zu überzeugenden, wie dem ADV oder der Kolonialgesellschaft), die Erstellung verschiedener eigener Druckerzeugnisse usw. An die im RMA ausgebildete Professionalität der „Öffentlichkeitsarbeit" kam das Nachrichten-Bureau von Krupp zu diesem Zeitpunkt bei Weitem nicht heran.

150 Tirpitz an Hollmann, 18.11.1899, abgedr. in *Berghahn u. Deist*, S. 200 f. Zum Konflikt, der über den Flottenverein ausgetragen wurde, hieß es: „Bei letzterem [dem Flottenverein, d. Vf.] liegt die Gefahr nahe, daß er, gestützt auf die bisher erzielten, zum großen Teil dem Nachrichtenbureau [des RMA, d. Vf.] zu verdankenden Erfolge, versuchen wird, eigene Wege zu gehen und das Nachrichtenbureau in seinen Maßnahmen nicht zu Rate zu ziehen. In diesem Falle ist es möglich, daß der Verein der Flottensache schließlich unter Umständen schadet. Diese Gefahr liegt um so eher vor, als aus mancherlei Gründen der Verein in breitesten Volksschichten kaum jemals populär werden wird, weil er von Anfang an auf eine falsche Basis gestellt ist." Zit. ebd.

151 Friedrich Alfred Krupp an Tirpitz, 6.4.1900, zur Frage der Preise für Panzerplatten, abgedr. in *Berghahn u. Deist*, S. 287.

Versuch gelten, die Geschicke der Gesellschaft durch Einflussnahme mitzugestalten. Ebenso wie die verdeckten Aktivitäten im Zeitungswesen und in der Flottenpropaganda endete auch dieses Engagement in einem Desaster. Der von Krupp angeregte und gestiftete Preis wurde von Ernst Haeckel,[152] den Krupp in die Jury berufen hatte, gezielt in das „Fahrwasser eines radikalen Sozialdarwinismus" bugsiert. Der öffentliche Eklat im Nachgang der Preisvergabe wurde gar als „umfassend angelegte Aktion gegen die historische Weltanschauung" gebrandmarkt. Als schließlich auch dieses Engagement Krupps aufgedeckt wurde, war Friedrich Alfred Krupp zwar bereits verstorben. Trotzdem schärft auch diese Episode das Bild eines Unternehmers, der über das Selbstverständnis gesellschaftlicher Gestaltungskraft verfügte, dieses aber weniger auf dem linearen Fortschrittsverständnis des Vaters und mehr auf dem seit 1900 erneuerten Fortschrittsbegriff der Naturwissenschaften begründete und damit die Bedeutung der Geschichte eher negierte als elaborierte.[153]

Die auf die Gesellschaft ausgreifenden Aktivitäten, die der Versuch waren, in die tagesaktuellen Debatten einzugreifen und die Öffentlichkeit dabei zu beeinflussen, fielen seit 1900 verstärkt auf Friedrich Alfred Krupp persönlich zurück. Anders als noch eine Generation zuvor war die Presse nicht mehr nur ein Phänomen intellektueller zeitgenössischer Beobachtung. Vielmehr war sie inzwischen in der Lage, auf die politische Willensbildung Einfluss zu nehmen. Meinungspluralität und Massenpolitisierung wurden zu einem für jeden wahrnehmbaren Umstand. Die Zeitungen waren jetzt nicht nur differenzierter in ihrer Berichterstattung, sondern neben den Generalanzeigern hatten sich Richtungszeitungen und parteinahe Zeitungen positioniert.[154] Auch über Handel und Wirtschaft wurde inzwischen breiter und kritischer berichtet. Und schließlich hatte auch das Gewicht des Reichstags zugenommen. Besonders die Reden, die hier gehalten wurden, wurden mit ihrer Veröffentlichung und Kommentierung in den Zeitungen öffentlichkeitswirksam.[155] Es waren insbesondere die Sozialdemokraten, die davon profitierten. Politische Partizipation ging damit bekanntermaßen nicht einher, zumal das Sozialistengesetz bis 1890 stark einschränkend auf die Weiterentwicklung der sozialdemokratischen Presse gewirkt hatte.[156] Gleichwohl, die breite Politisierung

152 Ernst Haeckel war Mediziner und Zoologe. Seit den 1860er Jahren beschäftigte er sich mit der Evolutionstheorie. Haeckel übertrug die Theorie auf die Gesellschaft und zählt damit zu den Wegbereitern des Sozialdarwinismus in Deutschland; er war Vorsitzender des 1906 gegründeten Monistenbundes. S. ausf. *Thomann u. Kümmel*.

153 Ebd., S. 99–143, 205–243, 315–352; Zit. S. 318 u. 343.

154 Ausf. *Wilke*, Grundzüge, S. 259–275.

155 *Wolbring*, Krupp und die Öffentlichkeit, S. 290–294; grdl. *Bösch*, Öffentliche Geheimnisse.

156 *Berger*, Social Democracy, S. 72–88. 1878, zum Zeitpunkt des Erlasses des Sozialistengesetzes, zählte die sozialdemokratische Presse 42 Organe mit einer Gesamtauflage von 150.000 Exemplaren;

ließ die Furcht vor den „Massen"[157] anwachsen, besonders bei denen, die vom obrigkeitsstaatlichen Herrschaftssystem profitierten. Nachdem die Verlängerung der Sozialistengesetze gescheitert war, durchlief das Pressesystem einen Entwicklungsschub. In der sozialdemokratischen Presse, die zuvor unter den Bedingungen des Sozialistengesetzes die Vision einer nahstehenden „großen Revolution" hochgehalten hatte, setzte sich mit der Revisionismusdebatte eine abwartende und stärker pragmatische Haltung durch: „[D]ie Prognose einer revolutionären finalen Krise des Kapitalismus [wurde] selbst zu einem Gegenstand der Utopie – und weit in eine imaginierte Zukunft verschoben", so Thomas Welskopp.[158] Kritik am „Kapitalismus" zu üben, war weiterhin eines der wesentlichen Charakteristika der marxistischen Lehre und entsprechend zentral für die Agitation. Es blieb aber, gerade für die sozialdemokratische Presse, hochgefährlich, unmittelbar Kritik an Kaiser und Obrigkeitsstaat zu üben. Da lag es nahe, die Reichsleitung im Umweg über die Kapitalismuskritik an den Pranger zu stellen. Und dazu boten sich gerade jene Unternehmen an, die öffentlich bekannt waren, als staatsnah galten, den Militarismus nährten und an den Rüstungsaufträgen verdienten.[159] Ihre öffentlichkeitswirksame Entlarvung war von einiger Bedeutung für die Sozialdemokraten während ihres Wandels zum pragmatischen Politikstil. Deshalb musste gerade Krupp sein militärisches und auch sein gesellschaftspolitisches Engagement, das weit über die Interessenwahrnehmung des Unternehmens hinausreichte, teuer zu stehen kommen.

Während der Diskussion über die Flottennovelle und unter dem Eindruck des Boxeraufstands,[160] bei dem die Boxer Kriegsmaterial aus Krupp'scher Fertigung einsetzen konnten, was der Kaiser Krupp persönlich und öffentlich ankreidete, wähnte sich Tirpitz stark genug, Krupp rhetorisch im Reichstag zu opfern. Er kritisierte die Preislisten des Unternehmens und machte damit den Weg für eine an Krupp persönlich festgemachte Fundamentalkritik frei, die ablenkte von den Militärausgaben und dem politischen Zentrum, das diese Ausgaben eigentlich zu

---

sie fielen dem Gesetz zum Opfer. Bis 1890 existierten zwar sozialdemokratische Zeitungen, sie waren aber „lammfromm" und gerierten sich so „harmlos wie möglich". *Koszyk u. Eisfeld*, Zit. S. 13 f.; *Requate*, Journalismus als Beruf, S. 254 – 259.

157 Die „Masse" vagabundierte als „Gespenst der europäischen Geschichte" durch die Geschichtsbücher, so Stefanie Middendorf. Der Begriff wurde im 19. Jahrhundert als spezifische Sozialkategorie entwickelt, um dann, im 20. Jahrhundert, zur „Kernerfahrung" der Moderne zu werden. S. dazu knapp *Middendorf*; ausf. *Nolte*, Ordnung.

158 *Welskopp*, Sozialdemokratie, Zit. S. 49 f.; *Hall*, S. 15 – 18. Zur „Revolution" als „willentliche[r] und bewusstseinsmäßige[r] Vorgriff auf die Zukunft" s. *Koselleck*, Vergangene Zukunft, S. 82.

159 *Rothfuss*, S. 200 – 207; *Geyer*, S. 33 f., 45 – 83.

160 *Heimsoth*, S. 45 f.; zur Aktivität des Unternehmens in China *Baur*; *Hallgarten u. Radkau*, S. 80 – 82.

rechtfertigen hatte. Krupp geriet damit unter erheblichen Druck, die Bücher zu öffnen und Auskunft über die Erlöse aus den Marineaufträgen zu erteilen. Die Weigerung des Unternehmens, diese Transparenz herzustellen, quittierten die Kritiker – und längst nicht nur die Sozialdemokraten – mit polemisierten Mutmaßungen, kapitalismuskritischen Anfeindungen und dem Vorwurf der Staatsausbeutung. Krupp büßte dabei und vor aller Augen den Schutz von Reichsleitung und Kaiser ein. Die sozialdemokratische Presse,[161] die auch weiterhin vor einem direkten Angriff auf das politische Zentrum zurückschreckte, konzentrierte sich auf Krupp. Der in der Verlängerung dieser Anfeindung evozierte Skandal um die von Krupp auf Capri ausgelebte Homosexualität bildete den Höhepunkt der kapitalismuskritischen Kampagne, die damit um ein moralisches Argument erweitert wurde.[162] Denn der Vorwurf der Homosexualität bildete *das* zeitgenössische Skandalon und bedeutete die maximale Rufschädigung des Bezichtigten.[163] Einiges weist darauf hin, dass nicht Krupp allein gemeint war, sondern über Krupp vielmehr der Kaiser selbst und seine Kamarilla diskreditiert werden sollten. Insbesondere um Philipp Eulenburg, bis dahin eine wichtige Figur in der Entourage des Kaisers, wurde es mit dem Tod von Friedrich Alfred Krupp plötzlich still. Eulenburg hatte sich zurückgezogen.[164] Erst Anfang 1906 tauchte er wieder im engeren Umfeld des Kaisers auf. Prompt wurde er daraufhin und öffentlich mit dem Verdacht der Homosexualität belegt und das kaiserliche Umfeld nachhaltig geschädigt.[165]

Bei Krupp hatte man andere Probleme zu bewältigen.[166] Als Friedrich Alfred Krupp auf dem Höhepunkt des Capri-Skandals im November 1902 plötzlich verstarb, hinterließ er seiner Familie und seinen Managern eine gleich dreifache Herausforderung: Erstens durch Heeresrüstung und die ausgebaute Flottenrüstung auf längere Sicht gefüllte Auftragsbücher, wobei die vom Reich zu zahlenden Preise wackelig und längst noch nicht durchgeholt waren; zweitens ein ramponiertes Unternehmensimage und drittens ein manifestes Nachfolgeproblem.

---

161 Dazu grdl. *Koszyk u. Eisfeld.*

162 *Bösch,* Öffentliche Geheimnisse, S. 118–153; *Hall,* S. 173–185; *Mommsen,* S. 130; *Richter; Winzen.*

163 Ausf. *Bösch,* Öffentliche Geheimnisse, S. 43–102.

164 Eulenburg reichte aufgrund einer Erpressungsaffäre seinen Rücktritt als Botschafter in Wien ein. Ausf. *Domeier,* Eulenburg-Skandal.

165 *Mommsen,* S. 127–145.

166 Frank Bösch hat die Wirkung der Medien im Kaiserreich anhand der Vigilanzberichte der Polizei untersucht. Sogar weit entfernt vom rheinisch-westfälischen Industrierevier, in Hamburg, wurde der Tod von Krupp in der Kneipe breit diskutiert: Ein „Menschenschinder" sei Krupp, so verzeichnete ein Polizist die dortige Diskussion des Capri-Skandals, und „es wäre auch ein Skandal in dem soviele Zeitungen einen solchen Menschen vergöttert hätten, wo doch selbige so unendlich schmutzige Sachen auf dem Kerbholz haben". *Bösch,* Zeitungsberichte, Zit. S. 332.

Die aufgedeckten Aktivitäten Friedrich Alfred Krupps und der seit 1900 über die Öffentlichkeit ausgetragene Konflikt mit dem RMA hatten am Unternehmensimage, das insbesondere auf ein Ziel – den rüstungstechnischen Fortschritt – ausgerichtet war, gekratzt. Die öffentliche Skandalisierung der Preise für Rüstungsgüter, die aufgedeckten Beteiligungen an Zeitungen, das maßgebliche Engagement im Flottenverein und schließlich der Capri-Skandal bedeuteten,[167] dass Krupp nicht mehr für Qualität und technische Spitzen- und Pionierleistung positiv gewürdigt wurde, wie das während der Zeit von Alfred Krupp der Fall gewesen war, sondern für seinen vermeintlich staatsausbeuterischen Kapitalismus und seine moralisch verwerfliche, ja abnorme Lebensführung verurteilt wurde. Das war insofern massenmedial vermittelbar und auch glaubhaft, als Friedrich Alfred Krupp in einen maximalen Kontrast zu seinem Vater gesetzt werden konnte: Anders als der asketische und erfinderische Vater, wirkte Friedrich Alfred Krupp weich und zahnlos. Als untersetzter Brillenträger mit einer ausgeprägten naturwissenschaftlichen Neigung, aber nur wenig systematisch entwickeltem technischen Sachverstand, stellte er im direkten Vergleich mit seinem Vater eine schwache Figur dar.[168] Die in der Öffentlichkeit diskutierte Ausbeutung des Staates durch Krupp war auch nicht nur das Ergebnis schlechter Publicity. Sie traf zugleich den Nerv der zeitgenössisch öffentlich vertretbaren Gesellschaftskritik. Da die Marinerüstung vorwiegend aus dem Reichshaushalt finanziert wurde, das Reich aber nur über begrenzte Einnahmen verfügte und die kalkulierten Rüstungsausgaben deutlich über den Einnahmen lagen, wurde die notwendige Einnahmepolitik und Umverteilung als Ausbeutung des deutschen Staates gedeutet und Krupp angelastet. Das konnte umso mehr greifen, als das Unternehmen auch weiterhin exportierte und sich darüber hinaus standhaft weigerte, die Bücher zu öffnen. Damit machte sich Krupp angreifbar.

Nach dem Tod von Friedrich Alfred Krupp wurde das Unternehmen in eine Aktiengesellschaft umgewandelt. Alfred Krupp und auch Friedrich Alfred Krupp hatten sich gegen diese Veränderung der Rechtsform Zeit ihres Lebens gesperrt, trotz ratierlich auftretender Liquiditätsprobleme, die in Form einer Aktiengesellschaft über den Kapitalmarkt problemlos hätten gelöst werden können. Besonders im öffentlichen Raum und den staatlichen Abnehmern gegenüber hatte Krupp dabei stets argumentiert, dass das Unternehmen als private Einzelunternehmung keine einseitige Fixierung auf die Dividende kennzeichne, keine Rücksicht auf Aktionärsinteressen zu nehmen habe und somit über das gesellschaftsrechtlich ge-

---

167 Ausf. *Wolbring*, Krupp und die Öffentlichkeit.

168 Tony Kellen (1869–1948), Redakteur bei der Essener Volkszeitung, veröffentlichte 1904 eine von Krupp herausgegebene Artikelserie über Friedrich Alfred Krupp. Sogar in dieser Serie blieb Friedrich Alfred Krupp als Unternehmer blass. *Epkenhans u. Stremmel*, Deutungen, S. 17; *Kellen*, Entwickelung.

lungenere Format für „patriotisches“ Handeln verfüge.[169] Die nach dem Tod von Friedrich Alfred Krupp vorgenommene Umwandlung in eine Aktiengesellschaft änderte daran erstaunlicherweise nichts. Denn Krupp-Aktien kamen nie in den Verkehr, wurden also nie an der Börse gehandelt.[170] Die Aktien wurden zunächst treuhänderisch von der Witwe Friedrich Alfred Krupps, Margarethe Krupp, verwaltet, bevor sie in das Eigentum der ältesten Tochter Bertha Krupp übergingen. Damit blieb Krupp de facto ein Einzelunternehmen.[171] Als „Familienaktiengesellschaft“ blieben die „Geschäftsberichte“ auf die Wiedergabe „notwendiger Zahlen“ beschränkt.[172] Der gepflegte Grundsatz größtmöglicher Verschlossenheit nach außen ließ sich auf diese Weise nahtlos fortführen.

Die Rüstungsaufträge für Heer und Marine versiegten mit dem Tod des Eigentümers nicht, längst hatte das Unternehmen sich eine fast unersetzliche Position erarbeitet.[173] Das Direktorium sah sich aber nunmehr mit der Aufgabe der Imagepflege konfrontiert, die bis dahin vom Unternehmenseigner wahrgenommen worden war. Hanns Jencke, der noch von Alfred Krupp installiert worden war, hatte sich für einen größeren Entscheidungs- und Handlungsspielraum des Direktoriums eingesetzt.[174] Die Konflikte mit Friedrich Alfred Krupp hatten sich schließlich aber derart zugespitzt, dass Jencke kurz vor dem Tod des Konzerneigners das Unternehmen verließ. Damit stand das Management im Hinblick auf die Aushandlung der kritisierten Preise, etwa für Panzerplatten, nach dem Tod von Friedrich Alfred Krupp schwach da. Schlimmer noch: Das Unternehmen wirkte auf seine wichtigsten Abnehmer regelrecht führungslos. Das RMA jedenfalls sah keinen Grund, auf die konzerninternen Konsolidierungsbemühungen Rücksicht zu nehmen, und übte gehörigen Druck aus, um die Führungsschwäche des Unternehmens auszunutzen und die von Krupp veranschlagten Preise zu drücken.[175] Der Einwand, angeführt

---

169 *Wolbring*, Krupp und die Öffentlichkeit, S. 50.

170 Die Eröffnungsbilanz musste öffentlich gemacht werden; sie war zentral für den Ruf des Unternehmens, über eine außerordentliche Pensionskasse (und auch -verpflichtung) zu verfügen. *Brandi*, S. 27.

171 *Keßler*, S. 146.

172 Zit. Krupp an Oscar Stillich, 28.12.1907, HAKrupp, WA 4/1182.

173 Heer und Marine blieben in einem unbestimmten Verhältnis zueinander. Seit 1910 wurde das Heer wieder bedeutender, was sich insbesondere in der Wehrvorlage 1912 zeigte. *Berghahn u. Deist*, S. 15.

174 S. dazu *Keßler*, S. 72–112.

175 Das RMA versuchte gezielt, die Konkurrenzunternehmen von Krupp zu stärken, um sich gegen eine allzu starke Abhängigkeit zu wehren. S. dazu den Bericht über die Versuche, Thyssen zur Produktion von Panzerplatten zu bewegen, abgedr. in *Berghahn u. Deist*, S. 301–305. Thyssen stellte aber derart hohe Bedingungen – die wohl deutlich über die der bisherigen Produzenten, Krupp und Dillingen, hinausgingen –, dass das RMA seine Überzeugungsversuche, wenn auch erst kurz vor

von Max Rötger,[176] Jenckes Nachfolger als Vorsitzender des Direktoriums bzw. jetzigen Vorstands, dass andere Unternehmen erheblich höhere Reingewinne aus ihrer Rüstungsproduktion zögen, zeigte kaum Wirkung. Denn erstens blieben die Bücher des Unternehmens ja weiterhin verschlossen, und zweitens galt das Wort eines Unternehmenseigners, wie Friedrich Alfred Krupp es gewesen war, mehr als das Wort eines gerade erst angestellten Managers. Konfrontiert mit der Bemerkung, dass Krupp sich inzwischen doch in einer gänzlich geänderten Lage befände, konnte Rötger nur höchst defensiv erwidern: „Er sei zu seinem lebhaften Bedauern dieser Auffassung schon mehrfach begegnet, und [er] müsse demgegenüber betonen, dass Frau Krupp als Vormundin der Erbin Krupps und mit ihr das gesamte Direktorium durchaus in den Anschauungen und nach den von Krupp selbst verfolgten Grundsätzen arbeite. Das Direktorium bestehe noch aus denselben Persönlichkeiten, die mit Krupp zusammengearbeitet hätten und sei aufs Genauste über die Wege und Ziele unterrichtet, nach denen Jener sein großes Unternehmen geleitet wissen wollte. Naturgemäß könne die Firma die finanziellen Gesichtspunkte bei ihren Geschäften nicht außer Acht lassen, diese bildeten aber keineswegs die alleinige Richtschnur, und es sei ihm von hohem Wert zu betonen, daß bei der Beurteilung der Verhältnisse wie zu Krupp's Lebzeiten so auch jetzt nicht nach kleinlichen Gesichtspunkten verfahren werde."[177] Das Unternehmen geriet so sehr unter Druck, dass Rötger die Panzerplattenpreise schließlich nach unten korrigierte. Auch dem Heer gegenüber war das Unternehmen geschwächt. Seit 1906 musste Krupp sich die Aufträge für Feldgeschütze teilen. Lediglich bei der schweren Artillerie gelang es dem Unternehmen, seinen Rang zu halten.[178]

Große Bekanntheit genoss „Krupp" weiterhin, jetzt aber drohte diese, zu einem zweifelhaften Ruf zu werden. Für den Krupp-Vorstand, der den Sonderstatus des Unternehmens nicht preisgeben wollte, ergab sich daraus akuter Handlungsbedarf. Schließlich bestand die Gefahr, dass das an Friedrich Alfred Krupp statuierte Exempel sich einschrieb und das positive Unternehmensimage nicht nur auf Sicht, sondern dauerhaft und negativ überdecken könnte. Die Lücke des Eigentümers

---

Kriegsbeginn, einstellte. Auch andere angefragte und potenzielle Produzenten, Hugo Stinnes etwa, waren nicht bereit, in das Panzerplattengeschäft einzusteigen. Dazu *Feldman*, Stinnes, S. 344 f.

176 Max Rötger, Jurist, war zunächst von 1899 bis 1901 Landrat in Essen. Seit 1902 war er Mitglied des Krupp-Direktoriums und wurde dann Jenckes Nachfolger. 1909, nach seinem Ausscheiden bei Krupp, wurde Rötger Vorsitzender des CDI. *Henning*, S. 106.

177 Aufzeichnung des Kapitäns z. S. Capelle über ein Gespräch mit Krupp-Direktor Rötger am 20.9. 1905 über die Preise für Artilleriematerial, abgedr. in *Berghahn u. Deist*, S. 294 – 296, Zit. S. 296.

178 Und zwar mit Rheinstahl. Tatsächlich war Krupp auch vorher kein „Monopolist" für die Produktion von Feldgeschützen gewesen, wenn das auch in der Öffentlichkeit so dargestellt wurde. In den Bereich der schweren Artillerie fiel u. a. die Entwicklung des 42-t Mörsers, der im Ersten Weltkrieg eingesetzten „Dicken Bertha". *Stein*, S. 95 f.

durch das Direktorium zu ersetzen, das sich an der Repräsentation vor 1902 nicht öffentlichkeitswirksam beteiligt, sondern in der zweiten Reihe über Lobbyarbeit in den Interessenverbänden gewirkt hatte, war weder glaubhaft noch vermittelbar. „Krupp" war mit dem Familienoberhaupt und mit dem Unternehmen verknüpft, nicht aber mit seinen Managern, deren Namen über die Fachöffentlichkeit hinaus kaum bekannt waren. Vor diesem Hintergrund, und seitdem sich auch der Kaiser nach seiner Tischtuchrede während des Beerdigungszeremoniells für Friedrich Alfred Krupp vom Hügel fernhielt,[179] lag eine Veränderung der Öffentlichkeitsarbeit nahe. Auf die gleiche Art und Weise wie vor 1902 konnte sie aber nicht mehr erfolgen.

Das Direktorium entschied sich für ein mehrgleisiges Vorgehen: Die durch den Tod des Eigentümers entstandene Leerstelle sollte im politischen Zentrum durch den schnellen Ausbau des Berliner Büros kompensiert werden. Denn gerade dort, so Rötger, sei das Unternehmen nicht „gut" aufgestellt: Der dortige Vertreter des Unternehmens sei „auf der Marine" überhaupt nicht zugelassen, im Auswärtigen Amt gar nicht bekannt und habe auch keine Möglichkeit, im Kriegsministerium Einfluss zu nehmen, geschweige denn dort ein- und auszugehen.[180] Die personelle Verstärkung in Berlin, eine durchaus typische Form der sog. Fühlungnahme, hatte keine geschichtspolitische Funktion. Sie diente der Beeinflussung der tagesaktuellen Politik, war auf die Ministerialbürokratie ausgerichtet und bestand insbesondere in der Kontaktpflege.[181] Der zweite, hier interessierende Teil der Veränderung der Öffentlichkeitsarbeit machte die Geschichte des Unternehmens zum Argument und nutzte sie als Substitut für den Ausfall des repräsentativen Krupp-Eigentümers. Um

---

179 Nach der Beerdigung Friedrich Alfred Krupps („Tischtuchrede"), Essen, 26.11.1902, abgedr. in *Obst*, S. 250–252. Der Kaiser führte aus: „Eine Tat ist in deutschen Landen geschehen, so niederträchtig und gemein, daß sie alle Herzen erbeben gemacht und jedem deutschen Patrioten die Schamröte auf die Wangen treiben mußte […]. Einen kerndeutschen Mann, […] der stets nur das Wohl des Vaterlandes, vor allem aber das seiner Arbeiter im Auge gehabt hat, hat man an seiner Ehre angegriffen. Diese Tat mit ihren Folgen ist weiter nichts als Mord; denn es besteht kein Unterschied zwischen demjenigen, der aus dem sicheren Verstecke seines Redaktionsbureaus mit den vergifteten Pfeilen seiner Verleumdungen einen Mitmenschen um seinen ehrlichen Namen bringt und ihn durch die hierdurch hervorgerufenen Seelenqualen tötet." Die berüchtigte „Tischtuchrede" des Kaisers zielte darauf ab, das Band zwischen Arbeitern und Sozialdemokraten zu zerschneiden; tatsächlich aber war es die Bindung zwischen Kaiser und Krupp-Konzern, die in den nächsten Jahren gekappt wurde. Zit. ebd.

180 Landrat Rötger (Vorsitzender des Direktoriums der Firma Fried. Krupp AG), 28.10.1903 (Abschrift), HAKrupp, WA 137/30. Mit Friedrich von Bülow und seinem Assistenten Bierwirth wurden zwei „intelligente Beamte" auserkoren und nach Berlin entsandt. Der in den nächsten Jahren erfolgte Ausbau der Berliner Krupp-Vertretung gipfelte mit der Konzernwalzer-Affäre 1913 in einem großen Skandal. Zu Bülow (Vater und Sohn) s. *Rasch*, S. 45 f.

181 *Wulf*, S. 154–156; s. auch *Roelevink u. Ziegler*, S. 247–250.

jeden Preis sollte der Charakter von Krupp als Einzelunternehmung gewahrt bleiben.[182] Unersetzbar war dafür die Geschichte, die, als Platzhalter, den Informationshunger der Öffentlichkeit stillen und gleichzeitig den guten Ruf des Unternehmens reaktivieren und bewahren sowie die Forderungen nach mehr Transparenz durch eine rückwärtsberichtende Informationspolitik überdecken sollte.[183]

Sukzessive schuf nun also keineswegs die Eigentümerfamilie, sondern das Management die Voraussetzungen für die öffentlichkeitswirksame Aktivierung der Unternehmensgeschichte. Ob das jetzt zügig eingerichtete Krupp-Archiv tatsächlich das erste Unternehmensarchiv im Reich war, lässt sich wohl nicht abschließend beurteilen. Klar ist aber, mit der formalen Gründung 1905 gehörte das Krupp-Archiv zu den ersten Einrichtungen dieser Art überhaupt.[184] Von Adolf Lauter[185] geführt, bildete es die Voraussetzung für die Aktivierung der Geschichte. Das Krupp-Archiv wurde zum institutionalisierten Gedächtnis von Konzern und Familie und ermöglichte es, dass das Unternehmen begründete eigene Erzählstrukturen ausbilden konnte. Die Einrichtung des Archivs war eine ausschließliche Angelegenheit von Unternehmen und Familie und sorgte dafür, dass mittels der nunmehr festgelegten und zentralisierten Abgabe im weit ausdifferenzierten Konzern authentisches Material eingelagert, sortiert und verfügbar gemacht wurde.[186] Derweil blieb das von Externen gezeichnete Bild des Unternehmens in das herkömmliche Entwicklungsnarrativ eingebunden. Denn auch weiterhin sollte über die ökonomische Logik des Unternehmens nicht berichtet werden. Mit den im Archiv gebündelten Informationen konnte den fortgeschriebenen Gerüchten aber nunmehr gezielt begegnet werden. Indem es bestimmte, „welche Vergangenheit der Zukunft zur Verfügung" stand, schuf das Archiv die Grundlage für ein eigenes, konzerneigenes Geschichtsverständnis.[187]

Das Krupp-Archiv war ganz eindeutig schon mit der Gründung mehr als ein Informationsspeicher. Es wurde geschaffen, um als Deutungsinstrument eingesetzt zu werden und um die Darstellung der Krupp-Geschichte in der Öffentlichkeit zu

---

182 Krupp an Oscar Stillich, 28.12.1907, HAKrupp, WA 4/1182.

183 Denn „mit einer eigenläufigen Geschichte im Bunde zu sein, die sie selber nur vorantreiben helfen, dient ebensogut zur Selbstrechtfertigung wie als ideologischer Lautverstärker, um die anderen zu erreichen und mitzureißen". Zit. *Koselleck*, Vergangene Zukunft, S. 270.

184 *Stremmel*, Historisches Archiv, S. 11 f.

185 Adolf Lauter hatte das Nachrichten-Bureau geleitet, bevor er die Leitung des Doppelarchivs übernahm. S. ausf. ebd., S. 24–41.

186 Etwa Lauter an Brockhoff, 6.12.1907, HAKrupp, WA 56/82.

187 *Landwehr*, Abwesenheit der Vergangenheit, Zit. S. 185.

beeinflussen.[188] Die damit angestrebte und durch das Unternehmen selbst vorgenommene sinnhafte Befrachtung der Geschichte stellte sich allerdings als überaus voraussetzungsreich heraus.[189] Die Gründung des Archivs allein war noch keine Geschichtspolitik. Das Krupp-Archiv mit seiner Verortung, als Anhängsel des Nachrichten-Bureaus, befand sich zunächst auch nicht an exponierter Stelle im Unternehmen. Aber es hatte von Anfang an eine wichtige Aufgabe: Es sollte das vergangene Renommee des Unternehmens in die Gegenwart überführen, die Unternehmensgeschichte also vergegenwärtigen. Die dazu erforderlichen Erzähllinien der Geschichte waren mit der Archivgründung aber längst noch nicht vorhanden, ihre Entwicklung zu unterstützen, wurde zum ersten Auftrag: Aus der im Archiv gebündelten historischen Authentizität sollte eine objektive Geschichte geformt werden. Mit Koselleck gesprochen: Aus der „subjektiven Handlungskategorie" der Geschichte, wie sie von Alfred Krupp gepflegt worden war, sollte eine „objektive Geschehenskategorie" werden,[190] und zwar eine solche, die sich nach außen kommunizieren ließ. Sie sollte die fortwährende öffentliche Debatte über das Unternehmen positiv abstützen und zudem als Schutzschild gegen tagesaktuelle Angriffe wirken.

Eine glaubhafte und belastbare Unternehmensgeschichte zu entwickeln, bedeutete zunächst Recherchen anzustellen. Tradiertes Wissen über die Entstehung des Unternehmens existierte natürlich, aber Gewissheit gab es nicht. Die Unternehmensgeschichte zur objektiven Geschehenskategorie zu stilisieren, wurde daher in Zusammenarbeit mit externen Experten vorgenommen. Das war ein kruppübergreifendes Phänomen. Nicht von ungefähr bildeten sich seit den 1890er Jahren die Vorläufer der modernen Unternehmensgeschichte.[191] Die Sinngebung über die Geschichte war für Industrielle ebenso wie Techniker ein Weg, den eigenen gesellschaftlichen Rang zu erhöhen. Treiber dieser Beschäftigung war deshalb, wie bereits Fritz Redlich feststellen konnte, keineswegs die akademische Geschichtswissenschaft, sondern in besonderer Weise die Industriellen und Techniker selbst.[192] Sie bedienten sich dabei eines über die Geschichtswissenschaft deutlich

---

188 Zur Bedeutung des Archivs als konkrete Institution und als „Machtinstrument" s. ebd., S. 176–185. Landwehrs Begriff unterscheidet sich von dem metaphorischen Archiv-Begriff nach Michel Foucault. S. dazu einführend *Erll*, S. 49.

189 Für das 19. Jahrhundert und mit Blick auf die staatlichen Archive in Preußen und Bayern: *Müller*, Geschichte machen. Ein wesentliches Ergebnis der Studie von Philipp Müller ist, dass die Annahme von den modernen staatlichen Archiven, die Historikern auf breiter Ebene den Zugang zu allen Quellen eröffneten, bis 1900 fehlgeht. Zum technischen Arbeitsfeld und zur Organisation institutioneller Gedächtnisse s. *Dommann*, Dokumentieren.

190 *Koselleck*, Fortschritt, Zit. S. 410 f.

191 *Redlich*, S. 7 f.

192 Ebd., S. 13.

hinausreichenden Expertenfeldes. Die Besonderheit bei Krupp war, dass nicht der Eigentümer die Entwicklung einer eigenen Geschichte verordnete, sondern das managende Direktorium. Und das fand, die Geschichte müsse in professionelle Hände gelegt werden.

2.3 Verwissenschaftlichung der Geschichte? Richard Ehrenberg

> Jene Beziehungen betreffen zunächst und hauptsächlich die Hergabe von Material für wissenschaftliche Arbeiten. In dieser Hinsicht ist mir [Ehrenberg, d. Vf.] bisher grosses Vertrauen bekundet worden, wofür ich von Herzen dankbar bin. Aber bei der dortigen Prüfung [von Krupp, d. Vf.] der fertigen Ergebnisse meiner Studien, ist mir doch ein Mangel an Verständnis für die Zwecke und Erfordernisse solcher Arbeiten entgegengetreten. Es lassen sich aus einer wissenschaftlichen Arbeit nicht ganze Teile willkürlich herauslassen, lediglich deshalb, weil sie vielleicht von Unkundigen oder Böswilligen mißbraucht werden können.[193]
>
> Richard Ehrenberg, 1909

Fritz Redlich identifizierte in seiner Untersuchung über die Entwicklung der deutschen Unternehmensgeschichte eine Reihe „Pioniere", die das Feld für die Wissenschaft erschlossen: Richard Ehrenberg, Conrad Matschoss, Franz Maria Feldhaus[194] und Wilhelm Berdrow.[195] Es ist kein Zufall, dass mit Berdrow und Ehrenberg zwei der vier von Redlich herausgestellten „Pioniere" einschlägig über Krupp arbeiteten und damit sowohl die Grundlagen für die Krupp'sche Geschichtsschreibung als auch die für das Fach legten. Richard Ehrenberg[196] charakterisierte Redlich als „der bedeutendste der frühen und einflußreichen Exponenten deutscher wissenschaftlicher Firmengeschichte".[197] Das ist als Ex-post-Einordnung zu verstehen. Es ist besonders der „Einfluß" Ehrenbergs auf seine Zeit, der nicht allzu hoch angesetzt werden sollte. Obschon er sich, wie viele zeitgenössische Ökonomen, gern die höhere Reputation der Leitwissenschaftler des 19. Jahrhunderts – etwa eines Heinrich von Treitschkes – lieh, war Ehrenberg Nationalökonom, kein Geschichts-

---

193 Zit. Richard Ehrenberg an Landrat [Rötger], 17.7.1909, HAKrupp, WA 4/1182.

194 Franz Maria Feldhaus ist der Einzige unter den von Redlich identifizierten „Pionieren", der nicht eng mit Krupp zusammenarbeitete. Zur Beziehung zw. Feldhaus u. Matschoss grdl. *König.*

195 *Redlich*, Zit. S. 13.

196 Richard Ehrenberg absolvierte eine Banklehre, bevor er sich der Nationalökonomie zuwandte. Als Professor für Staatswissenschaft baute er an der Univ. Rostock das Archiv für exakte Wirtschaftsforschung gezielt, wenn auch nicht erfolgreich, als Gegeninstitution insbes. zum VfS auf. Ausf. *Buchsteiner.*

197 *Redlich*, Zit. S. 14.

wissenschaftler.[198] Wissenschaftshistorisch gesehen fand sich hier ein Feld, das weniger von der Beziehung zwischen Geschichtswissenschaft und Öffentlichkeit als vielmehr von der historisch arbeitenden Nationalökonomie in ihrer Beziehung zur Öffentlichkeit geprägt wurde.[199]

Ehrenberg war keineswegs den einflussreichen „Kathedersozialisten“[200] zuzurechnen. Gegen ihr Zentrum, den Verein für Socialpolitik (VfS), veröffentlichte Ehrenberg eine ganze Reihe von wissenschaftlichen wie populärwissenschaftlichen Angriffen. Im VfS waren seit 1873 die Nationalökonomen der Historischen Schule versammelt, die die wirtschaftliche Entwicklung auf einer historischen Grundlage zu verstehen suchten und dabei – das charakterisierte sie polemisch und einigermaßen fehl als „sozialistisch“ – den Staat in der Pflicht sahen, die industriellen Beziehungen zugunsten der Arbeitnehmer zu beeinflussen und somit für eine staatliche Sozialpolitik zu sorgen.[201] Seit den 1890er Jahren veränderten sich die Positionen der Kathedersozialisten zur Forderung an die Politik. Während der Auseinandersetzung um die Umsturzvorlage erreichte dies einen Höhepunkt, wobei die Vorwürfe eines zu starken Einflusses der Kathedersozialisten immer lauter wurden. In seiner Herrenhausrede 1897 bezeichnete Carl Ferdinand von Stumm-Halberg[202] die Kathedersozialisten gar als sozialdemokratisches „Meinungskartell“. In Preußen, so kritisierte Stumm-Halberg weiter, würde kaum ein Lehrstuhl mit Vertretern einer „anderen Richtung“ besetzt.[203] Damit verlagerte sich die Auseinandersetzung auf eine hochgradig politische Ebene. Aber nicht nur das. Den Nationalökonomen, die sich im Gegensatz zu den Kathedersozialisten positioniert hatten, gelang es, die Aufmerksamkeit sich zu lenken.[204]

Gerade für die andere Ausrichtung, dafür, dass er keine radikale sozialpolitische Haltung einnahm, wurde Richard Ehrenberg 1899 in Rostock zum ordentlichen

---

198 Eine neuere Perspektive, insbes. zur Verankerung der Unternehmensgeschichte, bei *Schröter*; zu Gustav Schmoller, den zeitgen. Hauptvertreter der historischen Schule der Nationalökonomie s. *Plumpe*, Institutionalismus.

199 Die Geschichtswissenschaft um 1900 war von der politischen Geschichtsbetrachtung dominiert. Impulse aus den angrenzenden Fächern, etwa der Politikwissenschaft oder Nationalökonomie, wurden von ihr kaum aufgenommen. *Raphael*, Geschichtswissenschaft, S. 76 f.

200 Zur Wortschöpfung „Kathedersozialist“, die 1871 von Heinrich Bernhard Oppenheim geprägt wurde, s. *Heilmann*, S. 67.

201 *Welskopp*, Arbeiterbewegung, S. 26; *Teuteberg*, Doktrin.

202 Carl Ferdinand von Stumm-Halberg war Montanindustrieller an der Saar und Politiker. Zudem war er, neben Krupp, der einzige Produzent von Panzerplatten. *R. Banken*, Art. Stumm-Halberg, Carl Ferdinand Freiherr von, in: NDB 25, 2013, S. 644–646.

203 Die Rede des Herrn Freiherrn von Stumm-Halberg (nach dem stenographischen Bericht), abgedr. in *Delbrück u. a.*, S. 21–32, Zit. S. 23.

204 *Krüger*, Nationalökonomen, S. 18.

Professor berufen.[205] Nach seiner Berufung wandte sich Ehrenberg verstärkt der aus seiner Sicht offenen Flanke der Kathedersozialisten zu und richtete sein Interesse auf das, was wir heute als Mikropolitik eines Unternehmens bezeichnen würden. Ehrenberg fragte nach der inneren Entwicklungsrhythmik von Unternehmen, versuchte dabei unternehmerische Handlungsmotive zu identifizieren und damit letztlich unternehmerischen Erfolg zu erklären.[206] 1902, auf dem Höhepunkt des Capri-Skandals, veröffentlichte Ehrenberg seine Studie GROSSE VERMÖGEN. Ehrenberg stieß dabei in die bis dahin von den Kathedersozialisten beherrschte Debatte um die soziale Ungleichheit vor.[207] In „Grosse Vermögen" ging Ehrenberg auf der Grundlage von publiziertem Material der Geschichte der Fugger, Rothschilds und Krupps nach.[208] Bereits im Vorwort verdeutlichte er, seiner „eigenen Wege" zu gehen, und hob explizit hervor, auf die Lehrmeinung der intellektuellen Speerspitze der Kathedersozialisten, Gustav Schmoller, gar nicht erst einzugehen.[209]

Ehrenberg hatte bereits 1900, während seiner Recherchen für „Grosse Vermögen", den Kontakt zu Krupp gesucht.[210] Von dem seinerzeit angeschriebenen Friedrich Alfred Krupp hatte er keine Antwort erhalten. Anstelle des Eigentümers hatte Finanzdirektor Ernst Haux[211] auf das von Ehrenberg formulierte Interesse an einer „wissenschaftlichen Beurtheilung der Unternehmerthätigkeit" reagiert und Ehrenberg eine freundliche, aber doch unmissverständliche Absage erteilt. Gegen die von Ehrenberg vorgeschlagene Perspektive, die nur über die „völlige Oeffnung der Archive" erreicht werden könne, sprächen „sehr gewichtige und grundsätzliche Bedenken", so Haux. Die „Oeffnung" hätte an der noch umfassenden Verschlossenheit des Unternehmens gerüttelt. Zudem, das schrieb Haux aber nicht, war das Krupp-Archiv überhaupt noch nicht eingerichtet. Zu diesem Zeitpunkt sahen weder der Eigentümer noch das Direktorium irgendeinen Sinn oder eine Notwendigkeit

---

205 Dafür musste er allerdings konvertieren. Ehrenberg war Jude und trat für die Professur zum evangelisch-lutherischen Glauben über. S. zum zeitgenössischen Wirtschaftsantisemitismus *Berg*, S. 62–67.

206 Ganz anders die „Kathedersozialisten". Der von Ehrenberg besonders angefeindete Schmoller wurde etwa 1907 von der Gutehoffnungshütte angefragt und um eine Unternehmensgeschichte gebeten. Daraus wurde nichts; Schmoller verfasste keine Unternehmensgeschichte. *Stremmel*, Richard Ehrenberg, S. 148 (Anm. 19).

207 *Gajek*, S. 79–108; *Süß*, S. 31–49.

208 *Ehrenberg*, Grosse Vermögen.

209 Ebd., S. 4.

210 Lt. Stremmel war ein Kollege von Ehrenberg aus der Archäologie, Gustav Körte, mit Friedrich Alfred Krupp befreundet. Diese Verbindung nutzte Ehrenberg, um mit Krupp in Kontakt zu treten. *Stremmel*, Richard Ehrenberg, S. 151.

211 Ernst Haux war seit 1896 Direktoriumsmitglied; 1909 wurde ihm neben der Finanzabteilung auch die Geschichtliche Abteilung unterstellt. *E. Schröder*, Art. Haux, Ernst, in: NDB 8, 1969, S. 135 f.

darin, sich im Hinblick auf die Erforschung der Krupp-Geschichte kooperativ zu zeigen.[212] Trotzdem schrieb Ehrenberg seine Studie inklusive des Kapitels über Krupp, und zwar auf Grundlage der von Externen veröffentlichten Entwicklungsgeschichte des Unternehmens. Erst nach dem Tod von Friedrich Alfred Krupp änderte das Direktorium die Meinung und leitete die Wende zur Selbsthistorisierung ein. Und als Ehrenberg dem Unternehmen dann, 1905, den Korrekturabzug für die zweite Auflage von „Grosse Vermögen" zukommen ließ, sah man sich dessen Vergleichsstudie und auch Ehrenberg selbst ein wenig genauer an.[213]

In „Grosse Vermögen" hatte Ehrenberg die Lebensleistung des technischen „Genies" Alfred Krupp mit unverhohlener Bewunderung herausgestellt. Ehrenberg rückte in seiner Darstellung die deutsche Militärentwicklung ins Zentrum und unterstrich die Technologie- und Entwicklungspotenz des „größte[n] Industrielle[n] Deutschlands"[214] und das in den Gegensatz gestellt zur preußischen Artillerie-Prüfungskommission, die Krupp als „Fabrikant", nicht aber als „Konstrukteur" habe anerkennen wollen. Insgesamt sang Ehrenberg ein hohes Lied auf die Leistungsfähigkeit der privatwirtschaftlichen Rüstungsindustrie. „Grosse Vermögen" lieferte somit genau die Argumentation, die Alfred Krupp mit seiner „Geschichte der Kanone" bereits 1875 auf den Weg hatte bringen wollen. Sie war anschlussfähig an die Sichtweise auf die Geschichte, die man in Essen aus einer Tradition heraus kultiviert hatte und die das Direktorium nunmehr objektivieren wollte. Der bedeutende Unterschied zur „Geschichte der Kanone" war, dass Ehrenberg erzählte, ohne sich in der technischen Tiefen- und Spezialdiskussionen zu verlieren, die Entwicklung der Kanone aber dennoch herleitete und am Ende die überlegene privatwirtschaftliche Entwicklungspotenz schlussfolgerte. Der Topos war derselbe, aber Ehrenberg unterbreitete ihn in Form einer sinnstiftenden Geschichtserzählung. Die rüstungstechnische Entwicklung vor dem deutsch-französischen Krieg wurde von Ehrenberg als Erfolg einer Privatisierung interpretiert, die in der Lage gewesen sei, höherwertige Produkte zu erzeugen.[215]

---

212 Zit. Haux an Ehrenberg, 21.4.1900, HAKrupp, WA 4/1182. Auch ein weiterer Vorstoß von Ehrenberg, ein Jahr später, wurde „ablehnend" beschieden. Justiziar [Krupp] an Ehrenberg, 11.7.1901, HAKrupp, WA 4/1182.

213 Krupp an Ehrenberg, 21.10.1905, HAKrupp, WA 4/1182.

214 Zit. *Ehrenberg*, Grosse Vermögen, S. 192.

215 Das lag deutlich und konträr zur Position des Kriegsministeriums, wie sich bereits im Zusammenhang mit der „Geschichte der Kanone" gezeigt hatte. Tatsächlich gingen noch kurz vor Ausbruch des Ersten Weltkrieges 40 % der Rüstungsaufträge an staatliche Betriebe und nur 60 % an die Privatindustrie. Gleichwohl konnte sich die Privatindustrie, nicht zuletzt Krupp, in einigen Bereichen unersetzlich machen. *Stein*, S. 90 – 96.

Auch der in dem Kapitel von Ehrenberg abgesteckte Erzählrahmen war aufschlussreich. Der Aufstieg des Essener Handwerksunternehmens zu einem Konzern wurde in den Zusammenhang eines britisch-deutschen Vergleichs gesetzt. Ehrenberg begann mit der technischen Entwicklung in England und endete mit der Feststellung, dass Deutschland, und zwar maßgeblich durch die Leistung von Alfred Krupp, die „Führerschaft" in der Geschützfabrikation errungen und England überflügelt habe.[216] Ehrenberg lieferte auf diese Weise eine wissenschaftliche Hommage an den privatwirtschaftlichen Erfindergeist und das Organisationstalent von Alfred Krupp; er identifizierte dabei als Motiv für die erfolgreiche Geschäfts- (und eben nicht nur Erfinder-)Tätigkeit den unbedingten Willen des „Genies", die besten Geschütze zu entwickeln. Nebenbei brachte Ehrenberg auch eine weitere, von ihm vertretene Lehrmeinung zum Ausdruck, indem er erläuterte, warum die Wohlfahrtseinrichtungen des Unternehmens keineswegs Ausdruck einer Zuckerbrot-und-Peitsche-Strategie waren,[217] sondern das unternehmenseigene Kerninteresse, die Sicherung der hohen Qualität der gefertigten Rüstungserzeugnisse, überhaupt erst ermöglichte. Ehrenberg leitete also den von den Kathedersozialisten kritisierten Herr-im-Haus-Standpunkt aus einer unternehmerischen Notwendigkeit ab. Kurzum: Ehrenberg lieferte, wie bei Krupp jetzt auch zur Kenntnis genommen wurde, eine eingängige und personifizierte Erfolgs- und Fortschrittsgeschichte, und das gerade zur rechten Zeit.[218]

Das Zusammentreffen der veränderten Haltung des Direktoriums zur Geschichte des Unternehmens und die von Ehrenberg eingereichte Korrekturfahne für die zweite Auflage von „Grosse Vermögen" erklärt, warum Ehrenberg und Krupp jetzt zusammenfanden. Auch wird nachvollziehbar, warum das Unternehmen Ehrenberg im Hinblick auf das ihm zur Durchsicht überlassene Quellenmaterial sehr weit entgegenkam. Seine richtige Haltung hatte er mit „Grosse Vermögen" ja bereits unter Beweis gestellt. Geradezu enthusiastisch schrieb Lauter Ehrenberg zum Erscheinen von dessen „Die Unternehmungen der Brüder Siemens"[219] 1906, nicht nur inhaltlich sei dieses Buch bedeutend, sondern auch bemerkenswert „wegen der Art

---

216 *Ehrenberg*, Grosse Vermögen, S. 167 f., 191, 214.

217 Wilhelm Muehlon erinnerte das anders: Krupp mache in erster Linie „Reklame" mit den Einrichtungen, tatsächlich aber fahre der Konzern mit seinen Konsumanstalten „mächtige Gewinne" ein. *Ders.*, Erinnerungen, Zit. S. 92 f.

218 „Grosse Vermögen" war kein typisches Ehrenberg-Werk. Die quellengesättigte Empirie, wie sie ihm vorschwebte, fehlte, und auch den Ehrenberg kennzeichnenden quantifizierenden Ansatz sucht man in der Veröffentlichung vergebens. Für die zweite Auflage von „Grosse Vermögen" nahm Ehrenberg die Anregungen, die er aus Essen erhalten hatte und die dahin gingen, „den heutigen Zeitverhältnissen Rechnung zu tragen", auf. Krupp an Ehrenberg, 21.10.1905, HAKrupp, WA 4/1182.

219 *Ehrenberg*, Brüder Siemens; zur Beziehung von Ehrenberg und Siemens kursorisch *Zipfel*, S. 51–56.

und Weise, wie in demselben ein fast unbegrenzt erscheinendes Briefmaterial dem Leser [...] genießbar gemacht wird".[220] Die Siemens-Briefe, deren Veröffentlichung Lauter hier kommentierte, stammten aus dem etwa zeitgleich mit dem Krupp-Archiv eingerichteten Siemens-Archiv. Lauter, der das Buch aufmerksam gelesen hatte, übersah auch nicht die von Ehrenberg im Vorwort platzierte Bemerkung, dass derartiges Material noch nie publiziert worden sei.[221] Und ein umfassendes Konvolut von Briefen Alfred Krupps, wie Lauter sehr genau wusste, das besaß Krupp auch.[222]

Zwischen Lauter und Ehrenberg entwickelte sich eine enge Zusammenarbeit, die zwar nicht auf Augenhöhe stattfand, die den Nationalökonomen aber deutlich näher an das bis dahin gehütete Arkanwissen des Unternehmens heranließ als je einen Außenstehenden zuvor. Bei Krupp wurde Ehrenberg als „Historiker" mit der richtigen Gesinnung gesehen. Lauter erkundigte sich auch schon sehr bald bei Ehrenberg nach Wissenschaftlern, die sich für Themen der Krupp-Geschichte interessierten und denen man „den Stoff mit vollem Vertrauen, dass etwas gutes daraus wird, zugänglich machen könnte".[223] Ehrenberg wurde schließlich so viel Vertrauen entgegengebracht, dass er als eine Art Türsteher des Archivs fungierte und Lauter dabei unterstützte, über die vielzähligen Anfragen aus der Wissenschaft zu entscheiden. Denn auch andere, besonders die quer zum Mainstream arbeitenden Wissenschaftler, wandten sich an Krupp, nachdem bekannt wurde, dass das Unternehmen ein Archiv unterhielt. Als sich etwa der rührige Armin Tille,[224] ausgestattet mit einem Unterstützungsschreiben von Karl Lamprecht[225] und mit dem Ziel, eine „Hauptstelle für deutsche Industriegeschichte" einzurichten, an Krupp wandte, war man zunächst durchaus bereit, das Vorhaben finanziell zu unterstüt-

220 Lauter an Ehrenberg, 8.5.1906 (vertraulich), HAKrupp, WA 4/1182.

221 *Ehrenberg*, Brüder Siemens, S. III, VI. Die Siemens-Veröffentlichung war maßgeblich eine Koproduktion von Ehrenberg und Richard Passow, der zwischen 1902 und 1905 Referendar in der Zentralabteilung bei Siemens und Halske gewesen war und in Berlin und Rostock bei Ehrenberg studiert hatte. S. dazu den Schriftw., HAKrupp, WA 4/1182.

222 Die Briefe Alfred Krupps wurden später aber nicht von Ehrenberg, sondern von Wilhelm Berdrow erstveröffentlicht. S. *Berdrow*, Krupps Briefe.

223 Lauter an Ehrenberg, 16.7.1906, HAKrupp, WA 4/1182.

224 Armin Tille war Archivar. Tille hatte bei Lamprecht studiert und nach der Promotion eine Reihe von kleineren Archiven für die Gesellschaft der Rheinischen Geschichtskunde in Köln aufgebaut. *Dascher*, S. 574 f.; s. auch *B. Emmrich*, Art. Tille, Armin, in: Sächsische Biographie.

225 Karl Lamprecht war in der zeitgen. Geschichtswissenschaft der Sonderling und Außenseiter, der Ehrenberg in der Nationalökonomie war. Zur Bedeutung Lamprechts für die Wirtschaftsgeschichte bereits *Wehler*, S. 181–183; dazu kritisch *Hesse*, S. 2 f.

zen.[226] Auch der „naive Marxist“[227] Oskar Stillich wandte sich, wahrscheinlich nach der Veröffentlichung seiner „Großindustriellen Unternehmen“,[228] an Krupp und bat für die Ausweitung seiner Untersuchung um aussagekräftiges Material.[229] Lauter antwortete, nachdem er sich bei Ehrenberg über Stillich erkundigt hatte: Als „Familienaktiengesellschaft“ sei die Herausgabe von „Zahlen“, um die Stillich gebeten habe, nicht möglich. Lauter machte damit klar, dass eine sozialistische Perspektive wie die von Stillich kein Entgegenkommen von dem Unternehmen erwarten konnte.[230] Dem selbst zwar in seiner Disziplin marginalisierten, aber hoffähigen Nationalökonomen Ehrenberg kam hierbei eine wichtige Funktion zu: Er schützte das Unternehmen, indem er den Wissenschaftlern, die nicht über die richtige Haltung verfügten, seine Empfehlung verweigerte. Ehrenberg, der sich von seiner Zusammenarbeit mit der Industrie weitergehende und auch finanzielle Unterstützung versprach, legte Krupp und Siemens dann ein größeres Forschungsprogramm vor, das auf ein von ihm selbst geleitetes Forschungsinstitut hinauslaufen sollte.[231] Mit der Errichtung eines von der Industrie finanzierten Forschungsinstituts in Preußen scheiterte er aber, und zwar maßgeblich am Widerstand der weiterhin einflussreichen Kathedersozialisten. Denn parallel zu seinen Verhandlungen mit Siemens und Krupp steigerte Ehrenberg seine öffentlich geübte Kritik an den Kathedersozialisten. Als Gustav Schmoller den Versuch unternahm, Ehrenberg als Korreferenten für die Mannheimer Versammlung des VfS zu gewinnen – Ehrenberg sollte dort nach Meinung der Organisatoren seinen unternehmerzugewandten Standpunkt vertreten – lehnte Ehrenberg entrüstet ab.[232]

Schlussendlich war Ehrenberg gezwungen, sein „Institut für exakte Wirtschaftsforschung“ an der Universität Rostock zu gründen. Um an das Quellenmaterial aus den Unternehmensarchiven für seine Veröffentlichungen zu gelangen, sicherte Ehrenberg Siemens und Krupp ein weitreichendes Mitspracherecht für die

---

226 Friedr. Krupp (Direktorium) an Ehrenberg, 4.3.1907, HAKrupp, WA 4/1182. Eine derartige „Hauptstelle“ wurde nie geschaffen. Es ist auch unwahrscheinlich, dass Ehrenberg das Vorhaben unterstützte, denn er verfolgte genau dasselbe Ziel. S. *Buchsteiner*, S. 31 – 39.

227 *Pierenkemper*, Stillich, Zit. S. 215.

228 *Stillich*, Nationalökonomische Forschungen.

229 Stillich an Krupp, o.D., HAKrupp, WA 4/1182.

230 Krupp an Stillich, 28.12.1907, HAKrupp, WA 4/1182.

231 Dass Siemens und Krupp hier gemeinsam eine Beziehung zu Ehrenberg eingingen, ist nur wenig erstaunlich: Beides Familienunternehmen, maßen sie ihrer betrieblichen Sozialpolitik eine hohe Bedeutung zu, nicht zuletzt, weil beide Unternehmen mit segmentierten Arbeitsmärkten konfrontiert waren. Ihre Sozialpolitik hatte daher nicht nur eine politische, sondern auch eine hohe betriebswirtschaftliche Relevanz. *Welskopp*, Betriebliche Sozialpolitik, S. 345 f. u. 352 – 369. Zur Jubiläumskultur von Siemens s. *Knabe*, S. 62 – 71.

232 *Krüger*, S. 18 u. 255 f. (Anm. 14).

von ihm vorgenommene Darstellung in den Publikationen zu. Sowohl Siemens als auch Krupp machten davon Gebrauch und redigierten die von Ehrenberg erstellten Studien mitunter stark.[233] Beide Konzerne unterstützten im Gegenzug das von Ehrenberg geschaffene Forschungsinstitut.[234] So sicherte Krupp Ehrenberg nach einer Starthilfe etwa eine auf fünf Jahre gesicherte Unterstützung von 10.000 Mark zu.[235] Ehrenberg lässt sich damit sicherlich als „Pionier" einordnen. Tatsächlich gehörte er zu den ersten Wissenschaftlern, die ohne weitergehende Beschränkung mit Quellenmaterial aus der Provenienz des Unternehmens arbeiten durften, wenn er bei der Veröffentlichung seiner Ergebnisse auch beschränkt wurde. Eine Pionierrolle kam Krupp (und Siemens) aber ebenso zu. Der Umstand, dass der Deutung eines Professors mehr Glauben geschenkt wurde als einer unternehmenseigenen Darstellung, wurde hier bereits sehr klar erkannt. Deshalb spielte Ehrenberg in der Ausbildung der Geschichtspolitik beider Konzerne eine wichtige Rolle. Und insbesondere dem Krupp-Direktorium half er dabei, die Bedeutung des eigenen Archivs als machtvolles Deutungsinstrument zu erkennen und die Frühzeit der Unternehmensgeschichte nachzuvollziehen.[236]

Von den Publikationen einmal abgesehen, die Ehrenberg über die Geschichte des Unternehmens in seiner Zeitschrift, dem Thünen-Archiv, seit 1907 veröffentlichte,[237] war es insbesondere seine Veröffentlichung über die Krupp'schen Stammarbeiter, KRUPP'SCHE ARBEITERFAMILIEN, die sich als wirkmächtig herausstellen sollte und eine überdauernde Bedeutung auch im historischen Selbstverständnis des Unternehmens erlangte.[238] Ehrenbergs ursprüngliches Interesse war dahin gegangen, die „Lebensverhältnisse von Werksangehörigen" zu untersuchen, und zwar auf einer breiten, möglichst umfassenden Datenbasis. Aus Ehrenbergs wissenschaftsstrategischer Sicht war das naheliegend: Die Kathedersozialisten argumentierten zwar mit Abstufungen, aber grundsätzlich für eine staatliche Sozialpolitik. Seit den 1890er Jahren hatte sich die Diskussion zunehmend auf den Ar-

233 Krupp an Ehrenberg, 21.10.1905, HAKrupp, WA 4/1182; *Stremmel*, Richard Ehrenberg, S. 154.

234 *Stremmel*, Richard Ehrenberg, S. 161–163; *Zipfel*, S. 52–55. Ehrenbergs Institut erlangte einen mittleren Rang; der Erfolg blieb aber deutlich hinter den Erwartungen zurück. *Heilmann*, S. 56 f.

235 Ehrenberg an Landrat [Rötger] 17.7.1909, HAKrupp, WA 4/1182.

236 So findet sich in der Akte mit Schriftwechseln zwischen Krupp und Ehrenberg ein „Aktenplan", der die im Krupp-Archiv für Ehrenberg verfügbar gemachten Archivalien für die Zeit bis 1859 aufführt. S. HAKrupp, WA 56/105.

237 *Ehrenberg*, Krupp-Studien I–III. Auch für sie erhielt Krupp ein Mitspracherecht, das auch genutzt wurde. Etwa Krupp an Ehrenberg, 26.3.1907, HAKrupp, WA 4/1182.

238 *Ehrenberg u. Racine*. Zu Problemen während der Recherchen, etwa mit der Hereinnahme von Hugo Racine: Krupp an Ehrenberg, 1.4.1910, HAKrupp, WA 4/1182. Für eine Einordnung der „Stammarbeiter" in die Sozialdemokratie s. *Berger*, Social Democracy, S. 60 f.

beitsvertrag kapriziert.[239] Am Beispiel von Krupp und auf der Grundlage der unternehmenseigenen Überlieferung, so fand Ehrenberg, ließ sich die methodische Blindstelle der Kathedersozialisten, die die Entwicklung der Unternehmen zugunsten einer größeren makroökonomischen Argumentation ausklammerte, aufdecken und die sozialpolitische Bedeutung der Unternehmen herausstellen. Bei Krupp wurde die Frage, ob das Material für Ehrenbergs Untersuchung herausgegeben werden konnte, nicht von Lauter und damit von der Geschichtlichen Abteilung freihändig entschieden, sondern dem Direktorium vorgelegt, rechtlich geprüft, und erst dann folgte die Unterstützung.[240] Während Ehrenberg auf eine wissenschaftliche Fachdebatte abzielte, war das Interesse des Krupp-Managements an den „Lebensverhältnisse[n]" der „Werksangehörigen" ganz anders gelagert. Dem Direktorium ging es darum, wissenschaftlich belegt und von einem Professor formuliert, herausstellen zu können, dass die staatlichen Rüstungsanstrengungen und die an Krupp vergebenen Rüstungsaufträge zwar dem Unternehmen zugutekamen, dass die Gewinne aber aus einer Tradition heraus dazu eingesetzt wurden, die Einkommen, die Stellung und die soziale Position der Krupp-Arbeiter zu verbessern.[241] Über die unternehmerische Wohlfahrts- und betriebliche Sozialpolitik wurde in der Gesellschaft des Kaiserreichs der 1890er Jahre kontrovers diskutiert.[242] Bei Krupp war man sich bewusst, dass eine Veröffentlichung, die auf den Archivalien des Unternehmens beruhte, in dieser Diskussion einige Relevanz entfalten könnte. Deshalb kürzte Krupp das Vorhaben bereits zu einem frühen Bearbeitungszeitpunkt herunter und legte fest, dass Ehrenberg ausschließlich mit einigen der besonders privilegierten Stammarbeiter Interviews führen durfte. Die Schaffung einer umfassenden Datengrundlage, wie sie Ehrenberg vorgeschwebt hatte, nämlich als Querschnitt durch die gesamte Belegschaft, wurde ihm dagegen verwehrt.[243]

Einen ersten Entwurf seiner Untersuchung über die Krupp-Arbeiter reichte Ehrenberg 1909 ein. Nun wurde deutlich, dass Ehrenbergs Forschungsergebnisse

---

239 *Teuteberg*, Doktrin.

240 Ehrenberg wurden enorme Materialmengen nach Rostock geschickt. S. div. Auf- und Zusammenstellungen, HAKrupp, WA 4/1182.

241 Dieser gegensätzliche Geltungsanspruch von Wissenschaft auf der einen und den Auftraggebern auf der anderen Seite findet sich auch heute noch. Dazu *Goschler*, Allerjüngste Zeitgeschichte, S. 239 f.; zum Arbeitskonflikt in der Herdschmiede der Gussstahlfabrik s. *Buschak*, S. 744 f.

242 Versch. Zeitungsausschnitte aus dem Jahr 1906 zur Lohndifferenzierung, HAKrupp, WA 4/1182. Im Kern ging es dabei um die Verteidigung der unternehmerischen Autonomie gegen zentral und staatlich verordnete Sozialeinrichtungen. Zur betrieblichen Sozialpolitik im Vergleich s. *Welskopp*, Betriebliche Sozialpolitik, S. 338 u. 345.

243 Die Interviews wurden im Sept. 1906 durchgeführt. Vorb. u. Schriftw., HAKrupp, WA 4/1182; s. auch *Schmidt*.

krass von dem abwichen, was sich das Direktorium erhofft hatte. Das Management ließ Ehrenberg mitteilen, ganz grundsätzlich und erneut darüber entscheiden zu müssen, ob man der Veröffentlichung „gewisser von Ihnen benutzten Materialien" überhaupt zustimmen könne. Das Direktorium berief sich auf das vereinbarte Mitspracherecht und leitete daraus dann auch die Änderungs- und Korrekturwünsche ab, die sehr substanziell waren. Das Direktorium begründete: „Unsere Firma steht, wie Sie wissen, in einem fortwährenden Kampf mit den Feinden des Unternehmertums, die jede Gelegenheit benutzen, ihr Verhalten gegenüber den Arbeitern und ihre ganzen Einrichtungen in ein schlechtes Licht zu setzen. Es müssen deshalb alle Veröffentlichungen vermieden werden, die in dieser Richtung ausgedeutet werden könnten und dies erscheint möglich sogar bei Mitteilungen über so weit zurückliegende Zeiten, wie sie Ihre Abhandlung schildert."[244] Konkreten Anstoß nahm das Direktorium an der von Ehrenberg quantitativ aufbereiteten „Überarbeit", also den geleisteten Überstunden der Stammarbeiter, dann an den „Krankenziffern" und einigen Passagen, die Alfred Krupps Charakter als „Herr im Haus" betrafen und das „Genie" ein wenig zu überreizt und hitzig erscheinen ließen. Die Darlegung allzu „schroffe[r]" Äußerungen müssten gestrichen werden, überhaupt seien „Bilanzen und dergl." aus der Frühzeit der Gussstahlfabrik, die Ehrenberg hatte auswerten dürfen, nicht zu veröffentlichen:[245] „Wir befürchten, dass das fragliche Material systematisch dazu benutzt werden könnte, um in unserer Arbeiterschaft Aufregung und Unzufriedenheit hineinzutragen, und dass speziell die sozialdemokratische Agitation versuchen würde, das Material in ihrer Weise zur Verhetzung unserer Arbeiter zu nutzen."[246]

Ehrenbergs Ergebnisse waren aus Sicht des Direktoriums also geeignet, dem Unternehmen Schaden zuzufügen, aber nicht nur das. In den „zurückliegenden Zeiten" des 19. Jahrhunderts, die Ehrenberg untersucht hatte, war Krupp mit der Herstellung von Tiegelstahl und der nachfolgenden Bearbeitungsstufe in der Hammerschmiede auf langjährige und besonders fähige Arbeitskräfte angewiesen gewesen. Diese unersetzlichen Arbeitskräfte waren mit höheren Löhnen und Prämien der Wohlfahrtspolitik an das Unternehmen gebunden worden. Beides, Tiegelguss und auch Hammerschmieden, waren seit dem Ende des 19. Jahrhunderts durch neue Herstellungsverfahren und hydraulische Pressen ersetzt worden. Zwar waren auch weiterhin gelernte Fachkräfte vonnöten, aber die Bedeutung der Arbeitskräfte, die über die Kunstfertigkeit der Hammerführung oder wie beim Tie-

244 Zit. Justizrat an Ehrenberg, 4.3.1909, HAKrupp, WA 4/1182.

245 Zit. ebd.; zur Versendung der Quellen zum „Gewinn- und Verlustconto" vor 1850: Lange an Nachr.-Büro, 15.2.1909, HAKrupp, WA 56/105.

246 Direktorium Krupp [Rötger] an Ehrenberg, 13.12.1906, HAKrupp, WA 4/1182.

gelguss über Jahre eingearbeitet werden mussten, hatte relativ abgenommen.[247] Dem Direktorium war das natürlich bekannt, gerade deshalb sollte die fortschrittliche Sozialpolitik des Unternehmens ja retrospektiv belegt werden. Im Direktorium wurde man sich nach der Durchsicht des Ehrenberg'schen Entwurfs nun darüber gewahr, dass das im Unternehmen tradierte Vergangenheitswissen idealisiert war und der tatsächlichen Vergangenheit nicht entsprach. Ehrenberg versuchte, seine Studie zu retten, und warb bei Rötger um Verständnis für die Zwecksetzung seiner wissenschaftlichen Untersuchungen.[248] Er hob dabei auf die Gemeinsamkeiten zwischen Krupp und ihm ab und brachte ein geradezu klassisches Freund-Feind-Schema an, indem er auf die gemeinsame Frontstellung gegen Sozialdemokraten und Kathedersozialisten, die er in einen Topf warf, abhob: „Nur durch Furchtlosigkeit und vollste Offenheit kann demgegenüber etwas ausgerichtet werden."[249] Ehrenbergs Argument, sich mit Krupp und in Gegnerschaft zu einem gemeinsamen Feind zu positionieren, ging schließlich auf. Rötger unterstützte Ehrenberg und entschied, dass die gemeinsamen Interessen überwogen.[250]

Ehrenberg publizierte schließlich ein stark abgespecktes Manuskript und lieferte dem Unternehmen damit den bis tief in das 20. Jahrhundert hinein immer wieder bemühten Beleg für die außergewöhnliche betriebliche Sozialpolitik des Unternehmens.[251] Ferner hatte das Direktorium im Zuge der Zusammenarbeit und mithilfe von Ehrenberg ein weitergehendes Bewusstsein für die Fallstricke tradierten Vergangenheitswissens ausgebildet. Auch hatte das Management gelernt, dass die Darstellung der Unternehmensgeschichte sich mithilfe von gezielt ausgesuchtem Quellenmaterial beeinflussen ließ, dass Geschichte also ‚machbar' war. Keineswegs ging mit dieser Bewusstwerdung eine tiefgehende Auseinandersetzung mit den von Sozialdemokraten oder Kathedersozialisten vorgebrachten Überlegungen einher. Warum auch? Krupp stand zu dieser Zeit, 1907, und gemessen am Aktienkapital, als das größte deutsche Unternehmen da. Selbstkritik war da aus Sicht des Direktoriums nicht angebracht.

---

247 S. *Reif.*

248 Zit. Ehrenberg an Landrat [Rötger] 17.7.1909, HAKrupp, WA 4/1182.

249 Zit. ebd.

250 Krupp [Rötger] an Ehrenberg, 26.7.1909, HAKrupp, WA 4/1182; dazu auch Klöpfer an Nachr.-Büro, 5.2.1909, HAKrupp, WA 56/105.

251 *Ehrenberg u. Racine.* Zur Entwicklung des Unternehmens bis 1850 s. *Beyer*; s. auch *Tenfelde*, Der „Kruppianer", S. 36 – 38. Erst viel später, seit den 1970er Jahren, wurde die sehr positive Einordnung der betrieblichen Sozialpolitik des Unternehmens hinterfragt. Krupp hielt das Material, das zur Publikation von Ehrenberg u. Racine geführt hatte, aber zurück und gab es nicht mehr heraus. Ulrich Troitzsch an Wilhelm Treue, o.D. [1975], HAKrupp, WA 125/7. Allerdings verfolgte Krupp zu der Zeit insgesamt eine ausgesprochen restriktive Archivpolitik, das Archiv war nicht einmal mehr hauptamtlich besetzt. S. dazu Kap. 4.6.

Ehrenberg blieb bei Krupp extern. Zwar lässt er sich als Geburtshelfer der Geschichtspolitik des Unternehmens einordnen, aber er geriet nie in eine Abhängigkeit vom Unternehmen. Mit dem Versuch, das Vorhaben in seiner Konzeption zu retten, hatte Ehrenberg vielmehr deutlich gemacht, dass es ihm um die wissenschaftliche Erkenntnis und seine wissenschaftsstrategische Positionierung ging und dies beides für ihn leitend war, nicht aber die Loyalität zum Unternehmen. Ehrenberg gelang es deshalb auch nicht, einen unmittelbaren und direkten Kontakt zum Direktorium herzustellen. Die Kommunikation zwischen Ehrenberg und Krupp blieb eine über Lauter vermittelte Kommunikation. Bereits 1906, als sich das Leitungsgefüge bei Krupp veränderte, büßte Ehrenberg seinen Rang als erster „Historiker" des Unternehmens ein. Im Oktober 1906 heiratete Bertha Krupp, die älteste Tochter Friedrich Alfred Krupps und Unternehmenserbin, den Diplomaten Gustav von Bohlen und Halbach. Der Kaiser selbst ermöglichte es dem Angeheirateten, fortan den Namen „Krupp" zu führen.[252] Mit dem neuen männlichen „Krupp" trat eine neue Repräsentationsfigur in das Unternehmen ein. Von dem Recht der Namensübertragung als höchstem Ausdruck des kaiserlichen Wunsches, die Krupp-Dynastie fortzuführen, konnte Ehrenberg zwar im Vorfeld nichts wissen, aber ihm dürfte bald klar geworden sein, dass diese Heirat eine Veränderung auch für ihn wahrscheinlich machte. Ehrenberg bot Lauter wohl auch deshalb an, anlässlich der Hochzeit einen Aufsatz zu Ehren des Paars zu schreiben. Lauter antworte, ein Gespräch mit der Verlobten, wie Ehrenberg es vorgeschlagen hatte, sei ausgeschlossen. Und weiter führte der Archivleiter aus: Der Kaiser würde erstmals seit dem Begräbnis von Friedrich Alfred Krupp wieder auf den Hügel kommen.[253] Das Unternehmen, so wurde Ehrenberg damit verdeutlicht, würde nun wieder eine hoffähige Repräsentationsfigur bekommen. Für die Geschichte in ihrer Funktion als Substitut für die Repräsentation, und damit auch für Ehrenberg, hatte das aufatmende Direktorium nun keine Verwendung mehr.

---

252 Das Recht, den Namen „Krupp" zu führen, sollte an den Sohn übergehen, der das Unternehmen führte. Deshalb konnte der am 13. August 1907 geborene Alfried Felix Alwyn von Bohlen und Halbach seit 1943 „Krupp" einem Titel gleich führen, nicht aber seine Geschwister. S. Kap. 3.1.

253 Lauter an Ehrenberg, 6.10.1906, HAKrupp, WA 4/1182. Die Familie Krupp, nicht aber das Direktorium, und Ehrenberg blieben in Kontakt. Ralf Stremmel danke ich für diesen Hinweis.

2.4 Krupps „objektive" Festschrift von 1912: Wilhelm Berdrow

> Aber was Alfred Krupp am größten erscheinen läßt, was seinem Schaffen Ewigkeitswert verleiht, auch wo er Zeitaufgaben erfüllte, das war doch die Art, wie er arbeitete.[254]
>
> Wilhelm Berdrow, 1912

Ehrenberg büßte zwar seine Position als erster „Historiker" von Krupp ein, damit kam die Arbeit an der Geschichte aber nicht ans Ende. Das lag ganz maßgeblich an Gustav Krupp, der sich als Angeheirateter schwer damit tat, ‚kruppsch' zu wirken. Gustav Krupp war kein Erfinder und er entstammte auch nicht aus einer der montanindustriellen Dynastien, obwohl er später gezielt den Anschein erweckte, dass seine „Sippe" frühzeitig im Eisengewerbe engagiert gewesen sei.[255] Gustav Krupp war nicht einmal besonders versiert im schwer- oder rüstungsindustriellen Geschäft. Als Diplomat war er zwar geeignet, die Beziehung zum Staat repräsentativ zu pflegen. Insgesamt aber fehlte Gustav Krupp der unternehmerische Impetus. Die Arbeit an der Unternehmensgeschichte wurde deshalb weiter betrieben, nunmehr mit besonderer Unterstützung und im Interesse von Gustav Krupp persönlich. Die Phase, in der Alfred Krupp das Unternehmen geführt hatte, sollte, so fand der eingeheiratete Krupp, zu einem Lehrmeister für ihn selbst und das Unternehmen werden.[256]

Schon bald nach der Hochzeit, als der neue Repräsentant eingeführt war, kam man konzernintern überein, dass die Unternehmensgeschichte von nun an stärker erforscht und verbreitet werden sollte. Den vorläufigen Höhepunkt erreichte das 1912, als das Unternehmen die pompösen Jubiläumsfeierlichkeiten gänzlich unter das Erinnern an Alfred Krupp und die von ihm begründete Firmenphilosophie stellte. Der vergangene Glanz sollte in die Gegenwart überführt, das Fortschrittsversprechen des Unternehmens auf diese Weise erneuert und die Technik der Repräsentation wiederbelebt werden. Für dieses Programm war eine versprachlichte Geschichte unersetzlich. Zur wesentlichen und ausführenden Figur wurde nun Wilhelm Berdrow. Auch ihm, einem gelernten Ingenieur, sprach Fritz Redlich eine „Pionier"-Rolle für die Entwicklung der deutschen Unternehmensgeschichte zu.[257]

---

254 [*Berdrow*], Krupp 1812–1912, Zit. S. 306.

255 *Krupp von Bohlen und Halbach*, Zit. S. 109.

256 Ebd., S. 92–97.

257 *Redlich*, S. 13 u. 19. Ernst Schröder, einer der Nachfolger Berdrows als Leiter des Archivs, stellte fest: „Berdrow wird heute selten erwähnt, noch seltener gelobt, aber die Schar der Autoren, die seine Bücher nach flüchtiger Lektüre ausschreiben, nimmt ständig zu." Die viel beachtete Arbeit von Bernhard Menne, aber auch die von Joachim von Kürenberg und vielen anderen, wäre in der Tat ohne die Berdrow'sche Grundlagenarbeit kaum möglich gewesen. *Schröder*, Wilhelm Berdrow, Zit. S. 179.

Während Ehrenberg zum wissenschaftlichen Gewährsmann für die vergangene und außerordentliche Sozialpolitik des Unternehmens avanciert war, wurde man bei Krupp auf Berdrow als Experte für den technischen Fortschritt aufmerksam.[258] Und im Unterschied zu Ehrenberg befasste sich Berdrow schließlich loyal und ausschließlich mit Krupp.

Der Ingenieur war zunächst in Berlin bei der Allgemeine Elektricitäts-Gesellschaft und dann bei den Städtischen Gasanstalten angestellt gewesen, bevor er 1892 kündigte und sich ganz der „technischen Schriftstellerei“ zuwandte.[259] Berdrow gelang es zügig, sich einen Namen zu machen. Während eines Engagements für die Münchner Allgemeine Zeitung reiste er 1893 zur Weltausstellung nach Chicago, wo er den Leiter des Krupp'schen Nachrichten-Bureaus, Adolf Lauter, kennenlernte. Zu einer Zusammenarbeit zwischen Berdrow und Krupp kam es zu diesem Zeitpunkt aber noch nicht. Wie schon im Fall von Ehrenberg wendete sich das Blatt auch für Berdrow erst, nachdem das Direktorium den Wert der eigenen Geschichte entdeckt hatte. Seit 1906 bemühte sich Lauter mit Unterstützung des neu in die Dynastie eingefügten Gustav Krupp um die Vergrößerung der Sammlung von „historische[m] Stoff“, schließlich galt es, das in Aussicht genommene und mit einem hohen Anspruch versehene Jubiläum vorzubereiten. Das vermeintliche Wissen um die Etappen der Unternehmensentwicklung war in einer außerordentlichen Weise in der Gesellschaft verbreitet. Die in der geplanten Festschrift dokumentierte Geschichte musste deshalb einwandfrei und korrekt sein, um dem Anspruch von der kontinuierlich weitergeführten außerordentlichen Qualität der Fertigung, vom vitalen Erfindungsreichtum und von der Fortführung der Firmenphilosophie durch das neue Familienoberhaupt Glaubwürdigkeit zu verleihen.[260] Wie ambitioniert die gesteckten Ziele waren, zeigte sich nicht zuletzt an dem erheblichen Aufwand, der betrieben wurde, um die Geschichte vertexten lassen zu können. Lauter musste aus Mangel an geeignetem hausinternem Personal für die als erforderlich bewerteten Vorarbeiten nach Schreibern suchen. Berdrow wurde ihm von einem Kontaktmann aus der Presse als „wissenschaftlich reich gebildet, [und] überaus ehrenhaft“ empfohlen. Interessant war Berdrow für Lauter auch deshalb, weil Berdrow von „seiner Feder“[261] lebte. Damit ließ sich seine Loyalität einkaufen, jedenfalls im Vergleich zu dem unabhängigen Ehrenberg, wie man bei Krupp inzwischen ver-

---

258 *Berghoff*, Verheißungen, S. 54.

259 Berdrow hatte bereits publiziert. S. *Berdrow*, Buch der Erfindungen (1901), dann, mit einer Hinwendung zur kaufmännischen Seite, *ders.*, Buch berühmter Kaufleute (1905).

260 Lauter an Brockhoff, 6.12.1907, HAKrupp, WA 56/82.

261 Aktennotiz u. Abschrift aus einem Brief von Gruenstein an Hartleben, betr. Journalist W. Berdrow, 9.10.1907, HAKrupp, WA 56/82. Der Empfehlungsgeber, Josef R. Gruenstein, war Redakteur bei der Berliner Börsenzeitung. Ausf. *Wolbring*, Krupp und die Öffentlichkeit, S. 161 f.

standen hatte. Im Juli 1908 nahm Lauter Kontakt zu Berdrow auf und holte ihn für die Vorarbeiten nach Essen.[262] Zunächst ging es noch nicht darum, den Verfasser für die Festschrift ausfindig zu machen. Zu diesem Zeitpunkt ging man noch davon aus, dass Lauter sie selbst schreiben würde. Ohnehin stand zunächst die Erarbeitung von historischer Gewissheit im Vordergrund. Die Erfahrungen mit Ehrenberg hatten das Unternehmen gelehrt, dass die erinnerte oder tradierte Geschichte mit der belegbaren Geschichte nicht deckungsgleich war. Klar war aber auch, dass man die Darstellung nicht mehr aus der Hand geben wollte.

Zunächst einmal wurden deshalb GESCHICHTLICHE STUDIEN, genaue und themenspezifische Abhandlungen zu Kernthemen der Entwicklung des Unternehmens, ausgearbeitet. Bis 1912 entstanden nicht weniger als 75 Einzelschriften. Sie wurden ausschließlich für den hausinternen Gebrauch erstellt und nie veröffentlicht. Ihr Zweck bestand allein darin, gesichertes Wissen über die Entwicklung des Unternehmens zusammenzustellen.[263] Die Beziehung zwischen Lauter und Berdrow stand fürs Erste ganz im Zusammenhang der Erarbeitung dieser Vorstudien. „[D]ie geschichtlichen Tatsachen“ sollten, so lautete der Auftrag, „möglichst kurz und gedrängt, aber doch für die richtige Beurteilung der Entwicklung genügend erschöpfend, *objektiv*“ zusammengefasst werden.[264] Beschlossen war bereits, dass der Dreh- und Angelpunkt Alfred Krupps 100. Geburtstag sein sollte, wie auch seine Zeit als Eigentümer den zentralen inhaltlichen Referenzzeitraum markierte. Krupps Geburtstag bildete dann auch den Anlass für die Feierlichkeiten 1912 – und nicht etwa die Gründung des Unternehmens. Tatsächlich ließ sich erst mithilfe einer der „Geschichtlichen Studien“ belegen, dass die Unternehmensgründung ungefähr auf das Jahr 1811 zu datieren war. Berdrow wurde zunächst, wie viele andere auch, engagiert, um auf Honorarbasis an der Erarbeitung dieser Vorabuntersuchungen mitzuwirken.[265]

Als Lauter Ende 1908 plötzlich verstarb, verstand Berdrow es, die sich auftuende Lücke in der Geschichtlichen Abteilung für sich zu nutzen. Es gelang ihm, sich für die historische Grundlagenforschung des Unternehmens unersetzbar zu machen. Finanzdirektor Haux, dem die Geschichtliche Abteilung 1909 unterstellt wurde, pflegte schon bald ein sehr gutes Verhältnis zu Berdrow und schätzte ihn als zuverlässigen und loyalen Auftragnehmer. Kaum überraschend wurde Berdrows Vertrag 1909 um zwei Jahre verlängert.[266] Auch wurde er jetzt als Autor für die große Jubiläumsschrift, die die „Geschichtlichen Studien“ zusammenführen sollte,

262 Lauter an Berdrow, 24.7.1908, HAKrupp, WA 56/84.
263 *Stremmel*, Historisches Archiv, S. 39.
264 Zit. Lauter an Vielhaber, 23.5.1907 [HiO], HAKrupp, WA 56/105.
265 Schriftw. zw. Berdrow u. Lauter seit 1907, HAKrupp, WA 56/85.
266 *Schröder*, Wilhelm Berdrow, S. 181 f.

ausgewählt. Fest angestellt und mit der Leitung der Geschichtlichen Abteilung betraut, wurde Berdrow aber erst im Januar 1913, nach der Fertigstellung und der Veröffentlichung der Festschrift und dem Erfolg der Jubiläumsfeier.[267]

Nach einer mehrjährigen Einarbeitungsphase hatte Gustav Krupp die Leitung des Unternehmens und den Vorsitz im Aufsichtsrat übernommen. Auch im Management wurden Veränderungen vorgenommen. An die Stelle des entlassenen Rötger trat im Oktober 1909 Alfred Hugenberg.[268] Mit Hugenbergs Eintritt in das Unternehmen wurde die Geschichtliche Abteilung mit dem Statistischen Büro zusammengefasst. Damit stieg die Abteilung innerhalb der Unternehmenshierarchie auf, das allerdings, ohne dass sich daraus ein besonderes geschichtspolitisches Engagement Hugenbergs ableiten ließe. Vielmehr wurde die Arbeit an der Geschichte jetzt endgültig zum Handlungs- und Aktivitätsfeld von Gustav Krupp, während Hugenberg sich auf die Beeinflussung der Tagespresse konzentrierte.[269] Zweifelsohne aber war Hugenberg die Bedeutung der Geschichte für das Unternehmen bewusst. Betriebswirtschaftliche Kennziffern wurden zwar auch von der neu geordneten Abteilung nicht veröffentlicht. Immerhin aber wurde nun ein „Bericht" für Ausgewählte aus den Daten der Statistischen Abteilung und den in der Presse ohnehin bereits zirkulierenden Informationen zusammengeführt.[270] Seit 1910 wurden darüber hinaus die „Kruppschen Mitteilungen" erstellt und im Unternehmen verteilt.[271] Nennenswerte geschichtspolitische Aktivitäten im Hinblick auf die Ausgestaltung der Feierlichkeiten und der Festschrift sind für Hugenberg nicht überliefert. Lediglich sein Vorstoß, eine Jubiläumsstiftung zu gründen, die den Eigenwohnungsbau der Arbeiter fördern sollte, um „der Oeffentlichkeit auch etwas sozialpolitisch Interessantes und Neues" zu bieten,[272] ist hier erwähnenswert. Denn

---

267 Ebd., S. 183.

268 Alfred Hugenberg war Unternehmer und Politiker. Neben seiner Position als Vorstandsvorsitzender von Krupp besetzte er wesentliche Verbandsposten in der westdeutschen Schwerindustrie. Schriftw. zw. Krupp u. Hugenberg, 1909; Krupp an Hugenberg, 21.11.1911, HAKrupp, FAH 4/C281. 1912 gründete Hugenberg als Vorsitzender des Bergbau-Vereins die Ausland GmbH, die zur Keimzelle seines späteren Presseimperiums wurde. *James*, Krupp, S. 141; s. zu Hugenbergs Tätigkeit im Bergbau-Verein *Przigoda*, Bergbau-Verein, S. 163–166, passim; *Henning*.

269 *Tenfelde*, Krieg und Krisen, S. 28 f., passim.

270 August Wittkamp: Pressearbeit bei Krupp, 10. 2.1966, HAKrupp, WA 168/651.

271 Die Kruppschen Mitteilungen, so Klaus Tenfelde, waren das erste Beispiel dieses neuen Typs von Werkszeitschrift. Sie richtete sich gezielt an die Belegschaftsführung. *Ders.*, Der „Kruppianer", S. 40.

272 „Wir müssten den politischen Faktoren zeigen, wo wir auf dem Felde freiwilliger Arbeit praktische sozialpolitische Möglichkeiten sehen, in denen der Anfang einer Ablösung der bisherigen nicht mehr entwicklungsfähigen Art von Sozialpolitik liegt." Zit. Unterlage für die Besprechung über Jubiläumsschriften [Vf. Hugenberg, 9 S.] o.D., HAKrupp, WA 4/1389.

Hugenbergs Vorschlag wurde von der Familie Krupp abgelehnt. Die Bereitstellung von Mitteln für die bereits bestehenden Stiftungen und Wohlfahrtseinrichtungen befürwortete die Familie, die von dem Manager vorgeschlagene Neuschöpfung dagegen nicht.[273] Das ist durchaus beispielhaft für die feststellbaren Unterschiede in der Konzeption von Eigentümerfamilie und Management: Die Familie drang darauf, zu bewahren. Hugenberg war demgegenüber deutlich mehr am Tagesgeschäft interessiert und strebte danach, Neues zu erschaffen.

Der maßgeblich während des Jubiläums entfalteten Geschichte vom „Kruppianer" tat das keinen Abbruch.[274] Sie wurde im Zusammenhang der Jubiläumsfeierlichkeiten ausbuchstabiert und mit den Untersuchungsergebnissen, die Ehrenberg vorgelegt hatte, begründet.[275] Ganz eindeutig verband sich also mit dem Eintritt von Hugenberg eine Veränderung der Krupp'schen Öffentlichkeitsarbeit, womit auch ein zunehmend aggressiveres Lobbying einherging.[276] Geschichtspolitisch aber trat Hugenberg für Krupp nicht weiter in Erscheinung. Die Arbeit an der Geschichte wurde jetzt vielmehr zur Angelegenheit der Familie und hier insbesondere von Gustav Krupp.[277] Berdrow fertigte in enger Zusammenarbeit mit Gustav Krupp und auf der Grundlage der 75 „Geschichtlichen Studien" die Festschrift, KRUPP 1812–1912, an, die mit den groß aufgezogenen Jubiläumsfeierlichkeiten 1912 veröffentlicht wurde. Als Autor wurde Berdrow nicht genannt.[278] Die Festschrift wurde vom Kollektivsingular „Krupp" autorisiert und herausgegeben.

Selbst aus heutiger Sicht ist die Berdrow'sche Festschrift beeindruckend. Die vergleichende Betrachtung von Heinz Voosen beginnt den Streifzug durch die deutschen Jubiläumsschriften nicht von ungefähr mit diesem Werk, das mit seinem Übermaß, drei Kilogramm Gewicht und 416 Seiten, nicht nur opulent war,[279] sondern auch inhaltlich und darstellerisch neue Maßstäbe setzte. Selbstverständlich

---

273 *Tenfelde*, Im Zenit, S. 119 f.; anders *Kunczik*, S. 201.

274 *Stremmel*, Kruppianer, v. a. S. 329–334.

275 Der Krupp-Mitarbeiter, der sog. Kruppianer, war typischerweise männlich, deutsch und nicht selten seit mehreren Generationen bei Krupp beschäftigt; zentrales Kennzeichen war seine „werkstreue" Haltung. *Tenfelde*, Der „Kruppianer", S. 38.

276 *Henning*, S. 107 f.; *Wulf*, S. 157 f.

277 *Dietrich*; kursorisch *Plumpe*, Unternehmerverbände, S. 681 f.; *Tenfelde*, Krieg und Krisen, S. 163; *Requate*, Medienmacht, S. 92 f.; *Frei u. Schmitz*, S. 54–63; s. auch *Hugenberg*. Die wesentliche Position des Unternehmens, wie mit Hugenberg und seiner Rolle umzugehen war, wurde von Tilo von Wilmowsky nach dem Zweiten Weltkrieg geprägt: „Es mag hart klingen, aber ich halte Hugenberg bei voller Anerkennung seiner großen Gaben und seiner unleugbaren Lauterkeit für einen der Wegbereiter Hitlers!" *Wilmowsky*, Rückblickend, Zit. S. 106 f.; vgl. *Turner*, Faschismus und Kapitalismus, S. 14–16 u. 144–156.

278 [*Berdrow*], Krupp 1812–1912.

279 Die Festschrift wurde in verschiedenen Ausführungen gedruckt, mit Goldrand, ohne usw.

wurde in der Festschrift kaum über Abschnitte der Unternehmensgeschichte, die Krupp in ein negatives Licht tauchen konnten, berichtet. Trotzdem ging die Darstellung substanziell über die bekannten Fakten der in der Öffentlichkeit kursierenden Entwicklungsgeschichte des Unternehmens hinaus. Keineswegs war sie als plumpe und nationale Ode komponiert, sondern ausgesprochen differenziert und auch sprachlich überaus gediegen und nüchtern angelegt.[280] Inhaltlich war sie ganz auf das Leben von Alfred Krupp zugeschnitten, basierte dabei auf der allgemein bekannten Fortschrittserzählung,[281] stützte und schärfte diese aber quellengestützt. Berdrow und Gustav Krupp hatten viel Zeit mit der Vertextung verbracht: Der klare Erzählbogen bildete die erfinderische und technische Bedeutung von Krupp für die deutschen Rüstungsanstrengungen, aber nicht nur. Auch die zivile Fertigung und das Weltgeschäft fanden großen Raum. Dass die Entwicklung durchgehend bis hin zur gegenwärtigen „Größe" und „Bedeutung" im Jahr 1912 möglich war, wurde als das Ergebnis der fortgeführten Firmenphilosophie Alfred Krupps herausgestellt. Der Unternehmensgründer Friedrich Krupp wurde in der Festschrift zwar genannt, aber dieser, wie auch sein Enkel Friedrich Alfred Krupp, verblassten hinter dem als prägend herausgestellten Gründertyp Alfred Krupp. In die das Buch gliedernde Dynastie eingewoben wurde auch der eingeheiratete Gustav Krupp, dabei aber nicht weiter charakterisiert.[282] Ebenfalls auf das Erinnern an Alfred Krupp ausgerichtet war die Festrede Wilhelms II., die der Festschrift als Beilage einiger Ausgaben zugefügt wurde und dem Unternehmen die Einkleidung als Nationalunternehmen verpasste. Für den Kaiser war die Geschichte des Unternehmens nicht weniger als „ein Stück preußischer und deutscher Geschichte".[283] Zwar erwähnte er Friedrich Alfred Krupp, seinen „früh entrissenen Freund",[284] aber auch der Kaiser

---

280 *Voosen*, S. 11–17.

281 Erzählerich war das keine Ausnahme, sondern die zeitg. typisch „deutsche Denkfigur". *Etzemüller*, S. 112–115.

282 Die Festschrift widmete ca. 40 Seiten „Friedrich Krupp", ca. 250 Seiten befassten sich mit „Alfred Krupp", immerhin gut 80 Seiten waren „Friedrich Alfred Krupp" gewidmet. Das Abschlusskapitel wurde nicht mit „Gustav Krupp" betitelt, sondern unter der Überschrift „Die Fabrik seit 1902" und auf knapp 20 Seiten abgehandelt. Den Schlusssatz bildete ein Zukunftsversprechen, aber bemerkenswerterweise kein nationalistisches oder mit Pathos vorgebrachtes Rüstungsbekenntnis: Die Modernisierung und Neuerung „[...] bietet die Gewähr, daß sich das Werk auch weiterhin dem Wandel der Zeit auf technischem und wirtschaftlichem Gebiet durch zeitgemäße Reformen anpassen wird". [*Berdrow*], Krupp 1812–1912, Zit. S. 416.

283 Rede, Kaiser Wilhelm II., Festakt zum 100jährigen Krupp-Jubiläum, 8.8.1912, abgedr. in *Obst*, Zit. S. 352 f.

284 Rede, Kaiser Wilhelm II., Festmahl zum 100jährigen Krupp-Jubiläum, 8.8.1912, abgedr. in *Obst*, S. 353–355, Zit. S. 355.

sah in Alfred Krupp und der von ihm begründeten Philosophie den Garanten für die Prosperität und die nationale Geltung des Unternehmens.

Die Feierlichkeiten, die sog. Kaisertage mit ihrer „prunkvollen Langeweile“,[285] hat Klaus Tenfelde in einem ausführlichen und illustrierten Katalog eingehend beschrieben.[286] Insgesamt war die Ausgestaltung und der gewählte Ablauf ein Ausdruck aufwendiger und nationalistischer Repräsentation, „Pomp und Politik“ standen im Vordergrund.[287] Krupp erneuerte mit dem Fest – und zwar erkennbar in Anlehnung an den monarchischen Repräsentationsstil – den eigenen wirtschaftlichen und nationalen Geltungsanspruch.[288] Während der Feierlichkeiten wurde von der in der Festschrift thematisierten Staatenkonkurrenz im Rüstungsgeschäft abstrahiert und der Schwerpunkt ganz auf die preußisch-deutsche Rüstung und Krupp als wichtigstes nationales Rüstungswerk gelegt.[289] Insgesamt bediente sich das Unternehmen dabei weniger der von Berdrow in Zusammenarbeit mit Gustav Krupp erarbeiteten Krupp-Geschichte, sondern griff deutlich weiter aus und nahm Anleihen, u. a. in der Sagenwelt. Der Höhepunkt der Feierlichkeiten war ein Ritterfestspiel, bei dem die Familie Krupp die Hauptcharaktere in eigens erworbenen Ritterrüstungen spielen sollte. Nicht zu Unrecht wurde der Inszenierung sogar aus dem Konzerninneren „Byzantinismus“ vorgeworfen.[290] Aufgrund eines Grubenunglücks in Bochum kam es nicht zur Aufführung. Aber die Botschaft, die hier vermittelt werden sollte, war klar: Ein geheimnisvoller, ja sagenumwobener Fortschritt, gebunden an die Krupp-Dynastie, sicherte den Rang der deutschen Nation.

Öffentlichkeitswirksam erneuerte die Jahrhundertfeier das Band zwischen Kaiser und Unternehmen. National und nationalistisch gestaltet waren dabei die Feierlichkeiten, Berdrows Festschrift dagegen kehrte die belegbare, die „objektive“ und aus Sicht des Unternehmens richtige Krupp-Geschichte heraus. Verknüpft wurde beides mit der fortschrittlichen Lebensleistung von Alfred Krupp, die sowohl in der Festschrift als auch in den Reden und Ansprachen während der Kaisertage glorifiziert wurde. Die Familie wie auch die Manager waren mit der Wirkung der Feierlichkeiten und der Festschrift sehr zufrieden. Das konnten sie auch sein. Sogar der Demokrat Hermann Dannenberger konstatierte: „Unmittelbar wuchs die Vergangenheit in die Gegenwart und die Gegenwart in die Zukunft“.[291]

285 *Tenfelde*, Im Zenit, Zit. S. 120.
286 *Tenfelde*, „Krupp bleibt doch Krupp“.
287 S. zum Verhältnis symbolischen Handelns und Politik vor 1914 ausf. *Paulmann*.
288 S. *Tenfelde*, Im Zenit.
289 So auch *Menne*, S. 140 f.
290 *Tenfelde*, Im Zenit, S. 131.
291 *Reger*, Zit. S. 406, s. zu Dannenberger ausfl. Kap. 2.6.

Der Erfolg allerdings sollte nicht lange währen. Knapp ein halbes Jahr später, im April 1913, geriet das Unternehmen erneut in das Zentrum öffentlicher Kritik. Eine der Entscheidungen des Managements nach dem Tod von Friedrich Alfred Krupp, nämlich die Fühlungnahme durch den Ausbau des Berliner Büros zu verstärken, wurde für Krupp zum Problem. Die sog. Kornwalzer-Affäre, im Kern ein Bestechungsskandal – das Management hatte mit seinem Berliner Büro systematisch Informationen von Offizieren durch kleinere Geschenke erkauft – wuchs sich zum größten Korruptionsskandal des Kaiserreichs aus.[292]

Wolfgang Benz hat in den 1970er Jahren eine direkte Linie zwischen dem Skandal von 1913 und der Errichtung des Nachrichten-Bureaus 1890 gezogen.[293] Aus einer stärker auf das Unternehmen bezogenen Sicht ist das kaum zu halten, denn die Kornwalzer – die nach dem internen Telegrammcode benannt waren – wurden von dem *nach* dem Tod von Friedrich Alfred Krupp personell erweiterten Berliner Büro an die Krupp-Direktion in Essen geschickt.[294] Das hatte mit dem Nachrichten-Bureau, das Krupp 1890 hatte einrichten lassen,[295] nur wenig zu tun, sondern war vielmehr eine der Reaktionen des Managements auf die Krise nach dem Tod des Eigentümers. Für die erfolgreiche Skandalisierung 1913 war indes zentral: Karl Liebknecht,[296] der das ihm durchgestochene Material zunächst der Polizei übergab und erst in einem weiteren Schritt und im Rahmen der Diskussionen um den Heeresetat 1913 im Reichstag publik machte und so auf bereits eingeleitete polizeiliche Ermittlungen verweisen konnte,[297] erzwang damit eine öffentliche Debatte über das höchst gegenwärtige Geschäftsgebaren des Unternehmens.[298]

Die Skandalisierung gelang auch deshalb, weil Krupp gerade erst mit seinen Jubiläumsfeierlichkeiten als lupenreines patriotisches und der technischen Spit-

292 Die Kornwalzer-Affäre wurde von der historischen Forschung eingehend untersucht. S. *Rothfuss*, S. 255–277; *Bösch*, Kornwalzer, S. 337–379; *ders.*, Öffentliche Geheimnisse, S. 447–467; *Benz*, Entstehung (Dokumentation), S. 199–201. Zur Reaktion der internationalen Presse s. Art. Stir up War Talk to make Business, in: NYT, 19.4.1913; Art. German Scandals, in: NYT, 21.4.1913; Art. Reichstag Inquiry into Arms Scandal, in: NYT, 23.4.1913; Art: Krupps minimize Gifts, in: NYT, 26.4.1913.

293 Wie Wolfgang Benz in seinem Kommentar zum Muehlon-Nachlass herausstellte. *Ders.*, Entstehung (Dokumentation), S. 199–204.

294 Ausf. *Bösch*, Kornwalzer, S. 337–379.

295 S. Kap. 2.2.

296 Karl Liebknecht war einer der bekanntesten und profiliertesten Mitglieder der SPD und seit 1912 Abgeordneter im Reichstag. *H. Weber*, Art. Liebknecht, Karl, in: NDB 14, 1985, S. 505 f.

297 Liebknecht hatte das entlarvende Material wohl von einem ehemaligen Krupp-Mitarbeiter des Berliner Büros, Wilhelm von Metzen, erhalten. *Bösch*, Kornwalzer; zu von Metzen s. *Rasch*, S. 41 (Anm.).

298 *O.V.*, Prozessbericht, S. 402–406.

zenleistung verschriebenes Rüstungsunternehmen zurück in die Öffentlichkeit getreten war. Bestechung wollte zu diesem Image so gar nicht passen, jedenfalls auf den ersten Blick. Aber auch die bis dahin außerhalb jeder Diskussion stehende preußische Ministerialbürokratie geriet in das Zentrum der Kritik. Anders als während der Capri-Affäre, als der überwiegende Teil der Presse es nicht gewagt hatte, das Rampenlicht auf das direkte kaiserliche Umfeld zu richten, hatte sich das als Ergebnis des Skandals um den Liebenberger-Kreis geändert. Nunmehr war es möglich, das Bollwerk des deutschen Staates, seine Beamtenschaft, an den Pranger zu stellen. Laufend wurde sogar der Kaiser, den die Kornwalzer-Affäre allenfalls mittelbar tangierte, von seinen Beratern informiert, wohl damit er sich nicht, wie nach dem Tod von Friedrich Alfred Krupp, allzu offen hinter Krupp stellte. Staat und Unternehmen wurden anfänglich von der Presse auseinandergetrieben. Im Verlauf der beiden Gerichtsprozesse, die sich gegen die bestochenen Offiziere der Heeresverwaltung und gegen die bestechenden Krupp-Manager richteten, schlossen sich die Reihen von politischer Administration und Unternehmensleitung gegenüber der Öffentlichkeit aber wieder.[299]

Der Imageschaden sollte am Ende für die Beamtenadministration größer sein. Die sich anschließende kapitalismuskritische Presse war für Krupp hingegen zwar ärgerlich, aber am Ende rhetorisch und argumentativ nichts Neues.[300] Im direkten Vergleich war der Capri-Skandal für „Krupp" einschlägiger gewesen, denn er hatte sich auf den Eigentümer bezogen. Gustav Krupp wurde durch die Kornwalzer-Affäre aber nicht in Mitleidenschaft gezogen.[301] Auch zeigte sich, dass die öffentliche Kritik sich mithilfe der erarbeiteten Geschichtsgewissheit ausgesprochen gut abwehren ließ.[302] Das galt besonders für den Publizitätsdruck, der ein weiteres Mal aufgebaut wurde. Nun, da die Berdrow'sche Festschrift vorlag, bildete sie die wesentliche Grundlage, und zwar nicht nur für die Kommunikation des Unternehmens nach außen, sondern sie wurde auch zur Fundgrube für die über Krupp berichtenden Journalisten.[303] Die Festschrift thematisierte die Schwierigkeiten bei der Überzeugung der Militäradministration zu Zeiten Alfred Krupps ausführlich und das mit der

299 Otto Eccius übernahm für das Krupp-Management die alleinige Verantwortung und wurde zur Zahlung einer Geldstrafe verurteilt; sein Mitangeklagter, Maximilian Brandt, wurde zu einer geringen Gefängnisstrafe verurteilt. Ausf. *Bösch*, Öffentliche Geheimnisse, S. 454–467.

300 *Ebd.*, S. 452.

301 *Beyer*, Frühe Industrialisierung im Betrieb, (Diss.), S. 32. Burkhard Beyer bin ich sehr dankbar für die Zurverfügungstellung der Originalfassung der Einleitung seiner Dissertation. 2007 ist sie gekürzt erschienen. S. *Beyer.*

302 Eine Zusammenführung von Unternehmensgeschichte und dem Kornwalzer-Skandal erschien erst 1937 mit der Veröffentlichung von *Menne.*

303 *Rothfuss*, S. 200–202; s. auch Anhang: Strafregister der sozialdemokratischen Redakteure, in: *Koszyk*, S. 166 f.

Pointe, dass Krupp am Ende richtig gelegen hatte.[304] Die preußische Beamtenschaft handelte demnach schwerfällig und war zudem, in der Konsequenz des Kornwalzer-Skandals käuflich. Das Unternehmen dagegen war schlicht technisch überlegen und aus einer Tradition des gelebten Patriotismus heraus davon überzeugt, den rüstungstechnischen Fortschritt für die Nation, und zwar notfalls auch mit unlauteren Mitteln, vorantreiben zu müssen. Was waren da schon kleinere Geschenke, die die Beamtenschaft willig entgegengenommen hatte? Gustav Krupp jedenfalls äußerte sich lediglich befremdet darüber, „beobachten [zu müssen], wie bei uns mehr und mehr alles von der Masse abhängig wird und sich kein Damm mehr gegen das Überschlagen der Fluten erhebt. Das muß einen für die Zukunft mit ernster Sorge erfüllen."[305] Aus seiner Sicht aber hatte die eigene und ‚objektive' Geschichte es geradegerückt.

2.5 Ungesteuerte Verbreitung der Unternehmensgeschichte im Ersten Weltkrieg: Wilhelm Muehlon und Rudolf Herzog

> Es gab keinen Menschen im ganzen Reich und auch nicht einen nur, der so umfassend für seine Arbeiter vorgesorgt hatte und vorausblickend in die Zukunft hinein sorgte. Er [Fritz Stoltenkamp bzw. Alfred Krupp, d. Vf.] war aus der Dunkelheit heraus mit ihnen gewandert und hatte sie ans helle Licht geführt. Und sie waren ohne Zaudern mit ihm gegangen durch dick und dünn. Ah, das war ein Stolz gewesen, dies Einssein von Werk und Werksangehörigen. Nun war der Stolz kaputt. Pfui Teufel noch einmal.[306]
>
> Rudolf Herzog, 1917

Bereits um die Jahrhundertwende hatte sich der Begriff „Weltkrieg" ebenso in die deutsche Publizistik eingeschlichen, wie sich kriegerische Zukunftsvisionen herausgeschält hatten.[307] Als es 1914 zum Krieg kam, verkürzte sich das Zeitbewusstsein stark auf die Gegenwart.[308] Während die kriegführenden Regierungen die massenmediale Beeinflussung zu einem Grundpfeiler ihrer Herrschaftssicherung

304 [*Berdrow*], Krupp 1812–1912, S. 80–82, 95, 101 f., 140–157.

305 [Gustav] Krupp an den Kultusminister a.D. [Conrad] von Studt, 22.5.1913, abgedr. in *Boelcke*, Krupp und die Hohenzollern, Zit. S. 219.

306 *Herzog*, S. 285.

307 Zum literarischen Echo auf den Ersten Weltkrieg, etwa das „Lied der Alldeutschen", von Karl Kraus, das auch auf Krupp („Heil Krupp und Krieg! Ich bin ein Deutscher") rekurrierte, s. *Segeberg*, S. 19–25, Zit. S. 20.

308 *Mischner*, S. 77–82.

machten und die Kriegsentwicklung fortwährend propagandistisch vernebelten,[309] hatte sich bei den Sozialdemokraten bereits vor Kriegsausbruch die Zukunftsvision einer unmittelbar bevorstehenden Revolution abgeschliffen.[310] Auch bei Krupp verengte sich die zeitliche Wahrnehmung mit Kriegsbeginn auf die Gegenwart. Da die Zukunft zunehmend ungewiss wurde, betrieb das Unternehmen während des Krieges keine Geschichtspolitik. Das galt für das Management und den Verwalter der Eigentümerin gleichermaßen. Auch Gustav Krupp kümmerte sich nach Kriegsbeginn zunächst nicht weiter um die Pflege der Unternehmensgeschichte. Zwar blieben das Archiv und die Geschichtliche Abteilung bestehen, und 1915 wurde auch Berdrows Frühgeschichte des Unternehmens veröffentlicht.[311] Dabei handelte es sich aber um einen zur Publikation ausgearbeiteten Jubiläums-Nachzügler, aber nicht um gezielte Geschichtspolitik. Diese Zurückhaltung beschränkte sich auch nicht nur auf die Geschichte von Krupp. Gustav Krupp lehnte es ebenso ab, sich an der maßgeblich vom Generaldirektor der Preußischen Staatsarchive, Reinhold Koser, organisierten größeren Jubiläumsschrift zum 500-jährigen Herrschaftsjubiläum der Hohenzollern zu beteiligen.[312]

Wesentlicher war im Krieg die Presselenkung. Für einige Aufregung sorgte etwa Ende 1915 das Gerücht über die Gewährung eines kaiserlichen Darlehens an Krupp. Im Wandel der Wirtschaft zur Kriegswirtschaft war dieses Gerücht durchaus ein Problem, hätte doch eine, und womöglich sogar, wie kolportiert wurde, verdeckte Aktienbeteiligung des Kaisers Konsequenzen nicht nur für die Indienstnahme, sondern auch die Transparenz – d.h. das Berichtswesen – des Unternehmens gehabt.[313] Krupp dementierte nach den weitergehenden Recherchen Berdrows,

---

309 *Requate*, Der Journalist, S. 146 u. 155 f.; dazu in einem deutsch-britischen Vergleich *Daniel*, Beziehungsgeschichten, v. a. S. 81 – 121.

310 *Berger*, Begrenzung der Zukunft, S. 58 – 61.

311 Berdrow hatte dazu die in der Festschrift nicht verwendeten Quellen, v. a. Urkunden und Briefmaterial, aufbereitet und kommentiert. *Berdrow*, Friedrich Krupp; ausf. Dazu *Beyer.* Während des Krieges arbeitete Berdrow an seiner Alfred-Krupp-Biografie und an der Familiengeschichte der von Bohlen und Halbach. *Tenfelde*, Lehrstück, S. 196; s. auch *Berdrow*, Alfred Krupp; *ders.*, Familie von Bohlen.

312 Krupp von Bohlen und Halbach an Kultusminister a.D. von Studt, 29.4.1915, abgedr. in *Boelcke*, Krupp und die Hohenzollern, S. 240 f. Aus diesem Vorhaben ging 1915 die Veröffentlichung von *Hintze* hervor.

313 Thematisiert wurde das Gerücht aber weiter: Art. Kaiser buys Krupp Shares, in: NYT, 4.3.1918. Die Diskussion über die Beteiligung des Kaisers an dem Unternehmen griffen Zeitungen später, Ende der 1920er Jahre, erneut auf, als der abgedankte Kaiser gegen die „Verleumdung" klagte. Dazu Art. Strafantrag wegen Verleumdung. Der frühere Kaiser geht gegen beleidigende Vorwürfe vor, in: Düsseldorfer Nachrichten, Nr. 575, 12.11.1929; Art. Der frühere Kaiser klagt. Chefredakteur Wendel zu einer Geldstrafe von 1.500 Mark verurteilt, in: Essener Volkszeitung, 6.9.1930, HAKrupp, WA 4/3995.

Maßnahmen ergriff Krupp aber nicht.[314] Unter der während des Kriegs geltenden Pressezensur[315] profitierte das Unternehmen von Hugenbergs Fähigkeit der Pressebeeinflussung.[316] Hugenberg war bereits 1914 davon ausgegangen, dass sich die zurückgedrängte Partizipation der ‚Massen' nach dem Krieg Bahn brechen würde.[317] Deshalb engagierte er sich im Krieg stark für die öffentliche Inszenierung der besonderen Stellung der Krupp-Arbeiter und erntete dafür Kritik aus den eigenen Reihen, besonders von Hugo Stinnes.[318]

In der zweiten Kriegshälfte drohte erneut ein Skandal. Auslöser war ein von Wilhelm Muehlon[319] 1917 verfasstes MEMORANDUM zur Juli-Krise, das in den politischen Zirkeln Verbreitung fand. Zu den Umständen des Kriegsbeginns führte Muehlon dort aus, dass Gustav Krupp von Wilhelm II. höchstpersönlich die Information erhalten habe, dass der Kaiser „sofort den Krieg erklären [werde], wenn Rußland mobil mache."[320] Muehlon, der während der Juli-Krise Direktor der Abteilung KM bei Krupp gewesen war, hatte sich, seiner Angabe zufolge, die Unterstützung Österreichs von Amtsseiten bestätigen lassen. Im Zuge dessen habe Gustav Krupp die „geheime" Erklärung des Kaisers erwähnt und Muehlons Information, die er von Karl Helfferich[321] erhalten hatte, bestätigt. „Während des Krieges", so Wolfgang Benz, „gebot jedoch die Staatsräson die Verschleierung".[322] Das Memo-

314 Berdrow an Pilgrim, 25.11.1915 (Abschrift), HAKrupp, WA 4/3995. Auf Berichte aus dem Ausland, etwa den 1918 in der Washington Post veröffentlichten Artikel, der auch die Behandlung belgischer Zwangsarbeiter bei Krupp thematisierte, reagierte Krupp dann gar nicht mehr. Dazu *T. van der Linden*, Art. The Dawn of Rebellion in the big Krupp Factory at Essen, in: WP, 10.2.1918.

315 *Daniel*, Beziehungsgeschichten, S. 112–118.

316 *Henning; Bernhard; Dietrich*, S. 36–87.

317 General von Gayl an den Chef des Geheimen Zivilkabinetts, von Valentini, 23.6.1915, abgedr. in *Boelcke*, Krupp und die Hohenzollern, S. 242–245; erw. auch bei *Berghahn*, Transatlantische Kulturkriege, S. 115.

318 Hugo Stinnes war Industrieller und politisch sehr aktiv. Stinnes hatte gemeinsam mit Emil Kirdorf und Hugenberg 1914 die Auslands GmbH, die zur Keimzelle des Medienimperiums von Hugenberg werden sollte, gegründet. Während des Ersten Weltkrieges trennten sich die öffentlichkeitspolitischen Aktivitäten von Hugenberg und Stinnes. *Feldman*, Stinnes, S. 377.

319 Johann Wilhelm Muehlon war Rüstungsindustrieller und später Pazifist. Er begann zunächst eine Diplomatenkarriere. 1913 wurde er bei Krupp Direktor der Abteilung KM; nur ein Jahr später schied er bei Krupp bereits wieder aus und begab sich in den Dienst des Auswärtigen Amtes. Während des Ersten Weltkrieges, konkret mit der Ankündigung des uneingeschränkten U-Bootkrieges, siedelte Muehlon in die Schweiz über. *Muehlon*, Verheerung Europas; *Benz*, Europäer und Humanist; *Zdenek*, S. 134–137.

320 *Benz*, Europäer und Humanist, Zit. S. 7f.; *Muehlon*, Verheerung Europas.

321 Karl Helfferich, zuvor lange für die Deutsche Bank tätig, wurde 1915 zum Unterstaatssekretär im Reichsschatzamt. *K.E. Born*, Art. Helfferich, Karl, in: NDB 8, 1969, S. 470–472.

322 *Benz*, Europäer und Humanist, Zit. S. 8.

randum kam dann allerdings, was von Muehlon nicht beabsichtigt war, in Umlauf und sorgte für Unruhe, besonders in Berlin. Gustav Krupp, der schließlich im März 1918 zu den Hintergründen befragt wurde, verwahrte sich – nicht gegen Muehlons Ausführung, sondern dagegen, Muehlon die Informationen bestätigt zu haben.[323] Im Reich, nicht aber im Ausland, konnte das Muehlon-Bekenntnis weitgehend unter dem Deckel der durch die Zensur beschnittenen Pressefreiheit gehalten werden. Dies gelang nicht zuletzt dank Hugenbergs Presseeinfluss.[324]

Wie stark sich die wahrgenommene Zeit auf Gegenwart und Zukunft verkürzte, zeigte auch der Verlauf der sog. Kriegszieldebatte. Die deutsche Kriegserklärung war nicht an ein klares Kriegsziel gebunden worden. Das wuchs sich zu einer halböffentlichen Kriegszieldebatte aus, die die Reichsregierung zügig zu unterbinden suchte. Reichskanzler Bethmann Hollweg stellte sich einer öffentlichen Diskussion zwar entgegen, er nahm die Forderungen von der politischen Rechten, aus der Wirtschaft, den Reihen der Sozialdemokraten und später der Intellektuellen aber an.[325] Es war also längst nicht nur „die Wirtschaft", die Forderungen erhob. Und auch innerhalb der Wirtschaft gab es keineswegs die eine maßgebliche Stimme, auch nicht die von Krupp.[326] Vielmehr waren die Eingaben der Industrie ausgesprochen vielfältig. In ihrem kumulativen Zusammenspiel wurden sie aber zunehmend extrem.[327] Seit März 1915 entwickelte sich aus der kaum koordinierten Kriegszielbewegung eine Debatte, die das Gepräge eines „sowohl als auch"[328] erhielt. Für die Kriegsziele, die im Frühjahr 1915 im Namen der Industrieverbände[329] und mit Unterstützung der Landwirtschaftsverbände eingebracht wurden, waren

323 Ebd., S. 11; Art. [Muehlon] tells how Kaiser forced the War, in: NYT, 7.6.1918.

324 *Wilke*, Grundzüge, S. 341. Die Pressefreiheit, die seit 1874 galt, hatte keinen Verfassungsrang, sie konnte daher nach Kriegsbeginn schnell ausgehebelt und abgeschafft werden.

325 *Müller*, Nation als Waffe, S. 190 f., zu den Interessengefügen der Wirtschaft s. *Feldman*, Armee; exempl. zu Carl Duisberg bzw. Bayer, *Plumpe*, Duisberg; exempl. zu Thyssen *van de Kerkhof*, Friedens- zur Kriegswirtschaft, S. 349 – 360.

326 Muehlon fasste aus dem Schweizer Exil und in der Retrospektive seine Erinnerung an einer Besprechung im Sept. 1914 zusammen: „Wieder einmal eine Besprechung über die Verteilung der Beute nach dem Kriege. Im vertraulichsten Kreise vornehmster schwerindustrieller Räuber." Als Annexionisten führte Muehlon Thyssen, Stinnes und Kirdorf namentlich an. Muehlon erwähnte auch „Gegenreden" und „Bedenken", das aber nicht namentlich. Äußerungen von Gustav Krupp ordnete er nicht zu. *Muehlon*, Verheerung Europas, S. 186 – 188, Zit. S. 186.

327 *Feldman*, Armee, S. 413; *Plumpe*, Duisberg, S. 484 f.

328 *Müller*, Nation als Waffe, Zit. S. 191.

329 Zu Kriegsbeginn hatte eine ganze Reihe von Ausgründungen, Gegengründungen und Verlagerungen das vormals schwerindustriell dominierte industrielle Verbandswesen geschwächt. S. *Roelevink u. Ziegler*. Nach Kriegsbeginn einigten sich CDI und BdI darauf, ihre „Rivalitäten" fürs Erste zurückzustellen. Am 8. August 1914 gründeten sie den berüchtigten „Kriegsausschuss der deutschen Industrie", der sich auch an der Kriegszieldebatte beteiligte. *Bähr u. Kopper*, S. 26 – 30.

Hugenberg und Heinrich Claß[330] verantwortlich. Hugenberg verkörperte hierbei eine Melange verschiedener Interessen: Er repräsentierte die Forderungen der Alldeutschen, wurde als Krupps Vertreter gesehen und galt zudem als Sprachrohr der gesamten Ruhrindustrie.[331] Die von Hugenberg und Claß vorgebrachten Kriegsziele waren ausgesprochen annexionistisch – und sie fanden bei der Reichsregierung keinen Anklang. Gustav Krupp fühlte sich deshalb veranlasst, den etwaig entstandenen Schaden für das Unternehmen zu begrenzen. An den Chef des Geheimen Zivilkabinetts Rudolf von Valentini gerichtet,[332] der den Reichskanzler wie den Kaiser gleichermaßen beriet und ein Verbindungsglied zwischen den Institutionen darstellte, stellte Krupp sich zwar hinter Hugenberg, machte aber gleichzeitig klar, dass Hugenberg sich für die Bündelung der „Erwerbsstände" eingesetzt habe. In dieser Funktion, nämlich als „Vertreter weiterer Interessen", habe er die Kriegsziele eingebracht. Ihm ging es hier eindeutig um eine Vergemeinschaftung des von Hugenberg vorgebrachten Extremismus. Für ihn persönlich und Krupp gelte, dass „weder die Firma noch ihr Inhaber sich in den Vordergrund der politischen Kämpfe schieben lassen". Gustav Krupp legte dem Schreiben seine eigenen Kriegsforderungen bei. Sie waren tatsächlich weniger schneidig und deutlich diplomatischer formuliert, inhaltlich aber von den Forderungen, die Hugenberg vorgebracht hatte, kaum zu unterscheiden.[333]

Insgesamt lässt sich die Kriegszieldebatte als der vielstimmige Versuch fassen, die widerstrebenden Forderungen zentraler wirtschaftlicher und gesellschaftlicher Interessen festzuschreiben. Sie trieb, indem sie zunehmend über die innenpolitischen Konflikte hinaus- und ausgriff, maßlose Blüten. Spätestens als sich der Krieg zum Stellungskrieg auswuchs, wurden die Zielvorstellungen zu Visionen, die mit der Gegenwart immer weniger zu tun hatten.[334] Zu Kriegsende war der Zeitenwandel dann nicht mehr zu ignorieren. Je mehr sich das Kriegsgeschehen zu einer Niederlage verschob, desto mehr deutete sich die Suche nach Schuldigen an. Die

---

330 Heinrich Claß war zwischen 1908 und 1939 Vorsitzender des ADV. *W. Conze*, Art. Claß, Heinrich, in: NDB 3, 1957, S. 263.

331 Aufzeichnungen von General v. Gayl über den Vortrag von Hugenberg vom 12.5.1915, abgedr. in *Boelcke*, Krupp und die Hohenzollern, S. 242–245.

332 Rudolf von Valentini war als Geheimer Regierungsrat seit 1899 im Geheimen Zivilkabinett von Kaiser Wilhelm II. und wurde später zum engsten Mitarbeiter von Reichskanzler Bethmann Hollweg.

333 [Gustav] Krupp von Bohlen und Halbach an von Valentini, 31.7.1915, abgedr. in *Boelcke*, Krupp und die Hohenzollern, S. 245–247, Zit. S. 246. Von Valentini war mit dieser vornehmer ausgedrückten Zielperspektive einverstanden, erinnerte Krupp aber an dessen Position und daran, dass „innere Krise und Unsicherheiten" nicht erwünscht seien. Von Valentini an Krupp, Aug. 1915, abgedr. in *Boelcke*, Krupp und die Hohenzollern, S. 253–255, Zit. S. 255.

334 *Mischner*, S. 97 f.

Kriegstreiber und Kriegsprofiteure mussten damit beginnen, sich auf die Folgen einer Niederlage einzustellen. Offiziell blieb das nationalistisch gesponnene Band zwischen Kaiser und Krupp lange erhalten. So hielt der Kaiser seine letzte Rede im September 1918 nicht von ungefähr bei Krupp in Essen, vor Kruppianern, die, wie es ja hieß, kaum Revolutionsneigung hegten.[335] Mit der Realität der Kriegswirtschaft hatte diese repräsentative Bündnispflege aber nur noch wenig zu tun.[336]

Das Kriegsende bedeutete für Krupp eine erhebliche Krise und konfrontierte das Unternehmen mit einer höchst gegenwärtigen Herausforderung: Der Kaiser dankte Ende November 1918 aus seinem niederländischen Exil ab. Eine Weiterführung der öffentlichkeitswirksamen Liaison zwischen Krupp und den Hohenzollern war ausgeschlossen, denn für „alle Zukunft", so besagte es die Abdankungsurkunde Wilhelm II., verzichtete er auf die „Rechte an der Krone". Nicht nur, dass der kaiserliche Schutzherr des Unternehmens abgedankt hatte, auch die tektonische Verschiebung der politischen Landschaft barg die Gefahr, das Ansehen des Unternehmens dauerhaft zu beschädigen. Das vor dem Krieg aufgebaute und verbreitete Image des Unternehmens, begründet mit und auf der Lebensleistung von Alfred Krupp und dem Qualitätsversprechen Krupp'scher Rüstungsproduktion, drohte nun zum Negativimage zu werden. Während des Krieges war die Qualität deutscher Rüstungsproduktion, und zwar insbesondere die von Krupp, immer wieder an die deutsche Bevölkerung herangetragen worden. Wie konnte der Krieg, trotz der herausragenden Rüstungsproduktion des Unternehmens, dann verloren gehen? Die einsetzende Suche nach Schuldigen forderte die vor dem Krieg propagierte Geschichte vom technisch überlegenen deutschen Rüstungsunternehmen heraus. Trotz der bald grassierenden und medial verbreiteten Dolchstoßlegende wurde die Frage nach der Schuld zum offen liegenden Nerv bei Krupp.

---

335 Dieser letzte öffentliche Auftritt des Kaisers fand am 10. Sept. 1918 bei den Krupp-Werken in Essen statt. Dort appellierte der Kaiser an das Standesbewusstsein der anwesenden Arbeiter und erinnerte sie an ihre Pflichten: sie am „Hammer", er auf dem „Thron". Obwohl Obst ein „Ja" auf die Frage des Kaisers, ob er sich auf die Arbeiter verlassen könne, vermerkte und damit eine Begeisterung der inzwischen auch bei Krupp heruntergehungerten Arbeiter andeutete, war die Reaktion der Arbeiter in der „Waffenschmiede" alles andere als begeistert. „Krupp-Rede", Essen, 10.9.1918, abgedr. in *Obst*, S. 405 – 412; *Kohlrausch*, S. 320; Art. The Kaisers at Krupp's, in: The Manchester Guardian, 13.9.1918.

336 Wie andere Rüstungsunternehmen hatte auch Krupp erst 1916 wirklich auf die Erfordernisse der Kriegswirtschaft umgestellt. Krupp lieferte während des Krieges 1/3 der Geschütze und 1/10 der Munition und war damit der größte deutsche Rüstungslieferant. So realisierte Krupp ein dynamisches Umsatzwachstum. Burchardt ermittelte eine stabile, aber nicht exponentiell wachsende Gewinnentwicklung. Die Gewinne investierte Krupp in den Wohnungsbau; gezeichnete Kriegsanleihen versuchte das Unternehmen schnell und diskret loszuwerden. Ausf. *Tenfelde*, Krieg und Krisen, S. 32 – 55; s. auch *Burchardt*, Kriegsgewinne; *Spoerer*, Zwangsarbeit, S. 21 – 24.

Konzernintern blieb zunächst offen, ob und auch wie das Unternehmen auf die tektonische Verschiebung in der politischen Landschaft reagieren sollte. Dass der Geltungsanspruch des Unternehmens mit der Niederlage herausgefordert war, das war klar. Denn bald schon wurde deutlich, dass die vor dem Krieg verankerte und breitenwirksame Krupp-Geschichte ein erhebliches Beharrungsvermögen ausgebildet und sich in das kollektive Gedächtnis eingeschrieben hatte. Inzwischen war sie sogar zum Gegenstand literarischer Darstellung avanciert.[337] Ein Beispiel dafür war der Roman DIE STOLTENKAMPS UND IHRE FRAUEN des Bestsellerautors Rudolf Herzog aus dem Jahr 1917, der es in den 1920er Jahren zu einer ganz außergewöhnlichen Popularität brachte.[338] Herzogs Roman war außerordentlich nationalistisch, dabei aber nicht avantgardistisch, sondern ein entlang der bekannten Pfeiler der Unternehmensgeschichte aufgebauter Populärroman.

Herzog war zunächst bei Bayer in Elberfeld, seit 1899 als Feuilletonredakteur bei den Berliner Neuesten Nachrichten tätig.[339] Die Vorlage für Herzogs Hauptcharakter, Fritz Stoltenkamp, war, und ohne Schwierigkeiten für jedermann zu identifizieren, Alfred Krupp. Vor der Rahmenerzählung des expansiven Aufstiegs des Unternehmens ging es in dem Roman um die betriebliche Sozialpolitik, die als Ergebnis einer nicht auflösbaren Beziehung zwischen den Arbeitern und dem Unternehmer konzipiert war. Der Unternehmenspatriarch, Stoltenkamp, und seine Arbeiter waren so eng verbunden, dass dessen körperliche Beschwerden von „seinen" Arbeitern geradezu psychosomatisch miterlebt wurden. Den Arbeitern ging es „dreckig", wenn es Stoltenkamp schlecht ging. Das Unternehmen, der Unternehmer und die Arbeiter waren eins, so lautete die Botschaft. Stoltenkamp wurde dabei als Idealtyp eines Unternehmers gezeichnet und als personifizierter „Garant der nationalen Macht und Weltgeltung" beschrieben.[340] Implizit übte Herzog Kritik an der Regierungspolitik vor Bismarck. Bis zu dessen Kanzlerschaft seien Unternehmer – v. a. Krupp – nicht geschätzt und unterstützt worden. Gegen

---

337 Für einen Überblick über die Darstellung von Industriellen bzw. Unternehmern im deutschen Roman zwischen 1890 und 1945 s. *Niemann*, Der Industrielle; s. kursorisch dazu auch *Segeberg*, S. 129.

338 Die Romane des Schriftstellers Rudolf Herzog waren bereits im Kaiserreich Bestseller. 1928 wurde „Die Stoltenkamps und ihre Frauen" in 305. Auflage gedruckt. S. *Herzog*; s. auch *Schneider*. Tobias Schneider taxierte einen zeitg. Bestseller auf eine Mindestauflage von 300.000 Exemplaren. Kritisch dazu *Adam*, Lesen unter Hitler, S. 45–47; *Niemann*, Bild, S. 40.

339 Krupp war der wesentliche Eigner der Berliner Neueste Nachrichten gewesen. 1902 aber hatte die Berliner Morgenpost eine Liste der Eigentümer der Zeitung veröffentlicht. Krupp hatte sich daraufhin formal zurückgezogen und die Aktien im Dezember 1904 an den Deutschen Verlag verkauft. Ausf. *Wolbring*, Krupp und die Öffentlichkeit, S. 252.

340 *Niemann*, Bild, Zit. S. 52.

alle Widerstände, so die Romanerzählung, setzte Stoltenkamp alles daran, der Nation zu militärischer und wirtschaftlicher Stärke zu verhelfen.[341]

Eine aktive Beteiligung von Krupp an der Entstehung des Romans, etwa durch die Herausgabe von Informationen oder Material, ist nicht nachweisbar. Sie ist auch im Hinblick auf die von Krupp bis dahin gepflegte Form der Geschichtspolitik auszuschließen. Herzogs Roman war beispielhaft für die breitenwirksame Aufnahme von Unternehmern und Unternehmen in die Unterhaltungsliteratur. Die idealisierte Unternehmerfigur wurde nach dem Krieg erzählerisch zu einer politischen Figur, die Kritik nicht nur an der Wirtschafts-, sondern auch an der Sozialpolitik des Obrigkeitsstaates transportierte und dabei die privatwirtschaftliche Lösung der sozialen Frage propagierte. Waren die Protagonisten in dem Genre zunächst vorwiegend mittelständische Unternehmen ohne für den Leser erkennbare Vorlage gewesen, wurde die Krupp-Geschichte nun in derartigen Romanen verarbeitet und als *das* Beispiel für ein „Großunternehmen" herangezogen. Denn insofern die Geschichte des Unternehmens öffentlich bekannt war, ließen sich an Krupp Themen festmachen. Für die vielen deutschen Aktiengesellschaften, die für die Öffentlichkeit namenlos waren, funktionierte das nicht.[342] Nicht zu unterschätzen ist dabei, dass die literarische Darstellung Herzog nur deshalb gelingen konnte, weil er die Berdrow'schen Publikationen heranziehen und erzählerisch ausschreiben konnte. Herzog hielt sich dabei weitgehend an den von Berdrow formulierten Erzählbogen, auch zwischen den Zeilen wurde das Unternehmen in dem Roman nicht kritisiert. Insofern trug Herzog sicherlich erheblich zur Popularisierung der Krupp-Geschichte seit dem Ersten Weltkrieg bei. Als Herausforderung – und damit als ein Anstoß für eine Reaktion – wurde sein Roman bei Krupp aber nicht gesehen.

2.6 Gustav Krupp: Die Suche nach der Geschichte in der Zwischenkriegszeit

> Nur das eine möchte ich noch besonders scharf hervorheben: daß schon von November 1919 ab der Gedanke im Vordergrunde stand, die Möglichkeit künftiger Wiederaufnahme des K.M.-Geschäftes für den Fall, daß dieses im vaterländischen Interesse liegen sollte, für alle Zukunft zu sichern und zu vermeiden, daß durch die dazwischen liegenden Jahre irgend ein Abreißen der Erfahrungen auf diesem Gebiete sich einstellte.[343]
>
> Gustav Krupp, 1934

341 Ebd., S. 110 f.
342 Ebd., S. 140 f.
343 Gustav Krupp an Berdrow, 14.4.1934, HAKrupp, FAH 23/797.

Das Kriegsende bewirkte eine erhebliche Diskrepanz zwischen der Einordnung und Deutung der eigenen Geschichte und der bei Krupp erlebten Gegenwart. Das Bild, das man sich bei Krupp von der eigenen Geschichte gemacht hatte und das nach außen in die Gegenwart und in die Zukunft weisen sowie rüstungstechnischen Fortschritt und Qualität verheißen sollte und stetiges Wachstum unterstellt hatte, passte nicht mehr in die neue Zeit.[344] Auch strategisch zeichnete sich eine tiefe Krise ab, und das nicht nur, weil das Kaiserreich abrupt endete.[345] Aus der Überlegung heraus, der virulenten Frage nach der Schuld eine Erklärung entgegenzusetzen, entwickelte sich der Plan für ein neues Geschichtsvorhaben, für eine KRIEGSDENKSCHRIFT. Tatsächlich war Krupp mit diesem Vorhaben und im Vergleich, jedenfalls zu den staatlichen Stellen, spät dran,[346] als im Februar 1919 das erste Papier zu verschiedenen „Schwerpunkten" der in Aussicht genommenen Denkschrift diskutiert wurde.[347]

Das Ziel dieses Geschichtsprojekts war klar: Der Öffentlichkeit und nicht zuletzt auch der neuen Regierung, zu der man nur wenig Kontakt befürchtete entwickeln zu können, sollte vor Augen geführt werden, welche „außerordentlichen Anstrengungen" das Unternehmen während des Krieges unternommen hatte, um den Sieg zu erringen.[348] Die Arbeit an der „Kriegsdenkschrift", die nach erster Aussprache ähnlich den „Geschichtlichen Studien" für die Festschrift von 1912 zunächst in Einzelthemen zerlegt wurde, entwickelte sich allerdings zu einem Jahre andauernden Ringen um die richtige Positionierung von Krupp in der nachkaiserzeitlichen Wirtschaft und Gesellschaft. Das Unternehmen und insbesondere sein Verwalter, Gustav Krupp, das zeigte der Ausarbeitungsprozess sehr eindrücklich, hatten erhebliche Probleme damit, den Rang von „Krupp" aus der Vergangenheit ab- und herzuleiten, die Niederlage in der Unternehmensgeschichte zu verorten und den eigenen Geltungsanspruch in die als neu wahrgenommene Zeit zu überführen.

---

344 Das galt grundsätzlich, und zwar für die Geschichtswissenschaft, die Nationalökonomie und auch für die Geschichtsnutzung der Unternehmen. Jubiläen und Festschriften wurden schlichter, die Historische Schule der Nationalökonomie still, ebenso die Geschichtswissenschaft. *Streim*; ausf. *Köster*; s. auch *Knabe*, S. 90–103.

345 Zentral ist, dass die Geschützproduktion nach dem Krieg nahezu wegfiel und das Wiederanknüpfen an die zivile Produktion für Krupp schwierig war. Natürlich profitierte auch Krupp von der Inflationskonjunktur und der steigenden Nachfrage nach (Sonder-)Stahl, aber in der Zwischenkriegszeit erfolgte kein Umbau des Konzerns. Weitergehende Reformbemühungen aus dem Konzerninneren, etwa des Managers Otto Wiedfeldt, wurden zugunsten der bestehenden Konzeption zurückgedrängt und insbesondere Gustav Krupp versperrte sich einer Modernisierung der Unternehmensstruktur. Ausf. *Tenfelde*, Krieg und Krisen, S. 98–117, 149–155; *Pierenkemper*, Krise zu Krise.

346 Für die Marine s. *Sandhofer*, S. 55–66; für eine Reihe von Automobilhersteller s. *Lorenzen*, S. 60.

347 *Tenfelde*, Lehrstück, S. 193.

348 Ausf. Ebd., S. 189–208, Zit. S. 193.

Krupp hielt dabei an dem so erfolgreichen geschichtspolitischen Rezept von 1912, der „objektiven" und richtigen Darstellung, fest. Es war daher nur konsequent, dass es erneut Berdrow sein sollte, so legte es Gustav Krupp fest, der die Synthetisierung vornehmen und die „Kriegsdenkschrift" formulieren sollte.

Schon bald wurden die ersten Materialsammlungen aus den einzelnen Abteilungen des Unternehmens unter der Koordination von Haux zusammengeführt.[349] Es war nicht problematisch, die Entwicklung der einzelnen Abteilungen während des Krieges zusammenzutragen und zu verdichten. Das nicht zu lösende Problem war, den erzählerischen Anschluss an die Unternehmensgeschichte, die man 1912 mit der Festschrift veröffentlicht hatte, zu finden. Während der Ausarbeitung zeigte sich der erhebliche Unterschied zwischen einem beauftragten Externen, wie Ehrenberg es gewesen war, und Berdrow. Denn Berdrow war inzwischen gänzlich abhängig von Krupp; durch seine Anstellung als Leiter des Archivs war er zum Haus- und Hofhistoriker des Unternehmens geworden. Und Berdrow war loyal. Keineswegs wollte er gegen die Interessen des Unternehmens verstoßen. Die ihm gemachte Vorgabe allerdings, aus den Einzelberichten der verschiedenen Abteilungen eine Anschlussgeschichte zu formen, erwies sich als Mammutaufgabe, die Berdrow erkennbar überforderte, weil ihm die erzählerische Leitidee fehlte. Berdrow sah sich ganz offensichtlich außerstande, auch aus Loyalität dem Unternehmen und Gustav Krupp persönlich gegenüber, neue Erzählschwerpunkte zu entwickeln.[350]

Der Konzern musste währenddessen neu ausgerichtet werden. Problematisch war das nicht nur wegen der durch die Umstellung auf die Kriegswirtschaft vorgenommenen Ausweitung der Rüstungsproduktion *während* des Krieges, sondern weil die Rüstungsproduktion für Heer und Marine *vor* dem Krieg zur wesentlichen Stütze des Unternehmens geworden war. Seit den 1890er Jahren hatte sich der Anteil der Rüstungsproduktion an der Gesamtfertigung des Konzerns sukzessive erhöht.[351] Gleichzeitig hatten sich die von Krupp bearbeiteten Märkte für die zivile Fertigung zu hochkompetitiven Märkten entwickelt, auf denen Krupp seinen Platz nicht mehr ohne Weiteres behaupten konnte. Die Umstellung auf die Friedenswirtschaft war

---

349 Ebd., S. 196.

350 Toni Pierenkemper, der einige der Entwürfe der „Kriegsdenkschrift" durchgesehen hat, ging dabei fortwährend von der „Bewertung" Berdrows aus. Das ist problematisch. Denn tatsächlich verweigerte Berdrow eine eigene Bewertung. Die „Kriegsdenkschriften", und zwar in jedem Entwurf, waren deutlich mehr das Zeugnis der sich wandelnden Deutung von Gustav Krupp und weniger eine Bewertung von und durch Berdrow. *Pierenkemper*, Krise zu Krise, passim.

351 S. dazu Tab. Anteil der Rüstungsgüter am Gesamtumsatz 1848/50–1919, in: *James*, S. 327; Tab. Geschützproduktion 1914–1918 u. Tab. Geschossproduktion, 1914–1918, in: *Tenfelde*, Krieg und Krisen, S. 46f.

daher für Krupp nicht nur organisatorisch, sondern auch strategisch viel grundlegender als für die anderen Unternehmen der deutschen Schwerindustrie, deren Rüstungsproduktion ein Geschäft auf Zeit gewesen war.[352]

Während der gesamten Zwischenkriegszeit suchten Krupp und Berdrow vergeblich nach einer tragfähigen Erweiterung der Krupp-Geschichte, die in der Lage war, die von ihm selbst formulierte Geschichte an die Gegenwart anzuschließen. Damit war Krupp nicht allein. Die Wirtschaftskrisen nach dem Krieg erschütterten den etablierten und gesellschaftlichen Fortschrittsglauben.[353] Das färbte auch auf das Geschichtsverständnis der Unternehmen ab. Der Versailler Vertrag bedeutete für Krupp konkret das Ende einer Strategie, die das Rüstungsgeschäft als eine öffentlich legitimierte Nahbeziehung zwischen Staat und Krupp kultiviert hatte. Weiterhin, wie auch schon vor 1914, versuchte Krupp, ausländische Märkte zu bearbeiten. Allein, daraus ließ sich jedoch keine glaubhafte Anschlussgeschichte konstruieren, schließlich waren diese weit ausgreifenden Handels- und Absatzbeziehungen vor 1914 mit Bedacht ausgeklammert worden. Selbstredend wurde Krupp von der Interalliierten Militärkontrollkommission überwacht. Diverse Geheimabkommen, abgewickelt über Drittländer, insbesondere die Niederlande und Schweden, konnte sie nicht verhindern. Das Unternehmen war ganz ohne Zweifel an der verdeckten Aufrüstung während der Weimarer Republik beteiligt. Aber sie war eben verdeckt.[354] Daraus eine öffentlichkeitswirksame Fortschreibung der Krupp-Geschichte zu machen, war ausgeschlossen.[355] Die Bewertung der Vergangenheit war ein Problem, die Entwicklung in der Zukunft ungewiss. Indem es Krupp nicht gelang, die Vergangenheit erzählerisch umzudeuten, war es auch schwierig, eine neues und glaubhaftes Innovationsversprechen zu formulieren. Ende der 1920er Jahre kapitulierten Gustav Krupp und Berdrow vorerst und legten das Projekt einer verteidigenden „Kriegsdenkschrift" beiseite.[356]

Während die unternehmenseigene Weiterentwicklung der Unternehmensgeschichte damit am Zeitenwandel gescheitert war, erhielt das Krupp-Archiv unzählige Anfragen. Kurt Wiedenfeld etwa, renommierter Professor für Nationalökono-

352 V. a. die Erstellung der Goldmarkeröffnungsbilanz, die Toni Pierenkemper genauer untersucht hat und die selbstverständlich nie veröffentlicht und damit auch nicht wirtschaftsöffentlich diskutiert wurde, macht das deutlich: Nach der inflationsbedingten Scheinkonjunktur zeigte sich seit 1924 das ganze Ausmaß der Krise. Immerhin, das Reich leistete eine Abrüstungsentschädigung, allerdings nur über 40 Mio. RM. Ausf. *Pierenkemper*, Krise zu Krise, S. 172–188.

353 *Doering-Manteuffel*, Konturen von ‚Ordnung'; *ders.*, Geschichte in den Zeitbögen des 20. Jahrhunderts; *ders.*, Wandel zeithistorischer Narrative; *ders.*, Mensch, Maschine, Zeit.

354 *Houwink ten Cate*; *De Groot*; erw. auch bei *James*, S. 160 f.

355 *James*, S. 161 f.

356 *Tenfelde*, Lehrstück, S. 202.

mie an der Universität Leipzig, suchte 1924 für ein größeres Reihenvorhaben mit dem Arbeitstitel „die deutsche Wirtschaft und ihre Führer" Autoren für Einzelschriften, die unbedingt wissenschaftlich und auch inhaltlich „einwandfrei" dargelegt werden sollten. In der „Gegenwart", so Wiedenfeld, seien derartige Untersuchungen, die die Bedeutung der „Persönlichkeiten" für die Entwicklung ganzer Wirtschaftszweige herausstellen sollten, besonders wichtig.[357] Krupp-Direktor Heinrich Vielhaber[358] reagierte persönlich und empfahl mit Berdrow seinen „besten Mitarbeiter". Bei dieser Empfehlung blieb Vielhaber aber nicht stehen, wusste er doch um den wissenschaftlichen Anspruch und den Umstand, dass Berdrow inzwischen als Hofhistoriker von Krupp galt. Daher empfahl er zudem renommierte und zuverlässige Experten, wie Walther Däbritz[359] und Conrad Matschoss.[360] Auch in die just erschiene Veröffentlichung des Journalisten Felix Pinner[361] lohne sich ein Blick, so Vielhaber, wenn Pinner auch „einseitig" schreibe.[362] Vielhaber zeigte damit, dass er sich in der Unternehmens- und Unternehmerpublizistik bestens auskannte. Längst war das Krupp-Direktorium also nicht mehr auf die Hilfe von Externen angewiesen, wie seinerzeit auf die von Ehrenberg. Das Unternehmen verfügte inzwischen über eigene Kompetenz für die Beurteilung des Autorenmarktes, und die brauchte es auch. Denn das anhaltende Interesse an Krupp verdeutlichte, dass das Unternehmen sich kaum von der eigenen Geschichte abwenden konnte.

Über die Empfehlung von passfähigen Autoren nahm das Direktorium Einfluss auf Publikationsvorhaben. Das gelang in dieser Phase wohl insbesondere im wissenschaftlichen Feld. Die selbst vorgenommene Geschichtsschreibung konnte das aber nicht ersetzen. Da aber der geschichtspolitische Befreiungsschlag, die Fertig-

---

357 Wiedenfeld an Vielhaber, 19.7.1924, HAKrupp, WA 56/1008.

358 Heinrich Vielhaber war Jurist und seit 1910 Mitglied im Krupp-Direktorium. S. *Keßler*, S. 158.

359 Walther Däbritz war ein für die Verwissenschaftlichung der deutschen Unternehmensgeschichte zentraler Nationalökonom. Für eine Einordnung von Däbritz s. *Redlich*, S. 20 f. Däbritz hatte mit Unterstützung von Krupp über die Frühgeschichte gearbeitet. S. *Däbritz*.

360 Conrad Matschoss (auch Matschoß; 1871–1942) war Ingenieur und gilt noch heute als Begründer der deutschen Technikgeschichte. Für die Beiträge zu Krupp in seinem technik-biografischen Handbuch „Männer der Technik" hatte Krupp mit Matschoss zusammenarbeitet. S. *König*, Männer.

361 Felix Pinner war promovierter Jurist und leitete von 1910 bis 1933 den Handelsteil des Berliner Tageblatts. Darüber hinaus schrieb er unter dem Pseudonym Frank Faßland für die „Weltbühne", die Artikel wurden 1924 unter dem Titel „Deutsche Wirtschaftsführer" veröffentlicht. Darin widmete sich Pinner Krupp wie anderen deutschen Unternehmen und damit keineswegs herausgehoben. Pinners Urteil über Friedrich und Alfred Krupp war ehrfürchtig, das über Friedrich Alfred Krupp war spottend und Gustav Krupp erklärte Pinner zum „repräsentativen Kavalier". Auch Pinner bemängelte, dass über die „Finanzen" des Unternehmens zwar nichts bekannt sei, erwähnte aber milde, dass Krupp sich anders als Inflationskönige wie Stinnes nicht an der Geldentwertungskonjunktur der Inflationsjahre beteiligt habe. *Pinner*, S. 75–82.

362 Vielhaber an Wiedenfeld, 22.7.1924, HAKrupp, WA 56/139.

stellung der großen „Kriegsdenkschrift", nicht gelang, veröffentlichte Krupp kleinere Fragmente der Geschichte, die die breit etablierte Krupp-Geschichte nach hinten verlängerten. So erschien 1929 die von Berdrow verfasste Biografie FRIEDRICH KRUPP. Die Erweiterung der erzählten Geschichte um den Friedrich Krupp war aus Sicht von Gustav Krupp naheliegend. Friedrich Krupp war der glücklose, aber eigentliche Unternehmensgründer und Vater von Alfred Krupp gewesen. An ihm ließ sich nicht nur die zivile Fertigungstradition des Unternehmens herausstellen, sondern die Vita des ersten Krupp passte zudem auch besser in die Gegenwart der Weimarer Republik als die des ‚Kanonenkönigs'. Friedrich Krupps Leben erweiterte nicht nur die bekannte Unternehmensgeschichte, sondern es verwies darauf, dass auch wieder bessere Zeiten kommen würden.[363] Die von Berdrow erarbeitete Edition ALFRED KRUPPS BRIEFE,[364] die 1928 erschien, wurde 1930 auch in einem Londoner Verlag veröffentlicht.[365] Beides, die Frühgeschichte des Unternehmens während der Zeit Friedrich Krupps und auch die Übersetzung der Briefe Alfred Krupps, wurde im In- und Ausland wohlwollend aufgenommen. Auf der Grundlage der Briefe, die die Reisen Alfred Krupps sowie die zivile Seite des Unternehmensaufbaus thematisierten, wurde bei allen Besprechungen nun nicht mehr nur auf den Rüstungsschwerpunkt des Unternehmens abgehoben, sondern auch die zivile Fertigungstradition herausgestellt und die globale Ausrichtung des Unternehmens betont.[366]

Trotz positiver Besprechungen blieb das Interesse an den Berdrow'schen Veröffentlichungen überschaubar. Der Verlag, Reimar Hobbing, hatte zwar „Propaganda" betrieben und Werbebriefe, etwa an die Mitglieder des Vereins Deutscher Eisen- und Stahlindustrieller, versandt. Auf 5.000 Werbebriefe gingen aber lediglich 20 Bestellungen ein.[367] Auch von der Friedrich-Krupp-Biografie wurde eine Übersetzung angefertigt, aber besonders Friedrich Janssen,[368] der sich als Manager bei Krupp gerade einen Namen machte, fand, dass sich keine „größeren Geschäfte" mit

363 *O. Johannsen*, Art. [Rez.], in: Stahl und Eisen 17, 24.4.1930, S. 282 f. In den 1940er Jahren arbeitete Berdrow an einer Biografie über Friedrich Alfred Krupp. Das Ergebnis, eher eine „Materialsammlung", wurde nie veröffentlicht. *Epkenhans u. Stremmel*, Deutungen, S. 18.

364 Nach dem 1906 erschienen Vorbild *Ehrenberg*, Brüder Siemens; s. dazu Kap. 2.3.

365 *Berdrow*, Friedrich Krupp; *ders.*, The Letters.

366 Slg. v. Besprechungen, HAKrupp, WA 4/4001, etwa: Art. Der Glücklose Vorläufer, in: Berliner Börsen-Courier, 19.12.1929; *J. Bakeless*, Art. Great Gun Manufacturer preferred making Tools of Peace, in: New York Evening Post, 28.6.1930; Art. Krupp of Essen. An Autocrat of Industry, in: The Times, 8.4.1930.

367 Paul Schmidt [Reimar Hobbing Verlag] an Geschichtliche Abteilung, 5.4.1927, HAKrupp, WA 56/169.

368 Friedrich Janssen trat 1918 bei Krupp ein und stieg in der Unternehmenshierarchie rasch auf; zwischen 1938 und 1943 leitete er das Berliner Büro. *Keßler*, S. 269.

den Übersetzungen machen ließen. Überhaupt war Janssen, wie die meisten Krupp-Manager, inzwischen zu der Überzeugung gelangt, dass die Weiterführung einer Geschichtspolitik, die sich auf die Eigentümerfamilie konzentrierte, nur wenig sinnvoll war. Denn die Öffentlichkeit war inzwischen sensibilisiert. Die „Pressestellen" der Unternehmen gerieten zunehmend in die Kritik. Jede noch so kleine „Bude", so ätzte etwa Kurt Tucholsky, habe sich eine eigene Pressestelle zugelegt, deren Aufgabe es sei, „zu beschönigen, zu bemänteln und abzuleugnen". Tatsächlich waren die Zeitungen spätestens mit der Inflation in arge Bedrängnis und damit in eine noch größere Abhängigkeit vom Anzeigengeschäft geraten. Das konnten die „Pressestellen" ausnutzen und damit die „unabhängige Berichterstattung" schwächen.[369] Auch Krupp schlug daraus Kapital und setzte sich für die Rede vom unrecht behandelten Land ein. Insbesondere während der Ruhrkrise trieb das auf einen Höhepunkt zu.[370]

Auf die damit einhergehende gelenkte Berichterstattung fand sich eine Gegenbewegung, auch im Literaturbetrieb. Die vor dem Krieg bereits hinterfragte, aber dominante Fortschrittsperspektive erhielt einen progressiven Komplementär. In Zuge dessen erlebte das Format des kritischen Industrieromans die erste richtige Blüte. 1931 veröffentlichte Hermann Dannenberger unter seinem Pseudonym Erik Reger die UNION DER FESTEN HAND, und damit einen klar gegen die Fortschrittserzählungen der Unternehmen gerichteten Industrieroman.[371] Der Autor war in Essen bekannt. Dannenberger war zwischen 1920 und 1927 bei Krupp in der Presseabteilung beschäftigt gewesen.[372] Er war dann auf eigenen Wunsch ausgeschieden, war Kulturschaffender geworden und hatte für kurze Zeit sogar eine kritische Tageszeitung, den „Westdeutschen Scheinwerfer", herausgegeben.[373] Bei

369 Und weiter: „Die Pressestellen sind deshalb so unendlich gefährlich, weil ihre Auslassungen die Quelle natürlich nicht erkennen lassen. […] Und weil ja für die meisten Menschen die Zeitung außer den Filmtiteln das einzige ist, was sie lesen, so kann man die Wirkung dieser verlogenen und zurechtgemachten Nachrichten gar nicht genug überschätzen." *Tucholsky*, Zit. S. 213.

370 Dies ist ausf. für Fritz Thyssen nachverfolgt. *Taillez*, S. 70 – 82; *Manova*, S, 94 – 102.

371 *Reger*, Union.

372 Dannenberger war dort als Referent im Statistischen Büro tätig. *Barbian*, Erik Reger, S. 228. Die bei Krupp angelegte Sachkartei führte darüber hinaus an: Tatsächlich war Reger Krupp 1920 empfohlen worden, und zwar von der Bergverwaltung Betzdorf. Dannenbergers Vater hatte dort 46 Jahre gearbeitet. Bei Krupp hatte er nur in „bescheidener Stellung" gewirkt, seine „Führung und Leistungen waren [aber] einwandfrei". Zit., Auszug aus einer Sachkartei, mit Bezug auf Schreiben Janssen an Gustav Krupp, 8.5.1931, HAKrupp, o.Sig.

373 *Manova*, S. 94; *Barbian*, Erik Reger; *Lauschke*, Erik Reger, S. 285.

Krupp wusste man aber nichts von dessen schriftstellerischen Ambitionen und der Thematik des Romans. In die Erstellung des Romans war Krupp nicht involviert.[374]

In der „Union“ thematisierte Dannenberger das Tauziehen zwischen Industrie, Sozialdemokraten und Kommunisten im Ruhrrevier in der Zeit nach dem Ersten Weltkrieg. Stilistisch arbeitete Dannenberger mit einem Vorwort, das als „Gebrauchsanweisung“ dazu diente, eine authentische Wirkung zu erzeugen. Mithilfe von nach jedem Hauptkapitel eingeschobenen Ausschnitten aus dem Generalanzeiger erweckte er zudem beim Leser den Eindruck, als würde hier die wahre Geschichte hinter den inhaltsleeren Nachrichten der Zeitungen dargelegt. Im Zentrum stand mit der „Union“ ein national-konservativer und gewerkschaftsbeißender Zusammenschluss von Ruhrunternehmern. Als Phalanx der Industrie richtete sie sich gegen die Arbeiter(räte) und die Regierung gleichermaßen.[375] Entsprechend kritisch waren die Ruhrindustriellen in dem Roman gezeichnet. Eine ganze Reihe der von Dannenberg pseudonymisierten Protagonisten ließ sich klar identifizieren, obschon er Interessengemeinschaften, Abneigungen und auch Lebensläufe ganz gehörig umgruppiert hatte. Einzig Krupp, im Roman Risch-Zander, beschrieb er mit Sympathie und Milde. Anders als die anderen und im Roman näher charakterisierten Ruhrindustriellen glaube der „Freiherr“ – Gustav Krupp – an die Phrasen und Worthülsen zu den industriellen Beziehungen, die er von sich gebe.[376] In den Vergleich gestellt zu Hugo Stinnes, Paul Reusch und Fritz Thyssen, die die sozialdemokratischen Forderungen nach Partizipation kalt und berechnend zurückdrängten und dabei auf ihre „nationale Verantwortung“ pfiffen, hielt Dannenberger die vom „Freiherrn“ geäußerten Fürsorgebemühungen für authentisch.[377] Dannenbergers „Union“ war kein Trivialroman für eine breite Öffentlichkeit, wie es etwa der von Herzog gewesen war, sondern er hielt dokumentarische Passagen bereit und wurde auch deshalb von der literaturwissenschaftlichen Forschung dem Format der „literarischen Aufklärung“ zugeordnet.[378] Von einigem Interesse sind die

---

374 Die Sachkartei zu Dannenberger belegt, dass nach seinem Ausscheiden „keine Beziehung“ mehr zu Krupp bestand. In Veröffentlichungen, v. a. Zeitungsartikeln, brachte er nur „Anerkennendes, und zwar mehr als uns manchmal lieb war“. Zit., Auszug aus einer Sachkartei mit Bezug auf Schreiben Janssen an Gustav Krupp, 8.5.1931, HAKrupp, o.Sig.

375 Das Vorbild war dabei keineswegs die „Ruhrlade“. S. dazu *Turner*, Ruhrlade.

376 Bei Dannenberger wurde die Familiengeschichte verkürzt auf Alfred, Gustav und Alfried Krupp. Ohne die Auslassung von Friedrich Alfred Krupp, aber auch Friedrich Krupp, wäre der von Dannenberger konstatierte „Anstand“ von Krupp, der über dem des Kaisers gelegen habe, wohl nicht darstellbar gewesen. *Reger*, Union, S. 44 u. 137.

377 Krupp = Risch-Zander, Gustav Krupp = Freiherr, Margarethe Krupp = Frau Ella, Kruppianer = Rischianer, Hugenberg = Hachenpoot, Kirdorf = Felgenhauer, Stinnes = Wirtz, Thyssen = Schellhase, Flick = Hillgruber; s. *Reger*, Union.

378 *Niemann*, Bild, S. 183–221; *Reger*, Union (Nachwort v. *K. Prümm*), S. 509–571, Zit. S. 538.

von Dannenberger angebrachten Ausführungen zur Pressepolitik von Krupp. Er verarbeitete dort erkennbar seine eigene Arbeitserfahrung. Klar formulierte er als Funktion des Krupp'schen Nachrichten-Bureaus, es sei das „Kalkulationsbüro für die öffentliche Meinung". Dannenberger betonte damit insbesondere die bereits von Friedrich Alfred Krupp verfügte Binnenfunktion, nämlich das Unternehmen bei der Beurteilung von in der Öffentlichkeit diskutierten Fragen und der Abschätzung des Renommees zu unterstützen.[379] Auch die Arbeit des Pressebüros nach dem Krieg charakterisierte Dannenberger hellsichtig, indem er konstatierte: „Die Pressearbeit kam einstweilen über die fortgesetzten Kollisionen mit der Tradition nicht zur Wirksamkeit."[380]

Dannenbergers „Union" traf sicherlich die sozialdemokratische Grundhaltung, das aber nicht uneingeschränkt. Dannenberger kritisierte die Spaltung von Kommunisten und Sozialdemokraten mit deutlichen Worten und scheute sich auch nicht davor, Kritik am seiner Ansicht nach allzu pragmatischen Politikstil der Sozialdemokraten, etwa während des Ruhreisenstreits, zu üben. Das mag ein Grund dafür sein, warum sich der Roman nur leidlich verkaufte. Dannenbergers „Union" fand seine Leserschaft unter linken Intellektuellen, avancierte aber nicht zum Roman für eine breite Leserschaft.[381] Entsprechend den tiefer werdenden politischen Gräben war das Echo auf die Veröffentlichung scharf und geteilt. Auch auf mittlere Sicht konnte der Roman keine weitergehende Wirkung entfalten. Nur kurz nach der Machtübernahme 1933 verließ Dannenberger das Reich; als Rowohlt-Autor wurden seine Veröffentlichungen dann auch bald auf die Liste des unerwünschten Schrifttums gesetzt. Im November 1935 wurden seine „Union" und auch der Nachfolgeroman „Das wachsame Hähnchen" verboten.[382]

Für die Geschichtspolitik von Krupp stellte Dannenbergers „Union" keine Herausforderung dar. Insofern als Dannenberger Krupp insgesamt positiv charakterisiert und das Unternehmen wie seinen Verwalter, Gustav Krupp, stärker als die anderen Protagonisten vermenschlicht hatte, bedeutete es keine ernsthafte Gefahr

---

379 Diese Wendung fand später, lediglich mit Verweis auf einen „informierten Kritiker", auch Eingang bei *Menne*, S. 305.

380 *Reger*, Union, S. 252.

381 Bis Ende 1933 hatten sich 8.000 Exemplare der Union verkauft; der Komplementärroman „Das wachsame Hähnchen", der sich mit der wenig effektiven Städtekonkurrenz im Ruhrgebiet befasste, verkaufte sich mit 4.200 Exemplaren schlechter. *Barbian*, Erik Reger, S. 234.

382 Das v.a., weil Dannenberger sich im Roman über die Nationalsozialisten lustig gemacht hatte, die Nähe zwischen Industrie und NSDAP thematisiert und die wirtschaftspolitischen Vorstellungen der Partei als naiv gebrandmarkt hatte. *Barbian*, Erik Reger; *Barbian*, Literaturpolitik, S. 234 f.; *Niemann*, Bild, S. 186.

für die von Krupp präferierte Geschichte. Die Veröffentlichung wurde zwar zur Kenntnis genommen, konnte aus Sicht des Unternehmens aber ignoriert werden.[383]

Krupp trieb anderes um. Gustav Krupp gilt mit einigem Recht als „Bewahrer der Krupp-Tradition".[384] Als Unternehmer wurde er dagegen kaum sichtbar. Bekannt und in der Forschung diskutiert wurde insbesondere seine Weigerung, Krupp 1926 in die Vereinigte Stahlwerke AG (VSt) einzubringen, obwohl ihm von seinem Management dringend dazu geraten worden war.[385] Auch unternehmensintern hat diese Entscheidung immer wieder Verwunderung ausgelöst. 1930 rechtfertigte Gustav Krupp defensiv: „Für mich war [...] maßgebend, dass mir weder der inländische noch der ausländische Markt für die durch einen derartigen Zusammenschluss mehr oder weniger gegebene anonyme Produktion und Fabrikation reif erschien." Er habe die Schaffung eines derartigen Zusammenschlusses für wirtschaftlich nachteilig gehalten, mehr aber noch politisch. Den Namen der „altbewährten Firma" Krupp wollte er nicht preisgeben, so Krupp.[386] Auch in der Verbandslandschaft zeigte Gustav Krupp sich zunächst wenig entschlusskräftig. Zwischen 1931 und 1934 war er dann aber Präsident des Reichsverbandes der Deutschen Industrie (RDI) und wickelte in dieser Funktion die „Gleichschaltung" des industriellen Spitzenverbandes ab. Gustav Krupp war zwar sicherlich kein überzeugter Nationalsozialist der ersten Stunde, aber er passte sich an.[387] Wesentlich für Gustav Krupp persönlich wurde im Verband Max-Ferdinand Freiherr von

---

383 Auszug aus einer Sachkartei, mit Bezug auf Schreiben Janssen an Gustav Krupp, 8.5.1931, HA-Krupp, o.Sig.

384 Zit. *Tenfelde*, Krieg und Krisen, S. 28.

385 *Pierenkemper*, Krise zu Krise, S. 205–217; *ders.*, Trustbildung, S. 129–141; ähnlich *Tenfelde*, Krieg und Krisen, S. 157–160. Für Krupp war eine Beteiligung von 19,82 % an den VSt geplant. Damit wäre Krupp nach der Rheinelbe-Union der zweitgrößte Beteiligte gewesen. Die VSt wurde schließlich von Thyssen, Phoenix, Rheinstahl, Deutsch-Lux, Bochumer Verein und GBAG gegründet. Ausf. *Reckendrees*, „Stahltrust"-Projekt, S. 171–179.

386 Zit. Notiz, Gustav Krupp, betr. Anschluss der Friedr. Krupp AG an die Vereinigten Stahlwerke (Notiz [Hundhausen] für Beitz, 20.1.1976), 29.3.1930, HAKrupp, WA 125/7. Tatsächlich litt das Unternehmen unter finanziellen Nöten. In der Denkschrift des Direktoriums vom 4. Sept. 1925 hieß es: „Sollte es also nicht möglich sein, die erforderlichen Geldmittel [...] aufzubringen, so sieht der Vorstand, trotz der auch von ihm geteilten grundsätzlichen Bedenken gegen die Aufgabe der Selbstständigkeit, keinen anderen Weg als den Anschluß [an die VSt]. Er geht hierbei von der Erwägung aus, daß auch die materiellen Gesichtspunkte nicht aus dem Auge gelassen werden dürfen." Zit. ebd.

387 Gustav Krupp hatte sich von den Nationalsozialisten vor der Machtübernahme ferngehalten. *Abelshauser*, Gleichschaltung, S. 7; *Bähr u. Kopper*, S. 102–135.

Brackel,[388] der die wichtigen Reden für Krupp schrieb und der auch für seine geschichtspolitische Haltung in der NS-Zeit zentral wurde.[389] Während einer Kundgebung der gewerblichen Wirtschaft, die im „Zeichen unseres Kampfes für Frieden, Ehre und Gleichberechtigung" stand, argumentierte er nach dem Vorschlag Brackels anschmiegsam:

> Gestatten Sie mir in diesem Zusammenhang als deutscher Industrieller ein offenes Wort: Vielleicht wird man draussen in der Welt sagen, heute ruft die deutsche Industrie nach Frieden und doch will sie morgen Aufträge für Rüstungszwecke haben. Vor Ihnen allen, vor der ganzen Welt erkläre ich hierzu, dass die deutsche Industrie dem Wort des Herrn Reichskanzlers und Führers des deutschen Volkes, dass das letzte deutsche Maschinengewehr zerstört werden kann, wenn zur gleichen Zeit und in gleichem Umfange die übrigen Völker abrüsten, zustimmt, zustimmt nicht nur aus tiefster moralischer Ueberzeugung, sondern auch aus klarster wirtschaftlicher Vernunft. [...] Die deutsche Wirtschaft hat aber ebensosehr die Auffassung, dass es ein für die Wirtschaft aller Völker unerträglicher Zustand ist, in dem Leben der grossen, aufeinander angewiesenen Völker eine doppelte Moral zum herrschenden Prinzip zu machen.[390]

Krupp stellte sich rhetorisch in den Dienst des „Führers" und unterstützte den Aufrüstungskurs. Den Geltungsanspruch des Unternehmens und seinen eigenen stellte er dafür zunächst zurück.[391]

---

388 Max-Ferdinand von Brackel war Verbandsfunktionär und -manager. Seit Mitte der 1920er Jahre war er Abteilungsleiter im RDI und konnte sich seit 1933 über den RStDI schnell hocharbeiten. *Bähr u. Kopper*, S. 135 u. 139 f.

389 Gustav Krupp an Brackel, 28.10.1933, HAKrupp, FAH 23/777.

390 Eröffnungsansprache von Herrn von Bohlen anlässlich der Kundgebung am 7.11.1933 (Entwurf, v. Brackel), HAKrupp, FAH 23/777. Vgl. zur „Armut" der nationalsozialistischen Sprache, der sich hier auch Krupp bediente, *Klemperer*, S. 29 – 34. Zu diesem Zeitpunkt konnte an den Absichten des Regimes kein Zweifel mehr bestehen: Das im Sommer 1933 aufgelegte Rüstungsprogramm war längst angelaufen, auch aus dem Völkerbund war Deutschland bereits ausgetreten. *Tooze*, S. 73 – 84 u. 90 f.

391 Die in die Jahre bekommene Diskussion, inwiefern Krupp Hitler und/oder den Nationalsozialisten zur Macht verholfen hat, ist müßig. Auf Krupp allein zurückgeführt wurde die These ohnehin nie. Vielmehr tauchte (Gustav) Krupp in dieser Diskussion fortwährend im Kollektivsingular auf, und zwar gemeinsam mit (Fritz) Thyssen und Emil Kirdorf. Zum Konzern während und vor der Machtübernahme ausf. *Pierenkemper*, Krise zu Krise; s. für die NS-Zeit *Abelshauser*, Rüstungsschmiede der Nation. Wesentlich ist: Zwischen Krupp und Thyssen herrschte keineswegs eine einhellige Auffassung. Und Kirdorf wurde zum propagandistisch aufgebauten „alten Kämpfer", als er bereits entmachtet war. *Roelevink*, „Volkstümliche" Biographie. Wahrscheinlich ist, dass Krupp die von Kirdorf verschickte Broschüre „Der Weg zum Wiederaufstieg" Hitlers vom Aug. 1927, wie auch andere Ruhrunternehmer, erhielt. Sie war gemäßigt, aber nicht ohne nationalsozialistische Ideologeme: Die Rassenideologie, das Raumversprechen, der Antisemitismus (auf den „internationalen Juden" bezogen) tauchten auf. Hitler blickte in der Broschüre „zurück in die Geschichte", auf

So zögerlich und zurückhaltend Gustav Krupp als Unternehmer zu Beginn der NS-Zeit auch wirkte, so umtriebig wurde indes seine Geschichtspolitik. Zentral wurde für ihn die Demonstration politischer Zuverlässigkeit. Nachdem Krupp und Berdrow das Vorhaben der verteidigenden „Kriegsdenkschrift“ Ende der 1920er Jahre beiseitegelegt hatten, nahm Gustav Krupp den Faden im Herbst 1933 wieder auf und auch Berdrow war willens, es erneut mit der Versprachlichung der „Kriegsdenkschrift“ zu versuchen.[392]

Die Geschichtspolitik des Konzerns wurde damit vollends zur Chefsache. Gustav Krupp nahm die von Berdrow bald eingereichten und überarbeiteten Entwürfe genau unter die Lupe und fand sie „ausgezeichnet“.[393] Jetzt, nach der Machtübernahme, war es auch kaum mehr ein Problem, den Anschluss an die Geschichte wiederzufinden. Die Verlängerung der Unternehmensgeschichte des Kaiserreichs war nicht nur möglich, sondern, so schien es zunächst, im neuen nationalsozialistischen Rahmen auch angebracht. Sein Augenmerk richtete Gustav Krupp 1933 besonders auf das geplante Schlusswort der „Kriegsdenkschrift“, das der Darstellung des Übergangs zwischen dem Kriegsende und der Weimarer Republik gewidmet sein sollte. „[D]aß ich es mir nach dem Zusammenbruch zur Pflicht gemacht habe – ohne viel Worte darüber zu verlieren – die Firma Krupp technisch auf der Höhe zu halten, damit sie jederzeit imstande sei, den an sie gerichteten Ansprüchen zu genügen“, so formulierte Gustav Krupp die Vorgabe für Berdrow zunächst.[394] Die damit verklausulierten „Ansprüche“ waren natürlich höchst gegenwärtig und rüstungstechnischer Natur. Krupp war es nach der „Machtergreifung“ wieder möglich, seinen rüstungswirtschaftlichen Geltungsanspruch zu reklamieren und dies auch wieder aus der Geschichte heraus abgeleitet zu versprachlichen. Die Synthese, die Berdrow über die „Leistungen der Firma im Weltkrieg“ und nach der Vorgabe anfertigte, fand Gustav Krupp ganz „vortrefflich“: „Ich bin überzeugt, daß die Niederlegung dieser grundsätzlichen Gesichtspunkte auch für die Zukunft von unab-

„Staatsmänner“, aber nicht auf die Wirtschaft oder die Unternehmer. Seine Botschaft lautete: „Der starke nationalsozialistische Staat allein kann einer solchen Wirtschaft Schutz und die Freiheit des Bestehens und der Entwicklung geben.“ Das war alles in allem für Krupp beruhigend. Denn eine „Sozialisierung“ wurde hier weder angedeutet noch programmatisch angeführt. S. Hitlers Broschüre von 1927, abgedr. in *Turner*, Faschismus und Kapitalismus, S. 48–60. Inhaltlich dürften sich die Rede im Düsseldorfer Industrieclub von 1932 und die Ausführungen in der „Broschüre“ geähnelt haben. Eine Hinwendung zum Nationalsozialismus vor 1933 wurde für Gustav Krupp nicht festgestellt. Bei Hitlers Rede im Industrieclub war er nicht einmal anwesend, obschon Thyssen ihn persönlich eingeladen hatte. *Abelshauser*, Rüstungsschmiede der Nation, S. 290.

392 Schriftw. zw. Berdrow u. Gustav Krupp, Okt.–Dez. 1933, HAKrupp, FAH 23/797.

393 Gustav Krupp an Berdrow, 9.4.1934, HAKrupp, FAH 23/797.

394 Zit. ebd.

sehbarem Wert sein und die Bedeutung der Einzeldarstellungen erst für weitere Kreise verständlich machen wird.“[395]

Trotzdem Gustav Krupp das von Berdrow vorgelegte und überarbeitete Manuskript als gelungen bewertete, wurde die „Kriegsdenkschrift“ immer mehr zu einem Geschichtsprojekt, das in einer späteren Zeit, aber nicht unmittelbar veröffentlicht werden sollte. Die zukünftige Urteilsbildung „weiterer Kreise“ sollte hier ermöglicht werden, so Krupp vorgreifend. Denn grundsätzlich war nach der Machtübernahme eine Verteidigung nicht mehr erforderlich, die nationalsozialistische Führung fand genug Schuldige für die immer wieder konstatierte „Misere des deutschen Volkes“. Von der Zeit der „frühen Kämpfer“ abgesehen, kaprizierte sich die nationalsozialistische Kritik kaum auf die Rüstungsunternehmen. Deshalb sollten die Historiker, aber erst die der Zukunft, so fand Gustav Krupp, mit der „Kriegsdenkschrift“ in die Lage versetzt werden, „Einzelheiten und Zahlenangaben in ihrem Zusammenhang und in ihrer Bedeutung zu verstehen und somit zu einer allseitigen und richtigen Würdigung aller einschlägigen Entscheidungen und Geschehnisse [im Ersten Weltkrieg, d. Vf.] gelangen“.[396]

Für Gustav Krupp war die von Berdrow sachlich formulierte Kriegswirtschaftsgeschichte also mit der nationalsozialistischen Gegenwart doch nicht kompatibel. Öffentlich jedoch hat Gustav Krupp die Krupp-Geschichte spätestens im Februar 1934 mit dem Nationalsozialismus verknüpft: 1933, so Gustav Krupp in einer Rede, sei die Wende für das Unternehmen eingetreten.[397] Erstmals habe das Produktionsvolumen wieder gesteigert werden können. Dieser Wandel biete den Anlass, „die Blicke rückwärts zu wenden und uns Rechenschaft abzulegen über unsere Arbeit in der Vergangenheit“: Der Erste Weltkrieg habe die Entwicklung des Unternehmens, bis dahin eine „stetig[e]“, jäh unterbrochen. Im Krieg habe das Unternehmen seine „Pflicht“ getan und wirtschaftliche Gesichtspunkte hintangestellt: Keineswegs sei es darum gegangen, Geld zu verdienen. Zwar seien die Gewinne im Krieg gestiegen, das Unternehmen habe diese aber in eine Stiftung für Hinterbliebene der im Krieg Gefallenen eingesetzt.[398] Überhaupt sei der Ertrag keineswegs über ein „normales Maß“ hinaus angewachsen. Der Kriegsausgang, so Gustav Krupp, brachte dann „gänzlich“ neue Aufgaben: „Als diese Kriegsmaterialherstellung mit Kriegsende fast von einem Tage zum anderen eingestellt werden mußte,

395 Zit. Gustav Krupp an Berdrow, 26.10.1934, HAKrupp, FAH 23/797.

396 Zit. Schlusswort des Herrn Krupp von Bohlen und Halbach, gez. Gustav Krupp, 7.3.1936, HAKrupp, FAH 23/797.

397 Die Betonung des Jahres 1933 war eine bewusst vorgenommene politische Setzung. S. *Pierenkemper*, Krise zu Krise, S. 264 f. Krupp erhielt erst ab 1935 nennenswerte Rüstungsaufträge für die Heeres- und Marinerüstung. *Abelshauser*, Rüstungsschmiede der Nation, S. 270–273.

398 Zu dieser „Symbolhandlung von Kruppschen Dimensionen“ s. *Tenfelde*, Krieg und Krisen, S. 53 f.

haben wir die sich als notwendig ergebende Umstellung auf ganz neue Fabrikationsgebiete in voller Überlegung mehr nach sozialen als nach wirtschaftlichen Erwägungen begonnen und durchgeführt." Insgesamt, so Krupp, sei das Unternehmen geschrumpft. Mit dem Währungsschnitt sei klar geworden: 1914 sei Krupp umgerechnet 333,3 Mio. RM wert gewesen, die Schrumpfkur der Nachkriegszeit habe das Unternehmen auf einen Wert von 260,2 Mio. RM zurückgeworfen. Das Unternehmen sei daher „um ein Erhebliches kleiner geworden". 1914 sei Krupp das größte deutsche Unternehmen gewesen, jetzt aber nicht mehr. Krupp verwies während seiner Rede auch darauf, dass Einzeldenkschriften zum Hergang bei Krupp bereits vorlägen und die Synthese, die „Kriegsdenkschrift", aktuell im „Werden" sei. Zwei Ziele habe Krupp nach 1918 verfolgt und auch erreicht: Erstens „[e]s ist unser Ziel, ja unser Ehrgeiz gewesen, uns und Anderen den Nachweis zu erbringen, daß wir auch ohne die Herstellung von Kriegsmaterial wirtschaftlich bestehen, uns behaupten können." Das zweite Ziel sei gewesen, den drohenden militärtechnischen Rückstand zu vermeiden. Auch dies sei gelungen.

Zum Ende seiner Ausführungen fädelte Gustav Krupp diese doppelt gewobene Geschichte des Unternehmens – als überlebensfähig mit einer zivilen Fertigung und als rüstungstechnisch weiterentwickelt – wieder in die Geschichte des Landes ein und erneuerte die Bindung von Unternehmen und Staat, und zwar durch Unterordnung: „Meine Herren! Die Geschichte unserer Firma kann im Ganzen auch nur – das wissen wir – ein Spiegelbild unseres nationalen Schicksals sein. Im Auf und Ab, im Rhythmus von Größe, Niedergang und Wiederaufstieg erkennen wir die Verflechtung der Wirtschaft mit den Geschicken von Land und Volk." Abschließend fügte Krupp an: Die jüngste Entwicklung habe gezeigt, und zwar mit „größter Eindringlichkeit", „daß der Primat immer der Politik gehört" und, dass der starke Staat die Voraussetzung bilde für eine „gedeihliche Wirtschaft": „Der Staat Adolf Hitlers hat der Wirtschaft ihren Standort im Gefüge des Ganzen angewiesen und in den Grundsätzen der nationalsozialistischen Weltanschauung verankert."[399] Mit anderen Worten: Schon bald nach der Machtübernahme versuchte Gustav Krupp zu verteidigen, dass er die zivile Fertigung nach 1918 propagiert hatte, und positionierte das Unternehmen als dem „Primat der Politik" untergeordnet. Trotz dieser öffentlichen Ankündigung wurde Krupps „Kriegsdenkschrift" nie veröffentlicht. Denn schon sehr bald gefiel Gustav Krupp die von Berdrow vorgeschlagene Überleitung zwischen Kriegsende und ziviler Nachkriegszeit nicht mehr und dass, obwohl Berdrow sich an Krupps Vorgaben gehalten hatte.

---

399 Rede [Gustav Krupp], Jahresbericht an die Mitarbeiter, (Entwurf, Febr. 1934), HAKrupp, FAH 23/777.

Im April 1939 änderte Gustav Krupp die inhaltlichen Vorgaben. Er wünschte nunmehr die Ergänzung, dass er bereits seit November 1919 Überlegungen dahingehend angestellt habe, das Kriegsmaterial-Geschäft im „vaterländischen Interesse" wieder aufzunehmen. Um einsatzbereit zu werden, „mußten auch nur F.-M.[Friedensmaterial-]Betriebe aufgenommen werden". Die Verquickung von KM-Material und FM-Material sei nach der „Lehre der Kruppschen Geschichte" zentral, schließlich erfolge militärtechnische Entwicklung nicht im „luftleeren Raum", sondern sei nur auf der „breiten Grundlage der F.M. mit allen Möglichkeiten dieses Gebiets zur Erprobung neuer Werkstoffe" zu bewerkstelligen. Darüber hinaus bat er um die Ergänzung, dass das Unternehmen – gegen den Rat „von Berlin" – an der Gussstahlfabrik in Essen festgehalten und sich nicht verlagert habe, denn: „Wie unendlich viel Zeit wäre bei der Aufrüstung verloren gegangen, wenn diesem Rat Folge geleistet worden wäre!"[400]

Damit wird sehr deutlich, dass sich Gustav Krupp der inhärenten Dynamik des Nationalsozialismus bewusst wurde. Deshalb forderte er, aber erst im April 1939, von Berdrow, in das Kapitel zur Nachkriegszeit die frühzeitige Vorbereitung auf die (Wieder-)Aufrüstung einzuschreiben. Das zeigt auch im Hinblick auf die Selbstreflexion von Krupp persönlich: In den ersten Jahren des Nationalsozialismus hatte Gustav Krupp versucht, die Krupp-Geschichte des Kaiserreichs mit dem Nationalsozialismus zu verknüpfen, es dann aber bei eher kryptischen Andeutungen zu den Rüstungsanstrengungen belassen. Bis 1939 änderte sich der vom Regime gesetzte Rahmen aber deutlich. Krupp wurde, zumindest propagandistisch, das in den Dienst genommene erste Rüstungsunternehmen des „Dritten Reiches". Für Gustav Krupp, der während der 1920er Jahre den Versuch unternommen hatte, Krupp fertigungstechnisch zu zivilisieren, wurde genau dieses friedfertige Bild nun zu einem Problem. Jetzt war es aus seiner Sicht angebracht, besonders die vorgreifenden Rüstungsanstrengungen herauszustellen. Unter den Bedingungen der nationalsozialistischen Rüstungspolitik war das nur folgerichtig und sollte eben auch Eingang in die „Kriegsgeschichte" finden. Deshalb war ihm daran gelegen, dass auch die betriebswirtschaftlichen Probleme bei der Umstellung von Kriegs- auf Friedens- und zurück zur Rüstungsproduktion von Berdrow herausgestellt wurden. Das sollte, so Krupp, unbedingt eingefügt werden, um dem etwaigen Vorwurf, zu spät für die Umstellung auf die Rüstungsproduktion gesorgt zu haben, entgegentreten zu können.[401]

Aber auch mit der überarbeiteten Version, die Berdrow schickte, war Gustav Krupp nicht zufrieden. Wieder wurde das Vorhaben der „Kriegsdenkschrift" also

400 Zit. Gustav Krupp an Berdrow, 14.4.1939, HAKrupp, FAH 23/797.
401 Ebd.

nicht abgeschlossen. Die ewig-wahre Einordnung von Krupp in das „Tausendjährige Reich", sie gelang Gustav Krupp nicht. Nur vier Exemplare der schlussendlich auf vorgreifende Aufrüstung zugeschnittenen „Kriegsdenkschrift" wurden gedruckt. Verbreitung fanden sie nicht, auch nicht im Unternehmen; Gustav Krupp legte fest, dass er persönlich die Herausgabe eines Exemplars zu genehmigen hatte. Die „Kriegsdenkschrift" verschwand in Gustav Krupps persönlichem Giftschrank.[402] Eine Veröffentlichung stand für ihn außerhalb jeder Diskussion. Die Berdrow'schen Ausführungen waren, wie es von dem Hofhistoriker erwartet worden war, derart sachlich richtig, dass sie nicht zur wandlungsintensiven NS-Zeit passten. Besonders fürchtete Gustav Krupp wohl eine veröffentlichte Festschreibung der Beziehung des Unternehmens zum Nationalsozialismus und damit die Festschreibung auch seines eigenen Geltungsanspruchs. Die Veröffentlichung unterblieb daher nicht etwa aus moralischen Gründen, sondern weil Krupp sich des Wandels der wildwüchsigen „Viel-Herrschaft", der den Nationalsozialismus fortwährend begleitete, bewusst wurde.[403]

Die „Kriegsdenkschrift" blieb unter Verschluss. 1945 geriet sie, und zwar das nach 1933 weiterentwickelte und erzählerisch auf vorgreifende Aufrüstung zugeschnittene Manuskript, in die Hände der Alliierten. Die konzerneigene Geschichtsdarstellung kehrte sich, aber erst nach 1945, als Gustav Krupp angeklagt werden sollte, ins Gegenteil.[404] Während der NS-Zeit aber konnte sich Gustav Krupp nicht dazu durchringen, der „Kriegsdenkschrift", obwohl er dies mehrfach und auch öffentlich ankündigte, eine Druckfreigabe zu erteilen. Zu unabsehbar erschien ihm die Zukunft.

2.7 Unternehmenseigene Geschichte und politische Gegengeschichte: Bernhard Menne

> Herr Menne nun, der nach dem Weltkriege als Herausgeber eines kommunistischen Wochenblattes in Essen die Verunglimpfung des deutschen Unternehmertums sozusagen erwerbsmäßig betrieb, hat schon damals diese Bücher, deren Inhalt er allerdings ‚unter umgekehrten Vorzeichen' wiedergab, mit Fleiss und Gehässigkeit abgeschrieben.[405]
>
> Wilhelm Berdrow, 1938

402 Die etwaig negative Wirkung der „Kriegsdenkschrift" wurde im Rahmen der Vorbereitung auf den Nürnberger Krupp-Prozess im Rumpfkonzern diskutiert. S. Kraft an Ballas über Joeden, 13.12. 1947, HAKrupp, WA 56/15.

403 Diese inhärente Dynamik wurde in der Forschung bereits frühzeitig als sog. Polykratie-Theorie diskutiert. S. dazu *Hachtmann*, Polykratie.

404 *Tenfelde*, Lehrstück, S. 205; *Abelshauser*, Rüstungsschmiede der Nation, S. 365 f.

405 Berdrow an die Schriftleitung des Engineering, 5.8.1938, HAKrupp, WA 56/165.

Nach der Machtübernahme setzte längst nicht nur bei Krupp ein hektisches Bemühen ein, sich ins „rechte" Licht zu rücken.[406] Viele Unternehmen und Unternehmer griffen bei den Bekenntnissen ihrer politischen Zuverlässigkeit auf sinntragende Argumente aus der Geschichte zurück. Man könnte dies als erste breite Welle unternehmerischer Geschichtspolitik begreifen. Wenn es eine entwickelte unternehmenseigene Geschichtsschreibung gab, dann wurde sie nun zunehmend und gezielt eingesetzt.[407] Ein Beispiel dafür ist das Gemeinschaftsprojekt der 1936 veröffentlichten Kirdorf-Biografie, das vom Bergbau-Verein initiiert und koordiniert wurde. Emil Kirdorf war eben nicht nur ein früher Anhänger des Nationalsozialismus, der von der Partei für Propagandazwecke instrumentalisiert wurde, sondern seine Vita wurde von den tatsächlich aktiven Industriellen ebenso genutzt, um ein nationalsozialistisches Bekenntnis der Schwerindustrie zu platzieren.[408] Der Verfasser, Walter Bacmeister,[409] brachte dabei, verstärkt seit Kriegsbeginn, immer unverhohlener seinen Antisemitismus zum Ausdruck. In einer Zweitverwertung seiner Kirdorf-Biografie formulierte er: „Die demokratische und sozialdemokratische Grossstadtpresse, von raffinierten Juden redigiert, hat es meisterhaft verstanden, der Welt die ‚Stahlkönige' und ‚Kohlenbarone' des Ruhrbezirks als prassende Ausbeuter und Leuteschinder vorzustellen. Je weniger der ins Revier entsandte Berliner ‚Sonderkorrespondent' um Schacht und Hitler Bescheid wusste, desto frecher hat er sein Maul gewetzt, die judenreine Montanindustrie zu beschimpfen."[410]

Einen Autoren wie Bacmeister zu engagieren, kam für Krupp jedoch nicht infrage, und das nicht nur, weil man sich publizistisch von den anderen Ruhrunternehmen abgrenzen wollte. Bacmeister war für Krupp kein geeigneter Schreiber, weil er die „Lösung" der „sozialen Frage" Bismarck zugeschrieben hatte.[411] Bis-

406 *Tooze*, Ökonomie der Zerstörung, S. 127–129, Zit. S. 129.

407 Zu den Firmenjubiläen von Bayerischer Hypotheken- und Wechselbank, Kraus-Maffei, Siemens und Daimler-Benz s. *Knabe*, S. 104–183.

408 Ausf. *Roelevink*, „Volkstümliche" Biographie.

409 Walter Bacmeister war Publizist und Propagandist. Ende des 19. Jahrhunderts begann er seine Karriere beim Essener Generalanzeiger; 1930 zog er, politisch radikalisiert, nach Berlin und gründete dort seinen eigenen „Nationalverlag". 1935 zog es Bacmeister, inzwischen gänzlich dem Nationalsozialismus verpflichtet, nach Essen zurück. Ebd., S. 43–51.

410 *Bc [Walther Bacmeister]*, Emil Kirdorf bei Fürst von Bismarck. Vor 50 Jahren, in: Rheinisch-Westfälisches Archiv. Beiträge zur Kultur- und Wirtschaftsgeschichte des rheinisch-westfälischen Industriebezirks 7/21, 8.3.1941, HAKrupp, WA 4/3661.

411 Krupp war allerdings nicht der „Stichwortgeber" der Bismarck'schen Sozialgesetzgebung, auch wenn man das in Essen gern so sah. Die wesentliche Denkschrift wurde 1880 von Krupps Konkurrenten im Revier, Louis Baare, dem Generaldirektor des Bochumer Vereins, eingebracht. S. *Wolbring*, Krupp und die Öffentlichkeit, S. 78–83.

marck wurde zwar von vielen, besonders schwerindustriellen Unternehmern für sein Vorgehen gegen die Sozialdemokratie verehrt. Bei Krupp aber interpretierte man das von Alfred Krupp angestrengte Sozialwerk als eigentlichen Vorläufer der Bismarck'schen Sozialgesetzgebung und empfand die undifferenzierte Lobpreisung auf den „Eisernen Kanzler" als Beleidigung.[412] Krupp akquirierte und beauftragte im Unterschied zu vielen anderen Unternehmen keinen der neuen nationalsozialistischen Schreiber, sondern hielt an dem loyalen Berdrow fest.[413]

Mit seinen 1934 veröffentlichten ERINNERUNGEN meldete sich Wilhelm Muehlon[414] noch einmal zurück.[415] Gustav Krupp habe ihm seiner Zeit den Eintritt in das Unternehmen regelrecht aufgedrängt, so Muehlon dort. In dem Arbeitsvertrag, den er schließlich 1913 für drei Jahre unterzeichnet habe, sei eine Verschwiegenheitsklausel auf sein Verlangen hin gestrichen worden. Außerdem habe man ihn auf seinen eigenen Wunsch zum „Friedensmaterial" gelassen.[416] Beides diente der Rechtfertigung. Muehlon wollte seinen Geheimnisverrat beschönigen und nachträglich legitimieren. Inhaltlich ging Muehlon in seinen Erinnerungen besonders auf die Position von Gustav Krupp im Konzerngefüge ein.

Das machte seine Erinnerungen später so zentral. Denn Muehlon führte aus, Gustav Krupp habe unter seiner nur wenig „anerkannten, ausschlaggebenden Stellung" im Konzern gelitten.[417] Zwischen Krupp und ihm selbst hätte sich allerdings ein vertrauensvolles Verhältnis entwickelt.[418] Das Management habe diese Nähe nicht gern gesehen und Muehlon bald weggelobt, um die bestehende Arbeitsteilung, das Management als strategisches Zentrum und Gustav Krupp als Repräsentant des Unternehmens, nicht zu gefährden. Im Zuge der Kornwalzer-Affäre, bei der im Übrigen auch Muehlon angeklagt worden war, musste nur Otto Eccius weichen.[419] Zwar erhielt dieser lediglich eine Geldstrafe, aber als Leiter der Abteilung KM war er nicht mehr zu halten. An seiner Stelle wurde Muehlon zum Abteilungsleiter KM ernannt, zuständig auch für das Nachrichten-Bureau. Muehlon

412 Vermerk, Emil Kirdorf bei Fürst Bismarck. Vor 50. Jahren (am 10.3.1941 versandt) (2. Aufsatz), HAKrupp, WA 4/3661.

413 Jahresbericht der Geschichtlichen Abteilung, für das Geschäftsjahr 1.10.1941–30.9.1942, HA-Krupp, WA 4/2359.

414 S. Kap. 2.5.

415 *Muehlon*, Erinnerungen.

416 Ebd., S. 51f.

417 Ebd., S. 57.

418 Lediglich in der Bewertung des Kaisers sei er sich mit Gustav Krupp uneins gewesen, so Muehlon. Ebd., S. 58f.

419 „Wohin man blickte, die ganze sogenannte kaufmännische Seite des Kriegsmaterials schien nichts anderes zu bedeuten und zu bezwecken als Bestechung in jeder möglichen Form." Ebd., Zit. S. 70.

führte dazu aus, dass er nicht in der Lage gewesen sei, „Kruppsch [zu] denken", und er versucht habe, die Pressepolitik des Konzerns zu zivilisieren.[420] Eben diese Ausschnitte seiner „Erinnerungen" wurden, insbesondere nach 1945, hoch bewertet und als Beleg für die Führungsschwäche von Gustav Krupp herangezogen.[421] Gleichwohl bezog sich Muehlon auf den Gustav Krupp von vor 1914, über dessen Aktivität für die Zeit danach konnte Muehlon keine Ausführungen machen. Zudem und unverkennbar leitete Muehlon bei der Abfassung seiner „Erinnerungen" eine eigene Agenda. So ist es gut denkbar, dass er Gustav Krupp in Schutz nehmen wollte, *indem* er ihn als nur wenig unternehmerisch charakterisierte. Zum Zeitpunkt des Erscheinens, 1934, stellten die Muehlon'schen Erinnerungen allerdings keinen großen Aufreger dar. Mit der „Machtergreifung" hatte Gustav Krupp sein Hadern mit der Geschichte des Unternehmens einstweilen aufgeben können. Auch verbreiteten sich Muehlons Erinnerungen, zumindest im Reich, kaum.

Auf öffentlich gemachtes Expertenwissen, wie das von Muehlon, antwortete Krupp zu Beginn der NS-Zeit also nicht geschichtspolitisch. Deutlich empfindlicher reagierte das Unternehmen aber nun auf von Externen geschriebene Krupp-Geschichten, die sich an ein Massenpublikum richteten. Das galt besonders für den 1935 veröffentlichten historischen Roman[422] Krupp. Kampf um Stahl von Joachim von Kürenberg, eigentlich Joachim von Reichel.[423] Da das Buch für eine breite Leserschaft konzipiert war und zudem in die Büchergilde Gutenberg aufgenommen wurde, fand es einige Verbreitung.[424] Reichel hatte Krupp über sein Romanvorhaben informiert und um Material gebeten. Das Nachrichten-Bureau aber hatte es abgelehnt, ihn zu unterstützen. Er sei zu sehr „an der Sensation" interessiert, so die interne Begründung. Hintergrund war, dass Reichel angeführt hatte, ein Kapitel über „Krupp auf Capri" in seine Romanerzählung aufnehmen zu wollen. Der Stachel, den der Capri-Skandal für das Krupp-Image bedeutet hatte, saß noch immer tief.[425] Insofern das Regime im Begriff war, die terroristische Verfolgung von

---

420 Er habe die Korruption der „gesamten artilleristischen Fachpresse" unterbunden und angewiesen, die „verdeckten Verträge" auslaufen zu lassen, so Muehlon. Ebd., S. 81 f.

421 Insbesondere in den Darstellungen von *Menne* (1937), *Mühlen* (1959), *Young* (1960), *Amelunxen* (1960), *Fielding* (1963), *Manchester* (1968), *Engelmann* (1969).

422 Zur Kennzeichnung des historischen Romans s. *Rüden*, Geschichtsbilder, S. 14 f. u. 22–26.

423 *Kürenberg*.

424 Zwar war die Büchergilde 1933 schnell gleichgeschaltet und der DAF eingegliedert worden, aber ihr Mitgliederstamm blieb erhalten. *Barbian*, Literaturpolitik, S. 57 f. u. 64; *Schneider*, S. 80 (Anm. 11); *Wittmann*, S. 306 f.

425 Zit. lt. der retrospektiven Zusammenfassung: Eduard Meyer an Hardach, 27.3.1951, HAKrupp, FAH 27/10. Hintergrund der erneuten Beschäftigung mit dem Roman Reichs war, dass anlässlich der Entlassung von Alfried Krupp 1951 bei Krupp (!) über eine Neuauflage nachgedacht wurde. Kallen u.

Homosexuellen strafrechtlich zu institutionalisieren, wollte man eine Thematisierung dieses Abschnitts der Geschichte unbedingt vermeiden. Zudem arbeiteten Berdrow und Fritz Gerhard Kraft[426] just an einer eigenen und den Unternehmensinteressen entsprechenden Biografie über Friedrich Alfred Krupp.[427]

Reichel zeigte sich den Unternehmenswünschen gegenüber aber sehr aufgeschlossen. Er beendete seinen Roman, wie vom Unternehmen gewünscht, mit dem Tod von Alfred Krupp. Überhaupt zeigte die gesamte Konzeption des Romans, wie sehr Reichel von Krupp eingenommen war. Im Vordergrund von „Kampf um Stahl" standen Alfred Krupp und seine enge Beziehung zu den Arbeitern, sein Erfindergeist und seine Fähigkeit, sich gegen Widrigkeiten, insbesondere den sperrigen preußisch/deutschen Großabnehmer, zu behaupten. Der Roman war damit eigentlich positiv, jedenfalls für die Lesart der Krupp-Geschichte, die das Unternehmen vor 1914 vertreten hatte. Er war ein weiteres Beispiel für die Nutzung der Berdrow'schen Festschrift von 1912.[428] Trotzdem wurde die Veröffentlichung Reichels bei Krupp kritisch gesehen. Denn Reichel hatte aus der Krupp-Geschichte einen trivialliterarischen Stoff gemacht und auf die Beziehung zwischen Unternehmer und Arbeitern reduziert.[429] Das forderte das Unternehmen, wegen der vom Regime propagierten Lösung der sozialen Frage in seiner Deutungshoheit über die eigene Geschichte heraus. Die (militär-)technische Leistungsfähigkeit, deren Betonung aus Sicht des Unternehmens nunmehr weit wichtiger war als die Hervorhebung des Sozialwerks, sollte konkreter und stärker gemacht werden. Die Beziehung zwischen Unternehmen und „Kruppianern" sollte demgegenüber in den Hintergrund treten und auch die Kritik an der Ministerialbürokratie sollte leiser werden.[430]

Berdrow erhielt deshalb den Auftrag, ein Gegenbuch zu schreiben.[431] Bereits 1926 und 1927 war Berdrows zweibändige und ausführliche Alfred Krupp-Biografie erschienen.[432] Sie sollte gekürzt, populärer und in eine „volkstümliche" Form ge-

---

Hardach an Kürenberg, 29.3.1951; Kürenberg an Kallen/Hardach, 10.4.1951, HAKrupp, FAH 27/10; s. auch Kap. 2.2.

426 Fritz Gerhard Kraft war seit 1902 für Krupp tätig und leitete zwischen 1921 und 1946 das Doppelarchiv von Krupp. *Stremmel*, Historisches Archiv, S. 70 – 82.

427 Das Manuskript, das erst nach Beginn des Zweiten Weltkrieges fertiggestellt wurde, war am Ende eher eine Materialsammlung, wenn auch eine sehr ausführliche; veröffentlicht wurde es nicht. *Stremmel u. Epkenhans*, Deutungen, S. 18.

428 Eduard Meyer an Hardach, 27.3.1951, HAKrupp, FAH 27/10.

429 Und anders als Herzog, der „Stoltenkamp" schrieb und „Krupp" meinte, führte Reichel „Krupp" namentlich an. Vgl. *Kürenberg*; *Herzog*.

430 Janssen an Berdrow, 4.5.1936, HAKrupp, WA 56/163.

431 Ebd.; Berdrow an Janssen, 6.5.1936, HAKrupp, WA 56/163.

432 *Berdrow*, Alfred Krupp.

bracht werden. Es sollte nun also erstmals gezielt die „Masse“ und nicht mehr nur eine Expertenöffentlichkeit geschichtspolitisch angesprochen werden. Folgerichtig wurde entschieden, die Darstellung in einem „volkstümlichen“ Verlag zu publizieren. Der Krupp-Archivar Fritz Gerhard Kraft nahm Kontakt zu Paul Schmidt auf. Schmidt war lange beim Reimar Hobbing-Verlag gewesen, der auch Berdrows Alfred Krupp-Biografie verlegt hatte, war dort aber Ende 1934 ausgeschieden. Schmidt hatte danach den Verlag Karl Siegismund und einige weitere kleinere Verlage, die insbesondere militärhistorische Populärliteratur verlegten und sich seit 1933 klar mit einer nationalsozialistischen Ausrichtung positioniert hatten, übernommen. Entsprechend rekapitulierte Schmidt nach erfolgter Absprache die Zielsetzung, nämlich „ein Buch [zu kreieren], das dem Geiste nach zeigen soll, wie das Führertum in einer Weltfirma wie der Ihrigen bereits früher Grundlage für den ganzen [heutigen, d. Vf.] Aufbau gewesen ist.“[433] Kraft und Schmidt vereinbarten für die in Aussicht genommene Biografie einen Umfang von etwa 160 bis 170 Seiten, der Verlag sollte „Siegismund“ sein. Die Drucklegung wurde mithilfe einer hohen Abnahmegarantie von Krupp quersubventioniert, um dem Buch Reichels auf diese Weise das Wasser abzugraben.[434] Beworben wurde es als Publikation zum 125. Geburtstag von Alfred Krupp. In einer Notiz hielt Kraft den eigentlichen Zweck der Veröffentlichung aber fest: „Dieses Kruppbuch soll [die] markanteste Gegenschrift zu Kürenbergs Buch ‚Krupp. Kampf um Stahl‘ sein.“[435] Deshalb war Krupp auch bereit, sich an den Druckkosten für den Trivialroman zu beteiligen, denn als Gildenbuch war Reichels Roman günstig zu haben. Am Ende war Berdrows „volkstümliche“ Biografie für 1,85 RM im Handel erhältlich und lag damit etwa 50 Prozent unter dem gängigen Ladenpreis und auf dem preislichen Niveau des Romans von Reichel. Kalkuliert wurde eine Auflage von 88.000 Exemplaren. Für die entsprechende „Propaganda“ sollte der Verlag sorgen.[436] Berdrow machte sich ans Werk;[437] bereits Anfang Januar 1937 ging sein „volkstümliches“ Manuskript mit dem Titel ALFRED KRUPP UND SEIN GESCHLECHT in den Druck.[438]

Schon bald stellte sich heraus, dass sowohl der Verleger als auch Kraft die Magnetwirkung des Romans von Reichel falsch eingeschätzt hatten. „Kampf um

433 Paul Schmidt (Freiheitsverlag GmbH, Verlag für Sozialpolitik, Wirtschaft und Statistik GmbH, Karl Siegismund. Militärverlag, Berlin) an Janssen, 30.6.1936, HAKrupp, WA 56/163.

434 Aktennotiz, Kraft, betr. Besuch des Verlegers Paul Schmidt am 19.6.1936, betr. eine volkstümliche Alfred-Krupp-Biographie, 20.6.1936, HAKrupp, WA 56/163.

435 Zit. Kraft, betr. Buch „Alfred Krupp“ zu seinem 125. Geburtstag am 26.4.1937, 15.7.1937, HAKrupp, WA 56/163.

436 Ebd.; Kraft, Aktennotiz, 18.7.1936; Vertragsentwurf Krupp/Verlag, o.D., HAKrupp, WA 56/163.

437 Berdrow an Kraft, 18.8.1936, HAKrupp, WA 56/163.

438 Berdrow an Schmidt, 17.12.1936, HAKrupp, WA 56/163.

Stahl“ verkaufte sich jedenfalls deutlich schlechter, als man bei Krupp befürchtet hatte. Nicht die sozialromantisierende und seichte Krupp-Geschichte von Reichel, sondern der technikbegeisterte Roman „Anilin“ über die Entwicklung der deutschen Chemieindustrie, der ebenfalls in die Büchergilde Gutenberg aufgenommen worden war, wurde zum Bestseller des Jahres 1937 und zum Longseller der gesamten NS-Zeit.[439] Offenbar ging die überaus glatte, aber trivial gehaltene Darstellung der Lebensleistung von Alfred Krupp an dem Geschmack der Leser inzwischen vorbei. Die Veröffentlichung eines Gegenromans wäre also gar nicht nötig gewesen. Trotzdem fügte die „volkstümliche“ Biografie Berdrows dem Unternehmensimage Schaden zu, als sie 1937 und damit zwei Jahre nach der Veröffentlichung von „Kampf um Stahl“ erschien. Denn zeitgleich zu „Alfred Krupp und sein Geschlecht“ erschien in der Schweiz das vom Europa-Verlag verlegte Buch KRUPP. DEUTSCHLANDS KANONENKÖNIGE von Bernhard Menne,[440] und zwar ohne, dass Krupp darüber informiert worden war oder über andere Kanäle darüber Kenntnis erlangt hatte. Die „volkstümliche“ Biografie von Berdrow geriet damit unbeabsichtigt in den direkten Vergleich zu der eingängig geschriebenen und deutlich anspruchsvolleren Darstellung der Krupp-Geschichte aus der Feder eines Externen. Schon im Vorwort stellte Menne heraus, dass eine „kritische Geschichte“ des Unternehmens mehr als überfällig sei.[441] Die, so machte er sehr deutlich, lege er nunmehr vor. Menne hatte „Deutschlands Kanonenkönige“ gezielt als Gegengeschichte zu der von Krupp vertretenen Geschichte konzipiert und deshalb wohl gar nicht erst versucht, für seine Recherchen Material aus dem Krupp-Archiv zu erbitten.[442]

---

439 *Schenzinger.* Aus literaturwissenschaftlicher Sicht und ausf. zum Roman „Anilin“ *Höft.* Schenzinger war auch Autor des bekannten Jungendbuches „Hitlerjunge Quex“ von 1932. Bis 1944 wurde „Anilin“ mehr als 920.000-mal gedruckt, „Hitlerjunge Quex“ lediglich 314.000-mal. Tab. *Schneider,* S. 80 u. 84; *Adam,* S. 87–92.

440 Bernhard Menne (Pseudonyme: Max Rudert, Bernhard Westphal u.v.a.m.) war Journalist und Publizist. Nach der Novemberrevolution schloss er sich der revolutionären Bewegung im Ruhrgebiet an, wurde 1919 Mitglied der USPD und dann bald auch Mitglied im Zentralrat der Roten Ruhrarmee. 1920 wurde er Mitglied der KPD. 1921 wurde er Redakteur der „Roten Fahne“. Ein französisches Kriegsgericht verurteilte Menne 1923 zu einem Jahr Gefängnis. Ende 1928 wurde er von der KPD aus der Partei ausgeschlossen, 1929 trat er in die SPD ein. Zwischen 1928 und 1932 gab Menne in Essen die „Tribüne“ heraus. Nach dem Reichstagsbrand floh Menne und emigrierte nach Prag. Von dort veröffentlichte er 1938 sein „Krupp. Deutschlands Kanonenkönige“. 1939 flüchtete Menne nach London. *Frei,* Art. Menne, Bernhard, in: NDB 17, 1994, S. 81 f.

441 Wobei Menne die während der 1920er Jahre öffentlich immer wieder angebrachte Annahme von der überlegenden Propagandamaschinerie des Unternehmens weiter verbreitete und dabei reichlich übertrieb: „Einige hundert größerer Werke und Broschüren, mehr als tausend Fachveröffentlichungen sind die Zeugen einer seltsamen Publizitätsmanie.“ Zit. *Menne,* S. 9.

442 Ebd., S. 9 f.

Menne begann seine Darstellung am Ende des Mittelalters und stellte es als Tatsache hin, dass „Krupe" bereits in vorindustrieller Zeit in das Waffengeschäft eingestiegen sei. Neben dem Waffengeschäft sei auch das Drängen nach fortlaufender „Staatssubvention"[443] praktisch seit der Unternehmensgründung der Wesenskern von „Krupp". Den von den „Hofbiografen" stetig bemühten „Erfindergeist" Alfred Krupps bewertete Menne ganz anders: Alles „abgeschaut" und dann „ausgebeutet".[444] Als „rührend" und „nett" bezeichnete er die veröffentlichten „Erfindergeschichte[n]" von Ehrenberg und Berdrow.[445] In Wirklichkeit aber, so Menne, habe Alfred Krupp abgekupfert, und dann eine wirkungsvolle Geheimniskrämerei installiert. Auch die Bedeutung des „Vaterlandes" für das Unternehmen interpretierte Menne neu. Krupp habe regelmäßig damit gedroht, ins Ausland abzuwandern, um sich seinen Handlungs- und Aktivitätsspielraum zu erhalten.[446] Erfolgreich sei Krupp als „Kanonenkönig", das aber v. a. im Ausland.[447] Nur am Rande ging er auf die soziale Frage ein; Krupp habe die „Magna Charta des industriellen Patriarchalismus" entwickelt.[448] Zwar räumte sogar Menne ein, dass Krupp in dieser Hinsicht einen „neuen" Weg beschritten habe und sich „kümmerte". Allerdings, der Umfang der Sozial- und Wohlfahrtsaufwendungen sei „bescheiden" gewesen. Vor Friedrich Alfred Krupp hatte Menne mehr Respekt. Erst zur Jahrhundertwende, so Menne, habe sich dieser in einen „intriguierenden Schmarotzer" verwandelt.[449] Mennes wohl stärkstes Argument, das er auch über das gesamte Buch durchhalten konnte, war, dass er die internationale Ausrichtung des Unternehmens betonte: Statt des „Nationalunternehmens" sah Menne in Krupp das Unternehmen, das öffentlichkeitswirksam auf die deutsche Rüstungspolitik bauen konnte und sich national gegeben, seine ausländischen Aktivitäten und Interessen aber nie aufgegeben habe. Erfolgreich war Krupp, in dieser Sicht, besonders in der Verdeckung seines Auslandsgeschäfts.[450]

Im Ergebnis war Mennes Auslegung der Krupp-Geschichte eine politisierte Geschichte, aber keine, wie von dem Verfasser erwartbar gewesen wäre, sozial-

---

443 Ebd., S. 51, passim.

444 *Menne*, S. 60, 73 f., 77, 159 f., 169, 171.

445 Die von Menne ausgeführte „Bestechung" Ehrenbergs provozierte später den Zorn von dessen Sohn: Der Ingenieur schrieb Menne – über den Europa-Verlag – an und bestand darauf, dass die von Menne angegebene Summe über 30.000 Mk. niemals an seinen Vater geflossen sei. Es habe sich um „wissenschaftliche Arbeiten" gehandelt; „fanatische Ehrlichkeit" habe seinen 1921 verstorbenen Vater ausgezeichnet. W.P. Ehrenberg an Menne, 6.8.1939, BArch, N 1218/1; s. auch Kap. 2.3.

446 *Menne*, Zit. S. 65 f.

447 Ebd., Zit. S. 92.

448 Ebd., Zit. S. 119.

449 Ebd., Zit. S. 216.

450 Ebd., Zit. S. 268.

kritische Auseinandersetzung. „Wie ein Oktopus seine Beute, hält Krupp den Staat umklammert", so Menne. Damit spitzte er seine Interpretation zu: Die Lenkung in der deutschen Gesellschaft habe entgegen der landläufigen Auffassung Krupp, die Wirtschaft also, nicht aber der Staat.[451] Auch stilistisch und in Hinblick auf die verwendeten Tempora war Mennes Arbeit klug abgefasst. Menne hatte nicht durchlaufend im Präteritum geschrieben, sondern die konzeptionellen Passagen ins Präsens gesetzt: Krupp „bearbeitet" in „Ministerialrock und Uniform" die staatlichen und im sprichwörtlichen Sinn entscheidenden Stellen.[452] Mit dem Einsatz von Zitaten suggerierte er darüber hinaus Authentizität. Empirisch baute Menne klar auf dem Material der Kornwalzer-Affäre auf. Die Vorkriegs-Affäre war auch im Buch die Stelle, an der die Sozialdemokratie, personifiziert durch Karl Liebknecht, eine Rolle erhielt, und zwar als einzige Instanz, die das Bündnis von Krupp, Ministerialbürokratie und Kaiser an den Pranger gestellt habe.[453] Von diesem Skandalpunkt aus beurteilte Menne dann auch die internationale und eng verbandelte Rüstungswirtschaft, die „Scheingewerkschaft" und den exorbitanten Reichtum der Familie, den er Martins „Jahrbuch der Millionäre" entnahm:[454] „Das größte Vermögen, die höchste Dividende, der bedeutendste Konzern, die gefährlichste Kanone – so geht das Haus Krupp in den [Ersten] Weltkrieg", so Menne, um dann voller Ironie anzufügen: „Und wenn man seinem Chef glauben darf, auch mit dem reinsten Gewissen."[455] An den Veröffentlichungen von Muehlon[456] machte Menne fest,[457] dass Krupp mit dem Beginn des Krieges habe rechnen können und Vorbereitungen durch die massive Erhöhung von Rohstoffeinkäufen getroffen habe. Von der Weiterführung der Exporte habe Krupp aber auch nach Kriegsausbruch nichts abhalten können.[458]

Mennes Ausführungen zum Ersten Weltkrieg und der unmittelbaren Nachkriegszeit waren dünn und bildeten den schwächsten Teil seiner „Kanonenkönige". Menne hob hier verstärkt auf die allgemeine Entwicklung ab und sezierte „Inflationskönige" wie Hugo Stinnes, weil er über Krupp in diesem Zeitraum kaum etwas wusste. Das ist leicht erklärbar. Für diese Phase konnte Menne nicht aus den pu-

---

451 Ebd., Zit. S. 272.

452 Ebd., Zit. S. 274.

453 Ebd., S. 272–289.

454 Ebd., Zit. S. 309; zu Martins Jahrbuch s. ausf. *Gajek*.

455 *Menne*, Zit. S. 309.

456 *Muehlon*, Erinnerungen; *ders.*, Verheerung Europas.

457 Die Veröffentlichungen von Muehlon waren in Mennes bibliografischer Sammlung unter der Rubrik „Kritische Deutsche" aufgeführt. Bibliografie, BArch, N 1218/11.

458 *Menne*, S. 313. Das galt aber für die meisten Unternehmen. Erst seit 1916 war eine wirksame Exportbeschränkung verankert.

blizierten Informationen der „Hofbiographien" schöpfen. Er verwies zwar auf die öffentlichkeitswirksame Wiederbelebung der Wohlfahrtspolitik des Unternehmens,[459] hatte hier aber, aus Mangel an Skandalen oder publizistisch aufbereiteten Diskussionen, erkennbar wenig Substanzielles anzubringen. Lediglich die Darstellung zur Haftzeit von Gustav Krupp infolge der Ruhrkrise geriet deutlicher – aber nur ein wenig. Hier bekannte Menne, den „Gefängnistag des Privilegierten" Gustav Krupp selbst miterlebt zu haben, weil er „lange Wochen fast Zelle an Zelle mit Krupp und seinen Direktoren verbracht" habe. Gleichwohl, dafür, dass Menne den „Gefängnistag" von Krupp erlebt haben wollte, blieben die Ausführungen oberflächlich und unspezifisch.[460] Auch die Erklärung für den Nichteintritt von Krupp in die VSt war tendenziös, aber letztlich ohne Substanz geschrieben.[461] Das galt dann besonders für die Schlussfolgerung am Ende Buches: „Der Boden, aus und auf dem Hitler erwuchs, ist kruppsche Saat."[462]

Die von Menne vorgenommene Verklammerung von kontinuierlicher Kriegstreiberei und dem Unternehmen als eigentlichem Marionettenspieler des deutschen Staates fand später Eingang in die Argumentation der Anklage im Nürnberger Nachfolgeprozess Nr. X, dem Krupp-Prozess.[463] Menne, so Kim Priemel, hatte mit „Deutschlands Kanonenkönige" ein eingängiges Konzept entwickelt.[464] Das hatten die vorher und von Krupp beauftragten und unterstützten Publikationen aber auch, ihr Geltungsanspruch war nur weniger ausgreifend. Mennes Krupp-Geschichte war grundsätzlicher, sie reklamierte eine progressive, und damit in die Zukunft gedachte Wahrheit, die dem Unternehmen eine gesamtgesellschaftliche, insbesondere aber politische Relevanz beimaß. Und sie schloss an geschichtswissenschaftliche, wenn auch außenstehende Überlegungen an. Ging es Berdrow verordneterweise um ‚Objektivität' und eine sachliche Darstellung der Unternehmensgeschichte, und zwar in Abgrenzung zur Lehrmeinung der Nationalökonomie, so exemplifizierte Menne eine Generalkritik am deutschen Militarismus und dem Auseinanderklaffen von politischer Modernisierung und wirtschaftlicher Entwick-

459 Ebd., Zit. S. 346.

460 Ebd., Zit. S. 347. Für das Tagebuch von Max Rudert [Mennes Pseudonym v. a. für Beiträge in der „Weltbühne"], begonnen im frz. Staatsgefängnis Düsseldorf (Aug. 1923), s. BArch, N 1218/11. Mennes in der Haft angefertigte Aufzeichnungen waren eine Auseinandersetzung mit den Schriften von Karl Marx, Rosa Luxemburg und Adam Smith; zudem finden sich Notizen für Artikel und Glossen; überliefert ist aber kein Kommentar zum „Gefängnistag" von Gustav Krupp.

461 *Menne*, S. 350.

462 Ebd., S. 362.

463 Ausf. *Priemel*, The Betrayal.

464 Ebd., S. 175.

lung an Krupp.[465] Das war in dem Genre tatsächlich neu und traf, zumal die geschichtswissenschaftlichen und von Menne verehrten Ideengeber, Eckart Kehr[466] und George W.F. Hallgarten,[467] Deutschland 1933 verlassen hatten, auf insbesondere angloamerikanische Resonanz. Das erklärt, warum Menne im Dezember 1946 gebeten wurde, sich an der Vorbereitung des Krupp-Prozesses zu beteiligen. Denn es war bekannt – Menne selbst hatte für das Gerücht gesorgt –, dass er an einem weiteren Manuskript über Krupp arbeitete.[468] Menne war interessiert und signalisierte seine Bereitschaft, wurde dann aber nicht hinzugezogen.[469]

Bei Krupp erlangte man 1937 erst durch den Hinweis des Verlegers Schmidt Kenntnis vom Erscheinen der „Kanonenkönige". Dem müsse „unbedingt Paroli" geboten werden, setzte Schmidt hinzu, der sich wohl eine Verkaufsbelebung der von ihm verlegten „populären" Geschichte Berdrows versprach. Schmidt schlug vor, Berdrows „Alfred Krupp und sein Geschlecht" zügig übersetzen zu lassen und es im englischsprachigen Ausland als Gegengeschichte zu vermarkten: „Ich glaube, sie [die Meinung nach der Lektüre von Mennes „Kanonenkönige", d. Vf.] wird dahin gehen, daß er [der Manager Janssen] bei aller Feststellung der Tatsache, daß Krupp eine Propaganda im Auslande nicht notwendig habe, doch der Meinung ist, daß man [...] auch die Waffen des Geistes schmieden und anwenden muß."[470] Janssen, der es zunächst abgelehnt hatte, auf Mennes Veröffentlichung zu reagieren, gab seinen Widerstand auf, wohl auch weil Gustav Krupp dem Vorschlag Schmidts zustimmte. Noch 1937 erschien Berdrows Populärbiografie unter dem Titel THE KRUPPS. 150 YEARS KRUPP HISTORY auf Englisch und erneut verlegt bei Schmidt.[471]

Auch dies stellte sich als Fehlentscheidung heraus. Mennes Veröffentlichung erhielt zu der ohnehin positiven ausländischen Resonanz weiteren Auftrieb durch

---

465 V.a. die Argumentation von Eckart Kehr war für Menne zentral. Kehr wandte sich den reichsinneren Ursachen für den Kriegsausbruch zu und interpretierte besonders die Schaffung der Flotte als „verhängnisvollste Entscheidung", die mehr Folge innerer Konflikte als einer äußeren Bedrohung gewesen sei. Ebd., S. 175; s. auch *Stern*, S. 129.

466 Kehrs Werk wurde insbesondere von Hans-Ulrich Wehler nach dem Zweiten Weltkrieg in die deutsche Geschichtswissenschaft re-importiert. S. *H.-U. Wehler*, Art. Kehr, Eckart, in: NDB 11, 1977, S. 395f.

467 Vgl. *Hallgarten*; *Hallgarten u. Radkau*.

468 Margaret Wittan (Office of US Chief of Councel) an Menne, 8.12.1946; Nora Ford (Supervisor, US Force Civilian Recruiting Office) an Menne, 7.1.1947, BArch, N 1218/9.

469 Im Februar 1947 wurde Menne informiert, dass seine Indienstnahme für die Prozessvorbereitung nicht erforderlich sei. Ford an Menne, 18.2.1947; dazu auch Ford an Joseph Kaufmann, Deputy Chief of Counsel, US Army, 21.6.1947; George W.F. Hallgarten to Maurice Diamond, Chief of Councel, Pentagon, 6.8.1947, BArch, N 1218/9.

470 Schmidt an Kraft, 18.2.1937, HAKrupp, WA 56/163.

471 *Berdrow*, The Krupps.

die von Krupp veröffentlichte Gegengeschichte.[472] Die Londoner Times besprach ausschließlich und voller Anerkennung Mennes Veröffentlichung und bemerkte mit Blick auf Berdrows Geschichte, deren Würdigung die Redaktion abgelehnt hatte:[473] Mennes Veröffentlichung sei keines der gewohnten Propagandawerke, sondern „carefully documented". Die Times nahm eine klare Position ein und erklärte das Alleinstellungsmerkmal der sachlich richtigen Darlegung, das bis dahin nur die von Krupp autorisierten Veröffentlichungen für sich reklamieren konnten, weil nur sie auf dem Material aus dem Unternehmensarchiv aufbauten, für nichtig.[474] Der Engineering druckte eine vergleichende Besprechung und erklärte, dass sowohl Gegenstand als auch Inhalt gleich waren. Der fundamentale Unterschied, so die Besprechung dort, sei in der Bewertung zu suchen: Berdrow schreibe „familienfreundlich", seine Publikation sei mit der Unterstützung des Unternehmens entstanden, dabei aber nicht „gänzlich unkritisch". Menne dagegen lege die Unternehmensentwicklung „ungünstig, negativ und einseitig" aus.[475] Der Engenieering konstatierte also, faktenbasiert seien beide Darstellungen, die erheblichen Unterschiede lägen in der Auslegung und dem Anspruch der präsentierten Geschichte. Berdrow schrieb die Redaktion des Engenieering nach dieser Steilvorlage an, bezichtigte Menne des Plagiats und der „Verunglimpfung des deutschen Unternehmertums".[476] Seine Beschwerde blieb ohne Reaktion.

Auch sonst stießen die Gegenpublikation Berdrows und der nationalistische Verlag ebenso auf scharfe Ablehnung. Der bekannte sozialdemokratische und von Schmidt kontaktierte Verleger, Victor Gollancz, reagierte empört auf das von Schmidt zum Vertrieb im Left Book Club eingereichte Buch von Berdrow: „I am a Jew, so that I am sure your government would not wish you to do business with me."[477] Und auch darüber hinaus stand die von Schmidt verlegte Übersetzung unter keinem guten Stern. Für die englische Übersetzung waren die Ausführungen zur Industriespionage Alfred Krupps, die in der deutschen Ausgabe vorkamen, herausgenommen worden. Alfred Krupp war seinerzeit unter falschem Namen nach England gereist und hatte sich dort einiges abgeguckt.[478] Die englische Übersetzung war also noch glatter als die deutsche Ausgabe.[479] Hinzu kamen Querelen mit dem

---

472 *E. Lengyel*, Art. The History of the House of Krupp, in: NYT, 30.10.1938.
473 Times an Verlag für Sozialpolitik, 4.3.1938, HAKrupp, WA 56/165.
474 [Rez.] Menne: Krupp, or the Lords of Essen, in: The Times, 18.1.1938.
475 Engineering, Nr. 3778, 10.6.1938 (Üb.), HAKrupp, WA 56/165. Zur Besprechung im Engineering auch: Conrad Matschoss an Kraft, 22.7.1938, HAKrupp, WA 56/165.
476 Berdrow an Schriftleitung des „Engineering", 5.8.1938, HAKrupp, WA 56/165.
477 [Victor Gollancz] an Verlag für Sozialpolitik [...], 15.6.1938, HAKrupp, WA 56/165.
478 Kraft an Schmidt, 28.3.1937, HAKrupp, WA 56/164.
479 Schmidt an Kraft, 3.3.1937; Janssen an Schmidt, 15.3.1937, HAKrupp, WA 56/164.

Reimar Hobbing-Verlag. Nach dem Erscheinen brachte der Verlag seine Beschwerde vor. An Berdrow gerichtet hieß es: „Wie wir erfahren, ist in dem Verlag [...] von Paul Schmidt [...] ein Buch mit dem Titel ‚Alfred Krupp' erschienen, für das Sie als Verfasser genannt werden. Wie Ihnen noch erinnerlich sein wird, besteht zwischen Ihnen und uns noch ein Verlagsvertrag über Ihr [...] Werk mit dem gleichen Titel. Allem Anschein nach verstösst die im Verlag Paul Schmidt erschienene Neuausgabe gegen diesen Verlagsvertrag."[480] Schmidt, der sich von seinem vorherigen Arbeitgeber nicht im Guten getrennt hatte, polterte, das Buch sei eine „neue Schöpfung", zwei Drittel des Textes seien frisch. Schmidt fand, man habe „die Sache so zu behandeln, als wenn wir uns im Kriegszustande befänden und entsprechend handeln".[481]

Und in der Tat: Geschichtspolitisch befand Krupp sich bereits im Krieg. Nicht mehr auf die sachlich richtige Geschichte kam es an, sondern auf die wahre Geltung der Krupp-Geschichte. Mennes Veröffentlichung bedeutete, ganz wie von Menne auch beabsichtigt, eine Politisierung der Krupp'schen Unternehmensgeschichte. Die Entscheidung, Berdrow mit einer Gegenpublikation zu dem Populärroman von Reichel zu beauftragen, war bereits misslich gewesen. Berdrows „volkstümliche" Version aber als Gegenentwurf zu Menne platzieren zu wollen, stellte sich als glatte Fehlentscheidung heraus. Denn Mennes Argumentation war nicht plump „agitatorisch", sein Hauptaugenmerk lag auch nicht auf der Wiederlegung der Innovationsfähigkeit des Unternehmens, sondern auf der Einordnung des Unternehmens in seinen politischen Kontext. Und in diesem Punkt unterbreitete Menne eine in großen Teilen fundierte und für Krupp rufschädigende Perspektive. Krupp war in dieser neuen Sicht ein aktiver Gestalter und Treiber der Politik; gerade deshalb kam seine Krupp-Geschichte international auch an.

„Wissen Sie wohl näheres, wer dieser Bernhard Menne ist?", fragte ein reichlich irritierter Conrad Matschoss im Nachrichten-Bureau an.[482] Das fragte man sich bei Krupp auch. Bekannt war der 36-jährige Menne bei Krupp nicht, trotz des von Menne angeführten „gemeinsamen" Gefängnisaufenthaltes von Gustav Krupp und Menne 1923.[483] Bei Krupp verfügte man über keine Informationen. Erst eine Notiz

---

480 Reimar Hobbing an Berdrow, 7.5.1937, HAKrupp, WA 56/164.

481 O.V. [Schmidt] an Berdrow, 13.5.1937, HAKrupp, WA 56/164.

482 Zit. Matschoss an Kraft, 22.7.1938, HAKrupp, WA 56/165. Matschoss war einschlägig, v.a. durch sein 1925 veröffentlichtes technik-biografisches Handbuch, das selbstredend und mit Unterstützung von Krupp vglw. ausführlich über Alfred Krupp, Friedrich Krupp und Friedrich Alfred Krupp Auskunft gab, und mit den geläufigen Attributen, fortschrittlich, erfinderisch, dem Bekenntnis Alfred Krupps „Der Zweck der Arbeit soll das Gemeinwohl sein" bestückt war. Vgl. *Matschoss*, S. 145–147; s. dazu auch *König*, Männer.

483 *Menne*, S. 346 f.; *Frei*, Art. Menne, S. 81.

aus der Essener Stadtverwaltung, wo man angefragt hatte und ausführlich Antwort erhielt, verriet: Menne gelte in Essen als „Edelkommunist", obgleich er der KPD nicht angehört habe.[484] Inzwischen sei er emigriert, in der Stadtverwaltung sei er aber noch als „Typ des Revolverjournalistischen und wurzellosen Literaten" in „übelster Erinnerung". Menne habe während seiner Zeit im Ruhrgebiet von „Enthüllungen" gelebt und sei skrupellos. So habe er für die Tribüne, dessen Hauptschriftleiter er gewesen war, Inserate erpresst. Die Stadtverwaltung habe sich gleich mehrfach mit Menne befassen müssen, habe sich aber schlussendlich entschieden, ihn zu ignorieren. 1933 sei Menne nach Prag ausgewandert, 1936 sei ihm die deutsche Staatsbürgerschaft aberkannt worden.[485] Das waren für Krupp wichtige Informationen, bestätigten sie doch, aus welcher Richtung der Angriff kam. Wie bei Krupp bekannt war, war in der Tribüne wiederholt kritisch über Krupp berichtet worden.[486] Die Verbreitung von Mennes Veröffentlichung wurde im Reich nun zügig durch ein Verbot eingeschränkt.[487] Berdrows Geschichte dagegen erhielt von der Reichsstelle zur Förderung des deutschen Schrifttums (RFdS) eine Empfehlung. Die Reichsstelle befand, es eigne sich, „die Geschichte eines der größten Montanunternehmen Deutschlands weiten Kreisen eindrucksvoll nahezubringen".[488]

Für Menne, einem auch in seinem Feld, dem PEN-Club im Exil, unbequemen „Edelkommunisten"[489], bedeutete sein „Krupp-Buch" einen internationalen Ach-

---

484 Tatsächlich war Menne zwischen 1920 und 1927 Mitglied der KPD; von 1928 bis 1942 war er Mitglied der SPD; danach pflegte er sich als „sozialer Demokrat" zu bezeichnen. Menne an Stuart, 23.5.1946, BArch, N 1218/3; vgl. *Frei*, Art. Menne, S. 81.

485 O.V. [Stadtverwaltung Essen], betr. das Buch von Bernhard Menne, o.D., HAKrupp, WA 56/165. Nicht erwähnt wurde der durch das „Ignorieren" zugelassene Terror gegen die „Tribüne", der nicht erst 1933 einsetzte und sich v.a. auch gegen Menne und seine Frau persönlich richtete. Menne verließ Essen als politischer Flüchtling. Div. Schriftw. dazu in BArch, N 1218/2 u. N 1218/3.

486 Im Mai 1932 war sogar ein Werbeplakat der Tribüne vom Polizeipräsidenten der Stadt Essen verboten worden, mit dem Argument, dass „dieses Plakat […] geeignet [sei], die öffentliche Sicherheit und Ordnung gerade in der ‚Kruppstadt' Essen […] zu gefährden." Information zur Beschlagnahmung, Polizeipräsident in Essen, 6.5.1932, BArch, N 1218/9; betr. Plakat, BArch N 1218/11.

487 Zur Entwicklung des Verbots s. *Barbian*, Literaturpolitik, S. 254–281.

488 Gutachten für Verleger, 22.2.1939, der RFdS bei dem Beauftragten des Führers für die gesamte geistige und weltanschauliche Erziehung der NSDAP [zu] Wilhelm Berdrow: Alfred Krupp und sein Geschlecht, Verlag für Sozialpolitik […] Berlin 1937, HAKrupp, WA 56/165. S. zum RFdS *Barbian*, Literaturpolitik, S. 151–156.

489 Menne bekannte, er habe sich seit 1928 von „vielen Lieblingsvorstellungen der deutschen Linken" entfernt. Menne an Kurt Hiller, 5.7.1944, BArch, N 1218/1. Menne wandte sich, wie in seinem intensiven Schriftwechsel mit Hiller deutlich wird, dann zunehmend von den „linken deutschen Ökonomisten" ab; sie hätten versagt. Seine „These" war, dass „wir alle diese Dinge nicht deutsch-konkret genug gesehen haben", denn, so Menne, „die spezifisch deutschen Gefahren liegen aber

tungserfolg, der ihm viele Türen, insbesondere in England, öffnete.[490] Über seinen Recherche- und Schreibprozess sind keine Unterlagen überliefert.[491] Klar ist aber, Menne hatte mit der Arbeit an dem Manuskript schon vor seiner Flucht begonnen.[492] Dass er dabei aus „Geheimakten" schöpfen konnte, wie er später angab, ist unwahrscheinlich.[493] Menne hatte nach Aktenlage erkennbar das vom Unternehmen veröffentlichte Material und die sozialdemokratische Presseberichterstattung über Krupp verarbeitet. Für Ausführungen, die sich auf etwaige „Geheimakten" der Stadt oder gar konkurrierender Unternehmen stützten, findet sich im Buch kein Hinweis. Die Korrespondenz Mennes belegt aber, welch hohe Bedeutung das Krupp-Buch für sein Renommee als kritischer Denker hatte.[494] Seine Veröffentlichung war der Grund dafür, dass Menne, als er 1948 nach Deutschland zurückkehrte, von der britischen Militärregierung mit der Chefredaktion der Welt am Sonntag betraut wurde.[495]

gerade dort, wo die deutsche Wirtschaft noch-nicht oder schon-nicht-mehr kapitalistisch ist". Menne an Hiller, 18.8.1945, BArch, N 1218/1.

490 Menne wurde etwa von der BBC regelmäßig gebucht; auch seine Vortragsreise für das Control Office for Germany and Austria des britischen Außenministeriums war sehr erfolgreich. Vorgänge in BArch, N 1218/8. Menne zehrte auf seiner Flucht durch Europa von dem Erfolg seiner Krupp-Publikation, wobei er sich in aller Regel als „German historical and political writer, author of the book ‚Krupp'" auswies. Menne an Ashton (Foreign Publicity Department. Ministry of Information), 27.4.1941, BArch, N 1218/1. Wohlhabend wurde Menne mit seiner Veröffentlichung über Krupp aber nicht. S. dazu den Schriftw. zw. Menne u. Emil Oprecht (Europa-Verlag), BArch, N 1218/5.

491 Lediglich eine ausführlichere und kommentierte Bibliografie der Literatur, die Menne in dem Buch verarbeitet hat, ist überliefert: BArch, N 1218/11. Demzufolge hatte Menne nach seiner Haft 1923 mit einer allgemeinen Beschäftigung der wirtschaftlichen Folgen des Ersten Weltkrieges begonnen. Erst in einem zweiten Schritt entschied er offenbar, seine Beobachtungen auf Krupp zu konzentrieren und zuzuspitzen.

492 Menne an Georg Schwarz, 28.12.1932, BArch, N 1218/3.

493 *W. Sternfeld*, Art. Bernhard Menne, sein Krupp-Buch und seine weiteren Arbeiten, in: The European Press, 12.4.1940. Bei Wilhelm Sternfeld hieß es, das Material, das Menne für sein Krupp-Buch habe verwenden können, stamme aus „Geheimakten des Stadtarchivs Essen" und von „rivalisierenden Firmen".

494 Nach „Krupp", 1937, veröffentlichte Menne (ohne Nennung der Beteiligung an PEN-Veröffentlichungen): 1942 „German Industry on the Warpath (1860–1939)", 1943 „The Case of Dr. Bruening"; 1944 „Armistice and Germany's Food Supply 1918–19: a Study of Conditional Surrender".

495 Das Kennzeichen der WamS wurde unter seiner Leitung keineswegs eine linke, sondern eine konservative Ausrichtung. *Frei*, Art. Menne, S. 81f.

2.8 Neue „Kriegswirtschaftsgeschichte“: Wilhelm Treue und die Geschichtspolitik im Zweiten Weltkrieg

> Die Wirtschaft selbst hat sich dieser Aufgabe [die Leistungen der Wirtschaft für die Siege des Militärs historisch festzuhalten, d. Vf.] gleichfalls niemals zugewandt. Das Ergebnis ist, dass [...] der Kriegsgeschichte keine Geschichte der Kriegswirtschaft entgegensteht! Mancher von Ihnen mag sagen, es ist ihm an historischem Ruhm wenig gelegen. Es handelt sich hier aber auch nicht darum, dass der Wirtschaftshistoriker Ruhmeskränze flicht, sondern in erster Linie darum, dass für Krieg und Frieden in Zukunft die Wirtschaft aus ihrer eigenen Vergangenheit Lehren und Folgerungen zu ziehen vermag. Und allerdings auch darum, dass sie ihren Anteil am Endsiege verzeichnet.[496]
>
> Wilhelm Treue, 1942

Während der NS-Zeit veränderte sich die Pressepolitik des Unternehmens. Bekanntermaßen wurde Krupp zum wesentlichen Beispiel für die propagandistisch herausgekehrte Rüstungspolitik: „Hart wie Kruppstahl“ wurde zum geflügelten Wort.[497] Dies verweist auf die Indienstnahme des Unternehmens für die NS-Propaganda.[498] Die „Kruppschen Werke – sie sind uns Deutschen ein Symbol großartigen deutschen Schöpfergeistes, deutscher Tatkraft und Arbeit, sind uns ein Symbol des unbedingt zuverlässigen, großzügigen und sozialen Kaufmannstums, das Wirklichkeit geworden ist in einem unserer größten deutschen Industriewerke.“ Von der NS-Propaganda wurde die Krupp-Geschichte dabei auf ihre technische Rüstungsrelevanz verengt. Die Kruppschen Werke arbeiteten, „damit Deutschland zu Beginn des großen Krieges für den Kampf an allen Fronten gerüstet sei“. Krupp erzeuge die „Werkzeuge für den großen Kampf Deutschlands und seine Ehre und seinen Lebensraum“. Krupp sei die „gigantische Waffenschmiede Deutschlands“, um die man von seinen „Feinden“ beneidet werde, Krupp sei das „beste“ und „zuverlässigste“ Rüstungsunternehmen auf der „ganzen Welt“.[499] Krupp war ein für das Regime geeigneter Träger der propagandistisch vermittelten Rüstungspolitik, weil Krupp als Image etabliert war. Das Unternehmen wurde dabei als „Werkzeug“ des NS-Staates, untergeordnet also, in die Propaganda eingefügt. Insgesamt dominierten

---

496 Zit., Geschichtliche Darstellung des Kriegseinsatzes der Organisation der gewerblichen Wirtschaft, Vortrag von: Regierungsrat Dr. phil. habil. Wilhelm Treue – Forschungsgemeinschaft für Nachkriegsgeschichte – auf der Tagung der Reichswirtschaftskammer am 24.7.1942 vor den Hauptgeschäftsführern der Reichsgruppen und Wirtschaftskammern, HAKrupp, WA 137/5.

497 Der vollständige Satz des populären Hitler-Zitats lautet: „In unseren Augen muss der deutsche Junge der Zukunft schlank und rank sein, flink wie Windhunde, zäh wie Leder und hart wie Kruppstahl.“ *O.V.*, Reden [„Reichsparteitag der Freiheit“ 1935], Zit. S. 57.

498 S. *Abelshauser*, Rüstungsschmiede, S. 287 f.

499 Zit. *Born*, Art. Alfred Krupp. Der Schöpfer der deutschen Waffenschmiede, in: Deutsche Illustrierte, Nr. 43, 24.10.1939, HAKrupp, WA 4/4409.

in der nationalsozialistischen Presse, wie gehabt, die nunmehr propagandistisch inszenierten Repräsentationsereignisse: die Besuche von „Parteigrößen" in Essen, der Besuch von Hitler und Benito Mussolini, dann die Berichte über Krupp als „NS-Musterbetrieb". Auch die Berichterstattung zum Erlass der Lex Krupp wurde parteiamtlich gesteuert.[500] Für Transparenz sorgte das NS-Regime nicht. Im Gegenteil.[501]

Mit Sicherheit war Gustav Krupp kein Kriegsopfer und auch kein Widerstandskämpfer. Nadelstiche aus der Partei, Gerüchte um seine etwaig mangelnde Zuverlässigkeit, verfolgte er aber überaus wachsam. Auch nutzte er durchaus seine Spielräume, das aber nicht ohne das Einverständnis des Regimes. So versuchte Krupp seit 1936, den Oberbürgermeister Leipzigs, Carl Friedrich Goerdeler, in das Krupp-Direktorium zu berufen. Krupps Schwager, Tilo von Wilmowsky,[502] reiste in seinem Auftrag zu Goerdeler und brachte das Gespräch, „wie verabredet", auf die „politische Aspirationen".[503] Knapp zwei Monate später traf Wilmowsky den „Freund" erneut und konnte Gustav Krupp vermelden: Den Gang der Unterredung wage er dem Papier nicht anzuvertrauen, aber Goerdeler sei bereit, dem „Ruf" Krupps zu folgen.[504] Daraufhin wandte sich Gustav Krupp an Hitler, bezog sich auf eine mündliche Besprechung mit ihm, informierte, dass Goerdeler bereit sei, in das Direktorium einzutreten, und bat um das Einverständnis „seines Führers" bei dieser Personalwahl.[505] Hitler erteilte sein Einverständnis aber nicht.[506] Hintergrund war, dass Goerdeler im Zuge der von Hermann Göring bei ihm eingeholten Gutachten, die den Autarkiekurs des Regimes eigentlich bestätigen sollten, dem eklatanten Devisenmangel und der Rohstofflücke zum Trotz, in seiner Denkschrift wirtschaftsliberal einen freien Außenhandel, die Abwertung der Reichsmark und

---

500 August Wittkamp, Pressearbeit bei Krupp, 10.2.1966, HAKrupp, WA 168/651; s. auch *Budrass*, Waffenschmiede.

501 Die Unternehmen des Konzerns, die Gussstahlfabrik wie auch die unzähligen Tochtergesellschaften, wurden nicht von der Deutschen Revisions- und Treuhand-AG geprüft. Reichsfinanzministerium an Gustav Krupp, 24.7.1933 (persönlich und vertraulich), HAKrupp, FAH 23/758.

502 T[h]ilo von Wilmowsky war Verwaltungsjurist und hatte 1907 Barbara Krupp geheiratet. Zwischen 1913 und 1919 war Wilmowsky Landrat in Merseburg. Während des Ersten Weltkrieges war er Chef der Zivilkanzlei in Belgien. Nach dem Krieg wurde er Vorsitzender des Landbundes, von 1922 bis 1933 stand er dem Reichskuratorium für Technik in der Landwirtschaft vor. Bei Krupp trat er seit 1923 in Erscheinung. Von 1931 bis 1944 war Wilmowsky darüber hinaus zentral beim Mitteleuropäischen Wirtschaftstag engagiert und war zudem Mitglied im Verwaltungsrat der Reichsbahn. Lebenslauf Wilmowsky, HAKrupp, WA 94/11; s. auch *Freytag*, S. 45–54.

503 Wilmowsky an Taffy [Gustav Krupp], 28.3.1936, HAKrupp, FAH (23)/4E154.

504 Wilmowsky an Taffy [Gustav Krupp], 5.5.1936, HAKrupp, FAH (23)/4E154.

505 Gustav Krupp an den Führer und Reichskanzler Herrn Adolf Hitler, 15.6.1936; Gustav Krupp an Goerdeler, 22.6.1936, HAKrupp, FAH (23)/4E154.

506 Wiedemann an Gustav Krupp, 1.7.1936, HAKrupp, FAH (23)/4E154.

die Einschränkung der Aufrüstung empfohlen hatte.[507] Im Oktober 1936 erneuerte Gustav Krupp seine Bitte um das Einverständnis Hitlers, erhielt aber nicht einmal eine Antwort.[508] Im Januar 1937 meldete stattdessen der Völkische Beobachter, dass Goerdeler zu Krupp gehe, was erheblichen Widerstand gegen diese Personalie in der Essener Gauleitung heraufbeschwor.[509] Erst im Februar informierte Fritz Wiedemann Gustav Krupp,[510] dass der „Führer" mit der Berufung Goerdelers nicht einverstanden sei.[511] Das zeigt eine bemerkenswerte Kontinuität. Wie ehedem fand ein Teil der Kommunikation zwischen Unternehmen und Staat vermittelt über die Öffentlichkeit statt. Goerdeler jedenfalls ging daraufhin auf Reisen.[512] Im Mai 1941 gelang es, Goerdeler Unterschlupf im Kohlensyndikat zu verschaffen.[513] An seiner statt wurde Ewald Loeser[514] in das Krupp-Direktorium berufen.[515]

Zu den hellhörig von Krupp aufgenommenen Informationen gehörten nicht nur die Gerüchte und Bemerkungen von zentralen Mitgliedern der NSDAP, sondern auch Verlautbarungen aus dem Kreis der Industriellen. Dazu zählte etwa die Darstellung von Fritz Thyssen[516] zu den „Gründen" seiner „Flucht", die im März 1940 im Neuen Tagebuch veröffentlicht wurde.[517] Thyssen führte dort aus, dass er sich „gegen den Willen der Nazis und [aufgrund] schwerer Bedrohung" in die Schweiz

507 Damit machte Goerdeler sich nicht beliebt. Die Reaktion war die bekannte Denkschrift von Hitler, die die Grundlage für den Vierjahresplan wurde. *Petzina*, S. 47; *Tooze*, S. 131 – 134, 255 – 273.

508 Gustav Krupp an Wiedemann, 20.10.1936, HAKrupp, FAH (23)/4E154.

509 Goerdeler an den Völkischen Beobachter, 13.1.1937, HAKrupp, FAH (23)/4E154. S. dazu auch *Abelshauser*, Rüstungsschmiede, S. 303 – 306.

510 Fritz Wiedemann war NSDAP-Funktionär und zeitweise enger Vertrauter Hitlers.

511 Adjutant des Führers [Wiedemann] an Gustav Krupp (Einschreiben, Persönlich! Vertraulich!), 24.2.1937, HAKrupp, FAH (23)/E4E14.

512 Reisebericht, Goerdeler, Febr. 1938, HAKrupp, FAH (23)/E4E14; *Ritter*, v. a. S. 158 – 161. Krupp bot Goerdeler – über Wilmowsky – eine Entschädigung dafür an, dass Krupp seine Berufung von Hitlers Billigung abhängig gemacht hatte.

513 Gustav Krupp an Achenbach, 30.5.1941, HAKrupp, FAH (23)/E4E14.

514 Ewald Loeser wurde auf Goerdelers Empfehlung hin in den Vorstand von Krupp berufen. *Keßler*, S. 167 f.

515 Loeser war enger Mitarbeiter von Goerdeler in Leipzig gewesen. *Abelshauser*, Rüstungsschmiede, S. 306 – 317.

516 Fritz Thyssen war Sohn von August Thyssen und frühzeitiger und offen bekennender Anhänger des Nationalsozialismus, wenn er auch erst 1933 Parteimitglied wurde. 1926 brachte er seine Erbmasse in die VSt ein und wurde Aufsichtsratsvorsitzender der VSt. Thyssen war von der Wirtschaftspolitik der Nationalsozialisten zunehmend enttäuscht, 1939 kehrte er von einem Aufenthalt in der Schweiz nicht mehr zurück. Ausf. *Taillez*, S. 299 – 376.

517 *F. Thyssen*, Art. Die Gründe meiner Flucht, in: Das Neue Tagebuch (Paris/Amsterdam), 20.3.1940, HAKrupp, FAH 29/14. Dazu und auch zur 1941 erschienen Buchpublikation „I paid Hitler" von Thyssen ausf. *Taillez*, v. a. S. 368 – 443.

abgesetzt hatte. Problematisch war daran keineswegs der Umstand, dass Thyssen laut und polternd für seine Position eintrat. Für diese Eigenschaft war er hinlänglich bekannt. Problematisch waren seine „Gründe“, weil Thyssen sie auf großer internationaler Bühne ausbreitete. Vor aller Welt gab er an, die NSDAP 1932 finanziell „saniert“ zu haben. Aber eben nicht allein. Gemeinsam mit Franz von Papen, Kurt von Schröder, Emil Kirdorf und auch Gustav Krupp habe er die NSDAP vor der Machtübernahme unterstützt. Weitgehende Versprechungen habe Hitler jedem seiner Gönner gemacht, „Herrn Krupp“ habe Hitler „Aufträge und Geld, Berge von Geld“ in Aussicht gestellt.[518] Eine derartige Presse versetzte Gustav Krupp in große Unruhe. Einige der während der Weimarer Republik vorgenommenen und von Gustav Krupp selbst in die Welt gesetzten Anpassungen der Krupp-Geschichte holten ihn dann wieder ein, etwa das Festhalten an der zivilen Fertigung und die vorläufige Weigerung, Rüstungsgüter in großem Umfang zu produzieren. Regelrecht panisch fahndete Gustav Krupp immer wieder nach dem Gerücht, Hitler habe kurz vor der „Machtergreifung“ parteiöffentlich erklärt, Krupp nur so lange nicht zu verstaatlichen, wie das Unternehmen seine Pflicht erfülle.[519]

Gustav Krupp beteiligte sich auch deshalb an Propagandaveröffentlichungen des Regimes, etwa einer vom Reichsminister für Bewaffnung und Munition Fritz Todt, die von Josef Pöchlinger zusammengestellt und als Geschenkbuch konzipiert wurde.[520] Neben einer „Ode an den Rüstungsarbeiter“ des bekannten NS-Poeten Josef Weinheber und Pöchlingers eigenem Beitrag erschien dort auch ein bemerkenswerter Beitrag von Gustav Krupp. Pöchlinger hatte Krupp als „bekanntesten und maßgeblichsten Vertreter der deutschen Rüstungsindustrie“ angefragt.[521] Krupp sagte zu und beteiligte sich mit dem Beitrag „Betriebsführer und Rüstungsarbeiter“.[522] Das Büchlein wurde 1942 unter dem Titel FRONT IN DER HEIMAT pu-

---

518 Das konfuse Bekenntnis endete mit einem „Ultimatum der Wirtschaft an Hitler“. *Thyssen*, Art. Die Gründe meiner Flucht, HAKrupp, FAH 29/14.

519 Nachforschungen ergaben aber lediglich eine Verlautbarung Hitlers aus der Mitte der 1920er Jahre; dazu Bülow an Gustav Krupp nach einem von Krupp aufgetragenen Besuch bei Brackel: „Herr von Brackel hat gelegentlich gehört, dass bei einer Auseinandersetzung zwischen dem Führer und einem der Brüder Strasser im Jahre 1926 dieser dem Führer den Vorwurf machte: ‚Er sei ja Kapitalist‘ und hieran die Frage knüpfte, ob er etwa, wenn er zur Macht käme, ein Unternehmen wie Krupp bestehen lassen würde. Der Führer hätte diese Frage ungefähr in dem Sinne beantwortet, dass wenn Krupp als Privatunternehmen Gutes und Grosses leiste, er selbstverständlich einen solchen Betrieb nicht verstaatlichen würde.“ Zit. Bülow, Aktennotiz betr. Kriegswirtschaftsgeschichte, o.D. [Sept. 1942], HAKrupp, WA 137/5.

520 *Krupp von Bohlen und Halbach*, S. 92–110.

521 Pöchlinger an Gustav Krupp, 12.3.1941, HAKrupp, FAH 23/758.

522 Gustav Krupp an Pöchlinger, 14.4.1941; Gustav Krupp an Pöchlinger, 8.2.1942, HAKrupp, FAH 23/758.

bliziert.[523] Der Beitrag, den Gustav Krupp beisteuerte, trug einen sehr „persönlichen Charakter“, befasste sich aber nur am Rande mit dem „Rüstungsarbeiter“, wie es gewünscht worden war. Krupp nutzte seinen Beitrag vielmehr dazu, seinen eigenen Rang in das NS-Propagandawerk einzuschreiben.[524] Auch weiterhin hielt er es für notwendig, seine Position als „Betriebsführer“ zu rechtfertigen, und brachte dazu, wie gewohnt, die Geschichte an.[525] Dabei erweiterte er die bis dahin von ihm stets vorgebrachte Legitimierung um die nationalsozialistische Rassenlehre. Seine „Sippe“, die von Halbachs, so Gustav Krupp, hätten sich schon seit Generationen mit Eisen und Stahl befasst, „wie bei Krupp“. Insofern dieser „alte Blutstrom“ in ihm wirke, sei er als echtes Mitglied der Krupp-Dynastie zu sehen.[526] Den auch „persönlichen“ Höhepunkt des Beitrages bildete sein erneutes und jetzt auch in die Propagandaschrift einfließendes Bekenntnis, dafür gesorgt zu haben, dass das Unternehmen getarnt und „ohne Aufheben davon zu machen“ nach dem Ersten Weltkrieg seine Rüstungspotenz erhalten habe.[527]

Die noch nahe Erfahrung des Ersten Weltkrieges sorgte schon während des Zweiten Weltkrieges für eine erklärende und vorausschauende Geschichtsschreibung. Dass die Wirtschaft hier engagiert war, kann also nur wenig erstaunen, auch wenn das bisher noch nicht weitergehend beachtet wurde. Gustav Krupp agierte hier überaus vorausschauend. So unterstützte er das Vorhaben von Albert Erich Brinckmann, der in der Reihe „Geistiges Europa“ im Hoffmann und Campe Verlag ein Heft über Alfred Krupp herausgeben wollte und Krupp dort eben nicht als „nationales Rüstungswerk“, sondern als wirtschaftliches Unternehmen im „europäischen Zusammenhang“ herausstellen wollte.[528]

---

523 S. dazu auch *Budrass*, Waffenschmiede, S. 774–778.

524 *Krupp von Bohlen und Halbach*, Zit. S. 109.

525 Ebd., Zit. S. 93. Das nächtliche Aktenstudium, so Krupp, habe ihm die „Bekanntschaft mit einem Genie“, Alfred Krupp, beschert. Denn: „Als dem Treuhänder eines verpflichtenden Erbes war es mir selbstverständliche Pflicht, an die bewährte Tradition anzuknüpfen.“ Ebd., Zit. S. 97.

526 „Wer blutmäßig aus der Welt von Stahl und Eisen herkommt, der behält auch etwas von diesem merkwürdigen Fluidum im Blut – und so trat ich nicht durchaus als Fremdling in die Werkshallen in Essen, wo mir nun das Lied von Stahl und Eisen besonders eindrucksvoll dröhnte.“ Ebd., Zit. S. 92 f.

527 „So schufen wir in jahrelanger stiller Arbeit die wissenschaftlichen und materiellen Voraussetzungen, um zu gegebener Stunde ohne Zeit- und Erfahrungsverlust wieder zur Arbeit für des Reiches Wehrmacht bereitzustehen.“ Ebd., Zit. S. 100 f.

528 Wilmowsky an Gustav Krupp, 26.5.1942; Gustav Krupp an Wilmowsky, 28.5.1942; Gustav Krupp an Bülow, 31.5.1942; Wilmowsky an Bülow, 8.6.1942, HAKrupp, WA 137/20. Als Verfasser wurde Walther Däbritz auserkoren, der auch zusagte. Berdrow, den Wilmowsky als Autor nicht passend fand, war nicht einverstanden und steuerte erfolgreich gegen. Däbritz habe durch die „Wahl seiner Mittel“ Krupp sehr frappiert. Vgl. dazu *Däbritz*. Berdrow regte deshalb einen anderen Autor an. Berdrow an Fuß, 28.6.1942, HAKrupp, WA 137/20. Das Vorhaben, das politisch dann bald nicht mehr

Für die geschichtspolitisch engagierten Unternehmen stellten die Initiativen zum sog. Archivalienschutzgesetz ein Problem dar. Nach dem Ersten Weltkrieg und mit dem Wegfall der Adelsprivilegien hatten die Staatsarchive zunächst ein Auge auf die privaten Adelsarchive geworfen. Dann wurden auch die kirchlichen Archive eingeschlossen, und schließlich richtete sich das wachstumsinteressierte Auge der Staatsarchivare auch auf die privaten Unternehmensarchive. Entwürfe für ein Archivalienschutzgesetz zirkulierten. Der wesentliche Treiber für die Verankerung eines umfassenden staatlichen Archivalienschutzes war der Generaldirektor der Preußischen Staatsarchive und seit 1935 auch kommissarischer Leiter des Reichsarchivs Albert Brackmann.[529] Während der heftige Widerstand der Kirchen bereits zum Ende der Weimarer Republik dazu geführt hatte, dass der Anspruch auf ihre Archivalien fallen gelassen wurde, wurde die Forderung, die privaten Archive unter den staatlichen Archivalienschutz zu stellen, aufrechterhalten.

Nach der Machtübernahme holte Brackmann das Vorhaben aus der Schublade und verschärfte den Anspruch. Jetzt sollte „Alles Schriftgut" unter den staatlichen Archivalienschutz fallen, fand er; 1936 lag ein entsprechender Gesetzesentwurf bei Wilhelm Frick. Hitler, dem das Archivalienschutzgesetz als Reichsgesetz ausgefertigt vorgelegt wurde, lehnte die Unterzeichnung dann aber überraschend und auch noch nach erfolgter Entschärfung ab.[530] Selbstredend hatten auch die Unternehmen die Entwürfe entschieden abgelehnt; sie fürchteten nicht weniger, als dem Staat „Einblick in unternehmerische Entscheidungsprozesse und betriebswirtschaftlichen Erfolg" geben zu müssen.[531] Brackmanns Nachfolger als Leiter des Reicharchivs, Ernst Zipfel, hielt an der Verankerung eines Archivalienschutzgesetzes aber trotz der fehlenden Bestätigung Hitlers fest und baute auf die Unterstützung von Hermann Göring, unter dessen Regie 1942 ein vorbereitender Ausschuss eingesetzt wurde. Durchgesetzt wurde der Entwurf zwar nie, aber 1942 kam das Vorhaben erneut in den Wahrnehmungsbereich der Unternehmen.[532] Und selbstredend fürchtete man auch bei Krupp eine staatliche Einsicht- oder gar Übernahme des eigenen und sorgsam aufgebauten Archivs.

Seit Herbst 1941 waren zudem die Beziehungen zwischen Industrie und Rüstungsbehörden unter Druck und die Kriegswirtschaft in eine „Sackgasse" geraten.[533]

---

erwünscht war, wurde Anfang 1944 aufgegeben. Brinckmann an Wilmowsky, 24.1.1944, HAKrupp, WA 137/20.

529 Albert Brackmann zählt zu den einflussreichsten Historikern der NS-Zeit. *Schönwälder*, passim; *Jahr*, S. 181 f.; *Wöllhaf.*

530 Zit. *Reimann*, S. 10 u. 13.

531 Zit. *Stremmel*, Werksarchivarbeit, S. 312.

532 Ebd., S. 321–323.

533 *Tooze*, S. 568–588, Zit. S. 575.

Einen Wandel in der rüstungswirtschaftlichen Organisation zeigte sich spätestens mit der Ernennung von Albert Speer zum Reichsminister für Bewaffnung und Munition im Februar 1942 an. Speer konstruierte sein „Wirtschaftswunder" keineswegs erst nach seiner Haftentlassung nach dem Krieg, sondern schrieb gleich nach seiner Ernennung die Erfolge der rüstungswirtschaftlichen Bemühungen seines Vorgängers herunter und machte klar, dass die Rüstungsorganisation unter ihm „neu" sein solle.[534] Für das Krupp'sche Verständnis der Rüstungsorganisation war das ein Problem. Nicht mehr das mit einem Sonderstatus versehene Rüstungsunternehmen Krupp, sondern die Organisation aller Rüstungsunternehmen in Ringen, Ausschüssen und Kommissionen sollte nun herrschend werden, jedenfalls nach der Vorstellung von Speer. Dies und das mögliche Archivalienschutzgesetz lösten bei Krupp Bemühungen aus, die eigene Sonderstellung mit geschichtspolitischen Mitteln zu bewahren, zumal sich darüber hinaus eine Veränderung in der Taxonomie der amtlichen Geschichtsschreibung anzeigte. Hitler hatte am 17. Mai 1942 verfügt, dass die Geschichtsschreibung vereinheitlicht werden sollte und hatte mit Walter Scherff[535] einen „Beauftragten des Führers für die militärische Geschichtsschreibung" eingesetzt.[536] Scherff sollte die von Hitler selbst autorisierte

---

534 *Herbst*, v. a. S. 177 f.

535 Über das Vorhaben, wie auch über Walter Scherff selbst, ist bisher aus Mangel an Quellen nicht allzu viel bekannt. Aufschlussreich ist der retrospektiv verfasste Bericht: Vier Jahre als Forscher in der Kriegsgeschichtlichen Abteilung des Oberkommandos der Wehrmacht, 1941 – 1945. Dokumentation von Studienprofessor Dr. phil. habil. Claus Grimm vom 1. 2. 1964, BARch, RW 9/30. Scherff war demnach zunächst, am 1. Febr. 1941, zum Leiter der gegründeten „Kriegsgeschichtlichen Abteilung des Oberkommandos der Wehrmacht" ernannt worden. Per Erlass wurde er dann im Mai 1942 zum „Beauftragten des Führers für die militärische Geschichtsschreibung" ernannt und damit Hitler direkt unterstellt. Zur Flut an Beauftragten, Generalinspektoren, Reichskommissaren und Sonderbevollmächtigten, die das Regime hervorbrachte, s. *Hachtmann u. Süß*, S. 10 u. 17 – 27.

536 Aus dem Erlass vom 17. 5. 1942: „Wie das gewaltige Geschehen dieses Krieges eine Einheit darstellt, so muß seine Geschichte auch nach einheitlichen Gesichtspunkten geschrieben werden. Ich habe daher den Oberst d.G. Scherff mit der grundlegenden Darstellung des großdeutschen Freiheitskampfes beauftragt, ihn für die entsprechende Ausrichtung des gesamten militärischen Schrifttums verantwortlich gemacht und ihm zunächst das Ziel gesetzt, alle Grundlagen für diesen Zweck zu schaffen. Oberst Scherff ist hierzu bevollmächtigt, die kriegsgeschichtliche Einrichtung der Wehrmachtsteile zur Mitarbeit heranzuziehen und in deren Aufgabenstellung und Arbeitsweise Einblick zu nehmen. Er hat mir die sich aus seiner Aufgabe ergebenden organisatorischen Forderungen vorzutragen und mich laufend über den Fortgang seiner Arbeit zu unterrichten. Oberst Scherff führt unter Beibehalt seiner Stellung als Chef der Kriegsgeschichtlichen Abteilung des Oberkommandos der Wehrmacht die Dienstbezeichnung ‚Oberkommando der Wehrmacht. Der Beauftragte des Führers für die militärische Geschichtsschreibung'." Erlass über die Ernennung und Einrichtung eines Beauftragten des Führers für die militärische Geschichtsschreibung, 17. 5. 1942, abgedr. in *Moll*, Zit. S. 251 f. Marianne Feuersenger schrieb als Sekretärin seit Dez. 1940 das „Kriegstagebuch des Führers". Ihrer Erinnerung nach wurde seit 1940 über zwei Richtungen, die die

Kriegsgeschichte abfassen.[537] Das nationalsozialistische Zeitverständnis, das eine „ewige Ordnung“ zum Zielpunkt machte,[538] und das Signal, das von Hitlers Erlass ausging, nämlich dies auch auf die Geschichtsschreibung zu übertragen, weckte Begehrlichkeiten. Während in der Wirtschaft mit dem Vorhaben einer „Kriegswirtschaftsgeschichte“ eher ein Abwehrreflex feststellbar ist, wurden vonseiten der Nationalökonomie Perspektiven veröffentlicht, die es zum Postulat erhoben, neu auf die Wirtschaft und ihre Geschichte zu blicken. Das nationalsozialistische Zeitenverständnis und die verordnete Kriegsgeschichte machten damit eine Verschiebung inklusive des Gefüges, wer die Geschichte zu machen hatte, wahrscheinlich.[539]

Gustav Krupp jedenfalls war der damit angestoßene Wandel in der Geschichtsschreibung sehr klar. Als dann, im September 1942, der Plan für eine groß aufgezogene KRIEGSWIRTSCHAFTSGESCHICHTE aufkam, war Krupp bereits informiert und wurde sofort aktiv.[540] Das Vorhaben war hoch angesiedelt und wurde vom Leiter der Reichswirtschaftskammer, Albert Pietzsch, über die Reichsgruppen und Kammern verbreitet.[541] Pietzsch informierte, neben der vom „Führer“ erwünschten militärischen Kriegsgeschichtsschreibung sei von „der Wirtschaft“ eine eigene Geschichte zu platzieren. Unter der Leitung des Vertrauten Brackel wurde in der Reichswirtschaftskammer eine eigene Stelle eingerichtet, um den Plan umzusetzen. Als Ziel wurde das „Verantwortungsbewusstsein“ für die „geschichtliche Wertung

---

„Kriegsgeschichte“ einschlagen könnte, diskutiert: Einerseits war eine Kommission aus Historikern angedacht, andererseits eine Zusammenstellung von Personen „von der Front“, also Militärs, denkbar. *Feuersenger*, S. 45 f., 55, 122 f., 210.

537 Clark geht daher fehl, wenn er formulierte, das Regime sei nie dazu gekommen, eine „bestimmte einvernehmliche Form der Geschichtsschreibung zu diktieren“. Tatsächlich schwebte Hitler genau das mit seinem „Beauftragten des Führer für die militärische Geschichtsschreibung“ vor. Zit. *Clark*, S. 225.

538 *Doering-Manteuffel*, Ordnung der Zeit, S. 107; *ders.*, Konturen von ‚Ordnung‘, S. 18.

539 Heinrich Bechtel z. B., ein heute nahezu vergessener Wirtschaftshistoriker und Professor an der TH München, forderte bereits 1940 etwas „grundsätzlich Neues“ für die Nationalökonomie: keine Rückbesinnung auf die Methoden und Fragestellungen der Historische Schule, sondern eine Wirtschaftswissenschaft mit historischer Grundlage. *Bechtel*, S. 38–92. Bechtel postulierte: „Wenn wir Jüngeren an sie [die Wirtschaftsgeschichte, d. Vf.] herangehen, werden wir nicht mehr und weniger zeitgebunden sein als die Älteren, wird unsere Forschung nicht mehr und nicht weniger objektiv sein als ihre, soll aber unsere Geschichtsauffassung nicht nur anders, sondern auch bewußter, klarer und durchsichtiger sein als die der letzten Generation.“ Zit. ebd., S. 78 f. u. 92. Zur Vorgeschichte und Entwicklung der Nationalökonomie s. *Köster.*

540 Brackel an Gustav Krupp, 10.7.1942, HAKrupp, WA 137/5.

541 Der Leiter der Reichswirtschaftskammer an die Reichsgruppen, Wirtschaftskammern, Industrie- und Handelskammern, Reichsverkehrsgruppen, betr. Kriegswirtschaftsgeschichte, 21.9.1942, HAKrupp, WA 137/5.

der kriegswirtschaftlichen Leistungen" ausgegeben, womit auch zum Ausdruck gebracht werden sollte, dass der in Aussicht genommene staatliche Archivalienschutz durch den Staat abgewehrt werden sollte.[542] Die Durchführung des Vorhabens war bereits weitergehend konkretisiert: Mit Wilhelm Treue, der später in der Bundesrepublik als „Nestor" der Unternehmensgeschichte einige Bedeutung erlangen sollte,[543] war ein als fähig eingeschätzter Historiker bereits gefunden.

Treue war zu dem Zeitpunkt zwar habilitiert, über die Verleihung der Lehrbefugnis für Mittlere und Neuere Geschichte war an der Friedrich-Wilhelms-Universität aber abschlägig entschieden worden. Ihm war bei der akademischen Karriere die politische und ideologische Selbstmobilisierung der Geschichtswissenschaft in die Quere gekommen.[544] Das obligatorische Gutachten des Nationalsozialistischen Deutschen Dozentenbunds über seine nationalsozialistische Passfähigkeit fiel bescheiden aus. Treue trete als SA-Mann kaum in Erscheinung und versuche zudem, „aus allen möglichen Gründen dem [obligatorischen, d. Vf.] SA Dienst fernzubleiben".[545] Das wichtigste für Treue sei seine „wissenschaftliche Arbeit" und weiter: „[U]m ihr frei und ungehindert nachgehen zu können, würde er sowohl politische Überzeugung wie menschliche Bindungen opfern."[546] Das war das Höchste, was sich über Treues nationalsozialistische „Weltanschauung" berichten ließ. Die Habilitation und die Führung des neu eingeführten Titels Dr. phil. habil. wurde ihm gewährt, aber eine Lehrbefugnis wurde ihm, auch in einem zweiten Anlauf 1940, nicht erteilt.[547] In Treues Habilitationsverfahren hatte Willy Hoppe,[548] Protegé von Albert Brackmann, der sich für das Archivalienschutzgesetz einsetzte, und seit 1937 Rektor der Friedrich-Wilhelms-Universität (FWU) war, die entschei-

542 Ebd.

543 *Teuteberg*, Wilhelm Treue, S. 123 – 157, Zit. S. 151; s. auch *Treue*, Nekrolog.

544 *Raphael*, Geschichtswissenschaft, S. 47.

545 Obersturmführer Pardon, Führer des Reitersturmes 7/28 (SA der NSDAP) an den NSD-Dozentenbund, Universität Berlin, 20.4.1936, Universitätsarchiv, Humboldt-Universität zu Berlin (UA HU), UK-Personalia, NS-Doz. 2, Wilhelm Treue/Personalakte.

546 [Gutachten] v. Annelies Deniselle, 19.6.1936, UA HU, UK-Personalia, NS-Doz. 2, Wilhlem Treue/Personalakte.

547 Vorgänge von 1936 und 1940, UA HU, UK-Personalia, NS-Doz. 2, Wilhelm Treue/Personalakte. Zur Änderung der Habilitation während der NS-Zeit und der Trennung von Venia Legendi und dem Titel Dr. habil. s. *Göllnitz*, S. 52 – 54.

548 Willy Hoppe war Historiker, trat früh der NSDAP bei und machte – nicht zuletzt aufgrund seiner engen Kontakte zu Brackmann – rasch Karriere. Zwischen 1937 und 1942 war Hoppe Rektor der FWU. S. ausf. *Jahr*.

dende Rolle gespielt und maßgeblich dafür gesorgt, dass Treue die ersehnte Lehrbefugnis nicht verliehen wurde.[549]

Nachdem Treue die akademische Karriere versperrt war, vermittelte Werner Frauendienst[550] Treue 1938 an Kurt Assmann, der das amtliche Archiv der Marine leitete und sich bereitfand, Treue unter seine Fittiche zu nehmen.[551] Die Marine litt nach dem Ersten Weltkrieg unter dem Vorwurf, im November 1918 gemeutert zu haben. Fest institutionalisiert war das Marinearchiv während der Zwischenkriegszeit daher nicht. Erst als Assmann 1933 die Archivleitung übernahm, war die Existenz gesichert.[552] Nicht zuletzt um Treue davor zu bewahren, eingezogen zu werden,[553] überstellte Assmann Treue dann der Kriegsgeschichtlichen Abteilung des Oberkommandos der Wehrmacht.[554] Denn der Erlass, der Scherff zum „Beauftragten des Führers für die militärische Geschichtsschreibung" machte, sorgte für Unruhe, auch im Marinearchiv. Assmann befürchtete die Schwächung seiner eigenen amtlichen Geschichtsstelle und installierte Treue in der Kriegsgeschichtlichen Abteilung, um über etwaige Zentralisierungsbestrebungen informiert zu werden.[555]

Es zeigte sich aber bald, dass Scherff nicht besonders engagiert war. Eine umfassende Neuordnung der amtlichen Geschichtsschreibung ging von ihm jedenfalls nicht aus und auch die „nichtamtlichen Bereiche" delegierte er. Scherff selbst zog es vor, sich in der unmittelbaren Umgebung von Hitler aufzuhalten, um dem Gang der „Geschichte" beizuwohnen. So war es dann nicht Scherff, sondern der von Scherff abgestellte Günther, der Reichswirtschaftskammer und Treue zusammenbrachte.[556] Treue, der im Juli 1942 seinen Vortrag zur „Geschichtlichen Darstellung

---

549 Wissenschaftliche Aussprache mit Herrn Dr. Wilhelm Treue, 19.6.1936, UA HU, Phil.-Fak. 01, Nr. 1314.

550 Werner Frauendienst war Historiker und Archivar; zwischen 1937 und 1938 leitete er das Politische Archiv im Auswärtigen Amt. Frauendienst und Treue waren eng befreundet. *Treue u. a.*, Marinerüstung, S. 24 f., s. auch *Schönwälder*, passim.

551 Nach eigenen Angaben war Treue damit als „Angestellter außerhalb der Reichsangestelltentarifordnung in den Dienst des Oberkommandos der Kriegsmarine" gestellt worden und einziger Zivilist in der Abteilung, die aus ehemaligen Offizieren der kaiserlichen Marine bestand. Am 1.8.1939 wurde Treue auf „unbestimmte Zeit" dorthin versetzt. *Treue u. a.*, Marinerüstung, S. 25 u. 27.

552 1940 leistete Treue dort einen v. a. in der Militärgeschichte bekannten Beitrag zur Kriegsschuldfrage. *Treue*, Ewige Angreifer; s. auch *Pöhlmann*, S. 366 (Anm.).

553 *Treue u. a.*, Marinerüstung, S. 22 u. 29; vgl. *Sandhofer*.

554 *Treue u. a.*, Marinerüstung, S. 29 f.

555 Ebd., S. 31. Wenig ergiebig zur Arbeit der Abteilung dagegen *K. Assmann*, S. 15 f.

556 Dazu führte Treue später aus: „[E]ine größere Zahl von Institutionen bis hin zu allen Handwerkskammern richtete eine ‚Stelle für die Bearbeitung der Kriegswirtschaftsgeschichte' unter der Leitung eines stellvertretenden Hauptgeschäftsführers der Reichsgruppe Industrie ein. Dieser

des Kriegseinsatzes“ auf der Tagung der Reichswirtschaftskammer und vor den Hauptgeschäftsführern der Reichsgruppe und Wirtschaftskammern hielt, war also nicht von „der Wirtschaft“ ausgesucht worden, sondern fungierte als verlängerter Arm des „Beauftragten des Führers für die militärische Geschichtsschreibung“.[557] Treue stellte in seinem Vortrag aber keine besondere Nähe oder Verbundenheit zu Scherff und dessen Auftrag her, sondern signalisierte den Anwesenden aus der Industrie seine maximale Kooperationsbereitschaft.

Treue führte vor den Anwesenden aus: Als „Wirtschaftshistoriker“ erblicke er etwas „ganz Neues und Einzigartiges“ darin, die Leistungen der Wirtschaft, „[i]hre Leistungen, meine Herren“, für die „Zukunft“ aufzuzeichnen.[558] Seine Darlegung lief auf nicht weniger als eine Verortung der Wirtschaft in ihrem Verhältnis (und nicht etwa per se in ihrer Abhängigkeit oder Unterordnung) zum Staat hinaus. Über Kriege existierten, so Treue, „dickleibige und vielbändige Generalstabswerke“, aber nichts über „die Wirtschaft“. Schlimmer noch sei eine regelrechte „Verachtung der Wirtschaft“ bei den staatlichen und Militärstellen feststellbar. Dem müsse man sich entgegenstellen. Mit dem Vorhaben der Kriegswirtschaftsgeschichte biete sich den Industriellen daher nicht weniger als die Chance der Festschreibung „ihres Anteils am Endsiege“, so Treue an die anwesenden Industriellen gerichtet. Nach diesem Einstieg begann Treue mit einem Durchgang durch die deutsche Geschichte, der auf das Verhältnis von Wirtschaft und Politik abhob. Beginnend mit der Zeit Friedrichs des Großen bewertete Treue es als „kennzeichnend“, dass die Wirtschaft seinerzeit „vollkommen vom Staat her bestimmt und begleitet“ worden sei.[559] Privatwirtschaftliche Interessen und Aktivitäten seien vom Staat erstickt worden. Die Folge sei gewesen, dass jedwede „privatwirtschaftliche Initiative“ gefehlt habe und eine

wurde der ‚Verbindungsmann‘ zu Günthers ‚Forschungsgemeinschaft‘ und damit zu mir.“ Zit. *Treue u. a.*, Marinerüstung, S. 31.

557 Vortrag von Regierungsrat Dr. phil. habil. Wilhelm Treue, 24.7.1942, HAKrupp, WA 137/5.

558 Dieser Ausschnitt aus Treues Vita ist bisher weitgehend unbekannt. Vgl. *Brünger*, Geschichte und Gewinn; *Wessel; Zorn*, Treue. Das von Horst A. Wessel zusammengestellte Schriftenverzeichnis weist Treues Veröffentlichungen während der NS-Zeit nicht aus. Bei den für die Geschichtsabteilung der Marine erstellten Manuskripten ist das noch nachvollziehbar, in der Zusammenstellung fehlte aber auch *Treue*, Wirtschaftsführer, der 1943 immerhin in der Historischen Zeitschrift publiziert wurde. Hans-Jürgen Teuteberg veröffentlichte 2002 eine ausführlichere Würdigung. Zwar bekräftigte er dort die Bedeutung Treues als „Nestor“ der Unternehmensgeschichte nach 1945 und kündigte auch an, die „lange Vorgeschichte“ von Treues Wirken zu behandeln, dessen frühen Ausflug in die Unternehmensgeschichte thematisierte aber auch er nicht. Er erwähnte zwar die Kriegsgeschichtsschreibung, ordnete sie aber nicht weitergehend ein. Vgl. *Teuteberg*, Wilhelm Treue, S. 123 – 157.

559 Diese Perspektive auf die Geschichte der preußischen Wirtschaftspolitik stieß auf erhebliche Kritik; Fritz Hartung bewertete sie als „vollständige Umwälzung“. Gutachten Hartung, 7.7.1935, UA HU, Phil.-Fak. 01, Nr. 1314.

frühzeitige wirtschaftliche Entwicklung ausgebremst worden sei. Mit der Französischen Revolution, so fand Treue, habe dann das gegenteilige Extrem Überhand angenommen: Der „Primat der Wirtschaft" habe sich durchgesetzt und die Politik beherrscht. Der Erste Weltkrieg habe die „schwerwiegenden Folgen" der wirtschaftlichen Vorherrschaft gezeigt: Eine Rüstungs- und insbesondere Vorratswirtschaft, wie Friedrich der Große sie betrieben habe, sei 1914 nicht vorhanden gewesen. Die Wirtschaft habe deshalb die an sie gestellte „Riesenaufgabe" des Krieges nur durch Improvisation bewältigen können. Die Zeit der Weimarer Republik hielt Treue für nicht weiter beachtenswert, er sprang von der Niederlage des Ersten Weltkrieges vielmehr direkt in die erneut verschobenen Kräfteverhältnisse zwischen Staat und Wirtschaft seit der Machtübernahme: Erst mit dem Nationalsozialismus habe sich, so Treue, ein wirklich „neue[r] Staatsgedanke" durchgesetzt. Das nunmehr wirksame „Verhältnis" zwischen Staat und Wirtschaft bestimmte Treue derart: „Der Nationalsozialismus hat [...] den Fehler Friedrichs d.Gr. vermieden. Dort hatte der Staat nicht nur die Wirtschaft gelenkt und geführt, sondern sie im Einzelnen bestimmt – hier [und heute] lenkt und führt er sie auch, aber er wendet sich dabei an die private Initiative, an den privaten Ehrgeiz, auch an das private Gewinnstreben, weil er weiss, welche ungeheuren Kräfte in ihnen stecken und für die Erringung des Sieges nutzbar gemacht werden können, wenn man sie sich auswirken lässt. Dieses scheint mir der Weg der Wirtschaft in ihrem Verhältnis zum Staat gewesen zu sein: Von der absolutistischen Zwangsjacke über die völlige Ungebundenheit zur nationalsozialistischen Wirtschaftsführung und Lenkung."[560]

Diese von Treue vorgenommene Verortung von Wirtschaft und Staat im Nationalsozialismus ist überaus bemerkenswert, denn sie belegt dessen schon frühzeitig ausgebildete Interpretation, die nämlich die Wirtschaft keineswegs als ein bloßes Anhängsel des staatlichen Primats sah.[561] Treue betonte im Gegenteil, in seine Entwicklungsgeschichte gekleidet, eine starke und eigene Stellung der Wirtschaft, die er im Laufe des Vortrages sogar eher zu einem ebenbürtigen Verhältnis als zu einer Unterordnung erklärte. Nicht eine „totale" und vom Staat dirigierte Wirtschaft, sondern einen Staat, der die Wirtschaft ermächtigte, sah Treue am Werk.[562] Die eigene und von der Wirtschaft selbst autorisierte „Kriegswirtschafts-

---

560 Zit. Treue, Vortrag: Geschichtliche Darstellung, 24.7.1942, HAKrupp, WA 137/5.

561 Die Forschungsdebatte um den „Primat" während der NS-Zeit sowie die darunterliegende und auch weiterhin verfolgte Frage nach den Handlungsspielräumen während der NS-Zeit wird oftmals auf die Nachkriegszeit datiert und v.a. auf die Kontroverse zwischen Peter Hayes und Christoph Buchheim verengt. S. dazu *Hayes; Buchheim u. Scherner.* Für eine Einordnung s. *Schanetzky*, Pragmatische Profession, S. 129 f., s. ferner *Czichon*; *Eichholtz u. Gossweiler*; *Mason*, Primat der Industrie?; *ders.*, Primat der Politik.

562 Treue; Vortrag: Geschichtliche Darstellung, 24.7.1942, HAKrupp, WA 137/5.

geschichte“ sei umso zentraler, so Treue, als Scherffs Aufgabe darin bestehe, insbesondere die Leistung der Wehrmacht für die Ewigkeit festzuschreiben. Günther, Brackel und er selbst hätten nicht weniger als die Funktion eines „Gegenanwalts“ für den „zivilen Sektor“. Treue endete seinen Vortrag wie er ihn begonnen hatte, mit einem Appell: Das Vorhaben der Kriegswirtschaftsgeschichte sei nicht weniger als die „grosse Chance für die Wirtschaft“: „Sie [die Wirtschaft, d. Vf.] erhält nämlich hier zum ersten Male [...] die Möglichkeit[,] das Urteil der Geschichte über sich selbst vorzubereiten, zu beeinflussen, ja niederzulegen.“ Und er selbst, so schloss Treue, sei bereit, mit „Wahrheitsliebe“ und „Takt“ dabei zu helfen, diese Chance zu nutzen.[563]

Es ergab sich hier also für „die Wirtschaft“ die geschichtspolitische Möglichkeit, den eigenen Geltungsanspruch über Treue in die „amtliche Geschichtsschreibung“ einzuschleusen.[564] Der von Hitler erlassene Geschichtsauftrag konfligierte dabei, geradezu typisch für den Nationalsozialismus, mit den bestehenden Institutionen der Militärgeschichtsschreibung und auch denen der Geschichtswissenschaft und der Nationalökonomie.[565] Für Treue bot das die Lücke, die er gern ausfüllen wollte. Auch die Anwesenden aus „der Wirtschaft“ dürfte der Vorschlag gereizt haben, denn Treue bot ja nicht weniger an, als ihren Rang zu stärken, indem er sie historisch legitimierte.

Krupp mit seinem eingeübten geschichtspolitischen Verständnis hat die Option, die sich hier bot, unmittelbar verstanden und dann an sich gezogen.[566] Da es keine freie Autorenwahl gab, Treue vielmehr bereits gesetzt war, war Gustav Krupp daran gelegen, Treue persönlich zu treffen, um ihn von seiner Deutung der Krupp-Geschichte zu überzeugen. Auch Friedrich von Bülow,[567] enger Vertrauter von Gustav Krupp im Konzern, fand das von Treue vorgestellte Vorhaben „großartig“ und setzte sofort die Hebel in Bewegung, um entsprechendes Material aus dem Krupp-Archiv zu organisieren.[568] Bei seinem nächsten Besuch in Berlin sprach Gustav Krupp mit Brackel über das Vorhaben. Gustav Krupp bekräftigte auch hier, unbedingt mit

---

563 Zit. ebd.

564 Die von Treue hier eingenommene Position ist durchaus vergleichbar mit der, die Erich Welter formulierte. In seinem „Deutungsversuch“ von 1943 sah er es ebenfalls als zentral an, dass der nationalsozialistische Staat die „Unternehmensinitiative“ aktiviert habe. *Welter*, Zit. S. v, S. 22, S. 31 u. 32 f. Welter tat das später als „Einwickelpapier“ ab. *Siering*, Zit. S. 16.

565 Die „Geschichtsräume“ vervielfältigten sich. Zit. *Hölscher*, Semantik, S. 206. Zur Pluralität vergangener Zukünfte s. auch *Graf u. Herzog*, S. 499.

566 Gustav Krupp an Brackel, 27.9.1942, HAKrupp, WA 137/5.

567 Friedrich von Bülow trat als Vertreter von Krupp in das Berliner Büro ein und besetzte damit die Position, die bereits sein Vater ausgeübt hatte. 1938 wurde er Dezernatsleiter der Werbeabteilung. *Rasch*, S. 45 f.

568 Werksbildungswesen an Bülow, 5.10.1942, HAKrupp, WA 137/5.

Treue zusammentreffen zu wollen, das auch, um ihm „grundlegend auseinanderzusetzen, warum die Firma Krupp sich in der Übergangszeit nicht [!] mit der Schwarzfabrikation von Kriegsmaterial befasst" habe.[569]

Während des Nationalsozialismus wurde es üblich, die Zeit der Weimarer Republik auszuklammern. Herangezogen wurde stattdessen die lange zurückliegende germanische Zeit. Die nationalsozialistische Gegenwart wurde als ambivalente Ordnung, als rastlos und temporal immerwährend verstanden.[570] Und tatsächlich beabsichtigte die von Hitler verordnete „Geschichtsschreibung" genau das: Von Scherff wurde keineswegs eine neue Geschichtsschreibung erwartet, sondern eine Chronik des fortwährenden Wandels. Für Gustav Krupp war dagegen zentral, über die Krupp-Geschichte den Sonderstatus des Unternehmens abzuleiten und zu reklamieren, besonders in dem Vorhaben der „Kriegswirtschaftsgeschichte". Bülow holte weitere Erkundigungen ein und brachte über Scherff in Erfahrung, dass es sich um einen „jungen Generalstabsoffizier" handele, der „dauernd" im Führerhauptquartier sei, um die „Geschichte" unmittelbar aufzuschreiben. Auch über Günther und Treue hatte Bülow sich erkundigt. Beide genössen, so Bülow, das Vertrauen von Scherff. Und Treue, dessen Veröffentlichungen Bülow sich zu Gemüte geführt hatte, sei besonders fähig. Seine gerade von der Deutschen Arbeitsfront verlegte „Wirtschaftsgeschichte des 19. Jahrhunderts", sei geeignet, „auch in die breiten Massen die grundlegenden Gedanken über die Entwicklung der deutschen Industrie hereinzubringen". Bülow fand, dass Treue die Funktion eines „Gegenanwalts" zur militärischen Geschichtsschreibung ausfüllen könne. Er vertrete den richtigen Standpunkt und schildere die „Industriepioniere" ausschließlich über ihre „hochstehenden und ethischen Momente". Keineswegs reduziere er das Unternehmertum auf bloßes Gewinnstreben. Treue war, das sah dann auch Gustav Krupp so, obschon extern und nicht selbst ausgewählt, für das Vorhaben genau der richtige Historiker.[571]

Krupp kam entgegen, dass Treue bereits angekündigt hatte, statt einer quantitativ vorgenommenen Gesamtdarstellung der industriellen Entwicklung, einen „Betrieb" für jeden Wirtschaftszweig exemplarisch herausstellen zu wollen. Für die Schwerindustrie, so Bülow, rechne Treue mit der Unterstützung von Krupp und hoffe auf das entsprechende Material. Bülow sagte dies zu und wies in Absprache mit Gustav Krupp das Krupp-Archiv an, entsprechendes Material zusammenzu-

---

569 Denn obwohl diese Haltung von den „massgeblichen Stellen" anerkannt sei, würden von manchen Seiten Krupp immer noch „Vorwürfe" in diese Richtung gemacht. Aktennotiz, Bülow, 21.10. 1942, HAKrupp, WA 137/5.

570 *Doering-Manteuffel*, Ordnung der Zeit; *Clark*, S. 197–199.

571 Zit. Bülow, Aktennotiz, betr. Kriegswirtschaftsgeschichte, [Sept. 1942], HAKrupp, WA 137/5.

stellen. Es sollte belegen, dass das Unternehmen schon vor 1933, und zwar in Form konstruktiver Vorbereitung, mit der Aufrüstung begonnen habe. Darüber hinaus wurde beschlossen, die Zusammenarbeit zwischen Treue und Krupp „aufs engste" zu gestalten, Treue bei seiner Manuskripterstellung also engmaschig zu betreuen. Nur wenig später traf Gustav Krupp sich in Berlin mit Treue und nahm „Fühlung" auf.[572]

Im November 1942, nachdem sich abzeichnete, dass die Einnahme Stalingrads nicht gelang, zog Scherff den Auftrag der Erarbeitung einer „zivilen" Kriegsgeschichte zurück. Damit war der „Kriegswirtschaftsgeschichte" von amtlicher Seite die Grundlage entzogen. Für Krupp war das aber kein Grund, das Vorhaben aufzugeben. Im Gegenteil: Nunmehr sollte die Ausarbeitung aus „eigenem Antrieb" fortgeführt werden. Unter dem Vorsitz von Jakob Wilhelm Reichert[573] richtete die Wirtschaftsgruppe einen prominent besetzten Ausschuss ein, der das Vorhaben begleiten sollte.[574] Treue blieb damit weiterhin engagiert, zumindest für den Teil über Krupp. Treue erhielt im Dezember 1942 auf Veranlassung von Gustav Krupp sogar die bis dahin unter Verschluss gehaltene „Kriegsdenkschrift", trotz des Versuchs Loesers, das zu verhindern.[575] Bülow las währenddessen Treues „Kleine Kulturgeschichte" und lud ihn zu einer weiteren Besprechung nach Essen ein.[576] Treue wiederum bekräftigte sein Interesse an der Fortführung des Vorhabens und lobte die Zusammenarbeit mit Brackel, mit dem ihn inzwischen eine „herzliche Freundschaft" verband. Dass Treue an dem nun auf ein anderes Gleis gesetzten Vorhaben beteiligt werden sollte, stand also weiterhin fest. Brackel schickte Gustav Krupp einen Sonderdruck hielt dazu fest: „Die Ausführungen von Dr. Treue an dieser Stelle lassen erkennen, wie sehr er die Wirtschaftsgeschichte als einen Teil der Geistesgeschichte betrachtet. Diese Auffassung erscheint mir besonders geeignet, den Irrtümern der rein materialistischen Wirtschaftsgeschichte entgegenzuwirken."[577]

572 Ebd.; Zustimmung von Krupp lt. Bülow an Brackel, 9.11.1942; Bülow durch Ihn an Loeser u. Alfried Krupp, 23.11.1942, HAKrupp, WA 137/5.

573 Jakob Wilhelm Reichert war industrieller Spitzenlobbyist. Seit 1935 war er Hauptgeschäftsführer der Wirtschaftsgruppe Eisenschaffende Industrie. In die Reichsvereinigung Eisen wurde er nicht übernommen, sodass er seit 1942 stark an Einfluss verlor. Ausf. *Bera*.

574 Aktenvermerk, Bülow, 14.11.1942; Pietzsch an die Mitglieder des Ausschusses für Vorkriegs- und Kriegsgeschichte [Mitarbeiter- und Beteiligten-Liste sowie vorl. Entwurf], 1.2.1943, HAKrupp, WA 137/5. Für Krupp war zunächst Loeser als Beteiligter vorgesehen, dann wurde Bülow entsandt. Wirtschaftsgruppe an Bülow, 10.2.1943; Bülow an Wirtschaftsgruppe, 22.2.1943; Bericht über die erste Sitzung des Ausschusses: Bülow an Brackel, 4.3.1943, HAKrupp, WA 137/5.

575 Schriftw. zw. Brackel u. Bülow, Dez. 1942, HAKrupp, WA 137/5.

576 Bülow an Treue, 5.1.1943, HAKrupp, WA 137/5.

577 Brackel an Gustav Krupp, 12.1.1943, HAKrupp, WA 137/5.

Erst Ende 1943 wurde die Arbeit an der „Kriegswirtschaftsgeschichte" eingestellt. Als Brackels Wohnung in Berlin von einer Bombe getroffen wurde, verbrannte auch seine Materialsammlung für die „Kriegswirtschaftsgeschichte". Brackel wollte die Arbeit zwar schnellstmöglich wieder aufnehmen, dazu kam es aber nicht mehr.[578] In dem nun beginnenden letzten Abschnitt des Krieges war eine besondere Herausstellung „der Wirtschaft" im NS-System für die Beteiligten keine gute Idee mehr. Das galt auch für Krupp. Zur Veröffentlichung einer von Treue ausgearbeiteten „Kriegswirtschaftsgeschichte" kam es deshalb nie – und auch zu keiner Veröffentlichung von Treue über Krupp. Von Krupp wurde danach kein weiterer Versuch unternommen, das Vorhaben zu retten oder ganz in die eigene Hand zu nehmen. Vielmehr begann das Unternehmen damit, sich auf das Kriegsende vorzubereiten. Die ‚ewig' währende Ordnung des noch gegenwärtigen „Dritten Reiches" endete geschichtspolitisch schon jetzt. Das Engagement für die „Kriegswirtschaftsgeschichte" macht indes sehr deutlich, dass sich die Geschichtspolitik bei Krupp hochgradig politisiert hatte. Die Verortung und die Beziehung von Staat und Wirtschaft im NS-System selbst wurde zum Thema. Zwischen 1943 und 1944 wurde das geschichtspolitische Ziel, eine historisch hergeleitete Aufwertung des Unternehmens im NS-System zu erreichen, dann aber verlassen, weil man erwartete, dass das „Dritte Reich" keineswegs überdauern, sondern und ganz im Gegenteil, schon sehr bald ans Ende kommen würde.

2.9 Vorgreifende Gustav-Krupp-Biografie: Josef Winschuhs Auftrag

> Herr [Gustav Krupp] von Bohlen [und Halbach] war schwer zu durchschauen. Niemand kannte ihn genau, und es gab wenige, die hinter seinen ‚Vorhang' schauen konnten. Er konnte durchaus die Distanz wahren. Die Härte in der Familie stammt von Frau Margarethe Krupp, der das Schicksal das Herz gehärtet hatte.[579]
>
> Josef Winschuh, [1944]

Es spricht einiges dafür, dass nicht das Kriegsende 1945 für das Unternehmen die geschichtspolitische Zäsur markierte, sondern schon deutlich vor Kriegsende mit der Umdeutung der Unternehmensgeschichte begonnen wurde. Darauf weist neben der Arbeit an der „Kriegswirtschaftsgeschichte" auch ein weiteres geschichtspoli-

578 Brackel an Gustav Krupp, 4.12.1943, HAKrupp, WA 137/5. Treue war zu diesem Zeitpunkt bereits an die Marineschule Mürwik überstellt worden. Dort erlebte Treue auch das Kriegsende. *Treue u. a.*, Marinerüstung, S. 32.

579 Zit. Allgemeine Notizen (o.D. [1944], o.Vf. [Winschuh]), HAKrupp, FAH 24/267.

tisches Vorhaben hin. Wieder waren es die Veränderungen seit 1942, die zur Aktivität motivierten. Bei Krupp fand man, und das schon vor der Eigentumsverschiebung durch die Lex Krupp 1943, dass eine Biografie über den scheidenden Gustav Krupp angebracht sei. Bülow wurde hier federführend.[580] In diesem Fall ging die Initiative also wieder vom Management aus. Und dieses schloss bereits während der Vorüberlegungen aus, den loyalen Berdrow mit dem Biografie-Vorhaben zu betrauen. Formal begründet wurde das mit dem von Berdrow inzwischen erreichten Alter von 75 Jahren. Tatsächlich war aber etwas anderes ursächlich dafür, dass das Direktorium Berdrow als Verfasser ablehnte, denn Gustav Krupp hielt große Stücke auf Berdrow. Hätte er die Wahl gehabt, wäre diese wohl auf Berdrow als seinen loyalen Schreiber gefallen. Das Management aber bewertete Berdrows Ruf als beschädigt, seit seine „volkstümliche" Publikation über Alfred Krupp an Menne gemessen worden war. Nicht nur, dass Berdrow als Hofgeschichtsschreiber galt. Er hatte es mit seinen ‚objektiven' Geschichten überhaupt erst ermöglicht, dass Menne seine kritische Lesart hatte formulieren können. Für das Management war deshalb zentral, einen möglichst eloquenten Schreiber zu engagieren, der aber – im Unterschied zu Berdrow – nicht allzu gründlich vorging und zudem außenstehend war und damit nicht in dem Ruf stand, als Sprachrohr des Unternehmens zu fungieren.[581] Bülow hielt die Publizisten Josef Winschuh und Volkmar Muthesius[582] für sehr „geeignet". Beide galten in wirtschaftlichen Kreisen und in dem Rahmen, der im Nationalsozialismus möglich war, als liberal.[583] Bülow schlug beide als passfähige Autoren vor. Die Entscheidung darüber, ob das Vorhaben realisiert werden sollte, fiel, da es eine Familienangelegenheit war, Bertha und Alfried Krupp, dem erstgeborenen Sohn, zu.[584] Reflexhaft hatte Bertha Krupp Berdrow als Wunschautoren benannt. Das Management setzte sich mit seiner Vorauswahl aber durch. Im April 1942 vereinbarten die Familie und das Management, Winschuh anzufragen. Denn Muthesius, so hatte Bülow inzwischen in Erfahrung gebracht, war nicht verfügbar, sondern mit einer anderen größeren Auftragsarbeit befasst. Das Material sollte im Archiv von Kraft vorsortiert und zusammengestellt werden. Es sollte

580 Ms. (Kraft): Zur Geschichte der Krupp-Vertretung in Berlin, 1835–1937, HAKrupp, WA 56/15.

581 Bülow an Loeser, betr. Winschuh/Muthesius, 7.1.1942; Aktenvermerk [Bülow], 15.1.1942, HAKrupp, WA 137/29.

582 Karl Volkmar Muthesius war promovierter Jurist und Wirtschaftsjournalist. Seit 1929 war er beim Deutschen Volkswirt und dann beim Berliner Tageblatt tätig. Zu der Zeit, als Bülow nach einem Autor für die Biografie suchte, war Muthesius just mit der Abfassung der Geschichte des Ruhrkohlensyndikats befasst, die 1943 erschien. *Muthesius*, RuhrKohle; *Roelevink*, „Volkstümliche" Biographie, S. 35, 64 f.

583 Bülow an Loeser, betr. Winschuh/Muthesius, 7.1.1942, HAKrupp, WA 137/29.

584 Aktenvermerk [Bülow], 15.1.1942, HAKrupp, WA 137/29.

ausschließlich aus der Provenienz des Werksarchivs, nicht aber aus der Provenienz des Familienarchivs zusammengeführt werden, so hatte die Familie es bestimmt. Festgelegt wurde außerdem, dass die Biografie von den Entwicklungen seit 1939 abstrahieren sollte. Von vornherein ging es also nicht um eine ‚objektive' und umfassende Biografie, sondern beabsichtigt war eine „Skizze".[585]

Der auserkorene Josef Winschuh hatte ein Volontariat beim Rheinisch-Westfälischen Zement-Syndikat in Bochum absolviert und wurde nach seiner Promotion Wirtschaftsredakteur bei der Kölnischen Zeitung. Im exklusiven Hegemann-Kreis machte er eine sehr gute Figur und auch in schwerindustriellen Kreisen genoss er einen guten Ruf.[586] 1931 hatte Winschuh den Auftrag, die Geschichte des Langnamvereins zu schreiben, angenommen[587] und noch einige weitere positiv aufgenommene „Werksgeschichten" angefertigt. Bekanntermaßen waren Journalisten besonders stark in den Propagandaapparat des nationalsozialistischen Regimes eingegliedert. Auch Winschuh, der seit 1935 den Wirtschaftsteil der Deutschen Allgemeinen Zeitung verantwortete, war an die Vorgaben des Propagandaministeriums gebunden.[588] Er blieb, wenn auch subtil, bei seiner liberalen Grundhaltung, brachte sie biegsam in einen nationalsozialistischen Jargon[589] und zeigte damit seine Anpassungsfähigkeit.[590] Er selbst charakterisierte seinen Duktus als „das Aufspüren der besonderen Tradition, des Fluidums einer Firma". Quantitativ begründete Perspektiven lagen ihm nicht, Winschuh konzipierte seine Werksgeschichten über die „menschliche" Darstellung der Unternehmensleitung.[591]

Bülow bat Janssen, nachdem Bertha und Alfried Krupp ihre Bedingungen übermittelt hatten, schnellstmöglich mit Winschuh in Kontakt zu treten und wies zugleich darauf hin, dass nur „wenige" über das Vorhaben informiert seien und

---

585 Aktenvermerk, Bülow, betr. Biographie des Herrn Krupp von Bohlen von Winschuh, 27.4.1942, Durchschlag an Fuss u. Kraft, HAKrupp, WA 137/29.

586 *Lesczenski*, S. 88. Der Hegemann-Kreis diente dem „diskreten" Informationsaustausch zwischen Journalisten und Industriellen. *Freytag*, S. 102 (Anm.).

587 *Winschuh*, Verein.

588 Die DAZ sei kein wirtschaftlich „ferngelenkter Füllfederhalter" gewesen, so Winschuh später. *Winschuh*, Über Wirtschaft schreiben, S. 31; s. auch *Requate*, Der Journalist, S. 146 f.

589 *Lesczenski*, S. 95 f. Bis 1941 hatte Winschuh Herbst zufolge den „Primat der Politik" hochgeschrieben, seit 1944 argumentierte er für die „Planung", aber nicht mehr aber für eine „totale Bewirtschaftung" durch den Staat. *Herbst*, S. 134 u. 338 f.

590 Damit lässt Winschuh sich den „Verhüllungsjournalisten" zuordnen. Für Begriff u. Einordnung s. *Frei u. Schmitz*, S. 120 u. 122–135; vgl. auch *Dussel*.

591 Zit. *Winschuh*, Art. Die Ahnen der Wirtschaft [DAZ, Juli 1938], zit. in *Winschuh*, Begegnungen, S. 30 f. Für die publizistische Vermenschlichung der Unternehmer wurde Winschuh v. a. nach 1945 bekannt. Allerdings, und wenig beachtet, war Winschuh damit auch schon vor 1945 ziemlich erfolgreich. Vgl. *Wiesen*, Challenge, S. 130 f.

insbesondere Gustav Krupp noch nicht im Bilde sei. Janssen solle Winschuh deshalb um vertrauliche Behandlung bitten.[592] Janssen traf in Berlin schon bald mit Winschuh zusammen. Besonders begeistert war der zunächst nicht. Winschuh fand, „dass ihm die Darstellung mehr dynamischer Persönlichkeiten" eher läge. Winschuh signalisierte dennoch verhalten Interesse. Er war dabei, seinen Heeresdienst zu beenden bzw. ersuchte um Entlassung. Sobald diese erfolgte, so Winschuh, hatte er die Zeit, das Vorhaben anzugehen.[593] Der Wirtschaftsjournalist bat aber, ihm vorab einiges Material zu schicken, damit er sich einen Überblick verschaffen könne. Erst dann wollte er über eine „Bindung" verhandeln.[594] Winschuh bekam zügig ein vom Krupp-Archiv zusammengestelltes Materialpaket und las sich ein.

Im Januar 1943 hatte Bülow Gustav Krupp informiert und von dem Vorhaben überzeugt.[595] Den von Gustav Krupp geäußerten Bedenken, dass Winschuh weniger „Geschichtsschreiber als geistvoller Feuilletonist" sei, sollte, so wurde es vereinbart, durch die Festlegung inhaltlicher Richtlinien begegnet werden.[596] Mit dem Einverständnis von Krupp wurde Winschuh auch die im Giftschrank lagernde „Kriegsdenkschrift", und zwar in der frühen Ausfertigung, zugänglich gemacht.[597] Nicht herausgeben wollte Bülow dagegen Unterlagen aus der jüngeren Konzernverwaltung. Winschuh hatte explizit nach solchen Überlieferungen gefragt, wohl um zu eruieren, welche Position Gustav Krupp tatsächlich im Unternehmen bekleidet hatte, inwiefern er also strategisch gewirkt hatte.[598] Winschuh musste sich in diesem Punkt aber mit der schlichten Angabe begnügen, dass Gustav Krupp „ganz entscheidend und ausschlaggebend für die Geschicke der Firma gewirkt" habe.[599]

Ungefähr zur gleichen Zeit, seit 1943, begann das Unternehmen finanzielle Vorsorge für die Zeit nach dem Krieg zu treffen. Zur ersten Maxime wurde es, das Unternehmen liquide zu halten, und zwar möglichst über das Ende des „Dritten Reiches" hinaus. Krupp trennte sich von angesammelten Reichspapieren, verkaufte Schatzanweisungen und Steuergutscheine. Bis Kriegsende gelang es, diesen besonders unsicheren Bestand auf 67 Mio. RM zurückzuführen. Auch kümmerte man sich um die schnelle Meldung und Bewertung von durch Kriegsschäden zerstörten An-

---

592 Bülow an Janssen, 30.4.1942, HAKrupp, WA 137/29.

593 Aktennotiz, Kraft, betr. Telefonat mit Herrn Dr. Winschuh […], 3.12.1942, HAKrupp, WA 137/29.

594 Janssen an Bülow, 12.5.1942, HAKrupp, WA 137/29.

595 Aktenvermerk, o.Vf., 16.1.1943; Aktenvermerk, o.Vf., 21.1.1943, HAKrupp, WA 137/29.

596 Zit., Aktenvermerk, o.Vf., 16.1.1943, HAKrupp, WA 137/29.

597 S. Kap. 2.6.

598 Dass Gustav Krupp nur wenig unternehmerisch tätig gewesen war, dürfte Winschuh wohl aus den Darstellungen von Muehlon abgeleitet haben. S. Kap. 2.5.

599 Bülow an Winschuh, 13.11.1943, HAKrupp, FAH 24/267. Zum „Liquiditätspolster" s. *Abelshauser*, Rüstungsschmiede, S. 460 f.

lagen. Erstattungen wurden bei Eingang umgehend in die Instandsetzung und die Wareneinlagerung umgesetzt. Zudem versuchte das Unternehmen, offene Forderungen gegenüber dem Reich einzutreiben. Noch im März 1945 erhielt Krupp eine erhebliche Abschlagszahlung von mehr als 130 Mio. RM. Die Mittel wurden auf die Werke aufgeteilt, um nicht zentral zu thesaurieren. Dazu wurde eine Finanzausgleichsstelle im Harz errichtet, die die Finanzkoordination übernehmen sollte, sobald die Essener Zentrale von ihren Werken abgeschnitten werden würde. Zudem leistete Krupp Steuervorauszahlungen für den Fall, dass die Banken zusammenbrechen und das „Dritte Reich" kollabieren würde.[600] Das Unternehmen wurde also auf das Kriegsende vorbereitet. Das schlug besonders in der Finanzpolitik des Unternehmens durch, nicht aber in der Arbeiterpolitik, wie später kritisch und korrekt angeführt wurde.[601] Das Biografie-Vorhaben fügte sich in diese vorausschauenden Maßnahmen ein und ist insofern als geschichtspolitischer Versuch einer Überleitung in eine kommende, eine nachnationalsozialistische Zeit einzuordnen. Deshalb favorisierte das Direktorium Winschuh mit seiner zumindest angedeuteten liberalen und menschenzentrierten Perspektive.

Das Zusammentreffen von Winschuh und Gustav Krupp wurde in den nächsten Monaten mehrfach geplant, aber immer wieder verschoben. Krupp erkrankte wiederholt, zudem wurde Essen mehrfach bei alliierten Luftangriffen getroffen.[602] Als Winschuh im August 1943 nicht in Blühnbach – dem Schloss bei Salzburg, auf das sich Krupp zurückgezogen hatte – zu einem vereinbarten Ersttreffen erschien, stieß das besonders Bertha Krupp sehr „unliebsam" auf. Bertha Krupp fand auch weiterhin, Berdrow sei der passendere Autor gewesen und äußerte, Winschuh stände der „Kruppschen Atmosphäre" offensichtlich fern.[603] Der eigentliche Hintergrund dieser Verstimmung war, dass es Gustav Krupp gesundheitlich zunehmend schlechter ging und Bertha Krupp ihren Mann nicht mit einem Gespräch über sein Leben und die von ihm getroffenen Entscheidungen konfrontieren wollte. Sie ging davon aus, dass ihr Mann dieser Herausforderung nicht mehr gewachsen war. Janssen wirkte aber immer wieder beruhigend auf Bertha Krupp ein, rühmte den

600 Zu Kriegende war Krupp überaus liquide. Schröder [Bericht für den Familienrat], 17.7.1951, HAKrupp, WA 4/2872.

601 *Ferencz*, S. 121–130.

602 *Abelshauser*, Rüstungsschmiede, S. 432–445; *Tooze*, S. 685. Im Frühjahr 1943 wurden die Krupp-Werke in Essen erstmals stark getroffen, vorherige Bombenangriffe hatten lediglich die zur Ablenkung errichtete Scheinfabrik beschädigt. Im Oktober 1944 wurden die Werke praktisch zum Stillstand gebracht; der letzte und schwere Angriff erfolgte im März 1945.

603 Kraft an Bülow, 20.8.1943, HAKrupp, WA 137/29.

„vielseitig gebildeten" und „kenntnisreichen" Winschuh, lobte seine „Feder" und sein Taktgefühl.[604]

Winschuh, dem es währenddessen tatsächlich gelungen war, aus dem Dienst der Wehrmacht entlassen zu werden, zeigte sich mit einem Mal höchst interessiert an dem Vorhaben und drang auf den Abschluss einer „Bindung".[605] Sie sollte so gestaltet werden, dass Krupp das Manuskript zur „freien Verfügung" stand.[606] Winschuh legte aber einigen Wert auf sein eigenes Renommee als Autor und kalkulierte, wie das Unternehmen auch, mit dem baldigen Kriegsende. Die bei einer Veröffentlichung vorgenommene Ausweisung seiner Autorenschaft machte Winschuh deshalb davon abhängig, ob das Unternehmen Änderungen an seinem Manuskript vornehmen würde. Sollten weitergehende und tiefgreifende Eingriffe erfolgen, war Winschuh berechtigt, seine Autorenschaft zu leugnen. Winschuh forderte ferner ein Honorar von 30.000 RM, das allerdings nicht in bar, sondern in Sachmitteln vergolten werden sollte, und fand ein wertentsprechendes Grundstück bei Essen angemessen.[607] Im Oktober 1943 bat er für die Erstellung der Biografie mit dem Arbeitstitel Ein Leben für das Werk um Unterstützung in Form einer Schreibhilfe.[608] Die wurde ihm auch gewährt. Bülow und Janssen setzten auch einiges daran, die von Winschuh geforderte „Wertbeständigkeitsklausel" vertraglich zu verankern. Das aber war nicht so einfach. Derartige Klauseln wurden nicht mehr gern gesehen, da sie das abnehmende Vertrauen in die Reichsmark zum Ausdruck brachten und als Indiz für die schwindende Hoffnung auf einen Siegfrieden galten.[609] Eine Auswahl von Grundstücken war bald gefunden und auch für den entsprechenden Vertrag und den Transfer wurde eine Lösung gefunden.[610] Da die Organisation eines Zusammentreffens mit Gustav Krupp weiterhin schwierig blieb, wurde ersatzweise eine ganze Reihe von Gesprächspartnern für Winschuh angefragt. Winschuh sollte mit Bülow, Fuss, Fritz Gerhard Kraft, Max Ihn, Alfried Krupp, Janssen, Wilmowsky und auch Ernst Achenbach, Brackel und Karl Guth sprechen. Alle, auch die außerhalb des Unternehmens stehenden Vertrauten und Verbandsfunktionäre Achenbach, Brackel und Guth, sagten zu.

Im Oktober 1943 legte Winschuh eine erste Arbeitsgliederung vor, die 14 Kapitel vorsah. Nur ein kurzes Kapitel sollte sich mit dem Leben des angeheirateten Krupp

604 Janssen an Frau [Bertha] Krupp, 20.9.1943, HAKrupp, WA 137/29.

605 Aktenvermerk, Kraft, Besuch des Herrn Dr. Winschuh in Berlin, 14.9.1943, HAKrupp, WA 137/29.

606 Entwurf, Vertrag mit Winschuh, 21.10.1943; Vermerk, Bülow, 15.11.1943, HAKrupp, WA 137/29.

607 O.Vf., betr. Dr. Winschuh, 22.10.1943, HAKrupp, WA 137/29.

608 Kraft, Aktennotiz zum Besuch von Winschuh, 22.10.1943, HAKrupp, WA 137/29.

609 *Herbst*, S. 232–235.

610 Schürmann (Anwaltsbüro) an Bülow, 23.10.1943; Bülow, Aktennotiz, betr. Winschuh, 9.11.1943, HAKrupp, WA 137/29.

vor dessen Eheschließung befassen. Das vorgeschaltete und erste Kapitel, der Bucheinstieg, sollte die Geschichte des Unternehmens darstellen und die Grundlage für den Erzählbogen der Biografie, die Verkörperung des Krupp-Geistes durch Gustav Krupp, legen. Die Zeit nach dem Ersten Weltkrieg sollte in der Formulierung von Winschuh als „Verkrüppelung" beschrieben werden. Auf Wunsch von Gustav Krupp, der hier sein Hadern mit der Zwischenkriegszeit noch einmal zum Ausdruck brachte, sollte das „Aufhören der Rüstungsproduktion" allerdings anders bezeichnet werden. Zudem sollte Winschuh auf Wunsch des Unternehmens, auch hier kehrte Krupp der NS-Lesart bereits erkennbar den Rücken zu, nun wieder den völligen Rüstungsproduktionsstopp nach 1918 herausstellen. Ein eigenes Kapitel sollte ferner die Zeit zwischen „Ruhrkampf" und dem anhängenden Krupp-Prozess erhalten und damit weitergehend auch die Zeit der Weimarer Republik behandelt werden.[611] Als „Industrieller" sollte Krupp charakterisiert werden mit der Formel: „Kein Kapitalist, keine Kriegsgewinnler [Plural, die gesamte Familie, d. Vf.], kein Konzernaufbläher, kein Nutznießer der Inflation". Auch die betriebliche Sozialpolitik, sollte wieder stärker gemacht werden, um Gustav Krupp in eine Linie mit Alfred Krupp zu stellen. Darauf sollten Ausführungen zu Gustav Krupp „privat", als Aristokrat und Mäzen, folgen und schließlich sollten auf sein Eintreten für „Sauberkeit und Ehre" in der deutschen Verbandslandschaft eingegangen werden. Das Kapitel „Im neuen Reich" sollte sich auf die „Rechtfertigung des Kurshaltens" und dem „rüstungstechnischen Erbe" konzentrieren. Dort sollte auch die Beziehung von Krupp und Hitler thematisiert sowie die Übergabe der Unternehmensleitung an die „junge Generation" abgehandelt werden.

Nach Winschuhs Gliederungsentwurf sollte die Biografie mit einer Einordnung enden, die eine „Prägung des deutschen [aber nicht „nationalsozialistischen", d. Vf.] Unternehmerbildes" durch Gustav Krupp konstatierte.[612] Der damit zum Ausdruck kommende und bereits vor 1945 einsetzende Trend, die unternehmerische Geschichtsschreibung stärker in einem literarischen und weniger objektiv-wissenschaftlichen Format vorzunehmen, wurde durchaus kritisch gesehen. Walter Däbritz, Fritz Redlich zufolge einer der maßgeblichen „Firmenhistoriker" der zweiten Generation,[613] zu dem Bülow einen regelmäßigen Kontakt pflegte, kritisierte die Tatsache, dass die Unternehmensgeschichtsschreibung zunehmend von Journalisten und Publizisten, nicht aber von akademischen Experten vorgenommen würde. Däbritz beanstandete die Darstellungsweise von Winschuh zum Langnam-

611 *Tenfelde*, Krieg und Krisen, S. 131–136; ausf. *Wisotzky*.

612 Arbeitsgliederung des Buches über Herrn Krupp von Bohlen und Halbach (Ein Leben für das Werk) (o.D., o.Vf. [Winschuh]), HAKrupp, FAH 24/267.

613 *Redlich*, S. 20 f. Däbritz führte zu der Zeit bereits das RWI. Ausf. *Pierenkemper u. Fremdling*.

verein[614] und auch Muthesius' Veröffentlichung über das Ruhrkohlensyndikat[615] mit Nachdruck. Beide Werke, so Däbritz, seien „zu journalistisch" geraten.[616] Für Bülow indes war der von Däbritz als „journalistisch" verunglimpfte Duktus genau der richtige. Es ging ja gerade darum, die Biografie allgemein zu halten, nicht aber empirisch allzu detailreich schreiben zu lassen.

Auch über seinen Auftrag hinaus war Winschuh Krupp dienlich. Seinen Artikel zur Wohnungsfürsorge, in dem Winschuh ein Interview mit Max Ihn[617] verarbeitete, ließ Krupp allerdings „anhalten", weil er zu positiv für Krupp war.[618] Auch zur Lex Krupp und der Umwandlung in ein „Familienunternehmen", so fand man bei Krupp, sollte Winschuh schreiben.[619] Er wurde dabei aber gebeten, obwohl Bülow der erste Entwurf sehr gefiel, auf den Ausdruck „Industrieller Erbhof" zu verzichten. Das Reichsernährungsministerium habe gegen diese Formulierung Protest eingelegt. „Erbhof" sei als Begriff ausschließlich auf landwirtschaftliche Betriebe anzuwenden und auch die Reichskanzlei wolle eine etwaige Auslegung als Präzedenzfall verhindern.[620]

Winschuh schickte später seine „allgemeinen Notizen", in denen er Beobachtungen und Formulierungen für das Vorhaben festgehalten hatte, nach Essen.[621] Sie zeigen: Winschuh fiel es schwer, Gustav Krupp als Industriellen oder Unternehmer zu sehen. Seinen Stil beschrieb Winschuh als „altväterlich, steif, gesetzt, nicht lässig".[622] Das Verhältnis von Krupp und Hitler sei eines von „Treue um Treue": „Nach [19]33 wollten Marine und Wehrmacht sofort schwere Waffen und Rüstungsmaterial von Krupp haben. Herr von Bohlen wollte erst Rückendeckung beim Führer haben und wartete ab. Das nahm man ihm übel, es entspricht aber seinem Wesen, seiner korrekten und klaren Art. ‚Ich will dem Führer klar ins Auge sehen', sagte er

614 *Winschuh*, Verein.

615 *Muthesius*, RuhrKohle.

616 Aktenvermerk, Bülow, betr. Winschuh, 22.1.1944, HAKrupp, WA 137/29. Dies ist eine beachtenswerte Kritik. Denn Winschuh pflegte sich als Schüler von Däbritz zu präsentieren. *Winschuh*, Über Wirtschaft schreiben, S. 12; *ders.*, Begegnungen, S. 33 f.

617 Max Ihn war zunächst bei einer Krupp-Tochter angestellt. 1933 trat er in die Gussstahlfabrik ein. Ab 1941 war er Direktor, zuständig u. a. für die „Gefolgschaftsangelegenheiten". *Abelshauser*, Rüstungsschmiede, S. 300, 325, 413.

618 Vermerk, Bülow, betr. Artikel von Winschuh über Kruppsche Wohnungsfürsorge, 25.11.1943, HAKrupp, WA 137/29. Dies war ein Lernerfolg. Während des Ersten Weltkrieges hatte Hugenberg sich für eine überpositive Berichterstattung über das Krupp'sche Sozialwesen eingesetzt und sich damit im schwerindustriellen Umfeld unbeliebt gemacht. S. Kap. 2.5.

619 Bülow an Winschuh, 1.12.1943, HAKrupp, WA 137/29.

620 Bülow an Winschuh, 23.12.1943, HAKrupp, WA 137/29.

621 Allgemeine Notizen (o.D., o.Vf. [Winschuh]), HAKrupp, FAH 24/267.

622 Ebd.

einmal, als einige Mitglieder des Direktoriums für die verdeckte Fortsetzung der Friedensarbeit [!] nach dem Muster der Vereinigten Stahlwerke waren.[623] Andererseits war er aber auch für Rüstung."[624] Die Jubiläumsreden von Krupp waren, so hielt Winschuh fest, nicht mehr als eine „ständige Variation des Themas ‚Deutscher Arbeitsethos'".[625] Gustav Krupp habe keinerlei Humor, immerhin aber eine „besondere Stellung" im Industriegebiet innegehabt. Auch an der Sozial- und Wohlfahrtspolitik fand Winschuh nicht viel Neues: „Was für viele andere Werke Neuland war, war für Krupp schon alt und gewohnt", so Winschuh nüchtern. Auch Winschuh hielt Krupps Weigerung, trotz des Drucks von Albert Vögler[626] und Fritz Thyssen, in die VSt einzutreten, für zentral, im Grunde aber auch für die einzige unternehmerische Entscheidung, die er fand, Gustav Krupp zuschreiben zu können.[627] Winschuh identifizierte keinerlei Leidenschaft, außer bei der Jagd, bewertete Gustav Krupps Handeln weder als getrieben noch als innovativ. Krupp habe das Unternehmen stattdessen mit der „Geschicklichkeit eines Diplomaten" geführt.[628] Seine notierten Beobachtungen machen klar, Winschuh fand seinen Bearbeitungsgegenstand eigentlich nicht interessant. Über seine Unterhaltung mit Alfried Krupp hielt Winschuh fest: Die Eltern, Bertha und Gustav Krupp, seien „korrekt" mit ihren Kindern umgegangen, ein „familiäres Verhältnis" habe aber nicht bestanden. Gustav Krupp sei „hineingewachsen" in die Tradition des Hauses und habe sich hinter dem „Zeremoniell" verschanzt: „Die größten Nazi-Halunken wußten: Wenn ich zu Krupp gehe, muß ich mich anständig benehmen. Krupp war das einzige Werk, das Hitler Mussolini gezeigt hat." Winschuh erkundigte sich mehrfach nach der bereits legendenumrankten „Ruhrlade",[629] erhielt dazu aber kaum Informationen von seinen Interviewpartnern und konnte daher auch nur allgemeine Notizen anfertigen.[630] Immerhin, so brachte Winschuh von Wiele, dem Arzt der Familie, in Erfahrung, habe Gustav Krupp seinen ältesten Sohn „systematisch" in die Arbeit „eingeführt".[631] Gegen eine allzu starke Politisierung von Gustav Krupp argumen-

623 Nichtsdestotrotz war Krupp beteiligt, wie etwa an der über die Mefo finanzierten Rüstung seit 1933 deutlich wurde. *Abelshauser*, Rüstungsschmiede, S. 273 f.

624 Zit. Allgemeine Notizen (o.D., o.Vf. [Winschuh]), HAKrupp, FAH 24/267.

625 Ebd.; s. auch *Abelshauser*, Rüstungsschmiede, S. 293–302.

626 Albert Vögler war Ziehsohn von Stinnes und wurde bereits 1910 stellvertretendes Vorstandsmitglied der Deutsch-Lux. Nach dem Tod von Stinnes und unter dem Rationalisierungsdruck in der Eisen- und Stahlindustrie wurde 1926 die VSt gegründet, in der Vögler eine zentrale Funktion und Rolle bekleidete. Ausf. *Reckendrees*, Vögler.

627 Allgemeine Notizen (o.D., o.Vf. [Winschuh]), HAKrupp, FAH 24/267.

628 Ebd.

629 Dazu *Turner*, Ruhrlade.

630 Allgemeine Notizen (o.D., o.Vf. [Winschuh]), HAKrupp, FAH 24/267.

631 Ebd.

tierend, skizzierte Wilmowsky seinen Schwager als „politisch verschlossen". Weder 1917 noch 1939 habe er dessen persönliche Meinung in Erfahrung bringen können. Über die Zeit der Ruhrkrise 1923 diktierte Wilmowsky Winschuh den von Gustav Krupp geäußerten Satz: „Bert[h]chen, nun bin ich wirklich ein Kruppianer geworden!", in sein Notizbuch.[632] Insgesamt blieb aber auch Wilmowsky allgemein. Deutlicher brachte er seine Begeisterung für dessen Erstgeborenen, Alfried Krupp, zum Ausdruck. Dieser sei, so Wilmowsky, „eine begabte Persönlichkeit, die Wesentliches vom Unwesentlichen unterscheiden kann, also immer den Kern der Dinge erkennt. Zudem hat er einen weiteren großen Vorzug, denn er versteht es – sogar weit besser als sein Vater – mit den Menschentypen umzugehen." Im Unterschied zu Alfried Krupp sei Gustav Krupp von Hitler beeindruckt gewesen. Und anders als die anderen Interviewten fand Wilmowsky, und vertrat dies auch mit einiger Vehemenz, dass Gustav Krupp ein Unternehmer sei. Schon kurz nach der Heirat habe er sich in nichts mehr hineinreden lassen.[633]

Winschuh fertigte also Notizen an, führte Gespräche und Interviews. Wiederholt wurden seine Besuche in Blühnbach geplant, aufgrund der schlechter werdenden mentalen Verfassung von Gustav Krupp wurden sie aber immer wieder abgesagt und verschoben. Winschuh notierte sich sogar Regieanweisungen für das Zusammentreffen: Das Gespräch sollte sich auf die Gliederung konzentrieren und er selbst sollte „laut und deutlich sprechen", vermerkte er.[634] Im Januar 1944 schließlich fand das Interview statt. Winschuh traf Gustav Krupp nicht allein, sondern auch Bertha und Alfried Krupp waren während des Gesprächs anwesend. Winschuh schlug sich recht passabel. Im Anschluss ließ die Familie mitteilen: Für die Abfassung der Biografie sollte Winschuh ein Grundstück in Essen Bredeney oder in Borbeck erhalten. Durchgesetzt hatte Winschuh, dass seine Autorenschaft nur dann ausgewiesen werden durfte, wenn Eingriffe vonseiten des Unternehmens oder der Familie in das druckfertige Manuskript unterlassen würden.[635]

Ob Winschuh überhaupt je plante, die Biografie niederzuschreiben, ist fraglich. Klar ist, Winschuh versuchte, nachdem die „Bindung" geschlossen war, den „mächtigen und langen Arm der Firma" für die eigenen Zwecke zu nutzen, und das

---

632 Zit., Notizen zum Krupp-Buch nach dem Besuch bei Freiherr von Wilmowsky auf seinem Gut Marienthal bei Naumburg an der Saale am 12. und 13. Februar 1944 (o.D., o.Vf. [Winschuh]), HA-Krupp, FAH 24/267.

633 Diese noch 1944 vertretene Position gab Wilmowsky erst nach dem Krieg auf – und zwar aus geschichtspolitischem Kalkül. S. dazu Kap. 3.2.

634 Gedanken für den Besuch in Blühnbach, (Winschuh, o.D. [Spätsommer 1944]), HAKrupp, FAH 24/567.

635 Vermerk, Bülow, betr. Winschuh, 6.1.1944; zu den Grundstücken s. Entwurf (o.Vf.) an Winschuh, 14.1.1944, HAKrupp, WA 137/29.

hieß für ihn, sicher und vom Regime unbehelligt das Kriegsende zu erreichen.[636] Es ist eine von Winschuh selbst im Nachhinein verbreitete Legende, dass er den Auftrag mehrfach ablehnte.[637] Im August 1944 bat Winschuh bei Bülow darum, dass Krupp ihn vor den Folgen des sog. Goebbels-Programms schütze. Das Programm bedeutete, dass Zeitungen zusammengelegt wurden und ihr Personalstand verkleinert wurde, um mehr Journalisten für den Kriegseinsatz zu mobilisieren.[638] Auch Winschuh musste fürchten, eingezogen zu werden. Ob es möglich sei, so Winschuh, ihn für die Kriegsdauer freistellen zu lassen für eine „wichtigere und mich auch mehr ausfüllende Tätigkeit“, nämlich die Biografie? Wäre es denkbar, ihn für das „Berliner Büro“ oder die „Zentrale Essen“ zu verpflichten? Winschuh wollte sich also entziehen und wusste dabei sehr genau, dass die Abfassung einer Unternehmerbiografie, selbst für Krupp, für eine Unabkömmlichkeitsstellung nicht ausreichte, deshalb sein Hinweis auf eine etwaige Arbeitsverpflichtung in Essen oder Berlin und auch seine Bitte um vertrauliche Behandlung.[639] Bülow ging tatsächlich darauf ein und formulierte einen Entwurf für den Antrag auf die Indienstnahme Winschuhs.[640] Allerdings formulierte er, dass, sollte Winschuh von anderer Stelle angefordert werden, so habe eine Aussprache darüber zu erfolgen, was die „kriegswichtigere und bedeutsamere“ Aufgabe sei.[641] Winschuh wollte diese Einschränkung nicht gelten lassen und hakte noch einmal nach: „Worauf es mir [...] ankommt und was ich vorher klar wissen muss, ist folgendes: Die Firma Krupp müsste bereit sein, mich beim Arbeitsamt formell für sich zu sichern [...]. Ich muss in meinem Arbeitsbuch,[642] das ja dann vom alten Arbeitgeber geschlossen wird, als neuer Arbeitgeber ‚Krupp‘ haben und gegen Zugriffe gesichert sein.“[643] Er hege keine längerfristigen Absichten, so Winschuh. Nach dem Krieg würde er die Leitung der Fabrik seines Schwiegervaters übernehmen. Aber, so machte er implizit klar, bis dahin benötigte er einen sicheren Unterschlupf. Winschuh war just in Konflikt mit dem Propagandaministerium geraten, sein Interesse am Schutz durch den „mäch-

---

636 Zit. Winschuh an Bülow, 29.2.1944, HAKrupp, WA 137/29. Im Mai 1944 reiste Winschuh noch einmal nach Essen, um mit Gustav und Bertha Krupp spazieren zu gehen. Vermerk (Bülow) betr. Winschuh, 15.5.1944, HAKrupp, WA 137/30.

637 *Winschuh*, Begegnungen, S. 38–46.

638 Am 25. Juli 1944 wurde Goebbels Reichsbevollmächtigter für den totalen Kriegseinsatz und entschied, dass in der „Literatur“ 50 % der uk-Stellungen aufgehoben werden sollten. *Barbian*, Literaturpolitik, S. 247–250.

639 Winschuh an Bülow, 3.8.1944, HAKrupp, WA 137/30.

640 Entwurf (Direktorium) an Winschuh, o.D., HAKrupp, WA 137/30.

641 Bülow an Winschuh, 9.8.1944, HAKrupp, WA 137/30.

642 Zur Bedeutung des Arbeitsbuchs im Nationalsozialismus s. *Werner u. a.*

643 Winschuh an Janssen, 25.8.1944, HAKrupp, WA 137/30.

tigen und langen Arm" von Krupp war daher akut.[644] Bülow hielt eine Indienstnahme von Winschuh unter diesen Umständen aber für nicht durchsetzbar. Im Oktober 1944 zog Winschuh seine Konsequenz, brach die Arbeit an der Biografie ab, setzte sich in die Pfalz ab und bat bei Krupp nur noch um die Auszahlung der Spesen.[645]

Erst als Gustav Krupp Anfang 1950 verstarb, nahm Winschuh den Kontakt wieder auf und informierte Bertha Krupp, dass er das seinerzeit ausgehändigte Material sorgfältig verwahre und es ihr jederzeit zur Verfügung stellen könne. In dem Schreiben resümierte er das Vorhaben und entschuldigte die Nichtfertigstellung. An keinem Punkt aber stellte er in Aussicht, die Biografie nunmehr abschließen zu wollen.[646] Statt der Witwe antwortete Berthold von Bohlen und Halbach,[647] der nach der Inhaftierung Alfried Krupps die Leitung der Familie übernommen hatte, und entließ Winschuh scheinbar großzügig aus seiner im Krieg eingegangenen Verpflichtung: Die „jetzige Zeit", so formulierte von Bohlen, gestatte es nicht, das Projekt einer Biografie über seinen Vater voranzutreiben. Das von Krupp zur Verfügung gestellte Material wollte er aber schnellstens zurück nach Essen versendet wissen.[648] Was von Bohlen Winschuh nicht schrieb, war, dass er die „jetzige Zeit" als sehr wohl bereit bewertete. Nur Winschuh als Autor, den man während der NS-Zeit verpflichtet hatte, war es, der aus Sicht der Familie nicht mehr passte. Von Bohlen wandte sich nämlich zeitgleich an Hans von Chamier Glisczinski, einen halbwegs unbescholtenen Verleger, und bat ihn, Kontakt zu Eugen Diesel

644 Zit. Winschuh an Bülow, 29.2.1944, HAKrupp, WA 137/29. Winschuh führte später an, Walther Funk habe ihn in diesem Konflikt mit Goebbels geschützt. *Winschuh*, Erinnerungen, S. 30; s. dazu auch *Wiesen*, Challenge, S. 119 f.

645 Winschuh an Bülow, 7.10.1944, HAKrupp, WA 137/30.

646 Winschuh an Bertha Krupp, 20.1.1950, HAKrupp, FAH 27/19.

647 Berthold von Bohlen und Halbach war Sohn von Bertha und Gustav Krupp. Nach dem Krieg war er als einziger Sohn in Essen. Daher übernahm er nach Kriegsende die Leitung der Familie Krupp und koordinierte hierbei die Verteidigung seines Bruders im Krupp-Prozess. S. *Gall*, Entlassung, S. 475 u. 477.

648 Berthold von Bohlen und Halbach an Winschuh, 16.2.1950, HAKrupp, FAH 27/19. Das erklärt, warum im Nachlass Winschuh, der im Bundesarchiv (N 1223) verwahrt wird, keine Unterlagen mehr über den Vorgang überliefert sind. Winschuh hatte auch seinen Schriftwechsel und seine Notizen an Krupp geschickt. Allerdings war Winschuh zu Kriegsende wohl von Krupp ausgehändigtes Material verloren gegangen. Winschuh wandte sich mit dieser Information aber nicht an Berthold von Bohlen, sondern an Wilmowsky. Winschuh an Wilmowsky, 21.3.1950, HAKrupp, FAH 27/10. 1951 meldete sich schließlich das Hamburger Staatsarchiv bei Krupp und informierte, dass eine Kiste mit Krupp-Unterlagen sowie die Privatkorrespondenz von Winschuh aufgetaucht seien. Die Unterlagen wurden Krupp ausgehändigt. Berthold von Bohlen und Halbach an Winschuh, 20.4.1951; Vermerk Bülow, 10.4.1951, HAKrupp, FAH 27/10.

herzustellen.[649] Nicht in Winschuh, sondern in Diesel sah Berthold von Bohlen jetzt, nach Kriegsende, den passenden Biografen.[650] Der angefragte Diesel lehnte aber ab, der „Zeit" wegen: „Man muß aus vielen Gründen mit der Herausgabe einer Krupp v[von] B[ohlen und Halbach] Biographie noch warten; eine breitere und zugleich tiefe Wirkung lässt sich nur erwarten, wenn es gelingt, ihn gleichsam zum tragischen Helden zu machen."[651] Das machte Eindruck auf Berthold von Bohlen. Besonders Diesels Hinweis, Gustav Krupp zum „tragischen Helden" zu stilisieren, sollte sich als wertvoll erweisen. Winschuh indes, dem nur wenig später die Rückkehr in die Wirtschaftspublizistik gelang und der sogar zum Sprachrohr der 1949 gegründeten Arbeitsgemeinschaft Selbstständiger Unternehmer avancierte,[652] blieb bei Krupp, und zwar der „alten Zeit" wegen, nach dem Krieg außen vor.

2.10 Zwischenfazit

Bevor Krupp die ersten geschichtspolitischen Aktivitäten entfaltete, waren Eigentümer und Unternehmen bereits weltberühmt. Das ist ein wichtiges Ergebnis. In der bisherigen Perspektive wurde zwischen Öffentlichkeitsarbeit, Werbung, Repräsentation und Storytelling – alles Maßnahmen der externen Unternehmenskommunikation – nicht differenziert. Klar ist, der erste, der sich einer eindrucksvollen Repräsentation als Marketinginstrument bediente, war Alfred Krupp. Allerdings kam er noch ganz ohne Selbsthistorisierung aus. Sein Repräsentationskonzept zielte auf den Fortschritt ab und wies damit von der Gegenwart in die Zukunft. Unter der Leitung seines Sohnes, Friedrich Alfred Krupp, wurde das weiterbetrieben. Eine nennenswerte Sensibilität für die eigene Geschichte existierte im Unternehmen aber noch nicht. Stärker als an der Deutung der Vergangenheit engagierte sich Friedrich Alfred Krupp in der Beeinflussung seiner Gegenwart. Besonders die Versuche der verdeckten Einflussnahme auf die öffentliche Meinung gingen grandios nach hinten los. An Friedrich Alfred Krupp wurde öffentlich ein kapitalismuskritisches Exempel statuiert, das im Unternehmen bis weit in das 20. Jahrhundert hinein nachwirkte. Das in der Gesellschaft verankerte und überaus positive

---

649 Eugen Diesel war Sohn von Rudolf Diesel und Schriftsteller. Aus Unternehmenssicht war seine technikbegeisterte Veröffentlichung „Diesel. Der Mensch, das Werk, das Schicksal" von 1937 über seinen erfinderischen Vater wegweisend. Seit 1944 stand Diesel unter Beobachtung des SD, weshalb er in der unmittelbaren Nachkriegszeit als unbescholten galt. *Adam*, S. 97–100.

650 Chamier an Berthold von Bohlen, 28.2.1950, HAKrupp, FAH 27/10.

651 Zit. Diesel an Chamier, 17.3.1950, HAKrupp, FAH 27/10.

652 *Wiesen*, Challenge, S. 119–121; *Dietz*, Manager, S. 103; s. auch *Berghahn*, Industriegesellschaft, S. 21.

Wissen wurde während des Capri-Skandals erstmals und breitenwirksam ins Gegenteil verkehrt und in einer für das Unternehmen schädigenden Weise gedeutet. Unternehmen und Eigentümer standen in einem äußerst schlechten Licht da. Für das Unternehmen gefährlich war dann, dass das Unternehmen nach dem Tod von Friedrich Alfred Krupp 1902 auch seinem wichtigsten Abnehmer gegenüber führungslos wirkte.

Die Reaktion des Unternehmens auf diese Imagekrise war eine Verstärkung der Öffentlichkeitsarbeit. Die Hinwendung zur Krupp-Geschichte war *eine* Möglichkeit, das Unternehmensbild selbsttätig und exklusiv zu gestalten. Der im Zuge dessen entwickelte Nukleus der Geschichtspolitik war dabei keineswegs eine von der Eigentümerfamilie verordnete Legitimationsstrategie, sondern die Reaktion des Managements auf die als fundamental erlebte Kritik seit der Jahrhundertwende. Die damit in Gang gesetzte Arbeit an der eigenen Geschichte war von einem hohen Anspruch gekennzeichnet. Fast ein Jahrzehnt arbeitete die neu eingerichtete Geschichtliche Abteilung an der Vorbereitung des großen Jubiläums, das 1912 anlässlich des 100. Geburtstag von Alfred Krupp feierlich und pompös ausgerichtet wurde. Zunächst hatte man sich für die Erarbeitung der Krupp-Geschichte, insbesondere mit Richard Ehrenberg, externe Expertise gesucht. Dann aber entschied man sich für Wilhelm Berdrow und damit und im Unterschied zu Ehrenberg für einen von Krupp abhängigen und loyalen Geschichtsschreiber.

Das Charakteristikum der von Berdrow verfassten Jubiläumsschrift, Krupp 1812–1912, war Objektivität. Sie sollte das Renommee des Unternehmens revitalisieren, und zwar durch eine sachlich einwandfreie Darstellung der Geschichte. Nach den Jubiläumfeierlichkeiten, die auf Nationalismus setzte, wurde die Arbeit an der Geschichte zwar fortgeführt. Die Selbsthistorisierung wurde aber noch nicht zu einer Aufgabe, der ein strategischer Wert zugemessen wurde. Das lag maßgeblich am Management, das sich nach dem Eintritt von Gustav von Bohlen und Halbach geschichtspolitisch zurückzog und unter der Leitung von Alfred Hugenberg auf die Beeinflussung der Gegenwart (und damit auf die Pressearbeit und die Lobbyarbeit) verlegte. Die Kornwalzer-Affäre, mehr aber der Erste Weltkrieg, ließen eine weitergehende Arbeit an der Geschichte dann in den Hintergrund treten. Zwar arbeitete die Geschichtliche Abteilung weiter, es wurde auch weiterhin vom Unternehmen und Gustav Krupp autorisiert publiziert. Es waren aber vorwiegend die in der Festschrift von 1912 nicht verwerteten Vorarbeiten, die veröffentlicht wurden. Damit war die Arbeit an der eigenen Geschichte zu einer unternehmenseigenen Praxis geworden; für strategische Zwecke wurde sie aber vorerst nicht mehr eingesetzt.

Die Zwischenkriegszeit war geschichtspolitisch eine Phase des Haderns und Zauderns. Auf die Welle von Industrieromanen, auch progressiven und kritischen, reagierte Krupp nicht. Mehrfach unternahm Gustav Krupp vielmehr und in Zusammenarbeit mit Berdrow den Versuch, eine Rechtfertigung für die Kriegsniederlage aus Unternehmenssicht zu formulieren. Der Adressat war hierbei weniger die allgemeine Öffentlichkeit. Auch weiterhin waren es Expertenkreise, die Krupp geschichtspolitisch erreichen wollte. Publiziert wurde die KRIEGSDENKSCHRIFT aber nie, denn Gustav Krupp gelang es nicht, eine Anschlusserzählung zu entwickeln und die Krupp-Geschichte des späten Kaiserreichs mit der zeitgenössischen Gegenwart der Weimarer Republik zu verknüpfen. Bemerkenswert an diesem Vorhaben ist die Verschiebung in dem, was gezielt nach außen kommuniziert werden sollte. Es war besonders der Moment, in dem das Unternehmen sich von seinem zivilen Fertigungsschwerpunkt wieder der Rüstungsproduktion zugewandt hatte, dessen Darstellung aus Sicht Gustav Krupps problematisch war und der infolgedessen mehrfach umgedeutet wurde.

Mehr Interesse an der allgemeinen Öffentlichkeit zeigte Krupp nach der Machtübernahme. Sowohl das Direktorium als auch Gustav Krupp wurden hier tätig. Erstmals wurde eine Veröffentlichung, Berdrows „Alfred Krupp und sein Geschlecht“, vorgenommen, die als Gegenbuch zu einem populären Roman, Jochachim von Kürenbergs „Krupp. Kampf um Stahl“, konzipiert war und die die Krupp-Geschichte ‚volkstümlich‘ und damit für ein Massenpublikum zum Ausdruck bringen sollte. Allerdings schadete die Populärversion dem Unternehmen, jedenfalls auf mittlere Sicht. Denn gleichzeitig zu dem ‚volkstümlichen‘ Gegenbuch erschien 1937 unter dem Titel „Krupp. Deutschlands Kanonenkönige“ Bernhard Mennes kritische Interpretation der Krupp-Geschichte. Die Koinzidenz der Veröffentlichung der ‚volkstümlichen‘ Biografie von Berdrow und das Erscheinen von Mennes Darstellung bildete den eigentlichen Auftakt der oft holzschnittartig konstatierten Polarisierung der Literatur in „Krupp-Hasser“ und „Krupp-Unterstützer“.[653] Menne brachte eine Deutung der Krupp-Geschichte vor, die das Unternehmen und den Staat in eine Machtbeziehung setzte und Krupp dabei die Rolle des Kriegstreibers zuordnete. Damit ging es um die Bedeutung des Unternehmens für das politische System in Deutschland.

Die Geschichtspolitik des Unternehmens war zu Beginn der NS-Zeit eine Weiterführung der Geschichtserzählung, die in den letzten Jahren des Kaiserreichs entwickelt worden war. Neu war, dass sie ein besonderes Tätigkeitsfeld von Gustav Krupp persönlich wurde. Erstmals wurde die Geschichtspolitik damit zur Chefsache. Gustav Krupp bildete ein starkes Eigeninteresse an der Krupp-Geschichte aus, das hatten seine Vorgänger nicht. Die Publikationen, die Berdrow auf Veranlassung und in Abstimmung mit Gustav Krupp erarbeitete, machten allerdings eine kriti-

653 (Auswahl): *Friz*, S. 9; *Boelcke*, S. 7–9; *Herbert*, Kruppianer, S. 233; *Epkenhans/Stremmel*, S. 7–11; *Stenglein*, S. 6 f., 81 f., *Kunczik*, S. 188 f.

sche Interpretation der Krupp-Geschichte, und zwar auch für Externe, möglich. Die von Gustav Krupp geförderten und von Berdrow verfassten Veröffentlichungen des Unternehmens wirkten deshalb fortwährend auf das Krupp-Image zurück, und zwar umso mehr, als besonders Menne den konzeptionellen Deutungsrahmen auf das gesellschaftsrelevante Verhältnis von Rüstungswirtschaft und Staat erweitert hatte. Bei Krupp sah man die eigene und bis dahin exklusive Deutungsmacht herausgefordert. Der Erzählraum der unternehmenseigenen Geschichte war aber zunehmend auf das „Dritte Reich" begrenzt, während die Geschichtsdeutung von Menne gewissermaßen über die Grenzen des Reichs hinausreichte. Trotzdem blieb die Vorstellung von der Machbarkeit, und damit der alleinigen Deutungshoheit über die eigene Geschichte bei Krupp leitend.

Seit 1942 und mit den von Krupp aktiv aufgegriffenen Überlegungen zur Ausarbeitung einer „Kriegswirtschaftsgeschichte", die die von Hitler selbst auf die Schiene gesetzte militärische Kriegsgeschichte flankieren sollte, sowie dem Vorhaben einer „Gustav Krupp-Biografie" läutete das Unternehmen geschichtspolitisch eine Abgrenzung zum Regime ein. Diese Vorhaben bildeten den Höhepunkt der als machbar verstandenen Selbsthistorisierung. Im Grunde genommen griffen beide Vorhaben dieser Phase den von Menne aufgemachten Deutungsrahmen zum Verhältnis von Staat und Unternehmen auf. Als absehbar wurde, dass das „Dritte Reich" keineswegs ewig währen, sondern endlich war, wurde der geschichtspolitische Versuch, die Position von Krupp im NS-System historisch begründet in seiner Sonderstellung und Eigenständigkeit herzuleiten, aufgegeben. Für die angedachte Biografie über Gustav Krupp wandte sich das Management schließlich entschieden ab von dem Format einer sachlich einwandfreien Krupp-Geschichte und präferierte einen Zuschnitt, der die nachnationalsozialistische Zukunft antizipierte. Dass Winschuh dabei seine eigene Rechnung aufmachte und ebenso wie Krupp mit dem Ende des „Dritten Reichs" kalkulierte, ist bemerkenswert. Beide Seiten versuchten sich bestmöglich abzusichern und damit über die NS-Herrschaft hinaus zukunftsfähig zu halten. Als der Krieg auf dem Reichsgebiet ankam, floh Winschuh, wahrscheinlich, ohne mit der Abfassung des Manuskriptes begonnen zu haben. Diese letzten geschichtspolitischen Vorhaben der NS-Zeit waren für Krupp nicht mehr machbar.

3 Retardierende Geschichte, 1943/44 – 1961

> Möge in Deinem neuen Lebensjahr die große, Dir [Alfried Krupp von Bohlen und Halbach] geschichtlich obliegende Aufgabe Dich voll und ganz erfüllen, und Du am Ende Deines Lebens genauso dankbar für seinen Verlauf und den Erfolg Deiner Tätigkeit sein können, wie ich es meinerseits bin.[654]
>
> Gustav Krupp, 1943

Das Kriegsende markierte einen tiefen Einschnitt für das Unternehmen. Die Besatzung bedeutete das schnelle Ende der vom Direktorium eilig Ende April vorgelegten Wiederaufbau- und Produktionsplanungen.[655] Krupp wurde unter die Kontrolle der Militärregierung gestellt und der Militärverwalter, Oberst Douglas Fowles, verkündete gleich nach seiner Einsetzung am 16. November 1945, das Unternehmen zerstören zu wollen.[656] Die blieb zwar bekanntermaßen aus. Bis aus der Ankündigung aber ein zahnloser Tiger wurde, sollten mehr als zwanzig Jahre vergehen. Die Demontagen, die Liquidationsanordnung und später die Verkaufsauflage bildeten bis 1967 die wesentlichen Herausforderungen für das Unternehmen.[657]

Tatsächlich war „Krupp" im April 1945 für die Alliierten kaum mit dem Unternehmenseigentümer Alfried Krupp verknüpft. Stattdessen wurde zunächst geplant, Gustav Krupp vor dem internationalen Militärgerichtshof anzuklagen. Da Gustav Krupp von schwerer Krankheit gezeichnet und nicht verhandlungsfähig war, wurde Alfried Krupp – und erst in einem der vor dem US-amerikanischen Militärgericht abgehaltenen Nachfolgeprozesse – Ende 1947 angeklagt und 1948 verurteilt.[658] Wie sich während des Prozesses zeigte, war Alfried Krupp sicherlich nicht unbeteiligt gewesen. Krupp war ein Kollaborateur und „Juniorpartner" des Regimes,[659] auch wenn die sog. Lex Krupp ihn erst 1943 zum Eigentümer von „Krupp" gemacht hatte und es für die Außenwelt schon bald den Eindruck machte, dass er das Unternehmen lediglich in der Endphase des Krieges geführt hatte. Alfried Krupps Schwester jedenfalls formulierte sehr klar, dass „Alfried von klein auf dazu erzogen wurde, einmal das Werk hier zu übernehmen und mit ihm eine unendlich große Verantwortung, nicht nur für das Ansehen der Werke im In- und Ausland, sondern auch

654 Zit. Gustav Krupp an Alfried Krupp, 8.8.1943, HAKrupp, FAH 24/5.
655 *Abelshauser*, Rüstungsschmiede, S. 443 f. u. 446 f.
656 Fowles (Controller, Militärregierung), 19.11.1945, HAKrupp, WA 4/2885; *Abelshauser*, Rüstungsschmiede, S. 448 f.
657 Ausf. *Abelshauser*, Rüstungsschmiede, S. 432 – 472; *Gall*, Entlassung, S. 473 – 525; *Herbert*, Kruppianer, S. 269 – 271; s. auch Materialsammlung zur Abrüstung, HAKrupp, WA 41/1134.
658 *Priemel*, Sonderweg S. 394 – 408.
659 Zit. *Spoerer*, Zwangsarbeit, S. 33; *Abelshauser*, Rüstungsschmiede, S. 311 – 327.

 https://doi.org/10.1515/9783111207193-003

für die vielen Tausende von Arbeitern und deren Familien, die davon abhängig sind. [...] Und was für Alfried vielleicht das Wichtigste ist: er selbst sieht diesen schweren Beruf wohl als Lebensaufgabe an, auf die er bisher gelernt und gestrebt hat."[660] Als sie dies 1939 ausführte, hatte Alfried Krupp bereits die Zuständigkeit für die Abteilung KM im Unternehmen übernommen und berichtete in dieser Funktion nach innen.

Nach „Kriegsausbruch", den Alfried Krupp als „einschneidend" bewertete,[661] hob er hervor, dass es in Absprache mit der englischen und französischen Regierung gelungen sei, in größeren Umfang Kriegsmaterialexporte nach Brasilien weiterzuführen.[662] Auch im darauffolgenden Jahr blieb es für ihn zentral, die „Verbindung zum Auslande" aufrecht erhalten zu haben. Zudem, so konnte Alfried Krupp berichten, war Krupp in Bezug auf den Schutz der „Betriebsgeheimnisse" mit der Wehrmacht übereingekommen, dass das Fertigungswissen des Unternehmens nur gegen eine „angemessene Entschädigung" preiszugeben war.[663] Für 1942/43 stellte er fest, nun gelte es, „Abwehrwaffen" zu produzieren. Krupp habe die von Fritz Todt angeregte „Fließbandfertigung" bestimmter Waffengattungen aufgenommen und dazu eine Fertigungsstätte „nahe Breslau" erworben.[664] Schwierigkeiten seien dank der Unterstützung Speers überwunden worden, sodass man im August 1942 mit der Errichtung des Werkes habe beginnen können. Sorge bereitete ihm der Mangel an Arbeitskräften: „[Der] Ersatz durch Dienstverpflichtete, zivile Ausländer und Kriegsgefangene floß der Zahl und Qualität nach ungenügend zu. Die vorhandenen Einrichtungen konnten daher nicht voll ausgenutzt werden." Das Unternehmen habe es dennoch vermocht, eine „Spitzenleistung" zu erbringen.[665] Alfried Krupp war involviert in die Pläne zur Auslagerung der Zünderfertigung in ein Außenlager des Konzentrationslagers Auschwitz.[666] Und auch über den Einsatz und die fürch-

---

660 Zit. Irma [von Bohlen und Halbach] an Anneliese [von Bohlen und Halbach], 4.7.1939, HAKrupp, FAH 23/794.

661 Mit Kriegsbeginn wurde Krupp zum „Wehrmachtsbetrieb", was die unternehmerische Autonomie erheblich einschränkte, so Krupp in dem Bericht. Die Einstufung bedeutete allerdings auch, dass der Zugriff auf die Krupp-Arbeitskräfte durch die Wehrmacht eingeschränkt war. Zit. Bericht 1938/39, Geschäftsbereich Alfried von Bohlen, HAKrupp, WA 4/2929.

662 Dazu *Boelcke*, Waffengeschäfte, Teil 1 u. 2; s. auch *Leitz* zum Waffenexport des Unternehmens über die Ausfuhrgemeinschaft für Kriegsgerät bis 1939.

663 Bericht 1939/40, Geschäftsbereich Alfried von Bohlen, HAKrupp, WA 4/2929.

664 Zum Plan der Serienfertigung im Bertha-Werk, Markstädt (Jelcz-Laskowice), und zum Scheitern s. *Abelshauser*, Rüstungsschmiede, S. 375 – 399.

665 Zit. Bericht des Herrn Alfried von Bohlen über das Geschäftsjahr 1942/43, HAKrupp, WA 4/2929.

666 Alfried Krupp an Oberstleutnant von Wedel (OKH), betr. Verlagerung der Zünderfertigung nach Auschwitz, 7.9.1943, HAKrupp, FAH 24/628. Alfried Krupp intervenierte in diesem Fall persönlich, weil „die Auffassung" bestand, dass das Unternehmen die Zünderfabrikation nicht schnell genug

terliche Ernährungslage der Zwangsarbeiter war Alfried Krupp im Bilde. Sein Onkel, Tilo von Wilmowsky, schrieb Alfried Krupp im April 1942 direkt dazu an und konfrontierte ihn mit der „Behandlung der Zivil-Russen".[667] Aber schon zu diesem Zeitpunkt und sogar seinem Onkel gegenüber, lehnte Alfried Krupp es ab, seine eigene Zuständigkeit anzuerkennen, und verwies auf den Bergbau-Verein und das Reichsernährungsministerium.[668] Alfried Krupp kultivierte die Ablehnung und auch die Abwehr von Verantwortung und direkter Führung also keineswegs erst nach dem Krieg und im Krupp-Prozess. Gleichwohl, und das ist zentral: Alfried Krupp wurde von seiner Familie als verantwortlicher Unternehmensleiter gesehen. Und wer, wenn nicht sie, hätte wissen sollen, wer die Führung des Unternehmens tatsächlich innehatte?

Es gibt also guten Grund, die Übernahme der Unternehmensleitung und den Eigentumsübergang *nicht* gleichzusetzen.[669] De facto hatte Alfried Krupp die Unternehmensleitung längst inne, als die Lex Krupp im November 1943 erlassen wurde. Die Familie Krupp und ihre Rechtsberater hatten Jahre daran gearbeitet, eine Lösung für die Vermögensübertragung von Bertha Krupp auf den erstgeborenen Sohn Alfried Krupp zu finden, auszuarbeiten und umzusetzen. Denn der Generationsübergang war von der Familie daran geknüpft worden, das Ideal – „Krupp" als eigentümergeführtes Einzelunternehmen – wiederherzustellen und damit die nach dem Tod von Friedrich Alfred Krupp vorgenommene Umformung des Unternehmens in eine Aktiengesellschaft rückgängig zu machen. Dieser Zielsetzung nach konnten nicht alle Kinder Bertha Krupps zu gleichen Teilen erben, sondern nur eines – der älteste Sohn Alfried – musste das Unternehmen übereignet bekommen, und zwar in Form von Privatbesitz. Erbrechtlich war das eigentlich ausgeschlossen. Die einzige Möglichkeit, die schließlich auch realisiert wurde, be-

zum Laufen gebracht habe. Die Aktenlage weist darauf hin, dass Krupp Bedenken hatte, die Zünderfabrik nach Auschwitz zu verlagern, das aber nicht aus moralischen Gründen, sondern weil damit „[e]ine ausreichende Lösung für die Arbeitskräftefrage" nicht gefunden sei. Nachdem das Gelände von der SS an die Metall-Union vergeben worden war, öffnete Krupp die Zünderfabrik beim Arbeitslager Wüstegiersdorf (Głuszyca). Auch hier wurden, wie es für das Außenlager Auschwitz geplant worden war, Kriegsgefangene, Zwangsarbeiter und KZ-Häftlinge eingesetzt. *Abelshauser*, Rüstungsschmiede, S. 400 – 432 u. 438 f.

667 Wilmowsky an Alfried Krupp, 2.4.1942, HAKrupp, FAH 24/628.

668 Alfried Krupp an Wilmowsky, 9.4.1942, HAKrupp, FAH 24/628. Wie Werner Abelshauser ausführt, verbesserten sich die Verhältnisse für die „Ostarbeiter" seit April 1942. *Ders.*, Rüstungsschmiede, S. 423. Allerdings wurden sowjetische Zwangsarbeiter, auf die Wilmowsky in seinem Brief abgezielt hatte, bei Krupp in größerem Umfang erst seit der zweiten Jahreshälfte 1942 beschäftigt. *Herbert*, Fremdarbeiter, S. 223; *ders.*, Apartheid, S. 226 – 229; s. auch *Tooze*, S. 609 f.

669 Wie sich aus der Korrespondenz von Vater und Sohn sehen lässt, etwa: Alfried von Bohlen und Halbach an Gustav Krupp, 15.6.1933, HAKrupp, FAH 23/794.

stand darin, das Konzept des „Erbhofes“, das seit September 1933 in der Landwirtschaft eine Zersplitterung der Höfe in den Realteilungsgebieten verhindern sollte, auf einen „industriellen“ Fall zu übertragen.[670] Ein Entwurf für ein industrielles Erbhofgesetz wurde sogar ausgearbeitet, dann aber nicht erlassen, weil sich keine Einigung über die Regelung der Erbschaftssteuer erzielen ließ und sich das Regime sträubte, einen generellen und über Krupp hinaus anwendbaren Rechtsrahmen zu schaffen.[671] Nach aufwendigen Verhandlungen wurde die Übertragung schließlich mithilfe eines Sondergesetzes, die per Führererlass am 12. November 1943 ausgegeben wurde und schnell als „Lex Krupp“ bezeichnet wurde, ermöglicht.[672]

Für die Familie, insbesondere die um ihr Erbe gebrachten Familienmitglieder, wurde nach Vorgabe des Erlasses ein „Familienrat“ geschaffen, der allerdings im Krieg kein einziges Mal zusammengerufen wurde.[673] Wie die Satzung verdeutlicht, kam dem Familienrat ohnehin keine Kontrollfunktion zu, wie etwa dem Aufsichtsrat bei einer Aktiengesellschaft.[674] Vielmehr wurde Alfried von Bohlen und Halbach mit der Lex Krupp zu „Alfried Krupp“ und trug als alleiniger persönlich haftender Inhaber die vermögensrechtliche, und nicht mehr nur die verfügungsrechtliche Verantwortung für das Vermögen und das Unternehmen.[675]

Alfried Krupp pflegte einen gänzlich anderen Stil der Unternehmensführung als sein Vater. Das zeigte sich sogar in der Öffentlichkeitsarbeit. Während Gustav Krupp, der die Repräsentation des Unternehmens als wesentliche Aufgabe gesehen hatte, der Aufforderung von Todt, einen eigenen Beitrag beizubringen, pflichtbewusst nachgekommen war,[676] lehnte Alfried Krupp derartige Beteiligungen

---

670 Selbstverständlich sollte nicht die Größenbindung der „Erbhöfe“ ein industrielles Pendant bekommen, sondern die Überlegung einer Übertragung bezog sich auf den „unteilbaren“ Eigentumsübergang. Das Reichserbhofgesetz zielte auf Höfe mittlerer Größe, klammerte den agrarischen Großgrundbesitz und die Kleinsthöfe aber aus. Ausf. *Tooze*, S. 218 – 224.

671 Reichskanzlei an Alfried Krupp, 17.4.1943, HAKrupp, FAH 24/626; dazu auch Joeden an Alfried Krupp, 26.3.1953, HAKrupp, WA 94/39; ausf. *Abelshauser*, Rüstungsschmiede, S. 322 – 324.

672 Erlaß des Führers über das Familienunternehmen der Firma Fried. Krupp, 12.11.1943, RGBl. I 1943, S. 655 f. [Lex Krupp].

673 Protokoll, Erste Sitzung des Familienrats, 17.7.1951, HAKrupp, WA 4/2866a.

674 Zwar lautete VI.3: „Der Familienrat hat sinngemäß die gleichen Aufgaben zu erfüllen, die der Aufsichtsrat einer Aktiengesellschaft hat. Beschlüsse des Familienrats bedürfen der Mehrheit aller Mitglieder, sofern nicht Einstimmigkeit vorgeschrieben ist; sie sind von dem Vorsitzenden zu unterzeichnen und erhalten damit ihre Gültigkeit.“ Zit. Satzung des Familienunternehmens Fried. Krupp v. 15.12.1943, HAKrupp, WA 4/2866a. Insofern aber der Inhaber die Mitglieder benennen und er die „alleinige“ Verantwortung zu tragen und die Anwendung des Erbrechts ausgeschlossen worden war, war eine Kontrollmöglichkeit de facto nicht gegeben.

675 Satzung des Familienunternehmens Fried. Krupp v. 15.12.1943, HAKrupp, WA 4/2866a.

676 Schriftw. zw. Pöchlinger und Gustav Krupp, März 1941–Febr. 1942, HAKrupp, FAH 23/758.

für die Kriegspropaganda rundweg ab. Als er von Albert Speer im Februar 1943 gebeten wurde, an einer „fortlaufenden Presseveröffentlichung" mitzuwirken und als „Wirtschaftsführer" für das „deutsche Rüstungsschaffen" einen eigenen Beitrag beizusteuern,[677] ließ er sich Zeit mit einer Antwort und bat dann, Abstand nehmen zu dürfen. Krupps Argument lautete: Die verstärkten Luftangriffe auf Essen würden von der Bevölkerung als Ergebnis „manche[r] Presseveröffentlichungen und Rundfunksendungen der letzten Monate" betrachtet. Da der gewünschte Beitrag ohnehin „durch die rosa Brille gesehen abgefaßt sein müßte", müsse er, um diesen Eindruck nicht noch weiter zu verstärken, ablehnen.[678]

Ähnlich reserviert zeigte Alfried Krupp sich auch im Umgang mit seiner Familie. Als Tilo und Barbara von Wilmowsky im Juli 1944 verhaftet wurden,[679] Barbara von Wilmowsky war immerhin die Schwester von Bertha Krupp, trat er persönlich nicht Erscheinung. Um den Stand der Ermittlungen in Erfahrung zu bringen, setzte Krupp den Syndikus Johann Joeden ein. Joeden nahm Kontakt zum Ministerialdirektor im Reichsjustizministerium, Günther Vollmer, auf und meldete, dass die Angelegenheit nach seiner Intervention Sache der „gewöhnlichen Justiz" sei, der Fall also nicht mehr von der Geheimen Staatspolizei bearbeitet würde.[680] Auch diese für die Familie erfreuliche Nachricht überbrachte Alfried Krupp nicht persönlich, sondern überließ dies Joeden. Ende Januar 1945 wurde Barbara von Wilmowsky dank des vermittelten, aber nicht direkten Eintretens von Alfried Krupp bei „juristisch höchster Stelle", dem Chef der Reichskanzlei, Hans Heinrich Lammers,[681] entlassen.[682] Auch Tilo von Wilmowsky sollte in den nächsten Tagen auf freien Fuß gesetzt werden.[683] Zweifelsohne hatte Alfried Krupp hinter den Kulissen seinen Einfluss geltend gemacht, sichtbar war er aber nicht in Erscheinung getreten.

---

677 Speer an Alfried Krupp, 25.2.1943, HAKrupp, FAH 24/626.

678 Auch darüber hinaus ging Alfried Krupp geschickt mit Speer um: Zur „Knie-Erkrankung" von Speer schrieb Alfried Krupp ihm, falls er in „Kur" wolle, er könne ihm das „Kleine Haus" auf dem Hügel in Essen zur Verfügung stellen. Für die „Ruhe aus der Luft" könne er [!] aber nicht garantieren. Zit. Alfried Krupp an Speer, 26.2.1944; Alfried Krupp an Speer, 20.4.1943, HAKrupp, FAH 24/626. Im März 1943 war die Gussstahlfabrik erstmals empfindlich getroffen worden. *Abelshauser*, Rüstungsschmiede, S. 434.

679 Reichssicherheitshauptamt, IV-Sonderkommission 20. Juli, Festnahmeliste v. 20.7.1944, BArch, R 58/3197.

680 Joeden an Alfried Krupp, 13.12.1944, HAKrupp, FAH 24/622.

681 Reichsminister Lammers an Renate Hansen, 9.11.1944, HAKrupp, FAH 24/5. Hans Heinrich Lammers war Richter und Ministerialbeamter sowie Chef der Reichskanzlei.

682 Ursula an Bertha Krupp, 31.1.1945, HAKrupp, FAH 24/5. Bertha Krupp wehrte ab, „Onkel Taffy" gehe es schlecht und habe zudem alle „Angelegenheit" an Alfried Krupp abgetreten und übergeben. Zit. Bertha an Ursula, 8.2.1945, HAKrupp, FAH 24/5.

683 Richter (Hauptstelle Berlin) [Günther Vollmer] an Alfried Krupp, 16.2.1945, HAKrupp, FAH 24/622.

3.1 Unternehmensgeschichte in richtender Funktion: Alfried Krupp und der Krupp-Prozess 1947/48

> Bei unseren Besuchen im Verwaltungsgebäude V, in dem sich die Kruppianer mit einem eigenen Kontrollsystem gegen die Neugierde sichern, hätten wir gern noch die andere Form des von ‚Kr.[upp]' wiederaufgenommenen Kampfes kennengelernt. Wir meinen jene Büros der ‚Volkswirtschaftlichen Abteilung', die sich weiterhin mit ‚Statistik' und ‚Information' befassen: also die Kruppsche Propaganda-Küche. Indes die Kruppianer […] wollten keine solche ‚Abteilung' kennen.[684]
>
> Hermann Hagenbuch, 1949

Die Geschichtliche Abteilung überstand das Kriegsende weitgehend unbeschadet. Ihr Personalstand war auch während des Krieges weitgehend stabil geblieben. 1940 beschäftigte sie immerhin noch zehn Mitarbeiter, 1944 waren es noch neun. Das waren also nicht, wie von der zeitgenössischen Tagespresse oft unterstellt, massenhaft und volle Mitarbeiter für die „Propaganda-Küche".[685] Im Sommer 1940 hatte das Direktorium verfügt, die Vorgänge „die die Kruppwerke betreffen, schon jetzt jeweils aktenmäßig festzulegen und zentral zu sammeln". Mit Blick auf eine „spätere Auswertung" sollten nicht nur „Angriffe", sondern auch die Erfahrungen der Wehrmacht mit den Krupp-Erzeugnissen, materielle Auswirkungen, „Gefolgschaftsangelegenheiten" – und zwar in einem breit verstandenen Sinne – gesammelt und für die Archivierung vorbereitet werden.[686] Für das Jahr 1941/42 konnte der Abteilungs- und Archivleiter Kraft berichten, „laufend" Auskunft über die Geschichte von Familie und Werk erteilt zu haben. Darüber hinaus war die Neuauflage von Berdrows ALFRED KRUPP UND SEIN GESCHLECHT vorbereitet worden; sogar Archivbesichtigungen waren während des Krieges durchgeführt worden. Als am 17. September 1942 das Werksarchiv schließlich bei einem Luftangriff getroffen wurde,[687] wurden erste Teile der Archivbestände umgelagert.[688] Aber auch unter diesen Bedingungen wurde weitergearbeitet. Die Verzeichnung des Nachlasses Otto

---

684 *H.H. [H. Hagenbuch]*, Art. Friedr. Krupp Gußstahlfabrik. Wer befiehlt eigentlich in Europas größten Stahlwerken?, in: Schweizer Illustrierte Zeitung, Nr. 8, 23.2.1949, HAKrupp, WA 119/v417.

685 Inbegriffen waren auch die „Damen" für die Schreibarbeit, ein Buchbinder sowie eine Reinigungskraft. Jahresbericht der Geschichtlichen Abteilung, Geschäftsjahr 1.10.1943 – 30.9.1944, HAKrupp, WA 4/2359.

686 Zit. Direktorium an Konzernwerke und Tochtergesellschaften, 8.6.1940, HAKrupp, WA 56/8.

687 Infolge des Luftangriffs verbrannten etwa 5% der Archivbestände. Jahresbericht der Geschichtlichen Abteilung, für das Geschäftsjahr 1.10.1941 – 30.9.1942, HAKrupp, WA 4/2359.

688 Jahresbericht der Geschichtlichen Abteilung für das Geschäftsjahr 1.10.1942 – 30.9.1943, HAKrupp, WA 4/2359; zur Auslagerung des Familienarchivs s. Alfried Krupp an Werthmann (Wintershall-AG), 6.3.1944, HAKrupp, FAH 24/628.

Wiedfeldt[689] konnte abgeschlossen werden und auch Treue und Winschuh wurden mit Material für die Publikationsvorhaben versorgt.[690] Im März 1943 brachte Kraft das Archiv in Sicherheit und wartete in Selm ab.[691]

Bereits im Februar 1946 drängte Kraft bei der Verwaltung darauf, die Archivbestände nach Essen zurückbringen zu dürfen.[692] Das war unter den Bedingungen der angedrohten Zerschlagung des Unternehmens voreilig. Fowles hatte verfügt, die Aufwendungen für die Unterhaltung des Archivs einzusparen, womit der Abteilung die Auflösung drohte.[693] Das Übergangsdirektorium aber dachte nicht daran, das Archiv abzuwickeln. Zügig wurde es in die Volkswirtschaftlichen Abteilung eingegliedert und Kraft kurzum in den vorzeitigen Ruhestand versetzt.[694] Die auf diese Weise in der noch immer weitläufigen Verwaltungsstruktur des Unternehmens versteckte Abteilung – und auch Kraft – wurde schon bald sehr wichtig. Fowles gegenüber beteuerte das Übergangsdirektorium zwar immer wieder, dass „seitens unserer Nachrichtenabteilung keinerlei politische Propaganda über die Firma Krupp" mehr betrieben würde.[695] Da es aber nunmehr galt, die Verteidiger im Nürnberger Krupp-Prozess zu unterstützen,[696] war der Rückgriff auf das Gedächtnis des Unternehmens unersetzlich.

Kraft kam seinen Aufgaben, denen er als Archivleiter nachgegangen war, auch im Ruhestand nach. Sein Auftrag war klar. Der mit den ersten Lizenzvergaben in Gang gesetzten negativen Berichterstattung über Krupp sollte, wenn möglich, etwas entgegengesetzt werden. Unter den vielen Artikeln in der Tagespresse und in Fachjournalen löste der von dem aus dem Exil zurückgekehrten kommunistischen Intellektuellen Alexander Abusch[697] in der Weltbühne[698] im August 1946 publizierte

---

689 Otto Wiedfeldt (1871–1926) war seit 1918 Vorsitzender des Krupp-Direktoriums, 1922 wurde er Diplomat, ging aber 1925 zu Krupp zurück. Die von Krupp-Archivar Ernst Schröder verfasste und 1964 veröffentlichte Biografie über Wiedfeldt war die erste Managerbiografie, die aus dem Unternehmen heraus veröffentlicht wurde. S. *Schröder*, Wiedfeldt.

690 Jahresbericht der Geschichtlichen Abteilung für das Geschäftsjahr 1.10.1943–30.9.1944, HA-Krupp, WA 4/2359.

691 *Stremmel*, Historisches Archiv, S. 66–83; Kraft an Fried. Krupp, 23.3.1946, HAKrupp, WA 4/2787.

692 Aktennotiz, Tubbesing [Fritz Niedertubbesing], betr. Geschichtliche Abteilung, 13.2.1946, HA-Krupp, WA 4/2787.

693 Fowles an Firmenleitung, 19.11.1945, HAKrupp, WA 4/2885; Schröder an Wolff, 14.3.1946; Aktenvermerk, Wolff, betr. Volkswirtschaftliche Abteilung, 3.4.1946, HAKrupp, WA 4/2787.

694 Hobrecker u. Hardach an Kraft, Wolff u. Tubbesing, betr. Geschichtliche Abteilung, 27.3.1946, HAKrupp, WA 4/2787.

695 Zit. Schröder an Wolff, 9.4.1946, HAKrupp, WA 66/100.

696 Zur Anwendung „geschichtswissenschaftlicher Deutungsmuster" im Krupp-Prozess *Priemel*, Sonderweg, S. 392.

697 Alexander Abusch (1902–1982) trat 1918 in die KPD ein und wurde in der Zwischenkriegszeit mehrfach wegen Hochverrats angeklagt. Seit 1921 war er Redakteur verschiedener, auch kommu-

Artikel DIE FAMILIE KRUPP rührige Aktivität aus.[699] Die Verteidiger fürchteten, dass die von Abusch vorgebrachte Perspektive, nämlich die einer bereits über Generationen andauernden kriegerischen Familiengeschichte, von den Alliierten für die Anklage genutzt werden könnte.[700] Kraft erhielt den Auftrag, die von Abusch vorgebrachten Argumente zu prüfen.[701] Der Archivar, der durch seine langjährige Tätigkeit die Bestände besser kannte als irgendwer anderes, machte sich ans Werk.[702] Er beließ es nicht beim Aktenstudium, sondern führte Interviews und wollte genau wissen, wie die „Beschäftigung von Juden bei FK [Firma Fried. Krupp, d. Vf.]", die Abusch in seinem Beitrag ebenfalls angeprangert hatte, vonstattengegangen war.[703] Nachdem das Archiv in die Volkswirtschaftliche Abteilung eingegliedert war, fielen seine Recherchen auch nicht weiter auf. Der nunmehr als freier Mitarbeiter tätige Kraft trat dabei beherzt auf. So wandte er sich an Hermann Dannenberger (Erik Reger), und damit an einen der wenigen Kontakte in die lizenzierte neue Medienwelt, die er hatte: Dannenberger hatte in der Zwischenkriegszeit in der Presseabteilung des Krupp-Konzerns gearbeitet und einige seiner Erfahrungen in der „Union der festen Hand" verarbeitet.[704] Nach Kriegsende gehörte Dannenberger zu den Machern einer neuen deutschen Öffentlichkeit. Dannenberger dürfte die direkte Kontaktaufnahme von Kraft, in der dieser nicht nur an die gemeinsame Zeit bei Krupp erinnerte, sondern pflichtschuldig darauf hinwies, dass er mit der „sog.

---

nistischer Zeitungen, von 1930 bis 1932 war er Chefredakteur der Roten Fahne. 1932 und 1933 war er Chefredakteur des Ruhr-Echo, dem Organ der KPD im Ruhrgebiet. 1933 floh Abusch zunächst nach Frankreich, dann nach Mexiko. 1946 kehrte er nach Deutschland zurück, trat der SED bei und wurde zu einem wesentlichen Intellektuellen der 1949 gegründeten DDR. *Schildt*, S. 232.

698 Die „Weltbühne" war in der Weimarer Republik das Organ der radikaldemokratischen und bürgerlichen intellektuellen Linken gewesen. 1933 war sie letztmals erschienen und im Exil, ab 1939, als „Die neue Weltbühne" weitergeführt worden. Nach dem Zweiten Weltkrieg erschien sie erneut unter dem Titel „Weltbühne" in Ost-Berlin. Letztlich scheiterte aber die Neugründung des legendären Blattes. Ebd., S. 91 f.

699 Abusch warf in dem Beitrag die Frage auf, wann der immer wieder angekündigte Prozess gegen Krupp durchgeführt werden würde. Sollte ein Prozess stattfinden, so weissagte Abusch, würde die Familie als „friedfertige Leute, die lieber landwirtschaftliche Maschinen" als Panzerplatten gebaut hätten, auftreten. *Ders.*

700 Ballas an Kraft, 4.10.1946, HAKrupp, WA 56/15; ausf. zur Verschiebung der Anklage im Fall X und zur Anklage von Alfried Krupp in dem von den Amerikanern allein organisierten Nachfolgeprozess *Priemel*, Sonderweg S. 401–408.

701 Kraft erhielt dafür eine Vergütung. Ballas an Kraft, 3.12.1946, HAKrupp, WA 56/15.

702 Liste bzw. Verzeichnis des [von Kraft dazu ausgewerteten] Materials, 19.11.1946, HAKrupp, WA 56/15.

703 Kraft fertigte zu einzelnen Themenkomplexen Berichte an, die nicht mehr in der betr. Akte enthalten sind.

704 Kraft an Schriftleiter Dannenberger, 6.12.1946, HAKrupp, WA 56/15.

Partei“ nie etwas zu tun gehabt habe,[705] als unangemessen empfunden haben. Denn Kraft erkundigte sich auch, rhetorisch im überkommenen Selbstbewusstsein eines Krupp-Abteilungsdirektors und durchsichtig bei Dannenberger nach Informationen über Abusch, wohl um zu eruieren, ob und wie Abusch diskreditiert werden könnte.[706] Eine Antwort erhielt Kraft nicht. Der Tagesspiegel aber, dessen Lizenzträger, Mitherausgeber und Chefredakteur Dannenberger inzwischen war, druckte später, im Frühjahr 1947, einen bösen Kommentar zur „Propaganda-Küche“ des Unternehmens. Dort war zu lesen, „daß in einem zur Bedeutungslosigkeit zusammengebombten und zur völligen Auflösung bestimmten Rüstungswerk auch heute noch eine komplette Presse- und Propagandaabteilung ihr [Un-]Wesen treibt. Hier ist eine Sickerquelle reaktionärer Informationen, die nach Inhalt und Verbreitung bewußt der öffentlichen Kontrolle entzogen sind. Daß ihre Auswahl tendenziös nach dem Grundsatz erhalten wird, daß wahr nur sei, was den Deutschen nütze, und mitteilenswert alles das, was Wasser auf die Stimmungsmühlen schütte, ist nicht zu bezweifeln.“[707] Das richtete sich eindeutig, wenn auch nicht ausgesprochen, gegen Krupp. Der zuständige „Press Captain“, L.F. Felix, bestellte das Direktorium bald ein und kritisierte die derart öffentlich gemachten Presseaktivitäten scharf. Felix erklärte deutlich: „Meine Herren [des Übergangsdirektoriums, d. Vf.], ich will ganz offen mit Ihnen reden. Der Name Krupp stinkt nicht nur hier, sondern in der ganzen Welt. Krupp soll Stahl und Eisen produzieren, aber keine falsche Journalistik treiben. Solange ich hier sitze, werde ich auf keinen Fall dulden, daß die Firma Krupp an ihre alte Tradition anknüpft und [...] die Tätigkeit einer einseitigen Beeinflussung fortsetzt.“[708] Die „falsche Journalistik“ des Unternehmens stand also unter Beobachtung. Dennoch und obwohl Krupp seinen „Nachrichtendienst“ daraufhin einstellen musste,[709] blieb das Krupp-Archiv, das Gedächtnis des Unternehmens, samt seines kenntnisreichen Archivars erhalten. Etlicher Übernahmeangebote zum Trotz, des Archivausschusses,[710] des Essener Stadt-Archivs und später sogar des Bundesarchivs, gelang es, das Archiv im Unternehmen zu halten.[711]

---

705 Ebd.

706 Das war für Kraft naheliegend, denn Abusch hatte Dannenberger in dem Artikel ebenfalls scharf kritisiert. „Ausgerechnet Erik Reger [...] will uns heute erzählen: ‚das Postulat der Zerschlagung der Konzerne als einer Sicherung gegen neue Rüstungsproduktion‘ sei eine ‚Oberflächenthese‘, ein Stück ‚Gespensterkrieg‘.“ Zit. *Abusch*, S. 135; zur „Union der festen Hand“ s. Kap. 2.6.

707 Art. Land der Widersprüche, in: Tagespiegel Nr. 78, 2.4.1947.

708 Zit. Aktenvermerk, Zündorf, über eine Besprechung bei Mr. L.F. Felix, Press Captain, Düsseldorf, 6.6.1947, HAKrupp, WA 66/100.

709 Die Folgen blieben überschaubar. Das wohl auch, weil die „Zerschlagung des Pressewesens“ sich zunächst keineswegs auf die „falsche Propaganda“ der Unternehmen bezog. S. *Baerns*, S. 280 f.; *Hodenberg*, S. 103–144.

710 Der Archivausschuss war der Vorläufer des Verbands deutscher Archivare.

Im März 1947 hatte Rechtsberater Walter Ballas Kraft informiert, dass er sich nicht weiter mit Abusch befassen müsse.[712] Inzwischen war klar geworden, dass die Argumente des linken Intellektuellen in dem von den Amerikanern geführten Nachfolgeprozess gegen Krupp keine Berücksichtigung finden würden. Weniger geschichtsträchtig wurde der Krupp-Prozess damit aber nicht. Die amerikanische Anklageschrift, die maßgeblich von Telford Taylor[713] verfasst wurde, brachte die Bedeutung der „Geschichte" sehr deutlich auf den Punkt: „The origins, development, and background of the crimes which the defendants herein committed, and of the criminal plans in which they participated, may be traced through a period over one hundred years of German militarism, and one hundred thirty-three years, embracing four generations, of Krupp armament making."[714]

Selbstredend muss jede „Gerichtsinstanz" auch immer „Geschichtsinstanz" sein.[715] Der Nachfolgeprozess Nr. X, der Krupp-Prozess, ging aber über den geläufigen Rekonstruktionsanspruch juristischer Verfahren hinaus. Wie die Anklageschrift verdeutlichte, wurde die als „kriegerisch" interpretierte Krupp-Geschichte zum tragenden und anklagestützenden Argument. Aus gutem Grund hat Kim Priemel für das Verfahren gegen Alfried Krupp und seine Manager deshalb die Verfahrensweise einer „angewandte[n] Geschichte"[716] konstatiert. In unserem Zusammenhang ist zentral, dass man diesen Ansatz bei Krupp verstanden hatte. Alfried Krupp und die mit ihm angeklagten Manager wurden nicht nur mit Rechts-, sondern auch mit Geschichtskompetenz verteidigt. Das machte Kraft für die Phase der Vorbereitung so zentral; seine Aufgabe war es, die „tatsächlichen Verhältnisse anhand von geschichtlichen Unterlagen" herauszuarbeiten und die Anklagepunkt zu prüfen.[717]

Syndikus Johann Joeden übermittelte, „streng vertraulich", eine Aufstellung von „Krupp-Themen", denen Kraft nachgehen sollte.[718] Kraft begann mit einer Ausarbeitung über die Entwicklung des KM-Materials bis 1919. Knapp sollte die Darstellung sein, so schwebte es den Verteidigern vor, am besten mit einer exakten Ver-

711 Schröder an Lindorff, 1. 8. 1947; Hardach an Schröder, 8. 4. 1949; Schröder an Hardach, 15.10.1951, HAKrupp, WA 66/100; s. auch *Stremmel*, Historisches Archiv, S. 96 f.

712 Zit. Ballas an Kraft, 1. 3. 1947, HAKrupp, WA 56/15.

713 *Priemel*, Tradition, S. 445 – 450, s. zu Taylor ausf. *ders.*, The Betrayal, passim.

714 Green-Series, Bd. IX, S. 10. Die wichtigsten Anklagepunkte lauteten: 1) Crimes against Peace, 2) Plunder and Spoliation, 3) Deportation, Exploitation, and Abuse of Slave Labor, 4) Common Plan or Conspiracy; insges. waren es 65 Anklagepunkte. Zum „historical background" im Sinne der Anklage s. ebd., S. 61 – 83; s. auch *o.V.*, Law Reports, S. 69 – 181.

715 Zit. *Landwehr*, Abwesenheit der Vergangenheit, v. a. S. 61.

716 Zit. u. ausf. *Priemel*, Sonderweg.

717 Ballas an Kraft, 4. 9. 1947, HAKrupp, WA 56/15.

718 Joeden an Kraft, 1. 10. 1947, HAKrupp, WA 56/15.

hältnisbestimmung von produziertem Kriegs- und Friedensmaterial. Wichtig war in den Augen der Verteidiger, „hervorzuheben, daß die Stärke und finanzielle Bedeutung des KM-Geschäftes im Verhältnis zum Friedensmaterial nicht so bedeutungsvoll war, daß insbesondere nicht der Aufschwung der Firma der Entwicklung des KM-Geschäfts, sondern der Entwicklung der Friedensmaterialproduktion – Radreifen (Dreiringzeichen) – zu verdanken ist." Von Bedeutung sei die etwaige Darstellung, so Ballas weiter, um der Behauptung der Anklage einer 130-jährigen Kriegsmaterialproduktion des Unternehmens die Grundlage zu entziehen.[719] Zur Vorbereitung der Verteidigung im Nürnberger-Nachfolgeprozess Nr. X wurde die im Konzern erarbeitete historische Kompetenz also ein weiteres Mal in ihrer Bedeutung erkannt und genutzt.[720] Alfried Krupp dankte Kraft aus Landsberg persönlich für die „Ausarbeitung geschichtlicher Unterlagen".[721] Den daran anschließenden Auftrag, die These von der „Planung eines Angriffskrieges" historisch zu widerlegen, lehnte Kraft dann aber ab. Dies läge „nicht im Bereich des Möglichen", schriftliche Dokumente über derartige Äußerungen seien schlicht nicht vorhanden, so Kraft.[722]

Auch zur Frage der „Verantwortung der leitenden Herren im Krupp-Konzern" wurden Argumente zusammengetragen. Krafts Ausführungen begannen mit einem Abriss über die Bedeutung und Verortung von „Verantwortung" in einem Großunternehmen. Grundsätzlich und strafrechtlich relevant sei die Differenzierung von vertikaler und horizontaler Verantwortung. Die Beschaffung von Arbeitskräften sei horizontal betrachtet eine Angelegenheit der Personalabteilung. Bei Krupp sei das allerdings anders gelagert. Die Organisation des Unternehmens sei langsam gewachsen, sodass ein Schema von „Verantwortlichkeit" eigentlich nicht existiere, so Kraft. Auch waren vor, v. a. aber während des Krieges „Einrichtungen" geschaffen worden, die als „Fremdkörper" im Unternehmen gewirkt hätten, etwa der Führer des Betriebs (FdB),[723] das Wehrwirtschaftsbüro oder der Arbeitseinsatz. Hinzu käme die Besonderheit der „Oberleitung" durch die Gussstahlfabrik: Das Direktorium habe die Gussstahlfabrik, aber auch die damit verbundenen Töchter und Gesell-

---

719 Ballas an Joeden, 6.10.1947, HAKrupp, WA 56/15.

720 Joeden an Kraft, 1.10.1947, HAKrupp, WA 56/15. Darin formuliert Joeden: „Wäre es Ihnen [Kraft] möglich, als Material gegen die These von der Planung eines Angriffskrieges eine Ausarbeitung in der Richtung zu machen, daß Sie speziell die Ereignisse und Entscheidungen kriegerischer Art behandeln und dabei darstellen, daß entgegen anderer Kriegsmaterial-Industrien fremder Länder, z. B. Frankreichs, eine Einflussnahme der Leiter der Firma auf die Politik niemals stattgefunden hat, daß insbesondere niemals eine Einflussnahme der Firma erfolgt ist, um eine Entscheidung kriegerischer Art herbeizuführen."

721 Alfried Krupp an Kraft, 9.11.1947, HAKrupp, WA 56/15.

722 Kraft an Ballas über Joeden, 13.12.1947, HAKrupp, WA 56/15.

723 Zu den FdB bei Krupp, die infolge der Eigentümer-Leitungsspezifik bei Krupp tatsächlich angepasst werden mussten, s. *Abelshauser*, Rüstungsschmiede, S. 298 f.

schaften des Konzerns geleitet, und zwar „ohne klare Aufgabenteilung". So rechtfertigend Krafts Ausführungen aus einer organisationshistorischen Perspektive auch gedacht sein mögen, die im Krupp-Prozess eigentlich aufgeworfene Frage, inwiefern dem Eigentümer die Verantwortung für das Elend insbesondere der Zwangsarbeiter zuzuschreiben war, wurde nicht einmal gestreift. Stattdessen nahm Kraft die Position ein, dass das Wachstum des Konzerns Organisationsmängel ausgelöst habe, wobei die „Fremdkörper"-Organisationen eigentlich „verantwortlich" für den etwaigen Machtmissbrauch gewesen seien.[724]

Es war Friedrich Wilhelm Hardach, einer der von Fowles eingesetzten Übergangsdirektoren, der auf dieser Grundlage im Oktober 1947 die Abhandlung über die „Aufgaben und Stellung des ‚Führers des Betriebes'" anfertigte.[725] Wie bei anderen großen Unternehmen auch, sei der Führer des Betriebs[726] „repräsentativ" gewählt worden. Zunächst war das Paul Goerens, seit 1941 hatten sich Loeser und Alfried Krupp den Titel des FdB geteilt. Die FdB waren aber nicht für alle Arbeitskräfte zuständig gewesen, so Hardach, schließlich seien die „ausländischen Arbeiter" nicht der „Gefolgschaft" zugerechnet worden. Zwar sei der Personalchef formal zuständig gewesen, seit März 1943 unterstanden die „ausländischen Arbeiter" aber der jeweiligen „Oberlagerführung".[727] Auch Hardach kam so zu dem Ergebnis, dass weder der Eigentümer noch der Personaldirektor für die menschenunwürdige und brutale Behandlung der Zwangsarbeiter zuständig gewesen seien und zur Verantwortung gezogen werden könnten.[728] Es war Hardachs Argumentation, die in die Verteidigung einging. In seinem Abschlussplädoyer rekapitulierte Verteidiger Otto Kranzbühler sie und nahm dabei auch Stellung zum Einsatz der Krupp-Geschichte in dem Prozess: „Dem ganzen Verfahren gegen Krupp scheint mir eine bestimmte Ideologie, um nicht zu sagen ein Mythos zugrunde zu liegen [...]. Es ist die gleiche Ideologie, die dem von der Anklage in ihren grundlegenden Informationen über

---

724 Ms. [Vf. Kraft], Verantwortung der leitenden Herren im Krupp-Konzern, HAKrupp, WA 46/332.

725 Hardach hatte sich im Auftrag von Loeser bereits weitergehend mit den „Kosten" der Zwangsarbeit beschäftigt und war zu dem Ergebnis gekommen, dass die Arbeitsleistung den Aufwand nicht gedeckt hatte, jedenfalls im Vergleich zu „deutschen Leistungen". Mit dem immer weiter steigenden Anteil der Zwangsarbeiter verschob sich daher die Lohnkostenkonstellation und nicht zum Positiven. Dazu auch *Abelshauser*, Rüstungsschmiede, S. 414 f.

726 S. *Schmitz-Berning*, S. 95 f.

727 Die „Oberlagerführung" war im Januar 1943 geschaffen worden, „[w]eil bei Krupp bis dahin zu viele Stellen nebeneinander für die Betreuung und Überwachung der Fremdarbeiter zuständig waren", die Organisation also regelrecht chaotisch war. Die neue Stelle sollte diese Aufgabe zentralisieren. Ausf. *Abelshauser*, Rüstungsschmiede, S. 417.

728 Aufgaben und Stellung des „Führers des Betriebes", Hardach, 21.10.1947, HAKrupp, WA 46/332.

Krupp verwandten Buch von Bernhard Menne[729] zugrunde liegt [...]. Kann man es den Angeklagten verübeln, wenn sie sich bei einer solchen Entstehungsgeschichte des gegen sie geführten Verfahrens nicht als persönlich Schuldige betrachten können, sondern nur als Opfer eines Mythos, der einmal der gesamten Rüstungsindustrie, einmal den deutschen Industriellen und einmal speziell der Firma Krupp angedichtet wird?"[730] Das Ergebnis, das von dem Militärgericht gefällte Urteil, war zumindest ein Teilerfolg für die Verteidiger. Für schuldig wurde Alfried Krupp in den Anklagepunkten Sklavenarbeit und Plünderung befunden. Von den geschichtsträchtig vorgebrachten Anklagepunkten der Verschwörung und der Vorbereitung eines Angriffskrieges wurde er jedoch freigesprochen.[731]

Nach der Urteilsverkündigung nahm die geschichtsdurchtränkte öffentliche Kritik aber nicht etwa ab: „Der Monat"[732], eine von der US-Besatzungsmacht aufgesetzte antikommunistische Zeitschrift, schoss sich auf Krupp ein. Der Journalist Julius Epstein veröffentlichte dort Details zum sog. Großen Plan von Hans von Seeckt, einem geheimen Aufrüstungsplan aus der Mitte der 1920er Jahre.[733] Epstein edierte in seinem Beitrag Dokumente, die US-amerikanische Wissenschaftler gesammelt hatten und die die Wiederaufrüstung der Zwischenkriegszeit gegen die geltenden Bestimmungen des Versailler Vertrages belegten. Zu dem Zeitpunkt war das Urteil im Nürnberger Krupp-Prozess zwar bereits gefallen, auch wurde im Kommentar von Epstein lediglich von der Beteiligung „privater deutscher Firmen" gesprochen. Allerdings war jedem Leser klar, dass jegliche Art von „Rüstungsaufträgen" eine Beteiligung von Krupp auch in den 1920er Jahren höchst wahrscheinlich machte. Dazu kam, dass es nicht nur um Rüstungsaktivitäten ging, die gegen die Regeln des Versailler Vertrages verstießen, sondern dass diese ausgerechnet über und mit der Sowjetunion koordiniert worden waren.[734] Im Vordergrund der Kritik stand weiterhin Krupp als ein Unternehmen, dessen verbrecherische Aktivitäten über Generationen hinweg von der Familie ausgeübt worden

729 Menne war über diese Verwendung seiner Publikation in dem Prozess „gar nicht erfreut". Zit. Menne an Hans Habermehl, 13.7.1949, BArch, N 1218/1; ausf. Kap. 2.7.

730 Plädoyer des Rechtsanwalts Otto Kranzbühler vor dem Amerikanischen Militärgericht III, Fall X: Vereinigte Staaten von Amerika gegen Alfried Krupp und andere, [...], Juni 1948, S. 122–125, HAKrupp, FAH 29/54.

731 *Priemel*, Sonderweg, S. 420–422.

732 „Der Monat" wurde ab 1948 vom OMGUS herausgegeben.

733 *Epstein*, S. 42–50.

734 Unter den verschiedenen und geheimen Projekten zur Rüstungswirtschaft dürfte die Aktivität mit der und für die Sowjetunion eher untergeordneten Rang gehabt haben, anders als etwa die Geschäftsbeziehungen zur AB Bofors in Schweden, an der Krupp verdeckt und maßgeblich beteiligt war, oder die, die über die Niederlande vorgenommen wurden. Darüber dachte man zu Beginn des Kalten Krieges aber natürlich anders. Ausf., *Tenfelde*, Krieg und Krisen, S. 108–117.

seien. Vorgebracht wurde das weiterhin in der Form der dynastisch gegliederten Krupp-Geschichte.[735]

Mehr noch als nach dem Ersten Weltkrieg blieb die Krupp-Geschichte zentral für die an Krupp festgemachte und publizierte Kritik in der Tages- und Fachpresse. Alfried Krupp hat die weitergeführte Nutzung der Krupp-Geschichte während seiner Haftzeit beobachtet. Und, die von außen vorgenommenen Deutungen forderten ihn heraus. In Landsberg brachte er in WERDEN UND WIRKEN EINES INDUSTRIELLEN WIRTSCHAFTSFÜHRERS Überlegungen zu Papier, die bemerkenswert sind. Denn Krupp befasste sich hier und ganz anders als seine Vorgänger mit Alternativen für eine Weiterentwicklung der unternehmenseigenen Krupp-Geschichte. Er ging dabei erzählerisch und fiktiv, nicht aber sachlich vor, was die Ausführungen zu einer besonderen und außergewöhnlichen Unternehmerquelle macht.[736] Die erste von zwei seiner fiktiven Figuren, „Martin Rosenbaum", charakterisierte Alfried Krupp derart:[737]

> Sein Leben war Gier nach Geld, Blut und Macht.
> Seine Grosseltern väterlicherseits betrieben das blutige Gewerbe des Metzgers, seine Grosseltern mütterlicherseits das des geldgierigen Steuereinnehmers. So war der Grundstein seines Charakters gelegt, obgleich sein Vater scheinheilig den Beruf des Pfarrers wählte.
> Schon als Kind in der Wiege schrie er lauter und länger als seine Mitkinder. In der Schule war er Anführer aller Bubenstreiche, wenn er auch sich selbst immer im Hintergrund bewegte. Sein für einen Pfarrersohn reichliches Taschengeld verwandte er nicht wie seine Mitschüler zum Ankauf von Süssigkeiten, sondern er kaufte damit gläserne Kugeln, Murmeln genannt, um seine Kameraden damit im Spiel zu betrügen oder durch Wurf zu verletzen.
> In ihm steckte ein ungezähmter Trieb zu allem technischen, da er schon im zarten Kindesalter fühlte, ja wusste, dass ein kommender Krieg vom technisch Überlegenen gewonnen werden würde. So benutzte er schon in der Wiege seine Kinderrassel meist als Wurfgeschoss, seinen Nachttopf als Kommandostand. Ein Fahrrad, das ihm seine Eltern schenkten, gebrauchte er nicht nur zur Fortbewegung, sondern auch dazu, andere friedliebende Radfahrer in Gefahr zu bringen. Später, als passionierter Jäger, benutzte er seine Jagdwaffe stets aggressiv ohne je zu warten, bis er vom Wild angegriffen wurde.
> Im Bewusstsein, dass ein Krieg nicht von der Kanzel gewonnen werden konnte, sondern nur vom Schreibtisch eines Generaldirektors, verliess er den ehrlichen Beruf seiner Väter und wandte sich dem Studium der technischen Wissenschaften zu.

---

735 Anders bei den IG-Farben, ausf. *Brünger*, Vergangenheit; kursorisch *Roelevink*, Getrennter Wege?.

736 S. zu den spärlichen Forschungen zu Unternehmerinnerungen *Markus*, S. 17–24 u. 46–50. Über literarische oder fiktionale Texte von Unternehmern existiert bisher keinerlei Forschung.

737 Krupp formulierte in der Haft weitere Ego-Dokumente. S. etwa Protokoll-Auszug, Protokoll Seite 47.111 [!], 30.2.1948, HAKrupp, FAH 24/13. In dem „Protokoll" karikierte Krupp die Beweisführung des Verfahrens; ein Richter hieß „Adamson" (statt Hu C. Anderson), die Anklage wurde von „Mr. Nussknacker" (statt Robert H. Jackson) vertreten.

Einerseits, um seine kriegerischen Absichten zu tarnen, andererseits aber in der dämonischen Voraussicht, dass Metalle die besten Angriffswaffen seien, widmete er sich dem Studium und später der Entwicklung der Metallkunde. Durch die Erfindung und Herstellung von Kochtöpfen aus Aluminium, von Milchkannen und Rasierapparaten, von kupfernen Aschenbechern und Rohren aus Blei setzte er die Industrie seines Vaterlandes in die Lage, den Angriffskrieg langfristig zu planen. Noch bevor die Regierung seines Vater Landes die Tarnkappe von sich warf, liess er sich zum Generalbevollmächtigten ernennen. Als solcher tat er den Schritt, der seinem Lande zum Verhängnis werden sollte, denn er enthüllte damit die wahren Gedanken, die in ihm steckten: Schon geraume Zeit vor dem Beginn des geplanten Angriffskrieges stellte er die Fabrikation von Aluminium-Kochtöpfen um auf solche aus Kupfer, von Kupfer-Aschenbechern auf Aluminium, von Blei-Röhren auf Zinn und Antimon und von Nickel-Münzen auf Silber und Gold. Um das in seinem Vaterland reichlich vorhandene Eisen zu sparen, baute er Geschütze aus Holz und Tanks wurden mit starken Wasserpumpen ausgerüstet, um sie auch als Feuerspritzen verwenden zu können.

Innerlich war er schon im zarten Kindesalter der Parte[i] beigetreten. Um seine wahre Einstellung jedoch zu verbergen, scheute er bis zum Ausbruch des ersehnten Angriffskrieges davor zurück, ihr auch offiziell beizutreten. Möglicherweise hierdurch entstehenden Schwierigkeiten wich er dadurch geschickt aus, dass er führenden Männern der Partei in regelmässigen Abständen anonym kleinere Geldbeträge zukommen liess, wobei er, um nicht aufzufallen, die Grenze von 10.000 Mark selten überschritt. So gelang es ihm auch[,] bei seinen Mitarbeitern den Eindruck zu erwecken, das[s] er von der Gestapo verfolgt werde, da die Beamten dieser Mörderorganisation stets hinter ihm her waren, um ihre Bestechungsgelder einzustreichen.

Seinen Rang als Generalbevollmächtigter nützte er dazu aus, um sich unter Umgehung seiner Vorgesetzten laufend zu befördern und sein Gehalt ständig zu erhöhen. So gelang es ihm schnell, die unbeschränkte Herrschaft in seinem Unternehmen zu erlangen. Diesen Erfolg nützte er geschickt aus gegenüber den leitenden Persönlichkeiten von Partei und Staat und so war er bald der Mann, dem die Staatsführung in allen Dingen des wirtschaftlichen und militärischen Angriffskrieges hörig war. Die äusserliche Anerkennung dieser Leistungen liess nicht lange auf sich warten. Zu seinem 45. Geburtstag wurde ihm das goldene Ritterzeichen zum Ehrenkreuz mit Diamanten verliehen, verbunden mit einer Geldspende von mehreren Millionen Mark, die er sogleich ins neutrale Ausland verschob.

Doch seiner unermesslichen Geldgier genügte diese bescheidene Anerkennung nicht. Sogleich nach der militärischen Besetzung einiger neutraler und anderer Länder nahm er zahlreiche industrielle Werke in Besitz unter dem Vorwand, damit seinem Unternehmen und seinem Vaterland zu dienen. Diese Unternehmen plünderte er planmässig aus. Die Maschinen verkaufte er seinem Werk, die den Arbeitern zu zahlenden Löhne wanderten in seine eigene Tasche. Um Beschwerden seitens der betrogenen Arbeiterschaft aus dem Wege zu gehen, liess er diese einfach durch die Gestapo ermorden. Als Gegenleistung für diesen Dienst überliess er der Gestapo die Goldzähne seiner Opfer. Dass unter diesen Umständen die geraubten Fabriken die versprochene Produktionsleistung nicht erbringen konnten, machte ihm keine Sorgen. Die Angabe und Meldung der gewaltigen Produktionszahlen überliess er seinem Freund und Spiessgesellen, dem Leiter des technischen Amtes.

Aber auch seinem Blutdurst war damit nicht gedient. Zur Unterhaltung seines luxuriösen Haushaltes stellte er zahlreiche Zwangsarbeiterinnen als Hausmädchen ein, denen er weder Lebensmittelkarten noch Nahrung gab. Nach Erschöpfung ihrer Arbeitskraft tötete er sie kaltblütig. Dieses Verfahren war unter dem Namen ‚Aufpäppelungsaktion' in weiten Kreisen

> bekannt. Am Ende – bald nach der gedankenlosen Kapitulation seines verschlagenen Vaterlandes – traf ihn der harte Strahl der ewigen Gerechtigkeit. Er wurde vor das Nürnberger Gericht gestellt und abgeurteilt. Durch ein Versehen des Gerichtshofes wurde er freigesprochen und in alle seine Ämter wieder eingesetzt.[738]

Alfried Krupp gestaltete seinen „Rosenbaum“ als von Geburt an auf Krieg eingestellte Figur. Rosenbaum war kein geborener Unternehmer, sondern ein Quereinsteiger. Aggressiv und kompromisslos übernahm er die Herrschaft des Unternehmens, spielte Management und Staat gegeneinander aus, tötete und bereicherte sich skrupellos. Die Produktion von Rüstungsgütern, überhaupt das Kriegsgeschehen tangierten ihn nicht, im Gegenteil, er sah es voraus und bereitete das Unternehmen auf den Angriffskrieg vor. Rosenbaum agierte vorausschauend, teuflisch und ohne jede Spur von Menschlichkeit, Moralvorstellung oder Überzeugung. Es war der Zufall, der ihm zu Hilfe kam und ein ‚weiter so‘ nach der Verurteilung ermöglichte.

Bis hierhin könnte man Alfried Krupps Erzählung als eine Persiflage auf die Argumentation der Anklage im Nachfolgeprozess auslegen,[739] oder auch eine kritische Selbstreflexion unterstellen. Alfried Krupp beließ es aber nicht bei der einen Figur, sondern fügte ein zweites Charakterbild hinzu. Im Zentrum dort stand „Sepp Eckhardt“:

> In dem Sohn eines Pfarrers, dessen Vater dem ehrbaren Gewerbe des ländlichen Fleischers entstammte und dessen Mutter die Tochter eines gewissenhaften Steuerbeamten war, vereinigten sich Gottesfurcht und Menschenliebe mit bodenständigem friedliebenden Fleiss und unbestechlicher Beamtentreue. Als ihn seine Mutter noch unter dem Herzen trug, war er bereits erfüllt von einem Abscheu gegen Zwang und Gewalt. Bereits an seinem ersten Geburtstag begrüsste er das Licht dieser Welt mit einem widerwilligen Geschrei der Entrüstung über die ihm zuteil gewordenen Produktionsmethode. Schon in den ersten Monaten [seines Lebens], das so arm an Erfolgen, so bar jeden Inhalts werden sollte, zeigte sich die ihm innewohnende Anspruchslosigkeit und Bescheidenheit darin, dass er fast nur von Muttermilch lebte. Seine ungewöhnliche Zurückhaltung trat in den nun folgenden Jahren seiner Entwicklung mehr und mehr in Erscheinung. So versuchte er niemals, wenn er im Kinderwagen gefahren wurde, seiner Mutter die Führung des Fahrzeuges streitig zu machen. Seinem Abscheu, ihm unbekannte Gegenden kennenzulernen, gab er dadurch beredten Ausdruck, dass er bei diesen Ausfahrten meist schlief.
>
> Deutlich wurde seine Abneigung, sich irgend einem Zwang zu unterwerfen, als seine Eltern alle elterlichen Machtmittel einsetzen mussten, um ihn dazu zu bewegen, die Schule zu besuchen. Damit begann die lange Reihe von Jahren, die den Höhepunkt seines Lebens bilden sollte. Geradezu heroisch widersetzte er sich allen Bemühungen seiner Lehrer, ihm die Grundlagen

738 Zit. Ms., handschriftl. [Vf.: Alfried Krupp von Bohlen und Halbach]: Werden und Wirken eines industriellen Wirtschaftsführers. Dargestellt nach Nürnberger Dokumenten, o.D., HAKrupp, FAH 24/13.

739 Grdl. *Priemel*, The Betrayal; *ders.*, Sonderweg, S. 391–426.

menschlicher Bildung beizubringen. Nur die ständige Drohung einer Strafe bewirkte, dass er einer der besten Schüler wurde. Zur Durchführung eines Studiums konnten ihn seine armen, alten Eltern nur durch Anwendung des brutalsten Zwanges veranlassen. Sie drohten ihm in unmenschlichster Weise mit der lapidaren Erklärung, dass sie seinen Lebensunterhalt nach Ablauf seines 50. Lebensjahres nicht mehr übernehmen würden. Diesem Druck musste er weichen.

Erfüllt von der Einsicht, dass Technik und Wissenschaft die Menschheit in einen neuen Angriffskrieg stürzen werden, widmete er sich nicht dem technischen Studium, sondern beschloss, Jurist zu werden, da ihm von vornherein klar war, dass man mit Recht keine Kriege führen könne. Er betrachtete die Rechtswissenschaften auch als entwicklungsfähige Disziplin, da selbst der Begriff des Rechts keineswegs festzustehen schien. So gelang es ihm schnell, auf dem Gebiet der abstrakten theoretischen Jurisprudenz eine Koryphäe zu werden.

Als solche hatte er das Unglück, in jungen Jahren als 55-Jähriger eine Anstellung als kleiner Angestellter mit geringem Gehalt bei einer Firma zu finden. Trotz ständiger Proteste, ja wiederholter Anträge, ihn zu degradieren und sein Gehalt herabzusetzen, wurde er von seinen brutalen Vorgesetzten immer wieder befördert, bis er schliesslich an der Spitze des Unternehmens stand. Mit dem ständig steigenden Einkommen konnte er sich nur deshalb notgedrungen abfinden, weil es ihm grösstenteils als Steuer wieder abgezogen wurde. Den seinen bescheidenen Verbrauch übersteigenden Rest legte er als guter Staatsbürger in Reichsschatzanweisungen an.

Getreu seiner Zwangs- und Druckfeindlichen inneren Einstellung stellte er das von ihm geleitete Unternehmen auf die Produktion von elektrischen Widerständen um. Sein besonderes Augenmerk richtete er auf die Transportfragen im Werk.

Der Politik war er von jeher abhold. In verständlicher Verkennung der Tatsachen trat er schon früh der Partei bei, weil er sie für einen Juristen-Bund hielt und er nicht dadurch auffallen wollte, dass er kein Parteiabzeichen trug. Um den von ihm anerkannten Riss zwischen Partei und Kirche zu schliessen, versuchte er das Denken und die Ideologie der von ihm heissgeliebten Christlichen Kirche der Weltanschauung der Partei anzupassen. Da ihm das jedoch nicht im erhofften Umfang gelang, entschloss er sich schweren Herzens, aus der Partei auszutreten, trat aber versehentlich aus der Kirche aus.

Seinen zahllosen Untergebenen war er im allgemeinen ein guter und geliebter Vorgesetzter. Er vermied es sorgfältig, sein Büro allzuoft zu betreten und liess seinen Angestellten freie Hand, diesem Beispiel grosszügig zu folgen. Nur wenn er – infolge hinterhältiger Denunziation – erfuhr, dass während seiner Abwesenheit etwas geschehen war, das auch hätte unterbleiben können, dann liess er seine ganze Strenge walten.

Dem Ruf des Staates, in mehreren bedeutenden und ehrenvollen Stellungen innerhalb der Organisationen der Selbstvernichtung der Wirtschaft mitzuarbeiten, folgte er nur zögernd. Seine Mitarbeiter in diesen Gremien beschränkte sich jedoch stets nur auf die Durchführung zahlreicher Dienstreisen, wodurch ihm für die Durchführung irgendwelcher Massnahmen keine Zeit und Gelegenheit mehr übrigblieb.

Seine ganze innere Charakterfestigkeit trat zu Tage, als ihm wiederholt seitens hoher Persönlichkeiten der Regierung gedroht wurde, ihn mit hohen Orden und Ehrenzeichen auszustatten, wenn er seine Arbeitsweise nicht ändere, gerade und aufrecht blieb er der, der er war.

Nach dem von ihm lange insgeheim vorausgesehenen Zusammenbruch wurde er vor das Nürnberger Gericht gestellt und obgleich er seine enge Verbindung mit der Widerstands-

> Bewegung nachweisen konnte – infolge eines Übersetzungsfehlers zu 25-jähriger Haft verurteilt.
> Sein Leben war Zwang, Milde und Unglück, er war ein Held.[740]

Anders als Rosenbaum porträtierte Alfried Krupp „Eckhardt“ als Dummkopf und Spätzünder, als einen zwar immerhin festen Charakter, der aber blind und naiv, aus einer Abneigung gegen jeden „Zwang“ in die nationalsozialistische Katastrophe hineingeschlittert war. Sein Metier war nicht die (Rüstungs-)Technik, sondern die Rechtslehre. Eckhardt handelte passiv, durch Unterlassen. Sein Treiber war der Staat und der von ihm ausgeübte Zwang. Rosenbaum handelte aktiv und getrieben, Eckhard dagegen agierte regelrecht ziellos.

Werner Abelshauser hat dieses Ego-Dokument als Verarbeitung des Konflikts zwischen Alfried Krupp und Ewald Loeser interpretiert.[741] Es ließe sich auch der im Subtext angedeuteten Antisemitismus diskutieren: „Eckhardt“ stände dann für den deutschen, ‚arischen‘ Charakter. Der Name des ersten Protagonisten, „Rosenbaum“, wiese sodann auf einen jüdischen Protagonisten hin, mit dem für den NS-Rassebegriff typischen Stereotyp der Raffgier. Dieser wird im Text implizit, aber nicht explizit gemacht.[742] Auch die Verarbeitung der im Prozess vorgebrachten Anklagepunkte Verschwörung und Vorbereitung eines Angriffskrieges ließen sich an dem Egodokument herausarbeiten. Für die hier untersuchte Geschichtspolitik ist aber etwas anderes zentral, nämlich die in den erzählerischen Abrissen zum Ausdruck kommende Selbstreflexion.[743] Das Dokument ist dann zu verstehen als der von Alfried Krupp unternommene Versuch, die eigene NS-Vergangenheit an die Gegenwart nach den Nürnberger-Prozessen anzuschließen. Denn bei beiden Charakterbildern ging es ja weniger um die tatsächliche „Verstrickung“ als vielmehr darum, wie das Handeln (oder Unterlassen) der beiden Charaktere von der Umwelt im Nachgang interpretiert wurde. Rosenbaum und Eckhardt stehen in dieser Sicht für

---

740 Zit. Ms., Werden und Wirken eines industriellen Wirtschaftsführers. […], HAKrupp, FAH 24/13.

741 *Abelshauser*, Rüstungsschmiede, S. 470–472. Zu diesem Konflikt, den Wilmowsky retrospektiv allerdings eher im Verhältnis von Gustav Krupp und Loeser verortete: Wilmowsky an Alfried von Bohlen, Berthold von Bohlen, Friedrich Janssen, betr. Auseinandersetzung zwischen FK u. Herrn Loeser, 2.6.1954, HAKrupp, WA 94/11.

742 Als Thema wurde das etwaig antisemitisch motivierte Handeln von Alfried Krupp in den 1960er Jahren in der Öffentlichkeit virulent. S. dazu Kap. 4. Bereits Winschuh hatte während der Erstellung seiner Notizen für die Biografie über Gustav Krupp 1944 notiert: „Es wäre noch festzustellen, inwieweit im Krupp-Geist auch die rassische Grundlage der Bevölkerung in und um Essen beteiligt ist“, diesem Gedanken aber keine weitergehenden Anmerkungen oder Ausführungen zugefügt. Notizen zum Krupp-Buch nach dem Besuch bei Freiherr von Wilmowsky auf seinem Gut Marienthal bei Naumburg an der Saale am 12. und 13.2.1944 (o.D., o.Vf. [Winschuh]), HAKrupp, FAH 24/267.

743 Zum Begriff Selbstreflexion und zu dessen Bedeutung in der Moderne s. *Nolte*, Ordnung, S. 19 f.

gegensätzliche Rollen und dafür, dass Alfried Krupp sich in seiner öffentlichen Darstellung selbst zum Thema machte. In der einen Rolle hatte der Charakter das verbrecherische Umfeld aktiv mitgestaltet, der Charakter der zweiten Rolle hatte sich dem aufoktroyierten Zwang gebeugt. „Verstrickt" waren beide Charaktere, nur dass Eckhardt sich dank seines Mitläufertums als „Held" einordnen lassen konnte, Rosenbaum aber nicht – sein Ruf blieb beschädigt. Erklärt wird dieses Paradoxon vom auktorialen Erzähler mit einer Kombination aus Disposition einerseits und der Rezeption der Aktivität oder des Unterlassens durch das Gericht und die Gesellschaft andererseits, wobei die Beurteilung von Gericht und Gesellschaft nicht deckungsgleich waren. Folgt man dieser Auslegung, dann liegt der Eindruck nahe, dass Alfried Krupp sich bereits während der Haftzeit intensiv mit seiner eigenen und ihm zugeschriebenen Rolle und seine Einreihung in der Krupp-Dynastie auseinandergesetzt hatte. Krupp eignete sich dabei etwaige Erzählanschlüsse für die Krupp-Geschichte an, und zwar weniger mit einem Bewusstsein für die tatsächliche Verstrickung als vielmehr mit dem etwaigen Rollen- und Charakterbild nach außen.[744] Es ist sehr wahrscheinlich, dass sich Krupp aufgrund des ausgeprägten Geschichtsbewusstseins von sowohl Familie als auch Management und der in der Presse vorgebrachten Kritik bewusst war, dass die Auslegung der Krupp-Geschichte dehnbar war, es also einen Unterschied zwischen dem in Krupp-Prozess gefällten Urteil und der Bewertung seiner Person in der Gesellschaft geben könnte. Und nicht zuletzt wurde sich Krupp, spätestens mit dem Krupp-Prozess, bewusst, dass die Bewertung von „Krupp" mit seiner Person als dynastischem Kopf der Familie in einem unauflösbaren Zusammenhang stand.

Es gibt also gute Gründe anzunehmen,[745] dass Alfried Krupp die andauernde Bedeutung der Krupp-Geschichte für das Unternehmen noch in der Haft verstanden hat. Die Anklage, so schrieb Alfried Krupp nach seiner Verurteilung dann auch an Lucius D. Clay, habe sich auf den „alten Mythos von der Kriegsschuld der Rüstungsindustrie" konzentriert: „[F]ür die öffentliche Meinung der Welt war Krupp nur Rüstungsfirma. Gewisse Kreise sahen in ihr nur ein ‚Symbol der unheilvollen, den Frieden der Welt bedrohenden Kräfte der Rüstungsindustrie'." Krupp sei aber

744 Anders dazu *Friz*, S. 32, die einen Ausz. aus dem Ms. von Golo Mann zit.: „Alfried lebte ganz in seiner Zeit, unbekümmert um entschwundene Vergangenheit".

745 Bis heute wurde keine wissenschaftlichen Ansprüchen genügende Biografie über Alfried Krupp vorgelegt. Das lässt sich nicht nur damit erklären, dass der Konzern bzw. Berthold Beitz eine derartige genaue Arbeit an Alfried Krupp nicht gestatten wollte. Wichtig ist hier auch, dass Alfried Krupp erstens kaum bzw. im Vergleich nur wenige schriftliche Quellen hinterlassen hat und zweitens widersprüchlich und gleichzeitig glatt agierte. Golo Mann, um einen prominenten Historiker zu nennen, etwa scheiterte daran, Alfried Krupp biografisch zu fassen und einzuordnen. S. dazu Kap. 4.6.

schon immer mehr als eine „Rüstungsfirma" gewesen. Die Vorwürfe der Anklage, Kriegsschuld, Vorbereitung des Angriffskrieges und Plünderung, hätten ihn getroffen. Tatsächlich sei seine Beteiligung am „Sklavenarbeitsprogramm" nur ungern erfolgt und keineswegs habe er die Behandlung der „ausländischen Arbeitskräfte" – der Zwangsarbeiter – „gebilligt". Weiter fuhr er fort: „In den Feststellungen des Tribunals sehe ich eine unberechtigte Verallgemeinerung". Krupp bat Clay um Prüfung und darüber hinaus um die Entlassung seiner verurteilten Manager aus der Haft, die anzuklagen er „unverständlich" fand. Auch bat er darum, die Einziehung seines Vermögens aufzuheben, um das Band zwischen seinem Unternehmen und seinen Arbeitern zu erhalten.[746]

Krupp wird zu diesem Zeitpunkt nicht erwartet haben, dass Clay ihn begnadigen würde. Es blieb auch nicht das letzte Gesuch um Prüfung des Urteils.[747] Zentral an diesem und von Alfried Krupp an Clay gerichteten Schreiben war erneut die darin zum Ausdruck kommende Bewertung seiner Position: Als Alleineigentümer trug er und nicht seine Manager die Verantwortung – wenn er auch das Urteil zwar akzeptierte, aber die Bewertung seines Handels nicht anerkannte – und: Er war als „Krupp" für die öffentliche Meinung verurteilt worden, dafür, dass sich mit Krupp mehr „Mythos" verband als Tatsachen. Damit adressierte Krupp keineswegs nur Clay, sondern formulierte auch ein Statement, das sich an „sein" Unternehmen und auch an seine Familie richtete. Denn die Familie Krupp hatte in der Zwischenzeit eine Überprüfung der Lex Krupp in Auftrag gegeben, in der Hoffnung, dass der NS-Erlass sich für unwirksam erklären lassen könnte und das Unternehmen damit kein Privateigentum im Besitz des inhaftierten Alfried Krupps war. Das Ergebnis, das Anfang 1949 vorlag, war für die Familie allerdings ernüchternd. Zwar war der Erlass „als Gesetz" ungültig, aber als Sonderfall weiterhin und über das „Dritte Reich" hinaus rechtswirksam.[748] Damit blieb Alfried Krupp als Person nicht nur nach außen, sondern auch ins Konzern- und Familieninnere hochgradig relevant und seine Entscheidungen ausschlaggebend.

Finanzdirektor Schröder wies in seinen Berichten im seit Juli 1951 tagenden Familienrat[749] regelmäßig auf die Folgen dieser Eigentümerkonstruktion als „Einzelfirma" hin.[750] Die durch die Lex Krupp geschaffene Gesellschaftsform, der Kon-

746 Alfried Krupp an den Militärgouverneur der amerikanischen Besatzungszone Deutschlands, Herrn General Lucius D. Clay, 21.8.1948 (aus Nürnberg), HAKrupp, WA 4/2885.

747 Etwa: Otto Kranzbühler (Rechtsanwalt) für die Angeklagten [...] an Lucius D. Clay (OMGUS, Berlin), betr. Nachprüfung der Krupp-Urteile, 1.3.1949, HAKrupp, WA 4/2885.

748 Gutachten v. Georg Erler: Die Rechtsgültigkeit der Lex Krupp, 22.1.1949, HAKrupp, WA 4/2482.

749 Familienrat der Firma Fried. Krupp an die Herren Liquidatoren der Firma Fried. Krupp, 18.7.1951, HAKrupp, WA 4/2872.

750 Bericht Johannes Schröder, 4.10.1951 [Vortrag vor dem Familienrat], HAKrupp, WA 4/2872.

zern als Privateigentum, gebunden an Alfried Krupp,[751] war und blieb ein Problem. Mit dem sog. Thomas-Memorandum brachte die Familie im August 1951 schließlich einen Vorschlag ein, der dahin ging, das mithilfe der Lex Krupp auf Alfried Krupp konzentrierte Vermögen auf fünf oder sechs Erbengruppen aufzuteilen und die 1943 vorgenommene Regelung auf diese Weise unwirksam zu machen.[752] Umgesetzt wurde er nicht, denn dazu hätte es einer Steuerbefreiung bedurft.[753] Die um Unterstützung gebetene Bundesregierung lehnte eine pauschale Steuerbefreiung entflochtener oder sich in Entflechtung befindender Konzerne aber ab.[754] Eine Neuordnung der Eigentumsverhältnisse und damit ein möglicher Befreiungsschlag vom hinderlichen NS-Erlass war damit ausgeschlossen.

Dabei war „Krupp" nach 1945 ein ganz anderes Unternehmen. Die Gussstahlfabrik, das vormalige Herz des Konzerns, konnte die frühere Bedeutung nicht wieder erlangen. Aussichtsreiches und neues Zentrum wurde das Hüttenwerk Rheinhausen.[755] Zwar bedeutete der Korea-Krieg auch für Krupp einen Umschwung.[756] 1951 realisierten die Handelsfirmen des Konzerns wieder einen kleinen Gewinn und Rheinhausen sogar einen größeren, wie Schröder dem Familienrat mitteilen konnte. An der formalen und einschränkenden Konzeption als eigentümergeführte Einzelunternehmung änderte das aber nichts. Alfried Krupp, der im Januar 1951 von John McCloy begnadigt und dann mitsamt seinem freigegebenen Vermögen entlassen wurde, *musste* die Unternehmensleitung wieder übernehmen oder aus der Tradition ausbrechen und den Managern die Leitung überlassen und sich selbst vollständig zurückziehen. Da Krupp aber mit seinem Privatvermögen, das das Unternehmen war,

751 Im Unterschied zu den Unternehmen, bei denen sich mit der Änderung der Demontagepolitik der Alliierten die Eigentumsproblematiken lösten, blieb Krupp infolge der Lex Krupp das Eigentum des inhaftierten Alfried Krupp. Die Manövrierfähigkeit des Unternehmens war in der unmittelbaren Nachkriegszeit dadurch erheblich stärker eingeschränkt. Zentral war daher auch, sich für den „Schutz des Privateigentums" einzusetzen. Dazu Schröder an Lewis H. Brown, 24.7.1947, HAKrupp, WA 4/2885.

752 Thomas-Memorandum, 29.8.1951, HAKrupp, WA 4/2866b.

753 Die regelmäßigen Ausschüttungen an die Mitglieder des Familienrats wurden nicht als „echte Gewinnausschüttungen" deklariert, sondern als Abfindungen und waren damit steuerfrei. Aktenvermerk über die heutige Besprechung, Maschke betr. die 1:1 umgestellten Posten des Privatkontos von Herrn und Frau Dr. Krupp von Bohlen und Halbach, 19.4.1951, HAKrupp, WA 4/2866b.

754 Vortrag Schröder, Sitzung Familienrat, betr. Verhandlungen mit den Finanzbehörden wegen der bei der Entflechtung anfallenden Steuern, 2.2.1953, HAKrupp, WA 4/2872.

755 Rheinhausen wurde während des Krieges kaum zerstört, ab Ende 1946 stand das Werk unter Kontrolle. Anfang 1947 wurde die „Entflechtung" verfügt und Rheinhausen von der Demontageliste gestrichen. Im September 1947 wurde Rheinhausen als Aktiengesellschaft gegründet, der Aufsichtsrat ohne einen Vertreter von Krupp gebildet und trotzdem von Krupp gesteuert. Bericht Kallen, Sitzung Familienrat, 4.10.1951, HAKrupp, WA 4/2866a.

756 Zum Wirtschaftsumschwung sowie zur Wiederbewaffnung s. *Steininger*, S. 79–93.

haftete und wohl auch aus seiner Erziehung heraus, war das für ihn undenkbar. Mit ihm als Eigentümer und Unternehmensleiter war es unmöglich, die Krupp-Geschichte abzulegen. Die öffentliche Verlängerung der Krupp-Geschichte um seine Person, vorgenommen von Externen in der Tagespresse, hatte ja längst begonnen. Tatsächlich existierte ein für Krupp nutzbarer Gestaltungsspielraum und damit die Möglichkeit für eine unternehmenseigene Deutung. Denn die für den Prozess so wichtige Perspektive von Menne hatte Gustav Krupp nur schemenhaft einordnen können. War also über Gustav Krupp schon nur wenig für die Zeit insbesondere nach 1926 bekannt, so waren die verfügbaren Informationen über Alfried Krupp noch sehr viel übersichtlicher.[757]

3.2 „Warum wurde Krupp verurteilt?" Tilo von Wilmowsky, Ernst Rudolf Huber und die Experten

> Falls also die im Auftrage der Reichsregierung bei Krupp hergestellten Konstruktionszeichnungen eine Verletzung des Versailler Vertrages darstellen sollten, fällt nicht den Leitern und Angestellten der Firma Krupp, sondern der Reichsregierung die politische und rechtliche Verantwortung zu. [...] Zur Wahrung dieser Sicherheitsinteressen haben sich alle deutschen Regierungen nach 1919 und gerade auch die linksorientierten [...] ständig verpflichtet gefühlt.[758]
>
> Otto Kranzbühler, 1950

Sollte es eine nur wenig bekannte und auch weitläufig unterschätzte Figur in der Familie Krupp geben, dann ist das sicherlich Tilo von Wilmowsky. Der Regierungsassessor hatte die Schwester von Bertha Krupp, Barbara, 1907 auf dem Hügel geheiratet. Obschon er 1912 in den Aufsichtsrat der Fried. Krupp AG berufen wurde, trat er öffentlich für das Unternehmen zunächst nicht weiter in Erscheinung.[759] Wilmowsky stellte vielmehr ein wichtiges Band zwischen Krupp und ‚Agrariern' her, das es anderen Ruhrindustriellen nie zu knüpfen gelang. Und das nicht nur informell. Wilmowsky gehörte zu den Gründern der Landbünde und war später Repräsentant des Mitteleuropäischen Wirtschaftstages (MWT), einer unter Wilmowskys Führung organisierten Interessenvereinigung für Südosteuropa.[760] Wäh-

757 Tatsächlich hatte der Mangel an Information über Alfried Krupp schon während der Vorbereitung der Anklage erhebliche Probleme bereitet. *Priemel*, Sonderweg, S. 401 f.
758 Zit. Kranzbühler an Wilmowsky, 30.6.1950, HAKrupp, FAH 29/65.
759 Aussagekräftiger Lebenslauf Wilmowsky, HAKrupp, WA 94/11.
760 Für eine Liste der namhaften Firmenmitglieder 1941 s. *Freytag*, S. 105.

rend des Krieges war Wilmowsky neben Max Hahn[761] die zentrale Figur des MWT, wobei dieser allerdings seit 1938 zunehmend in den Einflussbereich der IG-Farben geriet. Wilmowsky verfügte über ein weitgespanntes Netzwerk, das nach dem Krieg umso wichtiger wurde, als sich im Umfeld des MWT durchaus auch Kritiker des Nationalsozialismus befunden hatten. Ein Teil des Netzwerks galt als unbelastet.[762] Dazu zählte auch Wilmowsky selbst. 1944 waren er und seine Frau aufgrund seiner Mitgliedschaft im sog. Reusch-Kreis und seiner Nähe zu Goerdeler verhaftet worden. Er hatte deshalb einige Zeit im Konzentrationslager Sachsenhausen zugebracht.[763] Die Kontakte, an die der „Grandseigneur“[764] nach dem Krieg anknüpfen konnte, waren vielfältig. Politisch nicht wählerisch, war Wilmowsky überzeugt davon, dass der „gute Name“ Krupp bewahrt bleiben müsse.[765] In der Rückschau, Anfang der 1960er Jahre, formulierte er, er habe sich „verpflichtet“ gefühlt, sich „auch publizistisch für die Rettung von Ansehen und Ehre meines Schwagers [Gustav Krupp] und seiner Leidensgefährten einzusetzen“.[766] Tatsächlich leistete Wilmowsky sehr viel mehr. Allerdings, die angeführte Ehrenrettung seines Schwagers gehörte nicht dazu.

Spätestens mit der Urteilsverkündigung im Krupp-Prozess stellte Wilmowsky sich klar und auch sehr sichtbar in den Dienst des Unternehmens. Das war neu. Wilmowsky war ja weder der Repräsentant und Eigentümer des Unternehmens noch ein führender Manager. Er mischte sich auch nicht in das operative Geschäft ein, von einer Strategie des Unternehmens konnte vor 1953 ohnehin keine Rede sein.[767] Es war die öffentliche Meinung, die die von Wilmowsky identifizierte und maßgebliche Herausforderung darstellte: Die Vertreter der Demontage „aller Länder haben stets das Schlagwort im Munde geführt, Rüstungs-Industrielle seien Kriegshetzer. Jeder[,] der die Verhältnisse kennt, weiss, daß diese Behauptung der Wahrheit widerspricht.“ Er fuhr fort: Ein „Waffenschmied ist nicht weniger friedfertig wie ein Büchsenmacher, ein Kesselschmied oder ein MaschinenFabrikant.

761 Max Hahn war Syndikus des Langnamvereins, dann ab 1931 Geschäftsführer des MWT. Ebd., S. 437 f.

762 Ausf. ebd., S. 156–165, 174–176, 357 f. Nach der Machtübernahme zeigte sich Wilmowsky allerdings anschmiegsam und betonte, dass die NS-Wirtschaftspolitik und die Ziele des MWT kompatibel seien.

763 Der Gruppe konnte kein aktiver Widerstand nachgewiesen werden. *Marx*, S. 529.

764 Zit. Klass an Wilmowsky, 19.12.1951, HAKrupp, FAH 29/58.

765 „Mit dem Stolz auf den guten Namen allein ist es heute nicht mehr getan!“ Zit. Wilmowsky an Kranzbühler, 12.9.1953, HAKrupp, FAH 29/57.

766 Wilmowsky zu „Warum wurde Krupp verurteilt?“, 1.12.1962, HAKrupp, WA 119/v448.

767 Wilmowsky war kein reguläres Mitglied im Familienrat und auch kein Mitglied des Direktoriums. S. Satzung des Familienunternehmens Fried. Krupp, 15.12.1943; Protokoll, Erste Sitzung des Familienrates, 17.7.1951, HAKrupp, WA 4/2866a.

Wer Alfred Krupp, seinen Sohn Friedrich Alfred Krupp, Frau Margarethe Krupp, Herrn und Frau Krupp von Bohlen gekannt hat, zuckt über das alberne Geschwätz, diese Männer und Frauen hätten aus Gewinngründen einen Krieg ersehnt, verächtlich die Achseln."[768] Es ist kein Zufall, dass Wilmowsky Alfried Krupp in dieser Aufzählung aussparte. Die Gegenwart des Unternehmens, die Alfried Krupp verkörperte, wurde bei seiner Arbeit am Geschichtsbild größtmöglich ausgeklammert.

Wilmowsky betrieb seine Geschichtspolitik gegen die Überzeugung von Friedrich Janssen. Der Manager hatte einer weiteren Verstärkung der Familien-Geschichte bereits während der NS-Zeit skeptisch gegenübergestanden und fand nach dem Krieg und dem Prozess, man habe sich mit den Herausforderungen der Gegenwart zu befassen. Dessen ungeachtet, konsequent und in Absprache mit Alfried Krupp verlegte sich Wilmowsky auf die Bearbeitung des ramponierten Krupp-Images, mit dem Ziel, die „Ungerechtigkeiten" des Urteils von 1948 bekannt zu machen und die „Legende Krupp" zu verteidigen.[769] Wilmowsky rührte dabei regelrecht in der Unternehmens- und Familiengeschichte. Sein Schwiegersohn etwa reagierte zeittypisch abwehrend und schrieb dem „lieben Vater": „Ich finde[,] man sollte alte schmerzliche Dinge besser auf sich beruhen lassen."[770] Wilmowsky fand das nicht, unterstützte die „Verständigung mit der Presse", bewertete eine „altmodische Hemmung" den Pressevertretern gegenüber als unzeitgemäß und sah in den „Federfuchsern" keineswegs einen niedrigen Berufsstand.[771] Mit Franz Reuter, einem vormals widerborstigen Wirtschaftsjournalisten,[772] der nach 1949 zum Mitverleger des Volkswirts wurde, verband ihn seit der gemeinsamen Haftzeit im KZ Sachsenhausen eine enge Freundschaft.[773]

Bevor Wilmowsky selbst aktiv wurde, war für die Industrie ein gemeinsames Vorgehen angedacht.[774] Zum wesentlichen Verbindungsglied wurde das Büro Nagel, das unter dem Namen „Industrie-Büro" eingerichtet worden war, um Materialien für die Verteidigung der angeklagten Industriellen in den Nürnberger Prozessen zu

---

768 Zit. Wilmowsky an Lochner, 29.6.1950, HAKrupp, FAH 29/65.

769 Unterstützung erhielt Wilmowsky dabei von der FAZ und der Wochenzeitung Die Zeit. S. *Siering*, S. 72.

770 Zit. Bogislav von Heyden an Wilmowsky, 21.2.1961, HAKrupp, FAH 29/1.

771 Wilmowsky an Arnold von Bohlen und Halbach, 24.3.1961, HAKrupp, FAH 29/1.

772 Reuter hatte ab 1928 gemeinsam mit Otto Meynen die Deutschen Führerbriefe, einen exklusiven Informationsdienst, herausgegeben. In diesen wurden staatliche Eingriffe in die Wirtschaft scharf abgelehnt, nicht aber die NSDAP. 1933 übernahm Reuter die Herausgabe des Der Deutsche Volkswirts, nachdem Gustav Stolper als Jude zurücktreten musste, und zwar auf Vermittlung von Hjalmar Schacht. Im MWT leitete Reuter den Presse- und Propagandaausschuss. *Freytag*, S. 117.

773 S. dazu den Schriftw. zw. Wilmowsky und Reuter, 1962, HAKrupp, FAH 29/8.

774 S. grdl. zum Zusammenrücken der Industriellen nach 1945 *Berghahn*, Unternehmer und Politik, S. 69 – 83.

sammeln. Hauptaufgabe war die Erledigung „juristische[r] Tagesbedürfnisse", daneben sammelte das Büro alles, was die „Reputation" der betroffenen Unternehmen tangierte.[775] Im Zuge dieser Zusammenarbeit und auf der Grundlage des dort zusammengeführten Materials entstand etwa das Büchlein von August Heinrichsbauer[776] „Schwerindustrie und Politik", das sich an die neue politische Elite richtete.[777] Nach dem Abschluss der Nürnberger Nachfolgeprozesse wurde geplant, dem eine weitere „gemeinsame Darstellung" folgen zu lassen, um „die deutsche Industrie von dem Odium der Kriegsschuldlegende zu entlasten".[778] Ein erster in Auftrag gegebener Entwurf blieb allerdings deutlich hinter den Erwartungen zurück. Friedrich Flick, der seine gute „Conduite" nicht gefährden wollte, torpedierte die Veröffentlichung, während die IG-Farben i.L.[779] eine eigene Darstellung in Auftrag gaben. Mit diesem Ausscheren von Flick und IG-Farben scheiterte der Versuch, eine gemeinschaftliche Verteidigungsschrift zu veröffentlichen. Die Vertreter von Flick, IG-Farben und Krupp entschieden, erst einmal getrennte Wege zu gehen.[780] Von einem gemeinsamen Vorgehen wandte sich Wilmowsky auch aus einem anderen Grund ab. Das Krupp-Urteil wurde bei Krupp härter als etwa das Urteil über die Angeklagten der IG-Farben empfunden. Das wurde nicht nur an der Dauer der verhängten Haftstrafen, sondern auch am Einzug des Vermögens von Alfried Krupp festgemacht.[781] Für Wilmowsky bestätigte dies die „Sonderstellung" des Unternehmens. Spätestens am 31. Juli 1948, als das Urteil im Nachfolgeprozess X verkündet wurde, reaktivierte Wilmowsky bei Krupp das seit Jahrzehnten etablierte Vorgehen, nämlich die eigene Sonderstellung publizistisch und geschichtspolitisch zu vermitteln.

---

775 Nagel, Aufzeichnung über das Büro Dr. Nagel, Stand Aug. 1951, HAKrupp, FAH 29/56.

776 August Heinrichsbauer war Wirtschaftsjournalist, in erster Linie aber Lobbyist. *Wiesen*, Challenge, S. 96 f.

777 *Freytag*, S. 306–311 u. 364 f.; *Heinrichsbauer*, v. a. S. 5 f.; *Wiesen*, Verteidigung, S. 637–646; *ders.*, Challenge, S. 73–76, Zit. S. 104. Tatsächlich unterschätzt Wiesen Heinrichsbauers eigenes Engagement an der Schrift. Als Lobbyist alter Schule war Heinrichsbauer aufs Höchste interessiert an einer schnellen „Richtigstellung". Heinrichsbauer agierte mehr für sich selbst, versuchte die Beziehungen zu reaktivieren, die sich reaktivieren ließen, und die neu zu knüpfen, die erforderlich waren. Wenn Wiesen kollektiviert, „1950 August Heinrichsbauer was the leader in the realm of West German industrial public relations", dann mag das für einen Teil der westdeutschen Schwerindustrie zutreffen. Für Krupp galt das nicht. Dazu Wilmowsky an Glum, 8.4.1963, HAKrupp, FAH 29/9.

778 Zit. Pohle an Wilmowsky, 23.10.1950, HAKrupp, FAH 29/55.

779 *Brünger*, Geschichte und Gewinn, S. 62–83.

780 Pohle an Wilmowsky, 23.10.1950, HAKrupp, FAH 29/55. Der Umstand, dass die IG-Farben zerschlagen wurde, Krupp aber weiter bestand, erklärt die Unterschiede in der Öffentlichkeitsarbeit. S. *Kleinschmidt*, Weltwirtschaft.

781 *Brünger*, Geschichte und Gewinn, S. 93.

Die erste Auflage von WARUM WURDE KRUPP VERURTEILT?, einem Büchlein von 240 Seiten, für das Wilmowsky als Autor zeichnete, erschien im Frühjahr 1950. Es war die Reaktion auf den Nürnberger Krupp-Prozess und hochgradig geschichtspolitisch motiviert. Die Veröffentlichung wurde in der Bundesrepublik überwiegend wohlwollend aufgenommen und besprochen: Wolfgang Pohle,[782] der im Krupp-Prozess selbst als Verteidiger aufgetreten war, dies in seiner Besprechung aber nicht offenlegte, urteilte in Die Zeit: Das Buch offenbare „schonungslos die formellen und materiellen Mängel der in Nürnberg mit sicherlich viel Idealismus begonnenen neuen Ära internationalen Rechtsdenkens".[783] Auch Margret Boveri schrieb in der Welt einen rundweg positiven Artikel. Dem Leser wäre ein eigenes Urteil sogar noch weiter erleichtert worden, wenn nicht nur die „Unzuverlässigkeit der Belastungszeugen", sondern auch Weitergehendes zu den „Entlastungszeugen" aufgeführt worden wäre, so Boveri. Sie teilte die „Überzeugung, daß hier eine Reihe von Männern zu unrecht verurteilt wurde", und verglich das Verfahren gar mit einem „Gottesurteil".[784] Ausnahmslos gefeiert wurde das Buch von der Revierpresse, etwa dem Essener Tageblatt, wo die „tiefe Anteilnahme" des Präsidenten der Industrie- und Handelskammer Essen, Theo Goldschmidt, zitiert wurde.[785]

Bei Beobachtern aus dem Ausland kam die Veröffentlichung dagegen weniger gut an. Es werde der Versuch unternommen, aus der Verurteilung des Kriegsverbrechers Alfried Krupp den größten Justizirrtum der neueren Geschichte zu stilisieren: „Es ist bedauerlich, dass die amerikanische Verwaltung in Deutschland bisher nicht den Text des Krupp-Urteils in deutscher Sprache in Deutschland verbreitet hat. In diesem historischen Dokument [...] steht nämlich auf Grund von Dokumenten klar bewiesen, wie Krupp und seine Helfershelfer [...] Plünderungen grosser Industrieunternehmungen begangen und sich an der Ausnutzung von Zwangsarbeitern und KZ-Häftlingen beteiligt haben, um die Taschen ihres Unternehmens zu füllen," so der Verriss im Aufbau, dem Organ geflüchteter deutsch-

782 Wolfgang Pohle war Jurist und in der NS-Zeit für verschiedene Wirtschaftsverbände, v. a. des Ruhrbergbaus, aktiv. 1940 wurde er leitender Justiziar und dann Generalbevollmächtigter der Mannesmann AG. Im Fall X verteidigte er Bülow. Ende der 1950er Jahre wurde Pohle Generalbevollmächtigter bei der Friedrich Flick KG. *Seliger*, S. 549.

783 Zit. [Rez.] W. Pohle, in: Die Zeit, 21.12.1950; s. auch *Hodenberg*, S. 129.

784 Zit. *M. Boveri*, Art. Warum wurde Krupp verurteilt? Hintergründe einer Legende, in: Die Welt, 24.6.1950.

785 Art. Dr. Goldschmidt über das Krupp-Problem. Eine Unterredung mit dem Präsidenten der Industrie- und Handelskammer, in: Essener Tageblatt, 30.12.1950.

sprachiger Juden.[786] Auch im britischen New Statesman, einer traditionell links stehenden Wochenzeitung, wurde die Veröffentlichung scharf kritisiert.[787]

„Warum wurde Krupp verurteilt?" entstand nicht in einem Guss. Die Entstehung war vielmehr ein Prozess, bei dem sich herausschälte, wer nach dem Urteil und damit der Abwesenheit des Konzerninhabers die geschichtspolitische Führung bei Krupp übernehmen sollte. Berthold von Bohlen und Halbach, der jüngere Bruder von Alfried Krupp, hatte umgehend nach der Urteilsverkündigung gemeinsam mit den Verteidigern, allen voran Otto Kranzbühler, damit begonnen, eine juristische und gegen das Urteil gerichtete Darlegung auszuarbeiten.[788] Der bis dahin eher kursorisch in Erscheinung getretene Wilmowsky bewertete den Entwurf, eine akribisch vorgenommene und formaljuristische Auseinandersetzung, aber als in höchstem Maße unvorteilhaft. Mit Verve setzte er sich dafür ein, den seiner Ansicht nach staubtrockenen Entwurf der Anwälte in eine zweckmäßige und lesbare Publikation umzuarbeiten.[789] Wilmowsky schwebte dabei ein Format vor, das allgemein verständlich, kurz und publikumswirksam aufgesetzt war. Die Wahl des richtigen Autors sollte dafür sorgen. Wilmowsky dachte dabei zunächst an Fritz Baade.[790] Baade hatte sich seit 1946 in den USA dafür eingesetzt, die Demontagen abzuwenden. 1948 hatte er einen Ruf an die Universität Kiel angenommen und war gleichzeitig zum Direktor des Instituts für Weltwirtschaft ernannt worden. Für Wilmowsky war wohl ausschlaggebend, dass Baade langjähriges SPD-Mitglied war.[791] Baade lehnte ab, sicherte Wilmowsky aber seine Unterstützung zu.[792] Der von Wilmowsky um Rat gefragte Paul Reusch[793] riet zu „vollste[r] Objektivität" und empfahl Wilmowsky, die „Beziehungen Ihres Neffen [Alfried Krupp, d.V.] zu den

---

786 [Rez.] Propagandafeldzug der Familie Krupp. Alfr[i]ed Krupp will kein „Aasgeier" sein, in: Aufbau/Reconstruction, New York, Nr. 27, 7.7.1950. S. 3f. Die Veröffentlichung wurde dort als „ein frecher nationalistischer Versuch einer Mohrenwäsche" gebrandmarkt.

787 *E. Jones*, [Rez.], in: New Statesman and Nation, 17.2.1951.

788 Berthold von Bohlen an Wilmowsky, 18.1.1949, HAKrupp, WA 119/v448; s. weiter *Maschke*, dessen Buch 1951 erschien; dazu Wilmowsky an Vorwerk, 12.10.1951, HAKrupp, FAH 29/66.

789 Wilmowsky an Berthold [von Bohlen], 12.1.1950, HAKrupp, FAH 29/65.

790 Fritz Baade war während der Novemberrevolution Vorsitzender des Arbeiter- und Soldatenrats in Essen. 1919 zog er nach Göttingen, wo er in der Nationalökonomie promoviert wurde. Nach 1933 wurde er als Sozialdemokrat all seiner Funktionen entbunden. Baade emigrierte in die Türkei; 1946 siedelte er als Publizist in die USA über. Ausf. *Take*, v. a. S. 455–460.

791 *Tenfelde*, Krieg und Krisen, S. 84.

792 Baade an Wilmowsky, 1.12.1948; Wilmowsky an Baade, 5.12.1948; Wilmowsky an Kranzbühler, 17.12.1948; Wilmowsky an Berthold von Bohlen, 18.1.1949, HAKrupp, WA 119/v448.

793 Paul Reusch war bis 1942 Manager der Gutehoffnungshütte, einflussreicher „Verbandslöwe" und namensgebend für den sog. Reusch-Kreis. Wilmowsky hatte dort die Seite der Landwirtschaft zu vertreten, für die Industrie waren Bücher, Schacht, Siemens, Thyssen und Vögler Mitglieder. Ausf. *Marx*.

massgebenden Persönlichkeiten der nationalsozialistischen Partei“ nicht zu unterschlagen.[794] Wilmowsky nahm das zur Kenntnis, leitend wurde dieser Hinweis aber nicht. Im Gegenteil.

Für Wilmowsky war klar, Alfried Krupp sollte gerade nicht durch weitergehende Information zum Gegenstand der öffentlichen Diskussion gemacht werden. Keineswegs sollte, im Stil à la Berdrow ‚objektives‘ über dessen Tätigkeit bis 1945 ausgebreitet werden. Wesentlich ist aber auch: Wilmowsky hatte erkannt, dass ein „Verschweigen“ im Falle von Krupp weder sinnvoll noch zielführend war. Dabei kam ihm zugute, dass eine deutschsprachige Dokumentation der Nürnberger Nachfolgeprozesse tatsächlich – wie im Aufbau angeführt worden war – weder vorlag noch in Arbeit war. Hier identifizierte er die Lücke, die er im Interesse des Unternehmens und seines inhaftierten Neffen zu nutzen beabsichtigte. Die 1950 in den USA veröffentlichte Zusammenschau wies Alfried Krupps aktive Bedeutung sehr wohl aus. Allein, die sog. Green Series, die viele Bände umfassende Dokumentation der Nürnberger-Prozesse, und insbesondere Band neun zum „Krupp Case“, war in der Bundesrepublik nicht verfügbar.[795] Überhaupt wurde eine Verbindung zwischen den „Fremdarbeitern“ und der Massenvernichtungsmaschinerie in der Öffentlichkeit kaum hergestellt.[796]

Wilmowskys Kritik an dem von den Anwälten vorgelegten Entwurf war fundamental. „Die Anwälte, der Vorstand und vielleichte auch Du [Berthold von Bohlen, d. Vf.] selbst, Ihr seid in diesen Jahren in die Atmosphäre des Prozesses hineingewachsen, dass Ihr Euch überhaupt garnicht mehr vorstellen könnt, wie unvorstellbar gering die Kenntnis aller Aussenstehenden [...] über dessen Einzelheiten sind.“ Auch den von den Anwälten vorgeschlagenen Titel – „Drei Amerikaner richten Krupp“ – hielt Wilmowsky für überaus schlecht gewählt.[797] In der vorliegenden Form würde eine Veröffentlichung, und zwar „ganz bestimmt“, ein „Fehlschlag“, so Wilmowsky. An die „Entschlusskraft“ seines Neffen Berthold appellierend schrieb er weiter: „Wir *müssen* jetzt auch auf diesem Gebiet handeln – das sind wir den Unglücklichen in Landsberg schuldig!“[798] Der Entwurf, der von Kranzbühler beim Rowohlt Verlag[799] zur Veröffentlichung eingereicht worden war, wurde

794 Reusch an Wilmowsky, 4.1.1949, HAKrupp, WA 119/v448.

795 Green-Series, Bd. IX. Die Dokumentation über den „Krupp-Case“ fasste über 1.500 Seiten exkl. der „basic directives“, diese waren in einem anderen Band veröffentlicht. Dazu auch *Kranzbühler*, Rückblick, S. 6; ausf. *Priemel*, The Betrayal.

796 Glgd. *Herbert*, Fremdarbeiter, S. 11–17.

797 Handschriftl. Korrektur auf Entwurf, o.D., HAKrupp, FAH 29/61.

798 Zit. Wilmowsky an Berthold von Bohlen, 18.4.1949 [HiO], HAKrupp, WA 119/v448.

799 Der Rowohlt Verlag wurde 1908 gegründet; in der sog. zweiten Verlagszeit, seit 1919, verlegte Rowohlt auch US-amerikanische Literaten, Ernest Hemingway u.v.a.m. Nach 1933 wurde der Verlag

dann, wie Wilmowsky vorhergesehen hatte, freundlich, aber bestimmt abgelehnt. Als Verlag, der als einziger für alle Besatzungszonen eine Lizenz besaß, habe er „politische Ueberlegungen" bei der Beurteilung eingehender Manuskripte zu berücksichtigen, so lautete die Begründung. Um die eigene Existenz nicht zu gefährden, müsse man es als „literarischer Verlag" ablehnen, ein Manuskript zu verlegen, das „ausserhalb seines Aufgabenkreises liegt".[800] Diese Ablehnung war entscheidend. Nun gelang es Wilmowsky, das Vorhaben an sich zu ziehen. Berthold von Bohlen und Halbach, der nach dem Urteil 1948 durchaus „Entschlusskraft" gezeigt hatte, wurde aus der Realisierung des Publikationsvorhabens immer weiter herausgedrängt.

Wilmowsky fertigte weitgehende Überarbeitungsvorschläge für das Manuskript an. Anders als Hubert Seliger herausstellt, war Kranzbühler hierbei keineswegs „Ghostwriter". Kranzbühler war an dem unvorteilhaften Entwurf beteiligt. Richtig ist, Wilmowsky stimmte sich in manchen juristisch relevanten Fragen mit Kranzbühler ab, aber die nun vorgenommene Geschichtspolitik war dessen Aufgabe nicht mehr.[801] Wilmowsky stellte dem vorliegenden Manuskript zunächst ein eigenhändig verfasstes Vorwort voran. Die von ihm vorgesehenen großen Linien, Korrekturen und Überarbeitungsvorgaben für den Hauptteil arbeitete er nicht selbst ein, sondern er fand in Ernst Rudolf Huber[802] seinen eigentlichen Ghostwriter. Huber, der während der NS-Zeit als einer der führenden Verfassungsrechtler gegolten hatte, war in der unmittelbaren Nachkriegszeit belastet, sodass seine offen gelegte Autorenschaft ausgeschlossen war. Als Jurist und sehr belesen aber war er in der Lage, die Ausarbeitung der Verteidiger in ein allgemein verständliches Format zu bringen und inhaltlich an Wilmowskys Konzeption anzupassen. Wilmowsky verstand sich mit Huber schon bald ganz „ausgezeichnet" und war ausgesprochen zufrieden mit den Überarbeitungen und Vorschlägen, die Huber vorlegte.[803]

Wilmowsky verfügte manifeste Vorgaben für die Überarbeitung, die Huber umsetzte. Kein Gegennarrativ, wie es den Anwälten vorgeschwebt hatte, sondern die Übernahme der Argumentation der Anklage in die unternehmenseigene Krupp-

dem nationalsozialistischen Eher-Verlag zugeschlagen. Nach 1945 erhielt der Verlag die Lizenz für alle vier Zonen und setzte bei seinem vormaligen bildungsbürgerlichen Profil wieder an. *Baerns*, S. 285; *Schildt*, S. 133f.

800 Zit. Kurt W. Marek [Cheflektor bei Rowohlt] an Kranzbühler, o.D., HAKrupp, FAH 29/65.

801 Anders *Seliger*, S. 323f., Zit. S. 544.

802 1949/50, als Huber für Krupp tätig wurde, war es ihm noch nicht gelungen, an die Universität zurückzukehren. Ausf. *Grothe*.

803 Hubers Arbeitskraft war zu der Zeit günstig zu bekommen; 1.000 DM Honorar schlug er vor. Huber an Wilmowsky, 30.12.1949. Man einigte sich schließlich auf 4.010 DM. Wilmowsky an Berthold von Bohlen, 12.1.1950, HAKrupp, FAH 29/65.

Geschichte hinein, das war der Weg, den er wies. Wilmowsky folgte dabei der insbesondere von Telford Taylor erarbeiteten Anklageschrift, die dahin ging, dem Unternehmen eine über 100 Jahre aufgebaute Kriegsgeschichte nachzuweisen. Im Unterschied zur Anklage, die die Unternehmens- und Familiengeschichte als Abfolge „verbrecherische[r] Pläne" dargestellt und motiviert verstanden wissen wollte, wurde die Unternehmensgeschichte in Wilmowskys Lesart aber als doppelbödige Erfolgsgeschichte angelegt. Die Rüstungsproduktion des Unternehmens war demnach weder im Ersten noch im Zweiten Weltkrieg für die Familie oder das Unternehmen charakteristisch gewesen. Die Bezeichnungen „Kanonenkönig" und „Rüstungsschmiede" seien politische Propaganda gewesen, und die Amerikaner, so der Subtext, hätten diese Propagandaperspektive übernommen, nicht aber die „Tatsachen" angemessen berücksichtigt. Wilmowskys Konzeption thematisierte eine Wahrheit der Krupp-Geschichte, ohne die ‚objektive' Richtigkeit – wie Gustav Krupp und Berdrow sie gepflegt hatten – empirisch auszubreiten. Zum Dreh- und Angelpunkt wurde aufgebaut, dass erstens die Rüstungsproduktion, in dem Büchlein enggeschrieben zu „Kanonen", nicht ausschlaggebend für die wirtschaftliche Prosperität des Unternehmens gewesen sei, und zweitens die ersten Kanonenbestellungen keineswegs durch „Preußen" erfolgt seien.[804] Damit sollte die als „historische Wahrheit" der von der Anklage vorgebrachten Symbiose zwischen dem preußischen und dann dem nationalsozialistischen Staat und dem Unternehmen aufgelöst werden. Um die Beziehung zwischen NS-Staat und Unternehmen weiter zu entzerren, wollte Wilmowsky zunächst im Hauptteil eingefügt wissen: „Nun, Gustav Krupp von Bohlen und Halbach war nicht einmal in der Lage, die einzige Schwester seiner Frau und seinen Schwager im Jahre 1944 der Verhaftung durch die Gestapo zu entziehen."[805] Dieser Satz fand schließlich in der Form keinen Eingang in das Buch, weil Alfried Krupp 1944 die Leitung des Unternehmens auch formal zu diesem Zeitpunkt bereits übernommen hatte und nicht Gustav, sondern Alfried Kupp als Unternehmenseigentümer für eine „Entziehung" hätte sorgen müssen. Gustav Krupp aber wurde von Wilmowsky zum „tragischen Helden"[806] stilisiert. Er wurde politisiert und gleichsam als Unternehmer kleingeschrieben. Alfried Krupp dagegen erhielt die Rolle des „Lernenden", wurde aber nicht weitergehend thematisiert. Die NS-Geschichte wurde damit auf Gustav Krupp bezogen und Alfried Krupp als ein Opfer der „Siegerjustiz" dargestellt. Die wesentliche Erzähllinie, die das Buch schließlich durchzog, war, dass Alfried Krupp als „Symbol der deutschen Industrie"

---

804 Zsfg., „Warum wurde Krupp verurteilt?", 1949, HAKrupp, FAH 29/49.

805 Ausz., „Warum wurde Krupp verurteilt?", 1949, HAKrupp, FAH 29/49.

806 Wie Diesel schon früher empfohlen hatte. Diesel an Chamier, 17.3.1950, HAKrupp, FAH 27/10.

angeklagt und verurteilt worden sei.[807] Das war eine schlüssige und zumindest in der westdeutschen Nachkriegsöffentlichkeit auch anschlussfähige Konzeption. Anders als oft angenommen, wurde also keineswegs „verschwiegen" oder die Argumentation der Anklage in Abrede gestellt. Sie wurde vielmehr genutzt, um die Krupp-Geschichte richtigzustellen. Damit ließ sich dem etwaigen Vorwurf, hier würde widersprochen oder gar negiert, entgegentreten. Denn die Argumentation der Anklage wurde ja aufgegriffen.

Huber strich, ganz wie Wilmowsky es gewünscht hatte, die juristische Tiefendiskussion und jedwede Polemik aus dem Manuskript der Verteidiger heraus.[808] Er erhielt dafür die zusammengestellten Unterlagen der Verteidigung und auch das vom Unternehmen autorisierte Schrifttum über die Familien- und Unternehmensgeschichte.[809] Insbesondere die Streichungen legte Wilmowsky eigenhändig fest: Die im Entwurf von den Anwälten enthaltenen Ausführungen zur „Dicken Bertha"[810] und zum „System der Einschüchterungen der Zeugen"[811] wollte Wilmowsky nicht in dem Manuskript sehen. Auch die Darstellung zur Wiederaufnahme der Rüstungsproduktion nach 1918 wurde stark geschliffen.[812] Der im Entwurf enthaltene Passus

---

807 Das Buch zerfiel in zwei Teile: Vorangestellt war ein Kapitel, das einen Abriss der Krupp-Geschichte entlang seiner Eigner vornahm, und zwar beginnend mit Friedrich Krupp; im zweiten Teil wurden dann zunächst das Verfahren und die Freisprüche (Angriffskrieg und Kriegsverschwörung) beschrieben, nacheinander wurden dann die Schuldsprüche (Plünderung und Sklavenarbeit, Misshandlung) abgehandelt. Denn Abschluss bildete die Feststellung, dass das Urteil einer Revision bedürfe. Typoskript (214 S.): Warum wurde Krupp verurteilt?, 1950, HAKrupp, FAH 29/60.

808 Etwa: „Was aber muss der Verurteilte denken, der 12 Jahre seines Lebens vielleicht nur deshalb verliert, weil die Richter nicht einige Tage mehr bei der Urteilsfindung verlieren wollten?" Zit. Ms., Amerikaner richten Krupp, (1950), HAKrupp, FAH 29/61.

809 Wilmowsky an Berthold von Bohlen und Halbach, 12.1.1950; Huber an Wilmowsky, 30.12.1949, HAKrupp, FAH 29/65.

810 Dazu hieß es im Entwurf der Verteidiger: „Damals erzielte das Kruppgeschütz als die ‚dicke Bertha' aufsehenerregende Erfolge gegen belgische Festungswerke. Die Anklage konstruierte auch daraus eine Belastung der Firma mit der falschen Behauptung, die ‚dicke Bertha' habe Paris beschossen." Ms., Amerikaner richten Krupp, (1950), HAKrupp, FAH 29/61.

811 Dazu führten die Verteidiger im Entwurf aus: „Das System der Einschüchterung der Zeugen war so wirksam, dass es noch während des Verfahrens vor dem Tribunal für die Verteidigung schwer war, so ‚behandelte' Zeugen zu einer Aussage für die Verteidigung zu bewegen. Aber auch Zuckerbrot für geeignete Belastungszeugen fehlte nicht. Ein Industrieller, der als Zeuge jahrelang im Nürnberger Gefängnis gesessen hatte, legte bei seiner Entnazifizierung ein Empfehlungsschreiben des amerikanischen Vernehmungsbeamten Eric Kaufman vor. In diesem Brief wünscht Mr. Kaufman seinen inzwischen entlassenen Zeugen alles gute für die ‚Stellung, die Ihnen zukommt'." Ebd.

812 V. a. nach Rückmeldung von Karl Pfirsch, der auf das „theoretische" Problem hinwies: Man habe nicht „gebaut", sondern „konstruiert". Inwiefern das die Bestimmungen des Versailler Vertrages torpedierte, so Pfirsch, darüber herrsche auch unter den Amerikanern keine Einigkeit. Pfirsch an Wilmowsky, 20.5.1950, HAKrupp, FAH 29/65.

aus der Anklageschrift: „Aufgrund dieser Erwartung [der Befreiung von der Beschränkung des Versailler Vertrages, d. Vf.] entschloss er [Gustav Krupp, d. Vf.] sich, in Verbindung mit den damaligen führenden Beamten der Firma Krupp das Rüstungspotential der Firma heimlich zu bewahren, damit die Firma, wenn sich die Gelegenheit ergäbe, bei diesem Programm wieder durch Erzeugung und Verkauf von Waffen an die Regierung – und zwar gegen Gewinn – mitwirken könne“[813] wurde gestrichen. Überhaupt wurden die Anklagepunkte auf die „Legende“ hin verkürzt, ohne dabei die Einzelheiten weiter aufzuführen. Von den Ausmaßen des Unternehmens und auch der Expansion während der NS-Zeit erfuhr der Leser deshalb nichts. Vielmehr wurde „Krupp“ gänzlich auf Essen, Gustav Krupp und seine „Kanonen“ reduziert.

Die Veröffentlichung wies Wilmowsky selbst als Autoren aus. Das hatte nicht nur etwas mit dem Umstand zu tun, dass Hubers Name belastet war.[814] Wilmowsky wurde auch als „Autor“ angegeben, weil er ein Argument wirkmächtig vorbringen konnte: „Ich [Wilmowsky, d. Vf.] habe zu lange Zeit in der Opposition gegen das Hitler-Regime gestanden und im Anschluß an den 20. Juli mit meiner Frau, der einzigen Schwester von Frau Bertha Krupp, im Konzentrationslager zugebracht, als daß ich nicht selbst die Neigung verspürt hätte, alle zu verdammen, die nicht den gleichen Weg gingen.“[815] Dieser Satz wurde im Vorwort derart platziert, dass er sich kaum überlesen ließ. In dem Buch äußerte sich demnach nicht ein nationalsozialistischer Jurist – wie dies im Falle der offengelegten Autorenschaft von Huber der Fall gewesen wäre –, sondern ein Mitglied der Familie Krupp, und zwar eines, das aufgrund seiner Tätigkeit in der „Opposition“ über jeden Zweifel erhaben war. Wilmowsky, so die Botschaft, hatte wahrlich auch das Recht, die durch den Krupp-Prozess verunglimpfte Krupp-Geschichte zu korrigieren.[816]

---

813 Zit. Ms., Amerikaner richten Krupp, (1950), HAKrupp, FAH 29/6.

814 Typoskript [Korrekturfassung] Warum wurde Krupp verurteilt? Von Tilo Freiherr von Wilmowsky, mit Anmerkungen (214 S.), 1950, HAKrupp, FAH 29/60.

815 Zit. *Wilmowsky*, Warum wurde Krupp verurteilt?, S. 11. Wilmowsky hatte bestimmt seine eigene Meinung zum Krieg und zur Zwangsarbeit gehabt; und sicherlich war sein Urteil durch sein konservatives Denken geprägt. In eine grundsätzliche „Opposition“ hatte ihn das aber nicht gebracht. Er hatte seine Kritik nicht offen artikuliert.

816 Das ist ein wichtiger Punkt, v. a. vor dem Hintergrund, dass Berthold Beitz oftmals als gezielt eingekaufter Manager mit ‚weißer Weste‘ eingeordnet wird. Hier ist nun wichtig zu sehen, dass Wilmowsky diese Rolle bereits vor dem Eintritt von Beitz ausfüllte, und weiter noch: Die positive Aufnahme von „Warum wurde Krupp verurteilt?“ bildete die Grundlage für die Überlegung, einen unbescholtenen Manager in das Unternehmen zu holen. *Berghahn*, Bergassessoren, S. 67. Zu dem Gerücht, Alfried Krupp habe zunächst Hans-Günther Sohl als seinen Generalbevollmächtigten ins Auge gefasst, s. *Pierenkemper*, Sohl, S. 94; ausf. *Berghahn*, Sohl, S. 140 – 143.

Verlegt wurde „Warum wurde Krupp verurteilt?“ vom in Stuttgart ansässigen Friedrich Vorwerk Verlag.[817] Direkt finanziert hat Krupp die Publikation nicht. Aber Krupp verhalf dem Verlag zu einem Neustart und unterstützte die Versuche Vorwerks, das Evangelische Verlagswerk zu übernehmen. Zwischen Wilmowsky und dem Evangelischen Verlagswerk GmbH wurde ein Kreditvertrag geschlossen. Darüber hinaus gab Krupp dem Vorwerk Verlag ein Darlehen von etwas über 10.000 DM. Davon zahlte der Verlag einen Teil des Honorars für Huber und übernahm die Druckkosten. Die erste Auflage von 5.000 Exemplaren kostete Krupp auf diese Weise etwas mehr als 10.000 DM; darüber hinaus nahm Wilmowsky von der ersten Auflage 1.100 Exemplare für insgesamt 7.000 DM ab.[818] Vorwerk war mit dem „moralischen Erfolg“ des Buches sehr zufrieden. Sehr dankbar war er dafür, dass Krupp die Drucklegung durch die „finanzielle Beihilfe“ erleichtert hatte.[819]

Das Buch erschien im Mai 1950 auf dem westdeutschen Markt und damit vor der Aufnahme der Arbeit des von John McCloy[820] eingesetzten Advisory Board on Clemency, das Empfehlungen über die eingereichten Gnadenersuche auszusprechen hatte.[821] Um die Erfolgsaussichten für die Veröffentlichung einer Übersetzung in den USA auszuloten, wandte Vorwerk sich auf Geheiß von Wilmowsky an den 1947 gegründeten Regnery Verlag.[822] Dessen Gründer und Verleger, Henry Regnery, bezeichnete das Manuskript als ein „bedeutendes Werk“ und fand, dass es in den USA veröffentlicht werden sollte. Moralische oder politische Bedenken äußerte er keine.

817 Der Vorwerk Verlag war ein kleiner und wenig bekannter, aber als seriös geltender Verlag. Hauptschwerpunkte bildeten philosophische und religiöse Werke, vereinzelt auch politische Veröffentlichungen. Wesentliche Autoren, die später als Wilmowsky dort veröffentlicht wurden, waren Theodor Eschenburg und Margret Boveri. Als Verlag, auf den sich „[d]ie Wirtschaft infolge seiner grundsätzlichen Einstellung verlassen kann“, regte Heinrichsbauer später, 1959, eine Beteiligung der Ruhrindustrie an, um die Öffentlichkeitsarbeit auszubauen. Heinrichsbauer an Wilmowsky, 7.3.1959, HAKrupp, WA 119/v182, 2.

818 Vermerk, Vorwerk Verlag, betr. Generalabrechnung Vorwerk-Verlag, Krupp Publikation, o.D., HAKrupp, FAH 29/66; Mildenberger (Vorwerk) an Wilmowsky, 2.12.1949, HAKrupp, FAH 29/65.

819 Vorwerk an Wilmowsky, 10.10.1950, HAKrupp, FAH 29/65.

820 John Jay McCloy war Politiker, einflussreicher Bankier und Jurist und bekleidete nach Lucius D. Clay das Amt des Hohen Kommissars der USA in Westdeutschland. Ausf. *Schwartz*.

821 Wilmowsky lag allerdings viel daran, dass McCloy das Buch zur Kenntnis nahm. Wilmowsky an Philipp von Langenhan, 19.6.1950, HAKrupp, FAH 29/65. Im Ergebnis bestätigte McCloy 5 von 15 Todesurteilen, 5 Wehrmachtsoffizieren wurde die Begnadigung verweigert. In 79 Fällen entschied McCloy auf Strafminderung, 30 Gefangene wurden entlassen, darunter Alfried Krupp. Zum „herbeischreiben“ der Entscheidung in den deutschen Zeitungen und dann zur Reaktion nach McCloys Begnadigungen s. *Frei*, Vergangenheitspolitik, S. 198–221, Zit. S. 199.

822 Die Empfehlung für Regnery hatte Kranzbühler ausgesprochen: „Der Verleger ist ein Idealist, der solche Bücher aus einem gewissen Sport herausbringt.“ Zit. Kranzbühler an Wilmowsky, 2.6. 1950, HAKrupp, FAH 29/65.

Wahrscheinlich sei aber, so prognostizierte er, dass nur wenige Exemplare verkauft würden. Er hielt einen „Zuschuss“ von mindestens 3.000 Dollar für erforderlich.[823] Wilmowsky stellte die Herausgabe der Übersetzung dann aber einstweilen zurück.[824] Mit der am 31. Januar 1951 von McCloy ausgesprochenen Begnadigung wurde Alfried Krupp aus der Haft entlassen. Die Reaktionen auf die Entlassung Krupps waren besonders in Großbritannien heftig, eher geteilt war das Echo in den USA.[825] Nicht ohne Grund erklärte Alfried Krupp noch 1951, kein Interesse mehr daran zu haben, Waffen zu produzieren. Als wahrhaftige Aussage wurde das öffentlich aber noch nicht akzeptiert. Daher wurde auf die Veröffentlichung der Übersetzung von „Warum wurde Krupp verurteilt?“ auch verzichtet. Wilmowsky war sich, nach Gesprächen mit dem inzwischen in den USA ansässigen Heinrich Brüning[826] inzwischen sicher, dass eine Veröffentlichung unter seinem Namen in Übersee kaum Erfolg haben würde.

„Warum wurde Krupp verurteilt?“ wurde trotzdem für eine zweite Auflage und mit Blick auf eine womöglich später vorgenommene Übersetzung noch einmal gründlich durchgesehen. Kranzbühler, der die Fahnen vor der Drucklegung durchsah, waren die neuen Kürzungen, die Wilmowsky vorgenommen hatte, an einigen Stellen aber deutlich zu einebnend: Wilmowsky hatte für die Wiederaufnahme der Rüstungsproduktion nach dem Ersten Weltkrieg formuliert, dass sie „nicht aus Hoffnung auf Gewinn [...], sondern mit Rücksicht auf die im vergangenen halben Jahrhundert gewonnenen Erfahrungen beschlossen“ worden sei. Hier müsste, so Kranzbühler, unbedingt eine Änderung vorgenommen werden, und zwar dahingehend, dass Gustav Krupp das Unternehmen von 1919 bis 1933 „fast vollständig“ auf Friedensproduktion umgestellt habe. Laut den Bestimmungen des Versailler Vertrages hatte die Regierung der Weimarer Republik im beschränkten

823 Das entsprach in etwa 12.600 DM. Henry Regnery an Vorwerk, 15.6.1950, HAKrupp, FAH 29/65.
824 Wilmowsky an Vorwerk, 23.12.1950, HAKrupp, FAH 29/65.
825 Wie John McCloy an Karl Brandt schrieb: „I am very much puzzled by the English reaction to the release of Krupp. In the first place, the English refused to try any industrialists, and rather criticized us for our vindictiveness in doing so. They could have tried Krupp if they had been willing to but they early indicated that they had no interest. This man who, as you know, was not *the* real Krupp in the sense of the figure who helped finance Hitler, but was a son who only came into the board late in the war and exerted very little if any influence in the management of the company. Moreover, he was convinced on the slave labor charge. Every plant in the Ruhr of any size had forced labor, and it was assigned by the government and was supervised by the SS and SD groups, the companies having very little if anything to do with the conditions under which they were employed.“ Zit. John McCloy an Karl Brandt, 13.2.1951 [HiO], HAKrupp, FAH 29/27.
826 Heinrich Brüning war Zentrumspolitiker und ist v. a. bekannt für seine Deflationspolitik als Reichskanzler zwischen 1930 und 1932. 1934 war Brüning geflohen, seit 1935 lebte er in den USA. Ausf. *Volkmann*, S. 16 – 24, 581 – 600, 661 – 663.

Umfang die Erlaubnis, Waffen herzustellen. Krupp sei dann auf Antrag der damaligen SPD-geführten Regierung und von der Interalliierten Militär-Kontrollkommission zur Herstellung „schwerer Waffen" für die Reichswehr ausgewählt worden. Verboten sei nur der Bau der im Versailler Vertrag aufgeführten Waffen gewesen. Große Gewinne habe man damit ohnehin nicht erwirtschaften können; die Verantwortung für die Herstellung von „Konstruktionszeichnungen für Waffen" habe ausschließlich bei der Weimarer Reichsregierung gelegen,[827] so Kranzbühler: „Falls also die im Auftrage der Reichsregierung bei Krupp hergestellten Konstruktionszeichnungen eine Verletzung des Versailler Vertrages darstellen sollten, fällt nicht den Leitern und Angestellten der Firma Krupp, sondern der Reichsregierung die politische und rechtliche Verantwortung zu."[828]

Auch Huber wurde an der Überarbeitung für die zweite Auflage beteiligt. Er war von den Vorschlägen Kranzbühlers, die Passage zur Aufrüstung nach 1918 abzuändern, nur wenig angetan. Denn, so Huber, „[d]ie juristische Argumentation, nur die Herstellung, nicht aber die konstruktive Planung bestimmter Waffen sei durch Versailles verboten gewesen, scheint mir persönlich nicht sehr durchschlagskräftig zu sein."[829] An einem offenen Konflikt mit Kranzbühler hatte der Ghostwriter aber kein Interesse.[830] Huber interessierte sich für Anderes: „Nach den Urteilen, die ich gehört habe, hat das Buch durchweg einen günstigen Eindruck gemacht. Es würde mich interessieren zu hören, wie es auf amerikanische Leser gewirkt hat, und insbesondere, ob man innerhalb der Oberkommission und Clemency Board Notiz

---

827 Kranzbühler an Wilmowsky, 30.6.1950, HAKrupp, FAH 29/50, der betr. Abschnitt im Ganzen, Zit.: „Der Verlust des Krieges bedeutete für die Firma Krupp das fast vollständige Aufhören jeder Rüstungsproduktion. Gustav Krupp stellte die Werke von 1919 bis 1933 fast vollständig auf Friedensproduktion um. [...] Nach dem Versailler Vertrag blieb der deutschen Republik jedoch eine geringfügige Wehrmacht und in beschränktem Umfang die Erlaubnis, Waffen für sie herzustellen. [...] Im Versailler Vertrag war Deutschland nur der Bau von anderen als den dort vorgesehenen Waffen verboten worden, nicht dagegen die Konstruktion. Das war jedenfalls die Rechtsauffassung sämtlicher Weimarer Reichsregierungen und auf Grund dieser Rechtsauffassung beauftragten sie die Krupp-Werke mit der Herstellung von Konstruktionszeichnungen für Waffen, deren Bau nach dem Versailler Vertrage nicht gestattet war. [...] Für ihn [Gustav Krupp, d. Vf.] waren die Aufträge auf Anfertigung von Konstruktionszeichnungen Wünsche seiner Regierung in Fragen der Landesverteidigung, die er als loyaler Staatsbürger zu befolgen hatte."

828 Ebd.

829 Zit. Huber an Wilmowsky, 15.7.1950, HAKrupp, FAH 29/65.

830 Auch Karl Pfirsch, der im Fall X angeklagt, aber freigesprochen wurde, war über das Zugeständnis in Bezug auf die Bedingungen des Versailler Vertrages nur wenig erbaut: Die Arbeit sei „gedeckt" gewesen, und zwar durch ein Gesetz. Karl Pfirsch an Wilmowsky, 20.5.1950, HAKrupp, FAH 29/65. S. Gesetz über Kriegsgerät, 27.7.1927, RGBl. I 1927, S. 239–242. Darauf bezog sich Pfirsch hier. Es setzte das Gesetz über die Ein- und Ausfuhr von Kriegsgerät von 1920 außer Kraft. S. auch *Tenfelde*, Krieg und Krisen, S. 108–111.

davon genommen hat. Ich nehme an, daß es möglich war, die Schrift auch den Verurteilten selbst zur Kenntnis zu bringen. Fanden Sie, daß ihren Interessen in angemessener Form gedient sei?“[831]

Davon ist auszugehen. Und auch die Rückmeldungen der Experten auf die deutsche Erstausgabe waren überaus positiv.[832] Max Ilgner,[833] der nach seiner Verurteilung bereits 1948 vorzeitig aus der Haft entlassen worden war, zeigte sich begeistert und orderte gleich mehrere Exemplare. Für die IG-Farben i.L. werde ein vergleichbares Werk bedauerlicherweise nicht geschrieben, schrieb er.[834] Nicht nur in Wirtschaftskreisen, sondern auch von den eigentlichen Adressaten aus der Politik wurde es zur Kenntnis genommen. Konrad Adenauer las das Buch, einem Vertrauten zufolge, „eingehend“ und äußerte, „dass Krupp in jeder Beziehung Unrecht geschehen sei. [...] die Meinung der Regierung gehe dahin, einen der wenigen Unternehmer, die kein anonymes Kapital vertreten, auch unterstützen zu müssen.“ Bis in die höchsten Stellen, so ein Verbindungsmann, habe sich mithilfe des Buchs „offensichtlich ein grosser Umschwung zugunsten der Familie und des Unternehmens“ vollzogen.[835] Wilmowsky konnte sich aufgrund der Rückmeldung aus seinem sehr vitalen Netzwerk sicher sein, dass das Buch in „gewissen Kreisen“ zur Kenntnis genommen worden war und zudem eine hohe Bedeutung für die „Begründung des Gnadenaktes“ entfaltet hatte. Die Begnadigung sei die Bestätigung der im Buch geforderten Anerkennung des „Justizirrtums“, so Wilmowsky.[836] Wilmowsky war sich sicher: Die Schrift hatte die maßgebliche, die im wahrsten Sinne des Wortes entscheidende Öffentlichkeit erreicht.

3.3 Gert von Klass und die populäre Krupp-Geschichte

> Ich finde es schriftstellerisch[,] aber auch, wenn ich es so sagen darf, politisch und in der Psychologie der public relations eine hervorragende Leistung, zu der man den Autor [Gert von Klass, d. Vf.] wie auch die Firma Krupp beglückwünschen darf.[837]
>
> Karl Brandt, 1954

---

831 Huber an Wilmowsky, 25.6.1950, HAKrupp, FAH 29/65.

832 Liste von Personen, die das Buch frei geschickt bekommen sollten, HAKrupp, FAH 29/62.

833 Max Ilgner war bis 1926 bei der Cassella. Mit der Gründung der IG-Farben wurde Ilgner Prokurist und war ab 1934 zuständig für das Werk in Merseburg, woher Ilgner und Wilmowsky sich auch kannten. Ab 1938 war er Mitglied des Vorstands der IG-Farben. *Freytag*, S. 99.

834 Ilgner an Wilmowsky, 26.5.1950, HAKrupp, FAH 29/65.

835 Wollstädter an Wilmowsky, 7.12.1951, HAKrupp, FAH 29/66.

836 Wilmowsky an Vorwerk, 20.2.1951, HAKrupp, FAH 29/65.

837 Zit. Karl Brandt, zit. nach Wilmowsky an Klass, 27.1.1954, HAKrupp, FAH 29/47.

Bei der geschichtspolitischen Bearbeitung der Experten, also den einschlägigen Politikern, blieb es nicht. Vielmehr verstand sich insbesondere Wilmowsky auch nach der Veröffentlichung von „Warum wurde Krupp verurteilt?“ als Vermittler der richtigen und wahren Familien- und Unternehmensgeschichte. Auch auf den 1953 veröffentlichten Industrieroman DIE DREI RINGE von Gert von Klass nahm er maßgeblichen Einfluss. Klass' Industrieroman war aber nicht im Auftrag des Unternehmens geschrieben worden und er stand auch nicht allein da.[838] Seit Anfang der 1950er Jahre boomten Industrie- und Wirtschaftsveröffentlichungen.[839] Als direkte Konkurrenzpublikationen kamen 1953 Rudolf Baumgardts „Das silberne Band“, Kasimir Edschmids[840] Neufassung von „Der Zauberfaden“ und Karl Aloys Schenzingers „Bei I.G. Farben“ auf den westdeutschen Buchmarkt.[841] In dem Jahr erschien ferner Kurt Pritzkoleits[842] kritisches „Männer, Mächte, Monopole“. Pritzkoleit konnte dort die frühe NS-Zeit von Krupp „[m]it minutiöser Genauigkeit“ darlegen, weil Berdrows Veröffentlichungen in dem Versuch, „volkstümlich“ die Nähe von Staat und Unternehmen herzuleiten, auf eben diese Nähe besonders eingegangen waren.[843]

Aus Sicht von Krupp ging von dieser Veröffentlichung dennoch keine besondere Gefahr aus. Pritzkoleits Interpretation war zwar scharf, aber neue Fakten lieferte er nicht. Zudem war „Männer, Mächte, Monopole“ eher als lose Essaysammlung konzipiert. Krupp kam im Vergleich aber „am schlechtesten weg“, wie bei Krupp sehr wohl registriert wurde.[844] Klass, so hoffte man bei Krupp, könnte derartigen Perspektiven etwas entgegensetzen, könnte als ‚neu‘ zur Kenntnis genommen werden und auf diese Weise die alte und beharrliche Krupp-Geschichte von Berdrow in eine neu akzentuierte Form bringen. Und tatsächlich wurde der Industrieroman

838 Es war auch nicht auf Anregung von Pohle geschrieben worden, wie Kim Christian Priemel vermutete, belegt durch einen Schriftwechsel zwischen Hans-Günther Sohl (Thyssen) und Dichgans. *Priemel*, Gekaufte Geschichte, S. 183. Die Geschichtspolitik des Thyssen-Konzerns war im direkten Vergleich zu Krupp nur wenig entwickelt. S. *Roelevink*, Narrative Transformation.

839 Bereits 1951 war Horst Mönnichs „Autostadt“ über VW erschienen. Auch hier war nicht „tabuisiert“ worden. S. *Grieger*, Zit. S. 162.

840 Edschmids Werke waren während der NS-Zeit aus „formalästhetischen und moralischen Gründen“ abgelehnt worden. *Barbian*, Literaturpolitik, S. 389.

841 *E. Laßwitz*, Art. Industrie-Romane, in: Deutsche Zeitung, Nr. 97, 5.12.1953.

842 Kurt Pritzkoleit war Journalist und Publizist. Während der 1920er Jahre schrieb er für Der Deutsche Volkswirt, das Berliner Tageblatt, die Frankfurter Zeitung, die Deutsche Rundschau, später aber auch für Das Reich. Pritzkoleit wurde 1937 für kurze Zeit im KZ Sachsenhausen festgehalten. Nach dem Krieg und seiner Rückkehr aus der Gefangenschaft leitete er u. a. das Wirtschaftsressort der RP. 1950 zog er sich aus dem Journalismus zurück und arbeitete als Wirtschaftspublizist. *Schildt*, S. 61.

843 S. dazu Kap. 2.7.

844 *Pritzkoleit*, Männer; Stellungnahme [Hundhausen] zu Pritzkoleit, 1953, HAKrupp, WA 94/66.

von Klass der mit Abstand erfolgreichste Industrieroman des Jahres und diente unzähligen und nachfolgenden Industrieromanen als Vorbild. Der Erfolg der „drei Ringe“ bescherte Klass zudem ein andauerndes und einträgliches Geschäft in der unternehmensnahen und historisierenden Publizistik.[845] Das war ein Überraschungserfolg, der weder vom Autor noch vom Unternehmen erwartet worden war.[846]

Das öffentliche Interesse an der Publikation war außerordentlich. Anders als im Fall von „Warum wurde Krupp verurteilt?“, bei dem über Kontakte für Rezensionen hatte gesorgt werden müssen, bemühten sich die einschlägigen deutschen Tages- und Wochenzeitungen um Vorababdrucke.[847] War „Warum wurde Krupp verurteilt?“ gezielt und in erster Linie personalisiert verteilt worden,[848] über die alten Netzwerke der Ruhrindustrie und die teilweise alten, aber auch neu gesponnenen Beziehungen in die Politik, wobei die Versorgung der „Kruppianer“ als Behelfslösung für nicht abgenommene Exemplare gedient hatte, wurde die breite Öffentlichkeit über das Erscheinen der „drei Ringe“ informiert, und zwar von den Vermittlern der Öffentlichkeit, den Journalisten selbst. Vorab erschienen mehrteilige und bebilderte Auszüge in den Lokalzeitungen des Reviers, im Essener Tageblatt, in der Westdeutschen Allgemeinen Zeitung, in der Essener Allgemeinen Zeitung, in der Rheinischen Post, aber auch in der bürgerlichen Welt.[849] Pünktlich zum Erscheinen am 19. September 1953 wurden zahlreiche Kommentare veröffentlicht: Die Westfälische Rundschau fand den Industrieroman „passend“, denn schließlich habe sich der Prestigeverlust der direkten Nachkriegsjahre in eine wachsende „Achtung“ für Unternehmen und Unternehmerfamilie gedreht.[850] Im Essener Tageblatt lobte Walter Hurck die Darstellung als „menschliche[s] Unternehmen“, bewertete den Erzählstil von Klass’ als „schonungslos und ohne alle Schönfärberei“

845 Hans Roesch an Wilmowsky, 19.8.1953, HAKrupp, FAH 29/57; vgl. *Priemel*, Gekaufte Geschichte.

846 Die erste Auflage der „drei Ringe“, 15.000 Exemplare, war nach nur einem Monat vergriffen; auch die zweite Auflage, über 12.000 Exemplare, innerhalb von wenigen Wochen nicht mehr zu bekommen. Roesch an Wilmowsky, 30.10.1953; Klass an Wilmowsky, 18.12.1953; Roesch an Wilmowsky, 15.2.1954, HAKrupp, FAH 29/47.

847 Zusammenstellung, HAKrupp, WA 42/118.

848 Auch das Buch „Die drei Ringe“ wurde von Wilmowsky an Vertraute geschickt, etwa an: Heinrich Brüning, Edith Haniel, August Heinrichsbauer, Jacob Herle, Willy Huber, Ludwig Kastl, Louis Lochner, Hans Luther und Josef Winschuh. Schriftw. u. Versanddurchschriften; Schriftw. u. Liste, HAKrupp, FAH 29/47.

849 S. dazu etwa die fünfteilige Reihe des Essener Tageblatts, HAKrupp, WA 42/118.

850 Art. Ein Buch über Krupp. McCloys Brief zur Freilassung/zum Thema Rüstungsproduktion, in: Westfälische Rundschau, 19.9.1953, HAKrupp, WA 41/118.

und pries das Buch als „kritische Untersuchung".[851] Auch auf die protestantische und rechtskonservative Christ und Welt war Verlass, hier wurde der „ausgeprägte Willen zu Vorurteilslosigkeit und Gerechtigkeit" von Klass herausgestellt.[852] Nur Positives meldeten auch der Industriekurier[853] und Die Zeit;[854] die Welt fand, dass es Klass gelungen war, „zum erstenmal aus dem Wirrwarr der Meinungen und Ereignisse eine ausgewogene Darstellung" zu formen.[855] Der Manchester Guardian, der sich auf den überschwänglichen Kommentar in der Welt bezog, urteilte dagegen scharf: „There can be little doubt that 'Die Welt' intends to help to whitewash Krupp and the excerpts that this paper prints will probably convey the now popular German notion of a dignified, even patrician family which only did its duty."[856] Zudem rügte der Guardian wie auch andere englische Zeitungen, das Buch spare die Zwangsarbeit aus.[857] Die Revierpresse nahm die Kritik auf und stellte sich hinter Klass, indem sie unterstrich: Klass habe sich aus freien Stücken entschieden, über Krupp zu schreiben; der Guardian habe übersehen, dass es dem Verfasser nicht um „Reinwaschung", sondern um das genaue Gegenteil, nämlich das „literarische Bemühen, Klarheit und Wahrheit zu suchen" gegangen sei.[858] Ganz ähnlich wie der Guardian positionierte sich auch der Neue Vorwärts. Klass habe Krupp „ins beste Licht gesetzt". Das Lieblingswort des „größten Feldherrn aller Zeiten" sei „zäh [sic] wie Kruppstahl" gewesen: „Zäher als sein größter Kunde hat sich tatsächlich die Firma" erwiesen, fand die SPD-Zeitung: „Die Welt ist weitergegangen, der zweite Weltkrieg hat stattgefunden, das Haus Krupp hat ihn überlebt, und mit seinem neuen Aufstieg steigt auch die Krupp-Legende wieder auf".[859] Im Konzern wurde

---

851 *W. Hurck*, Art. Die Drei Ringe. Gert von Klass schrieb eine neue Krupp-Biographie, in: Essener Tageblatt, Nr. 218, 19.9.1953, HAKrupp, WA 42/118.

852 *K. Fuß*, Art. Schicksal eines Industrieunternehmens, in: CuW 49, 3.12.1953, HAKrupp, WA 42/118; s. auch *Schildt*, S. 159.

853 Art. Die Monographie der Krupps, in: Industriekurier 146, 29.9.1953, HAKrupp, WA 42/118.

854 *J. [Müller-]Marein*, Art. Die Geschichte der Krupps, in: Die Zeit, 4.3.1954.

855 *F. Fried*, Art. Ein Krupp-Epos. Die Geschichte eines Unternehmens, in: Die Welt, 13.11.1953, HAKrupp, WA 55/v1537.

856 Art. Gunmakers, in: Manchester Guardian, 20.11.1953, HAKrupp, WA 55/v1537.

857 Klass reagierte und fand, durch die englische Presse „wird der Eindruck erweckt, als hätte ich dieses Thema in meinem Buch unterschlagen. Tatsächlich habe ich dem Krupp-Prozeß zwei Kapitel gewidmet und auf Seite 444 meines Buches ausführlich den Tenor der Anklage zitiert, die den Vorwurf der Versklavung, Mißhandlung, Folterung und Ermordung von Zivilarbeitern erhoben hat." Zit. Art. Gert von Klass, Krupp-Buch erregt London. Gert von Klass antwortet – Jedes bedeutende Werk hatte Fremdarbeiter, in: NRZ, 5.12.1955, HAKrupp, WA 55/v1537.

858 *K. Sabel*, Art. Wie das Krupp-Buch entstand. Gert von Klass erzählt – Manchester Guardian greift an, in: WAZ, Nr. 272, 23.11.1953, HAKrupp, WA 42/118.

859 Art. Krupp im Glanz, in: Neuer Vorwärts, 18.12.1953, HAKrupp, WA 55/v1537.

das Erscheinen des Buches unter den Kruppianern beworben. Es sei ein „Schulbuch“ für Jugendliche und Erwachsene.[860]

Tatsache ist, Krupp hatte Klass nicht gezielt akquiriert. Klass war bis zur Veröffentlichung der „drei Ringe“ ein leidlich bekannter Romanautor. 1937 hatte er nach kleineren Veröffentlichungen seinen ersten Roman „Das alte Haus“ veröffentlicht; es wurde 1943 als Sonderausgabe der Luftwaffe mit einer Auflage von etwa 35.000 Exemplaren neu aufgelegt.[861] Klass’ Erzählstil war also durchaus mit der nationalsozialistischen „Weltanschauung“ kompatibel gewesen, wenn er auch nicht vordergründig politisch oder propagandistisch war. Nach dem Krieg scheiterte Klass daran, an seine Karriere als Romanautor anzuknüpfen. Nach kleineren Auftragsarbeiten erhielt er den Auftrag, ein Geschichtsbüchlein für die Capito & Klein AG, eine Tochter von Krupp, zu schreiben. Im Zuge seiner Recherchen kam Klass auf die Idee, „etwas“ über die „Krupps“ zu schreiben.[862] Über Kontakte in den Wiesbadener Herrenabend machte Klass sich bei Hans C. Rademacher[863] bekannt und fand: „es bedarf gerade dieser Teil [der deutschen Tragödie, d. Vf.] der Vermenschlichung.“[864] Rademacher aber zeigte sich reserviert. Erst als Hans Dichgans[865] vermittelte – „[e]r wünscht […] eine Aussprache, kein Geld“[866] – war Klass die Pforte bei Krupp geöffnet.

Bei Krupp hatte man zu dieser Zeit andere und sehr grundsätzliche Probleme. Regelrecht verzweifelt suchte die Familie nach einem Ausweg aus der schwierigen Situation, die dadurch entstanden war, dass Alfried Krupp inhaftiert und die Verfügung über das Konzernvermögen versperrt war. Gleichzeitig war die Diskussion über die Entflechtung der Montanindustrie längst nicht ausgestanden.[867] Klass aber bekräftigte und das immer wieder: „ich möchte mich mit der Krupplegende aus-

---

860 Rundschreiben, 17.8.1953, HAKrupp, FAH 29/58.

861 Zur Buchversorgung im Zweiten Weltkrieg s. *Barbian*, Literaturpolitik, S. 363 – 370. Dieser Buchmarkt für die Soldaten war neu: Die Verlage wurden bevorzugt behandelt, etwa bei der Papierzuteilung, weshalb es attraktiv war, dort zu publizieren. Erwähnung des „schöngeistigen“ Titels von Klass in *Bühler*, Tab., S. 200.

862 *Klass*, Der Schreiber, S. 75.

863 Hans C. Rademacher war während des Zweiten Weltkrieges die rechte Hand von Edouard Houdremont (Krupp). Nach dem Krieg wechselte er zur Th. Goldschmidt AG, weiterhin stand er aber mit seinem alten Arbeitgeber in gutem Kontakt.

864 Klass an Rademacher, 31.12.1950, HAKrupp, FAH 27/10.

865 Hans Dichgans war während des Zweiten Weltkrieges in der Wirtschaftsverwaltung, zunächst bei der Reichsbahn, dann beim Reichskommissar für Preisbildung tätig. Nach dem Krieg wurde er Direktor der Zellstofffabrik Waldorf bei Wiesbaden. Dichgans wurde dafür geschätzt, ein „loyaler Berater“ der Ruhr zu sein. *Sohl*, Zit. S. 167 – 170.

866 Zit. Dichgans an Rademacher, 1.1.1951, HAKrupp, FAH 27/10.

867 Ausarbeitung zur Stiftung (handschriftliche Ergänzung „3. Fassung“), streng vertraulich, von Hardach an Houdremont übermittelt, 19.7.1951, HAKrupp, WA 67/v16 1.

einandersetzen, [...] mich lockt das Thema der internationalen Rüstungsindustrie und ihre ‚Weltverschwörungen', es reizt mich die Auseinandersetzung mit der Vulgärvorstellung vom Reichtum, der für die meisten offenbar nicht Verpflichtung, sondern nur Genuss bedeutet; ich möchte sagen, dass die Gerechtigkeit noch immer in den Sternen wohnt und dass nichts notwendiger ist, als sich genau das Mass zu betrachten, womit man misst, weil man bestimmt eines Tages mit ihm gemessen wird [...] und zuletzt kann ich nicht an der Frage vorbeigehen, durch wen dieser unsägliche gnadenlose Hass in die Welt gekommen ist, an dem sie zugrunde zu gehen droht."[868]

Der kontaktierte Berthold von Bohlen hatte Klass zunächst nicht ernst genommen und vertröstet. Um Zeit zu gewinnen, forderte er Klass schließlich auf, eine Skizze seines Vorhabens einzureichen.[869] Klass lieferte, und das außerordentlich ausschweifend. Seine Skizze entsprach nicht der knappen und präzisen Darstellungsform, die bis dahin im Konzern für geschichtspolitische Zwecke verwandt worden war. Aber auch mit der Skizze und nach der inzwischen erfolgten Entlassung seines Bruders konnte Berthold von Bohlen sich nicht entscheiden, Klass bei seinem Vorhaben zu unterstützen. Wieder fehlte ihm die „Entschlusskraft". Von Bohlen besorgte sich aber den 1949 erschienenen Roman von Klass, „Denen nichts heilig ist", um sich einen weitergehenden Eindruck von Klass' Haltung zu verschaffen. Das Genre des Industrieromans existierte bereits seit der Kaiserzeit und erreichte erste Blüte in der Zwischenkriegszeit. Aus der Perspektive eines Familienunternehmers galt die unternehmensnahe Betrachtung von Eugen Diesel[870] in diesem Genre als das Nonplusultra. Diesel selbst hatte den Vorschlag, über Krupp zu schreiben, aber abgelehnt.[871] Aus diesem Grund wollte Berthold von Bohlen den eifrigen Klass wohl auch nicht einfach zurückweisen. Allerdings war er auch nicht bereit, die Verantwortung für das Manuskript, das Klass zu schreiben beabsichtigte, auf seine Schultern zu nehmen. Berthold von Bohlen wandte sich an seinen Onkel, der damit endgültig die geschichtspolitische Führung übernahm.[872]

Wilmowsky zeigte sich sofort beeindruckt von der Klass'schen Perspektive und seinem Ansatz, die „deutsche Tragödie" zu deuten. Schon bald hatten Klass und Wilmowsky sich auf ein Treffen geeinigt.[873] Hatte Klass in seiner Skizze, die Wil-

---

868 Zit. Klass an Wilhelm Vailant, 7.2.1951; Berthold von Bohlen an Klass, 9.4.1951, HAKrupp, FAH 27/10.

869 Ausf. Darstellung über seine „geschichtsphilosophische Auffassung"; Klass an Berthold von Bohlen, 27.5.1951, HAKrupp, FAH 27/10.

870 S. *Diesel.*

871 Hans von Chamier Glisczinski an Berthold von Bohlen, 22.3.1950, HAKrupp, FAH 27/10.

872 Berthold von Bohlen an Klass, 1.6.1951, HAKrupp, FAH 27/10.

873 Klass an Wilmowsky, 12.6.1951, HAKrupp, FAH 27/10.

mowsky von Berthold von Bohlen zugeleitet worden war, noch nicht einsehen wollen, „warum nicht das, was war und was ist, zur Darstellung gebracht werden soll",[874] so fand er sich nach dem Gespräch mit Wilmowsky geradezu geläutert: Im Innersten bewegt, wollte er nun von dem „zornigen" Klass, der die Skizze aufgesetzt hatte, nichts mehr wissen. Insbesondere den Charakter von Gustav Krupp bewertete er jetzt ganz anders. In ihm sah Klass nach dem Gespräch mit Wilmowsky und nach dessen Verständnis einen „Treuhänder", der „trotz eines nach strengen ethischen Massstäben geführten Lebens in Schuld geriet, weil er in dem Konflikt zwischen Tradition und ‚Lehnstreue' auf der einen Seite und der Verpflichtung auf der anderen Seite, dem, was er selbst für verderblich hielt und halten musste, entgegenzutreten, sich für Tradition und Lehnstreue entschied". Wilmowsky hatte genau ein Gespräch gebraucht, um Klass, der sich „ehrfürchtig" vor Wilmowsky verbeugte, gefügig zu machen und von seiner Lesart der Krupp-Geschichte zu überzeugen.[875] Damit entsprach Klass' Sichtweise auf Gustav Krupp genau der Perspektive, die Wilmowsky bereits für „Warum wurde Krupp verurteilt?" entwickelt hatte.[876]

Zwischen Wilmowsky und Klass entspann sich ein intensiver Briefwechsel, in dem die zentralen Erzähllinien des Buches ausgehandelt wurden. Proaktiv lehnte Klass seine Positionen immer mehr an die von Wilmowsky an und ließ den Anspruch des „zornigen" Klass immer weiter hinter sich.[877] Formal betrachtet, handelte es sich bei „Die drei Ringe" nicht um eine Auftragsarbeit. Zwischen Krupp und Klass wurde kein Vertrag geschlossen, auch erhielt Klass von Krupp kein Honorar. Trotzdem gelang es Wilmowsky mittels „Fühlungnahme", entscheidend Einfluss auf die Erzähllinie des Buches zu nehmen. Wilmowsky hatte Klass' „Denen nichts heilig ist"[878] ebenfalls gelesen. Seine Unterstützung erhielt Klass nicht, weil er sich vorher mit der Arbeit über Capito & Klein als ordentlicher Unternehmenschronist erwiesen hatte, sondern weil Klass' Stil als Romanautor Wilmowsky zusagte. Gemessen etwa an einem Eugen Diesel schrieb Klass regelrecht ahnungslos. „Denen nichts heilig ist" war eine oberflächliche und glatte Auseinandersetzung mit dem Nordwolle-Konkurs von 1931. Im Zentrum der Handlung stand mit Hyazinth Erwinger ein mittelloser Autor, der von einem Bankier für dessen Pressebüro engagiert wurde. Erwinger, der sich klar als autobiografische Figur einordnen ließ, in der Klass seine Weltsicht zum Ausdruck brachte, war ein wendiger und schlussendlich auch käuf-

874 Klass an Berthold von Bohlen, 27.5.1951, HAKrupp, FAH 27/10.
875 Zit. Klass an Wilmowsky, 12.6.1951, HAKrupp, FAH 27/10.
876 Wilmowsky an Klass, 21.6.1951, HAKrupp, FAH 27/10.
877 Etwa Klass an Wilmowsky, 3.7.1951, HAKrupp, FAH 27/10.
878 *Klass*, Denen nichts heilig ist.

licher Protagonist.[879] Klass argumentierte auch in dem Briefwechsel mit Wilmowsky mitunter naiv und vorschnell, wenn er etwa über das „Böse der Welt" räsonierte. Wilmowsky erkannte, dass Klass' Meinung nicht feststehend, sondern dehnbar war. Und als Klass ihm schließlich offenbarte hatte, dass er eine „persönliche Verbindung" zu Wilmowsky ausgemacht hatte, war Wilmowsky endgültig überzeugt, es mit dem richtigen Autor zu tun zu haben.[880]

Klass bat im Zuge seiner Recherchen um Zugang zum Konzern- und Familienarchiv.[881] Auf Veranlassung von Berthold von Bohlen erhielt er dort auch Unterstützung. Keineswegs aber erhielt Klass freien und unbeschränkten Zugriff auf die Archivalien.[882] Stattdessen wurden Klass die autorisierten Studien von Wilhelm Berdrow vorgelegt.[883] Diese endeten mit der Zeit Gustav Krupps. Materialseitig stellte insbesondere die Zeit seit dem Ersten Weltkrieg die offene Flanke in der durch Publikationen erfassten Unternehmensgeschichte dar.[884] Obwohl Klass diese Lücke auch identifizierte und für diese Zeit nach Aktenmaterial fragte, sogar anbot, die Unterlagen eigenhändig zu sortieren, und sich diesbezüglich sowohl an Wilmowsky als auch an Berthold von Bohlen wandte,[885] wurde ihm verwehrt, eigenständige Quellenstudien im Krupp-Archiv vorzunehmen. Stattdessen, und damit schließlich ganz zufrieden, führte Klass nach der Vermittlung von Wilmowsky eine Reihe von Interviews.[886] Sie ersetzten das Aktenstudium insbesondere für die Zeit

---

879 Klass ließ Erwinger etwa denken: „Jawohl, der Bankier sollte wissen, er [Erwinger, d. Vf.] schrieb, was von ihm verlangt wurde, wofür man ihn bezahlte." Zit. *Klass*, Denen nichts heilig ist, S. 63.

880 Klass' Urgroßmutter, Gräfin Küssow, besaß seinerzeit, so Klass, in Pommern Güter. Teile dieser Güter, u. a. Duvier, waren von Friedrich Alfred Krupp erworben und an Barbara Krupp vererbt worden. *Gesterding*, S. 261. Klass konstruierte sich daraus eine persönliche und für ihn fast familiäre Beziehung zu Wilmowsky, die es rechtfertigte, dem Urteil von Wilmowsky, den er als seinen „Mentor" bezeichnete, zu vertrauen. Klass an Wilmowsky, 29.11.1951; Zit. Klass an Wilmowsky, 18.9. 1953, HAKrupp, FAH 29/58.

881 Klass an Berthold von Bohlen, 24.9.1951, HAKrupp, FAH 29/58.

882 Klass an Wilmowsky, 24.9.1951; Berthold von Bohlen an Klass, 17.10.1951; Berthold von Bohlen an Tubbesing, 17.10.1951, HAKrupp, FAH 27/10. Klass hat das später anders dargestellt. *Klass*, Der Schreiber, S. 75. Keineswegs packte er eigenhändig „sechs Kisten voll Akten", sondern die Kisten mit vorausgewähltem „Material" wurden ihm zugeschickt.

883 V. a. *Berdrow*, Alfred Krupp; dazu Klass an Wilmowsky, 24.9.151. Darüber hinaus sorgte Wilmowsky dafür, dass Klass sich in den historischen Kontext einarbeitete und schickte ihm Begleitliteratur. Wilmowsky an Klass, 6.12.1951, HAKrupp, FAH 29/58.

884 Klass an Wilmowsky, 19.12.1951, HAKrupp, FAH 29/58.

885 Klass an Wilmowsky, 24.9.1951, HAKrupp, FAH 29/58; Berthold von Bohlen an Klass, 8.5.1953, HAKrupp, FAH 29/47.

886 Das Wichtigste war das Interview mit Alfried Krupp. Klass an Wilmowsky, 9.2.1953, HAKrupp, FAH 29/58. Aber auch mit Eberhardt, Arno Grießmann, Houdremont, Joeden, Otto Lenze, Müller,

des Nationalsozialismus. Die Gespräche, die im Herbst und Winter 1952 stattfanden, waren für das gelenkte Interesse von Klass ausreichend, vermittelten aber eine hochgradig gefärbte Sicht auf die jüngste Geschichte. Zwar erkundigten sich einige der von Wilmowsky vorgeschlagenen Interviewpartner, etwa ein vormaliges Vorstandsmitglied des Grusonwerks, im Vorfeld, wie ausführlich die persönlichen Eindrücke dargestellt werden dürften. Er und andere erhielten die Rückmeldung, Klass Auskunft darüber zu erteilen, „wie Sie es gesehen haben".[887] Das war für die ausgesuchten Interviewpartner, die ja ohnehin handverlesen waren, deutlich genug. Bei Krupp war man sich inzwischen sicher, dass Klass die „richtige Überzeugung" vertrat und aus dem ausgegebenen Material schon die im Interesse des Unternehmens liegende Krupp-Geschichte auswählen würde.[888]

Mit dem Beginn der Manuskripterstellung wurde die Einflussnahme auf Klass ganz zur Angelegenheit von Wilmowsky. Klass beteuerte, dass er „jeder Rede" zugänglich sei, und bekräftigte seinen Wunsch, „zu nützen und nicht zu schaden".[889] Berthold von Bohlen hatte sich zurückgezogen und lehnte es sogar ab, Manuskriptteile zu lesen und zu kommentieren. Alfried Krupp war nicht involviert, davon ging Klass zumindest aus.[890] Selbstverständlich aber las und kommentierte Krupp die Entwürfe, nur dass er, wie es seinem Führungsstil entsprach, selbst keinen direkten Kontakt zu Klass pflegen wollte. Allerdings waren größere Eingriffe in die Kapitelentwürfe aus seiner Sicht kaum erforderlich.[891] Kritik wurde von anderer Seite geäußert: Janssen bemängelte, das Direktorium sei zu blass geraten und schloss an einen schwelenden Konflikt zwischen Eigentümer und Management an. Das Management war bereits seit mehreren Generationen der Meinung, in der Krupp-Geschichte zu wenig Raum zu bekommen.[892] Weitergehende Berücksichtigung fand die Kritik von Janssen nicht. Für die Druckversion wurde aber die Bedeutung der „Frauen" eingefügt, was auf einen Vorschlag von Wilmowsky zurückging.[893] In der Bewertung von Gustav Krupp verließ Klass sich ganz auf Wilmowsky und dessen Charakterisierung. In Hinblick auf die kritische Frage der erneuten

Nagel (Büro Nagel), Pfirsch, Schröder und Wienle, hatte Klass Gespräche geführt. S. dazu die Schriftw., HAKrupp, FAH 27/10.

887 Zit. Berthold von Bohlen an Arno Grießmann, 27.11.1952, HAKrupp, FAH 27/10.

888 Ebd.

889 Zit. Klass an Wilmowsky, 4.5.1952, HAKrupp, FAH 29/58.

890 Klass an Wilmowsky, 8.4.1952; Wilmowsky an Klass, 26.4.1952. Klass zeigte dafür Verständnis: „Die fragliche Regelung überlasse ich ganz Ihnen. [...] Das alles soll ganz und gar auf meine Kappe gehen." Zit. Klass an Wilmowsky, 28.4.1952, HAKrupp, FAH 29/58.

891 Typoskripte, HAKrupp, FAH 28/47 u. 29/63.

892 Insgesamt habe Janssen aber eine positive Rückmeldung gegeben. Dazu Wilmowsky an Klass, 2.5.1952; Klass an Wilmowsky, 4.5.1952, HAKrupp, FAH 29/58.

893 Wilmowsky an Klass, 8.7.1952, HAKrupp, FAH 29/58.

Aufnahme der Rüstungsproduktion nach dem Ersten Weltkrieg fand Klass nach der Materiallage, die ihm zugänglich gemacht worden war, dass die Wiederaufnahme der Rüstungsaktivitäten notwendig gewesen sei, um Fachkräfte zu halten.[894] Auch der am Ende des Buches beinahe vollständig abgedruckte Brief John McCloys an den Vertrauten Krupps,[895] Karl Brandt,[896] der eine Rechtfertigung der Begnadigung Alfried Krupps erhielt, war von Wilmowsky gezielt an Klass gegeben und dann von Klass in das Manuskript aufgenommen worden.[897] Grundlegende Korrekturen waren aus Wilmowskys Sicht nicht erforderlich. Klass hatte vielmehr bereits im Vorfeld die insbesondere von Wilmowsky entwickelte Position über- und eingenommen.[898]

Im Ergebnis gliederte sich das Buch in drei Teile: 200 Seiten thematisierten den „Gründer" Alfred Krupp, 50 Seiten befassten sich mit dem „Erben" Friedrich Alfred Krupp und 190 Seiten waren dem „Treuhänder" Gustav Krupp gewidmet. Von Klass schilderte die Beziehung zwischen Krupp und dem Staat als Konfliktgeschichte, setzte dabei die Krupp-Geschichte und die politisch-deutsche Geschichte aber gleich.[899] Das Buch war überwiegend im Präsens verfasst, womit eine Gegenwartsrelevanz stilistisch erzeugt wurde, obgleich Alfried Krupp kaum vorkam. Krieg und Rüstung nahmen viel Raum ein, das allerdings auf eine übergeordnete und vergleichende, nicht aber auf das Unternehmen bezogene Art und Weise. Eine besondere Brutalität der deutschen Kriegsführung arbeitete Klass nicht heraus. Überhaupt nahm er, bei genauerer Betrachtung, nur wenige direkte Wertungen vor, das galt für die Darstellungen zur Erfindung der nahtlosen Eisenbahnreifen genauso wie für die in den Kriegen verwendeten und von Krupp gefertigten Waffen. Im Vordergrund stand durchweg die Eigentümerfigur, nicht das Direktorium.[900] Alfred Krupp war, und hier schloss Klass dann stereotyp an, „ruhelos wie der ewige Jude"[901] durch die Welt gereist und hatte dabei die „Krupp-Saga" mit „mythischer

894 Klass an Wilmowsky, 16.11.1952, HAKrupp, FAH 29/58.

895 *Klass*, Die drei Ringe, S. 476–478.

896 Karl Brandt war der Sohn von Maximilian Brandt. Er emigrierte 1933 in die USA und wurde 1938 in den Wirtschaftswissenschaften Professor an der Stanford University. Mit Krupp stand er, wegen der engen Verbindung seines Vaters mit dem Unternehmen, in Kontakt. [Alfried Krupp] Aktennotiz an Janssen, Kallen, Schröder, Hobrecker, 25.9.1953, HAKrupp, WA 94/8.

897 Wilmowsky an Klass, 2.5.1952, HAKrupp, WA 94/66.

898 Nach Abschluss des Manuskripts war Klass für einige Monate ohne Einkommen und Engagement; über den sog. Lochner-Fonds wurde er von Krupp übergangsweise finanziert. Küster an Wilmowsky, 5.3.1953, HAKrupp, FAH 29/57. Für 400 DM monatlich arbeitete Klass an einer „Propaganda-Aktion"; s. Kap. 3.4.

899 *Klass*, Die drei Ringe, S. 14 u. 18.

900 Ebd.

901 Ebd., Zit. S. 32.

Kraft“ geschmiedet.[902] Nach der Weltausstellung 1851 kamen die ersten Bestellungen, Krupp wurde zum „Kanonenkönig“ und erhielt schließlich die Rückendeckung Bismarcks. Und, so Klass, „es war später das Unglück Gustav von Bohlens, eine solche Rückendeckung entbehren zu müssen“.[903] Mit Friedrich Alfred Krupp sei eine „neue Zeit“ für das Unternehmen angebrochen,[904] nunmehr sei es gefangen gewesen in der „Rüstungsspirale“.[905] Den Erwerb der Gruson-Werke, 1893, benannte Klass als den Zeitpunkt, an dem die öffentliche Stimmung Krupp gegenüber umgeschlagen sei: „Von jetzt an wird es um das Haus Krupp keine Ruhe mehr geben“, so Klass düster.[906] Den „deutsche[n] Militarismus“ bezeichnete Klass als „Mär“. Friedrich Alfred Krupp habe sich gegen die öffentlichen Anfeindungen nicht zur Wehr gesetzt, habe nur ein „Mensch“ sein wollen und sich deshalb auf die Insel Capri zurückgezogen;[907] eine „widerwärtige Pressekampagne“ habe Krupp getötet.[908] Die Eheschließung zwischen Bertha Krupp und Gustav von Bohlen und Halbach machte aus den „Krupps“, so fand Klass, „ungekrönte Könige“.[909] Auf den Krieg vorbereitet war der ‚neue König‘ aber nicht, es sei vielmehr Hugenberg gewesen, der dem Unternehmen das schädliche Gepräge verpasst habe. Auf übermäßige Gewinne habe das Unternehmen bereits 1914 verzichtet,[910] nach dem Krieg – v. a. während des Ruhrkonfliktes – sei Gustav Krupp zum „Nationalheld“ geworden.[911] An der Aufrüstung sei er nur indirekt beteiligt gewesen,[912] wie auch an der Spendensammlung für die NSDAP.[913] Krupp habe sich Hitler sogar entgegengestellt, erst in der „Zwangslage“ sei er zurückgewichen und habe sich dem Willen Hitlers gebeugt.[914] Immerhin, Klass erwähnte die „Fremdarbeiter“ und stellte fest, ihre „trostlosen Züge“ hätten nicht abgerissen, um dann holzschnittartig zu verallgemeinern: „Alle diese Männer und Frauen sind Opfer eines Zwangssystems, das

---

902 Ebd., Zit. S. 35.

903 Ebd., Zit. S. 71.

904 Ebd., Zit. S. 216.

905 Ebd., Zit. S. 153. Zudem, so Klass, „Vickers und Armstrong lieferten der Welt weit mehr Geschütze als Krupp“. Ebd., Zit. S. 201.

906 Ebd., Zit. S. 252.

907 Ebd., Zit. S. 258.

908 Auch hier verweigerte sich Klass einer Wertung und zitierte stattdessen eine längere Passage vom schottisch-österreichischen Schriftsteller Norman Douglas, der auf Capri lebte und Krupp um die Jahrhundertwende dort kennengelernt hatte. S. ebd., S. 286 – 293.

909 Ebd., Zit. S. 310.

910 Ebd., S. 352.

911 Ebd., Zit. S. 373.

912 Ebd., S. 402.

913 Ebd., S. 411.

914 Seit 1935 habe Krupp wieder „Waffen“ hergestellt. Ebd., Zit. S. 423.

der Staat seiner Industrie oktroyiert".[915] Von Alfried Krupps Rolle oder Funktion war keine Rede. Vielmehr sprang Klass von der Niederlage zur Verhaftung und zu der von den Alliierten verhängten „Kollektivschuld".[916] Im Krupp-Prozess seien die Angeklagten ausgeliefert gewesen: „Die Angeklagten wissen nicht, wie diese Richter denken, ob sie sich gründlich mit der deutschen Geschichte beschäftigt, wie weit sie sich eingefühlt haben in die eigentümliche Lage, in welche die Deutschen seit 1933 geraten waren."[917] Auch nach der Begnadigung und der Freigabe des Vermögens, so endete Klass, sei Krupp nicht frei. Weiterhin müsse Krupp „Widersprüchliches" über sich ergehen lassen.[918]

Um den Verlag hatte Klass sich gekümmert und war mit dem renommierten Rainer Wunderlich Verlag handelseinig geworden. Der Verlag erklärte das Buch zur wichtigsten Neuerscheinung seines Herbstprogrammes 1953.[919] Bis ein unmittelbarer Kontakt zwischen Krupp und dem Verlag hergestellt war, dauerte es. Erst im Juni 1953, während das Buch bereits im Druck war, meldete sich der Verlagslektor Hans Roesch[920] bei Wilmowsky und fragte an, ob Krupp an der Verwendung des Buches für innerbetriebliche oder externe „Werbezwecke" interessiert sei. Zudem bot er Rabatt für die Abnahme einer größeren Stückzahl an.[921] Bei Krupp war man einverstanden und nahm 3.000 Exemplare ab.[922] „Die drei Ringe" wurden auf dem deutschen Markt so erfolgreich, dass Klass sich bald um eine englische Übersetzung kümmern konnte. Wilmowsky lehnte das zwar ab, wohlwissend, dass die im Buch vorgenommene Reproduktion der unternehmensgesteuerten Krupp-Geschichte und der maßgeblich von ihm selbst entwickelten Anschlusserzählung zwar

---

915 Ebd., Zit. S. 435.

916 Ebd., Zit. S. 444. Zur „Kollektivschuld", die amtlich von den Alliierten nie formuliert wurde, sondern semantisch die „Vergangenheitspolitik" (Nobert Frei) der frühen Bundesrepublik prägte und gleichzeitig als Vorwurf in der Gesellschaft implementiert wurde: *Wolbring*, Nationales Stigma.

917 Zit. *Klass*, Die drei Ringe, S. 451.

918 Ebd., Zit. S. 479.

919 Klass an Berthold von Bohlen, 12.6.1952; Berthold von Bohlen an Klass, 16.6.1952, HAKrupp, FAH 27/10.

920 Hans Roesch war Lektor im Rainer Wunderlich Verlag. Die Beziehung zwischen Krupp, v. a. Wilmowsky, und dem Lektor war sehr eng. Roesch wurde Anfang der 1970er Jahre selbst als Autor bekannt. S. *Roesch*, „Das dritte Talent". Dieses war von der Vereinigung von Unternehmerinnen e.V. angestoßen. S. *Eifert*, S. 180 (Anm.).

921 Mit der Robert Bosch GmbH habe man eine Regelung gefunden, die einen Rabatt von 20 % des Ladenpreises beinhalte und die man Krupp auch anbieten wolle; Roesch empfahl „mit bestem Gewissen einen größeren" Abnahmevertrag. Die betr. Publikation: *Heuss*; Zit. Roesch an Wilmowsky, 26.6.1953, HAKrupp, FAH 29/58.

922 Krupp nahm von der ersten Auflage (15.000 Exemplare) 3.000 Exemplare (2.600 Leinenexemplare, 400 Lederexemplare) zu dem vorgeschlagenen Vorzugspreis ab. Roesch an Wilmowsky, 30.10. 1953, HAKrupp, FAH 29/47.

ein „populäres" Lesebedürfnis in der Bundesrepublik, aber wohl kaum das Bedürfnis des britischen oder gar US-amerikanischen Lesers treffen würde. Klass gegenüber gab Wilmowsky als Grund aber etwas anderes an: Der Abdruck des Briefes von McCloy sei in den USA nicht statthaft. Brandt hatte sich McCloy gegenüber für eine Begnadigung von Krupp ausgesprochen, der Abdruck des Briefes sei aber nicht von McCloy autorisiert worden.[923] Das war nur vorgeschoben. Wichtiger war etwas anders: Krupp hatte mit Louis Lochner bereits einen US-amerikanischen Autoren engagiert.[924] Da Krupp Klass aber nicht vertraglich gebunden hatte, konnte Wilmowsky nicht verhindern, dass Klass seine „drei Ringe" an andere Verlage verkaufte: Im Herbst 1954 erschien es auf dem englischen Markt, verlegt von Sidgwick & Jackson,[925] dann auf dem französischen Markt, verlegt von der Edition du Pavois, und für den US-amerikanischen Markt gewann Klass sogar die Oxford University Press (New York).[926] Im deutschsprachigen Raum wurden 39.000 Exemplare verkauft (Klass selbst bezifferte 45.000 verkaufte Exemplare)[927]; nur zehn Prozent davon hatte Krupp erworben und in Umlauf gebracht.[928]

Klass „Die drei Ringe" war also die populäre Version von Wilmowskys Geschichtskonstruktion. Neu war sie nicht; Wilmowsky hatte die Konzeption bereits für „Warum wurde Krupp verurteilt?" vollumfänglich entwickelt. Für die allgemeine westdeutsche Öffentlichkeit aber war sie neu. Klass war überaus zufrieden mit der Resonanz und war sich der Bedeutung Wilmowskys für das Gelingen sehr bewusst. Er schickte ihm das erste Druckexemplar und versah es mit der Widmung: „Dem Mentor dieses Werkes, dem überlegenen, weisen Lenker seiner Geschicke, Thilo Freiherr von Wilmowsky, vom Verfasser in tiefster Verehrung und Dankbarkeit zugeeignet in dem Bewusstsein, dass es sich hier um eine jener schicksalhaften Begegnungen handelt, ohne die ein Werk, das den Rahmen des Alltags sprengt, nur selten gedeiht."[929]

---

923 Wilmowsky an Klass, 27.1.1954, HAKrupp, FAH 29/47.

924 S. dazu Kap. 3.4.

925 Der Daily Herald reagierte kritisch auf die Übersetzung, die unter dem Titel „Krupps – the Story of an industrial Empire" veröffentlicht wurde; v. a. wurde bemängelt, dass die Zwangsarbeit keine Berücksichtigung gefunden habe. Dazu Gert von Klass, „Krupp-Buch erregt London". Gert von Klass antwortet der NRZ – Jedes bedeutende Werk hatte Fremdarbeiter, in: Neue Ruhr Zeitung, 5.11.1955.

926 Wilmowsky an Kranzbühler, 14.5.1954, HAKrupp, FAH 29/47. Die Times druckte eine positive Besprechung. S. dazu [Rez.], in: Times, 8.12.1954; kritisch dagegen *W.O. Henderson*, Art. Krupps, in: Manchester Guardian, 21.12.1954.

927 *Klass*, Der Schreiber, S. 76.

928 Hundhausen an Wilmowsky, 2.3.1961, HAKrupp, FAH 29/2.

929 Zit. Klass an Wilmowsky, 18.9.1953, HAKrupp, FAH 29/58.

3.4 Geschichte für den angloamerikanischen Markt: Louis Lochners „Tycoons and Tyrant"

> Wir sind hier der Ansicht, daß dieses Unternehmen unter allen Umständen von dort [den USA, d. Vf.] gestartet erscheinen muß.[930]
>
> Tilo von Wilmowsky, 1952

Bereits 1950, als darüber nachgedacht wurde, ob eine englische Version von „Warum wurde Krupp verurteilt?" veröffentlicht werden sollte, hatte Wilmowsky im größeren Kreis der Industriellen angeregt, einen „englischen Publizisten" zu gewinnen, „der das Thema Unternehmer und Staat grundsätzlich" anpacken sollte.[931] Rückhalt fand er bei Herbert von Dirksen[932] und Heinrich Brüning, die beide fanden, mit dem Korea-Krieg habe sich insbesondere das Urteil in England geändert. Eine Ausarbeitung über das Verhältnis von Wirtschaft und Staat in der NS-Zeit sei mehr als angebracht und würde im Ausland auf ein breites öffentliches Interesse stoßen.[933] Ein englischer „Federfuchser" mit Rang und Namen wollte allerdings erst einmal gefunden werden. Dirksen empfahl Montgomery Belgion.[934] Dirksen schrieb diesen frühen Kritiker der Nürnberger-Prozesse an und erkundigte sich, ob er daran interessiert sei, ein Buchmanuskript zum „Unternehmer im totalen Staat und im totalen Krieg" zu schreiben.[935] Ein derartiges Buch, so äußerte allerdings Belgion, könne nur dann Erfolg haben, wenn es gelänge, die Geschichte in die Form einer „dramatic story" zu bringen. Das sah er nicht als gegeben,[936] er lehnte dankend ab.[937]

---

930 Wilmowsky an Scheffer, 29. 2. 1952, HAKrupp, FAH 29/56.

931 Wilmowsky an Henze (Rechtsanwalt Rolf W. Müller), 8. 9. 1950, HAKrupp, FAH 29/65.

932 Herbert von Dirksen machte zunächst als Beamter Karriere. Während des Ersten Weltkrieges wurde er in der Zivilverwaltung in Belgien eingesetzt. Dort lernte er Wilmowsky kennen. In der Zwischenkriegszeit setzte Dirksen seine Karriere als Diplomat fort; 1938 wurde er Botschafter in London. Nach dem Krieg zog sich Dirksen weitgehend zurück. *G. Mund*, Art. Dirksen, Herbert von, in: NDB-online [1. 7. 2022].

933 Dirksen an Wilmowsky, 21. 7. 1950, HAKrupp, FAH 29/55.

934 Montgomery Belgion war britischer Journalist und Autor. Während des Zweiten Weltkrieges geriet er mehrfach in deutsche Gefangenschaft. Mit „Victors' Justice" hatte Belgion 1947/1949 eine in der direkten Nachkriegszeit viel beachtete Kritik an den Nürnberger (Nachfolge-)Prozessen veröffentlicht. S. *Belgion*.

935 Zit. Dirksen an Wilmowsky, 21. 7. 1950; o.V. [Dirksen] an Brüning, 4. 9. 1950; Dirksen an Belgion, 7. 9. 1950, HAKrupp, FAH 29/55

936 Belgion an Dirksen, 15. 9. 1950, HAKrupp, FAH 29/55. Später wollte Belgion die Übersetzung von „Victors' Justice" veröffentlichen und suchte dafür „Zuschüsse". Das Deutsche Industrieinstitut (DI), das die erforderlichen Mittel auf etwa 5.000 bis 7.000 DM schätzte, lehnte ab, ebenso Wilmowsky. Hesse an Wilmowsky, 7. 4. 1954; Kranzbühler an Wilmowsky, 29. 4. 1954, HAKrupp, FAH 29/66.

Wilmowsky suchte weiter und verlegte sich schon bald auf den US-amerikanischen Autorenmarkt. Allen W. Dulles, Arthur Garfield Hays oder auch Sinclair Lewis, allesamt Amerikaner, kamen für ihn in Betracht.[938] Eugene Arthur Davidson, Herausgeber der Yale University Press, wurde angeschrieben.[939] Auch über den Historiker Fritz T. Epstein,[940] der 1933 aufgrund seiner jüdischen Abstammung emigriert war, wurde nachgedacht. Dieser Vorschlag wurde nicht weiter verfolgt, weil Wilmowsky zugetragen wurde, dass Epstein „Linkssozialist" sei.[941] Wilmowskys Autorenkompetenz war erkennbar auf den deutschen Autorenmarkt begrenzt. Es ist höchst unwahrscheinlich, dass Dulles, der im Auftrag des Office of Strategic Services während des Krieges über die Schweiz den Widerstand unterstützt hatte, oder Hays, ein aktiver und einflussreicher Bürgerrechtler und Kritiker Joe McCarthys, den Auftrag übernommen hätten. Und Lewis, den man ebenfalls in Erwägung gezogen hatte,[942] war zu diesem Zeitpunkt bereits verstorben. Nicht nur die Suche nach einem passenden Autoren war schwierig. Auch die Organisation eines derartigen Publikationsvorhabens war deutlich anspruchsvoller als die für den westdeutschen Markt, wie der auch hier beratende Kranzbühler zu bedenken gab. Denn erstens müsse die Veröffentlichung, um unabhängig zu wirken, in Amerika finanziert und zweitens müsse das „Material zur Verfügung" gestellt werden, und dies – zumindest in der Theorie – „unbeschränkt".[943] Allerdings, so Kranzbühler, hätte man „ja kein Interesse an irgend *einer* Veröffentlichung über die

---

937 Belgion an Dirksen, 4.11.1950, HAKrupp, FAH 29/55.

938 Wilmowsky hatte auch Marion Dönhoff nach potenziellen Autoren gefragt. S. dazu den Schriftw., HAKrupp, FAH 29/55. Bei Krupp bewertete man die Beziehung zu Dönhoff als sehr gut. Erst nach Erscheinen des Artikels von *H.O. Eglau* (Wie Berthold Beitz seinen Ruf retten wollte, in: Die Zeit, 17.8.1973) kühlte sich das Verhältnis von Krupp zu Die Zeit ab. Hundhausen an Beitz, 20.8.1973, HAKrupp, WA 125/7; s. auch *Conze*, Aufstand.

939 O.V., Entwurf, Brief an Eugene Davidson, o.D., HAKrupp, FAH 29/55. Davidson wurde auf Belgions Hinweis hin kontaktiert; mit ihm – so hoffte Wilmowsky – würde das Werk bei der renommierten Yale University Press erscheinen können. Als problematisch stellten sich allerdings die gestellten Bedingungen heraus: Freier Zugang zu allen Materialien und eine Finanzierung des Vorhabens von britischer oder US-amerikanischer Seite, so forderte es der kontaktierte Dekan der wirtschaftswissenschaftlichen Abteilung der Yale University. Das hätte den Initiatoren die Kontrolle über den Inhalt aus der Hand genommen und wäre außerdem sehr teuer geworden. Von dieser Idee wurde daher sehr bald Abstand genommen. Belgion an Dirksen, 12.12.1950; Dirksen an Wilmowsky, 12.12.1950, HAKrupp, FAH 29/55; Wilmowsky an Dirksen, 30.1.1951, HAKrupp, FAH 29/55.

940 Fritz T. Epstein war Historiker mit einem Schwerpunkt in der Osteuropäischen Geschichte. *A. Fischer*, Nekrolog Fritz T. Epstein, in: HZ 1, 1980, S. 521f.

941 Scheffer an Wilmowsky, 8.9.1951, HAKrupp, FAH 29/55.

942 Wilmowsky an Müller, 13.11.1950, HAKrupp, FAH 29/55.

943 Kranzbühler an Wilmowsky, 16.1.1951, HAKrupp, FAH 29/55; Wilmowsky an Dirksen, 30.1.1950, HAKrupp, FAH 2755.

deutsche Industrie, sondern nur an einer sehr bewußten Richtigstellung der vielen falschen Ansichten, die drüben verbreitet werden.“[944]

In Absprache mit Rolf W. Müller[945] von den IG Farben i.L. war bald Einigkeit darüber hergestellt,[946] dass das Büro Nagel, das die Verteidigungsunterlagen für die in den Nachfolgeprozessen Angeklagten der Unternehmen Krupp, Flick, IG-Farben und Röchling gesammelt und verwaltet hatte, das Material für das Buchvorhaben zur Verfügung stellen sollte.[947] Das hatte für die Gruppe der beteiligten Industriellen den Vorteil, dass dort ausschließlich entlastendes Material eingelagert war und die vorhandenen Unternehmensarchive aus der zur Verfügungstellung des Materials herausgehalten werden konnten. Das Büro Nagel war im August 1948 von Nürnberg nach Essen verlegt und dort der Industrie- und Handelskammer, unter der Leitung von Theo Goldschmidt, lose angegliedert worden.[948] Mit dem Umzug des Büros nach Essen war eine Veränderung des Aufgabengebiets einhergegangen. Es ging zunehmend um eine Einflussnahme auf die öffentliche Meinung, wobei das Büro zur DPA, FAZ und Welt eine enge und als verlässlich bewertete Beziehung entwickeln konnte. Heinz Nagels[949] Einfluss sollte allerdings nicht überbewertet werden. Nagel, so fanden die beratenden Industriellen, sollte höchstens die „Rolle eines Mittlers“ einnehmen und das vorsortierte Material ausgeben. Als „Inspirator“, als intellektueller Wegweiser für das Vorhaben also, war Nagel in ihren Augen nicht geeignet.[950] Ein „Beirat“ der an dem Publikationsvorhaben interessierten Industrievertreter wurde gebildet, dessen Aufgabe es war, den notwendigen Jahresetat für den Betrieb des Büro Nagel und die für das Publikationsvorhaben erforderlichen Mittel aufzubringen.[951] Bis zur Begnadigung der in Landsberg inhaftierten Industriellen blieb es aber bei einem regen Briefwechsel zwischen den Interessenten.[952]

---

944 Zit. Kranzbühler an Wilmowsky, 16.1.1951 [HiO], HAKrupp, FAH 29/55.

945 Der Jurist Rolf W. Müller war Assistent bei der IG-Farben i.L. und also solcher nach den Nürnberger Nachfolgeprozessen mit der Abwicklung der IG-Farben befasst. S. zu Müller kursorisch *Roelevink*, Getrennter Wege?.

946 Müller an Wilmowsky, 20.9.1950, HAKrupp, FAH 29/55. Müller befürwortete schon zu diesem Zeitpunkt, dass Wilmowsky die Federführung über das Projekt übernahm. Müller an Wilmowsky, 4.10.1950, HAKrupp, FAH 29/55.

947 Wilmowsky an Müller, o.D., HAKrupp, FAH 29/55.

948 Goldschmidt an Blank, Burandt, Sogemeier, Springorum, Stein, vertraulich, 25.2.1954, HAKrupp, FAH 29/57.

949 Heinz Nagel war Büroleiter des sog. Büro Nagel. Er war im Zweiten Weltkrieg Offizier im OKW gewesen. Nagel trat nach der Auflösung des Büro Nagel in den Dienst des Auswärtigen Amtes. Kursorisch *Wiesen*, Verteidigung, S. 363f.

950 Wilmowsky an Maschke, 30.5.1951, HAKrupp, FAH 29/55.

951 Zu den Beiratsmitgliedern gehörten: für den Bereich Kohle Otto Springorum, für Eisen Martin Blank und für Chemie Theo Goldschmidt sowie je ein Vertreter vom BDI und von der IHK Essen.

Den entscheidenden Hinweis für einen passfähigen Autor lieferte dann Paul Scheffer,[953] ein Journalist aus Wilmowskys Netzwerk, der seit 1940 in den USA tätig war. Scheffer lehnte einen „akademischen Ellaboratoren" ab und bewertete die „[u]eberdisciplinierte Sprache, [ein] unwillkuerliches Hineingleiten in schematische Ausdrucksweise[n] ohne allen Reiz, [eine] allzu diskrete Behandlung der eigenen Ueberzeugungen" für einen öffentlichkeitswirksamen Erfolg des Vorhabens als geradezu „toedlich".[954] Anstelle des bis dahin von der Gruppe präferieren Wissenschaftlers schlug Scheffer Wilmowsky Louis Paul Lochner vor.[955] Lochner war ein bekannter US-amerikanischer Journalist, Schriftsteller und zudem mit Scheffer gut befreundet. Einige Publikationsprojekte hatten sie gemeinsam bearbeitet. So hatte Lochner mit Scheffer als seinem Ghostwriter die Autobiografie von Louis Ferdinand Prinz von Preußen[956] erstellt, die 1952, verlegt von Regnery, unter dem Titel „Rebel Prince" in den USA erschienen war.[957] Lochner war mit einer „Deutsch-Elsässerin" verheiratet und seit den 1920er Jahren als Korrespondent der Associated Press in Berlin tätig gewesen.[958] Schon 1945 hatte Lochner sich mit „grossem Mut" für die „billige Beurteilung des Verhaltens des deutschen Volks unter Hitler" eingesetzt, so Scheffer. Und schließlich hatte Lochner die Goebbels-Tagebücher „sorg-

Neben Nagel waren ein, zeitweise zwei Sekretärinnen im Büro Nagel beschäftigt. Zit. Nagel, Aufzeichnung über das Büro Dr. Nagel, Stand Aug. 1951, HAKrupp, FAH 29/56.

952 Schriftw. zw. Wilmowsky u. Dirksen, Febr. 1951, HAKrupp, FAH 28/55.

953 Paul Scheffer war während des Ruhrkampfes für das Berliner Tageblatt im Ruhrgebiet tätig gewesen und hatte dort Bekanntschaft mit Wilmowsky gemacht. 1930 wurde Scheffer als Korrespondent des Berliner Tageblatts in die USA entsandt. 1936 verließ er Deutschland und siedelte 1940 in die USA über und schrieb auch dort weiter für Das Reich. In den USA wurde er dann interniert, 1943 aber entlassen. Nach Kriegsende blieb Scheffer in den USA. S. *B. Holtz*, Art. Scheffer, Paul, in: NDB 2, 2005, S. 613.

954 Zit. Scheffer an Wilmowsky, 15. 8. 1951, HAKrupp, FAH 29/55.

955 Wilmowsky und Lochner kannten sich bereits und standen in Briefkontakt. Wilmowsky an Lochner, 29. 6. 1950, HAKrupp, FAH 29/65.

956 Louis Ferdinand von Preußen (1907 – 1994) war seit 1951 und bis zu seinem Tod das Familienoberhaupt der Hohenzollern. Der Prinz, obwohl ein Unterstützer des Nationalsozialismus, befand sich 1933 in den USA bei Ford, kehrte nach der Machtübernahme aber ins Reich zurück. Mit Henry Ford verband ihn sein Antisemitismus. Er führte nicht nur die Geschäfte der Hohenzollern, sondern orchestrierte auch deren restaurative Öffentlichkeitsarbeit. *Malinowski*, kursorisch mit Bezug auf Lochner, S. 513 – 567.

957 Der „Rebel Prince" war eine Koproduktion von Scheffer und Lochner, obgleich nur Lochner als Verfasser des Vorworts in der Publikation genannt wurde. S. *Prinz v. Preussen*; Schriftw. dazu, WHS, Coll. 37, US Mss 21AF Box 38, F2; s. auch *H.J. Morgenthau*, Art. He would be Emperor of Germany if, in: Sunday's Tribune, 2. 11. 1952.

958 Zur AP und Lochner bis 1945 ausf. *Domeier*, Weltöffentlichkeit.

fältig" herausgegeben, was für seine richtige Haltung sprach.[959] Für Lochner sprach außerdem, dass er im Unterschied zu einem Wissenschaftler kein in den USA verankerter Professor war, sondern sich seit 1946 aus dem Tagesjournalismus zurückgezogen hatte und als freier Autor arbeitete. Zuzüglich Spesen würde Lochner die Aufgabe für einen „Ertrag aus den Royalties" übernehmen, so Scheffer. Dass es der Verlag Regnery sein müsse, stand nicht zur Debatte, sondern wurde von Scheffer, der Regnery zu Lochners Verlag erklärte, gesetzt.[960] Lochner, so riet er, müsse allerdings bald ein konkretes Angebot bekommen, er sei sehr gefragt und ihm lägen weitere, interessante Offerten vor.[961] Der Vorschlag stieß auf Zustimmung. Alfried Krupp ließ übermitteln, dass Krupp 10.000 Dollar in die USA transferieren könne.[962] Allerdings, so schränkte er ein, die erforderlichen Mittel sollten von allen Beteiligten und nicht ausschließlich von Krupp aufgebracht werden.[963] Mit dem Einverständnis von Alfried Krupp hatte Wilmowsky das Mandat, das Vorhaben als Gemeinschaftsvorhaben der Industrie auf die Schiene zu setzen und die Finanzierung zusammenzubringen.

Wilmowsky wandte sich an die Industriellen, die bereits vorher – während der noch laufenden Nachfolgeprozesse – ein gemeinsames Vorhaben angedacht hatten. Feste Zusagen erhielt er von Hermann Winkhaus für die Mannesmann AG, Hans-Günther Sohl für die Vereinigten Stahlwerke i.L., Friedrich Silcher für die Farbenfabriken Bayer AG, Ernst Tengelmann für die Essener Steinkohlenbergwerke AG, Wilhelm Bedbur für die Flick KG, Hans Pinckernelle von den Klöcknerwerken i.L., Wolfgang Küster vom Studienausschuss für die Organisation und Leistungssteigerung der Montanindustrie und Fritz Hellwig vom Deutsches Industrieinstitut. Auch

---

959 Die von Lochner herausgegebenen Goebbels-Tagebücher waren dessen erster Bestseller. „Royalties" erhielt er aus dieser Veröffentlichung aber nicht. Lochner an Erika Sonntag, 14.4.1949, WHS, Coll. 37/21 AF, Box 10 F10. Lochner dürften bei der Herausgabe sehr persönliche Interessen geleitet haben. Er hatte sich beim deutschen Überfall auf Polen von der NS-Propaganda instrumentalisieren lassen und wollte wissen, ob Goebbels das in seinem Tagebuch vermerkt hatte. Scheffer an Wilmowsky, 20.9.1951, HAKrupp, FAH 29/55.

960 Wilmowsky an Lochner, 26.10.1951, WHS, Coll. 37/21 AF, Box 10, F 48. Zit.: „Ich möchte Ihnen hiermit die Versicherung geben, daß ich mit meinen deutschen Freunden diese Bereitwilligkeit hoch zu würdigen weiß, daß Sie unserer aufrichtigen Dankbarkeit gewiß sein können, und daß wir alles aufbieten werden, um Ihnen hier die Wege zu ebnen, Ihnen das gewünschte Material zur Verfügung zu stellen und Ihnen in jeder Weise behilflich zu sein."

961 Scheffer an Wilmowsky, 20.9.1951; Wilmowsky an Kranzbühler, 29.9.1951; Dirksen an Wilmowsky, 3.10.1951, HAKrupp, FAH 29/55.

962 Die Devisenabteilung im Wirtschaftsministerium hatte keine Bedenken, sondern ließ sich von der „Bedeutung" des Vorhabens überzeugen. Zit. Kranzbühler an Goldschmidt, 18.3.1952, HAKrupp, FAH 29/56.

963 Kranzbühler an Wilmowsky, 12.10.1951, HAKrupp, FAH 29/55.

Peter Brunswig, Mitinhaber des Bankhaues C.G. Trinkaus, und Paul Reusch für die Gutehoffnungshütte signalisierten ihre Bereitschaft, sich zu beteiligen.[964]

Um die Aufwendungen möglichst gering zu halten, beschlossen die Interessierten die Finanzierung über den Bundesverband der Deutschen Industrie (BDI) zu organisieren.[965] Dort war man allerdings nur wenig begeistert. Namentlich der BDI-Präsident Fritz Berg torpedierte die Initiative. Er hielt den Zeitpunkt für ungeeignet, brachte auch Vorbehalte gegen den vorgeschlagenen Verfasser zum Ausdruck und sprach sich zudem grundsätzlich gegen eine Publikation aus, die die Zuwendungen von deutschen und ausländischen [!] Industriellen an die NSDAP aufs Tableau bringen wollte.[966] Wilmowsky sah sich veranlasst, Berg die Motive detailliert darzulegen: Zunächst brachte er sein ganzes Gewicht ein: Ihm selbst, „dem Schwager des verstorbenen Herrn [Gustav] Krupp von Bohlen", sei an dem Vorhaben sehr gelegen. Seit Jahren würde an dem Vorhaben gearbeitet. Jetzt sei es endlich gelungen, einen US-amerikanischen Verlag zu gewinnen, Theo Goldschmidt sei involviert und bereit, als Präsident der IHK Essen die offizielle Schirmherrschaft zu übernehmen. Einen problematischen Zeitpunkt könne er nicht erkennen, im Gegenteil: Sowohl Brüning als auch Karl Brandt, die sich mit der augenblicklichen „Mentalität" in den USA bestens auskennen würden, seien der Ansicht, dass auch in den USA die Einsicht über „die Unhaltbarkeit der Nürnberger Urteile" stetig wachse. Auch Vorbehalte gegen Lochner wollte Wilmowsky nicht gelten lassen. Vielmehr könne man froh sein, einen Autor wie ihn überhaupt gewonnen zu haben. Undenkbar, dass man Lochner den Vorwurf des „Nazitums" machen könne. Auch den Vorbehalt, dass es problematisch sei, die Zuwendungen von Industriellen an die NSDAP aufzudecken, wollte Wilmowsky nicht gelten lassen: „[V]erehrter Herr Berg, müssen wir uns denn nicht auf den Standpunkt stellen, daß wir das größte Interesse daran haben, von unparteiischer Seite die Wahrheit festgestellt und den Beweis geliefert zu sehen, daß Geldzuwendungen Einzelner, die zudem längst öffentlich bekannt geworden sind, auf die Machtergreifung Hitlers und den Kriegsausbruch ohne jeden Einfluß

964 Die Schlussrechnung des „Lochner-Fonds" wies Einnahmen von 98.000 DM aus; davon hatten eingezahlt: 40.000 DM Krupp, 12.000 DM Bayer, je 10.000 DM Flick, Hoesch, Mannesmann und VSt i.L. sowie 6.000 DM Klöckner. Etwas über 50.000 DM waren dem Verlag Regnery transferiert worden, Lochner hatte zzgl. zu den Einnahmen aus seinem Verlagsvertrag 18.000 DM erhalten; die Aufwendungen für das Büro Nagel bezifferten sich auf 12.000 DM. Die verbleibenden Mittel, ca. 17.000 DM, wurden für die Übergangsfinanzierung von Klass aufgewendet. Küster an Kranzbühler, 15.12.1952, HAKrupp, FAH 29/56.

965 Pohle an Wilmowsky, 23.2.1952, HAKrupp, FAH 29/56.

966 BDI und DI konzentrierten sich zu der Zeit stark auf die Mitbestimmung und die anhängige Debatte über den „Unternehmer". In diese Richtung ging auch ihre „publizistische Arbeit". Fritz Hellwig (DI) an Vorstand, 22.1.1953, v.a. Anlage betr. Organisations- und Arbeitsvorschläge, Archiv des Bundesverbandes der Deutschen Industrie (Archiv BDI), A/503.

waren?" Der Wunsch, das Vorhaben zu realisieren sei groß und auch die Finanzierung habe man bereits zusammen, so Wilmowsky vollmundig. Er bot Berg eine mündliche Aussprache an und bat ihn, die Angelegenheit noch einmal erwägen zu wollen.[967] Berg sah allerdings keine Veranlassung, sich mit Wilmowsky zu befassen. Und er hatte die Möglichkeit, dem Vorhaben Steine in den Weg zu legen. Denn das „Material", das Lochner zur Verfügung gestellt werden sollte, war die Dokumentation der Verteidigung, die im Büro Nagel gesammelt und zusammengeführt worden war. Die Querfinanzierung und Unterhaltung des Büros Nagel erfolgte über den BDI, genauer über das Deutsches Industrieinstitut in der IHK Essen.[968] Einen Antrag auf Verlängerung des Büro Nagel um ein weiteres Jahr, das den BDI rund 27.000 DM gekostet hätte, lehnte Berg formlos und ohne weitere Begründung ab.[969]

Damit wurde das Projekt aber nicht eingestellt. Eindeutig gegen Berg gerichtet und als Notbehelf wurde das Büro Nagel vom Chemieverband zwischenfinanziert.[970] Berg hatte sich nicht durchgesetzt. Die Unterstützung der Lochner-Publikation sollte aber zur letzten Aktivität des Büros Nagel werden. Nach dem Abschluss der Recherchen, Anfang 1954, stellte es seine Tätigkeit ein.[971] Goldschmidt resümierte äußerst positiv: „Dadurch [die Unterstützung Nagels für Lochners Buch, d. Vf.] konnte Einfluss genommen werden auf die dokumentarische Darstellung einer Phase, in der die Integrität des gesamten deutschen Unternehmertums in Frage gestellt zu werden drohte. Es kann angenommen werden, daß das Buch Lochners, jetzt von Ex-Präsident Hoover und Paul Scheffer durchgesehen, dem Verlag in endgültiger Fassung vorliegend, in seinen Fakten unangreiflich und in der Darstellung auf USA-Leser ausgerichtet, nicht nur in den USA Aufklärungen hervorrufen, sondern auch in Deutschland seine Wirkung haben wird."[972] Allerdings war es, trotz der Hilfe des Chemieverbandes, schwierig, die Finanzierung zusammenzubringen; Trinkaus und die Gutehoffnungshütte etwa zogen sich ganz zurück.[973] Scheffer indes machte seine Sache in den USA sehr gut und fand einen Weg,

---

967 Wilmowsky an Berg, 28.2.1952, HAKrupp, FAH 29/56.

968 Zur Verbindung von BDI und DI 1950 s. *Wiesen*, Challenge, S. 102–106; zum DI s. *Dietz*, S. 51–58.

969 S. für die Aufstellungen der von BDI/DI zu der Zeit vorgenommenen PR-Ausgaben sowie für die Kurzberichte über Institutsarbeiten, 1952 u. 1953, Archiv BDI, A/503.

970 Goldschmidt an Wilmowsky, 2.1.1952, HAKrupp, FAH 29/56.

971 Goldschmidt an Blank (GHH), Burandt (IHK Essen), Menne (Verband der Chemischen Industrie), Sogemeier (Essen), Springorum (GBAG), Stein (Köln), 25.2.1954, HAKrupp, FAH 29/57.

972 Zit. Goldschmidt an Blank, Burandt, Menne, Sogemeier, Springorum, Stein, 25.2.1954, HAKrupp, FAH 29/57.

973 Brunswig an Pohle, 2.5.1952; Hilbert an Pohle, 10.5.1952. Am Ende ließ sich der „Lochner-Fonds" aber zusammenbringen; Krupp ging in Vorleistung und Wilmowsky stellte die Beteiligung der verbliebenen Konzerne sicher. Etwa Wilmowsky an Sohl, betr. Lochner-Publikation in den USA, 23.5.1952, HAKrupp, FAH 29/56.

„der auch jeden Anschein vermeidet, als ob es sich um ein von deutscher Seite finanziertes Plädoyer handelt".[974] Lochner drückte allerdings zunehmend die Sorge, dass seine Auftraggeber die Mittel nicht zusammenbringen könnten. Er erhöhte, wohl auf Scheffers Wink hin, den Druck und drängte bei Walter Gong, dem damaligen Pressereferenten für die Diplomatische Vertretung der BRD in Washington, darauf, bei Krupp nachzuhören. Es gelte strengste „Geheimhaltung", so Wilmowsky betreten, als er Nachricht von Gong erhielt. Dann wiegelte er ab: Gong könne ganz beruhigt sein, es werde alles getan, um das Vorhaben zu realisieren.[975]

Den Vertragsentwurf sendete Kranzbühler, stellvertretend für die IHK Essen, die als Vertragspartner von Regnery auftreten sollte, nach Chicago. Demnach sollte der Verleger, Regnery, den Kontakt mit Lochner aufnehmen und Lochner als Autor unter Vertrag nehmen. Lochners Auftrag sollte es sein, „an objective and factual book on the actual extent of the responsibility of Ruhr industry for the rise of Hitler, the industry's relations with the Nazi regime, and its participation in preparations for, and actual prosecution of the war" zu schreiben. Zudem sollte er „the historical background of the Nazi period and important developments in Ruhr industry, both political and economic, since the war" behandeln. Goldschmidt würde „here in the Ruhr all records and materials" verfügbar machen, die Lochner für eine „objective and unbiased study" benötige. Inhaltlichen Einfluss würde Goldschmidt dabei nicht nehmen, wie vertraglich ausdrücklich festgelegt wurde: „I [Goldschmidt] shall have no right to, and shall not attempt to exercise any control, directly or indirectly, over Mr. Lochner's selection or interpretation of materials or his arrangement of the book or conclusions stated in it. Mr. Lochner will have no contractual or other obligations to me."[976] Von den 16.000 Dollar, die die Gruppe an Regnery zu transferieren hatte, waren 10.000 Dollar für Lochner als Vorschuss auf seine Tantiemen bestimmt, 6.000 Dollar waren für Spesen vorgesehen. Die Veröffentlichung schließlich sollte auf Rechnung und Risiko des Verlags erfolgen und, spätestens sechs Monate nachdem Lochner das Manuskript fertiggestellt hatte, erscheinen. Die Tantiemen für Lochner wurden wie folgt festgelegt: Auf die ersten 5.000 Exemplare sollten 10 Prozent des Verkaufserlöses, dann ab 10.000 verkaufter Exemplare aufsteigend bis 15 Prozent an Lochner ausbezahlt werden.[977] Der Vertrag entsprach damit der Leitidee der Industriellen, die Wilmowsky Scheffer immer wieder unterbreitete: Jeder Anschein, dass es sich „um ein von deutscher Seite finanziertes

974 Wilmowsky an Scheffer, 3.11.1951, HAKrupp, FAH 29/55.

975 Gong an Wilmowsky, 8.5.1953; Wilmowsky an Gong, 20.5.1952, HAKrupp, FAH 29/56. Zur späteren Vermittlung von Gong: Regnery an Lochner, 4.2.1954, WHS, Coll. 37/US Mss 21AF Box 8 F38.

976 Zit. Vertragsentwurf, übermittelt von Kranzbühler an Regnery, o.D., HAKrupp, FAH 29/56.

977 Ebd.

Plädoyer“ bzw. eine insbesondere von Krupp initiierte Veröffentlichung handele, müsse vermieden werden.[978]

Im Januar 1952 erhielt Wilmowsky den Vertragsentwurf von Regnery, der kaum Änderungen vorgenommen hatte und lediglich bestätigte, „that all correspondence and negotiations take place between you and us and between us and Mr. Lochner.“[979] Formal übernahm der Verlag damit die Funktion der kommunikativen Schnittstelle zwischen Auftraggeber und Auftragnehmer, um den Verdacht einer Einflussnahme der Auftraggeber auf Lochner gar nicht erst aufkommen zu lassen.[980] Das war aber eine reine Formalie. Wilmowsky hatte bereits Ende Oktober 1951 Kontakt zu Lochner aufgenommen und auch Lochner kommunizierte längst und direkt mit seinen Auftraggebern.[981] Lochner äußerte sich Regnery gegenüber ausgesprochen positiv über Wilmowsky und schrieb: „‚Ein gebranntes Kind scheut das Feuer.‘ The Ruhr industrialists have learned that, to produce arms, means you are arrested and found guilty of being a war criminal if your side loses. They have seen that even those industrialist leaders who were not themselves wanted as criminals, but merely as witnesses, were locked up like criminals (a novel procedure for witnesses!) and deprived of freedom and the possibility of making a livelihood. So they prefer to stay passive. We can't have it both ways – call them criminals because they made weapons and blame them as pro-Commies because they don't want to make weapons!“ Lochner hoffte mit seiner Geschichte über die deutsche Industrie während der NS-Zeit eine Kontroverse auszulösen und damit auf nicht weniger als einen Bestseller.[982]

---

978 Wilmowsky an Scheffer, 3.11.1951, HAKrupp, FAH 29/55. Zum Vertragsinhalt: Regnery an Wilmowsky, 20.12.1951, HAKrupp, FAH 29/55.

979 Zit. Regnery an Wilmowsky, 22.1.1952, HAKrupp, FAH 29/56.

980 Der Transfer der Mittel war nicht so einfach. Wilmowsky an Lochner, 23.5.1952; Wilmowsky an Lochner, 23.5.1952; zur „Nervenprobe“ in Hinblick auf die Finanzierung: Lochner an Wilmowsky, 7.6. 1952, WHS, Coll. 37/21 AF, Box 10 F 48.

981 Lochner kontaktierte insbesondere die von den „Auftraggebern“ vermittelten Kontakte, hielt sich aber an die über Scheffer vermittelte Absprache. Bei der Kontaktaufnahme zu indirekt Beteiligten, die zwar informiert waren, aber nicht zu den Mittelgebern gehörten, formulierte er das Ziel derart: Sein Auftraggeber sei Henry Regnery, „der mich bat, eine Erhebung anzustellen über das Verhältnis der deutschen Industrie zu Adolf Hitler und dem Nationalsozialismus, weil man zwar von Thyssen und Kirdorf weiss, dass sie begeisterte Nazis waren (beide wurden dann ja später enttäuscht!), aber offenbar garnicht bewusst ist, dass es Großindustrielle wie Carl Friedrich von Siemens, Hermann Bücher, Carl Bosch, Robert Bosch, Ernst Poensgen usw. gab, die Hitler ablehnten.“ Darauf folgte dann der Textblock mit der Frage, deren Antwort er von dem Angeschriebenen in Erfahrung bringen wollte. Bezeichnenderweise kam Krupp in diesem Anschreiben nicht vor. Etwa Lochner an Karl Steuernagel [betr. Friedrich von Siemens], 25.6.1953, WHS, Coll. 37/21 AF, Box 10, F 10.

982 Zit. Lochner an Regnery, 20.12.1952, WHS, Coll. 37/US Mss 21AF Box 38 F2.

Wilmowsky und Lochner pflegten in ihrer Korrespondenz einen sachlichen Ton, und Lochner war damit auch zu sehr zufrieden.[983] Zu einem weitergehenden persönlichen und inhaltlichen Austausch – wie Wilmowsky ihn mit Klass gepflegt hatte – kam es nicht. Wilmowsky aber war unermüdlich, neues und entschuldendes Material für Lochner zusammenzutragen. So zirkulierte Anfang der 1950er Jahre das Gerücht, Carl Bosch, Gustav Krupp und Carl Friedrich Siemens hätten zwischen 1933 bis 1935 gemeinsam eine Denkschrift verfasst und diese Hitler persönlich überreicht. Darin, so das Gerücht, hätten sie ihre „Bedenken hinsichtlich der Nazi-Politik offen" geäußert.[984] Wilmowsky hielt das für möglich und ließ aufwendig nach dem Dokument suchen – vergeblich. Wie Jacob Herle[985] ihm schließlich mitteilte, hatte es eine solche Denkschrift nie gegeben.[986] Wilmowsky versuchte zudem, wie schon bei Klass, über neue Veröffentlichungen, etwa Norman Pounds „The Ruhr",[987] mit Lochner in einen inhaltlichen Austausch zu gelangen. Lochner aber, ein erfahrener Autor und damit ein ganz anderes Kaliber als Klass, der sich hofiert gefühlt hatte von der Aufmerksamkeit, die Wilmowsky ihm zu Teil werden ließ, zeigte sich von Wilmowskys Avancen nur wenig beeindruckt.[988] In mehreren größeren Zusammenkünften, die während Lochners Rechercheaufenthalts in der Bundesrepublik organisiert wurden, nutzte Lochner die Möglichkeit, mit seinen Auftraggebern zu sprechen.[989] Die von Wilmowsky darüber hinaus unternommenen Versuche, mit Lochner ins Gespräch zu kommen, und auch das von ihm geschickte Zusatzmaterial sorgten dafür, dass Krupp, zumal das Unternehmen ja auch den höchsten Betrag für die Finanzierung des Vorhabens aufgebracht hatte, am Ende die prominente Rolle in dem Manuskript erhielt, die Wilmowsky angestrebt hatte. Denn über das rechtfertigende Argument hinaus sollte das Buch Bedeutung für die konkrete Entflechtung von Krupp entfalten, das jedenfalls hoffte Wilmowsky. Schließlich bedeutete die Begnadigung Alfried Krupps, die von McCloy Ende

---

983 Lochner erklärte, „with whom [Wilmowsky] it is wonderful to work". Zit. ebd.

984 Wilmowsky an Guth, 11.12.1952, HAKrupp, FAH 20/56; zur betr. „Denkschrift" ausf. *Abelshauser*, Gleichschaltung.

985 Jacob Herle war ein deutscher Verbandsfunktionär; seit 1919 war er Geschäftsführer des RDI und hatte in dieser Funktion eng mit Gustav Krupp zusammengearbeitet. *W. Herrmann*, Art. Herle, Jacob, in: NDB 8, 1969, S. 625.

986 Herle an Wilmowsky, 7.1.1953, HAKrupp, FAH 29/57.

987 Wilmowsky hielt die von Pounds vorgenommene Beurteilung von Krupp für falsch; bes. störte Wilmowsky, dass Krupp von Pounds nicht mit der gewohnten Prominenz und als „Sonderfall" behandelt worden war. Pounds wertete den Bochumer Verein und Krupp als gleich innovativ, sah in Hoesch, Klöckner und Krupp die wesentlichen Triebkräfte der 1850er Jahre. Für Pounds war Krupp nur *ein* Konzern unter vielen, wenn auch der bekannteste. *Pounds*, S. 76 f., 80, 197.

988 Etwa Wilmowsky an Lochner, 7.1.1953; Lochner an Wilmowsky, 12.1.1953, HAKrupp, FAH 29/57.

989 Einladungen für den 26.3.[1953], HAKrupp, WA 94/11.

Januar 1951 ausgesprochen worden war, nicht, dass auch sein Vermögen freigegeben und der Entflechtungsvorbehalt ausgeräumt war.

Im Juli 1952 hatte Alfried Krupp über seine Anwälte einen Plan vorgelegt, mit dem die „Entlassung besagten Vermögens aus der Kontrolle“ erzielt werden sollte.[990] Krupps Vorschlag ging dahin, dass er sein Eigentum und die Kontrolle über die Kohlenbergwerke und Kohlenreserven aufgab und sie von den „übrigen Vermögenswerten“ abtrennte. Die Erlöse aus dem Verkauf des derart separierten Vermögens sollten nicht dazu verwendet werden dürfen, Beteiligungen oder Unternehmen zu erwerben, die in die deutsche Eisen- und Stahlerzeugung oder den deutschen Kohlenbergbau involviert waren. Bereits mit „Inkrafttreten des Planes“, so war es festgelegt, sollten die bestehenden Kontrollen über sein Vermögen erlassen werden.[991]

Auf der Grundlage dieses Vorschlages wurde der Mehlemer Vertrag entwickelt. Dieser Vertrag, im März 1953 geschlossen, war eine komplexe und mehrteilige Vereinbarung. Grundsätzlich ging die Alliierte Kommission dabei auf das Angebot von Krupp ein, das eine Übertragung, d.h. also eine Auslagerung der Unternehmensteile an „Einheitsgesellschaften“ und den Verkauf dieser Gesellschaften, vorsah. Alfried Krupp hatte ferner zu erklären, von den Verkaufserlösen keine direkten Beteiligungen an Eisen- und Stahlunternehmen oder indirekt kontrollierende Beteiligungen zu erwerben.[992] Außerdem wurde verbindlich, dass die Lex Krupp, der Führererlass von 1943, zukünftig, und damit bei dem Generationswechsel nach Alfried Krupp, nicht mehr angewandt werden konnte.[993] Der Preis für die Freigabe des Vermögens, die sog. Verkaufsauflage, war das Damoklesschwert über Krupps Kopf. Denn Krupp wollte nicht verkaufen. An Vertraute verbreiteten Vertreter des Unternehmens daher bereits im Oktober 1952: „Selbstverständlich können die

---

990 Alfried Krupp an „alle, die es angeht“, 22.7.1952, HAKrupp, FAH 29/28.

991 [Alfried Krupp] an die Alliierte Hohe Kommission: Plan für die Entflechtung, Abtrennung und Verteilung von Vermögenswerten der Firma Fried. Krupp, Essen, o.D. [Juli 1952], (Üb.), HAKrupp, FAH 29/28.

992 Das Angebot lautete: „Der leitende Grundsatz dieses Planes [...] besteht darin, daß Alfried Krupp [...] jegliches Eigentum und jegliche Kontrolle hinsichtlich der weiter unten beschriebenen Eisen und Stahl erzeugenden Werke der Firma Fried. Krupp, Essen, sowie hinsichtlich der weiter unten beschriebenen Kohlenbergwerke und Kohlenreserven [...] aufgibt und daß diese Vermögenswerte von den übrigen Vermögenswerten der Firma Fried. Krupp [...] abgetrennt werden.“ Anwälte von Krupp, Earl J. Carroll u. Joseph S. Robinson an die Alliierte Hohe Kommission für Deutschland, Bonn-Mehlem, 20.2.1953: Plan für die Entflechtung, Abtrennung und Verteilung von Vermögenswerten der Firma Fried. Krupp, Essen; Erklärung v. Alfried Krupp, 22.2.1953, HAKrupp, WA 4/2553.

993 Allied High Commission for Germany, Combined Steel Group: Anordnung Nr. (V) 5–A, Ausfertigung Nr. 2, Düsseldorf, 4.3.1953, HAKrupp, WA 4/2553.

Alliierten [Alfried] Krupp nicht zwingen, diese Werke zu verschenken, umsoweniger als die Firma bekanntlich erhebliche Pensionsverpflichtungen zu erfüllen hat.“[994] Kaufinteressierte fanden sich deshalb und nur wenig erstaunlich keine. Die Verkaufsauflage machte es aber erforderlich, dass Krupp an seinem Image arbeitete, und das nicht nur in Westdeutschland, sondern v.a. auch in den USA und in England.[995] Und vor diesem Hintergrund war Wilmowsky mit dem von Lochner vorgelegten Entwurf durchaus zufrieden. Euphorisch, wie bei Klass, war er aber nicht. „Licht und Schatten sind klug, gerecht und für jeden verständlich verteilt“, so sein Urteil.[996]

Die Suche nach einem Verlag, der Lochners „Tycoons and Tyrant“ auf den deutschen Markt bringen sollte, gestaltete sich schwierig. Nach dem Erfolg von Klass' „Die drei Ringe“ hatte sich zunächst der Rainer Wunderlich-Verlag um die Verlagsrechte bemüht.[997] Nach Durchsicht des Manuskriptes lehnte der Verlag die Veröffentlichung aber ab. Der Lektor Hans Roesch brachte zwei Argumente vor: Erstens sei das in dem Buch verwertete Material in Deutschland bereits bekannt. Eine „erzieherische Wirkung“ sei daher für den US-amerikanischen Markt wohl anzunehmen, nicht aber für den westdeutschen. Sein zweites Argument, das er aber vertraulich behandelt wissen wollte, war, dass es „ehren- und dankenswert“ sei, dass Lochner sich um die Verteidigung der deutschen Industrie bemühe. Allerdings ginge Lochner dabei „fast einen Schritt zu weit“: „Die Vorwürfe, die man zu Recht gegen einzelne deutsche Industrielle erheben kann, setzt er […] voraus und geht in der Hauptsache zur Verteidigung über.“ Die Überblendung erzeuge Einseitigkeit. Aus Verlagssicht würde zwar keineswegs die „Richtigkeit“ der Ausführungen angezweifelt, aber das „wie“ der Darstellung sei dem Wissensstand der deutschen Öffentlichkeit nicht angemessen.[998] 1955 erschien Lochners „Tycoons and Tyrant“, unter dem Titel DIE MÄCHTIGEN UND DER TYRANN, im Nischenverlag Franz Schneekluth.[999]

---

994 Wilmowsky an Richard Merton, 23.10.1952, HAKrupp, WA 94/11. Dazu war festgelegt: „Die bestehende Verantwortlichkeit für alle Pensionen und Pensionsanwartschaften, die beim Betrieb derjenigen verschiedenen Werkseinheiten der Firma […] entstanden ist, die auf Grund dieses Planes auf juristische oder natürliche Personen ausser auf Alfried Krupp […] übertragen werden, geht auf die betreffenden Erwerber über und muss von ihnen erfüllt werden.“ Zit. Plan für die Entflechtung, Abtrennung und Verteilung von Vermögenswerten der Firma Fried Krupp, Essen, HAKrupp, FAH 29/28; s. auch *Schröder*, Entflechtung der Firma.

995 Unterhausdebatte Nr. 246, 4.3.1953, HAKrupp, FAH 29/57; s. ausf. *Gall*, Entlassung, S. 480 – 488.

996 Wilmowsky an Lochner, 27.5.1953, HAKrupp, FAH 29/57.

997 Roesch an Wilmowsky, 19.8.1953, HAKrupp, FAH 29/57.

998 Roesch an Wilmowsky, 10.9.1954, HAKrupp, FAH 29/57.

999 Franz Schneekluth hatte den Verlag 1951 in Darmstadt angesiedelt, eine dauerhafte Verankerung gelang nicht. Schneekluth entschied sich für eine Erstauflage von 10.000 Exemplaren. Die

Ganz wie von Wilmowsky gewünscht, hatte Krupp in „Tycoons and Tyrant“ einen Sonderstatus erhalten. Lochner setzte mit der Weltwirtschaftskrise ein und handelte die Entwicklung dann bis in die Gegenwart in chronologischer Ordnung ab. Er hatte ein eigenes Kapital zu „Anpassung und Widerstand“ eingefügt, nannte in dem darauffolgenden Kapitel – auch in der deutschen Version – die „Zwangsarbeit“ immerhin beim Namen und vermied den zeitgenössischen Euphemismus „Fremdarbeit“, der in der Bundesrepublik gebräuchlich war. Im Vorwort formulierte er seinen Anspruch, „tunlichst die Tatsachen sprechen“ zu lassen, und argumentierte, die Anpassung der Industrie an das Regime sei aus dem Versprechen Hitlers, die Gewerkschaften zu beseitigen, erwachsen. Ein „Widerstand“ der Industrie, so Lochner, sei nicht feststellbar.[1000] Obgleich für eine Gruppe innerhalb der westdeutschen Wirtschaft geschrieben und von dieser auch finanziert, fand Krupp, „die weltbekannteste dieser Firmen“,[1001] fortlaufende Erwähnung und diente im gesamten Buch als Vergleichsreferenz. Wie schon bei Wilmowsky und dann bei Klass sah auch Lochner in Hugenberg eine zentrale Figur. Jener habe bereits gegen die „geheiligte Krupptradition“ verstoßen, bevor er das Direktorium verlassen habe.[1002] Die zeitgenössisch diskutierte Frage, ob „[d]ie Industrie Hitler in den Sattel“ verhalf, wurde von Lochner derart beantwortet: „Hitler saß schon geraume Zeit im Sattel, als die Männer der Industrie in erste Berührung mit ihm kamen.“[1003] Das Kapitel zu den „Ragenden Gestalten“ wurde mit Gustav Krupp eröffnet: Gustav Krupp, im Buch konsequent „Bohlen“ genannt – auch hier war Wilmowsky also erfolgreich gewesen –, sei kein Unternehmer gewesen. Alfried Krupp sei „ein völlig anderer Mensch“, sein Vater habe es aber versäumt, ihn in die „Interna“ einzuführen.[1004] Alfried Krupp wurde damit auch bei Lochner zum „Lernenden“ erklärt. Lochner nahm zahlreiche Charakterisierungen vor, erging sich aber nicht in der Beschreibung effektiver Handlungen und Taten. Beachtung fand insbesondere das Kapitel zu Hitlers Rede vor dem Industrie-Club in Düsseldorf 1932. Dazu führte Lochner aus, statt „Beifall“, wie die NS-Propaganda betont habe, hätte eisernes Schweigen geherrscht.[1005] Lochner endete, indem er die demokratischen „Einrich-

Übersetzung von „Tycoons and Tyrant“ ins Deutsche wurde lt. Maximilian Kutzner von Theodor Büchner vorgenommen. *Kutzner*, S. 134. Die Aktenlage weist allerdings auf eine Übersetzung durch Joseph Karl Thiel hin. Lochner an Regnery, 17.12.1954; Lochner an Regnery, 14.3.1955, WHS, Coll. 37/US Mss 21 AF Box 8 F 38.

1000 Zit. *Lochner*, Die Mächtigen, S. 7.

1001 Ebd., Zit. S. 16.

1002 Ebd., Zit. S. 28.

1003 Ebd., Zit. S. 41.

1004 Ebd., S. 43–52.

1005 Ebd., S. 98–109.

tungen und Bräuche“ betonte, die „Freundschaft“ zwischen Deutschen und Amerikanern beschwor und im Duktus eines Kalten Kriegers schloss: „Ich habe mich in diesem Buch bemüht, den Schutt der Legenden und falschen Darlegungen wegzuräumen, der einen der Wege verschüttet hat, die zur geschichtlichen Wahrheit führen. Die Tatsachen, auf die ich bei meinen Untersuchungen stieß, haben meinen Glauben an Deutschland als wertvolles und in der Tat unentbehrliches Mitglied der westlichen Gemeinschaft eine neue kräftige Stütze gegeben.“[1006]

Seine Auftraggeber waren mit dem Ergebnis zufrieden und hofften, wie der Verfasser auch, auf große Resonanz.[1007] Sie wurden schwer enttäuscht, denn Lochners „Tycoons and Tyrant“ floppte. Weder in den USA noch in Deutschland erreichte es die Massenleserschaft, für die es konzipiert war.[1008] Das Buch wurde kaum besprochen, bis Ende Dezember 1954 waren lediglich 2.000 Exemplare verkauft.[1009] Lochner selbst äußerte sich betrübt über die nur verhaltene Resonanz.[1010] Er machte dafür den Verlag verantwortlich, dem er vorwarf, nicht genügend Werbemaßnahmen ergriffen zu haben.[1011] Lochner bezog sich auf die Werbekampagne, die Regnery für den „Rebel Prince“ betrieben hatte, und fand im direkten Vergleich, der Verlag habe „Tycoons and Tyrant“ nicht angemessen beworben. Tatsächlich aber hatte Regnery selbst Lochners Bestseller-Erwartung schon frühzeitig gedämpft: „To be perfectly frank, I am not anxious to spend more money on this book than I have to since it will be, I am afraid, a very difficult book to sell. The anti-German clique is still extremely strong and effective.“[1012] Dann hatte sich herausgestellt, dass das Buch nicht einmal Aufnahme im Reader’s Digest finden würde.[1013] Auch Scheffer hatte Wilmowsky schon im März 1954 auf das Zusammenfallen der Veröffentlichung und der Wahl zum Repräsentantenhaus hingewiesen. Es sei ratsam, so Scheffer, „finanziell nachzuhelfen“, um für eine entsprechende Wahrnehmung der Republikaner zu sorgen.[1014] Regnery hatte dann aber, nachdem eine zusätzliche Finanzspritze von Wilmowsky nicht zusammengebracht worden war,

1006 Ebd., S. 335.
1007 Pohle an Wilmowsky, 7.2.1952, HAKrupp, FAH 29/56.
1008 Lochner an Wilmowsky, 2.2.1954, HAKrupp, FAH 29/66.
1009 F. Howard Clark an Lochner, 4.12.1954, WHS, Coll. 37/US Mass 21 AF Box 8 F 38.
1010 Lochner an Goldschmidt, 10.2.1955, WHS, Coll. 37/US Mss 21 AF Box 4 F5; Regnery an Lochner, 10.1.1955, WHS, Coll. 37/US Mss 21 AF Box 8 F38.
1011 Lochner an Wilmowsky, 11.12.1954; Kranzbühler an Lochner, 25.1.1955, HAKrupp, FAH 29/57.
1012 Zit. Regnery an Lochner, 22.10.1953, WHS, Coll. 37/US Mss 21 AF Box 8 F38.
1013 Dies wurde damit begründet, dass den vielzähligen Publikationen über Deutschland „a temporary rest“ zu geben sei. Reader’s Digest an Lochner, 2.4.1954, WHS, Coll. 37/US Mss 21 AF Box 8 F38.
1014 Scheffer an Wilmowsky, 23.3.1954, HAKrupp, FAH 29/57.

keine weitergehenden Werbemaßnahmen ergriffen.[1015] Auch Lochners eigene Versuche, zusätzliche Mittel von Krupp direkt und regelrecht zu erpressen, schlugen fehl.[1016] Der Flop war für Wilmowsky und die anderen Auftraggeber bitter. Da man das Vorhaben gegen den BDI bzw. Berg realisiert hatte, wurde beschönigt. Die Verkaufszahlen, so Kranzbühler, seien nicht entscheidend. Die „beabsichtigte Wirkung“ sei vielmehr gewesen, „daß ein solches Buch von einem Autor mit Namen Lochner überhaupt in Amerika herausgebracht worden ist und man jeden wohl oder übel gesinnten Interessenten englischer Sprache darauf verweisen kann.“[1017]

Als geschichtspolitisches Projekt war „Tycoons and Tyrant“ das Ergebnis der Zusammenarbeit der Industriellen, die insbesondere Wilmowsky zusammengebracht hatte. Kruppintern hatte Wilmowsky das Vorhaben mit der Familie Krupp, insbesondere mit Alfried Krupp und mit Berthold von Bohlen, abgestimmt. Keine Abstimmung aber war mit dem neuen Direktor für Öffentlichkeitsarbeit, Carl Hundhausen, erfolgt. Als „Tycoons and Tyrant“ erschien, nahm Hundhausen es mit Begeisterung zur Kenntnis. Er ging davon aus, dass es tatsächlich eine unabhängige Veröffentlichung war und riet dem Generalbevollmächtigten von Krupp, Berthold Beitz, eine deutsche Übersetzung vornehmen zu lassen.[1018] Beitz war natürlich im Bilde. Er wusste, dass die Übersetzung bereits im Druck war, in Kenntnis gesetzt hatte er Hundhausen darüber aber nicht. Hundhausen setzte, nachdem er in der Angelegenheit nichts weiter von Beitz hörte, einen Rundbrief auf, den er dem Direktorium und außerdem dem Verbandsmanager Martin Sogemeier – der ebenfalls beteiligt gewesen war – schickte.[1019] Aus Hundhausens dort niedergelegter „Propaganda-Sicht“ waren die wichtigsten Punkte des Buches: Lochner nehme keine Unterscheidung von Eigentümer- und Manager-Unternehmern vor, zudem würden die Zwangslagen der Unternehmer sehr deutlich. Sie alle, Krupp, Duisberg, Bosch, Flick, Vögler, Poensgen, Bücher, Siemens und Thyssen, würden in ihrer „klaren Haltung gegen“ Hitler geschildert. Lochner räume ferner mit der Vorstellung von der Finanzierung der NSDAP durch die Industrie gründlich auf. Lochner schreibe ganz ohne „Scheuklappen“ und schone niemanden, so Hundhausen. Auch über die Zwangsarbeit bei Krupp würde in „erfrischender“ Weise aufgeklärt. Hundhausens Rundbrief gipfelte in der Bemerkung: Mit Lochner „ist unserer Firma ein

1015 Mahnung von Kranzbühler zu den ausbleibenden Werbemaßnahmen, die der „ausdrückliche Wunsch der Geldgeber“ gewesen seien: Kranzbühler an Regnery, 8.9.1955, ähnlich bereits Goldschmidt an Regnery, 28.3.1955; und die verhaltene Reaktion des Verlags: Regnery an Wilmowsky, 14.11.1955, WHS, Coll. 37/US Mss 21 AF Box 8 F 38.

1016 Lochner an Wilmowsky, 13.2.1955, HAKrupp, FAH 29/57.

1017 Zit. Kranzbühler an Wilmowsky, 4.1.1955, HAKrupp, FAH 29/57.

1018 Hundhausen an Beitz, 21.12.1954, HAKrupp, FAH 29/57.

1019 Schriftw. zw. Lochner und Sogemeier, 1953, WHS, Coll. 37/21 AF, Box 10 F10.

Anwalt aufgestanden, wie wir ihn dringend nötig hatten".[1020] Der neu eingesetzte, aber erste Propagandist des Unternehmens war also nicht informiert über diese geschichtspolitische Tat. Das war peinlich für Hundhausen. Wilmowsky dagegen sah sich bestätigt. Mit „Genugtuung" nahm er die „Anerkennung" Hundhausens zur Kenntnis.[1021] Dennoch kam die Zeit, in der Wilmowsky die Krupp'sche Geschichtspolitik gesteuert hatte, nun an ihr Ende. Denn Hundhausen, der schließlich doch noch über die Entstehung von „Tycoons and Tyrant" aufgeklärt wurde, dachte nicht daran, dieses Feld Wilmowsky zu überlassen.

3.5 Geschichtspolitik als Public-Relations-Aktivität: Carl Hundhausen

> Wir wissen selbst am besten, dass der Goodwill von Krupp unstreitig durch die Kriegspropaganda, den Nürnberger Prozess und die Tatsache, dass Krupp nach wie vor der einzige schwerindustrielle Einzelunternehmer des Ruhrgebiets mit langjähriger Tradition ist, erheblich gestiegen ist.[1022]
>
> Heinrich Wollstädter, 1953

Grundsätzlich handelte es sich bei den seit 1953 diskutierten Überlegungen zur Neuorganisation des Unternehmens um einen offenen Prozess. Eine ganze Reihe von Vorschlägen und Ideen wurde diskutiert. Aufgrund der Leitlinien, die die Eigentümer-Lenkungs-Konstellation aber bedeutete und die für Alfried Krupp außerhalb jeder Diskussion standen – Erhalt als Einheit, in der Form des eigentümergeführten Familienunternehmens und mit dem Profil in Kohle, Eisen und Stahl – waren die strategischen Entwicklungsmöglichkeiten de facto sehr beschränkt.[1023] Mit Neid blickte Finanzdirektor Schröder auf die Unternehmen, denen die Reorganisation bereits gelungen war.[1024] Bei Krupp registrierte die Finanzverwaltung dagegen eine immer stärkere Verschuldung.[1025]

1020 Hundhausen an Direktion u. Sogemeier, betr. Lochner: Tycoons and Tyrant (5 Dollar), 23.12. 1954, HAKrupp, FAH 29/57.

1021 Wilmowsky an Carl Driever [Leiter der Presseabteilung bei Krupp], 3.1.1955, HAKrupp, FAH 29/57.

1022 Zit. Überlegungen zum Wiederaufbau des Krupp-Konzerns, [Heinrich] Wollstädter, 7.10.1953, HAKrupp, WA 94/18.

1023 Gall, *Entlassung*, S. 478–494.

1024 „Es ist noch ein weiter Weg für uns, bis wir eine derartige Ertragslage und Liquidität aufweisen können." Zit. Aktenvermerk, Schröder, betr. Siemens an Beitz u. Direktorium, 22.2.1956, HAKrupp, WA 66/51.

1025 Aktenvermerk vertraulich [Vf. Fett], 7.8.1957, HAKrupp, WA 66/51.

Mit der seit 1953 vorgenommenen Organisationsreform ging eine Aufwertung der „Public Relations" bzw. der Öffentlichkeitsarbeit einher. Die wesentlichen Gedanken, die auf den Nutzen insbesondere der Krupp-Geschichte für die Public Relations abhob, brachte Heinrich Wollstädter, der Leiter des Krupp-Verbindungsbüros in Bonn ein. Wollstädter reichte seine „Überlegungen zum Wiederaufbau" des Konzerns im Oktober 1953 ein.[1026] Die Bedingungen für das Unternehmen, so führte er gleich zu Beginn aus, hätten sich seit 1945 grundlegend verändert. Inzwischen sei sogar die Mehrheit der „Kruppianer" der Meinung, dass das Unternehmen seinen Zenit überschritten habe. Fundament und besonderer Vermögenswert von Krupp sei, bei aller Notwendigkeit, so Wollstädter, das Ende des Stahlzeitalters anzuerkennen und auf die Verarbeitung zu setzen, die Krupp-Geschichte: Sie könne veranschaulichen und deutlich machen, Krupp stehe für Qualität, Sozialpflege und Forschung – nicht für „Rüstung".[1027] Tatsächlich habe der Krupp-Prozess, so Wollstädter weiter, den „Goodwill" von Krupp sogar erhöht.[1028] Der Wegfall der Rüstungsproduktion bedeute eine Steigerung der Kosten – und das bei einem tendenziell und im Vergleich veralteten Anlagenzustand. Das Unternehmen brauche erstens eine straffere Organisation und zweitens den gezielten Einsatz der Krupp-Geschichte. Denn im Unterschied zu den Konkurrenzunternehmen verfüge Krupp mit seiner Geschichte über einen „Geist", der ein hohes Sozialprestige bedeute. Zwar leiste eine ganze Reihe von Unternehmen inzwischen mehr als das, was Krupp aktuell zu leisten in der Lage sei. Aber der Ruf des Unternehmens, eine außerordentliche Sozialfürsorge zu betreiben, der sei von entscheidender Bedeutung. Diesen „alten Ruf" gelte es herauszustellen. Nach dem Krieg seien das Archiv, die Pressearbeit, das Besuchswesen und die „Propaganda" stark vernachlässigt worden. Nunmehr aber, da die Kriegspropaganda nicht mehr greife, müsse das Unternehmen selbst aktiv werden. Für Wollstädter war glasklar: Sollte Alfried Krupp an seiner Konzeption des eigentümergeführten Familienunternehmens festhalten wollen, dann musste die Krupp-Geschichte als Aktivum des Unternehmens stärker zum Einsatz kommen. Dies sei auch der Weg, mit dem sich die Verkaufsauflage zu Fall bringen ließe. „Die Meinung" der Alliierten, so der Bonner Verbindungsmann, müsse mit Rekurs auf die Geschichte verstärkt in eine für Krupp eingenommene Richtung gelenkt werden. Das von Alfried Krupp nach seiner Entlassung öffentlich gemachte Bekenntnis, „Krupp werde nie wieder Rüstung" fertigen, möge subjektiv

1026 Überlegungen zum Wiederaufbau des Krupp-Konzerns, Wollstädter, 7.10.1953, HAKrupp, WA 94/18.

1027 „Gegenüber diesen drei Begriffen [Qualität, Sozialpflege und Forschung, d. Vf.] spielt die Rüstung, die in den Köpfen der heutigen Welt immer noch untrennbar mit dem Namen Krupp verbunden ist, keine Rolle mehr." Zit. ebd.

1028 Zit. ebd.

richtig sein. Tatsächlich aber, so Wollstädter, seien Stahl und Rüstung verbunden, ob sich die Aussage aufrechterhalten lasse, sei daher zweifelhaft. Umso wichtiger sei die Arbeit am Image. Wollstädter machte damit sehr deutlich: Die Zukunftsfähigkeit des Unternehmens hing aus seiner Sicht vom „Goodwill", vom Prestige des Unternehmens in der Vergangenheit, ab. Wollstädter sprach sich damit für eine Professionalisierung der Geschichtspolitik aus. Sein Vorschlag fand Eingang in die Neuorganisation. Öffentlich bekannt gemacht wurde das nicht. In seiner ersten Ansprache nach dem Krieg an die Jubilare 1954 formulierte Alfried Krupp vielmehr: „Seitdem ich vor zehn Monaten wieder die Leitung der Firma übernommen habe, bin ich dem Grundsatz gefolgt, die Vergangenheit ruhen zu lassen und den Blick in die Zukunft zu richten [...]."[1029] Tatsächlich aber, und ganz wie Wollstädter es empfohlen hatte, sollte die öffentlichkeitswirksame Krupp-Geschichte dem Unternehmen die Zeit verschaffen, die es für die strategische Erneuerung benötigte. Die „Geschichte" sollte den gegenwärtig problematischen Zustand des Unternehmens verdecken.[1030]

Als Alfried Krupp seine Hauptverwaltung im März 1953 erstmals wieder betrat, waren erste Maßnahmen bereits eingeleitet.[1031] Am 1. Januar 1953 war die neue „Werbe-Abteilung" unter der Leitung von Carl Hundhausen eingerichtet worden.[1032] Hundhausen war keine neue Personalie, wie etwa der im November 1953 bei Krupp neu eingetretene Berthold Beitz.[1033] Bereits seit Februar 1922 war Hundhausen in der Finanzabteilung tätig gewesen. 1926 hatte er Essen und Krupp verlassen und war in die USA gegangen. Zwischen 1927 und 1931 war er bei der Hanseatic Corporation in New York tätig gewesen.[1034] Nach seiner Rückkehr nach Deutschland übernahm er die Leitung der Werbeabteilung beim Süßwaren- und Pfefferminzbonbonhersteller Dr. Hillers in Solingen.[1035] Zu Kriegsende aber, im Oktober 1944, verließ Hundhausen die Konsumgüterindustrie und wechselte zurück zu Krupp. Hundhausen begann dort zunächst in der Widia-Fabrik[1036] und tat sich hier be-

---

1029 Zit. Ansprache von Alfried Krupp, 17.1.1954, HAKrupp, WA 63/80.

1030 Ausf. Gall, *Entlassung*, v. a. S. 489 – 500 u. 512 – 516.

1031 Ebd., S. 475.

1032 Fried. Krupp Hauptverwaltung, Rundschreiben HV Nr. 379, 29.12.1952, HAKrupp, WA 131/7952.

1033 Ausf. *Käppner*, S. 143 – 156.

1034 Zeugnis der Fried. Krupp AG für Carl Hundhausen, 31.12.1926; Carl Boschwitz (New York and Hanseatic Corporation), Zeugnis, 23.6.1931; Krupp an den Präsidenten des Gauarbeitsamtes und Reichstreuhänder der Arbeit, Essen, 23.9.1944; Geschäftsordnung für die Leitung der Widia-Fabrik, 7.10.1944, HAKrupp, WA 131/7952; zur PR-Konzeption von Hundhausen s. *Lehming*, S. 85 – 158; zum „verkehrten Geschichtsbild" von Hundhausen holzschnittartig *Bieler*, S. 39 – 42, Zit. S. 39.

1035 *Lehming*, S. 35; *Heinelt*, S. 23 – 50 u. 59.

1036 Widia, „wie Diamant", war eine der erfolgreichen Produktinnovationen des Konzerns in den 1920er Jahren. *Pierenkemper*, Von Krise zu Krise, S. 227 – 232.

sonders im sogenannten Krähe-Ausschuss hervor.[1037] Nachdem er im Februar 1948 als „entlastet“ eingestuft worden war, ließ er sich umgehend seine Lehrbefugnis vom Hessischen Kultusministerium bestätigen. Als „Professor“ übernahm er zum 1. Januar 1953 die Leitung der neuen Werbeabteilung.[1038] Hundhausen verfolgte eine Konzeption von Öffentlichkeitsarbeit, die der Public Relations eine zentrale, ja strategische Relevanz für die Unternehmen beimaß. Schon 1951 hatte er seine maßgeblich an Edward Bernays[1039] entlehnte Perspektive veröffentlicht: „Public Relations im echten Sinne sollte gestaltendes Element sein, ist aber häufig nur unterrichtende Interpretation.“[1040] Hundhausens Konzeption war die einer strategischen PR, die, um zweckdienlich zu sein, im Zentrum des Unternehmens angesiedelt sein musste: „Die jetzige Zeit erfordert eine allgemeine Aktivität mit dem Ziel, die öffentliche Meinung dahingehend zu korrigieren, dass unsere Firma durch den Zusammenbruch eine Wandlung durchgemacht hat, über die wir selbst nur die richtige Aussage zu machen in der Lage sind.“[1041] Mit dieser Konzeption gilt Hundhausen bis heute als einer der Väter der westdeutschen PR[1042] und als einer der wichtigsten PR-„Praktiker“ der jungen Bundesrepublik.[1043] Während der PR-Zweck bei Hundhausen sehr klar war, waren die konkret darunter zu fassenden Aufgabenfelder noch reichlich verschwommen. Sehr viel konkreter war seine Unterscheidung von Werbung und PR. „Werbung“ war für Hundhausen die öffentliche, die transparente Form der Kommunikation eines Unternehmens mit der Öffentlichkeit; „PR“ dagegen war die verzerrende, persuasiv angelegte Kommunikation mit der Außenwelt. Ihr wesentliches Charakteristikum war aus Hundhausens Sicht, dass sie möglichst geräuschlos funktionierte.[1044]

Hundhausen hatte die ersten Weichen bereits gestellt, als Alfried Krupp 1953 seinen Fuß wieder in die Verwaltung setzte. Mit diesem Schritt wurde dann auch der

---

1037 Der Krähe-Ausschuss war ein unternehmensübergreifender Ausschuss, der für Organisations- und Verwaltungsprobleme der Unternehmen Lösungen entwickeln sollte. Eine ganze Reihe der nach dem Krieg als „Stäbe“-Ordnung bzw. Stabsordnung umgesetzten und implementierten Organisationsweisen wurde hier vorweggenommen. Sitzung des Arbeitskreises Dr. Krähe, o.D. [Anfang 1944], HAKrupp, WA 46/460; *Hundhausen*, Objektive Wirtschaftswerbung.

1038 Personalakte Hundhausen, HAKrupp, WA 131/7952. Damit gelang Hundhausen erst nach 1945 der große Schritt seiner Karriere. Anderen und prominenteren Werbern, etwa Hans Domizlaff, der während der NS-Zeit die Werbeabteilung bei Siemens geleitet hatte, gelang das nach 1945 nicht. Dazu *Gries*, Stilgedanken; *Zipfel*, S. 34–41 u. 78–83; anders *Wiesen*, Challenge, S. 49 f.

1039 S. *Bernays*.

1040 Zit. *Szyszka*, PR-Geschichte, S. 12.

1041 Hundhausen an Beitz, 7.7.1955, HAKrupp, WA 152/v293.

1042 *Lehming*, S. 1.

1043 *Szyszka*, PR-Geschichte, Zit. S. 11.

1044 *Binder*, S. 10–19.

organisatorische Umbau eingeleitet. Aber erst nach einem Jahre andauernden Tauziehen ließ sich das Management in das operative Geschäft zurückdrängen und unter die von Alfried Krupp vorgegebene Zentralisierung zwingen.[1045] Alfried Krupp setzte sich aber durch. Zum 1. Juni 1956 trat die Neuorganisation des Unternehmens als Stabsorganisation in Kraft.[1046] Festgelegt war, dass Alfried Krupp die strategische Leitung innehatte. Er wurde durch seine beiden Generalbevollmächtigten Friedrich Janssen und Berthold Beitz vertreten. Dem Eigentümer und den Generalbevollmächtigten direkt unterstellt waren die Rechtsabteilung, das Patentbüro, die Revisionsabteilung, die Verbindungsstelle Bonn und Hundhausens Abteilung.[1047] In die damit erheblich aufgewertete Werbe-Abteilung waren die alte „Volkswirtschaftliche Abteilung“, d.h. das vormalige Nachrichten-Bureau und das Archiv, sowie die Werbung und die Villa Hügel integriert.[1048] Die Handlungs- und Entscheidungskompetenz des Direktoriums war demgegenüber eingeschränkt worden. Die operative Geschäftsführung lag zwar weiterhin beim „gesamtverantwortlichen“ Direktorium. Aber die bis dahin darunter liegende Hauptverwaltung wurde durch „Hauptabteilungen“ abgelöst, das alte Herz des Unternehmens, die „Gußstahlfabrik“, wurde aufgelöst und den verschiedenen Hauptabteilungen zugeordnet.[1049]

Auch über die interne Verschiebung der Befugnisse hinaus hatte die neue Organisation eine wichtige Funktion nach außen. Nicht nur im Direktorium, das sich zurückgesetzt sah, sondern auch im näheren Umfeld des Unternehmens wurden die

---

1045 Entwurf unter Berücksichtigung der Anmerkungen von Herrn Alfried Krupp, 29.7.1954: Geschäftsordnung für das Direktorium der Firma Fried. Krupp, Sept. 1954, HAKrupp, WA 94/23. Das Direktorium sollte die Konzerngesellschaften „verantwortlich“ überwachen, wurde aber an die Zustimmung von Inhaber bzw. Generalbevollmächtigten gebunden, und zwar bei „Angelegenheiten“, die über 100.000 DM hinausgingen. Das war ein erheblicher Eingriff in die vorher starke Autonomie der Krupp-Manager. Auch sollte das Direktorium nicht mehr von einem Primus inter Pares, also einem leitenden Direktor geführt werden, sondern von einem der beiden Generalbevollmächtigten des Inhabers.

1046 Alfried Krupp, Rundschreiben, HV Nr. 77, 1953/54 (vertraulich), HAKrupp, FAH 94/17. 1958 wurde die Neuorganisation abgeschlossen. 1959 wurde aus der „Stabsabteilung Presse“ die „Stabsabteilung Information“. Die Stabsorganisation entsprach der durch das sog. Harzburger Modell empfohlenen Betriebsorganisation. S. dazu *Kleinschmidt*, Blick, S. 197–202; *v. Saldern*, „Harzburger Modell“; vgl. *Dietz*, S. 157–167, *Tucher*, S. 143.

1047 Vaillant an Direktorium, 21.7.1954, HAKrupp, WA 94/17.

1048 Organigramm, Volkswirtschaft, Presse, Werbung (Hundhausen), o.D., HAKrupp, WA 94/17. Im Geschäftsjahr 1954/55 verausgabte die Werbe-Abteilung insgesamt 2.517.528,72 DM. Aufstellung über die im Dezernat Hundhausen angefallenen Kosten des Geschäftsjahres 1954/55, HAKrupp, WA 152/341.

1049 Hauptabteilungen: Metallurgie, Maschinenbau und Verarbeitung, Finanzen (Johannes Schröder), Beschaffung und Absatz, Technik, Export, Rohstoffe und Verwaltung.

Änderungen der Krupp-Organisation aufmerksam verfolgt. Johann Joeden, vormaliger Rechtsberater von Krupp, der 1943 die Lex Krupp maßgeblich ausgearbeitet hatte, meldete sich seit der Entlassung Alfried Krupps regelmäßig. Er brachte in Erinnerung, dass sich die Firma seinerzeit „verpflichtet“ habe, ihn zu einem späteren Zeitpunkt mit einem Posten zu bedenken, und wünschte, in den Aufsichtsrat eines der entflochtenen Werke berufen zu werden.[1050] Joeden wurden abgefunden, wie auch einige andere, die sich nach der Rückkehr von Alfried Krupp und dem Bekanntwerden des Mehlemer Vertrages an das Unternehmen wandten und auf die Begleichung alter Rechnungen pochten.[1051] Seit der Neuorganisation ließen sich einige der Forderungen aber von der vorgeschalteten Abteilung Hundhausens abfangen. Ernst W. Bohle etwa, der vormalige Leiter der Auslandsorganisation der NSDAP, der sich 1955 in der Wirtschaftswerbung selbstständig gemacht hatte und auf Aufträge von Krupp hoffte, wurde von Hundhausen abgewiesen.[1052] Auch die Intervention von Finanzdirektor Schröder zugunsten seines „Bundesbruders“ Bohle half da nicht. Und anweisen konnte Schröder etwaige Aufträge ohne Zustimmung von Hundhausen nicht mehr.[1053] Am Ende musste sich Schröder, der Bohle seine Unterstützung zugesichert hatte, Hundhausen beugen.[1054] Während Alfried Krupp selbst kaum in Erscheinung trat, war der dynamische und revierfremde Beitz gänzlich ohne vormalige Abhängigkeiten und konnte es sich als Generalbevollmächtigter von Alfried Krupp leisten, alte Zöpfe für Krupp abzuschneiden, wenn etwaige Forderungen nicht schon vorher von Hundhausens Abteilung abgewehrt worden waren. Nur ausgewählte alte Rechnungen wurden beglichen. Kranzbühler etwa erhielt für seine Dienste einen herrschaftlichen Besitz bei Bad Reichenhall im Wert von etwa 140.000 DM, ohne dass er sich erst wieder in Erinnerung bringen musste.[1055]

Um 1958 war die Neuorganisation abgeschlossen. Die neue Stabsorganisation wurde geschichtsträchtig als Fortführung des von Alfred Krupp 1892 verfügten General-Regulativs inszeniert.[1056] Allerdings wurde das Unternehmen in eine gänzlich andere Richtung entwickelt, als der Verweis auf die Geschichte es nahe-

1050 Joeden an Janssen, 23.5.1952; Joeden an Alfried Krupp, 26.3.1953, HAKrupp, WA 94/39.

1051 Joeden an Janssen, o.D. [Febr. 1953], HAKrupp, WA 94/39.

1052 Bohle an Schröder (persönlich und vertraulich), o.D. [30.10.1958], HAKrupp, WA 66/108.

1053 Huffschmid an Schröder, 11.12.1958; Bohle an Schröder, 20.12.1958; Schröder an Bohle, 30.12.1958; Schröder an Huffschmid, 30.12.1958; Bohle an Schröder, 8.1.1959; Becker an Huffschmid, 16.1.1959, HAKrupp, WA 66/108.

1054 Schröder an Bohle, 11.3.1959, HAKrupp, WA 66/108.

1055 Schriftw. zum Erwerb des Landsitzes für Kranzbühler, Sommer 1952, HAKrupp, WA 94/39, s. für weitere Vorgänge: HAKrupp, WA 94/45.

1056 Die Organisation des Krupp-Konzerns [Febr. 1958], HAKrupp, WA 119/v548.

legte. Die ökonomische Logik und das mittels PR vermittelte Image waren also keineswegs deckungsgleich.[1057] Festgehalten wurde an der Weigerung, den Forderungen nach Publizität nachzukommen. Unter der Formel „Industrielle Publizität als PR" wurde das jetzt auch im Konzern und den Führungskräften vermittelt.[1058] Die Vertreter der Konzernhauptbetriebe wurden eingeladen, auf die Verbesserung der internen und gegenseitigen Information eingeschworen und dabei auf die Publizitätsverweigerung verpflichtet.[1059] Während des Treffens der sog. Kontaktleute wurden die leitenden Angestellten aufgefordert, „alle wesentlichen Dinge" der zentralen Abteilung für Öffentlichkeitsarbeit zu melden und den Umgang mit Externen dann ganz der Stabsabteilung zu überlassen. Als Zweck der ersten Tagung der Kontaktleute wurde die verbesserte Koordination der Public Relations ausgegeben und „geschickte Meinungspflege", also die alleinige Zuständigkeit der Abteilung Hundhausens, gepredigt.[1060] Schließlich funktioniere eine gelungene PR nur behutsam; sie müsse wie eine „Kunst" ausgeführt werden: „Wer die Absicht merkt, ist nicht nur verstimmt. Es tritt für die Firma ein negativer Effekt der Meinungspflege ein."[1061] Die Stabsabteilung unterscheide, so wurde weiter informiert, zwei „Tore", eins vom Unternehmen zur Öffentlichkeit und eins von der Öffentlichkeit ins Unternehmensinnere.[1062] Beide Tore müssten zentral „koordiniert" werden. Die Presse sei fortan mit „friedlichen Programmen" zu füttern, denn „[j]e mehr FK [das Unternehmen, d. Vf.] von seinem friedlichen Programm sagt, umso mehr überzeugt, dass für andere Produktionen kein Platz ist".[1063] Die Zuständigkeit des Archivs waren mit der Neu-Organisation erweitert worden.[1064] Neben den Auskünften ins

1057 Krupp begann, die ersten Zechen abzustoßen, von der alten „Gußstahlfabrik" war ohnehin nicht mehr viel übrig. Auch waren es andere, v. a. ausländische Märkte, die Krupp nun verstärkt erschloss. Krupp begann, ganze Anlagen zu fertigen; Rourkela (ein seit 1956 maßgeblich von Krupp gebautes Stahlwerk, das wesentlich über die Entwicklungshilfe gefördert wurde) ist das wohl bekannteste Beispiel. *Gall*, Entlassung; *Herbert*, Kruppianer; Art. Krupp re-enters World Markets, in: NYT, 28.3.1955.

1058 Burandt an Huffschmid, 9.10.1959, HAKrupp, WA 119/v548.

1059 Huffschmid/Burandt an Konzernhauptbetriebe, 11.11.1959, HAKrupp, WA 119/v548.

1060 Protokoll, Tagung der Kontaktleute der Stabsabteilung Information, 7.12.1959, Hügel, HAKrupp, WA 119/v548.

1061 Zit. Ausführungen Huffschmid, ebd.

1062 „FK [Fried. Krupp] hat keine Mühe, eine Nachricht zu lancieren. Andererseits ist es schwierig, eine Nachricht aus der Presse herauszuhalten. Wichtiger als große Pressekonferenzen ist es, in individuellen Kontakten eine Atmosphäre des Vertrauens mit den Vertretern der Öffentlichkeit zu schaffen. [...] In der StA. Information sind Journalisten tätig, die genau wissen, was eine Zeitung haben kann und muß und wie sie es haben muß." Zit. Ausführungen Huffschmid, ebd.

1063 Zit. Ausführungen Burandt, ebd.

1064 Archivar Schröder leitete seinen Vortrag auf der Tagung der Kontaktleute mit einer Forderung von Alfred Krupp aus dem Jahr 1874 ein. Ebd.

Innere gehörte nunmehr und ausgesprochen die Erteilung von Auskünften an Außenstehende zu den Aufgaben des Archivs. Darüber hinaus würden „wieder“ eigene, unternehmensgeschichtliche Veröffentlichungen forciert, so wurde informiert.[1065]

Dass Wilmowsky hier bereits erheblich vorgearbeitet hatte, wurde nicht nur nicht thematisiert. Vielmehr wurde Wilmowsky nun aus der Geschichtspolitik ausgeschlossen. Besonders Janssen, der erste Generalbevollmächtigte, hatte bereits seit Längerem Kritik an der Geschichtsarbeit Wilmowskys geübt.[1066] Hundhausen wurde von Wilmowsky aber nicht in die Eckpfeiler seiner Geschichtskonzeption und auch nicht in die von ihm entwickelte Anschlusserzählung eingeführt. Ganz im Gegenteil. Wilmowsky hegte eine tiefe Abneigung gegen Hundhausen und seine „PR“.[1067] In die Festschriftenvorhaben der vormals weitgehend eigenständigen Konzerntöchter, insbesondere die von Rheinhausen, wurde nun eingegriffen. Hundhausen versuchte gar, Rheinhausen die für 1957 geplante und in Auftrag gegebene Festschrift zu verbieten, und begründete das mit den Kosten. Hundhausen hatte aber noch Mühe, seinen Einfluss geltend zu machen. Paul Keller, Vorstandsmitglied und kaufmännischer Direktor des Hüttenwerks, der die Festschrift ohne die Einflussnahme der Stabsabteilung realisieren wollte, setzte sich durch. 1957 erschien „Stahl vom Rhein“, verfasst von Gert von Klass. Wie auch schon im Fall von Lochner hatte Wilmowsky keinen Grund gesehen, seinen Kontakt zu Klass an Hundhausen weiterzugeben oder zu vermitteln.[1068] Die neue Konzernorganisation hatte Hundhausens Abteilung zwar an die Spitze gehoben und die Zentralisierung der Öffentlichkeitsarbeit war formal beschlossen, es hakte aber in der Umsetzung. Als 1954 die öffentlich artikulierte Kritik an „Krupp“, und das weiterhin mit dem Hinweis auf die „Tradition des Rüstungsgeschäfts“, erneut zunahm,[1069] nutzte Hundhausen das Rauschen im Blätterwald und legte ein Papier vor, das seine PR-Konzeption und die Nutzung der Krupp-Geschichte miteinander verband. In fünf Punkten schlug Hundhausen vor:

1) Klärung sei herbeizuführen über die „Relation“ des von Krupp in der Vergangenheit produzierten Kriegsmaterials und der zivilen Produktion (damit war das öffentlich und in der Außenkommunikation zugegebene Verhältnis von KM

1065 Ausführungen Schröder, ebd.

1066 Etwa Wilmowsky an Kranzbühler, 12.9.1953, HAKrupp, FAH 29/57.

1067 S. dazu Kap. 3.4.

1068 Keller weigerte sich rundweg, Hundhausens als Anweisung formuliertes Verbot zu akzeptieren. Hundhausen an Keller, 19.11.1956; Keller an Hundhausen, 22.11.1956, HAKrupp, WA 152/815; s. *Klass*, Stahl vom Rhein.

1069 Versch. Zeitungsberichte (Neue Volks-Zeitung, Sächsische Zeitung, Sunday Chronicle und Volksstimme) 1954 und 1955 zu „Rüstungsgeschäften“ von Krupp, HAKrupp, WA 119/v540.

und ziviler Fertigung gemeint). Diese müsse, so Hundhausen, „endgültig festgelegt" werden und sei dann und in der Zukunft „immer und von jedem" zu vertreten.

2) Der innere Zusammenhang von technischem und zivilem Fortschritt müsse „sinnfällig" gemacht werden. Über die zivilen Leistungen der Vergangenheit, die nahtlosen Radbandagen und der nicht rostende Stahl, seien künftig nicht mehr nur Spezialisten zu informieren. Die Innovationen, gerade die einschlägigen der Vergangenheit, sollten nicht mehr nur fachlich kommuniziert, sondern der allgemeinen Öffentlichkeit nahegebracht werden.
3) Ständig sei auf die „Qualität" der Kruppschen Produkte hinzuweisen, die das Unternehmen seit der Gründung ausgezeichnet habe.
4) Krupp müsse als „Pionier auf dem Gebiet des sozialen Fortschritts" jedem ein Begriff sein: Dies sei mit der Gründung der Krankenkasse vor der staatlichen Gesetzgebung im Kaiserreich und mit der sozialkulturellen Bedeutung der Villa Hügel zu begründen.[1070] Es brauche „klare Antworten" und geschichtliche Begründungen, wenn etwa auf tagesaktuelle Fragen wie die Absenkung auf die 40-Stunden-Woche reagiert werde.
5) Die Beziehungen von Krupp zur Welt seit der Unternehmensgründung seien hervorzuheben. Dies müsse als „Selbstverständlichkeit" propagiert werden.[1071]

Hundhausens Punkte systematisierten die Eckpunkte der Krupp-Geschichte. Auch weiterhin sollte sie als Antwort auf die Herausforderungen der Gegenwart eingesetzt werden. Zugegeben werden sollte eine feste „Relation" von rüstungs- und ziviler Fertigung, breit aktiviert werden das Wissen um Fortschritt, Qualität, Sozialprestige und Weltrang. Dass der Verweis auf die Unternehmensgeschichte angebracht wurde, um auf gegenwärtige Herausforderungen zu reagieren, das war nicht neu, sondern eine seit Jahrzehnten eingeübte Praxis. Aber die Festschreibung unternehmenshistorischer Argumente zur Kommunikationsstrategie nach außen, das war neu.

Wie ehedem ließen sich die von Hundhausen herausgestellten Punkte in der deutschen Presse gut unterbringen. Schließlich basierten sie auf einem Wissen über „Krupp", das in der Öffentlichkeit seit Jahrzehnten durch Wiederholung verankert worden war. Maßgebliches Zahlungsmittel für die Unterbringung lancierter und

---

1070 Die Villa Hügel war zwischen 1870 und 1873 als Wohnsitz der Familie Krupp von Alfred Krupp geplant und errichtet worden. 1953 öffnete Alfried Krupp die Villa der Öffentlichkeit, Hundhausen organisierte eine Reihe von Ausstellungen.

1071 Hundhausen an Driever, 31.12.1954 (Durchschlag Beitz u. Janssen), HAKrupp, WA 94/32. S. auch *Lehming*, S. 72 f.

„bewusster Erinnerung" war die Platzierung von Anzeigen.[1072] Der Hundhausen zur Verfügung stehende Etat wuchs stetig.[1073] Hundhausen informierte die Unternehmensleitung und das Management dabei regelmäßig über die Erfolge seiner PR-Aktivitäten. Im Mai 1955 etwa schickte Hundhausen dem Inhaber, den Generalbevollmächtigten und den Direktoren einen Auszug aus einer vom Spiegel durchgeführten Befragung. Dort war nachzulesen, dass Krupp mit großem Abstand das von den Befragten am meisten genannte deutsche Unternehmen war. Auf die Frage, was das Unternehmen produziere, hatten die Befragten unterschiedlich, mit Eisen und Stahl sowie Maschinen, geantwortet. Nur neun Prozent, so bemerkte Hundhausen mit einigem Stolz, hatten „Rüstungsbedarf" angegeben.[1074]

Das Vorgehen von Hundhausen als PR-„Praktiker" unterschied sich grundlegend von dem oft mit ihm in einem Atemzug genannten Albert Oeckl.[1075] Oeckl pflegte in seiner PR eine typische Gegenwarts- und Zukunftsorientierung.[1076] Hundhausen dagegen erkannte sehr genau – und wurde darin von Krupp und Beitz unterstützt –, dass dies bei Krupp nicht möglich, ja nicht einmal ratsam war, weil die Geschichte der Vermögenswert war, der Krupp seine Sonderstellung verschaffte. Damit ging keineswegs ein weitergehendes Interesse an geschichtswissenschaftlichen Debatten einher. Hundhausen und seine Stabsabteilung reagierten kaum, anders als etwa Thyssen,[1077] auf die Fischer-Kontroverse oder andere Debatten, die auf die Zeit vor dem Nationalsozialismus abzielten. Empfänglicher war da weiterhin Wilmowsky. Er sah in der 1956 publizierten Quellenedition „Krupp und die Hohenzollern" von „Boehlke" [sic] eine „ganz gemeine Hetzschrift".[1078] An Fritz Fischers „Griff nach der Weltmacht" beklagte er die „eindeutige Tendenz". Bei „aller Akten-Kenntnis" habe Fischer „die Hauptaufgabe wahrhafter Geschichtsschreibung

---

1072 Zit. Hundhausen an Axel Springer, 12.4.1955; Notiz [Hundhausen] an Alfried Krupp, Janssen u. Beitz, 12.4.1955, HAKrupp, WA 94/32.

1073 Hundhausen an Direktorium, 11.8.1955, HAKrupp, WA 94/32.

1074 Das nach Krupp bekannteste Unternehmen war Siemens, gefolgt von Bayer, Blohm & Voss, Mannesmann, Thyssen und den Reichswerken. Zur Umfrage im Auftrag des Spiegels und des Frankfurter DIVO-Instituts, bei der im Juli 1954 1.801 Personen befragt wurden, s. Hundhausen an Alfried Krupp, Beitz, Janssen u. Direktion, 12.5.1955, HAKrupp, WA 94/66.

1075 *Bieler*, S. 38; *Brünger*, Geschichte und Gewinn, S. 120.

1076 Albert Oeckl war deutscher PR-Berater und ab 1936 Propagandist der IG-Farben in Berlin. 1944 war Oeckl Funktionär im KZ Vaivara. Nach dem Krieg wurde ihm zunächst ein Berufsverbot erteilt, seit 1949 arbeitete für einen CDU-Bundestagsabgeordneten, ab 1950 leitete er die Öffentlichkeitsarbeit des DIHT. 1959 kehrte er in die Chemieindustrie zurück und leitete bis 1974 die Öffentlichkeitsarbeit der BASF. S. *Heinelt*, S. 88–126; *Fabian*, S. 32 f.

1077 *Roelevink*, Narrative Transformation.

1078 *Boelcke*, Krupp und die Hohenzollern. Willi A. Boelcke war Archivar und bis 1959 im Deutschen Zentralarchiv in Potsdam beschäftigt.

außeracht gelassen [...]: sich selbst in die von ihm bearbeitete Zeit zu versetzen und mit ihren Maßstäben zu urteilen, wie es ein Rancke [sic] so vorbildlich verstand".[1079] Für Hundhausen waren der Erste Weltkrieg und die von Boelcke auf der Grundlage der Überlieferungen aus dem Geheimen Staatsarchiv Preußischer Kulturbesitz und dem Auswärtigen Amt zusammengestellten Dokumente zur Beziehung von Krupp und Kaiserhaus dagegen nicht relevant. Er kümmerte sich nur um die jüngste Vergangenheit, die das Image von Alfried Krupp im Besonderen tangierte.

Auch Alfried Krupp fand sich nicht in einer Publizitätspflicht. Krupp sei nun einmal keine Aktiengesellschaft, so sein Generalbevollmächtigter Janssen während einer Pressekonferenz auf die wiederkehrende Frage nach aktuellen Kennziffern, und fügte hinzu: „Daraus folgt, daß wir nicht unter die Publizitätsvorschriften des Aktienrechts fallen. Wir legen der Öffentlichkeit keinen Geschäftsbericht mit Bilanz [...] vor."[1080] Hundhausen hielt es vor dem Hintergrund der Verkaufsauflage aber für ratsam, zumindest den Anschein von Transparenz zu erzeugen. Er plante anstelle eines ordentlichen Geschäftsberichts ein Ersatzformat anzubieten, das dann seit 1955 in den Kruppschen Mitteilungen veröffentlicht wurde.[1081] Besonders Finanzdirektor Johannes Schröder fand aber weiterhin, dass Krupp als Einzelfirma keine „Bilanzen und keinen Geschäftsbericht" veröffentlichen müsse. Auch traute Schröder Hundhausen nicht allzu viel zu. Die Kompetenz, Bilanzen zu lesen, sprach er ihm glatt ab. Als Hundhausen seinen ersten Entwurf des Ersatzformats intern verschickte, fand Schröder es angebracht, Alfried Krupp einige Vorschläge zur Reformulierung zu unterbreiten. Schröder betonte, auch in dieser Form müssten die in dem „Bericht" dargebotenen Informationen „wahr" sein. Er hielt die von Hundhausen vorgenommene günstige Darstellung der Lage für bedenklich. Krupp erhielt umfangreiche Zuschüsse vom Bund für seinen Pensionsfonds. Diese Zuschüsse würden gestrichen, sollten die betriebswirtschaftlichen Ergebnisse in dem Ersatzformat allzu rosig gezeichnet werden, so Schröder. Ferner verhandelte Schröder über einen größeren Remontagekredit. Diesen erhalte Krupp nur dann, wenn es dem Unternehmen nicht „allzu gut" ginge. Hinzu kamen eine Sonderregelung aus dem Lastenausgleich und laufende Verhandlungen über die Erstattung von Demontageschäden. Schröder machte klar, den von Hundhausen vorgelegten Berichtsentwurf für falsch gewichtet und deutlich zu positiv zu halten. Und zu guter Letzt, so Schröder, kenne Hundhausen „[d]ie wirkliche Lage der Firma Krupp" gar

1079 Wilmowsky an Richard, 27.2.1962, HAKrupp, FAH 29/6; vgl. *Fischer.*

1080 Zit. Ansprache von Janssen für die Pressekonferenz am 25.3.1955, HAKrupp, WA 94/66.

1081 S. *Hundhausen*, Bedeutung der Publizität, S. 23. Die Unterschiede, so Hundhausen auch dort, zwischen der gesetzlich vorgeschriebenen und der „freiwilligen" Publizität seien nicht mehr als eine Frage der Wahrnehmung.

nicht. „Es zeigt sich eben jetzt wieder, wie schon Herr Gustav Krupp von Bohlen und Halbach mir erklärt hat, dass eine Addition der Abteilungsberichte niemals ein Geschäftsbericht der Firma sein kann."[1082]

Sogar der ansonsten sehr nüchterne Direktor hatte offenbar das Bedürfnis, seine Bemerkungen in das Gewand der Geschichte zu kleiden. Nicht ohne Grund bezog Schröder sich auf sein eigenes Verhältnis zu Gustav Krupp, schließlich war die von ihm hier angebrachte Kritik an Hundhausens PR ein sehr grundsätzliche. Beitz aber fand nicht, dass dies ein Konflikt war, den Alfried Krupp oder er selbst zu lösen hatten, und gab Hundhausen den Wink, über den gleichen Verteiler selbst zu reagieren. Und Hundhausen erwiderte: „Ich habe zu oft in meinem Leben die Erfahrung gemacht, dass jemand mit grossem Stimmaufwand behauptet, der andere verstände nicht mal das kleine Einmaleins, um dann mit dem gleichen Stimmaufwand nachzuweisen, er sei in der höheren Mathematik zu Hause. Ich muss es ablehnen, mich mit derartigen Methoden überhaupt zu befassen." Selbstverständlich, so Hundhausen weiter, sei der Bericht „wahr", schließlich beruhe er auf der Selbstauskunft der einzelnen und von ihm persönlich abgefragten Abteilungen. Auch sei doch bekannt, dass er nicht über die Besprechungen des Direktoriums unterrichtet und insofern überhaupt nicht in der Lage sei, sich „ein Bild über den Stand der Firma" zu verschaffen. Von Zuschüssen und anderen schwebenden Verhandlungen wisse er nichts. Er habe den Entwurf auf der Grundlage von Fragebögen, die jede Abteilung beantwortet habe, erstellt. Schröder, so klagte Hundhausen nunmehr an, mache Stimmung gegen ihn, indem er, wie ihm zugetragen worden sei, behaupte, „ein solcher Bericht würde uns 100 Millionen DM kosten". Ferner sei eine direkte Kontaktaufnahme zu ihm angebracht gewesen, anstatt die Kritik an ihm an den Eigentümer zu richten.[1083]

Hundhausen, der laufend predigte, der Leiter der PR müsse umfassend informiert sein,[1084] war von Schröder brüskiert worden. Für seinen neuen Entwurf, den er solider formulierte, erhielt er schlussendlich auch die Bestätigung von Schröder.[1085] Diese neue „Transparenz" von Krupp richtete sich nicht an eine allgemeine Öffentlichkeit. Seit Mitte der 1950er Jahre wurde die Fusion zwischen der Rheinhausen AG und dem Bochumer Verein vorbereitet. Sie war ein klarer Verstoß

1082 Zit. Schröder, betr. Geschäftsbericht an Alfried Krupp, 2.3.1955 [Entwurf mit Anm.], HAKrupp, WA 66/107.

1083 Zit. Hundhausen an Alfried Krupp, Janssen, Beitz, Schröder, betr. Geschäftsbericht, 4.3.1955, HAKrupp, WA 66/107.

1084 Ausf. *Lehming*.

1085 Schröder an Alfried Krupp, Janssen, Beitz, betr. Kruppsche Mitteilungen zur Jubilarfeier – Jahresbericht 2. Entwurf, 8.3.1955, HAKrupp, WA 66/107.

gegen den Mehlemer Vertrag.[1086] Da für die Fusion Genehmigungen, auch der Hohen Behörde, erforderlich waren, war ein Image, das wenigstens den Anschein von Transparenz machte, unersetzlich.[1087]

3.6 Nachhaltige Geschichtspolitik: Bernhard Woischnik und das Krupp-Image in den Schulbüchern

> Das in der Schule Erarbeitete und Aufgenommene wird sich beim jungen Menschen für das ganze Leben einprägen. Wenn man das berücksichtigt, so kann man der Schrift eine auf Jahrzehnte ausstrahlende Wirkung beimessen.[1088]
>
> Bernhard Woischnik, 1958

Die Unternehmensleitung und Hundhausen hielten es zudem schon bald für angebracht, „die öffentliche Meinung darauf vorzubereiten, dass über kurz oder lang die Verkaufsauflage beseitigt wird oder dass in der Öffentlichkeit die Forderung nach einer Beseitigung der Verkaufsauflage gestellt wird". Die bisherigen Maßnahmen, lancierte Zeitungsartikel, Veranstaltungen in der Villa Hügel und die Fühlungnahme mit Politikern, reichten dazu nicht aus. Vielmehr sei es notwendig, so Hundhausen, weiter an dem Krupp-Image zu arbeiten, und zwar mithilfe *„bezahlte[r]* Publicity".[1089] Im Zuge dessen sollten insbesondere „überholte Auffassungen und falsche Informationen" korrigiert werden.[1090] Grundsätzlich waren die Mittel, die Hundhausen für seine PR-Aktivitäten einsetzen konnte, über ein festes Budget gedeckelt. Darüber hinaus nutzte er die Möglichkeit, weitere Mittel für besondere Maßnahmen bei Beitz direkt zu beantragen. Das Ausgabenvolumen von Hundhausens Stabsabteilung erhöhte sich auf diese Weise durchaus erheblich. Die Ausgaben für die sog. Schulbuchaktion wurden 1961 mit 0,35 Mio. DM beziffert. Das überstieg sogar die zur Verfügung gestellten Mittel für das Jubiläum 1961, die mit 0,33 Mio. DM kalkuliert worden waren.[1091]

1086 S. *Gruson*, Art. Krupp permitted to buy Steel Unit, in: NYT, 7.1.1959; *ders.*, Art. Krupp denies Aim is bigger Empire, in: NYT, 18.1.1959.

1087 *Gall*, Entlassung, S. 484 u. 500 – 511.

1088 Zit. Abschlussbericht zum Schulversand „Alfred Krupp – Meister des Stahls", 19.5.1958 [Vf. Bernhard Woischnik], HAKrupp, WA 119/v51.

1089 Zit. Hundhausen an Beitz (Durchschlag Janssen), 12.8.1955 [HiO], HAKrupp, WA 94/32.

1090 Ebd. Zur bisher nur wenig erforschten externen PR-Beratung s. *Tebrake*, v. a. S. 81 – 115.

1091 So war das Budget etwa für das Jahr 1961 mit 1,07 Mio. DM kalkuliert; effektiv verdoppelte es sich und belief sich auf 2,02 Mio. DM. Etat StA Information, 1961, HAKrupp, WA 119/v51.

Im Januar 1955 hatte Hundhausen den Vermerk seines Pressechefs Carl Driever[1092] über den Besuch eines „Herrn Woischnik“ in Essen erhalten.[1093] Bernhard Woischnik gehört zu den von der Forschung bisher weitgehend unbeachteten und ausgesprochen fragwürdigen Figuren der amtlichen PR. Woischnik hatte während der NS-Zeit antisemitische Hetzschriften für das Propagandaministerium verfasst. Nach dem Krieg eröffnete er zunächst in Hamburg ein Pressebüro; sein „Büro für Publizistik“ siedelte er dann, 1951, in Bonn an. Dort versammelte er eine ganze Reihe ehemaliger Mitarbeiter des Propagandaministeriums.[1094] Wie Driever informierte, hatte Woischnik sich mit einigen seiner jüngsten Schriften im Gepäck bei Krupp vorgestellt. Woischniks kleiner Verlag, so Driever weiter, sei von einigem Gewicht, da er für die Bundesregierung „allerhand Druck- und Propagandaschriften“ herausgebe.[1095] Wie Driever war auch Hundhausen interessiert. Im Mai 1955 fand schließlich ein Treffen zwischen Woischnik, Alfried Krupp, Hundhausen und Driever statt, das Woischnik im Nachgang derart zusammenfasste: „Es besteht Einigkeit darüber, dass die deutsche Public-Relations-Arbeit für Krupp zu verstärken ist, um der Diffamierung nach 1945 und ihren Auswirkungen zu begegnen. Die Öffentlichkeit muss erkennen, welche Bedeutung Krupp für den wirtschaftlichen Fortschritt, für das Ansehen der deutschen Arbeit in der Welt und für die allgemeine soziale Entwicklung hatte und welche Stellung Krupp heute einnimmt. Es muss der Allgemeinheit bewusst werden, dass Krupp kein Erwerbsunternehmen zur Förderung privater Interessen, sondern nach Tradition und heutiger Wirksamkeit eine Einrichtung – eine Institution – ist, die dem allgemeinen Fortschritt dient.“[1096] Über verschiedene „Maßnahmen“ wurde während des Treffens diskutiert, darunter eine Stärkung sowohl der innerbetrieblichen als auch der außerbetrieblichen „Aufklärung“. Besonders die Ausführungen zur außerbetrieblichen Einflussnahme über Schulbücher stießen bei Krupp auf Interesse. Denn eine an Schülern vorgenommene „Aufklärung“ wirke nicht nur auf sie, sondern auch auf die Eltern, so

---

1092 Carl Driever war zunächst Pressechef beim BDI, bevor er 1954 zu Krupp wechselte und dort die Leitung der Presseabteilung übernahm. Erw. bei *Kutzner*, S. 130.

1093 Bernhard Woischnik war Betreiber eines Bildarchivs in Berlin, Leiter der Bildstelle der Presseabteilung des Auswärtigen Amtes und später für das Propagandaamt tätig. Nach dem Krieg, 1950, wurde er zunächst für die Leitung der zu errichtenden Zentrale für politische Bildung empfohlen, das realisierte sich aber nicht. Für Veröffentlichungen vor 1945 s. bspw. *Mau u. Woischnik*; *Woischnik*, Volk; *ders.*, Juda; *ders.*, Europa; s. ferner *Harten u. a.*, S. 493; *Hentges*; *K. Körner*, Art. Erst in Goebbels', dann in Adenauers Diensten, in: Die Zeit, 24.8.1990.

1094 Etwa Erich Fischer; s. *Hachmeister*, Der frühe „Spiegel“, S. 88.

1095 Aktenvermerk [Driever] f. Hundhausen, 12.1.1955, HAKrupp, WA 119/v51.

1096 Zit. Ergebnisprotokoll, Woischnik, 16.5.1955 (im Anschluss an die Besprechungen vom 11.5.1955), HAKrupp, WA 119/v51.

Woischnik.[1097] Er unterbreitete Krupp zusammen mit seinem Ergebnisprotokoll der Unterredung ein breites Angebot. Für die von Woischnik vorgeschlagenen innerbetrieblichen Maßnahmen sah Hundhausen keinen Grund, externe Expertise einzukaufen. Vielmehr müsse die „Steuerung“ der Bemühungen ausschließlich „bei uns in Essen“ liegen, so Hundhausen. Für die von Woischnik vorgeschlagenen außerbetrieblichen Maßnahmen, Schulbücher und Nachschlagewerke gezielt zu bearbeiten, zeigte er sich aber offen. Mit dieser externen Publicity könne man Woischnik beauftragen, empfahl Hundhausen Alfried Krupp und Beitz.[1098]

Die Unternehmensleitung stimmte zu. Woischnik begann zunächst mit einer Vorstudie, die für das Unternehmen herausarbeiten sollte, welches Krupp-Image in den westdeutschen Schulen vermittelt wurde.[1099] Im November 1956 schickte er seinen Ergebnisbericht nach Essen. Die von Woischnik im Zuge dessen übermittelte Aufstellung einschlägiger Publikationen über Krupp ist höchst aufschlussreich, denn sie belegt, dass Woischnik ohne weitergehende Informationen ans Werk gehen musste. In seiner Auflistung der relevanten Krupp-Literatur fanden sich zwar verhalten positive Bemerkungen, über Klass' „Die drei Ringe“ und Lochners „Die Mächtigen und der Tyrann“. Woischnik war aber erkennbar nicht darüber informiert, dass diese beiden neueren Veröffentlichungen direkte Erzeugnisse Krupp'scher Geschichtspolitik waren. Das ist bemerkenswert und zeigt nicht nur, dass selbst einem Propagandaexperten wie Woischnik die Identifikation von autorisierten bzw. unabhängigen Veröffentlichungen schwerfiel, sondern auch, dass Krupp dem externen Dienstleiter keineswegs volles Vertrauen entgegenbrachte. Ein eigenes Werk, „Das Tor ist offen nach Deutschland“,[1100] hob Woischnik in seiner Aufstellung besonders hervor. Sein „Tor“ habe deshalb eine besonders „positive“ Wirkung für das Krupp-Image, weil der Anteil der Rüstung an der Produktion des Unternehmens für 1938 dort mit lediglich 25 Prozent beziffert würde.[1101] Die von Woischnik übermittelte Botschaft war klar: Er arbeite bereits an einer positiven Wahrnehmung des Unternehmens, ein Auftrag von Krupp wäre da nur folgerichtig. Damit signalisierte er auch, im Falle seiner Beauftragung könne er noch viel mehr tun. Seine „Haltung“ sei jedenfalls die richtige.[1102]

1097 Ebd.

1098 Hundhausen an Alfried Krupp u. Beitz, betr. Niederschrift von Woischnik, 20.5.1955, HAKrupp, WA 119/v51.

1099 Für die Vorrecherche, die Woischnik seit Februar 1956 durchführte, erhielt er zehn Monate lang je 3.000 DM. Krupp an Woischnik, 30.1.1956, HAKrupp, WA 119/v51.

1100 *Woischnik*, Tor.

1101 Woischnik, Zusammenstellung über Krupp nach Veröffentlichungen in Literatur und Presse, 12.11.1956, HAKrupp, WA 119/v51.

1102 Woischnik an Driever, 10.2.1956, HAKrupp, WA 119/v51.

Woischnik legte bis Juli 1957 einen Maßnahmenkatalog für die „Aufklärung" in den Schulen vor. Als Ziel benannte er: „Der Name Krupp soll nicht mehr gleichgesetzt werden mit Kanonen und Rüstung". In einem ersten Schritt sei eine Erhebung von Schulbüchern und Lehrmaterialien vorzunehmen, um dann zweitens die westdeutschen Schulen gezielt mit kostenlosen und für Krupp nachhaltig positiv wirkenden Unterrichtsmaterialien zu versorgen.[1103] Im Mai 1958 schickte Woischnik zunächst seine Bestandsaufnahme über die Schulbücher der Bundesrepublik an Krupp. Im Hinblick auf 47 untersuchte Geschichts-, 29 Erdkunde- und 4 Lehrerhandbücher diagnostizierte Woischnik „[V]ernichtendes". „Von den 47 Geschichtsbüchern enthielten 21 nicht einmal den Namen Krupp, 9 berichteten irreführend, falsch oder tendenziös, und 11, die sonst etwas über Krupp gebracht hatten, erwähnten nicht dessen Einfluß auf die soziale Entwicklung. Nur 4 von den 47 gebräuchlichsten Geschichtsbüchern hatten über Krupp ausreichend berichtet", so urteilte Woischnik.[1104]

Die Maßnahmen, die zur Umarbeitung der Schulbücher führen sollten, wurden auf der von Woischnik erarbeiteten Grundlage, von „Prof. Dr. Hundhausen" ergriffen. Zunächst schrieb Hundhausen den betreffenden Verlagsdirektoren.[1105] Ihnen legte er offen, ein „Angehöriger" des Unternehmens zu sein, und führte dann die von Woischnik als „fehlerhaft" zusammengestellten Aussagen in den jeweiligen Schulbüchern auf. Tatsächlich ließen sich renommierte Schulbuchverlage – Badenia, Bagel, Moritz Diesterweg, Ferd. Dümmler, W. Girardet, Herder, Hirschgraben, Klett, Oldenburg, Ferdinand Schöningh, Hermann Schroedel, Schwann und Georg Westermann – ohne ein großes Aufheben zu machen, auf die von Hundhausen unterbreiteten „Vorschläge" ein. Keiner der angeschriebenen Verlagsdirektoren reagierte ablehnend oder wies die offensichtliche Einflussnahme des Unternehmens auf die Inhalte der Schulbücher zurück. In aller Regel reichten die Verlage das von Krupp geschickte Material an die Verfasser der betreffenden Schulbücher weiter.[1106] Direkte Kontakte zwischen Hundhausen und den Schulbuchautoren blieben zwar selten, aber sie kamen vor. So korrespondierte Hundhausen mit Willi Walter Puls, der für Moritz Diesterweg ein Erdkundebuch verfasst hatte. In diesem Fall störte man sich bei Krupp daran, dass der Wiederaufstieg des Unternehmens in der unmittelbaren Nachkriegszeit nicht angemessen gewürdigt worden war. Hundhausen schickte Puls ein Bündel mit Informationsmaterial und lud ihn zu

1103 Woischnik, Exposé über aufklärende Arbeit in der Schule, 7.7.1955, HAKrupp, WA 119/v51.

1104 Zit. Woischnik, Abschlussbericht der Schulbuchuntersuchung, 12.5.1958, HAKrupp, WA 119/v51.

1105 Etwa Hundhausen an Pädagogischen Verlag Schwann, betr. Schulbuchabteilung, 15.11.1956, HAKrupp, WA 119/v51.

1106 Sammlung der Vorgänge, HAKrupp, WA 119/v152.

einem Gespräch nach Essen ein. Puls fühlte sich erkennbar geschmeichelt und bekundete, gern „die heute wieder weltweite Tätigkeit der berühmten Firma Krupp" berücksichtigen zu wollen.[1107] Die aus Sicht des Unternehmens wünschenswerten Änderungen wurden also in einem ersten Schritt den Verlegern und dann, wenn möglich, in einem zweiten Schritt den Autoren „individuell" unterbreitet, und zwar so, dass „sie vom Standpunkt des Autors vertretbar und vom Standpunkt des Verlages zumutbar waren". Dieses Vorgehen erwies sich als überaus erfolgreich, denn in „allen Fällen", so konnte später Woischnik resümieren, wurden die Vorschläge anerkannt und einer Abänderung für die Neuauflagen zugestimmt.[1108]

Eine Alfred Krupp-Broschüre für die Verbreitung in den Schulen hatte Woischnik auf der Grundlage von Berdrows Arbeiten bereits entworfen. Sie wurde von Krupp ohne weitere Änderungen angenommen. Zunächst wurde eine Auflage von 75.000 Broschüren in Aussicht genommen worden.[1109] Krupp war mit einem derartigen Vorgehen keineswegs eine Ausnahme. Esso etwa führte zu dieser Zeit eine ganz ähnliche Maßnahme durch.[1110] Bei Krupp wurde mit der Beauftragung von Woischnik jedoch eine langjährige Geschäftsbeziehung begründet, die erst aufgegeben wurde, als das Unternehmen 1967 in den Stiftungsbesitz überführt wurde.[1111] Mit der seit 1957 vorgenommenen Verbreitung der Broschüre ALFRED KRUPP – MEISTER DES STAHLS trat die Bearbeitung der Schüler in die nächste Phase. Die Broschüre wurde intensiv von Woischnik und seinem Verlag beworben.[1112] In der Begleitinformation zur Broschüre, nicht aber in der Titelei ließ sich nachlesen, dass „die Firma Krupp in Essen die Herausgabe einer für den Schulgebrauch bestimmten Sonderauflage ermöglicht" habe.[1113] Dass es eine von Krupp gekaufte „Publicity" war, dürfte insofern nicht allen Schulleitungen bewusst gewesen sein. Und selbst wenn, war das für sie nebensächlich, denn das Interesse war ganz außerordentlich. Die erste Auflage – 200.000 Exemplare statt der zunächst kalkulierten 75.000 Ex-

---

1107 Puls hatte sich – nach eigener Angabe – für den betr. Abschnitt auf *Herchenröder u. a.* bezogen. Hundhausen an Puls, 14.4.1954; Puls an Hundhausen, 7.4.1954, HAKrupp, WA 119/v152.

1108 Zit. Woischnik, Abschlussbericht der Schulbuchuntersuchung, 12.5.1958, HAKrupp, WA 119/v51.

1109 Krupp an Woischnik, 30.1.1956, HAKrupp, WA 119/v51. Für die Broschüre wurden 1,10 DM pro Exemplar kalkuliert (82.500 DM) bei einer Auflage von 75.000 Exemplaren; die Erarbeitung wurde mit 5.590 DM vergütet. Vorgänge, HAKrupp, WA 119/v51.

1110 Driever an Woischnik, 3.2.1956, HAKrupp, WA 119/v51.

1111 Darunter „Eigentum verpflichtet. Betriebliche Sozialpolitik im Wandel der Zeit" (Reihe Zeitbild) Ms., HAKrupp, WA 119/v476. Zedtwitz-Arnim stellte die Weiterführung der Beziehung zurück, als die Stiftung gegründet wurde. Zedtwitz-Arnim u. Lommatzsch an Woischnik, 19.10.1967, HAKrupp, WA 119/v476.

1112 Notiz, Driever, 2.3.1957, HAKrupp, WA 119/v51.

1113 Zit. Verlag für Publizistik an Schulleitungen, Juli 1957, HAKrupp, WA 119/v51.

emplare – war bereits im Frühjahr 1958 vollständig ausgeliefert.[1114] Schon im März 1958 wurde eine zweite Auflage mit 170.000 Exemplaren aufgelegt und verteilt.[1115] Auch das Ergebnis dieser Phase konnte Woischnik hochgestimmt resümieren. Der Zweck der Schrift, „die geschichtliche Bedeutung von Alfred Krupp für den industriellen und sozialen Fortschritt darzulegen sowie einseitige Vorstellungen von Krupp als Kanonenkönig und Waffenschmiede zu korrigieren", sei erreicht worden, und das in einem Ausmaß, das „in diesem Umfang ohne jedes Beispiel ist". Jede dritte Schule in der Bundesrepublik hatte die Schrift angefordert.[1116] Die Nachfrage war so groß, dass Woischnik eine ganze Reihe von interessierten Schulen nicht in der ersten Runde hatte beliefern können.[1117] Auch bei Krupp wurde die Schulbuchaktion als großer Erfolg bewertet. Und das war sie auch. Noch 1988 stellte Rolf Westheider zu seiner „Überraschung" fest, dass das Ruhrgebiet in seiner wirtschafts- und sozialhistorischen Bedeutung in Schulbüchern kaum behandelt würde. Der Ballungsraum werde vielmehr und beinahe ausschließlich über den „Kanonenkönig" Krupp in den Schulen thematisiert.[1118]

Nach diesem Erfolg erhielt Woischnik weitere Aufträge von Krupp. 1961 weitete er seine Recherchen auf ausländische Schulbücher und Verlage aus.[1119] Für das US-amerikanische Schulsystem, so berichtete Woischnik, sei die Bedeutung der Schulbücher sogar noch höher einzuschätzen, denn „[d]ie deutsche Schule ist auf den Lehrer, die amerikanische Schule auf das Buch ausgerichtet". Die außereuropäische Geschichte würde in den USA gleichwertig zur europäischen Geschichte behandelt, auffällig sei die starke Berücksichtigung von sozial-, wirtschafts- und kulturhistorischen Themen. Während die britische Geschichte bevorzugt behandelt würde, bliebe die „Behandlung der deutschen Geschichte [...] stark im Klischee stecken und spiegelt oft eine oberflächliche, nicht allzu freundliche Sichtweise wider". In den USA würde Krupp zwar in knapp der Hälfte der untersuchten

1114 Davon entfielen 60.000 Exemplare auf Nordrhein-Westfalen, 34.000 auf Bayern, 24.000 auf Niedersachsen, 18.000 auf Hessen, 16.000 auf Rheinland-Pfalz, 13.000 auf Württemberg und auf Baden knapp 8.000. Aufstellung, Stand 28.2.1958, HAKrupp, WA 119/v51.

1115 Woischnik an Fried. Krupp, 7.3.1958, HAKrupp, WA 119/v51.

1116 Zit. Woischnik: Abschlussbericht zum Schulversand „Alfred Krupp – Meister des Stahls", 19.5. 1958, HAKrupp, WA 119/v51.

1117 Krupp an Woischnik, 2.9.1958, HAKrupp, WA 119/v51.

1118 Die Untersuchung von Rolf Westheider wurde vom Kommunalverband Ruhrgebiet in Auftrag gegeben; Westheider stellte fest: „Das Ergebnis ist überdeutlich: Krupp über alles. Nicht nur als Person ist er eine Symbolfigur." Zit. *Westheider*, S. 246, Tab., S. 242–247. Bemerkenswerterweise war bereits 1953 für die Geschichtsbücher empfohlen worden, eher die „sozialen und gesellschaftlichen" Folgen der Industrialisierung statt Krupp herauszustellen. Zit. *Bosl u. a.*, S. 152; s. auch *Schmitz-Zerres*, S. 182–189.

1119 Hundhausen, Burandt an Woischnik, 27.2.1961, HAKrupp, WA 119/v51.

Schulbücher erwähnt, das aber beinahe ausschließlich in Verbindung mit der „Waffenproduktion“, was sich „ungünstig“ auf das Krupp-Image auswirke und die „Abneigung“ gegen Krupp in den USA erkläre, so Woischnik. Im Unterschied zu deutschen Schulbüchern würde die Frage, wer dem Nationalsozialismus zur Macht verholfen habe, in den US-amerikanischen Schulbüchern durchweg mit „die Industrie“ beantwortet. Positives, wie die betrieblichen Sozialleistungen der Unternehmen, würde dagegen in keinem der untersuchten Schulbücher erwähnt. Insgesamt sei in den US-amerikanischen Schulbüchern eine „beachtliche Quelle gefunden [...], aus der die Abneigung gegenüber Krupp in den Vereinigten Staaten gespeist wird“.[1120]

Woischnik befasste sich auch mit dem Krupp-Image in ostdeutschen Schulbüchern. Bekanntermaßen hatten diese einen außerordentlich politischen Zweck; sie sollten zum Sozialismus erziehen. Das Streben nach „Objektivität“ würde dagegen, so urteilte Woischnik, „verächtlich gemacht“. Den Geschichtsbüchern komme bei der Herabsetzung der sozialen Marktwirtschaft eine wesentliche Rolle zu. Für die Lehrkräfte würden zusätzliche von den höchsten Gremien der SED genehmigte Broschüren ausgegeben. Jene böten ein „Maximum der Hetze“. Das schmale Heftchen von Walter Bartel „Karl Liebknecht gegen Krupp“,[1121] eine Aufbereitung des Kornwalzer-Skandals von 1913, sei hier einschlägig.[1122] Ausnahmslos wiesen die Schulbücher der DDR, Woischnik zufolge, eine Bezugnahme zu Krupp auf. Krupp würde als *das* Beispiel für ein „kapitalistisches Großunternehmen“ geführt, mit stetigem Verweis auf die Themen Rüstungsmonopol, Arbeiterausbeutung, Korruption, Kriegsverbrechen und Waffenexporte nach allen Seiten.[1123] Allerdings, der Osten, und damit die DDR, spielte für die geschichtspolitische Arbeit von Krupp keine besondere Rolle. Das hatte einiges mit Beitz' Osthandelspolitik zu tun.[1124] Entgegen dem Stereotyp, dem auch Woischnik verfallen war, existierte keine medial vermittelte oder geführte Auseinandersetzung zwischen der DDR und Krupp.[1125]

1120 Zit. Bernhard Woischnik, Zusammenfassender Bericht über 27 untersuchte Geschichtsbücher der USA, 7.7.1961, HAKrupp, WA 55/v1605.

1121 S. *Bartel.*

1122 „Im Hintergrund aber standen die Herren Krupp, Stinnes, Klöckner, Siemens und rieben sich die Hände. Endlich war der Mann [Karl Liebknecht, d. Vf.] beseitigt, der fast zwei Jahrzehnte ihre Verbrechen aufgedeckt, der dem Volk gesagt hatte, Rüstung, das ist Krieg, Rüstung, das ist Not und Elend für das Volk!“ Zit. ebd., S. 43.

1123 Bernhard Woischnik, Zusammenfassender Bericht über 24 untersuchte Schulbücher und andere Publikationen (DDR), 9.10.1961, HAKrupp, WA 55/v1606.

1124 Ausf. *Gall*, Entlassung, S. 537–549; *Käppner*, S. 221–266. Seit Mitte der 1950er Jahre wurden die Geschäftsbeziehungen mit dem Ostblock forciert, 1957 wurde das erste Großgeschäft abgeschlossen.

1125 Zwar legte der Chefideologe, Albert Norden, frühzeitig fest, dass die „Waffenkönige“, wie Kirdorf, Krupp und Stinnes, den Nationalsozialismus aufgebaut und befördert hätten; auf Krupp

Anders als die IG-Farben (i.L.), die mit dem Spielfilm „Der Rat der Götter" 1950 sogar einen aufwendig inszenierten Spielfilm erhielten, der die NS-Vergangenheit der Chemieindustrie zum Thema machte, war die kapitalismuskritische Perspektive auf Krupp in der DDR geradezu leise.[1126] Im Neuen Deutschland wurde zwar über Lohndrückerei und Streiks ausführlich berichtet. Bis Ende der 1960er Jahre kann von einer medial vermittelten kritischen Perspektive auf Krupp in der DDR aber nicht die Rede sein. Dass Krupp seinen Handel mit dem Osten stärken wollte, wurde zwar nicht prominent, aber immerhin in der Rubrik „Freizeit" gemeldet.[1127] Der wesentliche Regent der öffentlichen Meinung in der DDR, Albert Norden, war jedenfalls am „Monopolkapitalisten" Krupp nicht weiter interessiert.[1128] Und auch das berüchtigte „Braunbuch", das auf der Grundlage von Archivalien, die hinter dem Eisernen Vorhang lagerten, 1965 veröffentlicht wurde, nahm die Stabsabteilung Information in der Sache nicht ernst.[1129] Erstaunlich ist das bei genauerer Betrachtung nicht, schließlich tauchte Krupp im „Braunbuch" kaum auf und Krupp-Archivalien gab es in der DDR ohnehin keine.[1130] Und nicht zuletzt war trotz starker Versuche, das Profil der „Betriebsgeschichte" zu schärfen,[1131] auch die wirtschaftshistorische Auseinandersetzung der Akademie der Wissenschaften mit Krupp ausgesprochen zurückhaltend.[1132]

---

schoss er sich aber nicht weiter ein, auch nicht, als sich die Perspektive in der DDR auf den „Primat der Ökonomie" verschob. *Wendler*, S. 154–174 u. 374–383.

1126 Und das gerade, weil die DDR-Geschichtswissenschaft zu politischen Zwecken eingesetzt wurde und den Rang einer „Legitimationswissenschaft" bekleidete. *Fulbrook*; ausf. *Wendler*. Eine nicht weiter ausgearbeitete Perspektive auf Krupp zeigte sich auch in der „Geschichte der Kriegswirtschaft" von *Eichholtz*, Bd. 1. Auch hier wurde die Untersuchung der „faschistisch-imperialistischen Kreise" auf die IG-Farben verengt und Krupp lediglich genannt. *Eichholtz* (Bd. 2) geht etwas ausführlicher auf Krupp ein. Aber auch hier wurde „Krupp" zwar durchgehend genannt, aber nicht weiter exemplifiziert. Das gilt auch für die Arbeiten von Jürgen Kuczynski. Er hielt mit Blick auf die Unternehmensgeschichtsschreibung der BRD aber fest: „Seit dem zweiten Weltkrieg [...] sind auch die Chef-Kapitalisten von der indirekten zur direkten ‚Geschichtsmacherei' übergegangen" und diagnostizierte eine weitwuchernde „Apologetik". Zit. *Kuczynski*, S. 143 u. 163.

1127 Art. Krupp will verstärkten West-Ost-Handel, in: Neues Deutschland, 26.3.1956.

1128 Abs und die Deutsche Bank wurden dagegen stark in die Kampagnen eingebunden. Dazu ausf. *Brünger*, Geschichte und Gewinn, S. 138–150.

1129 Herzog an Zedtwitz-Arnim, 26.7.1965, HAKrupp, WA 119/v542.

1130 *Nationalrat*, Braunbuch; Herzog an Zedtwitz-Arnim, 26.7.1965, HAKrupp, WA 119/v542.

1131 Wie in der BRD mehrten sich seit den 1960er Jahren auch in der DDR Bemühungen, den methodischen und theoretischen Kern der Betriebsgeschichtsschreibung zu definieren. S. *Mühlfriedel*. Seit Ende der 1960er Jahre, so Margrit Grabas, schwächte sich die Bedeutung der Betriebsgeschichtsschreibung entsprechend der Organisation der DDR-Wirtschaft stark ab. *Grabas*, S. 513, Tab. S. 530.

1132 Beiträge zu Krupp waren selten. S. etwa *Zdenek*; weiter *Koleva*, Beitrag; *dies.*, Waffenproduktion.

Eine der wenigen in Essen wahrgenommenen Veröffentlichungen war die Broschüre „Villa der Hügel", die vom Zentralkomitee der SED, Abteilung für Agitation und Propaganda, 1957 verbreitet wurde. Dort war zu lesen, dass Alfried Krupp keine „Ehre" geerbt habe und die Familie Krupp ihr „Geschäft mit dem Krieg" betreibe. Im Ersten Weltkrieg habe das Unternehmen für jeden der 10 Millionen Toten 80 Mark umgesetzt. Der Zweite Weltkrieg habe dem Unternehmen 800 Mio. DM Kapitalzuwachs beschert; 98.000 ausländische Zwangsarbeiter, Kriegsgefangene und KZ-Häftlinge habe das Unternehmen in eigenen Konzentrationslagern eingepfercht und ausgebeutet. Die dort formulierte und nur wenig überraschende Schlussfolgerung lautete: „Gerade darum haben die Werktätigen der Deutschen Demokratischen Republik unter der Führung der Arbeiterklasse solchen Verbrechern wie Krupp und Konsorten die ökonomische und die politische Macht genommen, und sie werden diese Macht niemals wieder hergeben."[1133] Von dieser Veröffentlichung abgesehen, interessierte man sich bei Krupp kaum für die DDR-Interpretation der Krupp-Geschichte. Einstweilen fiel das Ostgeschäft des Unternehmens nur wenig ins Gewicht: 1957 und 1958, zu der Zeit als die „Villa der Hügel" zirkulierte, machte die Ausfuhr in die UdSSR gerade einmal 0,55 Prozent des Exports des Unternehmens aus. Das lag noch unterhalb des gesamten westdeutschen Exports in die UdSSR, der immerhin 0,75 Prozent betrug.[1134] Und was die Bevölkerung der DDR über Krupp dachte, war für das Unternehmen nicht weiter relevant. Denn auf die Verkaufsauflage hatten weder die DDR noch die UdSSR irgendeinen Einfluss.[1135] Von daher ist es kaum erstaunlich, dass Krupp sich gegen eine Bearbeitung der DDR-Schulbücher entschied. Zweifelsohne wäre die Einflussnahme hier auch sehr viel aufwendiger gewesen. Das Verlagssystem der DDR war stark zentralisiert,

---

1133 Die Villa der Hügel, Mai 1957, hg.v. Zentralkomitee der SED, Abteilung Agitation und Propaganda, Ag 220/57 DDR, HAKrupp, WA 119/v299.

1134 Aufstellung „Ostlieferungen", HAKrupp, WA 119/v290. Es gibt natürlich gute Gründe, die Bedeutung von Krupp für den Osten nicht allein quantitativ zu bestimmen; lt. Gall belief sich der Handel mit dem gesamten Ostblock 1956 auf 2,13 % und steigerte sich bis 1960 auf 13,11 %, wobei das klare Kennzeichen des „Osthandels" sicherlich in den Schwankungen lag. Insgesamt nahm der Osthandel des Unternehmens erst im Verlauf und gegen Ende der 1960er Jahre zu. *Gall*, Entlassung, S. 537–549, Tab. S. 547.

1135 Kleinere Vorfälle wurden aber registriert, zumindest dann, wenn sie das Potenzial hatten, auch im Westen für eine schlechte Presse zu sorgen. Anfang der 1960er Jahre ging man einem Gerücht nach, das ein aus der DDR geflüchteter Volkspolizist in Essen gestreut hatte. Seiner Angabe nach sei an der Zonengrenze Stacheldraht aus Krupp'scher Fertigung angebracht worden. Nachforschungen ergaben, dass weder der Konzern noch die Drahttochter Stacheldraht an die DDR geliefert hatte. Kashold an Zedtwitz-Armim, 3.7.1963; Herzog an Zedtwitz-Arnim, betr. Stacheldraht von FK entlang der Zonengrenze, 5.7.1963, HAKrupp, WA 119/v542.

der Einfluss über die Verleger wäre dadurch zumindest erschwert worden.[1136] Kosten und Nutzen standen hier in keinem Verhältnis, sodass aus Sicht des Unternehmens der „Osten" nicht weitergehend geschichtspolitisch bearbeitet werden musste.

Ganz anders im „Westen". Die Verteilung von „Meister des Stahls" an westdeutsche Schulen bildete nur den Auftakt.[1137] Im Anschluss daran wurde die Sozial- und Wohlfahrtspolitik des Unternehmens in die Schülerbildung eingefügt. Mit den Worten Woischniks: „Es gilt […], Krupp von den ungünstigen Klischees des rücksichtslosen Frühkapitalisten zu befreien."[1138] Das „Sozialwerk" Krupps wurde als „einprägsames Faktum" aufbereitet. Weitere Broschüren für die Schulen wurden geplant und in der Reihe Zeitbild untergebracht. Auszüge aus „Meister des Stahls" wurden darüber hinaus in pädagogischen Fachjournalen platziert. Im Fall von „Bürger kämpfen um ihre Freiheit", einem Bändchen aus der Lesereihe des Hirschgraben-Verlags, bereitete das aber Schwierigkeiten. Ein Gutachter des Bandes rügte: „Schon wieder Krupp. Eine einseitige Bevorzugung", und auch ein weiterer Gutachter fand: „Krupp erscheint wiederholt und sehr ausführlich." Längst nicht alle Gutachter waren so aufmerksam. Woischnik konnte melden, dass der Hagemann-Verlag in seine „Geschichtliche Arbeitshefte" einen ausführlichen Beitrag über das Sozialwerk von Krupp hereingenommen hatte; und die „Pädagogische Rundschau" hatte einen längeren Bericht über die Industrialisierung auf Krupp zugespitzt und zudem ein Musterdiktat über Alfred Krupp abgedruckt.[1139]

Bei der Beeinflussung von Lehr- und Lernmaterialien im Schulsektor blieb es nicht. In den 1950er Jahren beteiligten sich viele Ruhrunternehmer an der Schaffung von Nachschlagewerken. Dazu gehörten etwa die Rheinisch-Westfälischen Wirtschaftsbiographien und auch die Nekrologe aus dem rheinisch-westfälischen Industriegebiet.[1140] Mit der Umsetzung eines weiteren Vorschlags von Woischnik, auch die Überprüfung und Revisionen von Lexikonartikeln anzustrengen, ging Krupp aber einen Schritt über die Sicherung von wirtschafts- und unternehmenshistorischen Grundlagenwissen hinaus. Die von Woischnik vorgenommene Prüfung der einschlägigen Nachschlagewerke ergab, dass insbesondere die Artikel im Brockhaus unvorteilhaft für das Unternehmen waren. Die Stabsabteilung Information regte bei der Redaktionsleitung im Oktober 1958 deshalb eine Änderung an

---

1136 S. etwa *Lokatis.*

1137 Aktennotiz, Huffschmid, Besuch des Herrn Woischnik, 3.6.1958, HAKrupp, WA 119/v51.

1138 Zit. Woischnik, Bericht über Erfolg der laufenden Bearbeitung des Schulsektors, 26.10.1959, HAKrupp, WA 119/v152.

1139 Woischnik, Bericht über Erfolg der laufenden Bearbeitung des Schulsektors, 26.10.1959, HAKrupp, WA 119/v152.

1140 *Wiesen*, Challenge, S. 134 f.

und lieferte den gewünschten Text gleich mit. Darin hieß es: „Alfred Krupp begründete das bedeutende Sozialwerk der Firma in einer Zeit, in der gesetzliche Vorschriften zur sozialen Sicherung der Arbeiterschaft unbekannt waren. Die Satzungen seiner bereits 1836 gegründeten Betriebskrankenkasse dienten später Bismarck als Vorbild für das Sozialversicherungsgesetz.“[1141] Als „Beleg“ diente ein Exemplar der Krupp-Mitteilungen vom Februar 1958. Der Brockhaus übernahm den Änderungswunsch anstandslos. „Zum ersten Mal“, so konnte der Interimschef der Stabsabteilung Information Bernd Huffschmid[1142] Beitz mitteilen, „wird hier in einer maßgebenden Schrift, die ohne Förderung von Krupp herausgebracht wurde, der Umstand erkannt, daß die Krupp-Krankenkasse ein Vorbild für die deutsche Sozialversicherungsgesetzgebung wurde. [...] Die Aufnahme dieses Passus ist als Erfolg der ‚Public Relations-Arbeit‘ anzusehen. Sie erfolgte auf Grund eines fast wörtlich dem Verlag übermittelten Vorschlages.“[1143] Das war tatsächlich ein wichtiger Schritt,[1144] denn da die „Sozialarbeit“ von Krupp nunmehr in den Brockhaus aufgenommen worden war, wurde sie zitierfähig.[1145]

Vergleichbares gelang auch bei der Encyclopedia Britannica.[1146] In diesem Fall hatte einer der Herausgeber des renommierten Nachschlagewerks, John Armitage, eigeninitiativ bei Krupp angefragt und angekündigt, einen überarbeiteten Beitrag über Krupp aufnehmen zu wollen und um einen entsprechenden Vorschlag inklusive Literaturangaben gebeten.[1147] Konkret wurde aus dem bestehenden Artikel in der Britannica Folgendes gestrichen: die Nennung des ersten größeren preußischen Auftrags zur Fertigung von Geschützen aus dem Jahr 1860 und die Erwähnung, dass das Unternehmen im Zuge des Deutsch-Französischen Krieges 1870/71 das geflügelte Wort „Waffenschmiede“ erhalten hatte. Auch die kritische Ausführung zum Gene-

---

1141 Huffschmid an Fa. Brockhaus, 16.9.1958, HAKrupp, WA 119/v151.

1142 Bernd Huffschmid war Journalist, Autor und PR-Praktiker. 1959 wurde er Nachfolger von Hundhausen und damit Leiter der StA Information. Huffschmid führte die PR-Konzeption von Hundhausen weiter. Bereits Ende 1960 schied Huffschmid wieder aus; er engagierte sich dann für den Arbeitskreis Indien, in dem es zwar auch um Öffentlichkeitsarbeit, aber kaum um eine geschichtspolitische Einfassung der PR ging. S. Kap. 4.1.

1143 Huffschmid an Beitz, 20.6.1959, HAKrupp, WA 119/v151. Der dieserart korrigierte Abschnitt war seit 1960 im Brockhaus nachzulesen. S. *o.V.*, Art. Krupp, S. 237 f.

1144 Woischnik, Bericht über Erfolg der laufenden Bearbeitung des Schulsektors, 26.10.1959, HAKrupp, WA 119/v152.

1145 Zit. Huffschmid an Beitz, 30.6.1959, HAKrupp, WA 119/v151.

1146 Eintrag zu Krupp, rev. Fassung; Cesarz an Beitz, 1.2.1963, HAKrupp, WA 119/v152.

1147 Armitage an Beitz, 27.9.1962; Schriftw. zw. Armitage u. Hundhausen, Okt. 1962, HAKrupp, WA 119/v152.

ral-Regulativ von Alfred Krupp wurde gestrichen. Für die Zeit Gustav Krupps blieb im Artikel stehen, dass 1939 der Anteil der „Rüstungsproduktion nicht ganz 12 % des Gesamtumsatzes" ausgemacht habe. Gestrichen wurde, dass sich die Belegschaft während des „totalen Kriegs" von 114.000 auf 200.000 Beschäftigte erhöht hatte.[1148]

3.7 Bezahlte Publicity für die USA: Edwin Hartrich

> Es ist eine lange und schwierige Aufgabe, unvorteilhafte Vermerke über den Namen Krupp [in den USA, d. Vf.] auszumerzen, aber der Plan, der Ihnen [Beitz, d. Vf.] vorgelegt worden ist, ist ein Schritt in die richtige Richtung. Gleichzeitig werden wir versuchen, in diese Unterlagen Materialien nach unserer eigenen Wahl hineinzubringen. Es ist gut, dass Sie wissen, das über 95 % der Krupp-Presse in Amerika sich mit Krupp persönlich befasst. Das ist ein ganz anderes Bild als das, das in Deutschland existiert.[1149]
>
> Kay Norton, 1955

Hundhausens Stabsabteilung hatte eine klare Ausrichtung; sie bearbeitete Westdeutschland. Die Public Relations außerhalb der Bundesrepublik, insbesondere die in den USA – seit dem Abschluss des Mehlemer Vertrags 1953 wichtiger denn je –, lag dagegen brach und war in ihrer Spezifik für Hundhausen auch kaum selbst zu beackern. Die Veröffentlichung von „Tycoons and Tyrant" war ein erster Versuch, aber keineswegs hinreichend gewesen, um den Umgang mit der Verkaufsauflage in einer für Krupp wünschenswerten Weise zu beeinflussen, zumal die Wirkung des Buches deutlich hinter den Erwartungen zurückgeblieben war.[1150] Auch in den USA griff Krupp deshalb auf „bezahlte Publicity" zurück.[1151] Eine ganze Reihe größerer westdeutscher Unternehmen setzte für ihre Öffentlichkeitsarbeit in den USA in den 1950er Jahren auf die PR-Agentur Julius Klein Public Relations Inc.,[1152] darunter

---

1148 Cesarz an Beitz, 1.2.1963, HAKrupp, WA 119/v152. Vgl. dazu die Tab. in *Abelshauser*, Rüstungsschmiede, S. 424–429; zur Belegschaftsentwicklung s. *Gall*, Krupp im 20. Jahrhundert, Tab. S. 663–668.

1149 Zit. Vermerk Kay Norton an Beitz, 25.10.1955, HAKrupp, WA 119/11.

1150 Wollstädter an Wilmowsky, 12.6.1953, HAKrupp, FAH 29/57.

1151 Hundhausen an Beitz (Durchschlag Janssen), 12.8.1955, HAKrupp, WA 94/32.

1152 Julius Klein war zunächst US-Generalmajor und dann US-amerikanischer PR-Praktiker. Klein unterhielt eine eigene Agentur, mit Büros in Chicago, Washington und Frankfurt am Main. Bekannt ist, dass Klein gute Kontakte zur westdeutschen Bundesregierung unterhielt. Für seine Klienten verhandelte er auch mit der JCC. 1963 musste Klein sich in den USA einer Anhörung stellen; die damit einhergehende Öffentlichkeitswerdung von Kleins PR-Aktivität für die Bundesregierung und die westdeutschen Unternehmen schadete dem Geschäft; Stück für Stück verlor Klein seine westdeutschen Kunden. S. *Wiesen*, Julius Klein.

Bayer, Daimler-Benz, Flick, Mannesmann und Rheinmetall.[1153] Krupp aber nicht. Krupp kam erst später mit der Agentur in Berührung, und zwar indirekt, als Georg Volkmar Graf Zedtwitz-Arnim 1963 Nachfolger von Hundhausen wurde.[1154] Zedtwitz-Arnim war zuvor in der deutschen Niederlassung der von Klein geführten Agentur tätig gewesen.[1155] Aber auch als Zedtwitz-Arnim die Leitung der Stabsabteilung übernommen hatte, lehnte Krupp es ab, sich von Klein vertreten zu lassen.[1156] Krupp strebte auch in den USA nach einer Sonderbehandlung und suchte eine Agentur oder PR-Vertretung, die ausschließlich Krupp, aber nicht zugleich die Interessen anderer deutscher Unternehmen vertrat. Über Julius Klein, der der Vertreter vieler deutscher Unternehmen war, gab es daher Mitte der 1950er Jahre bei Krupp nicht einmal eine Diskussion.[1157]

Der Hinweis, eine kleinere PR-Agentur mit der Vertretung von Krupp in den USA zu beauftragen, stammte von Louis Lochner. Alfried Krupp selbst hatte Lochner um Vorschläge gebeten.[1158] In die Auswahl und die Beauftragung einer PR-Agentur wurde Lochner dann aber nicht einbezogen. Ein halbes Jahr später meldete Lochner, Besuch von einer „jungen Dame“ bekommen zu haben. Diese hatte Lochner gegenüber angegeben, mit der Vertretung von Krupp betraut worden zu sein. Der Zweck ihres Besuchs sei gewesen, Lochner zu bitten, sich „beratend“ zur Verfügung zu stellen. Obwohl Lochner Krupp informierte, dies bejaht zu haben, hörte Lochner nie wieder etwas von ihr, er wollte es aber nicht versäumt haben, von diesem seltsamen Vorkommnis zu berichten.[1159]

Bei der „jungen Dame“ handelte es sich um Kay Norton, die mit Norton & Condon Inc. eine kleine eigene PR-Agentur betrieb. Ihre Arbeit für Krupp war ein eher kurzes Gastspiel, weshalb Lochner auch nie wieder von ihr hörte. Norton hatte Anfang 1955 den Auftrag angenommen, die Öffentlichkeitsarbeit in den USA zu übernehmen. Im Oktober 1955 reichte sie eine Zusammenfassung ihrer bisherigen Tätigkeit für Krupp ein. Norton berichtete, dass ihre Agentur eine Untersuchung und Bereinigung verschiedener Pressearchive, der sog. Reference Files, in New York, Washington, Los Angeles, Chicago und San Francisco durchgeführt hatte. Sie habe

---

1153 *Brünger*, Geschichte und Gewinn, S. 119; *Kleinschmidt*, Blick, S. 211 f.; *Ludwig*, S. 138 – 147; *Wiesen*, Julius Klein.

1154 Hundhausen war nach dem Ausscheiden von Huffschmid aus dem Ruhestand in das Unternehmen zurückgekehrt und von 1960 bis 1963 erneut Leiter der StA Information. S. dazu Kap. 4.1.

1155 Art. Neuer Mann im Hause Krupp, in: Neue Ruhr Zeitung, 13.11.1962, HAKrupp, WA 55/v238.

1156 Aktenvermerk, Zedtwitz-Arnim, 22.8.1968, HAKrupp, WA 119/v155 2/2.

1157 Zu Klein und seiner Öffentlichkeitsarbeit für Bayer s. *Kleinschmidt*, Weltwirtschaft, S. 214 f.

1158 Lochner an Alfried Krupp, 30.1.1954, HAKrupp, FAH 24/567. Lochner empfahl zwei kleinere PR-Firmen (Frank Mason & Associates und The Roy Bernard Co Inc.), die Krupp aber beide nicht in Betracht zog. S. auch *Cutlip*, S. 143 – 158.

1159 Zit. Lochner an Wilmowsky, 26.6.1957, HAKrupp, FAH 29/57.

erreicht, so führte Norton weiter aus, dass diese Grundlage des US-amerikanischen Journalismus im Sinne des Unternehmens verändert werden konnte. Sukzessive waren zunächst die „unvorteilhaften Vermerke über den Namen Krupp" entfernt und dann „Material nach unserer eigenen Wahl" eingefügt worden. Zusätzliches Material wurde, vermittelt über Reader's Digest, an über 700 Zeitungen geschickt. Auf diese Weise sei sichergestellt, dass die Zeitungen das richtige Informationsmaterial über Krupp in ihren Magazinen einlagerten. Neben der Einflussnahme auf das über Krupp verfügbare Material bestand das zweite Aufgabenfeld von Norton in der Beobachtung der Reaktionen von sowohl Presse als auch Regierung zu aktuellen und Krupp tangierenden Entwicklungen. Hierbei stand die öffentliche wie regierungsseitige Positionierung im Hinblick auf den Umgang mit der Verkaufsauflage im Vordergrund. Norton meldete hierzu, dass die US-amerikanische Regierung aus ihrer Sicht ausgesprochen wohlwollend auf Krupp blicke und auch die Presse eine grundsätzlich positive Haltung eingenommen habe: „Der einzige wirkliche Widerstand [...] kam von der äussersten Linken der Presse und einem oder zwei Einzelfällen", so Norton. Die Mehrheit der Presse hätte ein starkes Interesse an der „Krupp-Story", einige Vertreter hätten weitergehendes Material sogar direkt bei ihr angefordert.[1160]

Nach diesem positiven Berichtsteil leitete Norton in einen zweiten Teil über, der ein Brandbrief war. Norton war unzufrieden mit der von Krupp vorgenommenen Personalwahl. Zwischen Krupp und Norton war vereinbart worden, dass Edwin Hartrich die Funktion einer kommunikativen Schnittstelle zwischen Krupp und Norton einnehmen sollte. Hartrich war von Norton & Condon unter Vertrag genommen worden, vertraglich aber nicht mit Krupp verbunden.[1161] Während es Nortons Aufgabe war, das Material in den USA zu platzieren, ihr Pfund also in der Bereitstellung von Kontakten in die US-amerikanische Presselandschaft lag, sollte Hartrich das mit Krupp abgestimmte Informationsmaterial in einer für den US-amerikanischen Markt aufbereiteten Form zuliefern. Hartrichs Rolle war also, jedenfalls aus Nortons Sicht, die eines Texters. Hartrich gelänge es aber nicht, so Norton, das erforderliche Material beizubringen und in der vorgesehenen Weise aufzubereiten: „Ich möchte es so ausdrücken – nur für die Zeitungen und Radiostellen, die wir untersucht haben, brauche ich mindestens folgendes, und zwar regelmässig. Zwei hübsche Nachrichten-Geschichtchen (News Featurette) von 200 – 250 Worten, mit denen Radio- und Fernseh-Kommentatoren monatlich versorgt werden. Alle drei Monate möchte ich die untersuchten Zeitungen mit längeren Nachrichten-Geschichten (Feature Packets) versorgen, die jeweils aus vier Einzel-

1160 Vermerk, Kay Norton an Beitz, 25.10.1955, Teil B (Üb.), HAKrupp, WA 119/11.
1161 Ebd.; anders *Hartrich*, S. 258.

berichten von etwa 1.500 – 2.000 Worten bestehen sollen und denen Fotos beigefügt sind. Wenn wir einen solchen Dienst regelmässig eingerichtet haben, möchten wir gern eine Film-Reklame für das Fernsehen mit einiger Regelmässigkeit haben."[1162] Für die Vertextung – und für nichts Weiteres – benötige sie die Dienste von Hartrich. Norton schloss mit der offensiven Bemerkung, sie habe von Gerüchten gehört, wonach Krupp sich für die USA nach einer anderen PR-Agentur umsehe. Dagegen habe sie nichts einzuwenden, sie würde die Aufgaben des an sie erteilten Auftrages aber abschließen wollen.[1163]

Aus Nortons Sicht war es der „passende Mann",[1164] der das Problem darstellte. Und tatsächlich verlor Norton ihren Auftraggeber nicht an eine der großen US-amerikanischen PR-Agenturen, sondern an eine Einzelperson, und zwar den von ihr so heftig kritisierten Hartrich. Denn Hartrich wollte sich nicht auf die Rolle eines Texters reduzieren lassen. Er umging Norton, wandte sich an Krupp und Beitz direkt und bootete Nortons Agentur, die ihn unter Vertrag genommen hatte, zunächst sachte und dann aggressiv aus. Hartrich war Journalist. Lange war er als Deutschlandkorrespondent des New York Herald Tribune tätig gewesen, bis er seit 1954 frei für das Wallstreet Journal tätig wurde.[1165] Driever, der Pressechef von Krupp, hatte mit Hartrich bereits zusammengearbeitet. Es ist wahrscheinlich, dass sich Hartrich, auf dessen Hinweis hin, initiativ bei Krupp gemeldet und für die PR-Aktivitäten in den USA ins Spiel gebracht hatte.[1166] Jedenfalls stand Norton, und ohne, dass sie das wusste, sehr frühzeitig in Konkurrenz zu Hartrich. Denn Alfried Krupp hatte festgelegt, dass das Ausland von Norton und ihrer Agentur bearbeitet wurde. Hartrich aber sollte, und zwar parallel dazu, wöchentlich berichten, und das nicht an Norton, sondern an Krupp.[1167] Damit ließ Alfried Krupp offen, wer für die Krupp-PR in den USA Ross und wer Reiter war.[1168] Leitend dürfte dabei das Kalkül gewesen sein, Norton für die breite Öffentlichkeit – die allgemeine Presse und auch das Fernsehen – und Hartrich für die Fühlungnahme mit Vertretern aus Politik und Wirtschaft einzusetzen.

1162 Zit. Vermerk, Norton an Beitz, 25.10.1955 (Üb.), HAKrupp, WA 119/11.
1163 Zit. ebd.
1164 Zit. ebd.
1165 Für Aufsehen hatte insbes. ein Artikel in der New York Herald Tribune am 30. Juni 1949 gesorgt, in dem Hartrich ausgeführt hatte, dass Teile der für die Demontage bestimmten Werke v. a. an französische Interessenten abgetreten werden sollten, um die Demontage zu verhindern. *Sohl*, S. 119 f. Weitergehend ist zu Hartrich bisher nicht gearbeitet worden. Erw. bei *Bührer*, S. 149 – 151.
1166 Presse/Personalauskunft Driever zu Hartrich, 2.2.1955, HAKrupp, WA 119/11.
1167 Notiz (Hundhausen) an Alfried Krupp, Beitz, Janssen, Driever, betr. Besprechung mit Mr. Edwin Hartrich, 20.2.1955, HAKrupp, WA 94/66; Notiz (Hundhausen), Besprechung mit Hartrich, 24.2.1955, HAKrupp, WA 119/11.
1168 Hartrich [im Auftrag von Norton], Memo to Dr. Hundhausen, 21.3.1955, HAKrupp, WA 94/66.

Im April 1955 legte Hartrich ein ausgreifendes Memorandum vor, in dem er „Tatsachen und Empfehlungen" für das Public-Relations-Programm ausführte. Er hatte es unabhängig von Norton erarbeitet und brachte es gewissermaßen privat ein. Vier langfristige Ziele sollten seiner Ansicht nach über gezielte PR-Maßnahmen in den USA erreicht werden. Erstens sollte das aus seiner Sicht weiterhin ungünstige Meinungsklima zugunsten von Krupp verändert werden. Zweitens sollte die Stellung des Unternehmens in der internationalen Geschäftswelt gestärkt werden. Von besonderer Bedeutung war der dritte Punkt, den Hartrich als „Rückkehr Kruppscher Vermögensteile" bezeichnete und damit den Fall der Verkaufsauflage meinte. Viertens sollte Krupp die Exporte in den USA steigern können. Hartrich führte aus: „Da der Name ‚Krupp' im In- und Ausland so bekannt ist, stellt die Ausnutzung dieses Aktivpostens ganz zweifellos einen großen Wert dar. [...] Wenn Krupp in der Vergangenheit gleichbedeutend mit der deutschen Rüstung war, und zwar in einer Zeit, da die ‚Deutsche Munitions- und Waffenfabrik', Walter ‚Panzer' Rohland[1169] oder ‚Rheinmetall-Borsig' längst vergessen waren, dann trifft auch die Umkehrung zu. ‚Krupp' kann in den Augen der Öffentlichkeit wieder zum Begriff eines ‚fortschrittlichen Industriekonzerns' mit ‚Sinn für die öffentlichen Belange' werden." In der Bundesrepublik sei das Unternehmen ohne Vergleich und in den USA verfüge lediglich die Ford Motor Company über ein vergleichbares Renommee. Hartrich hob damit zunächst auf die historisch gewachsene Sonderstellung des Unternehmens ab, was man bei Krupp immer gern las. Aber Hartrich führte weiter aus, seiner Ansicht nach erforderten erfolgreiche Public-Relations-Maßnahmen ein „zentralisiertes PR-Programm".[1170] Er schlug vor, die Tochterunternehmen des Konzerns sollten informationspolitisch enger mit der Krupp-Zentrale verbunden werden. Ferner müsse Krupp stetig positive Informationen herausgeben, damit die Verknüpfung von Krupp und Rüstung aus der öffentlichen Wahrnehmung verschwände. Ferner müsse die PR-Abteilung eine selbständige und an die Geschäftsleitung angegliederte Einheit sein, ihr Leiter müsse immer und „restlos" informiert sein. Es brauche darüber hinaus klare Antworten zu Themen, die immer wieder

1169 Walter Rohland war Metallurge bei der VSt und seit 1943 auch Vorstandsvorsitzender der VSt. Zwischen 1940 und 1942 leitete er den Ausschuss Panzerwagen (daher „Panzer-Rohland"). Obwohl als Mitläufer eingestuft, wurde Rohland nach dem Zweiten Weltkrieg zur Persona non grata in der westdeutschen Stahlindustrie. Er machte sich mit einer eigenen Beratungsfirma selbstständig. *Sohl*, S. 80–89; *Berghahn*, Industriegesellschaft, S. 135 f.

1170 Hartrich, „Klarstellung zum Memorandum" vom 4.4.1955; Memorandum (Hartrich) an Alfried Krupp, Beitz, Hundhausen, Driever, 7.4.1955, HAKrupp, WA 119/11.

nach- und angefragt würden.[1171] Und zuletzt, stets habe der PR-Mann bei Interviews von Krupp oder Beitz anwesend zu sein.[1172]

Das stand außerhalb jeder Diskussion. In keinem Fall wollte Krupp die Maßnahmen, wie von Hartrich empfohlen, aus der Hand geben und einer externen PR-Agentur oder einem PR-Berater übertragen. Hundhausen postulierte seit Jahren ein ähnliches Programm, stieß bei der Umsetzung aber regelmäßig an seine Grenzen. Hundhausen nahm den Ball auf, denn schließlich war auch ihm an dem „zentralisierten" PR-Format, das allerdings in seiner eigenen Hand gelegen. Es war Hundhausen, der maßgeblich dafür sorgte, dass Hartrich mit seinen Vorschlägen Gehör bei Alfried Krupp und Beitz fand und eine positive Rückmeldung erhielt.[1173] Hartrich aber wollte sich schon bald nicht mehr mit Hundhausen abgeben und fand, er sollte mit dem Eigentümer und seinem Generalbevollmächtigten direkt zusammenarbeiten. Seine Mitteilungen nahmen einen sehr vertraulichen Ton an. An Alfried Krupp und Beitz gerichtet, kritisierte Hartrich die von Hundhausen entwickelten Werbemaßnahmen, beurteilte dessen Vorgehen zudem als völlig „unnütz" und fand, „dass die traditionellen Methoden gebrochen werden müssen, die bisher in Deutschland ausgeführt wurden".[1174] Hartrich griff Hundhausen an, anstatt ihn für sich einzunehmen.

Einige seiner Berichte schickte Hartrich weiterhin an Hundhausen und zunächst auch noch an Norton in Kopie.[1175] Seit Mai 1955 war Hartrich aber bemüht, sich von Norton zu lösen. Er schickte seine Berichte nunmehr unter eigenem Briefkopf, und Norton erhielt auch nicht mehr eine Kopie jedes Berichts.[1176] Offen brachte er seine Ambitionen aber noch nicht vor. Auf Nachfrage von Hundhausen zu einem Telegramm von Norton, in dem sie sich ein weiteres Mal über Hartrich beschwert hatte, reagierte er ausweichend, signalisierte Unverständnis und übermittelte gleichzeitig die Nachricht, dass er mit wesentlichen Politikern erfolgreich Kontakt aufgenommen habe. Mit John McCloy etwa habe er selbst gesprochen;

1171 Konkret benannte Hartrich: „Wiederaufrüstung bei Krupp", „Krupp und die Rückverflechtung", Krupp und „Ost und West". Memorandum (Hartrich) an die Herren Alfried Krupp, Berthold Beitz, Hundhausen, Driever, 4.4.1955, HAKrupp, WA 119/11.

1172 Ebd.

1173 Hundhausen an Beitz, 20.4.1944, HAKrupp, WA 119/11.

1174 Hartrich, Memorandum für Alfried Krupp und Beitz, 27.4.1955, HAKrupp, WA 119/11.

1175 Etwa seine Kontaktaufnahme zur Redaktion des Reader's Digest. Auf einer Dinnerparty hatte er mit Friedrich Sondern und George Revay Fühlung aufgenommen. Es folgten verschiedene Treffen, auch zwischen Beitz und Sondern in den USA. S. dazu den Schriftw. zw. Hartrich, Beitz und Hundhausen, Mai 1955, HAKrupp, WA 119/11.

1176 Nämlich „Edwin Hartrich and Associates. International Industrial and Public Relations" mit Sitz in Düsseldorf. Etwa Hartrich an Berthold von Bohlen, Beitz, Hundhausen, Driever, 14.5.1955, HAKrupp, WA 119/11.

dieser habe ihm gegenüber erklärt, die „Freisetzung“ laufe ganz „ausgezeichnet.“[1177] Auch zu H. Struve Hensel hatte Hartrich Kontakt geknüpft.[1178] Hensel, ein Marineexperte, konnte allerdings zu diesem Zeitpunkt nur noch mit seinem Netzwerk dienen. Aufgrund eines Skandals, den John McCarthy gegen Hensel angezettelt hatte, musste er das US-amerikanische Verteidigungsministerium verlassen.[1179] Krupp beauftragte Hensel trotzdem, vermittelt über Hartrich, mit einem Gutachten über die Verkaufsauflage, das für Krupp sehr dienlich ausfiel: „Mr. Hensel meint, dass der alliierte Erlass [gemeint war die Verkaufsauflage, d. Vf.] hinsichtlich der Firma Fried. Krupp und Herrn von Bohlen ungültig sein kann[,] weil, wenigstens der Teil[,] welcher Herrn von Bohlen selbst betrifft, schon allein ungültig ist. Wenn es uns einmal gelungen ist, einen Teil des alliierten Erlasses zu brechen, dann sind wir auf dem Weg diesen vollständig ungültig zu machen oder in Fortfall zu bringen.“[1180]

Im Juni 1955 brachte Hartrich schließlich sein Begehr nach einer der „Vollmacht“ vor. Er arbeite zwar auf das Engste mit Krupp zusammen, aber er könne sich – aufgrund der Bindung von Krupp an Norton und seiner eigenen Bindung an Norton – nicht als Vertreter von Krupp „ausweisen“. Er forderte einen „klaren Auftrag“ und argumentierte, dass er es ohnehin für das Beste halte, wenn er selbst und direkt von Krupp beauftragt, das gesamte Projekt der Public Relations in den USA übernehme. Heftig fiel nunmehr seine Kritik an Norton und ihrer PR-Tätigkeit aus: Norton sei spezialisiert auf „Unterhaltungsfernsehen“, so Hartrich, und weiter: „Es ist kein Geheimnis, dass Miss Norton nicht bekannt ist mit dem langwierigen Hintergrund und der Kompliziertheit des Entflechtungsprogrammes [...].“ Um die Verkaufsauflage zu bekämpfen, müsse man wissen, was sie bedeute und auch wie sie zustande gekommen sei, so Hartrich.[1181] Norton wiederrum, die von Beitz mit Hartrichs Fundamentalkritik konfrontiert wurde, warnte: Hartrich sei nichts weiter als ein „Newspaperman“, aber kein „Berater“ oder PR-Mann. Er handle indiskret, das sei schlecht fürs Geschäft, davon abgesehen trinke Hartrich zu viel.[1182]

Die „Freisetzung“ von Rheinhausen stand kurz bevor. Schon im Mai 1955 hatte eine Besprechung zwischen Alfried Krupp, Beitz und Adenauer ergeben, dass die Bundesregierung nicht intervenieren würde, wenn Rheinhausen aus der alliierten Kontrolle entlassen und damit wieder Eigentum von Krupp würde, obwohl Rheinhausen laut den Bestimmungen des Mehlemer Vertrages abgestoßen werden

1177 Zit. Hundhausen an Beitz, 23.6.1955, HAKrupp, WA 119/11.
1178 Hensel an Hartrich, 5.5.1955, HAKrupp, WA 119/11.
1179 Hartrich an Alfried Krupp, 8.6.1955, HAKrupp, WA 119/11.
1180 Zit. Hartrich an Alfried Krupp u. Beitz, 12.9.1955, HAKrupp, WA 119/11.
1181 Zit. Hartrich an Alfried Krupp, 8.6.1955, HAKrupp, WA 119/11.
1182 Zit. Norton an Beitz, 19.6.1955, HAKrupp, WA 119/11.

musste. Krupp musste deshalb daran interessiert sein, dass die „positive" Stimmung Krupp gegenüber, besonders in den USA, anhielt. Denn eine dauerhafte Wiedereingliederung von Rheinhausen, so stand zu befürchten, könnte von der US-amerikanischen Presse als Verstoß gegen die Verkaufsauflage identifiziert werden und die US-amerikanische Regierung zum Handeln veranlassen.[1183] Der von Hartrich gewählte Zeitpunkt, um die Schaffung einer „Special Relation" zwischen ihm und Krupp vorzuschlagen, war also gut gewählt. Für 3.000 Dollar monatlich würde er, jederzeit kündbar, seine Fühlungnahme verstärken und sich dabei als „Management Consultant" des Unternehmens ausweisen können, so Hartrich.[1184] Hundhausen lehnte den Vorstoß Hartrichs entschieden ab und fand, es sollte keine zusätzliche Vertragsbeziehung eingegangen werden, solange der Vertrag zwischen Krupp und Norton & Condon noch lief. Hartrich indes legte nach, schlug erneut ein „PR-Programm" vor, in dessen Zentrum ein weiteres und aus seiner Sicht notwendiges Buchprojekt, „The Case for Krupp", stehen sollte.[1185] Alfried Krupp und Beitz stimmten Hartrichs Forderung schließlich zu, beließen ihn formal aber in der Unterordnung und der Vertragsbeziehung zu Norton. Seit 1956 pflegte Hartrich sich als „Special Public Relations Consultant for the firm of Fried. Krupp, Essen, Germany" auszuweisen.[1186]

Über die für Krupp drängende Frage meldete Hartrich regelmäßig, dass von US-amerikanischer Regierungsseite kein weiteres Interesse an der „Entflechtung" von Krupp bestehe.[1187] Hartrich ging aber deutlich darüber hinaus und vermittelte Außenstehenden den Eindruck, nicht nur externer PR-Berater, sondern als Vertreter von Krupp auftreten zu können und suchte dabei insbesondere den Kontakt zu Rüstungsindustriellen. Am 13. September 1956 hatte in Düsseldorf eine kleine Konferenz stattgefunden, auf der Hartrich in ein Gespräch mit dem Chef der Northrop Aircraft Inc., Whitley C. Collins, gekommen war. Mit Unterstützung aus der US Air Force und der Military Aid Group würden Pläne forciert, so informierte Hartrich, die dahin gingen, ein neues Militärflugzeug zu entwickeln. Krupp, so fand Hartrich, sollte sich mit seiner Expertise, dies sei der Wunsch der Amerikaner, an der Konstruktion beteiligen: „Dies würde sie führend vor anderen deutschen Fir-

1183 Zit. Hartrich an Alfried Krupp, Beitz, Hundhausen, Driever, betr. Campaign für die Rückgabe des beschlagnahmten Vermögens von Fried. Krupp durch Entflechtung, 23.5.1955, HAKrupp, WA 119/11.

1184 Zit. Hartrich an Hundhausen, 6.7.1955, HAKrupp, WA 119/11.

1185 Zit. Hartrich an Beitz, 7.7.1955, HAKrupp, WA 119/11.

1186 Etwa an The Hon. Edna F. Kelly, MC Chairman, Study Mission, House of Foreign Affairs Committee, Washington DC, 25.1.1956, HAKrupp, WA 119/11.

1187 Zit. Hartrich an Beitz, 8.9.1955; Hartrich an Alfried Krupp u. Beitz, 12.9.1955, HAKrupp, WA 119/11.

men machen, die vielleicht Lizenzverträge für die Herstellung von Einzelteilen oder Flugzeuge der augenblicklichen Typen erhalten. Das würde bedeuten, dass technologisch die deutsche Firma [Krupp, d. Vf.] an führender Stelle in der modernen Flugzeugentwicklung stehen würde." Die Pläne des amerikanischen Konzerns gingen Hartrich zufolge dahin, dass deutsche Firmen am Bau der neuen amerikanischen Militärflugzeugtypen in deutschen Fabriken beteiligt werden könnten.[1188] Hartrich hatte – seinem Bericht zufolge – Collins zwar darüber aufgeklärt, dass Alfried Krupp keine „persönliche Neigung" habe, in Rüstungsgeschäfte einzusteigen. Darauf habe Collins allerdings forsch entgegnet: Vorstellbar sei, „dass die Firma [Krupp, d. Vf.] vielleicht unter Druck von der deutschen Regierung gesetzt werde und dass, in solchem Fall, die Firma Fried. Krupp vielleicht Einzelteile von Waffen oder militär-ähnlichen Artikeln herstellen" müsse.[1189] Collins ließ Beitz über Hartrich eine Einladung zukommen, die ausgewählte Konstruktionsstätte in Kalifornien zu besuchen. Hartrich gab sich überzeugt: Dieser Plan des amerikanischen Rüstungsunternehmens, Krupp an der Entwicklung des Militärflugzeugtyps zu beteiligen, sei *der* Hebel, um die Verkaufsauflage endgültig zu Fall zu bringen.[1190]

Alfried Krupp war von diesem Winkelzug aber überhaupt nicht begeistert. Und sich zur Rüstung erpressen lassen, wollte er sich schon garnicht. Die Reaktion war die von Hundhausen lancierte Titelgeschichte „Nie wieder Kanonen" im Spiegel, die im November 1955 erschien. Eingefügt in eine ausführliche Darstellung der Krupp-Geschichte seit den Anfängen im frühen 19. Jahrhundert, wurde hier klar zum Ausdruck gebracht: „Es gibt eindeutige Hinweise darauf, daß zumindest das amerikanische Kriegsministerium eine Einschaltung Krupps in die westliche Aufrüstung begrüßen würde." Und dann: Ein „Tauschgeschäft", fallende Verkaufsauflage gegen die Produktion von „Kanonen" [sic], das sei für Krupp ausgeschlossen.[1191] Dem ungeachtet schlug Hartrich Beitz, der bald eine Reise in die USA antreten sollte, vor, sich mit einigen der von Hartrich kontaktierten und potenziellen Kooperati-

1188 Zit. Hartrich an Beitz, 14.9.1955, HAKrupp, WA 119/11.

1189 Zit. ebd.

1190 Aktenvermerk (Herrmann), betr. Northrop Aircraft Corporation, 15.9.1955 (zu Hdn. von Beitz, Feilcke), HAKrupp, WA 119/11. Demnach hatte Collins angeregt, ein Konstruktionsteam von Krupp, in etwa hundert Mitarbeiter, für die Entwicklung nach Kalifornien zu holen. Konkret ging es um die Weiterentwicklung des Militärflugzeuges Typ F-89D. Die Northrop F-89 war Ende des Zweiten Weltkrieges als Allwetterabfangjäger entwickelt worden. Das Flugzeug wurde nach dem Vorbild der deutschen R4M gebaut. Erst seit Anfang 1949 wurde es in Serie produziert; das Modell D wurde ab 1953 in hoher Stückzahl gefertigt. Grdl. *Budrass*, Luftrüstung.

1191 Zit. Titel, Wir verdienen unser Geld auch so!; Art. Nie wieder Kanonen: Alfried Krupp; Industrie/Krupp. Das tödliche Symbol, in: Der Spiegel, 29.11.1955.

onspartnern aus der Rüstungsindustrie zu verabreden.[1192] Zudem bemühte sich Hartrich um Kontakt zu dem von ihm so bezeichneten „Chef der amerikanischen Wehrmacht", Arthur W. Radford, der auf seiner Reise durch die Bundesrepublik großes Interesse daran bekundet habe, mit Vertretern der „Schwerindustrie" zusammenzukommen.[1193] Auch in der Bekämpfung der „sowjetische[n] Wirtschaftsoffensive" wollte Hartrich Krupp vertreten.[1194] Hartrich präsentierte Krupp in den USA als wichtige Firma im Kampf gegen den Kommunismus.[1195]

In Essen wurden die Alleingänge von Hartrich zunehmend negativ wahrgenommen, und zwar umso mehr, als Hartrich überdies damit begonnen hatte, seine Dienste auch anderen deutschen Unternehmen anzubieten. In einem Werbebrief hatte er eine Reihe Eisen- und Stahlindustrielle angeschrieben und auf die von ihm beeinflusste „günstige schriftstellerische Behandlung" der Firma Krupp sogar ausdrücklich hingewiesen.[1196] Derartige Vorkommnisse blieben, auch nachdem Hundhausen protestiert hatte, nicht aus, sondern wiederholten sich.[1197] Zu diesem Zeitpunkt hielt man es bei Krupp aber noch für wesentlich, in den USA vertreten zu sein. Als Hartrich im Frühjahr 1956 eine neue „finanzielle Vereinbarung" forderte, denn er habe „das übernommen, was einmal Miss Norton's Aufgabe" gewesen sei und habe Krupp zudem auf höchster US-amerikanischer Ebene vertreten,[1198] willigte Krupp ein. Die Beziehung zwischen Krupp und Hartrich schien gefestigt, mit Norton wurde indes kein neuer Vertrag geschlossen. Seit März 1956 korrespondierte Hartrich ausschließlich mit Beitz und – wenn auch seltener – mit Alfried Krupp.

Hartrich übermittelte Beitz durchaus Informationen, mit denen das Unternehmen arbeiten konnte, über die Entwicklung der Wiederaufrüstungsdiskussion

---

1192 Etwa mit Robert Murphy, Deputy under Secretary, Department of State, Washington. Hartrich an Murphy, 3.12.1955; Hartrich an Edna F. Kelly, House of Foreign Affairs Committee, 25.1.1956, HAKrupp, WA 119/11.

1193 Zit. Hartrich, Memorandum, 19.4.1956, HAKrupp, WA 119/11.

1194 Bericht der Reuter Nachrichtenagentur [die in der Form wortgetreu auf der Meldung von Hartrich beruhte], 20.2.1956, HAKrupp, WA 119/11.

1195 Das sog. Programm IV ½ passte, anders als das vorgeschlagene Rüstungsvorhaben, zur Überlegung des Unternehmens, den Anlagenbau in Asien und Afrika voranzutreiben. Vgl. und in diesem Punkt belastbar *Hartrich*, S. 258 f.

1196 Hundhausen an Hartrich (Kopie an Beitz), 24.9.1955; Hartrich an Hundhausen, 26.9.1955, HAKrupp, WA 119/11. In seiner 1980 erschienenen Darstellung gab Hartrich an, für Krupp, Flick und Schlieker PR-Arbeit geleistet zu haben. S. *Hartrich*, S. xi.

1197 Hundhausen an Hartrich, 1.12.1955, HAKrupp, WA 119/11. Hundhausen drang darauf, dass ein unbedingter „Konkurrenzausschluß" zu gelten habe, es für Krupp also inakzeptabel sei, dass Hartrich für andere Unternehmen der deutschen Eisen- und Stahlindustrie arbeitete.

1198 Zit. Hartrich an Beitz, 22.3.1956, HAKrupp, WA 119/11.

etwa oder auch das Interesse des Konsulats an der Geschäftsbeziehung von Krupp zu dem schwedischen Industriellen Axel Wenner-Gren.[1199] Im Sommer 1957 informierte er, dass es eine Untersuchung geben werde und es wahrscheinlich sei, dass Earl J. Carroll, der für Krupp als Anwalt während des Krupp-Prozesses und während der Verhandlungen für den Mehlemer Vertrag tätig gewesen war, seine Honorare offenlegen müsse.[1200] Auch im Lancieren positiver „Storys" war er erfolgreich. Die bekannte Kampagne für Beitz – der Industrielle mit US-amerikanischem Flair, ein gänzlich „un-Teutonic type", der aus der Reihe der westdeutschen Schwerindustrie herausstach – wurde ganz maßgeblich von Hartrich in den USA untergebracht. Nach zwei Jahren Öffentlichkeitsarbeit für Krupp, so fand Hartrich, habe er die „öffentliche und private Meinung stetig zu Gunsten von Fried. Krupp" beeinflusst. Der „Kampf" sei zwar noch nicht gewonnen, aber man sei bereits einen großen Schritt weitergekommen.[1201]

Beitz und Hundhausen konnten inzwischen wieder regelmäßig in die USA reisen. Alfried Krupp war die Einreise als verurteiltem Kriegsverbrecher dagegen verwehrt. Anfang 1956 wurde es zu Hartrichs Aufgabe, dafür zu sorgen, dass ihm die Einreise gestattet wurde.[1202] Hartrich organisierte eine Intervieweinladung eines großen US-amerikanischen Magazins. Mit dieser Einladung könnte, so empfahl Hartrich, Alfried Krupp es wagen, einen Antrag für ein Visum zu stellen.[1203] Hartrich versprach, die Schreib- und Organisationsarbeit zu übernehmen, die insbesondere dadurch entstand, dass das Konsulat das Gesuch erst einmal ablehnen müsse, um den Weg für ein vom State Department empfohlenes „Sondervisum" freizumachen. Vom 14. bis 18. Oktober 1957 fand in San Francisco eine Konferenz zur industriellen Entwicklungspolitik statt. Geplant war, dass Alfried Krupp dort seine

---

1199 Hartrich an Beitz, 1.10.1956; Hartrich an Beitz, Memorandum, 29.10.1956 [die „Scheidungsklage" betr.]; Hartrich an Beitz, 2.11.1956 [die Wiederaufrüstung betr.]; Hartrich, Memorandum an Beitz u. Günther Lück, 9.11.1956; Hartrich, Memorandum an Beitz, 17.11.1956; Hartrich, Memorandum an Beitz, 23.11.1956, HAKrupp, WA 119/11; ferner: Memorandum, Hartrich an Beitz, Lück, Bellersheim [David K. E. Bruce betr.]; Hartrich an Beitz, 13.3.1957 [die Untersuchung des US-amerikanischen Konsulats der Geschäftsbeziehung von Krupp und Wenner-Gren betr.]; Hartrich an Beitz, 25.4.1957 [Benjamin F. Fairless betr.], HAKrupp, WA 119/12.

1200 Hartrich, Bericht für Beitz, 26.7.1956, HAKrupp, WA 119/11.

1201 Zit. Hartrich, Memorandum für Alfried Krupp u. Beitz, 9.4.1957; Hartrich an Beitz, 12.6.1957; Entwurf für Pressenotiz, 24.6.1957, HAKrupp, WA 119/12.

1202 Hartrich musste Alfried Krupp dann allerdings mitteilen, dass im Frühjahr 1956 keine Möglichkeit bestünde, eine Einreisegenehmigung zu bekommen. Denn, so hatte es Heinz Krekeler, der Botschafter der BRD in den USA, ausgedrückt, man „würde es nicht gerne sehen, wenn Deutschland – Vergangenheit, Gegenwart oder Zukunft – mit in die kommende Wahlkampagne hereingezogen würde". Zit. Hartrich, Memorandum für Alfried Krupp, 3.4.1956, HAKrupp, WA 119/11.

1203 Hartrich an Beitz, betr. Unterredung mit Elim O'Shaughnessy u. Raymond [P.] Ludden, 29.4.1957, HAKrupp, WA 119/12.

erste Rede auf US-amerikanischen Boden halten sollte.[1204] Am Ende hielt Beitz die Rede für den nicht anwesenden Alfried Krupp. Hartrich war es nicht gelungen, Krupp die Einreise zu ermöglichen.[1205]

Diese Petitesse wurde zum Vorwand, um sich von Hartrich zu trennen. Denn inzwischen hatte sich in der für Krupp drängendsten Frage einiges bewegt. Der Abschluss der Pariser Verträge hatte die Besatzungszeit in der Bundesrepublik beendet, das Besatzungsstatut war aufgehoben. Das Stillhalten Frankreichs für die Realisierung der Montanunion bedeutete die entscheidende Lücke für die Entflechtung insgesamt und für Krupp mit seinem Mehlemer Vertrag im Speziellen.[1206] Denn die Entflechtung war Sache der Besatzungsmächte. In dem Moment, indem das Besatzungsrecht aufgehoben wurde, konnte, so fand man bei Krupp, die Entflechtung nur dann erzwungen werden, wenn sie in deutsches Recht überführt werden würde.[1207] So einfach war das natürlich nicht. Denn das Mantelprotokoll zur Beendigung der Besatzung enthielt einen Überleitungsvertrag, der ausdrücklich festlegte, dass die Entflechtungsvorschriften weiterhin Bestand hatten. Diese „Versteinerung" des Gesetzes Nr. 27 war, wie ebenfalls festgelegt worden war, von der Bundesregierung aufzulösen. Sie hatte dafür Sorge zu tragen, dass Wolff, Thyssen und Krupp entflochten wurden. Ohne die Schaffung eines deutschen Rechtsrahmens konnte die Bundesregierung die Unternehmen aber nicht zum Verkauf zwingen. Die Haltung der Adenauer-Regierung war im Unternehmen bekannt und die Möglichkeit der „Fristverlängerung", die in der alleinigen Hand der Bundesregierung lag, als Möglichkeit für das dauerhafte Aussetzen bereits ausgemacht, wie Wollstädter, der Verbindungsmann in Bonn, mitteilen konnte.[1208] Für Krupp war das wesentliche Ziel damit erreicht. Für Hartrich und seine Ambitionen, Krupp in den USA zu „vertreten", hatte Krupp keinen Bedarf mehr.

Gerüchteweise hatte Hartrich bereits im Vorfeld der Konferenz gehört, dass „irgend jemand in der Firma nicht wünscht, dass ich nach San Francisco reise". Ihm sei zugetragen worden, es würde sich negativ auf einen etwaigen Anschlussvertrag auswirken, sollte er dort auftauchen. Beitz reagierte nicht und auch Hundhausen,

---

1204 Vgl. zur Bedeutung der Konferenz: Notiz, Alfried Krupp, in: Der Spiegel, 18.9.1957, S. 64; *Hundhausen*, Public Relations, S. 76 f.

1205 Hartrich, Memorandum für Alfried Krupp, o.D. [Anfang Okt. 1957], HAKrupp, WA 119/12.

1206 Karl-Ernst Selter, Die Firma Fried. Krupp und der Schuman-Plan, 3.9.1953, HAKrupp, WA 94/173.

1207 Kommentar Wilmowsky, betr. Entflechtung, 12.8.1957, HAKrupp, FAH 29/27; *G. Erler*, Art. Welche rechtliche Bedeutung haben noch die Verkaufsauflagen?, in: Der Volkswirt 29, 20.7.1957.

1208 Adenauer habe mündlich lediglich den Vorbehalt formuliert, „zu gegebener Zeit erneut mit den Vertragspartnern wegen der Entflechtungsfragen in Verbindung zu treten, wenn Schwierigkeiten auftreten sollten". Wollstädter war sich sicher: „Die Möglichkeit für den Bund, die Betroffenen zum Verkauf der Aktien zu zwingen, besteht nicht." Zit. Aktenvermerk, W[ollstädter], betr. Gesetz Nr. 27, vertrauliche Mitteilung, [o.D.], HAKrupp, WA 94/38.

der sich entschieden gegen die Weiterführung der Beziehung zu Hartrich ausgesprochen hatte, antwortete nicht. Hartrich beklagte sich über den Umstand, dass Beitz für ihn nicht mehr erreichbar war und drohte: „Ich kann und werde nicht unter Bedingungen arbeiten, wo ein Mangel an gegenseitigem Vertrauen und Glauben besteht."[1209] Hartrich versuchte noch mehrfach, Beitz im Hotel treffen. Für Hartrich war Beitz aber nicht mehr zu erreichen. Am 16. Oktober 1957 sah Hartrich schließlich ein, dass die Vereinbarung, „jederzeit kündbar", von Krupp gelöst worden war. Er verkündete seinen Rücktritt „due to different concepts about public relations" öffentlich in Form eines Aushangs im Pressequartier der Konferenz.[1210]

Ein knappes Jahr später versuchte Hartrich ein letztes Mal, die Beziehung zu Krupp wiederaufzunehmen, ohne Erfolg.[1211] Seine polemische Abrechnung mit dem provokanten Titel „The Fourth and Richest Reich" veröffentlichte er 1980. Hartrich breitete dort seine Erklärung für das deutsche „Wirtschaftswunder" nach dem Zweiten Weltkrieg aus. In dieser Lesart war die Entwicklung der von ihm als „Viertes Reich" bezeichneten Bundesrepublik wirtschaftlich, kaum aber politisch erfolgt. Von seinem Versuch, Krupp in der US-amerikanischen Rüstungsindustrie zu vertreten, und seinem gescheiterten Versuch, es mit Julius Klein aufzunehmen, stand dort aber nichts.[1212]

3.8 „Unabhängiger" Abschluss der Nachkriegszeit? Gert von Klass' zweite Krupp-Geschichte

> Angesichts der Tatsache, daß ich gerade auch dieses zweite Buch ehrlichen Herzens geschrieben habe – in diesem Fall nicht so sehr fasziniert von der Leistung der Firma als von der seltsamen Schicksalsfügung, die das Haus bewahrt hat, worin ich die immanente Gerechtigkeit zu erkennen meinte – dürfen Sie es mir nicht verärgern, wenn ich von dem Gefühl einer gewissen Bitterkeit nicht frei werden kann.[1213]
>
> Gert von Klass, 1961

1209 Zit. Hartrich an Beitz, 6.10.1957, HAKrupp, WA 119/12.

1210 Zit. Telegramm (an Beitz) über Hundhausen, 16.10.1957; Vermerk (vertraulich), Maltzahn an Beitz, Hundhausen, Schürmann, betr. Ed. Hartrich, 23.10.1957, HAKrupp, WA 119/12.

1211 Hartrich an Beitz, 17.3.1958; Hartrich an Beitz, 9.4.1958; Kallen an Beitz, 23.6.1958, HAKrupp, WA 119/12.

1212 S. *Hartrich.*

1213 Zit. Klass an Wilmowsky, 8.10.1961, HAKrupp, FAH 29/26.

In der zweiten Hälfte der 1950er Jahre begann man sich bei Krupp auf das 150-jährige Jubiläum, das 1961 anstand, vorzubereiten.[1214] Die Koordination lag bei Hundhausen, der zunächst eine Arbeitsgruppe einrichtete und schließlich, im Sommer 1958, Alfried Krupp ein ausgearbeitetes Konzept übermittelte.[1215] Das Jubiläum sollte in einer Linie zu dem von 1912 gestellt werden; als zentral galt, dass das Ende der Nachkriegszeit öffentlich für Krupp zum Ausdruck gebracht werden sollte. Wie ehedem sollte die „Festschrift“ das Herzstück darstellen.[1216] Darüber, dass Gert von Klass sie schreiben sollte, herrschte bereits Einigkeit.[1217] Allerdings sollte sie nach der Konzeption von Hundhausen nicht als „Festschrift“ zu erkennen sein, sondern als „unabhängiges Verlagserzeugnis“ erscheinen.[1218] Vom Unternehmen selbst sollte dagegen eine Neuauflage der Briefe von Alfred Krupp, die Berdrow Ende der 1920er Jahre editiert hatte, herausgeben werden.[1219] Als Höhepunkt der Feierlichkeiten war ein „Wissenschaftlicher Kongress“ vorgesehen, wobei für die Ausgestaltung ein zeitgemäßer und, anders als 1912,[1220] „intime[r] Charakter“ vorgesehen war. In der Villa Hügel sollte darüber hinaus eine Ausstellung zur Krupp-Geschichte zu sehen sein.[1221] Das Konzept setzte, wie ehedem, die Geschichte in besonderem Maße ein. Wie bereits 1912 wurde Alfred Krupp, v. a. auch in der „Festschrift“ von Klass, in das Zentrum gerückt;[1222] geschichtspolitisch wurde Alfried Krupp als der wahre Nachfolger des „großen Alfred Krupp“ eingeordnet.

Das 1961 von Klass im Wunderlich-Verlag veröffentlichte AUS SCHUTT UND ASCHE[1223] entstand allerdings keineswegs „unabhängig“. Der ausgewählte Verfasser, Klass, hatte sich seit dem Erfolg seiner „Die drei Ringe“ endgültig von seinen Ambitionen als Romanautor entfernt und war inzwischen ein geübter Festschriften-

1214 Auch andere Unternehmen feierten. Zur Ausgestaltung der Feierlichkeiten der Daimler-Benz AG, die ebenfalls 1961 stattfanden, s. *Lorenzen*, S. 153 – 245; zu den Folgen s. *Schanetzky*, Pragmatische Profession, S. 119 f.

1215 Hundhausen an Alfried Krupp, Durchschlag an Beitz, 29.7.1958, HAKrupp, FAH 29/41.

1216 Zit. Hundhausen an Beitz, Direktorium, 15. 8. 1958, HAKrupp, WA 66/108.

1217 Klass führte dazu aus, er habe 1954 einen „Abschiedsbesuch“ bei Janssen absolviert, dann sei Beitz hinzugekommen und habe ihm „den Auftrag“ für die 150-Jahr-Feier übertragen. *Klass*, Der Schreiber, S. 78.

1218 Zit. Hundhausen an Alfried Krupp, Durchschlag an Beitz, 29.7.1958, HAKrupp, FAH 29/41.

1219 S. *Berdrow*, Alfred Krupps Briefe.

1220 S. Kap. 2.4.

1221 Zit. Hundhausen an Alfried Krupp, Durchschlag an Beitz, 29.7.1958, HAKrupp, FAH 29/41.

1222 „Hier scheint mir stellenweise reichlich übersteigert, vor allem wenn Alfred Krupp vielfach mit ‚der große Krupp‘ bezeichnet wird, was er sich zu Lebzeiten bestimmt verbeten hätte.“ Zit. Wilmowsky: Vertrauliche und rein persönliche Bemerkungen zu dem Manuskript des Buches von Herrn von Klass, HAKrupp, WA 29/26.

1223 *Klass*, Schutt.

schreiber,[1224] der längst nicht mehr allein arbeitete, sondern ein eigenes Geschichtsbüro unterhielt. Für sein zweites Buch über Krupp beschäftigte Klass Ingrid Bauert-Keetman;[1225] ihre maßgebliche Mitarbeit an dem Manuskript wurde aber nicht ausgewiesen. Auch Hundhausen engagierte für Klass Unterstützung und nahm unter Vermittlung des Rheinisch-Westfälischen Instituts für Wirtschaftsforschung mit Karl-Heinz Werner einen promovierten und habilitierten Volkswirt auf Zeit unter Vertrag. Auch seine Mitarbeit wurde nicht ausgewiesen.[1226] Das Buch, so wurde es nach einer ersten Besprechung festgehalten, sollte insbesondere die technische Entwicklung des Unternehmens in den Vordergrund stellen. Es sollte also nicht, wie in Klass' erster Veröffentlichung, entlang des jeweiligen Eigentümers gegliedert sein. Dahinter steckte Kalkül. Die gewählte thematische Gliederung machte es möglich, die Zeit seit Gustav Krupp kurz abzuhandeln. Denn empirisch bestand die Lücke, insbesondere für die Zeit seit 1918, ja weiterhin. Hundhausen hatte insbesondere die NS-Geschichte in seiner geschichtspolitischen PR gezielt offen und auch kruppintern ohne weitergehende Ausarbeitung oder Untersuchung belassen. Aus Hundhausens Sicht bestand auch keine Veranlassung diese Lücke zu schließen. Ein Vergessen war im Fall von Krupp zwar nicht möglich, aber er war überzeugt, dass eine inhaltliche und quellengestützte Aufklärung dem Unternehmensimage eher schaden als nutzen würde. Klass' zweites Buch sollte deshalb eine „reine Firmengeschichte" sein, sollte geordnet nach der technischen Entwicklung sein und dabei Krupp-unabhängig wirken. Selbstverständlich aber dachte Hundhausen nicht daran, Klass freie Hand zu lassen.[1227]

1224 Nach den „Die drei Ringen" (1953) waren bis 1961 erschienen (Auswahl): 1955 „Die Wollspindel", 1956 „50 Jahre Elektromark", 1957„Stahl vom Rhein" sowie „Albert Vögler", 1958 „Hugo Stinnes".

1225 Ingrid Bauert-Keetman war promovierte Juristin und seit Anfang der 1950er Jahre als Autorin diverser Unternehmenschroniken und -geschichten tätig. S. *Bauert-Keetman.*

1226 Becker, Hundhausen an Karl-Heinz Werner, 15.9.1958, HAKrupp, WA 50/599. Vertraglich wurde Werner verpflichtet, „[a]lle Rechte, insbesondere die Rechte des geistigen Eigentums und die Urheberrechte an diesen Niederschriften, Übersichten und Darstellungen gehen auf uns uneingeschränkt über. Es ist Ihnen bekannt, dass diese Unterlagen als Rohmaterial für eine Arbeit dienen sollen, die Herr Gert von Klass in unserem Auftrage schreiben wird. Diese Vereinbarung schliesst insbesondere aus, dass in der endgültigen Veröffentlichung von Herrn von Klass Ihr Name genannt wird." Zunächst wurde Werner für vier Monate verpflichtet. Sein Vertrag wurde Ende 1958 bis Ende September 1959 verlängert. Werner erhielt schließlich eine Aufwertung zum „wissenschaftlichen Mitarbeiter", womit sich auch sein monatliches Salär von 800 auf 1.000 DM erhöhte. Huffschmid, Hundhausen an Werner, 18.12.1958; Hundhausen an Werner, 19.8.1959, HAKrupp, WA 59/559. S. ausf. zum RWI *Pierenkemper u. Fremdling.*

1227 Dierichs an Hundhausen, betr. Geschichtliche Veröffentlichung zur 150-Jahr-Feier, 29.8.1958; Hundhausen an Dierichs, Durchschlag an E. Schröder u. K.-H. Werner, 5.11.1958, HAKrupp, WA 119/v159.

Klass hatte inzwischen einiges der Naivität, die er während der Arbeit an den „drei Ringen" noch gezeigt hatte, verloren.[1228] Er schickte Bauert-Keetman und Werner seine Anfragen und Rechercheaufträge,[1229] die sich dann mit Literatur und Material beim Archivleiter, Ernst Schröder,[1230] versorgten und Zusammenfassungen und Exposés erarbeiteten. Schröder hatte einige Mühe damit, die gewünschten Zusammenstellungen zu erstellen.[1231] Ein direkter Einfluss, wie Wilmowsky ihn auf Klass Anfang der 1950er Jahre ausgeübt hatte, war in dieser Konstellation aber nicht möglich. Schröder war damit erkennbar unzufrieden. Hundhausen gegenüber beschwerte er sich mehrfach über die überzogenen Materialwünsche von Klass. Zudem würde Klass Entwicklungen, die er bereits 1953 in „Die drei Ringe" publiziert hatte, erneut, und zwar ohne weitere Prüfung, übernehmen.[1232] Schröder meldete Hundhausen regelmäßig, welche Informationen und Archivalien Klass angefordert hatte und bat um Freigabe. So hatte Klass etwa eine seit 1812 durchlaufende Aufstellung der „Produktion" des Unternehmens erfragt und an der dann übermittelten Aufstellung moniert, „dass die gesamte Waffenproduktion" dort nicht aufgeführt sei. Er forderte eine explizite Aufstellung der produzierten KM, die er in ein Verhältnis zur „Friedensproduktion" des Unternehmens setzen wollte.[1233] Schwierigkeiten bereitete auch die Erstellung der von Klass gewünschten durchlaufenden Aufstellung zum Sozialwerk. Da die Sozialpolitik des Unternehmens 1921 praktisch aufgegeben worden war, sei eine durchlaufende tabellarische Übersicht, wie Klass sie wünschte, so Schröder, nicht möglich.[1234]

Auch diesmal erhielt Klass nur vorgesichtetes und ausgewähltes Material.[1235] Das „unabhängige" Buchvorhaben war dabei personell betrachtet bestens ausge-

---

1228 Aktennotiz [E. Schröder], 8.6.1956, HAKrupp, WA 119/v159; Klass, betr. Krupp-Jubiläumsschrift, 24.1.1958, HAKrupp, FAH 29/41.

1229 Dazu Hundhausen an Dierichs, 5.11.1958, HAKrupp, WA 119/v159.

1230 Der Historiker Ernst Schröder leitete zwischen 1955 und 1972 sowohl das Familien- als auch das Werksarchiv bei Krupp. *Stremmel*, Historisches Archiv, S. 88 – 92.

1231 Ein Teil der dieserart zusammengestellten Unterlagen, HAKrupp, FAH 24/507, darin: Aktenvermerk zur Erfindung des hitzebeständigen Stahls, 16.2.1960; Vernichtungsarbeiten in den Kruppschen Fabriken, Notiz, o.V., o.D. [1920er Jahre]; Schriftw. zw. Werner, Bauert-Keetman und Schröder seit 1958, HAKrupp, WA 119/v159.

1232 Das betraf aus Schröders Sicht insbes. die Ausführungen zum Generalregulativ, das Alfred Krupp 1872 verfügt hatte; Schröder war erkennbar erzürnt darüber, dass Klass Schröders dazu veröffentlichten Ausführungen nicht einmal zur Kenntnis genommen hatte. S. *Schröder*, Generalregulativ; Schröder an Hundhausen, betr. Material für GvKlass, 12.5.1960, HAKrupp, WA 119/v159.

1233 Schröder an Hundhausen, 27.1.1960; Schröder an Hundhausen, 4.11.1960, HAKrupp, WA 119/v159.

1234 Schröder an Dierichs, 20.6.1961, HAKrupp, WA 119/v159.

1235 Das zeigte sich etwa an einem Vorgang zur „Beschäftigung von ausländischen Arbeitern", also Zwangsarbeitern, die Schröder bei der Durchsicht einer Akte während der Materialbeschaffung für

stattet. Klass verfügte über umfangreiche Vorarbeiten von Bauert-Keetman und Werner, bevor er überhaupt anfing, erste Notizen anzufertigen. Aber so wie das Unternehmen seine Geschichtspolitik professionalisiert hatte, hatte sich auch beim Autor einiges verändert. Im Unterschied zum Beginn der 1950er Jahre fehlte es Klass diesmal an echtem Interesse. Als Klass seinen Manuskriptentwurf vorlegte, war Hundhausen dennoch nicht unzufrieden. Als aber auch Wilmowsky den Entwurf gelesen hatte, wurde deutlich: Wilmowsky drückten „Bedenken", und zwar erhebliche. Klass hatte in dem Entwurf die Behauptung aufgestellt, die Sonderregelung zur Erbschaftssteuer, die 1943 mit der Lex Krupp realisiert worden war, sei bereits mit der letzten Regierung der Weimarer Republik ausgehandelt worden. Wilmowsky konnte sich daran nicht erinnern und mahnte zur Prüfung.[1236] Auch hatte Klass die „Ohnmacht" der Großindustrie zum Zeitpunkt der „Machtergreifung" konstatiert, und damit eine Kritik am Reichsverband der Deutschen Industrie impliziert, die problematisch sei, so Wilmowsky, denn schließlich war der Spitzenverband 1933 von Gustav Krupp angeführt worden.[1237] Genau diesen Punkt hatte der „zornige" Klass zu Beginn der 1950er Jahre schon ausführen wollen, dies aber auf Wilmowskys Einrede hin fallen gelassen.[1238] Ferner störte Wilmowsky sich daran, dass Klass die Inhaftierung der Wilmowskys 1944 nicht einmal erwähnt hatte.[1239] Bedenken hatten auch Alfried Krupp und Ernst Schröder geäußert, so schrieb Wilmowsky, aber nicht an Hundhausen, sondern an Beitz. Das eigentliche Problem, urteilte Wilmowsky, war, dass Hundhausen bereit sei, die „Herausgabe des Manuskriptes" zu billigen. Wilmowsky fand das Manuskript also alles andere als zeitgemäß und war der Meinung, dass Hundhausen Klass nicht eng genug betreut hatte. Seiner Meinung nach sollte eine Veröffentlichung verhindert werden.[1240] Beitz reagierte und beruhigte. Zwischen Alfried Krupp und dem Lektor des Verlages, Hans Roesch, habe bereits eine längere Unterredung stattgefunden. Die Bedenken, die Wilmowsky erhoben habe, würden bei der Überarbeitung berücksichtigt und von Roesch ausgebügelt. Vorbehaltlich dieser Korrekturen habe Alfried Krupp der Veröffentli-

---

Klass fand. Klass hat diese Akte nicht zu Gesicht bekommen, Schröder schickte sie vielmehr an die Rechtsabteilung. Schröder an Maschke, 18.3.1961, HAKrupp, WA 66/99.

1236 Der aktuelle Hintergrund war, dass die Frage, wie Alfried Krupp sein Vermögen zu versteuern hatte, ein zu Beginn der 1960er Jahre heiß diskutiertes Thema war. Beitz hatte über die steuerliche Sonderbehandlung in einem Interview „geplaudert" und sich damit den „Groll" von Adenauer eingefangen. Die Frage der Besteuerung von Krupp sollte daher und grundsätzlich aus der öffentlichen Diskussion herausgehalten werden. Zit. Schröder an Klass, 9.4.1961, HAKrupp, FAH 29/26.

1237 Ausf. *Bähr u. Kopper*, S. 102–149.

1238 S. Kap. 3.3.

1239 Wilmowsky an Beitz, betr. „Vertrauliche und rein persönliche Bemerkungen zu dem Manuskript des Buches von Herrn Klass am 28.3.1961", 8.4.1961, HAKrupp, FAH 29/2.

1240 Ebd.

chung zugestimmt. Auch Beitz war der Ansicht, das zeigte er Wilmowsky gegenüber an, dass das Buch überhaupt nicht veröffentlicht werden sollte. Allerdings bestünde der Verlag, Wunderlich, auf den mit Klass geschlossen Vertrag und auf die Veröffentlichung, so Beitz. Alfried Krupp habe Roesch direkt gefragt, ob Wunderlich auch veröffentlichen würde, wenn „Krupp nicht dahinterstände", und Roesch habe „ja" geantwortet. Zu verhindern sei die Veröffentlichung daher nicht.[1241]

Neben den Familienmitgliedern brachte auch das Management eine ganze Reihe von Einwänden vor: Hans Kallen, Direktor für Metallurgie, bemängelte, dem Buch fehle der Leitfaden. Das Niveau der technischen Darstellung, die vereinbarungsgemäß die Leiterzählung darstellen sollte, sei für den Laien zu hoch, für den Techniker dagegen zu niedrig. Darüber hinaus sei die Darstellung der Entflechtung nach 1945 zu scharf geraten. Kallen verwies auf die Absprache mit der Bundesregierung. Diesbezüglich, so Kallen, dürften keine schlafenden Hunde geweckt, sondern müsse Takt bewiesen werden. Und schließlich verlieh er der seit Jahrzehnten bestehenden Haltung des Managements Ausdruck. Über Krupp sei inzwischen derart viel geschrieben worden, es bestünde, so Kallen, „kein Bedürfnis, ein weiteres Buch herauszubringen, wenn dieses nicht wirklich formvollendet und originell ist. Das vorliegende Manuskript baut in starkem Maße auf dem Jahrhundertbuch und ‚Die drei Ringe' desselben Verfassers auf. Ich bin daher der Meinung, daß es für die Interessen der Fa. Krupp weder notwendig noch zweckmäßig ist, ein Buch in einer derartigen Form zu veröffentlichen."[1242] Auch Claus Ahlefeldt Laurvig, der das Unternehmen in Großbritannien repräsentierte und insbesondere die Darstellung der Zeit nach 1945 gelesen hatte, hielt den Entwurf für ungeeignet. Auch er empfahl zu verhindern, dass es überhaupt in Umlauf kam.[1243] Finanzdirektor Schröder äußerte sich zurückhaltender. Er merkte allerdings zu den Ausführungen, die Beitz betrafen, an, sie enthielten viele sachliche Fehler. Die letzten Jahre seien schließlich noch im Gedächtnis vieler „Kruppianer". Die nicht einwandfreie Darstellung sorge dafür, dem Buch die „Glaubwürdigkeit" zu nehmen.[1244]

Vonseiten der Familie und des Managements wurde das Manuskript von Klass als nicht mehr zeitgemäß angesehen. Was zu Beginn der 1950er Jahre noch sagbar war und dem damaligen Empfinden entsprochen hatte, und womit Klass seinerzeit ja auch überaus erfolgreich gewesen war, wurde zu Beginn der 1960er Jahre ganz anders bewertet. Die geäußerte Kritik richtete sich eindeutig gegen das „zu viel": zu viel deutscher Pathos und Nationalismus, zu viel Opferrolle des Unternehmens, zu

1241 Beitz an Wilmowsky, 27.4.1961, HAKrupp, FAH 29/2.

1242 Kallen an Hundhausen, betr. Manuskript von Klass, 20.4.1961, HAKrupp, FAH 29/2.

1243 Ahlefeldt Laurvig an Beitz, 23.10.1961, HAKrupp, FAH 29/26.

1244 Zit. Schröder an Klass, 6.4.1961; Schröder an Klass, 9.4.1961, HAKrupp, FAH 29/26.

viel Zerstörungsdramaturgie und zu viel des technischen Fortschritts durch das Unternehmen. Mit anderen Worten, gegen das Format, das Sebastian Brünger als „Ausdruck der Geschichtspolitik der unmittelbaren Nachkriegszeit" charakterisiert hat,[1245] regte sich nunmehr erheblicher Widerstand, und zwar von der Familie wie vom Management.

Hundhausen verteidigte den Entwurf von Klass jedoch. Er räumte zwar ein, dass mit Klass über „modische Formulierungen" noch zu sprechen sei. Er wies die Kritik, insbesondere von Wilmowsky, aber zurück: „Um mich zu diesem Punkt noch einmal präzise auszudrücken, möchte ich sagen, daß ich es bei den jetzigen Darstellungen des Herrn von Klass belassen möchte." Er wolle die Publikation unterstützen, denn: „Dadurch, daß es als echtes Verlagserzeugnis herauskommt, wird diese Darstellung mit ihrer immer wieder neu versuchten Beleuchtung von Persönlichkeiten und Situationen in der ‚Krupp-Literatur' eine ausgesprochene Bereicherung sein." Die meisten Jubiläumsschriften seien als Auftragsarbeit „auf den ersten Blick" zu identifizieren, was er für schädlich halte. Da diese Veröffentlichung von Klass als „echtes Verlagszeugnis" veröffentlicht werden würde, würde es auch eine größere Wirkung haben, so Hundhausen.[1246] Auch fand er, die scharfe Beurteilung der englischen Besatzungszeit sollte aufrechterhalten werden. Das letzte Wort, so Hundhausen, habe ohnehin Alfried Krupp. Wenn das vorliege, könne mit der Nachprüfung begonnen werden.[1247] Hundhausen reagierte indes durchaus auf die manifeste Kritik, und zwar in dem er versuchte, den Schaden zu begrenzen. So schrieb er zu der von Klass in dem Entwurf vorgesehenen Tabelle 1, die die Geschützproduktion des Unternehmens ausweisen sollte, die Zahlen seien „geprüft". Die Tabelle könne aber nur dann in dem Manuskript bleiben und veröffentlicht werden, wenn die Tabelle um eine Spalte zur Geschützproduktion von Unternehmen in anderen Ländern mit „in etwa dem gleichen Gewicht" ergänzt werde. Da dies nicht gelang, wandte er sich an Hans Roesch. Die betreffende Tabelle wurde aus der Druckfahne gestrichen.[1248]

Wilmowsky, der befürchtete, Klass Entwurf könnte ohne grundlegende Überarbeitung in den Druck gehen, sah sich derart herausgefordert, dass er die Hierarchie des Unternehmens nicht einhielt und selbst den Kontakt zu Roesch aufnahm. „Streng vertraulich" teilte er dem Lektor seine Bedenken mit: „Die Ausführungen in dem Manuskript des Herrn von Klass über ihn [Beitz, d. Vf.] sind nach meiner festen Überzeugung geeignet, ihm weiterhin in unseren Kreisen Schaden zu bringen." Dies habe er auch Beitz gesagt, er sei sich aber nicht sicher, ob jener überhaupt die Zeit

1245 Zit. *Brünger*, Geschichte und Gewinn, S. 201.

1246 Zit. Hundhausen an Wilmowsky, 2.3.1962, HAKrupp, FAH 29/2.

1247 Zit. ebd.

1248 Zit. Hundhausen an Roesch, 7.8.1961, HAKrupp, FAH 29/36; vgl. *Klass*, Schutt.

gefunden habe, das Manuskript zu lesen: „Lassen Sie mich hier ganz offen sprechen. Sie können sich ja denken, daß in den Kreisen der Industrie auch hier und da, vor allem in den ersten Jahren seiner Tätigkeit, Verwunderung und Kritik über diese Wahl des Eigentümers herrschte. Diese Einstellung hat sich in den letzten beiden Jahren stark zu seinen Gunsten geändert, man erkennt jetzt seine Vitalität, seine Fähigkeiten und seine organisatorischen Gaben an. Wenn diese Herren aber jetzt in dem Buch eine so starke Herausstellung dieser seiner Aktivitäten lesen, wenn sie hören, daß die von ihm geschaffene neue Organisation ein einmaliges Werk in Deutschland – zwischen den Zeilen klingt hervor: in Europa – bedeutet, so ist dieses Overstatement ganz *bestimmt* geeignet, die Stellung des Herrn Beitz in der gesamten Industrie zu schwächen, und davor möchte ich ihn unter allen Umständen bewahren. Ich möchte keine Vorschläge machen, aber es wäre wirklich gut, wenn Sie sich diesen, meinen sehr ernst gemeinten Hinweis ernstlich überlegen wollten." Ihn drückte ferner die von Klass vorgenommene Darstellung seiner Person und der Umstand, dass Klass Berthold von Bohlen nicht einmal erwähnt hatte.[1249]

Am gleichen Tag schrieb Wilmowsky Roesch einen weiteren Brief. Dort ging es um den von Klass vorgeschlagenen Buchtitel. „Waffen für den Frieden", so Wilmowsky, dies sei als Buchtitel nicht akzeptabel. Er sehe bereits die Schlagzeilen: „Wenn Krupp, dieser Imperialist, dieser Kapitalist, sich bereits nicht mehr scheut, das Wort Waffen zu gebrauchen, dann weiß man, daß er im Grunde an den Krieg denkt."[1250] Diese Intervention war ein Problem. Der Verlag hatte bereits mit dem Druck der Titelei und der Schutzumschläge begonnen, Hundhausen und Alfried Krupp, so Roesch, hätten dem Titel „Waffen für den Frieden" bereits im Mai schriftlich zugestimmt.[1251] Wilmowsky setzte sich durch. Das Buch erschien schließlich unter dem unverfänglichen, wenn auch etwas überholten Titel „Aus Schutt und Asche. Krupp nach fünf Menschenzeitaltern".

Wilmowsky war sich seines Regelübertritts sehr bewusst und brachte sein „schlechtes Gewissen ob meiner Einschaltung" Roesch gegenüber zum Ausdruck. Es überwog aber sein Bedauern, „daß wir nicht von Anfang an, wie einst bei den Drei Ringen, Aussprache zu Dritt führen konnten" [sic].[1252] Auch zu Klass nahm Wilmowsky nun den direkten Kontakt auf. Klass äußerte sich zu der von Wilmowsky übermittelten Kritik „tief getroffen". Den Umstand, dass er als Verfasser bei der finalen Korrektur „ausgeschaltet worden" sei, so schrieb er, „das glaube ich als ‚der Sänger des Hauses', der ich ja nun einmal geworden bin, nicht verdient zu haben".

1249 Zit. Wilmowsky an Roesch (persönlich), 8.6.1961 [HiO], HAKrupp, FAH 29/2.
1250 Zit. Wilmowsky an Roesch, 8.6.1961, HAKrupp, FAH 29/2.
1251 Roesch an Wilmowsky, 16.6.1961, HAKrupp, FAH 29/2.
1252 Zit. Wilmowsky an Roesch, 24.6.1961, HAKrupp, FAH 29/26.

Der Gipfel sei, dass der Verlag seinen Honoraranspruch gedrückt habe.[1253] Wilmowsky, der Klass inhaltlich hatte bewegen wollen, aber keineswegs die Seiten wechseln wollte, ruderte zurück und übergab seinen Schriftwechsel mit Klass nun zügig Hundhausen. Hundhausen reagierte scharf auf die von Klass formulierten Vorwürfe, „absolut unberechtigt“, so Hundhausen. Die von Klass formulierte Vorhaltung, Beitz und er selbst hätten das Manuskript nicht gelesen, habe Klass sich selbst zuzuschreiben, schließlich habe er Beitz keinen Durchschlag zugänglich gemacht. Auch die Bezeichnung als „Sänger des Hauses“ Krupp wollte er nicht stehen lassen: „Niemand sollte es besser wissen als Sie [Klass, d. Vf.], dass wir immer und absolut kompromisslos darauf gedrängt haben, dass hier kein Auftragswerk entstehen sollte, sondern dass es sich um ein Buch handeln müsse, das sich in die gesamte Verlagspolitik dieses international anerkannten Verlages einreiht.“[1254] Wilmowsky, froh darüber, dass Hundhausens Ärger sich an Klass entlud, fasste bei Roesch noch einmal nach: „Empfindlich wie eine Opern-Diva. [...] Mir ist das ihm [Klass, d. Vf.] *im voraus* bezahlte Honorar bekannt; ich halte es für ausgeschlossen, daß ein Schriftsteller ein derart hohes Einkommen seit der Währungsreform erzielt hat. Und dann ganz ungeschminkte Vorwürfe gegen die Firma, gegen Ihren Verlag, daß man ihn schlecht behandle?? Im Grunde muß man Mitgefühl mit ihm haben: ‚Der Goethe-Sänger des Hauses Krupp‘ (so stand es in einem Brief!) [sic] hat ausgesungen; es liegt, wie in all solchen Fällen, eine gewisse Tragik darin, daß die Einsicht zu spät kommt.“[1255] Auch Roesch dürfte froh gewesen sein, als er seinen Vorgang „Aus Schutt und Asche“ endlich abschließen konnte.[1256] So sehr Klass sein erstes Buch über Krupp genützt hatte, nach der Veröffentlichung seines zweiten Industrieromans über Krupp, dem „echten Verlagserzeugnis“, trübte sich sein Geschäft ein. Klass’ Erzählstil galt nicht nur bei Krupp als nicht mehr zeitgemäß. Seine im Auftrag von Bayer 1963 verfasste Unternehmensgeschichte verschwand als zu „kitschig“ in der Schublade.[1257] Seine Biografie über Albert Vögler erhielt eine böse Kritik im Spiegel,[1258] und das Vorhaben einer Friedrich-Flick-Biografie machte sich für ihn zwar bezahlt, geschrieben oder veröffentlicht hat er sie aber nie.[1259]

Die Jubiläumsfeier wurde eine prominent besetzte und geschichtsdurchtränkte Veranstaltung. Von der Gegenwart ausgehend, die vom Reden über die „übermäßige

1253 Zit. Klass an Wilmowsky, 8.10.1961, HAKrupp, FAH 29/26.

1254 Zit. Hundhausen an Klass, o.D. (Entwurf), HAKrupp, FAH 29/26; Wilmowsky an Klass, 30.10.1961, HAKrupp, FAH 29/3.

1255 Zit. Wilmowsky an Roesch, 29.12.1961 [HiO], HAKrupp, FAH 29/26.

1256 Roesch an Wilmowsky, 14.12.1961, HAKrupp, FAH 29/26.

1257 Zit. *Brünger*, Geschichte und Gewinn, S. 205.

1258 S. *Priemel*, Gekaufte Geschichte.

1259 *Klass*, Der Schreiber, S. 84–86.

Konzentration" geprägt sei, und in der falsche Schlüsse aus „großen Zahlen" gezogen würden, bezog Alfried Krupp sich in seiner Rede konsequent auf die Vergangenheit, vermied es dabei aber sorgsam, zwischen „Verdienst" und „Fehlern" zu unterscheiden.[1260] Die „Gedenkrede" wurde von Theodor Heuss gehalten, der seine Ausführungen damit begann, keineswegs eine „Festrede" halten zu wollen. Einen „Geschichtsvortrag" lehnte der Bundespräsident ebenso ab, dazu gebe es Literatur, die Arbeiten von Berdrow und beide Bände von Klass. Auch die etwaige Kritik, dass er ein „Plädoyer für Kriegsverbrecher" vorbringe, lehnte er ab. Heuss brachte dann die Formel, die bis heute häufig aufgegriffen und verwendet wird: „die Vorstellung, als ob die Prokura und das Konstruktionsbüro bei Schneider-Creusot, bei Skoda, bei Vickers und Armstrong, bei der Bethlehem Steel Corporation usf. himmlischen Engeln anvertraut sei, während die entsprechenden Baulichkeiten bei Krupp eine Dependence der teuflischen Hölle" seien, die sei falsch.[1261] Die Herstellung von Waffen sei ein historischer Tatbestand der „Menschheitsgeschichte", den man bedauern könne, der aber allgegenwärtig sei. Bei Krupp, während der Zeit von Alfred Krupp, sei die Waffenfabrikation ohnehin „zweitrangig" gewesen. Auch der „Herr-im-Haus-Standpunkt" sei nicht spezifisch auf Krupp zu beziehen. Robert Bosch, dessen Biografie Heuss selbst geschrieben hatte,[1262] sei ganz ähnlich vorgegangen. Die Übergabe des Unternehmens in Form eines industriellen Fideikommiss, so die Umschreibung für die Lex Krupp, hätte „mythische Züge" aktiviert. Heuss distanzierte sich von Gustav Krupp und erweckte den Eindruck, dass „Gustav von Bohlen" kein „Krupp" gewesen sei: „Darf ich ganz einfach sagen: der Name Krupp hat sich in einem Werk objektiviert, das aus den Kräften einer großen und einer tragischen Vergangenheit die Kräfte bezieht, die immer eine Zukunft suchen, und wir spüren: sie finden wird."[1263] Über die Gegenwart, Alfried Krupp und Berthold von Bohlen – hier kollektivierte Heuss den „Eigentümer" –, wollte er nichts weiter sagen, nur: „es wäre unredlich, darüber zu schweigen, mit welcher seelischen Kraft, getragen von dem Gefühl einer Schuldlosigkeit, er [Alfried Krupp], für den Namen stellvertretend, Jahre quälender Haft durchgestanden hat, um dann, wieder befreit, die ungeheure Leistung der letzten zehn Jahre einzuleiten, zu ermöglichen, mit dem unbefangenen Mut und Vertrauen, einen Mann [Beitz, d. Vf.], der bisher gar nichts mit dem ‚Revier' zu tun hatte und gewiß von Manchem als Eindringling betrachtet wurde – doch wohl nicht mehr wird – an seine Seite zu rufen."[1264] Heuss flocht das

1260 Alfried Krupp, [Jubiläumsrede] 150 Jahre Krupp 1811–1961, 20.11.1961, HAKrupp, WA 4/2749.

1261 Zit. Heuss, Gedenkrede, 20.11.1961, HAKrupp, WA 4/2749.

1262 *Heuss*; ausf. *Radkau*, v. a. S. 231–234.

1263 Zit. Heuss. Gedenkrede, 20.11.1961, HAKrupp, WA 4/2749.

1264 Zit. ebd.

Band zwischen Staat und Krupp neu, stellte dabei aber immerhin, wenn auch sehr verhalten, Bezüge zur „Schuld“ her.

Auch der nächste Festredner, Fritz Berg, Präsident des BDI, fand in Gustav Krupp kaum mehr als den Reintyp eines „Adeligen“. Sein Sohn aber habe „das Erbe“ angenommen und sei anstelle seines Vaters verurteilt worden. Es sei, so Berg, die „Pflicht der Industrie“, sich des Opfers, das Alfried Krupp gebracht habe, bewusst zu werden. Belastet mit schwerer „Hypothek“, fand Berg den Wiederaufbau des Unternehmens umso „eindrucksvoller“.[1265]

Stellvertretend für den Bundeskanzler, der nicht anwesend war, brachte schließlich Wirtschaftsminister Ludwig Erhard seine sehr gegenwartsorientierte Position vor und formulierte: „Ich bin auch der festen Überzeugung, daß die Verkaufsauflage einen Anachronismus darstellt und daß sie durch nichts gerechtfertigt ist, ja, daß sie überwunden werden müßte.“ Sogar die Hohe Behörde habe inzwischen festgestellt, dass Krupp kein „Monopol“ besitze oder die Möglichkeit habe, den „Wettbewerb auszuschalten“. Erhard bekräftigte: „In einer waffenstarrenden Welt ist Krupp heute keine Waffenschmiede mehr, und es ist bezeichnend genug, daß die großen Perioden des Aufschwungs des Hauses Krupp zusammenfielen mit ihren Leistungen für die Zwecke der menschlichen Wohlfahrt und der Bereicherung des menschlichen Seins in dieser materiellen Welt.“[1266]

Es war das Jubiläumsfest, das ein voller Erfolg wurde. Besonders die von Heuss gewählten Formulierungen flossen in die Berichterstattung ein und entfalteten eine nachhaltige Wirkung. Das Unternehmen erstrahlte in einem restaurierten Glanz. Vormals, so die zeitgenössische Einordnung, war Krupp kein reines Rüstungsunternehmen, sondern fortschrittlich und innovativ, und das – so wurde es für die Gegenwart suggeriert – war Krupp heute wieder, unter der Leitung von Alfried Krupp und ganz ohne die Produktion von ‚Kanonen‘. Die Unternehmensführung war sehr zufrieden mit dem Jubiläum. Hundhausen erhielt zum Dank eine Sonderzahlung von 40.000 DM.[1267]

Die „Festschrift“ dagegen war der Wiederaufguss der unternehmenseigenen Krupp-Geschichte von 1953 und damit sehr national und anachronistisch. Die Frage, wie „national“ war Krupp, das hatte Klass bei seinem ersten Werk gereizt.[1268] Für seine zweite Krupp-Veröffentlichung schrieb Klass dieses Thema weiter aus, aber seinen Blickwinkel auf Krupp veränderte er nicht. Eine an die Gegenwart anschlussfähige Erzählung war das nicht. Tatsächlich engagierte sich Krupp in einer

---

1265 Zit. Berg, Gedenkrede, 20.11.1961, HAKrupp, WA 4/2749.
1266 Zit. Erhard, Gedenkrede, 20.11.1961, HAKrupp, WA 4/2749.
1267 Krupp an Hundhausen, 15.11.1961, HAKrupp, WA 131/7952.
1268 S. Kap. 3.3.

Weise für die „Emerging Markets“, die neu war.[1269] Den zeitgenössischen Anschluss zu finden an die Unternehmensstrategie von Krupp in den 1950er und beginnenden 1960er Jahren hätte bedeutet, beim Eisenbahnmaterial anfangend nach den internationalen Märkten und Verflechtungen des Unternehmens zu suchen und damit tatsächlich die Konzernvorgabe von der technischen Leiterzählung umzusetzen. Die hier zentralen Phasen für das Unternehmen liefen aufs Ganze betrachtet ungleichzeitig zu den Phasen, in denen das Unternehmen mit seinen Rüstungsaufträgen besonders gut verdient hatte. An dieser Erzählung hatte Klass aber kein Interesse.

Trotzdem wurde auch dieses zweite Buch von Klass öffentlich noch als einschlägig bewertet. Andere in dieser Zeit erschienene Buchpublikationen, wie THE FALL AND RISE OF ALFRIED KRUPP von Gordon Young,[1270] einem britischen Journalisten, wurden demgegenüber in der Bundesrepublik kaum zur Kenntnis genommen.[1271] Dabei war Youngs Buch der erste Versuch, eine Einordnung von Alfried Krupp vorzunehmen.[1272] Seine Darstellung beruhte ganz wesentlich auf der Dokumentation des Nürnberger Krupp-Prozesses und wurde zwar in andere Sprachen, nicht aber ins Deutsche übersetzt. Young skizzierte Alfried Krupp als „phoenix king“, führte dessen Zahlungen an die SS auf, bewertete Gustav Krupp als „snob“, der sich aus dieser Haltung heraus bis zur Machtübernahme von den Nationalsozialisten ferngehalten habe, behandelte ausführlich den Konflikt zwischen Loeser und Alfried Krupp, ging verstärkt auf die Zwangsarbeit ein und kritisierte den Verhandlungsverlauf des Nürnberger Krupp-Prozesses und dessen Urteil. Die im Prozess verfolgte Linie, über die Geschichte die gemeinsame Schuld herauszuarbeiten, sei misslich gewesen, denn damit war, Young zufolge, kein Raum für den Nachweis der individuellen Schuld von Alfried Krupp geblieben. Die Nachkriegsentwicklung, die Begnadigung und die Freigabe des Vermögens schilderte Young kritisch, aber nicht allzu tendenziös. Die Zeit, so Young, habe für Krupp gearbeitet, und in Großbritannien habe Ahlefeldt Laurvig für eine Verbesserung der Stimmung der Briten gesorgt. Im Ergebnis stellte Young fest, mit jedem Tag gelte der Name „Krupp“ als weniger belastet. Der Aufstieg sei nicht aufzuhalten, Alfried Krupp sei

1269 *James*, S. 11.

1270 George Gordon Young war zwischen 1930 und 1942 bei Reuter in Berlin tätig. 1942 wechselte er zum Daily Express. Seit 1959 war Young Assistant Director im International Press Institute. [Autoreninformation], in: *Young*.

1271 Keine ausf. Rezension, aber eine positive Würdigung zur Veröffentlichung von Young: Art. Krupp's Career, in: The Observer, 12.6.1960.

1272 Young dankte im Vorwort insbesondere (Claus) Leo Brawand vom Spiegel für die Unterstützung; auch dort wurde die Veröffentlichung aber nicht thematisiert. *Young*, S. vii.

ein Bollwerk gegen den Kommunismus, ein Wirtschaftswundertäter, ein Kulturstifter und er zahle für die Zwangsarbeiter.[1273]

3.9 Zwischenfazit

Der Nachfolger von Gustav Krupp, Alfried Krupp, entwickelte bereits während seiner Haftzeit einen strategischen Umgang mit der Krupp-Geschichte. Die Voraussetzungen für die Indienstnahme der Krupp-Geschichte waren für das Unternehmen dabei und erstaunlicherweise besser als nach 1918. Nachdem das Urteil im Nürnberger-Nachfolgeprozess Nr. X gefällt worden war, wurde die Geschichtspolitik zunächst von Tilo von Wilmowsky in die Hand genommen. Den geschichtspolitischen Auftakt bildete 1950 die Veröffentlichung von „Warum wurde Krupp verurteilt?". Mit der Arbeit an dieser Publikation setzte Wilmowsky die geschichtspolitische Steuerung auch nach innen für sich durch. Die von Ernst Rudolf Huber als Ghostwriter vorgenommene Ausarbeitung markierte den Auftakt der von Krupp in dieser zweiten Phase etablierten Geschichtspolitik, die sich zum Ziel machte, das vormalige Krupp-Image zu reaktivieren und Alfried Krupp zu entschulden. Gert von Klass Industrieroman „Die drei Ringe" war die populäre Ausarbeitung von „Warum wurde Krupp verurteilt?", das sich an ein Expertenpublikum gerichtet hatte. Auch die angloamerikanische Öffentlichkeit adressierte Krupp unter Ausnutzung alter Netzwerke. Louis P. Lochners „Tycoons and Tyrant" war ganz maßgeblich das Ergebnis der Initiative und Koordinationsarbeit von Wilmowsky. Die beteiligten Industriellen unternahmen mit dem Vorhaben den Versuch, zwei Fliegen mit einer Klappe zu schlagen: das Buchvorhaben sollte sowohl die Experten wie die Allgemeinheit im angelsächsischen Raum gleichermaßen aufklären. Mit der Wahl Lochners als Verfasser nahm die Ausrichtung auf eine allgemeine Öffentlichkeit aber überhand. Die Wirkung seiner Darstellung blieb deutlich hinter den Erwartungen zurück. Die von Lochner vorgenommene Geschichte über die NS-Vergangenheit ‚der Wirtschaft' wurde weder in den USA noch in Großbritannien weitergehend kommentiert oder besprochen. Das Vorhaben zeigt aber sehr eindrücklich, dass die alten Seilschaften, sogar gegen die Interessen des BDI, noch funktionsfähig waren.

Mit der Begnadigung und der Freigabe des Vermögens kehrte der Alfried Krupp als alleiniger Eigentümerunternehmer des Unternehmens zurück. Eine strategische Neuausrichtung des Unternehmens ging damit nicht einher, vielmehr entschied Krupp sich für eine Art Facelift, das auf der Grundlage geschichtspolitischer Maß-

1273 Ebd., Zit. S. 5, 38, 44, sowie S. 51–65, 68–79, 83–100, 150, 158–161.

nahmen Zeit für die Reorganisation des Unternehmens verschaffen sollte. Die Geschichtspolitik wurde jetzt professionalisiert und die Krupp-Geschichte strategisch eingesetzt, weil man erkannte, dass ihr ein retardierendes Moment, ein verzögernder Effekt, innewohnte. Die gegenwärtige und nur stockend verlaufende Weiterentwicklung des Unternehmens konnte auf diese Weise verdeckt werden. Mit Carl Hundhausen setzte eine Zentralisierung der Public Relations ein; nunmehr waren auch die geschichtspolitischen Aktivitäten im strategischen Zentrum des Unternehmens angesiedelt. Hundhausen wurde mit seiner Abteilung direkt dem Eigentümer und seinen Generalbevollmächtigten unterstellt. Er erhielt ziemlich freie Hand und wurde von der Leitung des Konzerns auch gegen die nicht abnehmende, sondern sich eher steigernde Kritik des Managements unterstützt.

Die Professionalisierung der Öffentlichkeitsarbeit basierte keineswegs ausschließlich auf profanen Werbemaßnahmen, etwa einer Steigerung von Anzeigen oder Auftritten auf Industrieausstellungen und -messen, sondern darauf, die Krupp-Geschichte zum Markenkern des Unternehmens zu machen. Die Geschichte wurde bearbeitet und ‚bewirtschaftet', und dabei nicht mehr nur den Experten unterbreitet, sondern gezielt auch in die Breite kommuniziert. Die Infiltrierung der Schulen gehörte deshalb genauso zu den gewählten Maßnahmen, wie die Umschreibung des gesicherten Wissens in einschlägigen Lexika. Es ging nicht mehr nur darum, wie Regierungen und Metallurgen über Krupp urteilten, sondern das Vergangenheitswissen über Krupp sollte, und zwar in seiner positiven Ausprägung, wiederbelebt werden. Zwei Aspekte sind im Falle der an Bernhard Woischnik vergebenen Aufträge bemerkenswert: zunächst war es ja eines der Hauptergebnisse seiner Bestandaufnahme westdeutscher Schulbücher, dass Krupp nicht erwähnt wurde. Seine Arbeit hatte damit, wie man auf den ersten Blick meinen könnte, nicht etwa den Zweck, das geflügelte Wort von Krupp als ‚Waffenschmiede' zu ersetzen, sondern ganz anders ging es darum, die aus Sicht des Unternehmens tatsächliche Bedeutung von Krupp in Form einer Modernisierungsgeschichte in die Schülerköpfe einzupflanzen. Insbesondere mit der Schulbroschüre „Alfred Krupp. Meister des Stahls" wurde die alte, aus dem Kaiserreich stammende Fortschrittsgeschichte umgearbeitet und gezielt vermittelt. Aktiv griff man dann im Anschluss auch auf die Reihe Zeitbild zurück. Zeitbilder lieferten sowohl das Arbeitsmaterial für die Schüler als auch das Begleitmaterial für die Lehrer und stellten somit fertig ausgearbeitete Unterrichtseinheiten dar. Sie wurden kostenlos zur Verfügung gestellt und gehörten zu den am stärksten verbreiteten Unterrichtshilfen in der alten BRD. Für die Einordnung ist wichtig: nicht nur Krupp nutzte die Zeitbilder, auch Volkswagen, der Bankenverband, die Versicherungsbranche und Bundesbehörden nutzten das Format für ihre breitenwirksame Öffentlichkeitsarbeit.

Für die USA wurde zunächst eine Doppelstrategie verfolgt. Die Bearbeitung der breiten Öffentlichkeit, der sich zunächst Kay Norton gewidmet hatte, wurde dann zugunsten einer auf die politischen Experten zugeschnittenen und von Edwin Hartrich vorgenommen Public Relations-Aktivität verschoben. Als Krupp sicher war, dass die USA sich nicht weitergehend um die Einhaltung der Verkaufsauflage kümmern würden, wurde die Beziehung zu Hartrich, der Krupp bis tief in den US-amerikanischen Regierungsapparat hinein vertreten hatte, dabei die PR aber zu sehr als seine Führungsaufgabe verstand hatte, abrupt beendet.

Alles in allem gelang es, der Öffentlichkeit – den Experten sowie der allgemeinen Öffentlichkeit – ein positives Krupp-Bild zu vermitteln, das ganz wesentlich auf der historischen Bedeutung des Unternehmens aufbaute. Den Abschluss dieser Phase, die den retardierenden Effekt der Selbsthistorisierung nutzte, bildete das 150-Jahr-Jubiläum. Krupp schloss die positiv besetzte Geschichte des Kaiserreichs an die Gegenwart an. Alfred und Alfried Krupp bildeten in dieser Lesart das eigentlich strahlende Eigentümerpaar der Familie Krupp. Die finsteren Jahre, insbesondere die NS-Zeit, wurden demgegenüber und auch weiterhin nicht weiter thematisiert. Die Vertreter der Bundesregierung unterstützten diese verkürzte Darstellung der Krupp-Geschichte und legitimierten sie damit. Die unternehmenseigene und öffentlich adaptierte Krupp-Geschichte verdeckte, und zwar nicht nur die NS-Vergangenheit, sondern auch den höchst gegenwärtigen Umstand, dass das Unternehmen nach dem Krieg zurückgeblieben war und die wirtschaftlich notwendige Reorganisation längst noch nicht gemeistert hatte. Entgegen dem 1961 mit dem Jubiläum öffentlich inszenierten Ende der Nachkriegszeit, war das Unternehmen keineswegs ein Phoenix aus der Asche, sondern in der neuen Gegenwart, mit neuen Produkten, Märkten usw. längst noch nicht angekommen.

4 Zurückkehrende Geschichte, 1962 – 1976

> Jeder, der dem Unternehmen nützen oder schaden könnte, muß beeinflusst werden, und zwar methodisch und ständig – Vertrauen wächst nicht über Nacht.[1274]
>
> Georg-Volkmar Zedtwitz-Arnim, 1962

„Krupp" verfügte zu Beginn der 1960er Jahre über ein außerordentliches und insgesamt auch wieder sehr positives Image.[1275] Zu einer neuen und auf Krupp ausgreifenden Debatte über „wirtschaftliche Macht" bzw. ihre Konzentrationsneigung war es, trotz vielstimmiger und veröffentlichter Provokationen, nicht gekommen.[1276] Das drängendste Problem der Verkaufsauflage schien bis auf Weiteres gebannt. Dem Unternehmen und seinem Eigentümer wurde in der Presse eine überwiegend freundliche Bewertung entgegengebracht.[1277] Unter dem Eindruck und dem Erfolg des Jubiläums 1961 schien eine Verteidigung des historischen Unternehmensimages und der Einsatz von geschichtspolitischen Maßnahmen bis auf Weiteres nicht mehr notwendig. Die Krupp-Geschichte, insbesondere die NS-Vergangenheit von Unternehmen und Eigentümer, ließ sich, so hatte es für die Unternehmensleitung den Anschein, nunmehr vernachlässigen.[1278]

4.1 Kurswechsel der Krupp-PR: Georg Volkmar Zedtwitz-Arnim

> Das Bild der öffentlichen Meinung über Herrn [Alfried Krupp] von Bohlen [und Halbach] ist fast hundertprozentig von einer starken persönlichen Sympathie geprägt. Seine Gestalt umgibt für viele ein legendärer Nimbus.[1279]
>
> Imagestudie (Marplan), 1963

1274 Zit. Zedtwitz-Arnim: Public Relations für die Wirtschaft. Denkschrift. Industrielle Kommunikation als vordringliche unternehmerische Führungsaufgabe, Frankfurt a. M. 1962, HAKrupp, WA 119/v453.

1275 Im Gegensatz zu anderen deutschen Unternehmen. Zu den Imageproblemen der deutschen Unternehmen zu Beginn der 1960er Jahre s. etwa *Wiesen*, Julius Klein, S. 294; s. auch *Dietz*.

1276 Zit. *Muthesius*, Gespenst. Dem Publizisten gelang aus Unternehmenssicht eine viel beachtete Ablehnung; zwar konterte Kurt Pritzkoleit, an den Erfolg seiner „Männer, Mächte, Monopole" konnte er aber nicht anknüpfen. S. *Pritzkoleit*, Wirtschaftsmacht; grdl. *Hodenberg*, S. 293 – 301.

1277 In Der Spiegel, Stern und Quick, so Rehling, stand Krupp „auf dem Zenit seiner Herrschaft". *Rehling*, S. 3 – 5, Zit. S. 4.

1278 *Brünger*, Geschichte und Gewinn, S. 216.

1279 Zit. Motivstudie zum Firmenbild Fried. Krupp (Projekt Nr. 1963/2808), (MARPLAN), HAKrupp, WA 119/v374.

 https://doi.org/10.1515/9783111207193-004

Bernd Huffschmid war für den Volkswirt und die FAZ tätig und setzte sich in besonderem Maße für die Berichterstattung über Krupp ein.[1280] Seit 1953 wurde Huffschmid regelmäßig auf den Hügel eingeladen.[1281] Besonders Beitz war an Huffschmid interessiert und versuchte mehrfach, ihn für Krupp zu gewinnen.[1282] Anfang 1958 wurden sich Huffschmid und das Unternehmen handelseinig. Huffschmid wurde unmittelbar mit dem Eintritt bei Krupp zum Prokuristen ernannt und erhielt darüber hinaus die Zusicherung, im darauffolgenden Jahr befördert zu werden.[1283] Als Hundhausen Anfang 1959 in den Ruhestand verabschiedet wurde, wurde Huffschmid Leiter der Stabsabteilung Information. Nur zwei Jahre später, Ende 1960, schied Huffschmid auf eigenen Wunsch allerdings wieder aus.[1284] Zwar hatte er immer wieder betont, keinen großen Unterschied zwischen der Arbeit als Journalist und der als PR-Chef eines Unternehmens zu sehen.[1285] Trotzdem war er bei Krupp nicht zufrieden. Es wurde eine einvernehmliche Trennung. Huffschmid übernahm die Leitung des Arbeitskreises Indien, einer 1954 gegründeten Gemeinschaft mehrerer deutscher Unternehmen, die am Bau des Hüttenwerks Rourkela beteiligt waren,[1286] und blieb über einen Beratervertrag mit Krupp verbunden.[1287]

1280 Personalbogen Bernd Huffschmid, HAKrupp, WA 131/7951.

1281 Etwa Huffschmid an Driever, 2.1.1956, HAKrupp, WA 119/v52. Andere der exklusiv Geladenen für derartige Zusammentreffen waren K.H. Herchenröder, W.-O. Reichelt, J. Saal, W.P. Schott, W. Throm u. P. Waller. Derartige Gesprächskreise waren längst nicht mehr ungewöhnlich; mit der Wirtschaftspublizistischen Vereinigung, gegr. 1939 und wiedergegr. 1949, existierte auch ein weniger exklusiver Gesprächskreis zwischen „Wirtschaft" und „Presse". *Gebhardt*, Wirtschaftspublizistische Vereinigung, S. 9–13. Zum politischen Pendant s. *Hodenberg*, S. 155 f.; *Münkel*, S. 300–302.

1282 Schriftw. zw. Beitz u. Huffschmid, 1953 und 1954, HAKrupp, WA 131/7951.

1283 Hundhausen an Beitz, 11.1.1958; Huffschmid an Krupp, 5.2.1958, HAKrupp, WA 131/7951; Huffschmid an Winkler, betr. Rangstufen in der StA Information, 10.6.1960, HAKrupp, WA 119/v125.

1284 Huffschmid unterstützte Wilmowsky bei der Abfassung seiner Memoiren. Dazu Wilmowsky an Huffschmid, 8.2.1960, HAKrupp, WA 119/v182, 2; Schriftw. zw. Wilmowsky u. Huffschmid, Mai 1961, HAKrupp, WA 119/v182, 1. Vgl. *Wilmowsky*, Rückblickend.

1285 „Man kann auch als Pressechef, man kann sogar als Leiter einer sogenannten Public-Relations-Abteilung Journalist bleiben." Zit. *Huffschmid*, Vertrauen, S. 47.

1286 Die Rourkela-Akten im HAKrupp werden zurzeit erschlossen. Der Bau des Stahlwerks gilt als eines der größten deutschen Entwicklungshilfeprojekte. *Fettich-Biernath*, S. 529; *Klass*, Schutt, S. 260–272. Für Krupp waren Entwicklungsprojekte zentral; sie öffneten dem Unternehmen den internationalen Markt im großen Stil und waren zudem weniger riskant, insofern die Investitionen und Geschäfte durch die Bundesregierung risikoversichert wurden. 1953 hatten Krupp und Demag einen vorläufigen Vertrag über den Bau des Hüttenwerks mit Indien geschlossen; 1956 wurde der Vertrag unterzeichnet. Nach der Zahlungsbilanzkrise Indiens wurde umgeschuldet, die Bundesregierung sprang ein. Aus PR-Sicht war hier einiges zu tun; das war Huffschmids Aufgabe. *Unger*, S. 167–169, 182–187, 203–208.

1287 Notiz, betr. Huffschmid, 29.4.1960; Huffschmid an Beitz, 28.11.1960 (vertraulich), HAKrupp, WA 131/7951.

Die von Huffschmid maßgeblich koordinierte Pressearbeit zu dem Großprojekt war öffentlichkeitswirksam, aber nur wenig geschichtspolitisch ausgerichtet. Für eine Legitimierung durch die Krupp-Geschichte gab es dort auch gar keinen Grund. In Indien herrschte eine ausgesprochen positive Stimmung deutschen Unternehmen gegenüber.[1288]

Die Position des Leiters der Stabsabteilung Information war damit zum zweiten Mal in kurzer Zeit vakant. Hundhausen kehrte zurück und übernahm die kommissarische Leitung der Abteilung, bis ein Nachfolger gefunden war. Als dieser mit Georg-Volkmar Zedtwitz-Arnim schließlich ausgewählt war, war Hundhausen nur wenig begeistert. Schon den Titel der wohl bekanntesten Veröffentlichung des „Grafen", „Tu Gutes und rede darüber",[1289] fand er unsäglich: Niemals könne dies das „Leitwort für echte Public-Relations-Arbeit sein [...]; denn Gutes tun und darüber reden, das halte ich für falsch. Man sollte Gutes tun nach dem alten, bewährten Grundsatz, daß die Linke nicht wissen soll, was die rechte tut."[1290] 1963, nach der Übernahme der Stabsabteilung durch Zedtwitz-Arnim, blieb Hundhausen präsent und der immer wieder konsultierte und eigentliche PR-Berater von Beitz. Gerade wenn es um den jüngsten Abschnitt der Krupp-Geschichte ging, wurde Hundhausen hinzugezogen.[1291]

Zedtwitz-Arnim hatte sich selbst bei Krupp ins Spiel gebracht, anders als Huffschmid wurde er nicht gezielt an- oder abgeworben. 1962 verschickte Zedtwitz-Arnim, zu dieser Zeit noch als Geschäftsführer der PR-Agentur Infoplan, eine Denkschrift, in der er „Industrielle Kommunikation zur vordringlichen unternehmerischen Führungsaufgabe" erklärte.[1292] Zedtwitz-Arnim hatte bereits während seiner Zeit als Leiter der Presseabteilung der Telefunken GmbH regelmäßig mit der Stabsabteilung Information von Krupp, besonders mit Huffschmid, und mit dem Chef der Presseabteilung Jürgen Burandt zu tun gehabt.[1293] Wahrscheinlich hat

1288 *Gall*, Entlassung, S. 526 – 536; *Wiesen*, Julius Klein, S. 294; s. auch *Kleinschmidt u. Ziegler*; *Tetzlaff*.

1289 S. *Zedtwitz-Arnim*.

1290 Zit. Hundhausen an Sven von Müller, Interpublik: Gesellschaft für Öffentlichkeitsarbeit, 20.10. 1961, HAKrupp, WA 125/7.

1291 Das wurde bereits zu Hundhausens erstem Ausscheiden vereinbart. Beitz an Hundhausen, 10.10.1958, HAKrupp, WA 131/7952.

1292 Zedtwitz-Arnim: Public Relations für die Wirtschaft. Denkschrift. Industrielle Kommunikation als vordringliche unternehmerische Führungsaufgabe, Frankfurt a. M. 1962, HAKrupp, WA 119/v453.

1293 Zedtwitz-Arnim an Burandt, 22.10.1959, HAKrupp, WA 119/v542. Zedtwitz-Arnim war dann zum German Office von Julius Klein gewechselt. Zedtwitz-Arnim an Huffschmid, 29.3.1960; Peter Kalisch (Julius Klein, German Office) an versch. Herren, 29.3.1960, HAKrupp, WA 119/v542.

Burandt Zedtwitz-Arnim Ende 1962 bei Beitz erwähnt und dessen Denkschrift an ihn weitergeleitet.[1294]

In einer neuen Weise, so führte Zedtwitz-Arnim in seiner Denkschrift aus, stünden die Unternehmen unter einem Rechtfertigungsdruck. Die öffentliche Meinung der „Masse" würde nicht mehr unter den Bedingungen einer „dirigierten Meinungsbildung" geformt, sondern sie bilde sich inzwischen „frei".[1295] Die Masse aber reagiere „emotional" und damit für die Unternehmen potenziell „gefährlich".[1296] Die erforderliche „Steuerung" der Meinung sei eine Angelegenheit gezielter „Public Relations".[1297] Sie habe „Gegenmeinungen auf dem Meinungsmarkt durch *Überzeugung*" zu überwinden und „aus dem Feld [zu] schlagen". Und weiter: „Die Wahlfreiheit des Bürgers bedingt also die aktive Gegenwehr der Interessenten auf diesem Meinungsmarkt – *wer schweigt, stimmt zu.*" Politische Entscheidungen, so Zedtwitz-Arnim weiter, würde von der Masse nicht mehr als „schicksalsbestimmend" empfunden. Die tatsächliche „Klammer" der westdeutschen Gesellschaft biete heute nicht mehr die Politik, sondern „die Wirtschaft". Diese Veränderung sei in der Öffentlichkeit aber kaum anerkannt, vielmehr würde „die Wirtschaft" und ihre Vertreter von der Masse eingeordnet als „profitgierige[r] Ausbeuter". Die Bedeutung der Wirtschaft zu vermitteln und die Meinung über die Unternehmen zu steuern, dies sei eine Führungsaufgabe, und zwar in jedem Unternehmen. Nicht zu meistern sei die gegenwärtige Herausforderung von der in den Unternehmenshierarchien weit unten angesiedelten „Öffentlichkeitsarbeit".[1298]

Seine Denkschrift wurde für Zedtwitz-Arnim zur Empfehlung für die Position als Leiter der Stabsabteilung bei Krupp, weil sie in zweifacher Hinsicht zur Öffentlichkeitsarbeit von Krupp passte. Erstens war die PR bei Krupp ohnehin und bereits seit 1953 eine Führungsaufgabe, die im strategischen Zentrum des Konzerns verankert war. Dies entsprach dem Postulat von Zedtwitz-Arnim. Zweitens fügte sich seine Sichtweise, die Öffentlichkeitsarbeit auf die gegenwärtigen Herausforderungen auszurichten, in die von der Konzernführung vorgesehene Veränderung der Öffentlichkeitsarbeit ein, die auf der Annahme basierte, mit dem Jubiläum die

1294 Burandt an Zedtwitz-Arnim, 14.12.1962, HAKrupp, WA 119/v542. Hierin formulierte Burandt, er habe mit Beitz über das „diskutierte" Thema gesprochen.

1295 „[D]ie nicht mehr wie einst unmittelbare und ungesteuert wirkende Argumentationskette muss heute systematisch organisiert werden, um in neuer Form zum alten Wirkungsgrad zu kommen. Das geschieht durch methodische Meinungspflege." Zit. Zedtwitz-Arnim, Denkschrift, 1962, HAKrupp, WA 119/v453.

1296 Zit. ebd.

1297 Besonders deutlich werden hier die Anleihen an Bernays, die auch Hundhausen schon inspiriert hatten. S. *Bernays*.

1298 Zit. Zedtwitz-Arnim, Denkschrift, 1962 [HiO], HAKrupp, WA 119/v453.

Nachkriegsgeschichte des Unternehmens abgeschlossen zu haben. Eine Weiterführung der Geschichtspolitik war aus dieser Wahrnehmung nicht mehr notwendig.[1299]

Hundhausen machte Zedtwitz-Arnim seinen Einstieg bei Krupp nicht leicht. Für eine geordnete Übergabe gibt es in der Überlieferung keine Hinweise.[1300] Zedtwitz-Arnim hatte mit erheblichen Einstiegsschwierigkeiten zu kämpfen, nicht zuletzt, weil Hundhausen unzählige Absprachen, etwa im Anzeigenwesen, getroffen hatte, die in aller Regel auf rein mündlichen Vereinbarungen beruhten. Hundhausen dachte aber nicht daran, sein Netzwerk an den von ihm nicht besonders geschätzten Nachfolger weiterzugeben, er blieb ja als graue Eminenz der Öffentlichkeitsarbeit mit Beitz im engen Kontakt. Beitz wiederum kürzte das Budget der Abteilung praktisch zum Dienstantritt von Zedtwitz-Arnim herunter. Bereits auf der Konzerntagung Ende 1962 war bekannt gegeben worden, dass die Ausgaben des Unternehmens reduziert werden mussten. Neben der Verhängung eines Einstellungsstopps wurde der Rotstift auch beim Etat der Stabsabteilung Information angesetzt, der aufgrund der Sonderausgaben für die bezahlte Publicity üppige Ausmaße angenommen hatte.[1301] Als Zedtwitz-Arnim die Leitung der Stabsabteilung übernahm, versuchte er zwar die Budgetanpassung rückgängig zu machen, scheiterte damit aber.[1302] Die Stabsabteilung, die vorher finanziell bestens ausgestattet gewesen war, musste nun haushalten, Neben- und Sonderetats, wie sie Hundhausen zur Verfügung gestanden hatten, wurden gestrichen.[1303]

Vor diesem Hintergrund war es für Zedtwitz-Arnim naheliegend, sich zunächst einen Überblick über das Image von „Krupp" zu verschaffen. Zu Beginn der 1960er

1299 S. Kap. 3.8.

1300 Zwar wurde eine Reihe von historischen Abrissen – zur Entwicklung der Stabsabteilung seit 1953, der Aufgaben des Zeitungsarchivs usw. erstellt, um sie Zedtwitz-Arnim zu seinem Dienstantritt zu übergeben – zwischen Hundhausen und Zedtwitz-Arnim persönlich hat aber keine „Übergabe" stattgefunden. Historische Abrisse, HAKrupp, WA 119/v125.

1301 Aktenvermerk, betr. Kosten der Historischen Sammlung Krupp, 25.4.1962, HAKrupp, WA 152/602; Protokoll über die Konzerntagung 3.12.1962, 31.1.1963, HAKrupp, WA 119/v99; s. auch *Gall*, Entlassung, S. 558 – 578.

1302 Zedtwitz-Arnim ließ bei der StA Revision die „Kosten" der Abteilung für 1962 prüfen. Der Bericht der Revisionsabteilung brachte ihn aber nicht weiter, denn hier war nur das Budget, nicht aber die Sondermittel, die Hundhausen zur Verfügung gestanden hatten, aufgeführt. StA Revision, Aktenvermerk, betr. Kosten der StA Information im Geschäftsjahr 1962, 24.3.1963, HAKrupp, WA 119/v101. Von der festgelegten Kürzung über 15 % gelang nur eine Reduktion um 10 %, auf 1,9 Mio. DM. S. dazu Niederschrift über die 4. Direktoriumssitzung, 27.1.1964, HAKrupp, WA 97/100.

1303 So sollten etwa auch die Ausgaben für die Aktivitäten von Woischnik begrenzt werden. Aktennotiz Cesarz, 12.10.1962, HAKrupp, WA 119/v51; s. auch Kap. 3.6.

Jahre erlebte die sog. Motivforschung, die Demoskopie, einigen Auftrieb.[1304] Zedtwitz-Arnim gab daher unmittelbar nach der Übernahme der Leitung eine größere „Motivstudie" beim Meinungsforschungsinstitut Marplan in Auftrag.[1305] Die Studie sollte sich zunächst ausschließlich auf das gegenwärtige Unternehmensimage beziehen. Es war Zedtwitz-Arnims Assistent Bodo Herzog, der während einer Vorbesprechung – begründet mit der „zwangsläufig auftauchenden Erinnerung" an die „Kanonen" – anregte, auch die Beurteilung der „Vergangenheit" in die Imagestudie mit aufzunehmen.[1306] Ende 1963 lag die Studie vor.[1307] Im Zentrum standen das Verhältnis „der Deutschen" zur Industrie sowie die „ideologische Funktion" der Industrie für die westdeutsche Gesellschaft.[1308] Methodisch war von Marplan mit Intensivinterviews gearbeitet worden, die jeweils fünf Stunden gedauert hatten; die Befragten waren dabei vorgeblich zur „Industrie" interviewt worden, wurden aber nicht in Kenntnis gesetzt, dass es sich um eine von Krupp beauftragte und konkret zum Image von Krupp entwickelte Befragung handelte.[1309] 150 Interviews wurden von Marplan durchgeführt.[1310]

Die von Marplan angefertigte Motivstudie ging zunächst auf den Wissensstand der Befragten ein. Ein reges Interesse an der Industrie sei feststellbar, die Faktenkenntnis der Befragten aber sei dürftig. Insgesamt gründe das vorhandene Wissen in den Kenntnissen über die Schwerindustrie; nur wenige der Befragten dächten bei „Industrie" an die Konsumgüterindustrie. Tief eingegraben habe sich bei den Befragten die Vorstellung von der Industrie als gigantisch. Sie würde als „gebändigte Urkraft" gesehen. Dies, so die Studie, ängstige und fasziniere die Befragten in gleichem Maße, da die Industrie mit „Macht" und „Reichtum" und als „gigantisch" assoziiert würde.[1311] Eine machtvolle Industrie würde gern gesehen, schließlich

---

1304 *Gries*, Werbeexperten, S. 354. Krupp war mit dem Auftrag keineswegs allein; auch andere – Bayer etwa – ließen zu der Zeit Imagestudien erstellen. *Kleinschmidt*, Blick, S. 214; s. auch *Hoeres*, S. 43–52.

1305 Die Studie kostete pauschal 33.700 DM. [Carmen] Lakaschus (Marplan) an Zedtwitz-Arnim, 31.3.1964, HAKrupp, WA 119/v195.

1306 Aktenvermerk, Herzog, betr. Besprechung mit Marplan am 28.6.1963, 3.7.1963, HAKrupp, WA 119/v542.

1307 Motivstudie zum Firmenbild Fried. Krupp, [Marplan] (Projekt Nr. 1963/2808), HAKrupp, WA 119/v374.

1308 „Die Aufgabe der vorliegenden Untersuchung war die Ermittlung der öffentlichen Meinung zum Hause FRIED. KRUPP. Die Meinungserfassung sollte in der Lage sein, der Öffentlichkeitsarbeit des Hauses FRIED. KRUPP Ausgangspunkte und Material zu liefern, den Ruf des Hauses zu bewahren und – wenn nötig – zu verbessern." Zit. Motivstudie, HAKrupp, WA 119/v374.

1309 Zit. Marplan, Psychologische Studie zum Firmenbild Fried. Krupp, Zusammenfassender Bericht, 31.3.1964 (18 S.), HAKrupp, WA 119/v195.

1310 Motivstudie, HAKrupp, WA 119/v374.

1311 Zit. ebd.

befriedige die Industrie das starke gesellschaftliche Bedürfnis nach „Autorität". Die industrielle Leistung „kompensiere" die Erinnerung an den Krieg: In den Augen der Befragten gelang der Industrie das Ausfüllen dieser kompensatorischen Funktion besser als „der Politik". Weiter hieß es: Das „Schicksal der deutschen Industrie wird in Analogie zum persönlichen Schicksal des einzelnen erlebt". Weniger sei es das abstrakte „[Wirtschafts]Wunder" und mehr die individuelle Leistung, die für ein Gefühl von Zufriedenheit sorge. Vor 1914 sei der Dreiklang „Gott-Kaiser-Deutsches Reich" zentral gewesen, Wirtschaftskrisen seien seinerzeit als „politische Krisen" erlebt und interpretiert worden. Während der NS-Zeit habe der Dreiklang „Führer-Volk-Vaterland" im Mittelpunkt gestanden, „die Wirtschaft" sei lediglich als politisches Werkzeug des Staates wahrgenommen worden. Damit konnten die Unternehmen, den Ausführungen der Studie zufolge, ihre Bedeutung im Bewusstsein der Menschen zwar steigern, weiterhin aber seien sie nicht ausschlaggebend gewesen. Nach der „Katastrophe des Zusammenbruchs" habe das „Volk" vor dem ideologischen wie materiellen „Nichts" gestanden. Die von den Alliierten auferlegte „Kollektivschuld" habe die deutsche Bevölkerung annehmen und tragen müssen. Die Folge sei nicht etwa die Ausbildung einer neuen politischen Ideologie gewesen, sondern das Bemühen, eine neue „Existenzgrundlage" zu erarbeiten. Aus diesem Bemühen stamme auch die neu entwickelte und gesellschaftlich zentrale Bedeutung der Wirtschaft. Damit einher sei eine neue Zuschreibung gegangen: Die „Deutsche Industrie" habe eine „ideologische Funktion" erhalten.[1312] Sie würde jetzt als der „Vater der Familie" („Volk") angesehen und strebe danach, die „Familie" im Frieden zu ernähren und im Kriegsfall durch „Waffengewalt" zu verteidigen. Dies sei ein allseits gezogener Kausalzusammenhang, sodass „die Industrie", ob nun mit oder ohne Rüstungsproduktion, ein hohes Ansehen genösse. Von diesem positiven Bild der „Masse" zu unterscheiden, so die Studie, sei die Bewertung der Industrie durch die „Experten": Insbesondere Gewerkschafter und Intellektuelle blickten demnach kritischer auf die Wirtschaft, ihre Vorstellungen basierten auf den „Idealen der Vergangenheit", oftmals eingefasst in einen starken „Kulturpessimismus". Der Einfluss der Industrie auf die Gesellschaft, etwa durch Parteispenden und Beeinflussung der Wissenschaft, würde von ihnen im Unterschied zum Gros der Bevölkerung ausgesprochen negativ bewertet. Insgesamt fiel die allgemeine Einordnung überaus positiv aus. Das musste Zedtwitz-Arnim in seiner Perspektive bestärken, schließlich war aus Sicht der Studie die „Kritik" eine aus der Vergangenheit abgeleitete und eine von Intellektuellen vorgebrachte Verlängerung eines überkommenen Kulturpessimismus, die Gegenwart dagegen eine Zeit, in der

1312 Dazu ähnlich *Münkler*, Mythen, S. 10 f.; s. auch *Wiesen*, Challenge, S. 94.

„die Industrie" und „die Wirtschaft" ein ideologisches und dabei positives Substitut zur Politik darstellten.[1313]

Nach diesem übergeordneten Teil wandte sich die Studie in einem zweiten Teil der Vorstellung der Befragten über Krupp zu. Die Kenntnisse über Krupp, so die Studie, seien im Vergleich zu anderen Unternehmen „erstaunlich umfangreich". Krupp sei populärer und „volkstümlicher" als andere Unternehmen. Der Studie zufolge verband Krupp „Tradition und Aktualität". Krupp habe den „Anstrich eines Mythos" für die Befragten. Ungenau äußerten sich die Befragten zu den von Krupp erzeugten Produkten. Krupp fertige alles, was mit Eisen und Stahl zusammenhänge, so das Gros der Befragten. Die „Waffenschmiede" sei dabei keineswegs vergessen, würde aber nicht negativ beurteilt. Ganz anders wirke die Erinnerung an die „Waffenschmiede" sogar positiv, insofern sich dies mit dem Bild der Industrie als „Vater" des „Volkes" verbinde und mit Schutz attribuiert würde: „Die kriegerische Vergangenheit von Fried. Krupp wirft keinerlei Makel auf seinen Namen. Die Aussagen der Befragten berechtigen fast zu der Aussage ‚ganz im Gegenteil'. Die Tatsache, daß Waffen benötigt wurden, um das deutsche Land zu verteidigen und um das Ansehen von Fried. Krupp nach außen hin zu fördern und zu festigen, legitimiert die Herstellung von Kriegsmaterial. Einem so mit dem deutschen Schicksal verbundenen Unternehmen verübelt man es nicht, daß sein Produktionsprogramm sich diesem Schicksal anpaßte. Sofern Waffen notwendig sind, ist es selbstverständlich, daß große deutsche Stahlfirmen dieselben herstellten. Nicht mehr als zwei aller Befragten halten Fried. Krupp für ein Unternehmen, das aktiv und mit kriegstreiberischen Tendenzen eine Rüstungsproduktion betrieb." Nicht wenige der Interviewten entschuldigten Krupp, laut der Studie, sogar aktiv dafür, die „jeweilige Regierung" unterstützt zu haben. Der „innenpolitische Einfluss" des Unternehmens wurde von den Befragten als stark eingeschätzt. Im Hinblick auf die „Welt" wurde mehrheitlich angegeben, Krupp stehe für „deutsche Wertarbeit" und sei auch im Ausland das mit Abstand bekannteste deutsche Unternehmen. Ausgesprochen vital waren auch die Vorstellungen von der Sozialpolitik des Unternehmens, die als „vorbildlich" bewertet würde. Die „Geschichte" des Unternehmens war den Befragten „bekannt", lediglich 17 Prozent der Befragten kannten sie nur „bruchstückhaft". Für die Befragten sinngebend war die Entwicklung des Unternehmens von der kleinen Schmiede zum Weltkonzern, wobei Alfred Krupp für die Befragten als „Symbolfigur" wirkte. Die Erwartungen der Befragten an die Zukunft des Unternehmens waren rundweg positiv: Krupp, das deutsche industrielle Wahrzeichen, würde sich weiterentwickeln und prosperieren. Bemerkenswerterweise war die Bedeutung des Firmenlogos, der „drei Ringe", weniger bekannt. Nur vierzig Prozent

1313 Zit. Motivstudie, HAKrupp, WA 119/v374.

der Befragten erkannten es, und noch weniger konnten die Bedeutung der drei verschlungenen Ringe erklären. Statt der Eisenbahnradreifen wurde hier die Vorstellung von verschiedenen ineinandergreifenden Substantiven (Familie, Unternehmen und Kruppianer) oder auch eine Internationalität (Olympiaringe) angenommen. Die Krupp-Marke der „drei Ringe", so das Ergebnis der Studie, wurde also durchaus sinnbildlich verstanden und mit Krupp verbunden, ihre tatsächliche Bedeutung aber sei nicht bekannt.[1314] Für die Beschreibung von Krupp als einem „Mythos" war für die Befragten die Person Alfried Krupps zentral. Die meisten Befragten sahen in ihm die „eigentliche und treibende Kraft". Krupp verkörperte gemeinsam mit Beitz das „Leitbild" der Industrie. Alfried Krupp würde fast zu hundert Prozent positiv gesehen:

> „‚[Alfried, d. Vf.] Krupp ging freiwillig ins Gefängnis.' Diese Aussage steht stellvertretend für viele ähnlicher Art: Herr von Bohlen nahm in den Augen der breiten Öffentlichkeit das dunkle Schicksal eines Volkes einschließlich seiner (echten oder vermeintlichen) Schuld auf sich. Er hat gelitten, obwohl er selbst schuldlos war – er bekommt dadurch eine Glorie, die christlichen Ideologien nicht fern steht. Der Aufstieg zu neuem Glanz bestätigt den Sinn des Opfers – und bescheiden tritt der, der sich opferte, der, der aufbaute, hinter seinem Werk zurück. Allen, denen die Geschichte bekannt ist, bejahen sie mit lebhafter Anteilnahme: hier ist eine Vorbildperson, die sehr wesentliche psychologische Bedürfnisse erfüllt."[1315]

Alfried Krupp führe das Unternehmen nach Meinung der Befragten streng, aber gerecht und auch die von ihm geäußerten „Friedensbestrebungen" waren für die Befragten „glaubhaft". Während in Berthold Beitz der dynamische und ausführende Part gesehen wurde, identifizierten die Befragten in Alfried Krupp die Autorität hinter Beitz.[1316]

Die Studie hätte durchaus als Argument für eine Fortführung der Geschichtspolitik gelesen werden können. Wie 1953 bereits von Wollstädter ausgeführt, war es weiterhin die Krupp-Geschichte, die als „Goodwill" des Unternehmens wirkte.[1317] Das machte auch die Imagestudie sehr deutlich. Zedtwitz-Arnim maß dieser von ihm in Auftrag gegebenen Studie einige Bedeutung bei, er interpretierte sie aber

---

1314 Zit. ebd.

1315 Zit. ebd. Auch in Bezug auf Krupp dominierte also noch das Erinnern an das Leid der Deutschen in der „relativen Opferhierarchie". S. dazu *Goschler*, Schuld und Schulden, S. 132 f.; ausf. zur majoritätsfähigen Amnestiepolitik *Frei*.

1316 Zit. Motivstudie, HAKrupp, WA 119/v374. Die Ergebnisse der Motivstudie von 1963 wurden 1965 in einer von EMNID durchgeführten Sammeluntersuchung bestätigt. Ausz., Das Meinungsbild über Großunternehmen und Konzentration, Febr. 1965, Institut für Meinungsforschung und Sozialforschung EMNID GmbH & Co, Bielefeld, HAKrupp, WA 119/v403. Zur EMNID s. kursorisch *Hoeres*, S. 45 f.

1317 Zit. Wollstädter, Überlegungen zum Wiederaufbau des Krupp-Konzerns, 7.10.1953, HAKrupp, WA 94/18.

ganz anders. Die Studienergebnisse wurden mit Vertretern von Marplan diskutiert, neben Zedtwitz-Arnim war auch Beitz anwesend.[1318] Für den Leiter der Stabsabteilung waren die Ergebnisse und damit auch die Konsequenz, die aus der Studie zu ziehen war, klar: Nicht der Konnex aus Vergangenheit, Gegenwart und Zukunft, den die Befragten betont hatten, bildete für ihn den Ansatzpunkt für die Entwicklung seiner PR-Strategie für Krupp, sondern leitend für ihn war das „Auseinanderfallen der Meinungen", worauf die Studie ebenfalls hingewiesen hatte und was er selbst bereits in seiner Denkschrift problematisiert hatte.[1319] Die breite Öffentlichkeit sah das Unternehmen positiv, die „meinungsbildenden Persönlichkeiten" aber blickten kritisch auf das Unternehmen. Das wollte er ändern, hier wollte er ansetzen.[1320] Zedtwitz-Arnim nahm nun einen strategischen Kurswechsel der Öffentlichkeitsarbeit des Unternehmens vor und ignorierte die Bedeutung der Krupp-Geschichte für das Unternehmensimage dabei weitgehend.

Andere, auch Berufskollegen von Zedtwitz-Arnim, waren da aufmerksamer und rieten zur Vorsicht: „Sie werden wohl im wahrsten Sinne des Wortes zwischen Rosen und Disteln gebettet liegen und müssen halt aufpassen, daß die Krupp-Teufelchen Sie nicht zu sehr pieken",[1321] schrieb Friedrich von Friedburg, der Pressechef der Demag, Zedtwitz-Arnim zu seinem Eintritt bei Krupp. Tatsächlich nahmen die „Krupp-Teufelchen" den Kurswechsel in der Öffentlichkeitsarbeit des Konzerns sehr wohl wahr. Das wurde zu einem Problem, als in den 1960er Jahren eine neue und von Externen vorgenommene Beschäftigung mit der Krupp-Geschichte einsetzte. Zedtwitz-Arnim aber hat die über die Krupp-Geschichte zum Ausdruck gebrachte Kritik, die wie ehedem nicht so sehr über die Presse, sondern initiativ über Buchpublikationen eingebracht wurde, lange Zeit nicht weiter beachtet.[1322]

Dass Zedtwitz-Arnim Geschichtspolitik nicht als Bestandteil seiner PR-Strategie verstand, zeigte sich besonders im Umgang mit dem seiner Abteilung zugeordneten

---

1318 Notiz, Zedtwitz-Arnim, 12.5.1964, HAKrupp, WA 119/v195.

1319 Zedtwitz-Arnim, Denkschrift, 1962, HAKrupp, WA 119/v453.

1320 Zedtwitz-Arnim an Beitz, 10.4.1964, HAKrupp, WA 119/v195.

1321 Friedrich von Friedeburg (Demag) an Zedtwitz-Arnim, 1.2.1963, HAKrupp, WA 119/v542. Friedeburg bezog sich hier auf eine just erschienene Karikatur, die sich auf das Gemälde „Die Kruppschen Teufel" von Heinrich Kley von 1912 bezog.

1322 S. etwa *Batty.* Peter Battys 1966 veröffentlichtes „The House of Krupp" wurde zu seiner wohl bekanntesten Veröffentlichung. Auf sie zu reagieren, sei nicht notwendig, so Herzog. Herzog an Zedtwitz-Arnim, betr. Buch von Peter Batty, 26.9.1966, HAKrupp, WA 119/v542; s. dazu auch *T. Prittie*, Art. Krupp – a singleminded Search for Lucre, in: The Observer, 24.10.1966. Prittie urteilte: „Krupp's story, let's face it, is basically the story of lucre. Some people denounce the stuff, but most people adore it. There is no moral."

Doppelarchiv. Mit dem Archivleiter, Ernst Schröder, ging er abschätzig um.[1323] Schröder hatte 1957 seine „Geschichte einer Unternehmerfamilie" veröffentlicht und von Hundhausen, der das Vorhaben seiner Zeit befürwortet und begleitet hatte, die Genehmigung zur Veröffentlichung bekommen. Als neuer Leiter der Stabsabteilung verweigerte Zedtwitz-Arnim Schröder nun die Genehmigung für die zweite Auflage.[1324] Zedtwitz-Arnim forderte, ganze Teile des Manuskriptes müssten gestrichen werden. Zufrieden war er aber auch nach erfolgter Überarbeitung nicht. Sein Mitarbeiter spottete: „Auf den wilden und konservativen Stil haben wir keinen Einfluß genommen, da man das ganze ‚Werk' sonst total umschreiben müßte."[1325] Auch die von Schröder verfasste Monografie über Otto Wiedfeldt, und damit der ersten aus dem Unternehmen heraus vorgenommenen Biografie über einen Krupp-Manager überhaupt,[1326] lehnte Zedtwitz-Arnim zunächst ab.[1327] Zu einer guten Zusammenarbeit zwischen dem Leiter der Stabsabteilung und Schröder kam es nicht. Vielmehr brachte Zedtwitz-Arnim seine Geringschätzung durch Beschränkung zum Ausdruck, ohne sich auf die feine Verästelung der öffentlich bekannten Krupp-Geschichte einzulassen. Triviales ließ Zedtwitz-Arnim im Archiv prüfen, aber die übergreifende, ja strategische Relevanz der Krupp-Geschichte für das Unter-

1323 Herzog an Zedtwitz-Arnim, 30.7.1965, HAKrupp, WA 119/v542.

1324 Schröder an Zedtwitz-Arnim, 12.4.1967; Zedtwitz-Arnim an Schröder, 13.4.1967; Schröder an Zedtwitz-Arnim, 15.9.1967, HAKrupp, WA 119/v37; s. *Schröder*, Geschichte einer Unternehmerfamilie.

1325 Lo [Lommatzsch], 3.10.1967, HAKrupp, WA 119/v37. Dort hieß es: „Herr Dr. Schröder hat verschiedene kritische bzw. historisch anfechtbare Passagen aus seinem Buch herausgenommen.", aber: „[s]uchen wir die Summe dieses ersten Abschnitts der Kruppgeschichte zu ziehen, so ist klar, daß die Krupps für die Schattenseite der Vetternwirtschaft, die keinem Gemeinwesen auf Dauer wohltut, mitverantwortlich sind", dies sei problematisch. Das gelte auch für die Darstellung des Konkurrenzkampfes zwischen Krupp und Bochumer Verein, und dann: „Da die Arbeit von Herrn Dr. Schröder sehr tief in die Familiengeschichte des Firmeninhabers eingreift, entsteht die Frage, ob Alfried Krupp nicht selber die Entscheidung über die zweite Auflage des Buches von Herrn Dr. Schröder fällen sollte." Zit. Herzog an Zedtwitz-Arnim, betr. 2. Auflage des Buches von Herrn Schröder, 14.11.1966, HAKrupp, WA 119/v543. In einer weiteren Notiz fand Herzog, die „Geschoß- und Geschützherstellung" in Essen müsse überhaupt nicht erwähnt werden und auch die Ausbreitung der „Skandalaffäre" um Capri sei überflüssig. Herzog an Zedtwitz-Arnim, betr. Erweiterungen der Krupp-Biographie von Herrn Dr. Schröder, 2.1.1967, HAKrupp, WA 119/v543.

1326 Verschiedene Manager hatten seit Jahrzehnten immer wieder darauf hingewiesen, dass das Management zu wenig Berücksichtigung in den Konzernveröffentlichungen fände. S. dazu Kap. 2. u. 3.

1327 Das Buch erschien 1964 in dem kleinen Verlag Fredebeul & Koenen KG, und zwar nach Vorgabe der Stabsabteilung. Erw. in Lommatzsch an Zedtwitz-Arnim, 3.10.1966, HAKrupp, WA 119/v542. Besonders Herzog hegte eine tiefe Abneigung gegen Schröder. Herzog an Zedtwitz-Arnim, betr. Aufsatz Dr. Schröder, 27.9.1966, HAKrupp, WA 119/v542; *Schröder*, Wiedfeldt.

nehmen und seinen Eigentümer, die erkannte er nicht.[1328] Am Ende des sich zu einem zwischen Archivar und Zedtwitz-Arnim zuspitzenden Konflikts versuchte Zedtwitz-Arnim gar, Schröder zu diskreditieren, indem er eine Mitarbeiterin aus dem Archiv von seinem Assistenten Herzog ausfragen ließ. Auf Grundlage dieser Befragung empfahl Herzog, die Betreuung des Archivs nicht allein Schröder zu überlassen, sondern ihm eine weitere und eigene, stärker der Öffentlichkeitsarbeit und weniger der „historisch-schriftstellerischen Arbeiten“ verpflichtete Kraft zur Seite zu stellen.[1329]

4.2 Neue Veröffentlichungen und wenig geschichtspolitische Gegenwehr: Eugen Kogon, Rudolf Amelunxen, Norbert Mühlen, Johannes Schröder, Rolf Hochhuth und Gabriel Fielding

> Am besten wäre es daher m. E.[,] den Gesamtinhalt so zu belassen wie er ist, inklusive des Organisationsschemas. Das Buch wird dann von vornherein den Charakter eines nach dem Krieg geschriebenen und nachher als Nachkriegsliteratur zu bewertenden Manuskriptes [erhalten]. Seine Problemstellung gehört m. E. längst der Vergangenheit an.[1330]
>
> Bodo Herzog, 1964

Ein höchst gegenwärtiges Problem stellten für das Unternehmen die Forderungen nach Entschädigung für die Zwangsarbeiter dar. Der Aktenlage nach ging die erste Phase der damit verbundenen Auseinandersetzung an der Stabsabteilung Information weitgehend vorbei und wurde von Beitz und der Rechtsabteilung bearbeitet.[1331] Schon im Januar 1954 hatte ein ehemaliger Zwangsarbeiter Klage beim Essener Landgericht eingereicht.[1332] Aber erst 1958, nachdem als erstes die IG-

1328 Herzog an Zedtwitz-Arnim, 8.11.1965, HAKrupp, WA 119/v542. Herzog fragte sich, ob es zutreffend sei, dass „bereits“ Friedrich Krupp an die Herstellung von Kanonen gedacht habe. Schröder dürfte sich über diese Frage trefflich amüsiert haben.

1329 Schröder, so Herzog, sei „überwiegend mit seinen historisch-schriftstellerischen Arbeiten befaßt“, die wichtigen Archivaufgaben, Aufnahme von Akten, deren Ablage, die Besucherbetreuung und auch die Korrespondenz würde von ihm aber nicht erledigt. Zit. Herzog an Zedtwitz-Arnim, betr. Gespräch mit Frau Hackmeier, 20.12.1966, HAKrupp, WA 119/v543.

1330 Herzog an Zedtwitz-Arnim, betr. Norbert Mühlens Buch „Die Krupps“, 18.8.1964, HAKrupp, WA 119/v542.

1331 S. dazu zahlreiche seit 1950 angefertigte Aktenvermerke von Maschke zu Restitutionsansprüchen, aber auch Klagen und Anschreiben ehemaliger Zwangsarbeiter, HAKrupp, WA 66/8.

1332 *Ferencz*, S. 107; dazu auch *Borggräfe*, S. 53–60.

Farben i.L. 30 Mio. DM zur Verfügung stellten,[1333] bewegte sich, wenn auch langsam, Alfried Krupp. Benjamin Ferencz,[1334] Vertreter der Jewish Claims Conference (JCC), wurde hierbei zur Schlüsselfigur. Denn Ferencz erkannte, dass Krupp aufgrund seiner Bekanntheit angreifbar war.[1335] Im Juni 1958 informierte John McCloy Alfried Krupp über das Abkommen zwischen der Jewish Claims Conference und der IG-Farben i.L. und empfahl Krupp, ebenfalls einen derartigen Schritt erwägen zu wollen: „Ich versichere Ihnen, dass ich kein anderes Interesse an dieser Sache habe, als nur das, Deutschland zu helfen und dass dabei die deutsche Industrie ihren guten Namen in der Welt dadurch behalten möge, dass sie alles tut, was billig und gerecht erscheint, um die Auswüchse des Naziregimes wiedergutzumachen."[1336] Alfried Krupp war zunächst durchaus bereit, auf das von der Jewish Claims Conference unterbreitete Verhandlungsangebot einzugehen. Auf der Grundlage des im Krupp-Prozess von der Anklage eingebrachten Materials kalkulierte das Unternehmen etwa 2.000 überlebende Zwangsarbeiter.[1337] Bei einer Entschädigung von 5.000 DM pro Person ergab das runde zehn Millionen DM.[1338]

Nachdem aber eine Rücksprache mit der Bundesregierung erfolgt war, änderte Krupp seine Meinung und entschied: Es sollten keinerlei „Zugeständnisse" gemacht werden. Krupp setzte auf die Regelung des Bundes.[1339] Bei der Jewish Claims Conference wartete man währenddessen auf ein Angebot von Krupp, das aber nicht unterbreitet wurde. Sie entschied daraufhin, Krupp dort zu treffen, wo es wehtat: bei dem gerade erst wieder hergestellten und positiven Unternehmerimage.[1340] Gleichzeitig versuchte Ferencz Krupp über den US-amerikanischen Botschafter an den Verhandlungstisch zu bringen. Das für Oktober 1959 anberaumte Treffen wurde von Krupp dann kurzfristig abgesagt. Erst nach weiteren und zähen Unterver-

1333 Dazu *Brünger*, Geschichte und Gewinn, S. 106 – 110.

1334 In Ciolt geboren, migrierte Benjamin Ferencz mit seiner Familie 1921 in die USA. Seit 1953 war Ferencz der Direktor der JCC in Deutschland und 1954 Verwaltungsdirektor der United Restitution Organization (URO). 1956 kehrte Ferencz in die USA zurück und vertrat von dort Entschädigungsforderungen jüdischer Zwangsarbeiter, auch gegen Krupp. 1971, in deutscher Übersetzung aber erst 1981, erschien „Less than Slaves" („Lohn des Grauens"), eine Synthese seiner Arbeit für seine Klienten. Ausf. *Goschler u. a.*, S. 15 – 74.

1335 Ferencz an Drexel A. Sprecher, 20.6.1958, in: *Goschler u. a.*, S. 270.

1336 McCloy an Alfried Krupp, 20.6.1958 (persönlich, vertraulich), HAKrupp, WA 66/99.

1337 Vgl. dazu die Tab. 3.10 in *Abelshauser*, Rüstungsschmiede, S. 424 – 429.

1338 *Ferencz*, S. 112.

1339 Zit. Aktenvermerk, Maschke, betr. Entschädigung von KZ-Häftlingen und Fremdarbeitern, 12.9.1958, HAKrupp, WA 66/99; zur politischen Rahmung und Gesetzgebung s. *Hockerts*.

1340 „Wir [die JCC] beabsichtigten mit der unvorteilhaften Publizität, nicht nur Krupps Ruf einen Stoß zu versetzen, sondern auch seinen geschäftlichen Expansionsmöglichkeiten in der ganzen Welt." Zit. *Ferencz*, S. 113.

handlungen gab Krupp schließlich doch noch nach. Die Jewish Claims Conference stimmte zu, ihre Klage erst einmal zurückzuhalten, während Beitz in die USA reiste. Dort gab er an, fünf bis sechs Millionen DM, höchstens zehn Mio. DM, für die Entschädigung von bei Krupp während des Krieges beschäftigten Zwangsarbeitern zur Verfügung stellen zu können, worauf die Jewish Claims Conference schließlich einging. Pünktlich zu Weihnachten 1959 wurde das Abkommen öffentlich gemacht.[1341] Aber längst nicht alle waren zufrieden. Hermann Langbein vom Internationalen Auschwitz Komitee wandte sich im April 1960 an Krupp, bekräftigte, Krupp habe im Lagerbereich des KZ Auschwitz ein Werk errichtet und jüdische Zwangsarbeiter beschäftigt.[1342] Er forderte die Entschädigung „aller Häftlinge ohne Unterschied". Krupp aber zog sich zurück und verwies nunmehr alle an das Unternehmen gerichteten Ansprüche an die Jewish Claims Conference.[1343] Aber schon bald wurde klar, die zur Verfügung gestellten zehn Millionen DM reichten bei Weitem nicht aus. Krupp, aber auch die Jewish Claims Conference, hatten sich verkalkuliert.[1344]

Besonders Wilmowsky, der auch weiterhin mit Argusaugen über die öffentliche Meinung wachte, rüttelte das auf. Seinen Beitritt zur Gesellschaft für Christlich-Jüdische Zusammenarbeit machte er 1959 von einer sehr weitgehenden Bitte an die Geschäftsführerin Elisabeth Cremers abhängig. Bereits 1956 war in den „Frankfurter Heften" ein Artikel von Eugen Kogon,[1345] einem Mitgründer der linkskatholischen Hefte, erschienen. Kogon hatte dort ein an anderer Stelle veröffentlichtes Befragungsprotokoll paraphrasiert, das den „Judenhass" von Krupp belegen sollte und das im Rahmen der Befragungen zum Krupp-Prozess entstanden war. Wilmowsky argumentierte Cremers gegenüber, sein Neffe könne sich an die Befragung zwar erinnern. Es seien aber wesentliche Teile der Befragung und der gegebenen Antworten – die Inhaftierung von Familienmitgliedern, die Ablehnung Gustav Krupps, sich an Arisierungsvorgängen zu beteiligen – bei Kogon nicht aufgeführt.

1341 *T. Shabad*, Art. Krupp will pay Slave Laborers, in: NYT, 24.12.1959. Shabad informierte bereits darüber, dass die Zahl der potenziell zu Entschädigenden unklar sei und führte zudem aus: „They [Krupp] rejected any legal liability, on the ground that the West German Government, as successor to the Hitler regime, was responsible for compensating Nazi victims."

1342 Tatsächlich hatte Krupp geplant, die Zünderfabrikation nach Auschwitz zu verlagern. Aus verschiedenen Gründen, nicht aber aus moralischen Bedenken, wurde das Werk von Krupp aber dann nicht in Betrieb genommen. Abelshauser, *Rüstungsschmiede*, S. 418–422; *Ferencz*, S. 121–124.

1343 Zit. Comité Internationales Auschwitz [Langbein] an Krupp, 19.4.1960, HAKrupp, WA 66/99; *Borggräfe*, S. 60–64.

1344 *Gall*, Entlassung, S. 554–557.

1345 Eugen Kogon war Publizist. Kogon konnte kurz vor der Befreiung des KZ Buchenwald aus dem KZ fliehen und begann mit seiner Arbeit an „Der SS-Staat", die zunächst als Bericht für die Alliierten, Intelligence Team, und 1946 dann auch als Buch veröffentlicht wurde. S. *Beismann*, S. 25–35.

Die Schlussfolgerung, die aus der unvollständigen Wiedergabe des Protokolls zu ziehen sei, nämlich dass Alfried Krupp die „Verbrechen an Juden" gebilligt habe, die sei falsch. Wilmowsky appellierte an Cremers, Kogon dazu zu bringen, die „Ehrenhaftigkeit" Alfried Krupps öffentlich anzuerkennen – ohne Erfolg.[1346]

Rührige Unruhe befiel Wilmowsky auch, als er Ende 1960 auf Rudolf Amelunxens Ehrenmänner und Hexenmeister aufmerksam wurde. Amelunxen war ein prominenter Politiker, erster Ministerpräsident und zuletzt Justizminister in Nordrhein-Westfalen gewesen, das verlieh seinen Ausführungen besonders unter Experten Gewicht. In dem Büchlein wurde ebenfalls die „Judenfeindlichkeit" von Krupp herausgestellt. Noch 1945, so Amelunxen, habe Alfried Krupp auf die Frage nach seinem Verhältnis zur Judenverfolgung geantwortet: „Wenn man einen guten Gaul kauft, muß man ein paar Mängel hinnehmen!"[1347] Auch diesen Satz, den Wilmowsky als abgeschrieben aus einem Werk von Kogon identifizierte, hielt er für einen „wahrheitswidrigen" Angriff.[1348] Krupp-Archivar Schröder, den Wilmowsky veranlasste, die Angabe zu prüfen, fand allerdings im Archiv den Beleg für den von Amelunxen zitierten Ausspruch. Dennoch, so Schröder, seien die von Amelunxen getätigten Darlegungen „falsch und giftig".[1349]

Wilmowsky wandte sich an den Kultusminister von NRW, Werner Schütz, und bat ihn um „Klärung".[1350] Ihn leiteten erhebliche Prozessängste. Wilmowsky befürchtete, dass durch den anstehenden Eichmann-Prozess eine Pressewelle über die „Judenpolitik" bevorstünde und wollte den Namen Krupp aus dieser Diskussion unbedingt heraushalten. Einen Antisemiten wollte er in seinem Neffen partout nicht sehen. Schütz aber, von dem er sich Unterstützung erhofft hatte, antwortete nicht. Und als er schließlich doch, nachdem Wilmowsky erneut drängte, schrieb, ging er nicht weiter auf die Forderung von Wilmowsky ein.[1351] Wilmowsky reagierte auf die neue und durch die Diskussion um die Zwangsarbeiter und den Eichmann-Prozess beförderte Welle, die sich anbahnte. Für weitergehende geschichtspolitische Maßnahmen fehlten ihm aber die Handhabe und auch die Mittel.

Bereits 1959 hatte Norbert Mühlen[1352] in den USA im Henry Holt Verlag The Incredible Krupps veröffentlicht.[1353] Bei Krupp wurde das Buch von Franz Cesarz,

1346 Wilmowsky an Cremers, 8.1.1959, HAKrupp, FAH 29/42.

1347 Zit. *Amelunxen*, S. 156 f.

1348 Vermerk, Wilmowsky, 16.2.1961, HAKrupp, FAH 29/42.

1349 Schröder an Wilmowsky, 13.2.1961, HAKrupp, FAH 29/42.

1350 Wilmowsky an Schütz, 16.1.1961, HAKrupp, FAH 29/42.

1351 Schütz an Wilmowsky, 19.5.1961, HAKrupp, FAH 29/42.

1352 Norbert Mühlen [auch Muhlen oder Muehlen] arbeitete zunächst bei Ullstein, emigrierte 1933 in die Schweiz, dann nach Frankreich und floh von dort in die USA. Mühlen nahm 1947 die ame-

einem Mitarbeiter der Stabsabteilung Information, durchgesehen. In einer ersten Aktennotiz hielt er fest: „Das Buch ist absolut negativ und für uns ausserordentlich schädlich." Denn erneut wurde hier, wie bereits bei Gordon Young, der Erzählbogen des Nürnberger-Prozesses bemüht: Der Familie sei es immer nur um „das Geschäft" gegangen und: „The House of Krupp had still not learnt its lesson". Krupp engagiere sich gegen jedes Pflichtbewusstsein im Osten und sei gleichzeitig großer Profiteur der Montanunion. Die Übernahme des Bochumer Vereins markierte für Mühlen eine erneute Monopolstrategie. Krupp, so die Kernbotschaft, sei zurück und dabei mächtiger und gefährlicher denn je. Cesarz wähnte: „Ich glaube, dass das Buch sehr viel Publicity bekommen und uns public-relations-mässig erheblich zu schaffen machen wird."[1354] Auch anderen Beobachtern, die nach ihrer Meinung gefragt wurden, schwante Übles: „viele Tatsachen, wenig Urteile", hieß es. Mühlens Darstellung enthalte zwar „Ungenauigkeiten", davon abgesehen aber sei das Werk eingängig angelegt. Der Teil zum Krupp-Prozess sei besonders „unerfreulich" und eine „tolle Simplifizierung" stelle das abschließende Kapitel dar, „wo er [Mühlen, d. Vf.] Krupp sozusagen als Symbol für Deutschland sieht und daraus eine politische Ideologie zu machen versucht. Die geschilderte Auffassung ist so dominierend, daß sie m. E. durch Streichungen nicht zu korrigieren ist."[1355]

Cesarz informierte Bernd Huffschmid, den damaligen Leiter der Stabsabteilung. Dieser wandte sich umgehend an den Scheffler Verlag, der die Rechte für die deutsche Übersetzung erworben hatte. Beitz konnte er bald schon mitteilen: Das Buch werde vom Scheffler Verlag nicht als reine Übersetzung auf dem westdeutschen Markt erscheinen. Da die „amerikanisch geschriebene Art" beim deutschen Leser nicht ankomme, halte der Verlag eine weitgehende „Umarbeitung" und auch die Neufassung ganzer Kapitel für erforderlich. Krupp würde bei dieser Überarbeitung behilflich sein. Auch mit dem Verfasser habe er bereits sprechen können.[1356] Obwohl es keine „freundliche Darstellung" würde, konnte Huffschmid immerhin in Aussicht stellen, dass die „deutsche Ausgabe" sich deutlich von der US-amerikanischen Ausgabe unterscheiden werde. In enger Zusammenarbeit mit dem Verlag ließen sich viele „Unrichtigkeiten" korrigieren.[1357] Cesarz übergab das Ma-

---

rikanische Staatsbürgerschaft an und zeigte von nun an eine rege Publikationstätigkeit. *Schildt*, S. 218 (Anm.).

1353 *Mühlen.*

1354 Zit. Cesarz, Aktennotiz, 15.10.1959, HAKrupp, WA 119/v42.

1355 Zit. versch. Gutachten zu „The Incredible Krupps", 20.10.1959 – 14.3.1960, HAKrupp, WA 119/v42.

1356 Huffschmid an Beitz, 27.10.1959, HAKrupp, WA 119/v42.

1357 Wie üblich wurde es „zur Kenntnis" den Managern zugänglich gemacht. Etwa Huffschmid an Vorstandsmitglied Eppner, 7.4.1960, HAKrupp, WA 78/2076.

nuskript dem Archiv, wo Schröder es akribisch durchsah. Schröder fertigte Änderungsvorschläge zu den von Mühlen gemachten Gewinnangaben für die 1930er Jahre an, erweiterte die Darstellung zu den im Manuskript aufgeführten 500 Jüdinnen, die zu Kriegsende „zur Vergasung nach Weimar" gebracht worden waren, um die Information, dass inzwischen gesichert sei, dass 350 von ihnen überlebt und nicht im KZ Buchenwald ermordet worden waren.[1358] Die Vorschläge wurden von Krupp an den Verlag geschickt. Für eine direkte Korrespondenz zwischen Mühlen und Huffschmid finden sich keine Belege. Aber Mühlen ließ, vermittelt über seinen Verlag, Kompromissbereitschaft signalisieren. Lediglich an der „Capri-Geschichte", die man bei Krupp auch weiterhin nicht aufgekocht sehen wollte, hielt er fest. Das sei zwar „peinlich", so urteilte man dann in der Stabsabteilung, wesentlicher aber sei, die Fehler in der Darstellung der „aktuelle[n] Geschichte" zu berichtigen, und in der Hinsicht sei Mühlen außerordentlich entgegenkommend. So sollte das Schlusskapitel für die deutsche Veröffentlichung völlig neu verfasst werden, sicherte der Verleger Huffschmid zu.[1359] Nur, ob es am Ende „hoffähig" werde, das wollte er nicht versprechen.[1360] Weitere Korrekturvorschläge wurden erarbeitet und an den Verlag geschickt: Die Verwechslung von Hugenberg und Gustav Krupp sei zu ändern, die Publikation von Klass sollte „nicht im Auftrag" von Krupp verunglimpft, die Umstände über das Ausscheiden von Loeser geradegerückt werden usw.[1361]

Dann aber stellte sich heraus, dass Mühlen keineswegs bereit war, seine Ausführungen zur „aktuellen Geschichte" und insbesondere zum Entschädigungskompromiss mit der Jewish Claims Conference abzuändern oder gar zu streichen. Mühlen beharrte darauf, auch in der deutschen Ausgabe auszuführen, dass Krupp zwar bereit gewesen war, jüdische, nicht aber die nicht-jüdischen Zwangsarbeiter zu entschädigen[1362] Darauf reagierte Huffschmid nun mit unlauteren Mitteln. Anfragen verschiedener Zeitschriften, wie die von August Scherl für Die Bücherschau, ob Krupp an einer Karikatur interessiert sei, die das Erscheinen des Mühlen Buches auf dem deutschen Markt bewerben sollte, lehnte Huffschmid schroff ab. Überhaupt, so hieß es an Scherl, sei auf Hinweise zu Mühlens Veröffentlichung ganz zu

1358 Schröder, Korrekturen zum Mühlen-Buch, 28.1.1960, HAKrupp, WA 119/v42.

1359 Zit. Heinrich Scheffler an Huffschmid, 5.2.1960, HAKrupp, WA 119/v42.

1360 Zit. Scheffler an Huffschmid, 8.2.1960, HAKrupp, WA 119/v42.

1361 Korrekturen, Febr. 1960, HAKrupp, WA 119/v42.

1362 Scheffler gab an, zwar „alles andere als alte Wunden aufreißen" zu wollen, an diesem Punkt aber lasse Mühlen nicht mit sich reden. Zit. Scheffler an Huffschmid, 26.2.1960, HAKrupp, WA 119/v42.

verzichten.[1363] Dem Verlagseigner Heinrich Scheffler wurden Anzeigenstopps gemeldet und auch von dem Druck, den Huffschmid auf einzelne Zeitschriften ausübte, erfuhr er: „Wir haben“, so Scheffler an Huffschmid, „wirklich versucht, so fair und so glimpflich zu verfahren, wie es nur möglich war, als wir die Redaktion des Mühlen'schen Buches durchführten. Wie aber sollen wir es uns erklären, daß ein Essener Vertriebsunternehmen, das mit Anzeigen arbeitet, von Ihrem Haus – wie mir ganz zuverlässig berichtet wird – in der Weise unter Druck gesetzt worden ist, daß es die Anzeigenserie abbrechen mußte?“ Scheffler war nicht mehr zu einer Zusammenarbeit mit Krupp bereit und drohte, sich gegebenenfalls rechtlich zur Wehr zu setzen.[1364] Huffschmid wechselte daraufhin sein Vorgehen und versuchte es erneut mit Entgegenkommen. Er schickte Scheffler bis dahin unveröffentlichtes Bildmaterial sowie eine Reihe zeitgenössischer Notizen aus der unternehmenseigenen Überlieferung, mit der Bitte, nichts „wörtlich“ zu übernehmen. Scheffler dürfe nicht zu erkennen geben, „dass die Firma Fried. Krupp dieses Material zur Verfügung gestellt hat“. Auf diese Weise wollte Huffschmid dem Verleger signalisieren, dass Krupp bereit war, sich auch mit den unschönen Kapiteln der Geschichte auseinanderzusetzen und bei der Aufklärung unterstützen wollte.[1365]

Auch diese Taktik war nicht erfolgreich. Denn das Material, das Mühlen vermittelt über Scheffler erhielt, gab dem Verfasser die Möglichkeit, „Krupp“ im Vorwort zu danken und anzugeben, unternehmenseigenes Quellenmaterial verwendet zu haben. Das verlieh dem Buch eine von Krupp nicht gewünschte Authentizität. Dennoch konnte der Imageschaden mittels dem über das Anzeigengeschäft ausgeübten Druck in der Bundesrepublik in Grenzen gehalten werden. Mühlens Veröffentlichung wurde in der Bundesrepublik praktisch nicht rezipiert. Einzig Der Spiegel, schon eingangs erwähnend, dass „[n]amhafte Zeitungen“ das Buch überhaupt nicht zur Kenntnis nähmen und auch der Buchhandel sich weigere, es zu verkaufen, widmete der Veröffentlichung von Die Krupps einen kleinen Artikel. Der Spiegel übernahm Mühlens Hinweis aus dem Vorwort, das Buch sei mit der Unterstützung des „Firmenarchivs“ entstanden, und behauptete zudem, der Verfasser sei mit Alfried Krupp mehrfach zusammengetroffen. Besonders freundlich fiel aber auch das Urteil von Der Spiegel nicht aus: „Der Autor, der sich nie ganz schlüssig wurde, ob die Krupps denn nun zu unpolitisch oder zu politisch waren, vermag überdies nicht deutlich zu machen, wie ein so anrüchiger Clan immer wieder zu so

1363 StA Information an August Scherl, 8.3.1960; s. dazu auch o.V. an Huffschmid, 12.5.1960, HA-Krupp, WA 119/v42.

1364 Zit. Scheffler an Huffschmid, 10.5.1960, HAKrupp, WA 119/v42.

1365 Zit. Huffschmid an Scheffler, 8.3.1960, HAKrupp, WA 119/v42.

ungewöhnlichen Erfolgen kommen konnte" und brandmarkte das als „offenkundige Schwäche[n]" der Darstellung.[1366]

Huffschmid war das Problem, das sich hier aufgetan hatte, sehr klar gewesen, wenn auch sein Umgang mit Scheffler nicht intendierte Effekte gehabt hatte. Er hatte den Versuch unternommen, die Darstellung – entsprechend der Vorgehensweisen seines Vorgängers Hundhausen – zu glätten. Ganz anders managte Zedtwitz-Arnim das „Mühlen-Problem", als der Verlag 1964 eine Neuauflage von „Die Krupps" plante. Obwohl Mühlen Zedtwitz-Arnim sogar selbst anbot, dass Krupp sich mit Korrektur- und Änderungsvorschlägen beteiligen könne, verließ Zedtwitz-Arnim sich ganz auf seinen Assistenten Bodo Herzog. Und der fand, der „kritische Charakter" des Buches stünde ja ohnehin fest. Am besten sei es also, nicht zu intervenieren.[1367] Zedtwitz-Arnim schlug Mühlens Angebot, wie von Herzog vorgeschlagen, aus. Der Hinweis auf die Nutzung des Krupp-Archivs blieb – selbstredend – im Vorwort stehen.

Knapp einen Monat nach seinem Ausscheiden bei Krupp erschien im Juli 1962 im Handelsblatt ein Gastbeitrag von Johannes Schröder unter der Überschrift Der finanzielle Herzinfarkt.[1368] Ohne die „Anmerkung der Redaktion" wäre der Text wahrscheinlich untergegangen. Mit der Anmerkung aber, die darauf hinwies, dass Schröder langjähriger Finanzdirektor bei Krupp gewesen war, erhielt der Beitrag einige Beachtung. Da half auch der Nachsatz, der dahin ging, dass der „finanzielle Herzinfarkt" vor dem Hintergrund des Schlieker-Konkurses zu diskutieren sei, nur wenig.[1369] Schröder arbeitete sich in seinem Beitrag an dem von ihm als „klassische Finanzierungsregel" bezeichneten Verhältnis von „Geld" und „Kapital" ab und kritisierte, die Regel sei in den Unternehmen nach 1948 nicht beherzigt worden. Der Wiederaufbau und die gute Konjunktur hätten dazu verleitet, den Unterschied zwischen beidem zu verwischen. Der Aufschwung sei gekommen, nur die „Last der kurzfristigen Verschuldung", die sei geblieben, während die sich Unternehmen am „steigenden Umsatz" berauscht hätten. Schröder mahnte: „In Wahrheit kommt es aber weniger auf den Umsatz an. Das Entscheidende ist, daß das Ergebnis wirt-

---

1366 Art. Industrie. Firmengeschichte. Unglaubliche Krupps, in: Der Spiegel, Nr. 29, 1960, S. 42–44.

1367 Zit. Herzog an Zedtwitz-Arnim, betr. Norbert Mühlens Buch „die Krupps", 18.8.1964, HAKrupp, WA 119/v542.

1368 J. Schröder war von Beitz aufgrund einer größeren Geldanlage in der Schweiz entlassen worden. S. *Gall*, Entlassung, S. 561; *Käppner*, S. 311–314. Statt des Ausscheidens im „freundlichen Einvernehmen" wurde Schröder de facto entlassen. Pressestelle [Cesarz] an Beitz, 17.1.1962; StA Information an Beitz, betr. Pressenotiz über Ausscheiden von Herrn Schröder, 17.1.1962, HAKrupp, WA 63/247.

1369 Zit. *J. Schröder*, Art. Der finanzielle Herzinfarkt. Liquidität bleibt das oberste Gebot des Wirtschaftens, in: Handelsblatt, Nr. 142, 27./28.7.1962, S. 13; s. zum Konkurs von Schlieker im Sommer 1962 *Tilly*, S. 137–144.

schaftlicher Tätigkeit mehr einbringt, also die Gesamtheit der aufgewendeten Kosten, d.h. daß ein angemessener Gewinn erzielt wird. Kann er mit kleinerem Umsatz erzielt werden, um so besser. Der Umsatz bindet Geld, und falls er langfristig finanziert werden muß, auch Kapital.“ Bis hierin war dies eine Kritik, die auf das Finanzgebaren der westdeutschen Unternehmen insgesamt und den Schlieker-Konkurs im Besonderen bezogen werden konnte. Schröder fügte dann aber die Argumentation an, die er auch als Finanzdirektor bei Krupp immer wieder vorgebracht hatte, die vom Eigentümer wie von seinem Generalbevollmächtigten aber beflissentlich ignoriert worden war, und die für jeden Leser des Handelsblatts auch als eine an Krupp festgemachte Kritik verstanden werden konnte: Dass nämlich die Haftung bei einem Privatunternehmen eine andere sei als bei einer Kapitalgesellschaft. „Die Aktiengesellschaften konnten an der Börse junge Aktien zu teilweise für sie recht attraktiven Kursen placieren. Mit dem Erlös beseitigten sie die kurzfristigen Schulden und schufen sich für das vergrößerte Geschäft eine ausreichende Basis von haftendem Eigenkapital. Da sie ihre Bilanzen jährlich veröffentlichen mußten, unterlagen sie der Kritik von Presse und Aktionären. Sie waren einfach gezwungen, ihre Verbindlichkeiten zu konsolidieren und eine vernünftige Finanzpolitik zu betreiben.“ Und damit war für diejenigen, die die Enden zusammenbinden konnten, klar: Krupp war es, der seine Finanzpolitik nicht rechtfertigen musste. Für Personengesellschaften und Einzelfirmen, Unternehmen wie Krupp, war ein gesundes Wachstum dagegen „nur dann möglich, wenn es sich um eine Firma handelte, die hohe Gewinne erzielte und sie thesaurierte“. Sicher, so Schröder, könne man an der alten Finanzierungsregel rütteln, das aber nur, solange die „Liquidität“ gesichert sei. Die Besicherung sei in den vergangenen Jahren vor dem Hintergrund des rapiden Wachstums vernachlässigt worden. Die Gefahr, Geld und Kapital zu verwechseln, bestünde insbesondere bei Unternehmen, die ihre Bilanzen nicht veröffentlichen müssten: „Ich vergleiche diese Art moderner Wirtschaftsführer immer mit einem Menschen, der einen klugen Kopf und starke Muskeln hat, der aber seinen Blutkreislauf nicht beachtet. Während er noch gesund und strahlend aussieht, wird er plötzlich von einem Herzinfarkt getroffen und fällt krank oder tot um. Die Gefahr dieses finanziellen Herzinfarktes ist gerade bei den Firmen besonders groß, die ihre Bilanzen nicht veröffentlichen, und die daher nicht unter den laufenden ärztlichen – sprich öffentlichen – Kontrollen arbeiten, so daß sie nicht rechtzeitig gewarnt werden.“[1370]

Bis hierhin war Krupp mit seiner Weigerung, betriebliche und aktuelle Kennzahlen offenzulegen, alles in allem durchgekommen. Mit der Einführung des Ersatzformats eines Geschäftsberichts durch Hundhausen hatten sich die Forderun-

1370 Zit. ebd.

gen nach Publizität deutlich abgeschwächt.[1371] Schröders Gastbeitrag verlieh der alten Forderung nach mehr Transparenz des Unternehmens aber eine neue Ausrichtung. Denn Schröder deutete in seinem Beitrag ja nicht weniger an, als dass die Liquidität gefährdet sei, Krupp also Probleme habe, seinen Zahlungsverpflichtungen nachzukommen. Als Ursache benannte er die Vernachlässigung der „klassischen Finanzierungsregel", aber eben auch, dass das Unternehmen seine Finanzprobleme verdecken konnte, weil es seine Kennzahlen als Einzelfirma von Alfried Krupp nicht veröffentlichen musste. Das Direktorium jedenfalls ließ Schröder nach der Veröffentlichung des Beitrages eisig wissen: „Nachdem Sie erst vor einer Woche aus dem Direktorium ausgeschieden sind, muß jeder Leser Ihre Ausführungen auf die Firma Fried. Krupp beziehen, zumal Sie ihre kritischen Überlegungen in besonderer Weise auf Einzelfirmen angewandt wissen wollen. Diese Veröffentlichung von einem früheren Mitglied des Direktoriums hat uns auf das äußerste befremdet."[1372]

Der nun aufkommenden Gerüchte um eine etwaige Finanzkrise bei Krupp war auf Dauer nicht beizukommen. Immerhin, Schröder dementierte selbst und erläuterte, es sei, nachdem er Jahrzehnte maßgeblich für die Finanzen des betreffenden Unternehmens verantwortlich gewesen sei, geradezu „absurd", würde er seine eigene Arbeit auf diese Weise kritisieren.[1373] Krupp reagierte: Im Platow-Brief, einem Informationsdienst der Wirtschaft, ließ sich bald nachlesen, dass alle Gerüchte um eine etwaige Umwandlung von Krupp in eine Aktiengesellschaft „reiner Unsinn" seien. Und auch der Informationsdienst der Deutschen Presse-Agentur meldete, die „Finanzstruktur von Krupp [sei] vollkommen gesund".[1374] Trotzdem tauchte der Vorwurf der mangelnden Publizität in der Presse immer wieder auf.[1375] Zunächst gelang es, die Gerüchte um eine etwaige Finanzierungsklemme zu zerstreuen. Das Krupp'sche Zeitungsarchiv registrierte überrascht: „Die Kommentare [die Liquidität betreffend, d. Vf.] in den deutschen Zeitungen sind nicht anders als positiv zu bezeichnen."[1376]

1371 S. dazu Kap. 3.5.

1372 Fried. Krupp Direktorium an Schröder, 31.7.1962, HAKrupp, FAH 29/8.

1373 Etwa Schröder an Der Spiegel, 1.5.1967, HAKrupp, WA 55/v192. Schröder dementierte und beschwerte sich insbesondere über den Art. Wartestand. S Der Spiegel, 10.4.1967.

1374 Platow-Brief, 30.5.1962, S. 2; Dpa-Informationsdienst, 20.10.1963, HAKrupp, WA 55/v879.

1375 Art. Unterschiedliche Konzernpolitik, in: SZ 8.5.1963; Art. Krupp vor der Schwelle zur Publizität?, in: Wirtschaft intern, Nr. 27, 4.7.1963, S. 1–4; Art. Figures from Krupp. Homes Sales preferred?, in: Economist, 17.8.1963, HAKrupp, WA 55/v879.

1376 Notiz (Winkler) an Zedtwitz-Arnim, 25.11.1963, HAKrupp, WA 55/v878; s. etwa Art. Entrüstung an der Ruhr. Großbanken und Generalbevollmächtigter dementieren Gerüchte über Krupp, in: Sonntagblatt, 17.11.1963; *D. Stolze*, Art. Die neue Krupp-Legende. Trotz sinkender Erträge gut gepolstert, in: Die Zeit, 15.11.1963.

Es waren aber nicht nur die Gerüchte um eine etwaige Liquiditätskrise, sondern auch die Krupp-Geschichte holte das Unternehmen bald wieder ein. Rolf Hochhuth klagte 1963 in seinem bekannten Stück DER STELLVERTRETER, das hohe Wellen schlug, nicht allein die katholische Kirche und den Vatikan an, sondern machte zudem aufmerksam auf das weiterhin kaum entwickelte öffentliche Bewusstsein für die Zwangsarbeit der NS-Zeit.[1377] Bewusst, um die öffentliche Aufmerksamkeit zu erhöhen, machte er das an Krupp fest. Mit Bekanntwerden des Stücks trafen bei Wilmowsky eine Reihe von Anfragen ein, die Hilfe anboten. Ein alter Weggeführte, der vormalige Direktor der Kaiser-Wilhelm-Gesellschaft Friedrich Glum, regte einen offenen Brief an. Wilmowsky lehnte ab: Die Familie und das Management hätten entschieden, sich völlig zurückzuhalten und dem Vatikan die „Berichtigung" zu überlassen.[1378] Peinlich war aber doch, dass in dem just erneut aufgelegten WARUM WURDE KRUPP VERURTEILT? kein einziges Wort zu der von Krupp in Aussicht genommenen Zünderfabrik in einem Außenlager des Konzentrationslagers Auschwitz zu lesen war.[1379] Wilmowsky ließ den Vorwurf jetzt aber immerhin im Archiv prüfen.[1380] Um nicht untätig zu bleiben, wurde Josef Winschuh, der unwillige Biograf Gustav Krupps,[1381] der weiterhin wirtschaftspublizistisch tätig war, gebeten, sich für die Besprechung der Neuauflage von „Warum wurde Krupp verurteilt?" einzusetzen. Ein weiteres Mal, so hoffte Wilmowsky, könnte der Ruf des Unternehmens und seines Neffen mit dem Büchlein verteidigt werden. Winschuh aber konnte sich nicht entschließen, Krupp beizuspringen. Er wolle „das Pulver" nicht „ziellos verschießen", so seine ausweichende Reaktion.[1382] Während Wilmowsky im Rahmen seiner Möglichkeiten versuchte, der Rezeption des Stücks entgegenzuwirken, versuchte Zedtwitz-Arnim es mit direkter Fühlungnahme. Er,

---

1377 Wittkamp, Zusammenstellung über die Aufführung von Hochhuths Stellvertreter, 3.7.1963, HAKrupp, WA 119/v125.

1378 Wilmowsky an Glum, 8.4.1963, HAKrupp, FAH 29/9.

1379 Wilmowsky an Heinrich Kronstein, 10.4.1963, HAKrupp, FAH 29/9. Zu „Warum wurde Krupp verurteilt?", das 1950 veröffentlich wurde, s. Kap. 3.2.

1380 Wilmowsky brachte so in Erfahrung, „daß es sich allem Anschein nach im ‚Fall Auschwitz' um eine Anordnung des OKW oder der SS an die Leitung des Berthawerks in Oberschlesien handelte, es sollten mit sofortiger Wirkung ‚einige Arbeiter' nach Auschwitz geschickt werden, um dort ein Gebäude für Granaten-Zünderfabrikation fertigzustellen. Es fand sich hier ein Beleg über die Zahl der geleisteten Arbeitsstunden, ca. 1.900; man hat dann diese Zahl gleichgesetzt mit der Zahl der delegierten Arbeiter. Aber, wie gesagt, das soll noch genau untersucht werden!" Zit. PS vom 16.4.1963, Wilmowsky an Kronstein, 10.4.1963, HAKrupp, FAH 29/9; ausf. dazu *Abelshauser*, Rüstungsschmiede, S. 438–442.

1381 S. dazu Kap. 2.9.

1382 Zit. Winschuh an Wilmowsky, 25.3.1963, HAKrupp, FAH 29/10.

und nicht Beitz,[1383] rief sowohl beim Rowohlt Verlag als auch bei Hochhuth an, bat um ein Kennenlernen und ein baldiges Zusammentreffen. Hochhuth, so hielt es der Zeuge des Gesprächs in einem Aktenvermerk fest, sei „sehr interessiert“ daran gewesen, Krupp in Essen zu besuchen und habe zum Ausdruck gebracht, dass er nichts „gegen die heutige [!] Firma Krupp“ habe.[1384] Hochhuth ließ Zedtwitz-Arnim offenbar auflaufen, es gibt keinen Hinweis darauf, dass Hochhuth Krupp in Essen besucht hat. Und selbst wenn, es wäre zu spät gewesen. Rowohlt hatte das Stück bereits veröffentlicht und auch in den USA fand es eine große Leserschaft.[1385]

Etwa zeitgleich war 1962 mit dem Roman The Birthday King[1386] des Briten Gabriel Fielding[1387] die Geschichte einer Industriellenfamilie in der NS-Zeit, die unverkennbar die Familie Krupp zur Vorlage hatte, erschienen. Sowohl der „Stellvertreter“ als auch „Birthday King“ wirkten fiktiv. Trotzdem hatten sie einen Effekt auf das Krupp-Image. Sigismund von Braun, zu der Zeit Ständiger Vertreter bei den Vereinten Nationen in New York, riet Wilmowsky von einer geschichtspolitischen Veröffentlichung, etwa der Übersetzung von „Warum wurde Krupp verurteilt?“, in den USA ab: „Es ist [infolge der Veröffentlichung von Hochhuth und Fielding, d. Vf.] ein unglücklicher Augenblick, das Thema Krupp in der amerikanischen Öffentlichkeit anzuschneiden“, so von Braun.[1388]

Unzweifelhaft stand ein Deutungswandel an. Die Krupp-Geschichte und die etwaige Finanzklemme des Unternehmens wurden – und zwar von durch Externe veröffentlichte Publikationen – miteinander in Beziehung gesetzt. Eine geschichtspolitische Entgegnung aus dem Konzern erfolgte aber nicht. Zedtwitz-Arnim reagierte mit dem Versuch, die Tagespresse zu beeinflussen. Wilmowsky dachte da weiter, ihm fehlte aber das neue und anschlussfähige Manuskript, das er hätte veröffentlichen können. Die Darlegungen von Kogon, Mühlen, Amelunxen, Schröder, Hochhuth und Fielding boten nur Ab- und Ausschnitte der Krupp-Geschichte. Das *eine* Werk, das die von den „Krupp-Teufelchen“ vorgebrachten Abschnitte aus

---

1383 Anders *W. Winkler*, Art. Rolf Hochhuth und die Krupps. Unerfreuliches über Zwangsarbeit, in: SZ, 17.5.2010; s. dazu auch *Käppner*, S. 412 f.

1384 Aktenvermerk, Campen, 13.3.1963, HAKrupp, WA 119/v542.

1385 Sigismund von Braun an Wilmowsky, 18.4.1963, HAKrupp, WA 119/v448.

1386 *R. Hughes*, [Rez.] The Ordeal of Alfried: The Birthday King by Gabriel Fielding, in: NYT, 14.4.1963. Hughes führte darin aus: „There has surely been no more painful recording of Gestapo interrogation and German thoroughness than Fielding's clinical, almost documented, report on the ordeal of the wretched demi-saint, Alfried, captive head of the House of Krupp, who has been betrayed to some degree by every member of his family […].“

1387 Gabriel Fielding (eigtl. Alan Gabriel Barnsley) (1916–1986) war ein englischer Romanautor. Anders als viele andere Veröffentlichungen Fieldings wurde „Birthday King“ nicht ins Deutsche übersetzt. *Fielding*.

1388 Von Braun an Wilmowsky, 18.4.1963, HAKrupp, WA 119/v448.

der Geschichte in einem Guss abhandelte, dabei die Zeit Alfred Krupps, die Rolle von Gustav Krupp, den Übergang durch die Lex Krupp, die Zwangsarbeit bei Krupp, die Rolle von Alfried Krupp im „Dritten Reich", die Zurückhaltung bei der Entschädigung der Zwangsarbeiter, die trotz Verkaufsauflage vorgenommenen Fusionen des Unternehmens durch Übernahmen sowie die Beziehung zur jeweiligen Regierung in einem Zusammenhang mit der Finanzstruktur des Unternehmens brachte, das gab es noch nicht. Die über die Krupp-Geschichte zum Ausdruck gebrachte Wahrheit des Unternehmens wurde seit Anfang der 1960er Jahre zunehmend angezweifelt, widerlegt war sie aber noch nicht.

4.3 Krupp-Geschichte im Holiday-Magazin: William Manchester

> Although I must confess I still have no interest in a tiger hunt. That's for red-blooded American heroes like you.[1389]
>
> Harry Sions, 1962

In den USA hatten die sog. Muckraker bereits um die Jahrhundertwende ein Genre etabliert,[1390] das sich in Deutschland erst seit den 1960er Jahren wirklich verbreiten konnte: der sozial- und wirtschaftskritische Reportage- und Investigativjournalismus. Größere Reportagen wurden in den USA traditionell zunächst gestückelt in Magazinen und erst dann als Buch veröffentlicht. Diese Veröffentlichungen spielten eine wichtige Rolle in der Entwicklung der US-amerikanischen Presse zur „vierten Gewalt".[1391] Seit Mitte der 1950er Jahre war Krupp nicht zuletzt aufgrund der PR-Offensive in den Vereinigten Staaten auffallend präsent gewesen.[1392] Berthold Beitz, aber auch Alfried Krupp, gaben Interviews, „Stories" über Krupp waren gefragt und wurden auch regelmäßig abgedruckt.[1393] Insgesamt schien Krupps Image auch in den USA gesichert.

1389 Zit. Harry [Sions] an Bill [William Manchester] 10.4.1962, University of Oregon (UO), USA, HSP (Harry Sions Papers), A 83, Box 3, Fold. 12.

1390 Als wegweisend galt hier die Veröffentlichung von Ida M. Tarbell. Sie hatte zwischen 1902 und 1904 eine demaskierende Perspektive auf Rockefellers Standard Oil Company in mehreren Teilen veröffentlicht; erst später erfolgte die Veröffentlichung als Buch. Ihre Reportage war von großer Bedeutung für das 1906 gegen die Standard Oil eröffnete Verfahren wegen des Verstoßes gegen den Sherman-Act. *Damler*, S. 48–62; *Requate*, Journalismus, S. 41 f.; *Tarbell*.

1391 S. v. *Saldern*, Amerikanische Magazine.

1392 S. Kap. 3.7.

1393 *Kunczik*, Öffentlichkeitsarbeit, S. 197.

Nur wenige Wochen nach seinem Eintritt bei Krupp übermittelte Zedtwitz-Arnim Beitz seine Notiz über den „Besuch" eines US-Amerikaners in der Essener Hauptverwaltung. Der Besucher, William Manchester, schreibe, so Zedtwitz-Arnim, an einer Artikelserie über Krupp für eine US-amerikanische illustrierte Zeitschrift, das Holiday Magazin. Die Vorabsprache zwischen Holiday und Krupp war bereits ein Jahr zuvor und noch unter der Verantwortung von Hundhausen erfolgt.[1394] Der Holiday bzw. Manchester hatten, wie in diesen Fällen üblich, Presse- und Informationsmaterial aus Essen bekommen. Zedtwitz-Arnim meldete Beitz, nachdem er nun auf Manchester getroffen war, dass dieser „FK [Fried. Krupp] gegenüber vergleichsweise wohlwollend" eingestellt sei. Allerdings bereite dieser nicht nur eine Artikelserie für den Holiday vor, sondern plane zudem, „das Ganze" zu einem Buch auszubauen. Zedtwitz-Arnim fügte an: „Erfahrungsgemäss wird [...] die Darstellung eines Amerikaners nie voll dem entsprechen, was wir uns vorstellen." Manchester habe ihm gegenüber offen erklärt, das Buch von Mühlen sei „oberflächlich geschrieben", er wolle es besser machen. Zedtwitz-Arnim informierte Beitz, dass die Stabsabteilung den Journalisten eng betreuen würde, denn schließlich schreibe Manchester „das Buch ja doch, ob mit uns oder gegen uns. Ohne uns aber bedeutet: Gegen uns."[1395]

Offensichtlich misstraute Zedtwitz-Arnim Manchester. Seine Bedenken waren zu diesem Zeitpunkt, im Mai 1963, aber wohl noch nicht so weit begründet, dass er die von Hundhausen zugesagte Unterstützung des Unternehmens zurückziehen wollte. Also unterstützte Zedtwitz-Arnim Manchester dabei, Verabredungen für Interviews zu vereinbaren, und ermöglichte ihm auch eine Reihe von Werksbesichtigungen.[1396] Obwohl Zedtwitz-Arnim beabsichtigte, Manchester ausschließlich mit handverlesenen Interviewpartnern zusammenzubringen,[1397] organisierte Manchester Gespräche selbsttätig und ohne vorherige Absprache oder Vermittlung durch Krupp. Ewald Loeser etwa hatte Zedtwitz-Arnim Manchester als Interview-

1394 Krupp hatte bereits mit dem Holiday-Magazin zusammengearbeitet. 1958 hatte Tom Hollyman für die Serie „führender deutscher Persönlichkeiten" Aufnahmen auch von Alfried Krupp und Beitz gemacht. Schriftw. zw. Huffschmid u. Beitz, Juli–Sept. 1958, HAKrupp, WA 119/v155, 2. Die bei Krupp angefertigte Aktennotiz über diese Zusammenarbeit war sehr positiv; Hollyman habe einen „ausgezeichneten Eindruck" gemacht. Im Gegensatz zu vielen anderen Fotografen sei er schnell gewesen; er „belästigte Herrn AKBH [...] nicht mehr als notwendig". Zit. Aktennotiz, Besuch von Mr. Tom Hollyman vom Holiday-Magazine, 4.9.1958, HAKrupp, WA 119/v155, 2.

1395 Zedtwitz-Arnim an Beitz, 7.5.1963, HAKrupp, WA 119/v155, 2/2.

1396 Manchester hatte eine Wunschliste für Interviewpartner übermittelt, darunter Alfried Krupp, Berthold von Bohlen, Harald von Bohlen, Arnold von Bohlen, Waldtraut Thomas und Irmgard Eilenstein, Barbara und Tilo von Wilmowsky, aber auch Berthold Beitz, Paul Hansen, Karl Dohrmann, Fritz Tubbesing u.v.a.m. Zedtwitz-Arnim an Beitz, 7.5.1963, HAKrupp, WA 119/v155, 2/2.

1397 Zedtwitz-Arnim an Beitz, 7.5.1963, HAKrupp, WA 119/v155, 2/2.

partner unbedingt ausreden wollen. Manchester hatte ihn dann aber ausfindig gemacht und aufgesucht.[1398] Als Zedtwitz-Arnim das erfuhr, empfahl er Beitz, er und auch Alfried Krupp sollten dem von Manchester erbetenen Interview bald zustimmen, um den amerikanischen Journalisten positiv für Krupp einzunehmen. Zedtwitz-Arnim blieb also bei der Fühlungnahme. Beitz folgte diesem Rat zunächst aber nicht. Und auch Alfried Krupp lehnte es einstweilen ab, sich von Manchester interviewen zu lassen. Erst kurz vor dessen Abreise stimmte Alfried Krupp einem Treffen zu.[1399] Manchester hatte seine Fühler allerdings auch in das Konzerninnere ausgestreckt, ohne dass Zedtwitz-Arnim darüber informiert war. Dank der Informationen von George Williams, der zu dieser Zeit im Büro von Wilmowsky beschäftigt war, war Manchester über die konzerninterne Diskussion und darüber, welches Material ihm für seine Artikel zur Verfügung gestellt wurde, bestens informiert.[1400]

William Manchester war zu diesem Zeitpunkt ein erfolgreicher, aber doch weitgehend unbekannter US-amerikanischer Journalist. Seit Ende der 1950er Jahre schrieb er regelmäßig für den Holiday. Mit Harry Sions,[1401] dem Chefredakteur des Magazins, pflegte er einen regen Briefkontakt. Manchester war thematisch und auch historisch breit interessiert. Sions beauftragte Manchester etwa mit einem Beitrag über die Familie Mellon, eine der einflussreichsten und vermögendsten zeitgenössischen Bankiers- und Industriellenfamilien der USA.[1402] Manchester betrieb seine schriftstellerische und journalistische Arbeit bereits zu diesem Zeitpunkt überaus professionell. Mit Don Congdon hatte er einen renommierten Agenten bei der Harold Matson Company, dem er die Regelung seiner Verträge und Finanzen gänzlich überließ.[1403] 1960 schloss Congdon für Manchester mit dem Holiday einen Vertrag über „five pieces“ pro Jahr für die nächsten drei Jahre ab.[1404]

1398 Zedtwitz-Arnim an Beitz, 22.5.1963, HAKrupp, WA 119/v155, 2/2.

1399 Zedtwitz-Arnim an Beitz, 12.6.1963; Zedtwitz-Arnim an Beitz, 24.6.1963; Zedtwitz-Arnim an Heinrich Heep (Krupp International, New York), 9.4.1964, HAKrupp, WA 119/v155, 2.

1400 Schriftw. zw. George Williams u. Manchester, (Aug.–Sept. 1963, April 1964) [mit Bezug auf die gem. Zeit in Essen], WU, WMP/Box 14, Fold. 2 u. 3.

1401 Harry Sions war im Zweiten Weltkrieg als Kriegskorrespondent tätig gewesen und wurde dann Chefredakteur des Holiday. S. Bestandsbeschreibung, UO, HSP, A.

1402 Schriftw. zw. Sions und William Manchester, 1959–1965, UO, HSP, A 83, Box 3, Fold. 12.

1403 Congdon war auch Agent von William L. Shirer, der 1960 mit „Rise and Fall of the Third Reich. A History of Nazi Germany“ eine bekannte Veröffentlichung über das „Dritte Reich“ vorgelegt hatte. Shirer und Manchester, beide eher Journalisten als Historiker, standen in einer Art Konkurrenzverhältnis. Spitz fragte Shirer Manchester zum Erscheinen von „Arms of Krupp“, wann Manchester denn sein „Deutsch“ erlernt habe. Shirer an Manchester, 6.11.1968, WU, WMP/Box 226, Fold. 7. Shirers „Rise and Fall“ wurde kritisch gesehen, etwa von P. Sethe. S. dazu *Berghahn*, Journalists, S. 80 f.

Für den Erfolg von Manchester war Sions maßgeblich; als Mentor baute er Manchester sukzessive auf. Ende 1960 machte Sions Manchester den Vorschlag, ein ausführliches Porträt über John F. Kennedy zu verfassen.[1405] Der Artikel, den Manchester nach mehreren Interviews schrieb, war wohlwollend und positiv und bedeutete einen ersten Achtungserfolg für Manchester.[1406] Die Beziehung zwischen Manchester und dem Magazin war durch eine klare Aufgabenteilung geregelt: Die Themensetzung für die Artikel, das Honorar und die mittels Spesenabrechnung finanzierten Recherchen wurden als Auftragsarbeit für den Holiday vorgenommen. Für den Holiday hatte das den Vorteil, dass Manchesters Beiträge aktuelle Themen behandelten. Manchester profitierte im Gegenzug vom Holiday als Türöffner, insofern er sich als Journalist für einen Artikel in dem renommierten Magazin ausweisen konnte. Das war bei der Kontaktaufnahme für Interviewtermine und für die Beschaffung von Material überaus hilfreich. Das vom Holiday gezahlte Honorar war indes nicht üppig, dafür besaß Manchester aber das Recht, seine Artikel auszubauen und als Buch zu publizieren, wobei ihm, und nicht dem Holiday, die Tantiemen zufielen. Sions, der mit dem von Manchester gelieferten Kennedy-Porträt sehr zufrieden war, machte sich auf die Suche nach weiteren „Stories“ für seinen Protegé.[1407]

Im April 1962 deutete Sions Manchester gegenüber eine Idee für eine Artikelserie an, die ihm so heikel und komplex erschien, dass er sie Manchester nur im persönlichen Gespräch erläutern wollte.[1408] Im Sommer kam es zum einem Treffen. Dort legte Sions Manchester seine Vorstellung für die nächste große Artikelserie auseinander. Manchester, so fand Sions, sollte sich mit den „Krupp men and their Big Berthas“ eingehender befassen. Manchester war begeistert von der aus seiner Perspektive „extraordinary story“ und sagte zu.[1409] Unmittelbar nahm er Kontakt zu Krupp auf. Dort sei man zwar nicht „publicity hungry“, aber er habe einen Fuß in

---

1404 Für jeden Artikel erhielt Manchester 2.000 Dollar Honorar. Sions an Ted Patrick, 31.5.1960; Sions an Manchester, 2.6.1960; Manchester an Sions, 6.6.1960; Don Congdon an Sions, 15.7.1960, UO, HSP, A 83, Box 3, Fold. 12.

1405 Sions an Congdon, 8.3.1961, UO, HSP, A 83, Box 3, Fold. 12.

1406 Harry Sions an Bill [Manchester], 29.12.1961, UO, HSP, A 83, Box 3, Fold. 12. 1964 veröffentlichte Manchester auf der Grundlage des Artikels *Manchester*, Portrait.

1407 Zit. Harry [Sions] an Bill [Manchester] 10.4.1962, UO, HSP, A 83, Box 3, Fold. 12.

1408 Harry [Sions] and Bill [Manchester] 17.4.1962; Harry [Sions] an Bill [Manchester] 29.6.1962, UO, HSP, A 83, Box 3, Fold. 12.

1409 Bill [Manchester] an Harry [Sions], 10.8.1962, UO, HSP, A 83, Box 3, Fold. 12. Aus dem Nachlass von Sions geht nicht hervor, ob Sions einen Hinweis, und wenn ja, von wem, für die Artikelserie erhielt. Für jeden der zunächst als dreiteilige Serie geplanten Teile über Krupp sollte Manchester 2.500 Dollar Honorar bekommen. Holiday an Don Congdon, 22.8.1962, WU, WMP/Box 14, Fold. 1.

der Tür, so konnte Manchester Sions schon bald berichten.[1410] Zügig plante er auch seine Recherchereise in die Bundesrepublik und nach Essen.[1411] Lange bevor Manchester dort eintraf, hatte er seinen Titel: Sions hatte „Portrait of the Krupp Empire" vorgeschlagen; Manchester aber hatte sich schon jetzt für das doppelbödige „The Arms of Krupp" entschieden.[1412]

Manchester war überaus fasziniert von der „Story", die Sions ihm angeboten hatte: „I've never encountered such an extraordinary tribe, and I doubt that anyone else has, either."[1413] Von Anfang an zeigte er großes Interesse für die bei Krupp während des Zweiten Weltkrieges beschäftigten Zwangsarbeiter und die Rolle von Alfried Krupp während des Nationalsozialismus. Mit dem von der Stabsabteilung Information zugesandten Informationsmaterial konnte er deshalb in keiner Weise zufrieden sein. Die Veröffentlichungen von Klass gingen auf die Zwangsarbeit, überhaupt auf die Opfer des Krieges, praktisch nicht ein, und Alfried Krupp als Unternehmer im Nationalsozialismus spielte in den von Krupp autorisierten Veröffentlichungen ebenfalls keine Rolle. Vielmehr wurde Alfried Krupp dort beständig als Opfer des Krupp-Prozesses, nicht aber als aktiver und eben auch Verantwortung tragender Unternehmer dargestellt.[1414] Manchester dachte nicht daran, diese Lücke zu akzeptieren. Vielmehr begann er damit, Personen, die mit dem Krupp-Prozess befasst gewesen waren, zu kontaktieren, v. a. William J. Wilkins[1415] und David W. Peck.[1416] Zudem suchte er gezielt nach überlebenden Zwangsarbeitern. Über die United Restitution Organization und Benjamin Ferencz gelang es ihm, den Kontakt zu einigen jüdischen Zwangsarbeiterinnen herzustellen.[1417] Über Victor G. Reuther[1418] gelang ihm die Kontaktaufnahme in die westdeutsche Arbeiterbewegung. Auch Telford Taylor, der seinerzeit die Anklageschrift gegen Krupp erarbeitet hatte und dann die von McCloy ausgesprochenen Begnadigungen öffentlich kritisiert hatte, wurde für ihn ein wichtiger Kontaktvermittler und Informant. Dessen

---

1410 Manchester an Sions, 17.8.1962, WU, WMP/Box 14, Fold. 1.

1411 Manchester an Krupp (Hundhausen, Cesarz) 6.9.1962, WU, WMP/Box 14, Fold. 1.

1412 Manchester an Harry [Sions] 5.9.1962, WU, WMP/Box 14, Fold. 1.

1413 Manchester an Harry [Sions], 15.1.1963, WU, WMP/Box 1, Fold. 1.

1414 S. Kap. 3.2 u. 3.6.

1415 William John Wilkins war US-amerikanischer Rechtanwalt und bestellter Richter der Nürnberger-Prozesse. *Priemel*, The Betrayal, S. 182 f.

1416 David Peck war US-amerikanischer Jurist. 1950 erhielt er im Advisory Board on Clemency, der sog. Peck-Kommission, den Vorsitz, und arbeitete die Empfehlungen für McCloy aus. Ebd., S. 365 f.

1417 R. Birger (URO) an Manchester, 18.2.1963; Manchester an Ferencz, 21.3.1963, WU, WMP/Box 14, Fold. 1.

1418 Victor G. Reuther war ein einflussreicher Vertreter der US-amerikanischen Arbeiterbewegung. Nach dem Zweiten Weltkrieg war Reuther einige Zeit in Deutschland und am Aufbau der Gewerkschaften beteiligt.

Argument, dem sich Manchester vollumfänglich anschloss: Es sei zwar richtig, dass im US-amerikanischen Rechtssystem prinzipiell die Möglichkeit zur Berufung bestünde. Die in den Nürnberger-Prozessen vor den Internationalen Gerichtshof Verurteilten wurde dieses Recht aber nicht eingeräumt. Die gefällten Urteile waren für sie endgültig. Deshalb fand Taylor, dass diese Regelung auch für die vor dem amerikanischen Militärgericht abgehaltenen Nachfolgeprozesse hätte gelten müssen und so, dass die von McCloy ausgesprochenen Begnadigungen nicht zulässig seien.[1419]

Manchester spann sich ein weites Informations- und Kontaktnetz. Er korrespondierte sogar mit Intellektuellen, etwa Hannah Arendt. Arendt hatte 1961 über den Eichmann-Prozess geschrieben und die bekannte wie eingängige Formel von der „Banalität des Bösen" geprägt.[1420] Manchester schrieb zudem nicht nur den öffentlich bekannten Kritikern des Unternehmens, sondern auch dem „Anwalt" von Krupp in den USA, Louis Lochner.[1421] Von Lochner erhielt er dessen „personal opinion", nämlich, dass Gustav Krupp ein „rather weak man" gewesen sei.[1422] Manchester wandte sich ferner an John McCloy, der 1951 die Begnadigungen ausgesprochen hatte.[1423]

Daneben las Manchester auch das aus Essen geschickte Informationspaket gründlich, aber gegen den Strich. Ein zentrales Argument, das Manchester später mehrfach ausführte, war die Behauptung, Alfried Krupp gehöre wieder zu den reichsten Männern der Welt.[1424] Belege hatte er dafür nicht, vielmehr war es die Darstellung von Klass aus „Aus Schutt und Asche", die Manchester zu dieser Schlussfolgerung brachte. Zwar waren das Jubiläum 1961 und auch die Veröffentlichung in keiner Weise mit dem Pomp von 1912 vergleichbar, aber die Botschaft, Krupp sei wieder da und habe erfolgreich die Wende vollzogen, die war nicht zu

---

1419 Bill [Manchester] an Harry [Sions] 23.3.1963, UO, HSP, A 83, Box 3, Fold. 12.

1420 Manchester an Arendt, 15.1.1963, WU, WMP/Box 14, Fold. 1. Zu der Zeit, als Manchester den Kontakt zu ihr suchte, arbeitete Arendt gerade an dem Buch „Eichmann in Jerusalem: A Report on the Banality of Evil", das 1963 erschien.

1421 Zit. Hundhausen an Direktion u. Sogemeier, betr. Lochner: Tycoons and Tyrant (5 Dollar), 23.12. 1954, HAKrupp, FAH 29/57; s. ausf. Kap. 3.4.

1422 Lochner an Manchester, 4.3.1963, WU, WMP/Box 1, Fold. 1.

1423 McCloy an Manchester, 27.3.1963, WU, WMP/Box 1, Fold. 1.

1424 Das war eine Argumentation, die auch Ferencz seit Jahren vertrat. Etwa Ferencz an Ernst Katzenstein, 20.1.1964, der dort ausführte: „Knowing the truth as I do, I cannot share the bitterness of the Krupp leaders about what happened to Mr. Krupp. As I compare the status of his impoverished victims today with the own status as one of the richest and most powerful men in the world, I can find plenty of room for bitterness but only on the side of the former slaves." Zit. n. *Goschler u. a.*, S. 301 f.

überlesen.[1425] Die Gerüchte über etwaige Liquiditätsschwierigkeiten, den Umstand also, dass das Unternehmen keineswegs solide war und der Eigentümer infolgedessen auch nicht über Millionen frei verfügbarer D-Mark oder Dollar verfügte, gerade weil das Privateigentum in dem Unternehmen steckte, nahm Manchester in seine Überlegungen nicht auf.[1426] Über Hans Buchheim,[1427] der ihm als Kontaktmann am Institut für Zeitgeschichte (IfZ) von Arendt empfohlen worden war, versuchte Manchester, weitergehende Informationen über die Mitgliedschaft Alfried Krupps in der SS zu beschaffen. Seiner Information nach, die er der „Green Series" entnahm, war Alfried Krupp seit 1931 „sponsoring member" gewesen.[1428] Manchester erkundigte sich bei Buchheim, was dies konkret bedeutet habe, erhielt von Buchheim aber eher ausweichende als aufklärende Auskunft.[1429] Alles in allem rührte Manchester grundlegend nicht nur in der Krupp-Geschichte, sondern auch in der US-amerikanischen Rechtsidee und Rechtspraxis. Sions, dem angesichts der Arbeitsberichte Manchesters mulmig wurde, war besorgt und drang bei Manchester darauf: „please take care of yourself. Remember, you're an observer and a writer and a reporter of events, not the creator of them."[1430]

1425 S. dazu Kap. 3.8.

1426 Er leitete seine Annahme vom Reichtum Alfried Krupps zudem aus den 25 Mio. Dollar ab, die der Verteidiger J. Carroll Gerüchten zufolge für die Verteidigung Krupps bekommen haben sollte. Einen Beleg dafür hatte Manchester nicht. Richtig ist, Carroll war astronomisch gut bezahlt worden war. Carrolls Einkünfte aus seiner Arbeit für Krupp wurden im Spätsommer 1956 von der US-amerikanischen Regierung geprüft, denn Carroll hatte sie weder gemeldet noch versteuert. Die Information über die Höhe des Honorars wurde aber nie öffentlich. Hartrich, Bericht für Beitz, 26.7. 1956, HAKrupp, WA 119/12.

1427 Hans Buchheim war zwischen 1950 und 1966 wissenschaftlicher Mitarbeiter am IfZ in München und befasste sich dort mit dem Totalitarismus und mit der SS, was nicht nur Beachtung in der Wissenschaft fand. Buchheim trat als Gutachter im ersten Auschwitz-Prozess auf. Dazu *Wojak*.

1428 Green-Series, Bd. IX, S. 8.

1429 Manchester an Buchheim, 12.3.1963; Buchheim an Manchester, 25.3.1963, WU, WMP/Box 14, Fold. 1. Buchheim fertigte ihn recht brüsk ab. Über SS-Fragen könne er Auskunft erteilen, aber nicht über Krupp, denn davon verstehe er nichts. Buchheim an Manchester, 4.6.1963, WU, WMP/Box 14, Fold. 1. Daran schloss sich ein Briefwechsel an, in dem Buchheim sich deutlich entgegenkommender zeigte. Einen neuen Beleg für die SS-Mitgliedschaft konnte Buchheim ihm aber nicht liefern. Schriftw. zw. Manchester u. Buchheim, Sommer 1963, WU, WMP/Box 14, Fold. 1. Auch die Green Series zu den Nürnberger Prozessen enthielten diesen Beleg nicht. Dort war der „Financial Support" von 10 RM ab 1931 (bis 1939) angegeben, was aber nicht einer SS-Mitgliedschaft entsprach. Dazu Rawlings Ragland an Manchester, 10.7.1963, WU, WMP/Box 14, Fold. 2. Bei einem geringen Betrag in Höhe von 10 RM sollte dieser „support" nicht allzu hoch bewertet werden. Die sich formierende SS-Organisation erhielt erst seit 1933 Zuschüsse aus dem Reichshaushalt und war bis dahin auf Spenden angewiesen. Ausf. *Schulte*, S. 75–88.

1430 Sions an Manchester, 17.6.1963; auch Sions an Manchester, o.D. [Mai 1963], WU, WMP/Box 14, Fold. 2.

Den Frühsommer 1963, insgesamt acht Wochen, verbrachte Manchester in der Bundesrepublik und in Essen. Manchester informierte Sions von dort regelmäßig über seine Rechercheergebnisse und charakterisierte sein Vorhaben als „toughest" Projekt, das er je vorangetrieben habe. Enttäuscht und frustriert äußerte er sich insbesondere über die Behandlung, die er bei und von Krupp erfuhr. Mit Alfried Krupp in Kontakt zu kommen, so schrieb er Sions, sei schwieriger, als einen Termin beim US-amerikanischen Präsidenten zu bekommen.[1431] Manchester sah sich in die Rolle eines Bittstellers gezwungen und kam damit nur schwer zurecht. Zedtwitz-Arnim schätzte ihn deshalb falsch ein. Noch im Juni 1963 schrieb er Beitz, Manchester sei „von Ihnen sehr beeindruckt und [ist] wohl weiterhin vernünftig und gutwillig".[1432] Das war Manchester zu dem Zeitpunkt aber längst nicht mehr. Ihn kränkte die zum Ausdruck gebrachte Geringschätzung und er machte, jedenfalls Sions gegenüber, auch keinen Hehl aus seiner zunehmenden Abneigung gegen den Eigentümer und das Unternehmen.[1433]

Bis Ende 1963 hatte Manchester den Plot für die Artikelserie festgelegt. Ein Durchgang durch die lange Krupp-Geschichte sollte es sein, besonders die bisher, so Manchester, unbekannten 1920er Jahre sollten stark gemacht werden. Zentral war für ihn darüber hinaus die NS-Zeit. Manchester stützte sich auf seine Interviews mit überlebenden „slaves" und bekundete: „This is the place to do it. This [bei Krupp, d. Vf.] was Nazi slavery at its worst, and I shall present, in counterpoint, an exact account of what happened in the Krupp and Krupp-SS camps during war." Für Manchester war unstrittig, dass „McCloy's release of Alfried Krupp, and his restoration of Alfried's property, was the most stunning miscarriage of justice in our time. None of the reasons McCloy has given me and others makes any sense at all. Adolf Eichmann, a tiny fish compared with Alfried, was properly hung in Israel. Alfried, who holds his industrial empire under a special degree from Adolf Hitler, is the richest man in Europe. That is the fruit of our post-Korean War policy towards Germany, and it is frightful."[1434]

1431 Bill [Manchester] an Harry [Sions], 24.6.1963 (aus dem Essener Hof), UO, HSP, A 83, Box 3, Fold. 12.

1432 Zedtwitz-Arnim an Beitz, 12.6.1963, HAKrupp, WA 119/v155, 2/2.

1433 Bill [Manchester] an Harry [Sions], 24.6.1963 (aus dem Essener Hof), UO HSP, A 83, Box 3, Fold. 12.

1434 Zit. Manchester an Don Congdon, 17.12.1963, WU, WMP/Box 14, Fold. 3. Das wurde nicht nur von Manchester so gesehen. Die Entscheidungen McCloys über die Gnadengesuche waren dessen wohl umstrittensten Entscheidungen als US-amerikanischer Hoher Kommissar überhaupt, zumal nur wenige Monate zuvor eine Wiederbewaffnung der BRD von den USA vorgeschlagen worden war. Dazu *Schwartz*, S. 375.

Obwohl Sions, die Redaktion des Holiday und Manchester sich auf striktes Stillschweigen über die fundamentalkritische Stoßrichtung der Artikelserie geeinigt hatten, sickerte durch, und zwar bis nach Essen, dass sie sich von den üblichen positiven Hochglanzberichten unterscheiden würde. Hintergrund war, dass Manchesters Agent damit begonnen hatte, Verlage für die spätere Buchversion zu interessieren, und sich dabei ein wenig zu offen über die Rechercheergebnisse von Manchester geäußert hatte.[1435] Für den Holiday wurde das schon bald zu einem Problem, denn während Manchester längst zurück in den USA war und seine Recherchen in der Bundesrepublik als abgeschlossen betrachtete, hatte der Holiday die Fotos für die „Story" noch nicht im Kasten. Alfried Krupp lehnte es ab, für die erwartbare und höchst negative Publicity zu posieren, und von Arnold Newman, einem bekannten US-amerikanischen Fotografen, den der Holiday für die Strecke engagiert hatte, wollte er sich schon gar nicht ablichten lassen. Alfried Krupp lehnte Newman nach Aktenlage aufgrund vorheriger Erfahrungen ab.[1436] Newman hatte 1963 bei seiner für den Newsweek ausgeführten Zusammenarbeit mit Krupp seine wohl bekannteste Porträtaufnahme überhaupt angefertigt. Sie tauchte Alfried Krupp allerdings in kein positives Licht. „He looked like the devil", so Newman später (s. Abb. 1).[1437]

1435 Harry Sions an Peter Matson (Harald Matson Company), 28.6.1963; Don Congdon an Harry Sions, 12.7.1963, UO, HSP, A 83, Box 3, Fold. 12.

1436 Zedtwitz-Arnim an Heinrich Heep, 9.4.1964; Heep an Zedtwitz-Arnim, 20.4.1964, HAKrupp, WA 119/v155, 2.

1437 Und weiter: „Krupp, long-faced and bushy-browed, is made to look like Mephistopheles incarnate: smirking, his fingers clasped as he confronts the viewer against the background of an assembly line in the Ruhr." Zit. *A. Grundberg*, Art. Arnold Newman, Photographer who captured Essence of Subjects, Dies at 88, in: NYT, 7.6.2006; s. auch *L. Sante*, Art. Style: Man's Best Friend. There is a Reason the rich and powerful want Arnold Newman to take their Pictures, in: NYT, 30.1.2000; *M.E. Harris*, Art. Arnold Newman. The Stories behind some of the most famous Portraits of the 20th Century, in: American Photo, March/April 2000, S. 36–38.

Abb. 1: Alfried Krupp, Fotografie v. Arnold Newman, 1963

Erst später wurde kolportiert, Krupp habe es abgelehnt, sich von Newman ablichten zu lassen, weil Newman Jude sei. Tatsächlich war es Zedtwitz-Arnim, der seinem Pressestellenleiter Franz Cesarz[1438] gegenüber erwähnte, dass ein „Mann, der wegen seiner jüdischen Herkunft AK [Alfried Krupp, d. Vf.] gegenüber Ressentiments hat", abzulehnen sei.[1439] Für die Annahme, Alfried Kupp habe Newman als Fotograf aufgrund seines Antisemitismus abgelehnt, gibt es indes keine Belege.

Die Episode um die Fotos für die Serie macht deutlich, dass das eigentliche Tauziehen zwischen Konzern und Magazin erst nach dem Aufenthalt von Manchester in Essen begann. Die Kommunikation zwischen dem Holiday und Krupp war zu diesem Zeitpunkt bereits gestört, aber noch nicht vergiftet. In dieser weitgehend offenen Aushandlungskonstellation zwischen dem Holiday, dem Autor und Krupp wurde John F. Kennedy in Dallas erschossen.[1440] Das Attentat auf den US-amerikanischen Präsidenten veränderte die Situation grundlegend. Denn die Witwe, Jackie Kennedy, beauftragte Manchester bereits Anfang 1964 damit, die Umstände der Ermordung ihres Ehemanns aufzuarbeiten und die Ergebnisse zu publizieren. Das Bekanntwerden dieses Auftrags, zusammen mit der Ankündigung, dass Manchester in Washington alle Unterlagen offengelegt würden, die er sehen wollte, sorgten für einiges Aufsehen in den USA und erhöhten die Bekanntheit und auch das Renommee von Manchester immens.[1441] Hatte Manchester bis dahin als guter Porträtist gegolten, wurde er jetzt zu einem Starjournalisten. Damit veränderte sich auch die Gewichtung in seiner Artikelserie über Krupp.

Der Holiday und Manchester kamen, trotz des Auftrags von Jackie Kennedy, überein, an der Veröffentlichung der Serie über Krupp festzuhalten. Ab Oktober 1964 sollten die Serie in fünf Teilen erscheinen. Krupp verfügte nun kaum mehr

---

1438 Franz Cesarz fiel mehrfach durch unüberlegte Äußerungen auf. Das gilt nicht nur für die Andeutung zum vermeintlichen Antisemitismus von Alfried Krupp, sondern auch für den Umgang mit Manchester. Cesarz schrieb Manchester mehrfach und das nicht nur über Krupp, also seine Dienstadresse, sondern er korrespondierte auch privat mit ihm. Etwa Cesarz an Manchester, 22.10. 1963; Cesarz an Manchester, 27.11.1963, WU, WMP/Box 14, Fold. 2. Auch verhielt sich Cesarz seinem Vorgesetzten Zedtwitz-Arnim gegenüber nicht loyal. Eine von Zedtwitz-Arnim „verantwortete" Anzeigenserie im Spiegel kritisierte er Beitz gegenüber heftig und wies auf seine eigenen „Gegenvorschläge" hin. Cesarz an Beitz, 29.9.1964, HAKrupp, WA 119/v99.

1439 Memorandum, Lou Mercier an Harry Sions, betr. Krupp photo assignment, 2.6.1964; Sions an Don Congdon, 4.6.1964, UO, HSP, A 83, Box 3, Fold. 12; Zedtwitz-Arnim an Heinrich Heep (Krupp International), 9.4.1964, HAKrupp, WA 119/v155, 2/2. Erst später, 1967, wurde – wahrscheinlich von Cesarz – kolportiert, dass Newman Krupp habe nicht ablichten dürfen, weil der Fotograf Jude war. Aktennotiz Zedtwitz-Arnim, 24.5.1967, HAKrupp, WA 119/v155, 2/2.

1440 Zur Verbreitung als Weltereignis *Morgner.*

1441 1967 wurde Manchesters „The Death of a President" veröffentlicht. S. dazu *White*, Kennedy, S. 97 f., 111–140.

über die Möglichkeit, damit zu drohen, keine Fotografien zuzulassen, denn der Umstand, dass Manchester federführender Autor war, erhöhte den Rang der „Story“, ob nun mit entsprechender Bebilderung oder nicht. Ging es zuvor mit dem Holiday um ein zwar bekanntes und renommiertes US-amerikanisches Magazin, war der angekündigten Serie nun, mit diesem Autor, eine große öffentliche Aufmerksamkeit sicher. Zedtwitz-Arnim versuchte, den Schaden zu begrenzen, und bat Heinrich Heep,[1442] der die Interessen von Krupp in den USA vertrat, mit der Holiday-Redaktion und möglichst auch mit Manchester in Kontakt zu treten, um zumindest herauszufinden, welche Details der Holiday konkret veröffentlichen würde.[1443] Heep tat wie geheißen und meldete schon bald, dass der Holiday an Newman als Fotografen festhalte. Alfried Krupp lehnte Newman als Fotografen aber weiterhin ab. Präzise Angaben über die Inhalte der Manchester-Serie hatte Heep nicht in Erfahrung bringen können. Aber er warnte: „Halte die Situation für sehr labil. Es gehört nicht viel dazu, um die Redaktion restlos zu veraergern.“[1444]

Anstelle von Newman schickte der Holiday schließlich Allen (Slim) Aarons um die Aufnahmen für die Serie zu machen.[1445] Unmittelbar vor dem Eintreffen von Aaron und seinem Team auf dem Hügel meldete dann allerdings der Krupp-Vertreter in London, Claus Ahlefeldt Laurvig, er habe von einem einflussreichen Verleger von dem Buch „The Arms“ gehört.[1446] Mit Erstaunen habe er vernommen, dass Krupp während des Krieges „voellig von SS-Mentalitaet“ durchsetzt gewesen sei. Manchester habe, so Ahlefeldt weiter, für seine Artikel Hunderte überlebende Zwangsarbeiter interviewt. Von Erschießungen im laufenden Betrieb sei die Rede.[1447] Für die Rechte an den Artikeln würden in England bereits irrsinnige Summen geboten. Ahlefeldt bewertete die Angelegenheit als „ernstlich“.[1448] Und das war sie

1442 Der Marine-Ingenieur Heinrich Heep war im Zweiten Weltkrieg v. a. im U-Bootsbau tätig und leitete später die Vertretung von Krupp in den USA, Krupp International in New York. Erw. von Heep auch bei *Young*, S. 159.

1443 Zedtwitz-Arnim an Heep, 9.4.1964, HAKrupp, WA 119/v155, 2/2.

1444 Zit. Heep an Zedtwitz-Arnim, 20.4.1964, HAKrupp, WA 119/v155, 2/2.

1445 Heep an Zedtwitz-Arnim, 11.5.1964, HAKrupp, WA 119/v155, 2/2.

1446 Sions informierte Manchester, der Herausgeber des Holiday, Ted Patrick, habe die Information bekommen, dass das Krupp-Buch von Manchester bereits jetzt Verlagen – vor der Veröffentlichung im Holiday – angeboten würde und dies für Aufruhr sorge. Manchesters Agent Don Congdon wehrte seinerseits den Vorwurf ab und führte aus, es sei Ted Patrick selbst gewesen, der geflüstert habe, deshalb seien Interessierte auf ihn zugekommen. Sions an Peter Matson, 28.6.1963; Don Congon an Sions, 12.7.1963, UO, HSP, A 83, Box 3, Fold. 12.

1447 Abelshauser konstatierte, dass „Gewaltakte“ vonseiten des Unternehmens und von Kruppianern Ausnahmen waren. Im Krupp-Prozess war das aber anders ausgeführt und auch bewertet worden. *Abelshauser*, Rüstungsschmiede, S. 423 – 431.

1448 Zit. Ahlefeldt Laurvig an Zedtwitz-Arnim (Kopie an Beitz), 13.5.1964, HAKrupp, WA 119/v155, 2/2.

auch; denn jetzt wurde man sich in Essen bewusst, dass eine Veröffentlichung nicht nur in einem US-amerikanischen, sondern auch in einem britischen Magazin wahrscheinlich war. Zedtwitz-Arnim riet Beitz und Alfried Krupp in dieser Situation und wegen der erwartbaren „krupp-feindlichen" Artikel, das Shooting nicht zuzulassen.[1449] Und Alfried Krupp ließ die Aufnahmen platzen. Damit wurden es am Ende die Aufnahmen von Newman aus dem Frühjahr 1963, die in der Serie von Manchester zweitverwertet wurden.[1450]

Bereits die Ankündigung der Artikelserie stieß in den USA auf reges Interesse. Denn nicht zuletzt durch die PR-Aktivitäten hatte Krupp sich einen Platz in der wirtschaftsöffentlichen US-amerikanischen Wahrnehmung erarbeitet. Im September 1964, noch bevor der erste Artikel im Oktoberheft des Holiday erschien, wurde von der New York Times und anderen maßgeblichen Zeitungen auf das Erscheinen der Serie hingewiesen.[1451] In den USA unternahm Heep daher einiges, um mit Manchester in Kontakt zu treten. Er erreichte ihn schließlich telefonisch in Washington. Doch von dem Journalisten, der sich inzwischen tief in seine Recherchen für den Auftrag von Jackie Kennedy vergraben hatte, war nicht allzu viel herauszubekommen. Manchester beschwichtigte und formulierte, was er Zedtwitz-Arnim bereits in Essen geschildert hatte, nämlich, dass er keine unfreundlichen „gefuehle" gegen Krupp hege. Während des Gesprächs erklärte sich Manchester aber immerhin bereit, Heep sein Manuskript vor der Drucklegung zukommen zu lassen.[1452]

Daraus wurde aber nichts. Die Redaktionsleitung des Holiday pochte darauf, dass die Rechte an den Manuskripten für die Serie nicht Manchester, sondern dem Magazin gehörten und blockierte die Herausgabe.[1453] Als Zedtwitz-Arnim vorschlug,

---

1449 Zedtwitz-Arnim an Beitz, betr. Holiday/Manchester/Aarons 19.5.1964, HAKrupp, WA 119/v155, 2/2. Sions war außer sich über das Leck. Sions an Don Congdon, 4.6.1964, UO, HSP, A 83/ Box 3, Fold. 12.

1450 Die Artikelserie: (1) *W. Manchester*, Art. The House of Krupp, Part I. Photography by Arnold Newman, in: Holiday (Okt. 1964), S. 84–109; (2) *ders.*, Art. The House of Krupp, Part II, in: Holiday (Nov. 1964), S. 76–149; (3) *ders.*, Art. The House of Krupp, Part III, in: Holiday (Dez. 1964), S. 84–122, (4) *ders.*, Art. The House of Krupp, Part IV, in: Holiday (Jan. 1965), S. 78–128, u. (5) *ders.*, Art. The House of Krupp, Part V – Conclusion, in: Holiday (Febr. 1965), S. 60–84, HAKrupp, WA 56/178.

1451 Art. Rehabilitation of Alfr[i]ed Krupp is challenged in US Magazine. Holiday Article takes issues with McCloy and blame in use of Slave Labor, in: NYT, 12./13.9.1964. In dem Artikel wurde Telford Taylor mit folgenden Worten zitiert: „It is a myth that Alfr[i]ed wasn't active. He was in charge when the worst of the slave labor incidents took place, in 1944 und 1945. This talk of him being a youth surrounded by 60-year-old directors is nonsense. Alfr[i]ed is a year older than I am." Ähnlich Art. Have we forgotten?, in: The American Examiner, New York, 17.9.1964 u.v.a.m. Zur Kritik von Taylor an der Entscheidung McCloys s. *Priemel*, Tradition, S. 434 f.

1452 Bericht Heep, 21.5.1964, HAKrupp, WA 119/v155, 2.

1453 Don A[rthur] Schanche (Holiday) an Alfried Krupp, 4.6.1964, HAKrupp, WA 119/v155, 2. Die Artikel, so Schanche, seien natürlich „honest and objective", schließlich sei Manchester einer der angesehensten Autoren des Landes.

selbst in die USA zu reisen, um „nachträglichen Einfluss auf das Manuskript" zu nehmen, lehnte Beitz das ab.[1454] Dem Stabschef blieb damit nichts anderes übrig, als Heep erneut zu bitten, Einfluss zu nehmen. Zedtwitz-Arnim übermittelte Heep nun einen Katalog akribisch ausgearbeiteter Fragen, den er sich von Schröder hatte zusammenstellen lassen. Von der Abarbeitung bzw. Abfragung des Katalogs aber wollte Heep nichts wissen. Heep fand, Zedtwitz-Arnim solle sich selbst um den Kontakt zu Manchester bemühen.[1455] Eine Einflussnahme auf Manchester gelang nicht.

Krupp ließ jeden der fünf Artikel, gleich nach dem Erscheinen, insgesamt mehr als hundert Druckseiten, übersetzen und verteilte sie im Konzern und an Vertraute.[1456] Auch im Archiv wurden die Artikel durchgesehen. Die Anmerkungen, die Schröder erstellen konnte, waren vergleichsweise kurz: Manchester versuche bereits im ersten Teil, den „Eindruck zu erwecken, als habe Krupp nur Waffen hergestellt". Für den Nürnberger Krupp-Prozess, so führte der Archivar weiter aus, scheine Manchester „Experte" zu sein. Gänzlich unsinnig sei die Bemerkung, der Kaiser habe seinerzeit die Ehe zwischen Gustav von Bohlen und Halbach und Bertha Krupp gestiftet. Die Angabe von Manchester, Alfried Krupp sei 1931 der SS beigetreten, könne er nicht verifizieren, dazu existiere keine Quelle im Archiv.[1457] In seinen Anmerkungen zum zweiten Teil formulierte Schröder dann erbost: „Der Verf. scheint an einem seelischen Komplex zu leiden und überall, sogar bei der Benennung der Essener Straßen, finstere Absichten der Familie oder der Firma Krupp zu wittern".[1458] Für den vierten Teil, der sich der jüngsten Zeit des Unternehmens widmete, formulierte er schließlich resigniert: „Der Verf. zitiert auf fast jeder Seite noch lebende, der Firma nahstehende oder zur Firma gehörige Persönlichkeiten [...]. Ob die Zitate authentisch, richtig oder entstellt sind, können nur die betr. Herren selber nachprüfen." Und über die „Einzelheiten" der „Fremdarbeiterbehandlung", habe sich, so der Archivar, die Rechtsabteilung zu äußern.[1459] Abschnitte, an denen das Unternehmen geschichtspolitisch ansetzen konnte, fand Schröder nicht. Schröder bewertete Manchesters Ausführungen zwar als „niveaulos" und wetterte, Manchester habe Bernhard Mennes Darlegung aus dem Jahr 1937 weiter „ausgeschrieben". Er fand aber keine Argumente für eine historisch be-

1454 Information [zur Entscheidung von Beitz], 10.6.1964, HAKrupp, WA 119/v155, 2.

1455 Heep an Zedtwitz-Arnim, 29.7.1964, HAKrupp, WA 119/v155, 2.

1456 Üb. aller fünf Teile, HAKrupp, WA 56/179 u. 130/v6429.

1457 Zit. Schröder an Zedtwitz-Arnim, betr. Manchester, 25.2.1965, HAKrupp, WA 56/180.

1458 Zit. Schröder an Zedtwitz-Arnim, betr. Manchester Teil III, 2.3.1965, HAKrupp, WA 56/180.

1459 Zit. Schröder an Zedtwitz-Arnim, betr. Holiday-Artikel Teil IV, Bez. Ihr Schreiben vom 8.1., 14.1. 1965, HAKrupp, WA 56/180.

gründbare „Widerlegung" und war wohl auch nur wenig geneigt, Zedtwitz-Arnim bei dieser Krise mehr als notwendig unter die Arme zu greifen.[1460]

Neben dem Archiv hatte auch die Rechtsabteilung die Übersetzungen zur Prüfung bekommen.[1461] Aber auch die Durchsicht der Anwälte ergab kein Ergebnis.[1462] Zedtwitz-Arnim musste akzeptieren, dass Manchesters Serie zwar „gehässig" war, ein Eingreifen mit Rechtsmitteln aber kaum Aussicht auf Erfolg haben würde.[1463] Auch der Krupp-Vertraute Karl Sabel, der die Lokalredaktion der WAZ leitete, kam zu einem ähnlichen Ergebnis und äußerte: Manchester sei mit dem „Eifer eines Kriminalisten" bemüht: „Fragt sich bloss, was ein so verbreitetes Organ wie Holiday sich wohl denken mag, wenn es der amerikanischen Öffentlichkeit mit solchen Geschichten kommt."[1464] Zedtwitz-Arnim blieb nur, die Verbreitung der Artikel in Westdeutschland möglichst zu begrenzen. Immerhin, auf seine Intervention hin verzichtete der deutschsprachige Dienst der United Press International, wenn auch „höchst ungern", auf die Veröffentlichung und Kommentierung der Serie.[1465]

Beim Holiday war man dagegen hochzufrieden. Der Holiday musste sogar nachdrucken. Allerdings hatte es nicht nur positive Rückmeldungen, sondern auch Kritik als Reaktion auf die Serie gegeben. Auf die Frage, warum er derartiges zu Papier gebracht habe, habe Manchester nur erwidert: „er habe nichts gegen Krupp", aber „[e]in groesserer Kreis von Leuten in den USA sei [...] der Ansicht, dass die ‚bad boys' in Deutschland wieder zu maechtig wuerden und daran gehindert werden muessten, ihr frueheres boeses Spiel erneut aufzugreifen", so übermittelte Heep den Diskussionsstand in den USA. Manchester, so resümierte Heep, agiere wohl nicht allein, sondern er schreibe für eine „Gruppe".[1466]

1460 Schröder an Zedtwitz-Arnim, 23.11.1964, HAKrupp, WA 119/v155, 1/2.

1461 Notiz, Beitz an Zedtwitz-Arnim, 16.9.1964, HAKrupp, WA 119/v155, 2/2; Zedtwitz-Arnim an StA Recht; gleichlautendes Schreiben an Archiv, 28.9.1964, HAKrupp, WA 119/v155, 1/2.

1462 Dazu Schriftw. zw. Rechtsabteilung Recht (Stahmer) u. von Schenk, Juli 1968, HAKrupp, WA 130/v6429.

1463 Zedtwitz-Arnim, o. Adr., 19.10.1964 (zu Teil II); dazu auch Aktennotiz [Zedtwitz-Arnim] zur „Verteilung" der Artikel bei Krupp, HAKrupp, WA 119/v155, 1/2.

1464 Zit. Stellungnahme von Karl Sabel zum „Manchester-Bericht", o.D., HAKrupp, WA 56/180.

1465 Rolf Michulsky an Zedtwitz-Arnim, o.D.; Notiz Zedtwitz-Arnim an Beitz, 15.9.1964, HAKrupp, WA 119/v155, 2/2.

1466 Zit. Heep an Zedtwitz-Arnim, 6.1.1965, HAKrupp, WA 119/v155, 2.

4.4 Gegenwärtige Herausforderungen: Vermögensübertragung und Bankendruck

In allen Teilen der Bundesrepublik – teilweise auch im Ausland – findet man die Konzernunternehmen der Firma Fried. Krupp. Es ist eine einmalige Firma. Einmalig nicht deswegen allein, weil der Konzern überwiegend einem Mann gehört, dem jetzigen Chef des Hauses Krupp, Dr.-Ing. E.h. Alfried Krupp von Bohlen und Halbach, und weil auch im Zeitalter der Mitbestimmung in dieser Firma noch immer eine Art patriarchalischer Führung herrscht; einmalig vor allem, weil nahezu alles, was mit Technik in Verbindung steht, bei Krupp produziert wird. Wie aber wird dieser Riesenkonzern geführt?[1467]

Information Wirtschaft, 1965

Zu dieser Zeit war die Unternehmensleitung weiterhin mit Gerüchten um etwaige Liquiditätsprobleme und zudem mit einer grundlegenden konzern- wie familieninternen Herausforderung konfrontiert. Die Überlegung, Krupp zur Lösung der Finanzklemme und zum Erhalt der Einheit des Unternehmens in eine Stiftung zu überführen, war fast so alt wie das Unternehmen selbst. Sie wurde immer wieder diskutiert.[1468] Für die konzerninterne Diskussion nach 1953 war die von Alfried Krupp getroffene Setzung leitend: „Alle Überlegungen über mögliche Änderungen des gegenwärtigen Statuts der Firma Fried. Krupp müssen sich an der besonderen historischen Entwicklung orientieren, die das Unternehmen seit seiner jetzt 150-jährigen Geschichte durchlaufen hat."[1469] Nachdem insbesondere die Briten keine rechtliche Handhabe gesehen hatten, die Rückgabe des Privatvermögens und damit des Unternehmens an Alfried Krupp zu verhindern, und der Mehlemer Vertrag geschlossen war, wurde die Umformung in eine Stiftung konzernintern zunächst nicht weiter diskutiert.[1470]

Seit Anfang der 1960er Jahre wurde erneut über eine Stiftungslösung diskutiert.[1471] Die Frage, die nun in den Vordergrund rückte, war, ob eine weitere, geschlossene Vermögensübertragung an einen Erben noch einmal möglich sein könnte. Wie ausgeführt, war es 1943 über den Sondererlass, die Lex Krupp, be-

---

1467 Zit. „Die Organisation der Firma – ein Mittel, um sie erfolgreich zu führen, in: Information Wirtschaft, Fried. Krupp, Aug. 1965, HAKrupp, WA 63/54.

1468 Stiftung (handschriftl. „3. Fassung"), streng vertraulich, o.D., o.V. [von Hardach an Houdremont übermittelt, 19.7.1951, mit dem Hinweis: vertraulich, nur Alfried und Berthold von Bohlen, Wilmowsky und Janssen haben bisher ein Exemplar], HAKrupp, WA 67/v16.

1469 Zit. n. Memorandum über mögliche Umgestaltungen der Fried. Krupp [Vf. v. Schürmann, Hanewinkel, Beusch], 5.6.1961, HAKrupp, WA 66/49.

1470 O.V., o.D., [handschriftl. Besprechung mit H. A.v.B. am 18.10.1952], HAKrupp, WA 67/v16.

1471 Die etwaige Stiftungsgründung wurde durchaus ventiliert, wenn auch als „großes Geheimnis". Während McCloy das Vorhaben unterstützte, wurde es von Adenauer abgelehnt. *Berghahn*, Transatlantische Kulturkriege, S. 250 (Anm.).

werkstelligt worden, Krupp zu einem Unternehmen im Privateigentum von Alfried Krupp zurückzuführen. Bertha Krupp hatte zu diesem Zweck 1943 verfügt – und zwar gegen das geltende Erbrecht –, dass immer nur „ein ehelich geborener Abkömmling von Alfred Krupp" Inhaber des Familienunternehmens sein dürfe. 1943 war damit, und das war fast noch wichtiger, gleichzeitig die Frage der Erbschaftssteuer geregelt worden, und zwar dergestalt, dass der Reichsfinanzminister die Erbschafts- und Schenkungssteuern weitgehend erließ und die Zahlung stundete. Die Lex Krupp blieb über das Kriegsende hinaus rechtsgültig, aber für eine erneute Eigentumsübertragung von Alfried Krupp an seinen Nachkommen, seinen einzigen Sohn Arndt von Bohlen und Halbach, konnte sie nicht mehr greifen. Das galt sowohl für die Übertragung an einen Erben/Inhaber als auch für die Besteuerung. Alfried Krupp, so schlussfolgerte Hermann Maschke aus der Rechtsabteilung des Konzerns, befand sich damit „genau in der gleichen Lage [...] wie Alfred Krupp vor genau 80 Jahren". Wenn das Ziel darin bestand, die Einheit des Unternehmens zu erhalten, dann konnte dies nur gelingen, wenn Unternehmen und Inhaber rechtlich getrennt würden. Das hieß, für die Sicherung des Unternehmens in der Zukunft sprach die schon zuvor diskutierte Lösung, nämlich die Einbringung des Unternehmens in eine Stiftung. Sie würde als juristische Person eine rechtlich verselbstständigte Vermögensmasse darstellen, aber nicht im Eigentum einer Person stehen. Die Gründung einer Stiftung, die im Unterschied zur Gründung einer Aktiengesellschaft nur wenigen Regularien unterlag und damit kaum kontrolliert werden konnte,[1472] versprach daher einen gleich „dreifachen Effekt": Das Vermögen des Unternehmens, und zwar einschließlich des unter der Verkaufsauflage stehenden Montanvermögens, würde erstens rechtlich vereinigt, und damit zweitens versachlicht, womit die Verkaufsauflage fallen (und nicht nur ausgesetzt) würde, zudem wäre drittens das Problem der Erbschaftssteuer für alle Zukunft behoben.[1473] Alfried Krupp aber konnte sich nicht entscheiden. Erneut wurden die Überlegungen zurückgestellt. Erst kurz vor seinem Tod 1967 willigte Alfried Krupp der Stiftungsgründung zu.

Der Druck auf Krupp nahm währenddessen noch von anderer Seite zu. Erneut tauchten Gerüchte um etwaige Liquiditätsengpässe des Unternehmens auf. In seiner Rede für die Krupp-Jubilare ging Alfried Krupp 1964 darauf sogar explizit ein. Er nahm Bezug auf die Forderungen nach „mehr Publizität, mehr Transparenz", was von seiner Stabsabteilung Information mit großer Besorgnis zur Kenntnis genommen wurde. Herzog, die rechte Hand von Zedtwitz-Arnim, wähnte darin ein halbes

---

1472 S. *Mock/Schauhoff*, S. 834–844; *Pahlow*, v. a. S. 31–40.

1473 Zit. o.V. [Hermann M. Maschke], Memorandum über mögliche Umgestaltungen der Fried. Krupp, 1961, HAKrupp, WA 66/49. Der Verfasser, ein Jurist, hatte Krupp schon während des Krupp-Prozesses beraten, zudem hatte er zur rechtlichen Behandlung von Plünderungen während der Nürnberger-Prozesse publiziert. S. *Maschke*.

und zudem fehlplatziertes Eingeständnis.[1474] Die „fehlenden Wirtschaftsinformationen“ wurden zunehmend nicht nur benannt, sondern auch kritisiert,[1475] und zwar umso mehr, je stärker die Stabsabteilung Information des Unternehmens sich damit begnügte, die Tagespresse zu bearbeiten und vonseiten des Unternehmens wenig getan wurde, um die unternehmenseigene Lesart der Krupp-Geschichte vital zu halten.

1967 strebte die öffentliche Aufmerksamkeit im Zusammenhang mit einer Bundesbürgschaft einem neuen Höhepunkt entgegen.[1476] Wieder war es die mangelnde „Publizität“, die die Aufmerksamkeit auf sich zog und in einer großen und breit zum Ausdruck gebrachten Kritik kulminierte. Dazu schrieb die FAZ: „[M]an ist auf Mutmaßungen angewiesen. Diese Firma, die wie kein anderes deutsches Unternehmen seit mehr als hundert Jahren im Scheinwerferlicht der Öffentlichkeit steht, über die Bände geschrieben worden sind und deren Name für die Welt im guten wie im bösen Sinne, im wirtschaftlichen wie im politischen Bereich zum Symbol geworden ist, dieses Unternehmen wird, soweit es die Verarbeitungsbetriebe angeht, seit dreißig Jahren als Einzelfirma geführt, wie der Betrieb eines Schusters oder Kolonialwarenhändlers an der Straßenecke. Rund fünf Milliarden DM laufen jährlich durch die Kasse von Krupp. Aber es ist juristisch die Privatkasse des Herrn Krupp.“[1477] Bundesfinanzminister Franz-Josef Strauß knüpfte die Vergabe der Exportbürgschaft öffentlich schließlich an die Umwandlung des Unternehmens: „Es zeigt sich heute, daß eine reine Personenfirma den Kapitalbedürfnissen des modernen Wachstums, vor allem auf dem Gebiet der Exportfinanzierung, aus eigener Kraft und ohne die Möglichkeit, auf den Kapitalmarkt zu gehen, nicht mehr gewachsen ist.“[1478]

Die Finanzlage des Unternehmens hatte sich inzwischen derart zugespitzt, dass ein erheblicher Liquiditätsengpass die Umwandlung in eine Kapitalgesellschaft

---

1474 Herzog an Zedtwitz-Arnim, betr. Bemerkungen zur Rede des Herrn von Bohlen anlässlich der Jubilarfeier, 26.3.1964, HAKrupp, WA 119/v542.

1475 Zit. Herzog an Zedtwitz-Arnim, betr. Firmenpublizität, 6.4.1964, HAKrupp, WA 119/v542. Herzog, der v.a. in den Lokalredaktionen in Essen ein Problem sah, befürchtete, dorthin könnten Informationen durchgestochen werden und fand, Beitz müsse „etwas“ unternehmen.

1476 Zur Finanzkrise bei Krupp und dem von Hermann Josef Abs am Ende seines Lebens eingeräumten Eingeständnis, dass tatsächlich die Banken der maßgebliche Treiber der Krise gewesen waren. Ausf. *Gall*, Abs, S. 384 – 389.

1477 Zit. Art. Wieder einmal Krupp, in: FAZ, 7.3.1967; in der gleichen Ausgabe zudem: Art. 300 Millionen Exportbürgschaften für Krupp; dazu auch: Art. Krupp wird Kapitalgesellschaft. Abs soll Verwaltungsrat leiten, in: Die Welt, 8.3.1967; *W. Jaspert*, Art. Vormundschaft für Krupp, in: Industriekurier, 9.3.1967.

1478 Fernseh-Interview des Bundesministers für Finanzen, Dr. h.c. Franz-Josef Strauß, mit dem I. Fernsehen/WDR, Sendung Hier und Heute, 7.3.1967, 19.00 Uhr, Typoskript, HAKrupp, WA 4/4041.

unausweichlich erscheinen ließ. Und jetzt drohte genau das, was bereits Alfred Krupp immer abgelehnt hatte und von den Eigentümern bis dahin auch immer verhindert werden konnte: Krupp musste, um kurzfristig Mittel zu erhalten, seine Bücher öffnen und war zudem gezwungen, einen Verwaltungsrat zu akzeptieren, mit Hermann Josef Abs an der Spitze.[1479] Finanzpläne wurden mehr vorgegeben als mit der Unternehmensleitung gemeinsam entwickelt, Umschuldungen wurden als erforderlich betrachtet und der Verkauf ganzer Konzernteile und -töchter wurde mit Nachdruck gefordert. Die beteiligten Banken kalkulierten auf der Grundlage der ihnen zur Verfügung gestellten Kennziffern eine Unternehmensverschuldung, die doppelt so hoch war, wie die anderer und als vergleichbar angesehener Unternehmen. Die Unternehmensleitung von Krupp stellte sich taub und vertrat die Position, dass eine Liquiditätsspritze das eine sei, weitergehende Kontrolle und Überwachung aber das andere.[1480] Gleichwohl, erklärte Werner Krueger von der Dresdner Bank, „[d]ie Zeit, die dem Konzern gesetzt ist, die erforderlichen Maßnahmen [...] für eine normale Finanzierung zu ergreifen, darf nicht ungenutzt und auch nicht ohne entsprechende Ergebnisse bleiben“[1481]. Krupps Sonderstellung, die „proud isolation“ von Unternehmen und Familie, drohte ans Ende zu kommen.[1482]

4.5 Von der Vergangenheit bis in die Gegenwart: William Manchester und „The Arms of Krupp“

> *In deinem Hause / Wird laut gebrüllt, was Lüge ist. / Aber die Wahrheit / Muß schweigen. / Ist es so?*
> Yes, I am afraid, it *is* so, but as a historian I believe that your father's ability, and the strength of his character, will emerge and sumerge idle gossip.[1483]
>
> *Bertolt Brecht, 1933,* zit. n. William Manchester, 1967

William Manchester hatte bereits Anfang 1964 mit Little, Brown and Company einen Vertrag über die Veröffentlichung seines THE ARMS OF KRUPP geschlossen. Vereinbart war, dass er das Manuskript bis Ende 1965 einzureichen habe. Manchesters Tantiemen beliefen sich auf 15 Prozent des Verkaufspreises, sie wurden aber auf 13.000 Dollar pro Jahr gedeckelt; vorab erhielt er 38.000 Dollar.[1484] Auch in diesem

1479 Beitz an Abs, 13.3.1967, HADB, V01/1294.

1480 Ausf. Gall, *Entlassung*, S. 583–589.

1481 Krueger (Dresdner Bank) an Beitz, 22.5.1967, HADB, V 01/1294.

1482 Art. An End to the Krupp's proud Isolation, in: The Financial Times, 8.3.1967.

1483 Zit. 5. Strophe aus: „O Deutschland, bleiche Mutter“ v. Bertolt Brecht (1933), zit. n. Manchester an Herrn [Arndt] von Bohlen und Halbach, 24.8.1967 [HiO], HAKrupp, WA 119/v155, 2/2.

1484 Contract between Manchester, William and Little, Brown and Company (Inc.) for The Arms of Krupp (tent.), 22.1.1964, WU, WMP/Box 281, Fold. 11.

Fall führte Manchesters Agent die Verhandlungen und kümmerte sich um die Vertragsvereinbarungen mit den Verlagen außerhalb der USA.[1485] Ende 1964 schloss Manchester mit dem Kindler Verlag einen Vertrag für die Veröffentlichung in der Bundesrepublik. Gleich nach Vertragsschluss zahlte Kindler 7.500 Dollar und bei Lieferung des Manuskriptes weitere 2.500 Dollar an Manchester. Zudem wurden dynamische Tantiemen vereinbart, beginnend mit rund sieben Prozent für die ersten 5.000 Exemplare und steigend auf bis 12,5 Prozent.[1486] Zedtwitz-Arnim in Essen wusste seit Anfang 1965 von diesen Vertragsabschlüssen.[1487] Manchester konzentrierte sich aber nach der Veröffentlichung seiner Artikelserie im Holiday auf seine Recherchen an „The Death of a President" und trat in Bezug auf Krupp zunächst nicht weiter in Erscheinung. Unmittelbar an die Artikelserie schloss sich die Veröffentlichung von „The Arms of Krupp" also nicht an, das Buch erschien auch nicht 1966 oder 1967. Die Abwehraktivitäten von Zedtwitz-Arnim rund um die Veröffentlichung der Artikelserie im Holiday 1964/65 hatten sich, jedenfalls in Bundesrepublik, gelohnt. Krupp hatte erreicht, dass kaum darauf Bezug genommen wurde. Dem Stern waren die Artikel zwar angeboten worden, Zedtwitz-Arnim aber war es gelungen, die Artikel über einen Kontaktmann „aus dem Verkehr" zu ziehen.[1488] Es ist daher möglich, dass Zedtwitz-Arnim gehofft haben mag, dass die Ankündigung von Manchester, die Artikelserie zu einem Buch umzuarbeiten und zu veröffentlichen, sich nicht mehr bewahrheiten würde.

Was Zedtwitz-Arnim aber nicht wissen konnte, war, dass Manchester inzwischen regelrecht besessen war von seiner Deutung der Krupp-Geschichte. Auch seine Unterstützer waren das. Besonderes Interesse zeigte weiterhin Benjamin Ferencz.[1489] Er gehörte zu den Kritikern der von McCloy ausgesprochenen Begna-

1485 S. Kap. 4.3.

1486 Memorandum of Agreement, zw. Manchester u. Kindler Verlag GmbH, München, 19.11.1964, WU, WMP/Box 281, Fold. 11. Weitere Verträge über das Krupp-Buch wurden mit Bloomsbury (1965), mit Wahlström & Widstrand (1967), mit Tammi Publishers (1968), Arnoldo Mondadori Editore (1968), Éditions Robert Laffont (1968), Editorial Bruguera (1968), Editura Politica (1969), Fuji Shuppan (1971) u. Heyne (1975) geschlossen. Vorgänge, WU, WMP/Box 281, Fold. 11.

1487 Krupp [Zedtwitz-Arnim] an Stolting [Canadian Office Krupp] 10.2.1965, HAKrupp, WA 119/v155, 2. Zedtwitz-Arnims dort gemachte Angabe, Manchester habe, wie er „vertraulich" mitteilte, 45.000 Dollar Honorar bekommen, war daher zumindest verkürzend, belegt aber, dass Zedtwitz-Arnim durchaus Details der Verträge kannte.

1488 Und zwar für eine Anzeige für Krupp-Kessel über 50.000 DM; Zedtwitz-Arnim, Aktennotiz, 25.7.1967, HAKrupp, WA 119/v155, 2.

1489 Manchester an Ferencz, 21.3.1963, WU, WMP/Box 14, Fold. 1. Nach dem Erscheinen der Artikel im Holiday nahm Ferencz den Kontakt erneut auf: Ferencz an Manchester, 18.2.1965, WU, WMP/Box14, Fold. 3; Ferencz an Manchester, 2.8.1966 inkl. seines Dossiers „Die Zwangsarbeit jüdischer KZ-Lager Insassen im Krupp Konzern", WU, WMP/Box 17, Fold. 6. Ferencz war im Krupp-Prozess als „Special Counsel" aufgetreten. S. Green-Series, Bd. IX, S. 5.

digungen und war, nachdem Krupp sich geweigert hatte, das Abkommen von 1959 mit der Jewish Claims Conference nachzuverhandeln, nicht gut auf Krupp zu sprechen.[1490] Nach dem Erscheinen der Artikel im Holiday meldeten sich ferner eine ganze Reihe von Interessierten bei Manchester, die weitergehende Informationen bereithielten. Auf diese Weise wurde Manchester etwa über die Arbeit der „Mistress“ von Krupp, Kay Norton, informiert.[1491] Er erhielt auch Post aus Ost-Berlin, aufgegeben von einem Gerhard Becker, der ihn auf Regers (Dannenbergers) „Union der festen Hand“ aufmerksam machte und darauf hinwies, dass es in der BRD kaum, nach der Wiederauflage im Aufbau Verlag aber in der DDR wieder erhältlich sei.[1492] Wohl aus Verärgerung darüber, dass Zedtwitz-Arnim die Veröffentlichung der Artikel im Stern verhindert hatte, meldete sich sogar der Chefredakteur des Wochenmagazins, Henri Nannen, bei Manchester und sicherte ihm seine Unterstützung zu.[1493]

In den USA war zu dieser Zeit die Ermordung Kennedys weiterhin ein zentrales Thema. Bevor Manchester das Krupp-Manuskript abschloss, beendete er zunächst seine Arbeit an „The Death of a President“. Nach der Fertigstellung wurde zu Werbezwecken ein Vorabdruck im Magazin Look geplant. Jackie und Robert Kennedy verhinderten das jedoch. Darüber hinaus strengten sie gegen einzelne Passagen des Buches eine Klage an.[1494] „The Death of a President“ konnte schließlich 1967 erscheinen, das allerdings ohne die Abschnitte gegen die Jacky und Robert Kennedy geklagt hatten. Die betreffenden Stellen wurden geschwärzt. Das Medienecho auf diesen Eingriff war gewaltig, und damit stieg Manchesters Ansehen. Manchester hatte durch seine bereits erschienen Veröffentlichungen über John F. Kennedy als dessen Befürworter gegolten. Der Umstand aber, dass Jackie und Robert Kennedy Teile seines Manuskriptes der Öffentlichkeit vorenthielten, sorgte dafür, dass Manchester nicht länger als loyaler Geschichtsschreiber der Familie galt, sondern den Ruf eines unabhängigen und unbeugsamen Journalisten erlangte, der

1490 Ferencz an NYT, 25.2.1951, Entwurf für eine Stellungnahme zu Begnadigungen und Haftverkürzungen; dort formulierte Ferencz: „Among those returned to society were munitions king Alfred [sic] Krupp von Bohlen and his eight top executives who had been condemned for their widespread and flagrant participation in the pro-curement and shocking mistreatment of slave laborers.“ In *Goschler u.a.*, S. 151–163, Zit. S. 157.

1491 Zit. Don Congdon an Manchester, 9.3.1967, WU, WMP/Box 14, Fold. 4; s. auch Kap. 3.7.

1492 Gerhard Becker an Manchester, 3.5.1967, WU, WMP/Box 14, Fold. 4; s. auch Kap. 2.6.

1493 Henri Nannen an Manchester, 29.3.1967, WU, WMP/Box 14, Fold. 4.

1494 Art. Kennedy Buch erregt USA. Die Witwe des Präsidenten verklagt einen Schriftsteller, in: Die Zeit, 23.12.1966; Art. Kennedy. Die letzte Nacht, in: Der Spiegel, 26.12.1966, S. 76. Bis heute sind die Akten, die die Arbeit von Manchester an „The Death of a President“ (1967) berühren, im Nachlass von Manchester gesperrt.

sich in seiner freien Meinungsbildung nicht einmal von der ehemaligen First Lady beeinflussen ließ.[1495]

Während „The Death of a President", das von Harper & Row verlegt wurde, im Druck war, schloss Manchester sein Manuskript über Krupp ab. Die Veröffentlichung von „The Arms of Krupp" wurde 1968 von Little, Brown and Company energisch beworben. Nicht weniger als sieben Jahre habe Manchester an dem Buch gearbeitet, Tausende von Briefen aus Krupp Provenienz seien von ihm verarbeitet worden, zudem 13.454 Seiten aus den Unterlagen des Nürnberger Krupp-Prozesses. Das Buch sei nicht weniger als eine „sensation".[1496] Bevor das Buch im Handel erschien, wurden Vorabdrucke im Magazin Look veröffentlicht. Sie waren im Kern der Wiederabdruck der Artikelserie, die bereits 1964/65 im Holiday erschienen war.[1497] Bei Krupp war man so nervös, dass Beitz die Artikel in den Urlaub nachgeschickt wurden.[1498] Die westdeutsche Illustrierte Quick[1499] hatte die Option auf den Vorabdruck auf Intervention von Krupp zwar abgelehnt. Befürchtet wurde aber, dass der Stern sie diesmal erwerben könnte. Auch das konnte abgewendet werden. Aber immer noch war es nicht gelungen, an das Buchmanuskript zu kommen.[1500] Manchesters Agent war, spätestens seit dem Aufruhr um „The Death of a President", sehr vorsichtig geworden. Er befürchtete erheblichen Widerstand von den „Krupp people" und legte größten Wert darauf, dass Krupp das Manuskript vorab nicht erhielt.[1501]

Die Veröffentlichung im Look umfasste sieben thematische Schwerpunkte: Die Serie begann mit der Verhaftung von Alfried Krupp (1), dann erfolgte die Darstellung des Nürnberger Krupp-Prozesses. Hier wurde herausgestellt, dass Journalisten wie auch die Öffentlichkeit im In- und Ausland kaum noch Interesse an den Nachfolgeprozessen gehabt hätten. Die Inhalte des Krupp-Prozesses seien daher kaum wahrgenommen worden (2). Im dritten Teil wurde das in (1) und (2) angelegte

---

1495 *Manchester*, Controversy, S. 5 – 76.

1496 Zit. Editor's Note, 24.4.1968, WU, WMP/Box14, Fol. 6; ähnlich: Buchankündigung, in: Der Spiegel, 13.3.1967, HAKrupp, WA 119/v155, 2.

1497 Manchester erhielt für die Artikel im Look 10.000 Dollar (15.000 Worte/2 Wochen vor Erscheinen des Buches). Dazu Robert Meskill an Manchester, 28.3.1968, WU, WMP/Box 281, Fold. 11; Don Congdon an Anthony Gornall, 1.3.1968, WU, WMP/Box 14, Fold. 4.

1498 Besprechungspunkte für R/V, 1.8.1968, HAKrupp, WA 119/v32.

1499 Die Quick ist heute weitgehend vergessen, sie wurde 1992 eingestellt. Nach 1945 gehörte die 1948 aufgesetzte Quick zu den ersten Illustrierten der BRD. Bei Krupp galt sie als „industriefreundlich", insbes. weil Quick stark vom Anzeigengeschäft abhängig war. Mit einer Auflagenstärke Mitte der 1960er Jahre von 1,5 Mio. Exemplaren lag sie etwa gleichauf mit der Bunten; auflagenstärker war der Stern mit 1,9 Mio. Exemplaren. S. dazu *Hodenberg*, S. 88 – 93.

1500 Betr. R/V, 30.7.1968, HAKrupp, WA 119/v32.

1501 Don Congdon an A.D. Peters, 2.2.1968, WU, WMP/Box 14, Fold. 4.

Narrativ von Krupp als „Staat im Staate" ausgearbeitet und das nicht nur für die NS-Zeit, sondern auch für die Nachkriegszeit konstatiert (3). Dieses Nahverhältnis zwischen Unternehmen und Staat bildete die Grundlage für den folgenden Teil, der von dem Argument getragen wurde, dass Alfried Krupp nach seiner Entlassung erneut und zu Unrecht zur reichsten Person in Europa aufgestiegen sei und dabei ein weiteres Mal von der Unterstützung des Staates profitiert habe (4). Der nächste Abschnitt befasste sich mit dem Sohn von Alfried Krupp, Arndt von Bohlen und Halbach,[1502] und hob auf die Unternehmenspolitik insbesondere im Osten und mit der Sowjetunion ab (5). Die Ausrichtung gen Osten wurde zur Ursache des „Crashs" von 1967 erklärt (6). Den Abschluss bildete schließlich das Ende der Unternehmerdynastie durch den Tod von Alfried Krupp (7).[1503]

Das Buch „The Arms of Krupp" war insgesamt als politische Geschichte eines Unternehmens angelegt und umfasste gut 850 Druckseiten. Der Anspruch war sehr viel umfassender, als es die Vorabdruckserie erahnen ließ.[1504] Gleichwohl stand das Unternehmen Krupp, dessen Organisation und auch dessen ökonomische Logik, nicht im Vordergrund. Dreh- und Angelpunkt bildete die Entwicklung und die Ausprägung der Abhängigkeit zwischen Staat und Rüstungsunternehmen. Anders als „The Death of a President" war die Krupp-Geschichte nicht dokumentarisch verfasst. Manchesters argumentierte ausschweifend, erzählte die Krupp-Geschichte ironisch-gebrochen und urteilte dabei scharf. Er schrieb mit einem Gespür für Authentizität, flocht „Gespräche" und „Äußerungen" ein, und gab dem Buch auf diese Weise einen fundierten und ausgeglichenen Anschein. Dazu diente auch die Danksagung im Vorwort und im Epilog: Die „Täter" erhielten denselben Dank für ihre Unterstützung wie die „Ankläger". Das „KAF", das Krupp-Archiv, wurde als Material- und Quellengeber aufgeführt, womit Manchester den Anschein eines intensiven Quellenstudiums im Krupp-Archiv erzeugte. Nur ein sehr aufmerksamer Blick in die Anmerkungen zeigte, dass Manchester für das Manuskript Quellen und Material aus dem Krupp-Archiv praktisch nicht verarbeitet hatte. Gewidmet hatte er es den „Kindern von Buschmannshof, die in Voerde bei Dinslaken begraben liegen" und weiter: „Sie haben kein anderes Denkmal". Damit machte Manchester klar, worauf seine Argumentation hinauslief: die brutale und tödliche Zwangsarbeit und die Täterschaft von Alfried Krupp, die er als Ergebnis eines fatalen historischen Entwicklungsprozesses einordnete.[1505] Entsprechend begann er seine Einleitung

1502 Arndt von Bohlen und Halbach (1938–1986) war das einzige Kind von Anneliese (geb. Bahr) und Alfried Krupp von Bohlen und Halbach.

1503 Manchester an Mike Land, 15.4.1968, WU, WMP/Box 14, Fold. 6.

1504 Damit folgte Manchester der Linie, die Menne entworfen hatte. S. dazu Kap. 2.7.

1505 Das „Kindersterben in Voerde" wurde nach der Veröffentlichung vom Bundeskriminalamt in Düsseldorf untersucht. Ende 1970 meldete der zuständige Kriminalkommissar, dass er seinen

mit dem Status quo. Krupp sei in der Gegenwart die mächtigste Dynastie der Welt, „[n]irgendwo in der amerikanischen Industrie oder in der irgendeines anderen Landes" fände sich Vergleichbares. Die Erklärung für diesen außerordentlichen Rang läge in der Geschichte: Die Familie Krupp sei der eigentliche Profiteur dreier Kriege gewesen. Entgegen der allgemeinen Auffassung war Gustav Krupp in den Augen von Manchester zwar ein „Obernazi", aber kein „echter Krupp". Ein „echter Krupp" war seiner Ansicht nach dessen Sohn, Alfried Krupp, der, trotzdem er „schrecklicher" Taten überführt worden war, in der Gegenwart reicher sei „als je zuvor".[1506] Die enge Beziehung zwischen dem deutschen Staat und dem Unternehmen hatte Manchester zufolge Alfred Krupp begründet:

> Die Kette, die Krupp und die Hohenzollern verband, war nicht zu sprengen. Alfred wollte Geschütze herstellen. Wilhelm I. wollte sie kaufen. Es war eine Ehe der Bequemlichkeit, vielleicht auch der Notwendigkeit, und nicht einmal der Tod konnte sie beenden; jeder von Wilhelms Nachfolgern mußte sich mit dem Senior der Krupps seiner Generation verbünden. Ergründet man diese gegenseitige Abhängigkeit, dann begreift man die neue, historische Bedeutung, welche die Dynastie jetzt annahm. Hinfort sollte Krupp mit den nationalen Bestrebungen des Volkes identifiziert werden. [...] Die Tatsache, daß Alfred auch weiterhin Geräte für Friedenszeiten herstellte, ist völlig ohne Belang. Krupps Erfolg mit einer friedlichen Produktion war die direkte Folge seiner kriegerischen Produktion. Hätte er keine Kanonen hergestellt, wäre er nicht zu einer nationalen Institution geworden, und es war die Institutionalisierung der Krupps, die ihnen die Vorherrschaft gab.[1507]

Seit den 1880er Jahren, so Manchester, verschloss sich der US-amerikanische Markt für „Kruppstahl", der zuvor den Staat „umgürtet" hätte. In den USA sei eine eigene und weit größere Stahlindustrie entstanden. Der Wegfall dieses Marktes habe Krupp dazu gebracht, „stärker ins Waffengeschäft" einzusteigen.[1508] Während Manchester in Alfred Krupp ein „verrücktes Genie" sah,[1509] charakterisierte er dessen Sohn und Nachfolger, Friedrich Alfred Krupp, als verschlagen und „schlau".[1510] Friedrich Alfred Krupp habe zwar schwach gewirkt, das aber nur in der „Öffentlichkeit". Mächtig sei er „hinter den Kulissen" gewesen.[1511] Für Manchester stand einwandfrei fest, dass Friedrich Alfred Krupp „Selbstmord" begangen hatte, als die Capri-Affäre auf ihren

---

Abschlussbericht verfasst und der Staatsanwaltschaft Düsseldorf die Einstellung des Verfahrens empfehle. Runge bot Krupp eine „mündliche Berichterstattung" zum Ermittlungsergebnis an. Stahmer an StA Recht, betr. Kindersterben in Voerde, 25.11.1970, HAKrupp, WA 130/v6429.

1506 *Manchester*, Krupp, S. 9 – 25.

1507 Ebd., Zit. 92 f.

1508 Ebd., S. 148 f.

1509 Ebd., Zit. S. 153.

1510 Ebd., Zit. S. 196.

1511 Ebd., Zit. S. 220.

Höhepunkt zulief.[1512] Manchester sparte auch die Zeit nach dessen Tod nicht aus, ging für diese Zeit aber nicht auf das Management ein, sondern widmete der „Kanonenkönigin" – der Witwe Margarethe Krupp – ein eigenes Kapitel. Sie, so Manchester, habe nicht nur Alfred Hugenberg in das Unternehmen geholt, sondern mit Gustav von Bohlen und Halbach auch einen eilfertigen „Prinzgemahl" für die älteste Tochter, die Alleinerbin des Unternehmens, ausgewählt. Gustav Krupp habe sich ausgezeichnet durch sein Pflichtgefühl der Familie gegenüber und seinen „Kadavergehorsam", so Manchester mit Hinweis auf Eichmann, mit dem Gustav Krupp sich gut verstanden habe, so behauptete jedenfalls Manchester. Manchester rekapitulierte die dynastische Entwicklung derart: „Alfred war ein Psychopath, aber glaubhaft gewesen, Fritz [Friedrich Alfred, d. Vf.] pervers, aber bemitleidenswert. Der Prinzgemahl [Gustav Krupp, d. Vf.], den man zum Gefährten der Prinzessin gemacht hatte, war eine Maschine."[1513] Da der Angeheiratete kein „wahrer Krupp" gewesen sei, habe er sich umso stärker am „Krupp-Geist" abgearbeitet und seinen ältesten Sohn, Alfried Krupp, mit besonderer Härte auf seine „große Aufgabe" vorbereitet. Manchester argumentierte unter Rückgriff auf Muehlon,[1514] Krupp habe nicht nur im Vorfeld der deutschen Kriegserklärung vom Krieg gewusst, sondern habe außerdem umgehend die Produktion umgestellt.[1515] Die Gier habe Gustav Krupp während des Ersten Weltkrieges zum Annexionisten gemacht.[1516] Während der Weimarer Republik habe er dann die geheime Rüstung unterstützt, denn sogar in der demokratischen Zeit sei die Abhängigkeit von Staat und Unternehmen nicht gelöst worden: „Das Schicksal des Hauses Krupp und das Schicksal Deutschlands gingen Hand in Hand. Die Firma konnte nur prosperieren, wenn die Nation und insbesondere ihr Militär wieder hochkamen."[1517] Selbstredend sei Krupp auch 1939 über den Einfall in Polen informiert gewesen, weiter noch, er habe den Krieg aktiv mit vorbereitet, denn: „Zusammen mit gewissen militärischen Dokumenten, die den Amerikanern ebenfalls in die Hände fielen, enthüllen sie, wie sehr Krupp Hitler vorausahnte. Das Ausland glaubte, durch Versailles habe es Deutschland die Werkzeuge zur Aggression entzogen. Das war ein Traum. Und während die anderen ihn träumten, arbeitete Gustav – er ‚schmiedete das neue deutsche Schwert'."[1518]

Manchester leitete dann zu seinem eigentlichen Punkt, zur Charakterisierung von Alfried Krupp als Beförderer des Nationalsozialismus und als Kriegsverbre-

---

1512 Ebd., S. 233.
1513 Ebd., Zit. S. 251.
1514 S. Kap. 2.5 u. 2.6.
1515 *Manchester*, Krupp, S. 269–276.
1516 Ebd., S. 282–308.
1517 Ebd., Zit. S. 319.
1518 Ebd., Zit. S. 332.

cher über. Bereits 1931 und damit „eindeutig in [...] der Avantgarde der Bewegung" – was Manchester mit der Spende an die SS belegte –, sei Krupp erst 1938 der NSDAP beigetreten. Das Charakteristikum seines Handelns, so Manchester, sei das Taktieren: „Er paßt in keine Schablone, war also beinahe einer jener geheimnisvollen Leute, die Vorkriegsjournalisten gern als ‚die Männer, die niemand kennt', bezeichneten."[1519] Während des Krieges aber sei Alfried Krupp „beinahe ununterbrochen" in den besetzten Gebieten unterwegs und auf Beutejagd gewesen.[1520] Manchester fügte dann die Massenvernichtungsmaschinerie des Holocaust und die Zwangsarbeit zusammen.[1521] Alfried „Krupps Rolle im Zusammenhang mit dem Konzentrationslager Auschwitz ist für jede Kulturnation unentschuldbar."[1522] Auch bei ihm sei die „Gier" handlungsleitend gewesen. 1943 habe er die „Samthandschuhe" ausgezogen und sich besonders an der „Rosine" im Osten, der Ukraine, vergangen: „Obwohl die Verantwortung theoretisch unter drei Leuten [Krupp, Goerens und Loeser, d. Vf.] aufgeteilt war, ruhte die ganze Last auf Alfrieds Schultern."[1523] Dass „die Arbeit bei Krupp" immer noch besser gewesen sei, als eine „Nummer" in einem Konzentrationslager zu sein, so Manchester, sei ein „Schönargument" der Verteidiger im Krupp-Prozess gewesen. Auch ein anderes Argument der Verteidiger, Krupp habe Zwangsarbeiter in größerem Umfang eingesetzt, damit sie nicht „vergast" würden, sei falsch. Es fände sich kein Beleg dafür, dass Krupp sich verweigert habe, wie manch anderer Unternehmer. Sowjetische Zwangsarbeiter wurden bei Krupp behandelt wie „seelenloses Rohmaterial", schlechter noch als bei den IG-Farben, so Manchester.[1524] Selbstredend sei Krupp nicht für die „Vernichtung" durch Gas gewesen, sondern für die „realistische" Version, den Tod durch „Arbeit". Alfried Krupp selbst habe sich für die Einführung dieser Version der „Ausrottung" beim „Führer" eingesetzt.[1525] Krupp habe sich ferner das „Arbeitsmaterial" und die „Stücke" aus Auschwitz ausgesucht, wie viele Unternehmer. Dazu, so Manchester, existierten aber keine Unterlagen mehr. Belegbar aber sei, dass sogar Kinder zur Zwangsarbeit herangezogen wurden. Bei Krupp habe nicht die SS – wie es nationalsozialistische Praxis gewesen sei –, sondern der unternehmenseigene Werkschutz für die Bewachung der Drangsalierten gesorgt.[1526] Manchester belegte seine Darstellung mit den Aussagen überlebender Zwangsarbeiter

1519 Ebd., Zit. S. 382 f.
1520 Ebd., S. 403.
1521 „Rothschild mußte in die Gaskammer, damit sich Krupp bereichern konnte." Zit. ebd., S. 408.
1522 Ebd., Zit. S. 430.
1523 Ebd., Zit. S. 418.
1524 Ebd., S. 477–491.
1525 Ebd., S. 466.
1526 Ebd., S. 473.

aus verschiedenen Lagern, die er interviewt hatte.[1527] Ein eigenes Kapitel widmete Manchester den jüdischen Mädchen und Frauen aus Ungarn, die im Frühjahr 1944 aus dem Konzentrationslager Auschwitz nach Essen geholt und im Lager Humboldtstraße eingepfercht worden waren. Kurz vor Kriegsende sollten sie ins KZ Buchenwald gebracht werden, einige von ihnen konnten fliehen und überlebten.[1528] Den Abschluss dieses Teils bildete der Abschnitt zum Buschmannshof, einem Lager in Voerde, in dem Kinder von Zwangsarbeiterinnen untergebracht waren und von denen nur sehr wenige das Kriegsende erlebten.[1529]

Während die jüdischen Zwangsarbeiterinnen vor dem drohenden Kriegsende in den Tod geschickt wurden, so Manchester, bereitete sich die Unternehmensleitung auf die Zeit nach dem Krieg vor.[1530] Alfried Krupp sei vorbereitet gewesen; die „Verteidigung" – Krupp wurde angeklagt für den geschichtsträchtigen Namen – habe bereits festgestanden. Schlecht vorbereitet gewesen waren dagegen aus Manchesters Sicht die Ankläger.[1531] Das war, Manchester zufolge, das Glück von Alfried Krupp. Statt dem eigentlichen Täter, Alfried Krupp, wollten die Alliierten als Konsequenz ihrer schlechten Vorbereitung Gustav Krupp vor das internationale Militärgericht bringen. Dies, so Manchester, „ist der Ursprung der Legende, Alfried sei für Gustavs Verbrechen zur Rechenschaft gezogen worden."[1532] Auch der Begnadigung durch John McCloy widmete Manchester ein ganzes Kapitel. Besonders die Arbeit seines Peck-Ausschusses, der jede sachkundige Unterstützung, etwa die von Ferencz ausgeschlagen habe, bewertete er vernichtend.[1533] Zu Unrecht sei Krupp mitsamt seinem Vermögen entlassen worden, während „[d]em einzigen

1527 Ebd., S. 494–512.

1528 Das KZ-Außenlager Essen-Humboldtstraße war ein Außenkommando des KZ Buchenwald und bestand zwischen Aug. 1944 und März 1945. Krupp hatte sich zunächst v. a. dafür eingesetzt, Kriegsgefangene zu bekommen. Statt den 2.000 für Essen angeforderten männlichen jüdischen Zwangsarbeitern kamen bei Krupp 520 weibliche jüdische Zwangsarbeiterinnen an, die unter den schlimmsten Verhältnissen arbeiten mussten. Im Februar 1945 hatte die SS-Lagerleitung den Befehl erhalten, die KZ-Häftlinge dürften nicht in die Hände der Alliierten fallen. Krupp entschied daraufhin, dass die Jüdinnen Essen verlassen mussten; ihr Abtransport nach Buchenwald wurde organisiert. Die Frauen wurden in das KZ Buchenwald verschickt, dort aber abgewiesen und weiter zum KZ Bergen-Belsen transportiert. Wie viele dort ermordet wurden und wie viele der Frauen dort noch befreit werden konnten, ist weiterhin ungeklärt. Während des Nürnberger-Nachfolgeprozesses, wo dieses Schicksal von der Anklage als Exempel angeführt wurde, war man noch davon ausgegangen, dass alle in Bergen-Belsen ermordet worden waren. S. *Green Series*, Bd. IX, S. 33. Später erst stellte sich heraus, dass einige fliehen konnten. Ausf. *Herbert*, Humboldtstraße.

1529 *Manchester*, Krupp, S. 515–540.

1530 Ebd., S. 542–549.

1531 Ebd., S. 573–578.

1532 Ebd., Zit. S. 599.

1533 Ebd., S. 642–646.

Antinazi in der Firmenleitung [Loeser, d. Vf.] die Begnadigung verweigert" wurde.[1534] Die Entscheidung McCloys, so Manchester, sei einzig auf Hörensagen zurückzuführen. Niemand, der sich im Peck-Ausschuss mit den Begnadigungsgesuchen befasst habe, habe „sich ernsthaft mit den Unterlagen" beschäftigt.[1535] Nach seiner Freilassung habe Krupp das Unternehmen schnell entwickelt und habe gegen alle Auflagen, v.a. die Verkaufsauflage, expandiert. Für die Zahlung angemessener Entschädigungen habe Krupp sich dagegen nicht entscheiden können, zumal Krupp die Zahl der überlebenden Zwangsarbeiter falsch eingeschätzt habe: „1945 hatten der Werkschutz und die Werkschar-Gruppen zwar fleißig Güterwagen mit „Stücken" [Zwangsarbeiter, d. Vf.] in die Todeslager abgehen lassen, aber die Arbeitsleistung der Henker war in den letzten Kriegsmonaten nachgerade eine Schande für den Führer gewesen, wie man jetzt erkannte. [...] Zum großen Erstaunen von Krupp tauchten überall echte, lebende Juden mit einwandfreien Nachweisen auf."[1536]

Mit Blick auf die Bedeutung von Alfried Krupp für die deutsche Gesellschaft führte Manchester aus: „Niemand ist von den Deutschen stärker fasziniert als die Deutschen selber, und sie lassen sich endlos darüber aus, wie sie sich mit ihrer Besessenheit fürs Detail das eigene Grab geschaufelt haben. In Kleinigkeiten vertieft, übersehen sie die größeren Zusammenhänge."[1537] Dabei sei einer dieser Zusammenhänge sehr klar: „In einfachen Worten, ohne Fachausdrücke und Fußnoten: Alfried Krupp, der reichste und bekannteste Mensch im europäischen Gemeinsamen Markt der frühen sechziger Jahre, verdankte diese bis zu seinem Tod innegehabte Stellung einer Sonderverfügung Adolf Hitlers, dem Führer des Dritten Reiches. Der Wolf war längst tot, seine Wolfsschanze zerstört, aber ein Mitglied des alten Rudels hatte seine Beute behalten."[1538] Beitz, so fand Manchester, würde öffentlich von seinen „Parfumhändlern" (Hundhausen und Zedtwitz-Arnim) zum Aushängeschild und zum „große[n] Macher" stilisiert, der eigentliche „Architekt des Erfolgs" war aber seiner Überzeugung nach Alfried Krupp.[1539] Zum Wissensstand der Gesellschaft über die verübten Verbrechen urteilte Manchester: „Kopien der deutschen Dokumente, die Krupp überführt hatten – oder, wie es sogar amerikanische Korrespondenten formulierten: die ihn der Verbrechen seines Vaters überführt hatten –, waren immer schwerer aufzuspüren. [...] als ich vor zehn Jahren mit

1534 Ebd., Zit. S. 647.
1535 Ebd., Zit. S. 650.
1536 Ebd., Zit. S. 746 f.
1537 Ebd., Zit. S. 416.
1538 Ebd., Zit. S. 444.
1539 „Alfried war so darauf bedacht, seine Karriere als Waffenlieferant des Reichs zu vergessen, daß in seinem großen Warenhaus in Essen nicht einmal Spielzeugsoldaten oder Wasserpistolen verkauft werden durften." Ebd., S. 692, Zit. S. 701.

den Vorarbeiten zu diesem Buch begann, lagen sie [...] aufgestapelt im Speicher eines Nebengebäudes. Da der Hochkommissar [McCloy, d. Vf.] die Veröffentlichung einer deutschsprachigen Ausgabe [der Green Series, d. Vf.] unterdrückte, blieb der Inhalt des Protokolls in der Bundesrepublik unbekannt. In der Tat ist die Unwissenheit des durchschnittlichen Esseners über die Vergangenheit seines Landes überwältigend."[1540] Manchester schloss mit dem Tod von Alfried Krupp und der Gründung der Stiftung.[1541]

Der Little, Brown and Company-Verlag sah in „The Arms of Krupp" das Buch des Jahres 1968.[1542] In der Kampagne, die für die Veröffentlichung des Buches gestartet wurde, wurde kaum auf Inhalte gesetzt. Die im Vorfeld verteilte „Editor's Note" setzte ganz auf Histotainment: „Krupp *made* history; as they stormed through it." Die geheime Wiederaufrüstung nach dem Ersten Weltkrieg fand dort Erwähnung, der Umstand, dass Krupp bis 1945 138 private „concentration camps" betrieben habe und ebenso die de facto Steuerbefreiung durch die Lex Krupp. Sieben Jahre, so behauptete die Pressemitteilung, habe Manchester recherchiert und an dem Buch gearbeitet. Die Materialgrundlage sei umfassend, in nicht weniger als sieben Ländern habe Manchester Interviews geführt. Auch der Lebenslauf Manchesters und sein „The Death of a President" sowie der Skandal, der sich um die Veröffentlichung entsponnen hatte, fanden ausführliche Erwähnung.[1543] Sions, der just vom Holiday zu Little, Brown and Company gewechselt war, trichterte Manchester für die Buchpräsentation regelrecht ein, seine Inhalte möglichst kurz zusammenzufassen. Die Inhalte seien den Anwesenden bekannt. Manchester solle vielmehr Anekdoten präsentieren und auf diese Weise die Relevanz seines Buches herausstellen. Es ginge bei der Buchpräsentation um nicht weniger als darum, „what it means in terms of history", so der Mentor.[1544] Während der Buchpräsentation führte Manchester dann auch provokant aus, während seiner Recherchen in Essen sei sein Hotelzimmer durchsucht worden. Mehrfach wies er auf den „langen Arm" von Krupp hin, auch die Kontaktaufnahmen von Heep führte er an. Zudem erwähnte er,

---

1540 Ebd., Zit. S. 753.

1541 Ebd., S. 792–807.

1542 Der Verlag hatte das Buch für den Pulitzer-Preis vorgeschlagen. Little, Brown and Company an Manchester, 17.10.1968, WU, WMP/Box 14, Fold. 8.

1543 Editor's Note, „The Arms of Krupp" by William Manchester, 24.4.1968 [HiO], WU, WMP/Box 14, Fold. 6. Die Editor's Note wurde praktisch vollständig später auch im Spiegel abgedruckt. S. Art. Zum Buch, in: Der Spiegel, 13.3.1967.

1544 „What we need now is an understanding of the author's role in creating the book, a dramatization, if you will, of the problems associated with bringing the book to life." Zit. Harry Sions an Manchester, 7.5.1968, WU, WMP/Box 14, Fold. 6.

dass er von Alfried Krupp abschätzig behandelt worden sei, denn Krupp habe angenommen, er sei Jude.[1545]

Bei Krupp wurden eilig Überlegungen zum Umgang mit der Veröffentlichung angestellt. Ein Mitarbeiter aus Zedtwitz-Arnims Stabsabteilung fertigte in drei Punkten einen Vorschlag zur „Abwehr von Manchester" an: Als erstes sei das Industrieinstitut einzuschalten. Denn Manchester sage zwar „Krupp", er meine aber „die deutsche Wirtschaft". Dann seien zweitens etwaige negative Konsequenzen auf ausländische Märkte dadurch aufzufangen, dass zu einer Pressekonferenz die wichtigsten Auslandskorrespondenten aus Bonn eingeladen würden. Mit dem Ziel einer „Klimaverbesserung" könne dort mittels einer „Sachunterrichtung" über die Gründung der Stiftung der Argumentation von Machester der „Boden entzogen" werden. Drittens solle man die Bundesregierung anhalten, eine Initiative zu den „längst fälligen Wiedergutmachungsleistungen" für den Osten zu starten.[1546] Damit ließe sich gleichzeitig eine Verbesserung der Beziehung zur Sowjetunion erreichen, so der Mitarbeiter.[1547] Mit einer direkten öffentlichen Reaktion aber hielt Krupp sich zurück. Das Unternehmen sollte, so hatte Beitz entschieden, nicht durch „unkluge" Handlungen, wie die der Familie Kennedy, die Verbreitung des Buches noch anheizen.[1548] Gegen den Vorwurf des Antisemitismus ließ sich ohnehin kaum vorgehen. Aber nicht von ungefähr wies Beitz bei Interviews jetzt verstärkt auf die Tatsache hin, dass er während des Krieges in Galizien Juden gerettet hatte.[1549]

1545 „A few months later the Bonn correspondent of the New York Herald Tribune came home on sabbatical and told me that Krupp had said to him, 'Of course, you realize that Manchester is a Jew.' I found it fascinating (A) that he should think it; (B) that he should think it is relevant; and (C) that he should be stupid enough to say so. Every time you think the Germans have outwitted you they commit some incredible blunder." Zit. Vortragsmanuskript, Manchester: Speech delivered at Sales Conference of Little, Brown and Company for „Arms of Krupp", 20.5.1968, WU, WMP/Box 226, Fold. 6. Manchester verdrehte damit die Episode um die Entstehung der Fotostrecke für die Serie im Holiday. S. Kap. 4.3.

1546 Zur Diskussion über den im Londoner Schuldenabkommen festgelegten Reparationsvorbehalt, der in Verbindung mit der diplomatischen Klausel den Osten aussparte s. *Hockerts*, v. a. S. 191–194.

1547 Hackbarth an Zedtwitz-Arnim, betr. einige Gedanken zur Abwehr von „Manchester", 16.8.1968, HAKrupp, WA 119/v155, 2.

1548 Zedtwitz-Arnim an Rüdiger von Wechmar (Botschafter der BRD in Washington), 13.8.1968, HAKrupp, WA 119/v155, 2.

1549 Anders *Käppner*, Beitz, S. 19. Käppner zufolge wurde erst 1973 öffentlich bekannt, dass Beitz vielen Juden das Leben gerettet hatte, dabei wurde dies bereits 1961 (*Klass*, Schutt, S. 236) und damit in der Festschrift des Unternehmens aufgeführt. Beitz war seinerzeit leitender kaufmännischer Angestellter der Beskiden-Erdöl Gewinnungsgesellschaft mbH, ab August 1942 Karpathen-Öl-AG, die jüdische Zwangsarbeiter im ostgalizischen Boryslaw beschäftigte. Bis 1943 gelang es ihm, einige Hundert der Männer und Frauen zu retten. Sie überlebten nicht. *Spoerer*, Zwangsarbeit, S. 53 f.;

„The Arms of Krupp" verkaufte sich in den USA ordentlich, aber nicht übermäßig. Bis Ende Dezember 1968 waren 56.702 Exemplare veräußert worden.[1550] In den USA waren die „Enthüllungen" zu Krupp ein Thema, aber sie trafen nicht ins Mark der durch den Vietnamkrieg hochgradig politisierten und polarisierten Öffentlichkeit. Das war in der Bundesrepublik anders. Wie Manchester kommentierte, würde sein Buch „not be welcomed in Germany, of course. There the cow is too sacred. There are signs that a campaign of abuse has already started."[1551]

Manchester hatte nicht selbst mit Kindler verhandelt, sondern das hatte sein Agent Don Congdon übernommen. Kindler hatte sich seinerzeit bereits um die Verlagsrechte für „The Death of a President" bemüht, sie aber nicht bekommen. Im Falle von „The Arms of Krupp" hatte Kindler den Zuschlag erhalten. Schon vor der Drucklegung traten eine Reihe von Kommunikationsproblemen auf. Ende 1967 meldete Werner Heilmann vom Kindler Verlag, dass Kindler das Erstabdruckrecht an die Neue Revue verkauft habe. Congdon sah darin nicht weniger als einen Vertragsbruch; etwaige Vorabdrucks- und Serienrechte wolle Manchester selbst verkaufen und Kindler als Mittler lehnte er ab.[1552] Spät, erst im Februar 1968, erhielt Kindler sein Vorabexemplar der US-amerikanischen Ausgabe. Zur Übersetzung wollte der Agent das Manuskript aber noch nicht freigeben.[1553] In den USA verzögerte sich die Veröffentlichung und das Buch sollte unbedingt zuerst in den USA erscheinen.[1554] Für Kindler war das ein Problem. Denn um einen „Bestseller" zu platzieren, musste ein Buch pünktlich zur Frankfurter Buchmesse im September vorliegen. Ein Titel, der erst im November auf den Markt käme, könne unmöglich

---

Sandkühler. Beitz handelte nicht als Eigentümer oder Unternehmer, sondern als Angestellter. Sein Beispiel zeigt aber, es gab eine Wahl. *Karlsch*, v. a. S. 130–136. Karlsch zeigt überzeugend, dass Beitz nicht solitär handelte, sondern seine Handlungen aus der starken Stellung des Unternehmens heraus möglich waren. Dennoch war Beitz' Vorgehen nicht nur aus einer betrieblichen Logik heraus motiviert, und das machte das Verhalten von ihm und seiner Frau Else Beitz so besonders.

1550 Robert H. Fetridge Jr. an Manchester, 15.1.1969, WU, WMP/Box 14, Fold. 9.

1551 Speaking Volumes, William Manchester, in: Book World, 30.6.1968, HAKrupp, WA 119/v155, 2/2.

1552 Heilmann (Kindler) an Anthony Gornall, betr. William Manchester The House of Krupp, Erstabdruckrecht, 7.11.1967; Gornall an Congdon, betr. William Manchester, 10.11.1967; Congdon an Heilmann, 20.11.1967; Heilmann an Congdon, 14.12.1967; Congdon an Heilmann, 29.12.1967, WU, WMP/Box 14, Fold. 5. Insofern war die Darstellung im Spiegel falsch. Der Spiegel argumentierte, dass es in Deutschland wohl kein „Bestseller" würde, weil es bereits für die Vorabdrucke keine Nachfrage gäbe. Art. Heilige Kuh, in: Der Spiegel, 19.8.1968, S. 36–43. Manchester reagierte auf die durchwachsene Besprechung im Spiegel. S. dazu Art. Manchester decries Germans' Attack on 'Krupp', in: NYT, 23.8.1968.

1553 Don Congdon an Gornwall, 19.2.1968, WU, WMP/Box 14, Fold. 4.

1554 Schriftw. zw. Congdon u. Heilmann, Mai u. Juni 1968, WU, WMP/Box 14, Fold. 6.

einschlagen, so Heilmann.[1555] Auch in handwerklicher Hinsicht taten sich Probleme auf. Für die amerikanische Ausgabe waren die von Manchester verwendeten Quellen- und wörtlichen Zitate ins Amerikanische übersetzt worden. Heilmann, in zunehmendem Maße unter Druck, forderte die deutschen Originale, lehnte es also ab, direkte Zitate vom Amerikanischen zurück ins Deutsche übersetzen zu lassen.[1556] Congdon hielt derartiges nicht für sein Problem. Auch die Frage von Heilmann, der einen Artikel aus der Welt weiterreichte, in dem Manchesters „The Arms of Krupp" heftig kritisiert wurde,[1557] und dies mit der Bitte verband, an der Einleitung Änderungen vornehmen zu dürfen, schlug Congdon ohne Diskussion in den Wind.[1558]

Auch die Veröffentlichung war von Problemen und Pannen begleitet. Als das Buch unter dem Titel „Krupp. Zwölf Generationen" dann verspätet, im November 1968 auf den westdeutschen Buchmarkt kam, verfügte es dennoch über einen Vorteil, den der literarische Journalismus normalerweise nicht hat.[1559] Es erschien zum Abschluss des großen Umwandlungsprozess des Unternehmens, der nach dem Tod des Eigentümers und der Stiftungsgründung begonnen hatte.[1560] Unmittelbar aber erwirkte Arndt von Bohlen und Halbach, der einzige Sohn von Alfried Krupp, nur zwei Tage nach dem Erscheinen eine einstweilige Verfügung gegen den Vertrieb und den Verkauf des Buches.[1561] Kindler und von Bohlen einigten sich außergerichtlich. Gut zwei Druckseiten, die die Charakterisierung von Arndt von Bohlen betrafen, wurden aus dem Buch herausgenommen, mussten neu verfasst, gedruckt und eingeklebt werden.[1562] Die Kosten für die Änderungen musste der Kindler

---

1555 Heilmann versuchte, unmittelbaren Kontakt mit Manchester aufzunehmen, Manchester reagierte auf die persönliche Zuschrift des deutschen Verlags aber nicht. Heilmann an Manchester, 9.7.1968, WU, WMP/Box 14, Fold. 7.

1556 Heilmann an Congdon, 9.7.1968, WU, WMP/Box 14, Fold. 7.

1557 *H.[F.] Barth*, Art. Er sagt Krupp und meint die Deutschen. Manchester schreibt, was ‚ankommt' und Geld bringt, in: Die Welt, 12.7.1968. Barth endete seinen Totalverriss mit den Worten: „Wie erfolgreich, wie ungeniert und wie abstoßend."

1558 Heilmann an Congdon, 24.7.1968, WU, WMP/Box 14, Fold. 7. Erst nach weiteren Verhandlungen stimmte Congdon schließlich zu, dass Kindler an der Einleitung (und zwar an den S. 18 – 21, die sich auf den Charakter von Alfried Krupp bezogen) Änderungen, d. h. Streichungen vornehmen durfte. Heilmann an Gornall, 13.11.1968, WU, WMP/Box 14, Fold. 8.

1559 Zu dem Umstand, dass die Veröffentlichungen des literarischen Journalismus im Vergleich zum Tagesjournalismus immer „zu spät" sind, s. *Wilson.*

1560 Zur Stiftungsgründung s. *Gall*, Entlassung, S. 579 – 589.

1561 Franz-Josef Hintzen (Anwalt) an Münchener Verwaltungsgericht, 29.11.1968, WU, WMP/Box 14, Fold. 8; Art. Manchester's Book on Krupp banned in Bavaria, in: NYT, 3.12.1968; Art. German Publisher of Krupp Book sees Political Move to bar its Sale, in: WP, 5.12.1968.

1562 Agreement in Settlement (Arndt von Bohlen und Halbach/Kindler Verlag), 18.12.1968, WU, WMP/Box 14, Fold. 8.

Verlag tragen.[1563] Der Kindler Verlag war trotzdem hocherfreut und veröffentlichte die Information über die erwirkte einstweilige Verfügung selbst.[1564] Denn es zeichnete sich bereits ab, dass das Buch sich in Westdeutschland ausgesprochen schlecht verkaufen würde.[1565] Den Umstand, dass es schließlich doch noch auf der Bestsellerliste des Spiegels geführt wurde, quittierte Reinhold Stecher vom Kindler Verlag trocken: Dies sei nun wirklich kein Grund beeindruckt zu sein, schließlich sei die Liste „always manipulated".[1566]

Bei Krupp fiel die erneut aufkommende Frage nach einer Reaktion auf die Veröffentlichung mit dem Umbau des Unternehmens nach der Gründung der Stiftung zusammen. Günter Vogelsang,[1567] der neu berufene Vorstandsvorsitzende des Unternehmens, hatte sich mit dem Debakel zu befassen. Schröder hatte das Buch umgehend von Zedtwitz-Arnim erhalten und durchgesehen: „Manchester erweckt den Anschein, als habe er ein Dokument aus dem Kruppschen Familien-Archiv veröffentlicht. In Wahrheit hat er es aus Berdrow, Alfred Krupps Briefe", so der Archivar.[1568] Insgesamt, so Schröder, seien Manchesters Behauptungen zwar „dilettantisch", für ein rechtliches Vorgehen sah Schröder aber keine Möglichkeit.[1569] So musste Zedtwitz-Arnim den neuen Vorsitzenden nun ins Bild setzen: Die Herausgabe eines „Weißbuchs", wie Vogelsang es angeregt hatte, sei nicht möglich. Denn im Konzern existierte keine „Vorstudie" zu Gustav Krupp oder zu Alfried Krupp, die man entgegnend hätte publizieren können. Zedtwitz-Arnim hatte die Geschichtspolitik selbst verkümmern lassen. Auch sah er in Manchesters Buch nicht etwa den potenziellen Verlust des Unternehmens über die Deutungshoheit der Krupp-Geschichte, sondern er reduzierte Manchesters Veröffentlichung auf die vorgebrachten Fakten. Hier, so Zedtwitz-Arnim, habe Manchester nicht viel Neues zu bieten. Den einzigen neuen Sachverhalt, den Manchester bringe, so Zedtwitz-Arnim an Vogelsang, sei das „Kinder-KZ" Buschmannshof, und das sei nicht zu widerlegen. Die einzige Möglichkeit, die Zedtwitz-Arnim sah und die er Vogelsang vorschlug, war, Manchester als „eierköpfigen Tendenzschreiber" zu diskreditieren. Er riet, das Medienecho abzuwarten und Rezensionen möglichst zu beeinflussen; dann, ab 1969,

---

1563 Ernst, Cane, Berner & Gitlin an Kindler-Verlag, 20.2.1969, WU, WMP/Box 226, Fold. 8.

1564 Kindler, offizielle Presseerklärung, 4.12.1968, WU, WMP/Box 14, Fold. 8

1565 Stecher an Congdon, 12.3.1969 (Üb.), WU, WMP/Box 226, Fold. 8.

1566 Zit. Stecher an Congdon, 28.4.1969, WU, WMP/Box 226, Fold. 9.

1567 Günter Vogelsang (1920–2015) war im Zweiten Weltkrieg Oberleutnant der Luftwaffe. Nach dem Krieg und der Entlassung aus der Kriegsgefangenschaft studierte er und arbeitete zunächst für Schlieker. Von dort ging er zu Krupp, später dann zu Mannesmann, bis er 1968 zum Vorstandsvorsitzenden von Krupp wurde. *Gall*, Entlassung, S. 574–576.

1568 Zit. [Schröder], Anmerkung zu Kap. 7, o.D., HAKrupp, WA 56/212.

1569 Kopie des US-amerikanischen Originals mit Randnotizen und Bemerkungen von Schröder, HAKrupp, WA 56/210, 56/211 u. 56/212.

sollte mit neuen „meinungsbildenden Maßnahmen“ begonnen werden. Aufgrund der weiterhin gewünschten Einheit des Unternehmens solle sich auch der Sohn Alfried Krupps, Arndt von Bohlen, mit der Taktik identifizieren.[1570] Auf Anfrage gab Krupp die Auskunft, keine Stellungnahme abzugeben. Lediglich, dass Manchester sich nicht – anders als von ihm behauptet – „listig eingeschlichen“ habe, sondern „wie jeder Publizist [...] Zugang zu allen Werken und Quellen“ erhalten habe, wurde klargestellt. Es handele sich um einen „Historischen Roman“, der „die Wahrheit zugunsten einer tendenziösen Dramaturgie unterdrückt“.[1571] Wie vorgeschlagen, verlegte sich Zedtwitz-Arnim darauf, die Besprechungen zu beeinflussen.

Die in der Bundesrepublik veröffentlichten Rezensionen waren sehr im Interesse von Krupp. Der Spiegel veröffentlichte einen „gedämpften Verriß“,[1572] das Presse- und Informationsamt der Bundesregierung assistierte und Julius Klein, der von Krupp immer abgelehnt worden war, witterte die Chance auf einen Auftrag und bot seine Hilfe an. Manchesters Einfluss sei „gewaltig“, fand Klein, Krupp benötige ein großes, ein „durchgreifendes Public-Relations-Programm“ in den USA, und als „Freund“ helfe er immer gern.[1573] Zedtwitz-Arnim versuchte zudem „über die ‚Deutschland-Berichte‘ (in die zionistische Welt wirkender internationaler Pressedienst, der von uns mitfinanziert wird) autonome Stellungnahmen herausbringen [zu] lassen“ und dabei Robert Kempner, den Stellvertreter von Robert H. Jackson während der Nürnberger-Prozesse, zur Mitwirkung zu bewegen.[1574]

1570 Zit. Zedtwitz-Arnim an Vogelsang, 19.8.1968. S. dazu auch die Information der StA Information, die auf Anfrage ausgegeben werden sollte; die Freigabe der Erklärung durch den Vorstand erfolgte am 19. August 1968. HAKrupp, WA 119/v155, 2.

1571 Zit. Frei auf Anfrage unter Bezug auf Manchester Veröffentlichungen, o.D.; Vermerk, Zedtwitz-Arnim, 20.8.1968, HAKrupp, WA 119/v155, 2.

1572 Zit. Presseerklärung des Konzerns, 20.8.1968, HAKrupp, WA 119/v156. Dort bezog man sich dezidiert auf die Besprechung im Spiegel. Art. Zeitgeschichte. Krupp, in: Der Spiegel, 19.8.1968, S. 36–43.

1573 Zedtwitz-Arnim an Heep, 21.8.1968 [zur Spiegel-Rezension]; Hans Georg Steltzer (Ministerialdirigent, Presse- und Informationsamt der Bundesregierung, Leiter der Abt. Ausland) an AR-Vorsitzenden Beitz, 21.8.1968; Julius Klein an Vogelsang, 2.7.1968 (Üb.), HAKrupp, WA 119/v155, 2. Aber auch weiterhin war für Klein kein Geschäft mit Krupp zu machen. Aktenvermerk, Zedtwitz-Arnim, 22.8.1968, HAKrupp, WA 119/v155, 2.

1574 Zedtwitz-Arnim an Beitz, 4.9.1968, HAKrupp, WA 119/v155, 2. Zedtwitz-Arnim an Wechmar gerichtet: „Das Bundespresseamt wird demzufolge aller Voraussicht nach ein vertrauliches Zirkular herausgeben, das zur Unterrichtung der zuständigen Stellen auch im Ausland und als Basis für Einzelgespräche dient. Mein verehrter Vorgänger, Professor Hundhausen, pflegte gelegentlich zu sagen: ‚Es gibt Dinge, die es nicht einmal wert sind, ignoriert zu werden.‘ So etwa werden wir versuchen zu taktieren.“ Zit. Zedtwitz-Arnim an Wechmar, persönlich/vertraulich, 12.9.1968, HAKrupp, WA 119/v155, 2.

Für die ausschlaggebende Rezension in der New York Times wurde der britische Journalist und Historiker Alistair Horne gewonnen. Ob man ihn beeinflussen konnte, war zwar nicht sicher, aber von Horne erwartete Zedtwitz-Arnim zumindest eine faire Behandlung.[1575] Und Horne ging sehr gründlich ans Werk, zeigte sich dabei aber für Gespräche mit der Krupp-Vertretung in England offen: „The major point of the whole book is that Alfried Krupp was responsible for everything", so hatte Horne es Ahlefeldt Laurvig gegenüber formuliert. Manchester sähe in Alfried Krupp den stärksten und erfolgreichsten Krupp. Was, so fragte Ahlefeldt Laurvig in Essen, sei die offizielle Konzernmeinung dazu?[1576] Was sollte Zedtwitz-Arnim Ahlefeldt Laurvig darauf antworten? Eine unternehmenseigene Einordnung, überhaupt ein Urteil über Alfried Krupp, war im Konzern nicht vorhanden. Zedtwitz-Arnim konnte die Frage nicht beantworten und vergab damit die Chance, Horne zu beeinflussen. Horne fertigte seine Besprechung schließlich an, ohne eine Antwort auf diese Frage von Krupp bekommen zu haben. Sie geriet kritisch, aber nicht tendenziös.[1577] Auch Harry Sions, Manchesters Mentor, ordnete die Besprechung von Horne als wesentlich ein und sann darüber nach, ob sich an der Besprechung eine Debatte über die Freiheit des Journalismus entzünden lasse.[1578] Tatsächlich erhielt die New York Times einige kritische Zuschriften auf die milde Besprechung Hornes.[1579] Bemerkenswert aber ist, zumindest aus heutiger Sicht, etwas ganz anderes: Weder Horne noch die Welt noch der Spiegel gingen auf den eigentlichen

---

1575 Ahlefeldt Laurvig an Zedtwitz-Arnim, betr. „Arms of Krupp", 27.9.1968, HAKrupp, WA 119/v155, 2. Tatsächlich hatte Horne, was man bei Krupp nicht wissen konnte, Manchester bei der Entstehung des Buches sogar, zumindest am Rande, unterstützt. An Sions hatte Horne geschrieben, er freue sich, Manchester unterstützen zu können: „As I think I told you, I used to be quite involved with that creepy body [Krupp, d. Vf.] while I was Foreign Correspondent in the [19]50s." Horne an Sions, 4.10.1966, WU, WMP/Box 226, Fold. 6.

1576 Ahlefeldt Laurvig an Zedtwitz-Arnim, 14.10.1968, HAKrupp, WA 119/v155, 2.

1577 *A. Horne*, [Rez.] The Arms of Krupp, in: NYT, 24.11.1968, S. 3 u. 28. Es handele sich klar um eine Anklage, allein, wen Manchester eigentlich anklage, so Horne, den Konzern oder Alfried Krupp persönlich, das bliebe gänzlich unklar. Auch sei das von Manchester ausgebreitete Wissen über „cannons" oberflächlich, am schlimmsten aber: „What really does most damage to Mr. Manchester's theme is the tiresomely promiscuous visceral anti-Germanism which unterlies it throughout." Die Vergangenheit, so Horne, dürfe nicht vergessen werden, aber es sei unredlich, die Zukunft zu ignorieren. Zedtwitz-Arnim an Ahlefeldt Laurvig, 17.2.1969, HAKrupp, WA 119/v155, 2.

1578 Sions an Horne, 11.11.1968; Sions an Manchester, 13.11.1968; Manchester an Sions, 14.11.1968, WU, WMP/Box 14, Fold. 8.

1579 William W. Wilkins an Editor New York Times Book Review, 8.1.1969, WU, WMP/Box 226, Fold. 8, abgedr. in Letters to the Editor, „The Arms of Krupp" (Wilkins) und Reaktion (Horne), in: NYT, 2.2.1969.

Kern von Manchesters Darstellung, den Zusammenhang von Zwangsarbeit und Alfried Krupps Verantwortung, explizit ein.[1580]

Eine unternehmenseigene Antwort auf die Frage nach dem Handeln von Alfried Krupp hatte das Unternehmen nicht. Auch der Versuch, eine „Einheit“ zwischen Familie und Konzern herzustellen, misslang. Denn Arndt von Bohlen wurde nicht darüber informiert, wie der Konzern mit der als Angriff verstandenen Publikation umzugehen gedachte.[1581] Das Kondolenzschreiben von Manchester an Arndt von Bohlen, das er an die Konzernadresse geschickt hatte, wurde von Bohlen nicht einmal weitergeleitet.[1582] Es sei derart unverschämt, dass Manchester betrunken gewesen sein müsse, als er es verfasst hatte, befand Zedtwitz-Arnim.[1583] Insofern war die von Arndt von Bohlen erwirkte einstweilige Verfügung auch eine Niederlage für das von Zedtwitz-Arnim betriebene Krisenmanagement. Denn sie lief der taktischen Überlegung, die Zedtwitz-Arnim, Vogelsang und Beitz beschlossen hatten, zuwider. Krupp blieb nach dieser Panne nur, sich vom einzigen Sohn Alfried Krupps zu distanzieren.[1584] Allerdings half auch das nur wenig; denn nach Arndt von Bohlen klagte auch noch BMW gegen Manchesters Darstellung.[1585] Die Pannen im Umgang mit dem Manchester-Debakel hätten Zedtwitz-Arnim beinahe seine Position gekostet. Gerüchte, denen zufolge Beitz nach einem neuen Leiter für seine PR-Abteilung suchte, drangen schon bald nach außen.[1586] Zedtwitz-Arnim konnte sich aufgrund des Umbaus des Unternehmens aber noch weitere zehn Jahre halten.[1587]

Manchester war mit „The Arms of Krupp“ etwas gelungen, das anderen Autoren vorher nicht geglückt war. Manchester hatte verstanden, dass die Familie und das Unternehmen keineswegs verschlossen oder verschwiegen mit der eigenen Geschichte umgegangen war, sondern die Krupp-Geschichte im eigenen Interesse genutzt und eingesetzt hatten. Manchesters Verdienst lag genau darin, die Lücke

---

1580 *A. Horne*, [Rez.] The Arms of Krupp, in: NYT, 24.11.1968; Art. Er sagt Krupp und meint die Deutschen, in: Die Welt, 12.7.1968; Art. Krupp. Heilige Kuh, in: Der Spiegel, 19.8.1968.

1581 Franz-Josef Hintzen (Anwalt) an Münchner Verwaltungsgericht, 29.11.1968, WU, WMP/Box 14, Fold. 8; Stecher (Kindler) an Manchester [Bericht über die Verhandlung mit Arndt von Bohlen], 18.12.1968; Agreement in Settlement, Arndt v.BH/Kindler, WU, WMP/Box 14, Fold. 8; anders *Käppner*, S. 308 – 310; s. auch *Gebhardt*, Prominenz.

1582 Manchester an Herrn [Arndt] von Bohlen, 24.8.1967, HAKrupp, WA 119/v155, 2.

1583 „Auf jeden Fall sollte verhindert werden, daß Manchester mit einem Brief von Arndt von Bohlen auftreten könnte.“ Zit. Zedtwitz-Arnim an Beitz, 6.9.1967, HAKrupp, WA 119/v155, 2.

1584 (Entwurf) zur Distanzierung, o.D., HAKrupp, WA 119/v155, 2.

1585 Nicolas Uljaki (Law Office) an Manchester, 14.1.1969, WU, WMP/Box 14, Fold. 9; DPA-Meldung, 1.6.1969, HAKrupp, WA 119/v155, 2.

1586 Montags-Briefe, Nr. 12, 7.8.1967, HAKrupp, WA 55/v238.

1587 Platow-Briefe, 26.1.1977, HAKrupp, WA 55/v238.

zwischen 1918 und 1967, die Krupp bewusst nicht geschichtspolitisch bearbeitet hatte, zu schließen, die Krupp-Geschichte auf diese Weise an die zeitgenössische Gegenwart anzuschließen und ihr eine Gegenwartsrelevanz zu verleihen. Manchesters Perspektive war dabei ohne jeden Zweifel kritisch und tendenziös, aber seine konzipierte Geschichte war dennoch tragfähig. Als „gripping narrative"[1588] konnte das Ende der 1960er Jahre in der Bundesrepublik noch nicht greifen, besonders weil Manchester sich darauf versteift hatte, in Alfried Krupp einen Antisemiten zu sehen. In der Bundesrepublik war diese Auslegung der Geschichte zu diesem Zeitpunkt noch außerhalb der gesellschaftlich akzeptierten Wahrheit über die NS-Zeit. Deshalb wurde das Buch in der Bundesrepublik auch nur wenig rezipiert. Dies war aber weniger das Ergebnis gekonnter und PR-geleiteter Abwehrmaßnahmen.[1589]

4.6 Geschichtsverweigerung? Krupp und die Geschichte nach dem Manchester-Debakel

> [...] vor einigen Tagen war Professor Wilhelm Treue, der als Wirtschafts- und Kulturhistoriker in Göttingen und Hannover lehrt[,] bei mir. Er hat mir erzählt, daß er durch die Vermittlung von Herrn Hundshagen [Hundhausen, d. Vf.] mit einer kulturgeschichtlichen Darstellung [...] begonnen hatte und daß diese Absicht wieder in Vergessenheit geriet.[1590]
>
> Albert Speer, 1974

Trotz des Manchester-Debakels gab Zedtwitz-Arnim seine die Krupp-Geschichte verweigernde Haltung keineswegs auf. Das 160-jährige Firmenjubiläum, das von Zedtwitz-Arnim organisiert und 1971 begangen wurde, fiel dann auch nur wenig geschichtsträchtig aus. Die Krupp-Geschichte, die 1912 in aller Breite inszeniert worden war und auch 1961 den Dreh- und Angelpunkt für den inszenierten Abschluss der Nachkriegszeit gebildet hatte, wurde heruntergekürzt. Lediglich vier Seiten, so hatte es der Vorstand entschieden, sollte der Hinweis auf die „Krupp-Geschichte" lang sein.[1591] Mit dem von Archivar Schröder vorlegten Entwurf für die

---

1588 Zit. Shirer an Manchester, 6.11.1968, WU, WMP/Box 226, Fold. 7.

1589 Die 1969 veröffentlichte populärwissenschaftliche Studie von Bernt Engelmann kann das sehr deutlich machen. Kritisch war sie, und die Auslegung wurde erkennbar von Manchester übernommen. Allerdings wurde die Verantwortung der Familie von Engelmann deutlich milder und zurückhaltender bewertet. Damit folgte Engelmann Manchester in seinem Kernargument nicht. Familiensymbolisiert, aber managergeführt, so lässt sich seine Darstellung zusammenfassen. S. *Engelmann*.

1590 Albert Speer an Ernst Wolf Mommsen, 12.3.1974, HAKrupp, WA 190/1.

1591 StA Information an Schröder, 1.6.1971, HAKrupp, WA 119/v522.

Kurz-Geschichte war Zedtwitz-Arnim nicht zufrieden. Mehrfach musste Schröder nachbessern, dabei die „Technik, nicht [die] Rüstung“ betonen, nicht die Firmeninhaber, sondern „die Leitung“ des Konzerns herausstellen, die „Zerstörung“, nicht aber die „Verbrechen“ herausarbeiten.[1592] Für das Firmenjubiläum, das 1971 begangen wurde, spielte die Krupp-Geschichte keine nennenswerte Rolle mehr.

1972 vergab Zedtwitz-Arnim erneut einen Auftrag für eine „Imagestudie“.[1593] Entsprechend der Veränderung der Eigentumsstruktur von „Krupp“ wurde der Problemzusammenhang, in dem die Studie erstellt werden sollte, gefasst als „[d]urch den Tod von Alfried Krupp war das Unternehmen ohne eigentlichen Führer. Die Kruppianer standen nach einer patriarchalen Führungsära nun einer demokratischen Führungsspitze gegenüber.“ Ganz auf der Linie von Zedtwitz-Arnim sollte die beauftragte Agentur, Basisresearch, zu der Bestandsaufnahme des aktuellen Images „Grundsatzüberlegungen“ anstellen, „wie das Image des Unternehmens zeitbezogener und zukunftsweisender korrigiert werden kann“. Die Aufgabe der Agentur war es also, einen öffentlichkeitswirksamen Weg zu finden, die „belastenden“ historischen Zöpfe abzuschneiden.[1594]

Auf der Konzerntagung 1973 stellte Zedtwitz-Arnim die Ergebnisse vor. Als Präsentationsform wählte er dabei den Vergleich und stellte die Imagestudien von 1963 oder von 1973 einander gegenüber.[1595] 1963, so führte Zedtwitz-Arnim aus, sei das Image von Krupp vom Inhaber, von Alfried Krupp, geprägt gewesen. Die Welt sei zu der Zeit noch „heil“ gewesen: „Die deutsche industrielle Leistung, hochgradig symbolisiert von Krupp als einem Deutschland analogen Phoenix aus der Asche, schuf Stolz durch internationale Akzeptation: wir waren wieder wer.“ Alfried Krupp habe hierbei eine „quasi sakrale Stellung eingenommen: Der Inhaber als gütiger und mächtiger Vater, sein Generalbevollmächtigter als dynamischer Sohn, das ganze durchdrungen vom Kruppschen Geist, also mehr als ein Bild des Respektes und der Zuneigung – ein Bild vielmehr der Verehrung.“ Dann aber habe das „civis Kruppianus sum“ rapide an Substanz und auch „Zukunftssicherheit“ verloren: „Erhalten blieb jedoch der Bekanntheitsgrad von Krupp, wobei wiederum beun-

---

1592 Lommatzsch an Schröder, 13.8.1971; Anlage: Dokumentation Geschichte, Fried. Krupp GmbH, Aug. 1971 „Krupp – 160 Jahre“, HAKrupp, WA 119/v522.

1593 Angebot, erarbeitet für: Fried. Krupp GmbH, von: BASISRESEARCH. Institut für Marketing-, Motiv- und Werbeforschung GmbH Frankfurt a. M., Image-Studie für die Fried. Krupp GmbH (E 31072), (o.D., [1973]), HAKrupp, WA 119/v402; Zedtwitz-Arnim an Bachem, 9.5.1972, HAKrupp, WA 119/v150.

1594 Besprechungsprotokoll, Nr. KR 01/73: Betr. Besprechung im Hause von Graf Zedtwitz-Arnim, am 5.3.1973 (übermittelt von Block & Lederle: Werbeagentur GmbH, Hamburg), HAKrupp, WA 119/v150.

1595 Vortrag von Georg-Volkmar Graf Zedtwitz-Arnim, Konzerntagung, 1./2.2.1973, HAKrupp, WA 119/v405; zur Motivstudie von 1963 s. Kap. 4.1.

ruhigend war, daß die Meinungen der „Insider“ erkennbar negativer waren als die der „Outsider.“ Zwischen 1963 und 1973 habe ein „Zeitenumschlag“ stattgefunden, so Zedtwitz-Arnim, bei dem „[d]er emotionale Bezug [...] der Autoritäts-Skepsis“ gewichen sei. Zedtwitz-Arnim bemühte sich leidlich um eine Erklärung für den Substanzverlust des Krupp-Images. Die Leistungsgesellschaft, der Konsumwandel und die Dienstleistungsgesellschaft, der „Bürgerliche Tod“, die „Revolution“ durch „Baader, Mahler und Meinhof“, die allseitige Infragestellung der sozialen Marktwirtschaft, der Bericht des Club of Rome. Nur das Offensichtliche und Unternehmensspezifische, den Umstand, dass das Unternehmen unter seiner Leitung der imagefördernden Krupp-Geschichte den Rücken gekehrt hatte, den führte er nicht auf. Zweifelsohne hatte der Imageverlust mit dem Tod des letzten Krupp zu tun. Aber Zedtwitz-Arnim war es, der die externen Angriffe auf die unternehmenseigene Krupp-Geschichte, die sich bereits seit Beginn der 1960er Jahre angezeigt hatten, nicht ernst genommen hatte. Zu einer neuen Aktivierung geschichtspolitischer Aktivitäten kam es während der Zeit von Zedtwitz-Arnim nicht. Als der Archivleiter Ernst Schröder 1972 in den Ruhestand verabschiedet wurde, sprach sich Zedtwitz-Arnim sogar dafür aus, das Archiv abzugeben, an das sehr interessierte Bundesarchiv etwa. So weit kam es nicht, das Archiv blieb bei Krupp. Aber der Posten des Archivars blieb zunächst unbesetzt.[1596] Auch die neue Konzernleitung wandte sich von der Krupp-Geschichte ab und fahndete nach einer zukunftsträchtigen Strategie für die Entwicklung des Unternehmens.[1597]

Anders entwickelte sich das Verständnis für die eigene Geschichte bei der zum 1. Januar 1968 gegründeten Alfried Krupp von Bohlen und Halbach-Stiftung, in die das Vermögen des 1967 verstorbenen Alfried Krupp eingebracht worden war, damit die größte Beteiligte des Unternehmens war und deren Leitung Beitz übernommen hatte. Hundhausen, inzwischen als freier PR-Agent für Krupp und insbesondere für Beitz tätig, erhielt von der Stiftung und finanziert von dem Unternehmen den Auftrag, eine „Dokumentation“ über Alfried Krupp zu erarbeiten. Hundhausen scheiterte. Es gelang ihm nicht, eine dokumentarische Biografie über den letzten Krupp zusammenzustellen.[1598] 1972 gab er auf. Das Ergebnis des PR-Praktikers war

1596 *Stremmel*, Archiv, S. 95 f., Zit. S. 98.

1597 Was sich auch in der abnehmenden Zahl von Staatbesuchen zeigte und von Derix als „staatliche Emanzipation“ interpretiert wurde. S. *Derix*, S. 87 f.

1598 Offenbar versuchte Hundhausen, bei Alfried Krupp einen Moment des Widerstands zu identifizieren. Auf einen Hinweis von Albert Speer zu einer Filmaufnahme, die er Hundhausen übergab, habe Speer bemerkt: „[B]eim Durchsehen alter Filme entdeckte ich einige kurze Sekunden, die vielleicht für Ihr Archiv von Interesse sind. Immerhin ist es typisch, daß Herr Dr. Alfried Krupp von Bohlen und Halbach bei dieser Begrüßung durch Hitler einen eher verstörten Eindruck machte und keinesfalls freundlich auf Hitlers Worte reagierte. Ich [Speer] glaube, diese Sekunden doku-

mager: „Für mich ist die Beschäftigung mit dem Leben von AKBH (praktisch beginnend schon von seiner Geburt) eine sehr ernste Aufgabe gewesen; auch die unvollkommenen Ergebnisse haben bei mir ein Vorstellungsbild verfestigt, das von dem allgemein bekannten Vorstellungsbild grundlegend *verschieden* ist.“[1599]

Auf Veranlassung von Beitz wurde schließlich der renommierte Historiker Golo Mann gewonnen, um einen eigenen Anschluss der Krupp-Geschichte an die Zeit von Alfried Krupp auszuarbeiten.[1600] Für möglicherweise prohibitiv gesetzte 120.000 DM erklärte Mann sich bereit, unter der Bedingung „völlige[r] Freiheit“ einen ausführlichen Essay über Alfried Krupp zu schreiben. Manns Biograf, Tilmann Lahme, hat dessen Hadern und auch die Mühe, die es ihn kostete, zumindest einige Kapitel fertigzustellen, nachverfolgt. Denn auch Mann, in dem für ihn typischen erzählerischen Stil,[1601] gelang es nicht, einen Charakter bei Alfried Krupp zu identifizieren oder dessen Handeln präzise einzuordnen. Mann formulierte vage: „Ein rechter Kerl geht mit der Macht, zumal wenn sie wirkliche Macht ist, wie eben jetzt; das ist die einzige praktische Haltung.“[1602] Beitz lehnte die von Mann eingereichten Entwürfe jedenfalls rundweg ab. Gegen eine Abfindung von 150.000 DM wurde das Vorhaben abgebrochen.[1603]

---

mentieren mehr als viele Worte.“ Zit. Hundhausen an Berthold von Bohlen [und Halbach], 30.6.1970, HAKrupp, WA 125/7.

1599 Zit. Hundhausen an Berthold von Bohlen, 31.8.1972 [HiO], HAKrupp, WA 125/7.

1600 Notiz [Hundhausen] f. Beitz, 25.1.1976, HAKrupp, WA 125/7; dazu auch *Friz*, S. 34 – 36; *Käppner*, S. 402. Die Beziehung zwischen Mann und Beitz wurde jüngst sogar verfilmt: Der Spielfilm „Geheimnis der Freiheit“ setzt sich mit der Beziehung zwischen Mann und Beitz zwischen 1973 und 1981 auseinander. Im Zentrum steht das Projekt einer Biografie über den „letzten Krupp“, Alfried Krupp, ein Auftragswerk, das nie veröffentlicht wurde. Der Spielfilm lief am 15. Januar 2020 um 20.15 Uhr. Die Erstausstrahlung des Films, bei dem Dror Zahavi die Regie verantwortete und das Drehbuch von Sebastian Orlac stammte, erreichte immerhin einen Marktanteil von 9,8 %. Die Vorlagen für die Verfilmung waren erkennbar die Veröffentlichungen von *Friz* und *Käppner*.

1601 Golo Mann war als Sohn von Thomas Mann früh bekannt. 1958 erschien seine „Deutsche Geschichte“, deren Kennzeichen der narrative Stil war und sich ausgesprochen gut verkaufte. Golo Mann wurde mehr als öffentlicher Intellektueller und Konservativer denn als empirisch arbeitender Historiker wahrgenommen, und zwar bes. seitdem er Arendts „Eichmann in Jerusalem“ rezensiert und kritisiert hatte. Ab 1965 wirkte Mann schließlich als freischaffender Historiker. Ausf. *Lahme*.

1602 Zit. Mann, in: *Lahme*, S. 390. Einige Auszüge aus Manns Essay sind von Friz publiziert worden; kritische Distanz findet sich in der Veröffentlichung von Friz nicht. Sie ist vielmehr apologetisch, und zwar in einem stärkeren Maße als die während der 1950er Jahre veröffentlichten geschichtspolitischen Werke des Unternehmens. Denn zum Zeitpunkt der Veröffentlichung, 1988, war den Zeitgenossen vieles nicht mehr bekannt und erinnerlich; während der 1950er Jahre hatte Krupp an das Wissen der gerade erst vergangenen Geschichte anknüpfen müssen. S. *Friz*, S. 30 – 34.

1603 Dazu gesichert *Lahme*, S. 389 – 391, s. dazu auch *Brünger*, Geschichte und Gewinn, S. 207.

Unternehmen und Stiftung stellten die eigene Geschichtspolitik damit ein. Das bezog sich auch auf die Unterstützung von externen Interessenten und Wissenschaftlern. Noch 1967 konnte der US-amerikanische Historiker Henry Ashby Turner[1604] weitgehend frei im Krupp-Archiv zu seinem Forschungsvorhaben mit dem Arbeitstitel „Einstellung der deutschen Wirtschaft zur Weimarer Zeit" recherchieren.[1605] Zedtwitz-Arnim hatte nichts gegen die Archivnutzung durch Wissenschaftler, solange die NS-Zeit und Alfried Krupp thematisch nicht berührt wurden. Die Weimarer Zeit, die Turner in seiner Begründung für den Archivbesuch angegeben hatte, schien ihm nicht gefährlich. Sicherlich sprach es aus Sicht des Unternehmens für Turner, dass er die populäre Lesart, die Industrie habe Hitler in den Sattel geholfen, als zu unterkomplex ablehnte. Ein Jahr später und nach dem Manchester-Debakel veränderte sich der Umgang des Unternehmens mit Nutzungsanfragen aus der Publizistik und der Geschichtswissenschaft grundlegend. Jetzt verweigerte sich das Unternehmen der Konfrontation mit der eigenen Geschichte und ging zu einer restriktiven Archivpolitik über.[1606] Das war auch bekannt. Historiker, die das Archiv nutzen wollten, versuchten, dem Unternehmen entgegenzukommen, indem sie ihre richtige „Anschauung" gleich bei ihrer Anfrage verdeutlichten und etwa ausgewählte Publikationen mitschickten.[1607] Den meisten half das aber nicht.

Unter den Historikern, die sich seit dem Ende der 1960er Jahre mit besonderem Nachdruck darum bemühten, Zugang zum Krupp-Archiv zu bekommen, befand sich auch Wilhelm Treue.[1608] Hundhausen war 1971 mit dem inzwischen als Professor in Hannover tätigen Treue in Kontakt gekommen. Treue hatte sich ihm als „Archivar des Bankhauses Oppenheim" und als „Ordinarius für Geschichte in Göttingen" [sic] vorgestellt.[1609] Treue hatte offenbar versucht, Hundhausen sein Konzept der

1604 Henry Ashby Turner Jr. war ein US-amerikanischer Historiker. In seinen Studien griff er – wenn auch nicht unreflektiert – etwa auf Lochners „Tycoons and Tyrant" zurück. 1972 veröffentlichtes er sein bekanntestes Buch, „Faschismus und Kapitalismus in Deutschland", für dessen Recherche er im Krupp-Archiv einen Arbeitstitel zur Weimarer Republik angegeben hatte.

1605 Lommatzsch an Beitz, 5.7.1967, HAKrupp, WA 119/v188, 2; s. *Turner*, Faschismus und Kapitalismus.

1606 Der restriktive Umgang mit der eigenen Geschichte bezog sich auch auf Filme. Dem Vorhaben Luchino Viscontis, „der die Geschichte der Krupps verschlüsselt in [seinem] Streifen wiedergeben wird", erteilte Krupp 1968 eine Absage und untersagte den Dreh auf dem Hügel. Lommatzsch an Vogelsang über Fett, 9.8.1968, HAKrupp, WA 119/v32. Vicontis Spielfilm „Die Verdammten" (La caduta degli dei) kam 1969 in die Kinos und wurde 1970 mit einem Oscar ausgezeichnet.

1607 Etwa, Rolf Steiniger an Beitz, 22.11.1975, HAKrupp, WA 125/7. Steiniger erhielt den Zutritt zum Krupp-Archiv.

1608 S. auch Kap. 2.8.

1609 Das war nicht korrekt. Treue war Professor an der TH Hannover und lebte in Göttingen.

Firmengeschichte schmackhaft zu machen,[1610] denn er übermittelte Hundhausen gleich ein Exemplar der von ihm herausgegebenen Zeitschrift, der „Tradition".[1611] Hundhausen, dem der Nutzen der unternehmenseigenen Geschichtspolitik anders als Zedtwitz-Arnim sehr klar war, fand die Idee, die Treue ihm dann schon bald unterbreitete, eine „Geschichte der Villa Hügel" zu ihrem 100-jährigen Bestehen zu schreiben, „ganz wunderbar".[1612]

Hundhausen vermittelte Treue an Schröder und damit an das Archiv. Als Treue seinen Vorschlag aber schließlich schriftlich einreichte, wurde sein Benutzergesuch vom Vorstand, und zwar trotz der Fürsprache von Hundhausen, abgelehnt.[1613] Die Absage war kennzeichnend für die restriktive Archivpolitik, gründete sich aber auch auf dem Vorhaben der „Kriegswirtschaftsgeschichte", das Treue für Krupp verfolgt hatte.[1614] Wie gezeigt, hatte sich Treue keineswegs erst nach 1945 darum bemüht, eine unternehmensnahe „Firmengeschichte" zu begründen.[1615] Treue hatte seine Beziehungen in die Wirtschaft schon deutlich vorher entwickelt und war mit Krupp in der zweiten Kriegshälfte in einen engen Kontakt gekommen. Gerade deshalb – während des Krieges hatte Krupp Treue mit „Material" versorgt, das das Unternehmen nun, nach dem Manchester-Debakel, nicht paraphrasiert und veröffentlicht sehen wollte – lehnte das Unternehmen die Zusammenarbeit mit Treue ab. Treue, der sich mit der Absage nicht abfinden wollte, brachte sogar Albert Speer[1616] dazu, ein gutes Wort für ihn bei dem neuen Krupp-Vorstandsvorsitzenden, Ernst Wolf Mommsen,[1617] einzulegen. Speer war selbst überaus geschickt und erfolg-

---

1610 S. *Treue*, Bedeutung; *ders.*, Zeitschrift.

1611 Die maßgeblich von Treue gegründete „Tradition" sollte eine „historische", aber keine „politische" Zeitschrift sein. Treues Postulat: „Nur die wissenschaftliche Arbeit übt auch, ihrem zeitlosen Charakter entsprechend, eine wirkliche Dauerwirkung aus, während die ‚populär' gehaltene ständig umgeschrieben und modernisiert werden muß und damit von vornherein alle Merkmale des Flüchtigen, an den Tag, die Saison, das Jubiläumsjahr Gebundenen trägt." Zit. *Treue*, Zeitschrift, S. 10.

1612 Hundhausen an Reusch, 3.3.1971, HAKrupp, WA 190/1.

1613 Ehrhard Reusch an Treue, 9.12.1971, HAKrupp, WA 190/1.

1614 S. Kap. 2.8.

1615 S. *Treue*, Zeitschrift.

1616 Speer war Historikern gegenüber sehr gesprächsbereit. In einem Gespräch mit dem Historiker Gustav Hermann Seebold, 1978, soll Speer sogar geäußert haben: „Es bestand von seiten der Firma Krupp keine große Neigung, sich in der Rüstung zu stark zu engagieren." Zit. n. *Stenglein*, S. 122 f.; s. zur Beziehung von Treue und Speer *Brechtken*, S. 436 – 441.

1617 Ernst Wolf Mommsen war Jurist, Beamter und Manager. Nach dem Studium war er zunächst bei der Reichsgruppe Industrie beschäftigt. Unter Speer stieg er bis zum Hauptabteilungsleiter auf. Zu Kriegsende wurde er verhaftet, kam 1946 aber frei. Mommsen wandte sich wieder der Schwerindustrie zu, war zunächst bei Klöckner, dann bei den Rheinischen Röhrenwerken tätig. Zwischen 1970 und 1972 war er Staatssekretär im Verteidigungsministerium, dann wechselte er ins Bundeswirtschaftsministerium und dann ins Finanzministerium. Zwischen 1973 und 1975 war

reich darin, seine eigene NS-Geschichte umzudeuten.[1618] In Speers 1969 veröffentlichten „Erinnerungen" kamen die meisten Industriellen gut weg. Sie kamen nur am Rande vor – und Krupp, sowohl das Unternehmen als auch Alfried Krupp persönlich – wurden gar nicht thematisiert, was angesichts des ‚Speer'schen Rüstungswunders' einigermaßen erstaunt.[1619] Speer schrieb Mommsen, seinen Mitarbeiter aus Kriegstagen, an und informierte ihn, dass Treue großes Interesse an der „Durchführung dieser Arbeit" habe. Ob es nicht eine Möglichkeit für eine Zusammenarbeit gäbe?[1620] Treue aktivierte darüber hinaus mit Ernst Coenen nicht nur eine Finanzierung für das Vorhaben durch die Fritz Thyssen Stiftung, sondern auch einen weiteren alten Bekannten, der sich an Mommsen wandte und für Treue verwendete.[1621] Beitz allerdings notierte für seine Verhältnisse drastisch „Erpressung" an den Rand der Anfrage und lehnte jede Zusammenarbeit mit Treue ab.[1622]

Zum Jahresende 1975 versuchte Treue es ein letztes Mal. An Beitz gerichtet schrieb er, er habe für die Neue Deutsche Biographie die Krupp-Einträge zu verfassen. Er könne dies auf zwei „Arten" tun: „a) ich schreibe aufgrund der allgemeinen Literatur von Berdrow bis Manchester in zwei Wochen einen durchschnittlichen Text zusammen; b) ich erhalte von Fried. Krupp einen Auftrag, aufgrund sorgfältiger Archiv- und Literaturstudien die besten Biographien zu schreiben, die es über die Familie Krupp in der NDB gibt." Und Treue setzte hinzu: Er werde regelmäßig, auch von ausländischen Kollegen, gefragt, wie man Zugang zum Krupp-Archiv bekommen könne. „Man fragt mich, weil ich zurzeit in der Bundesrepublik der führende Wirtschaftshistoriker und der bekannteste Unternehmens-Historiker bin." Treue schlug Beitz vor, die bei Krupp eingehenden Benutzungsanträge zu prüfen, das Thema und auch die „Persönlichkeit des Antragsstellers" einzubeziehen und eine Empfehlung für das Unternehmen auszusprechen. Er fuhr fort: „Mit dem Krupp-Archiv ist es wie mit den DDR-Archiven: sie haben natürlich viel zu verschweigen […]."[1623] Das kam denkbar schlecht an. Beitz weigerte sich, überhaupt zu reagieren. Keinesfalls, so formulierte Hundhausen in einem Aktenvermerk, lasse man sich derart unter Druck setzen.[1624] Nicht Beitz,

Mommsen bei Krupp Vorstandsvorsitzender. *G. Milkereit*, Art. Mommsen, Ernst Wolf, in: NDB 18, 1997, S. 28 f.

1618 Mit Blick auf Speers Rhetorik in seinen „Erinnerungen" von 1969 und im Vergleich mit anderen Autobiografien s. *Kremer*; grdl. *Brechtken.*

1619 In Speers Erinnerungen wurden v. a. diejenigen näher beschrieben, die nach 1945 ohnehin ausgestoßen worden waren: Walter Rohland, Fritz Thyssen usw. Vgl. *Speer.*

1620 Albert Speer an Mommsen, 12. 3. 1974, HAKrupp, WA 190/1.

1621 Ernst Coenen an Mommsen, 29. 4. 1974; Beitz an Coenen, 14. 5. 1974, HAKrupp, WA 190/1.

1622 Mommsen an Beitz, 5. 4. 1974, HAKrupp, WA 190/1.

1623 Zit. Treue an Beitz, 9. 12. 1975, HAKrupp, WA 125/7.

1624 Notiz, Hundhausen, o.D. [zu Steiniger und Treue], HAKrupp, WA 125/7.

sondern der Vorstand des Unternehmens antwortete Treue, und zwar zum letzten Mal. Ein Auftrag sei wohl nicht erforderlich; man könne sich nur schwerlich vorstellen, dass ein ranghoher Wissenschaftler wie Treue lediglich einen „durchschnittlichen Text" schreibe. Das Archiv sei gegenwärtig nicht besetzt, man suche aktuell nach einem passenden Archivar. Die von Treue „geschilderten negativen Kommentare Dritter" dürften daher schon bald, nämlich nach der Neubesetzung, „gegenstandslos" werden.[1625]

4.7 Zwischenfazit

Der 1963 von Krupp für die Öffentlichkeitsarbeit verpflichtete Georg-Volkmar Graf Zedtwitz-Arnim versuchte das Unternehmen regelrecht geschichtslos zu vermarkten. Das hatte zwei Gründe. Zum ersten war Zedtwitz-Arnim persönlich ausschließlich an der gegenwartsorientierten PR interessiert und zweitens hatte Hundhausen ihm sein Erfahrungswissen – Hundhausen selbst hatte von Wilmowsky lernen müssen, wie zentral die Geschichte für Krupp war – nicht weitergegeben. So aufschlussreich die in Auftrag gegebene Imagestudie von 1963 auch war, Zedtwitz-Arnim legte sie nach seinen eigenen Überzeugungen aus und bezog sie eigentlich nicht auf die Spezifik des Unternehmens, bei dem er nun beschäftigt war. Er hielt die Geschichte für festgeschrieben und unabänderlich. Genau darin täuschte er sich. Denn die selbstbestimmte Krupp-Geschichte war seit 1903 der fortgesetzte Versuch einer Rückbindung der Geschichte an die Gegenwart. Damit war sie wandelbar und anpassungsfähig. Seit Anfang der 1960er Jahre nahm die Kritik am Geschichtsbild des Unternehmens zu; es kam zu einer von Außenstehenden beförderten Rückkehr der Krupp-Geschichte. Dabei paarte sich die Kritik an der Krupp-Geschichte zunehmend mit der höchst gegenwärtigen Problemlage des Unternehmens und namentlich den Gerüchten um erhebliche Liquiditätsprobleme. Spätestens seit Anfang der 1960er Jahre zeigte eine ganze Reihe von kritischen Veröffentlichungen, Gordon Youngs „The Rise and Fall of Alfried Krupp", Rudolf Amelunxens „Ehrenmänner und Hexenmeister" und auch Gabriel Fieldings „Birthday King", einen Deutungswandel an, der als Synchronisierungsimpuls im Unternehmen hätte gelesen werden können. Zedtwitz-Arnim reagierte, das aber gegenwartsbezogen. Eine eigene und verteidigende Geschichtspolitik entwickelte er nicht, obschon Wilmowsky weiterhin über das Geschichtsbild wachte und warnte.

1625 Vorstand der Fried. Krupp GmbH an Treue (Durchschlag Beitz, Vollrath, Zedtwitz-Arnim und Reinhold), 17.2.1976, HAKrupp, WA 125/7.

Es wäre falsch, die von William Manchester Mitte und Ende der 1960er Jahre vorgenommene Verknüpfung von Vergangenheit und Gegenwart des Unternehmens als neu zu bewerten. Tatsächlich hatte es, zumindest in Ausschnitten, die von Manchester angeführten Überlegungen, Ausführungen und Darstellungen bereits gegeben. Neu war, dass seine Deutung als geschlossene Geschichte, vom Unternehmensanfang bis in die jüngste Zeit der Gegenwart, angelegt war. Zudem wurde Manchesters „The Arms of Krupp" just publiziert als die Tradition des Unternehmens Krupp an ihr Ende gekommen war. Der letzte Eigentümerunternehmer war verstorben und das Unternehmen in den Stiftungsbesitz sowie gesellschaftsrechtlich in eine Form überführt, deren Organe den Gremien einer AG entsprachen. Der zunächst einzige Eigner sämtlicher Geschäftsanteile der Fried. Krupp GmbH war die gemeinnützige und mit dem Vermögen von Alfried Krupp gegründete Alfried Krupp von Bohlen und Halbach-Stiftung. 1968 wurde dann auch der nie umgesetzte Entflechtungsplan aufgehoben. Ulrich Herbert urteilte: „Mit dem in der Presse damals stark beachteten ‚Fall Krupp' wollte man in der Öffentlichkeit wie bei den Bankern aber mehr zu Grabe tragen als nur eine mittlerweile unrentabel gewordene Unternehmensform. Hier sollte auch ein Mythos begraben werden". Damit hatte Herbert recht. Der Nachsatz allerdings: „denn der Name Krupp weckte je nach Standort die unterschiedlichsten Erinnerungen. „Krupp" stand für Monopolkapitalismus und Rüstungsbetrieb, für überdimensionierte Größe und für die Verbindung von Großkapital und Faschismus, erinnerte an Kriegsverbrecherprozesse, Demontage und Zwangsarbeiter„[1626], der traf eben erst ab 1968 wirklich zu. Manchesters Darstellung wurde just in dem Moment veröffentlicht, als der ‚Mythos Krupp' gesellschaftsrechtlich ans Ende kam und gleichzeitig die bei allen Unterschieden feststellbare „diskursive Vorherrschaft konservativer Positionen" abgelöst wurde.[1627] Erst jetzt war Krupp endgültig in der Gegenwart angekommen. Dass diese Deutung der Krupp-Geschichte bei der westdeutschen Öffentlichkeit noch nicht ankam, hatte nicht zuletzt etwas mit dem sich wandelnden Verhältnis der Gatekeeper zur Öffentlichkeit zu tun. Kritik am zeitgenössischen und „pseudodemokratischen" Elitarismus im Journalismus kamen gerade erst auf. Und für die Wirtschaftsjournalisten galt: „Die Zeitungen haben es versäumt, ihren Wirtschaftsteil dem Wandel unserer Gesellschaft anzupassen."[1628] Die Vorstellung von den Möglichkeiten einer „manipulierten Öffentlichkeit" wurde eben erst Ende der 1960er Jahre wirklich populär.[1629]

1626 Zit. *Herbert*, Kruppianer, S. 233.

1627 Zit., *Schildt*, S. 53.

1628 Zit. *Glotz/Langenbucher*, S. 76.

1629 *Hodenberg*, S. 361–439.

5 Fazit

> Wir sollten uns davor hüten, die moderne Redewendung von der Machbarkeit der Geschichte pauschal zu verwerfen. Die Menschen sind für ihre Geschichten, in die sie verstrickt werden, verantwortlich, gleich ob sie schuldig sind an den Folgen ihres Tuns oder nicht. Es ist die Inkommensurabilität zwischen Absicht und Ergebnis, für die die Menschen einstehen müssen, und das verleiht dem Diktum vom Machen der Geschichte einen hintergründig wahren Sinn.[1630]
>
> Reinhart Koselleck, 1979

Lange Linien: Phasen der Krupp'schen Geschichtspolitik

Zwischen 1903 und 1944 wurde die Geschichte bei Krupp als Asset, als Aktivum und Vermögenswert, entdeckt. Stimuliert wurde das durch einen erheblichen Publizitätsdruck, der sich nach dem Tod von Friedrich Alfred Krupp nicht mehr ohne Weiteres zurückdrängen ließ. Denn mit seinem Tod fehlte die zentrale Repräsentationsfigur. Die initiale Sammlung und Ordnung von ‚historischem Stoff', die Aufbereitung und dann auch die Versprachlichung der Geschichte war zunächst orientiert an strenger ‚Objektivität'.[1631] Unerlässliche Voraussetzung und zugleich Ausdruck des historischen Bewusstseins von Management und Familie war die Gründung, Ausstattung und Pflege des Krupp-Archivs. Mit den ersten Darstellungen wurden Externe beauftragt. Schon hier wurde dem Management aber bewusst, dass zwischen der im Unternehmen tradierten Erinnerung und der objektivierten Vergangenheit erhebliche Unterschiede bestanden. Diese Lehre wurde nicht zuletzt aus der Arbeitsbeziehung von Krupp mit Richard Ehrenberg gezogen. Statt für eine von beauftragten Externen formulierten Krupp-Geschichte, entschied man sich daher für Wilhelm Berdrow, den man schließlich fest anstellte und auf strenge Sachlichkeit verpflichtete. Von einer Geschichtsklitterung kann keine Rede sein. Berdrow gewichtete durch Schwerpunktsetzung und Auslassung, nicht durch Umdeutung. Die erste von Berdrow vertextete und dann veröffentlichte Krupp-Geschichte, Krupp 1812–1919, war dicht, sachlich und einwandfrei belegbar.

Eine Chronoferenz im Sinne Landwehrs bedeutete das Ende des Ersten Weltkriegs. Gustav Krupp und Berdrow versuchten sich während der gesamten 1920er Jahre daran, die in der wilhelminischen Zeit vertretene Krupp-Geschichte mit der wandlungsintensiven Gegenwart zu verknüpfen und in einer anschlussfähigen Form zu versprachlichen. Sie scheiterten. Krupp misslang das Festhalten an

1630 *Koselleck*, Vergangene Zukunft, S. 276.
1631 S. Kap. 2.4.

 https://doi.org/10.1515/9783111207193-005

‚Objektivität' und die Standortbestimmung des Unternehmens in der neuen Gegenwart. Es gelang daher nicht, die eigene Geschichte anzuschließen an die Weimarer Republik mit ihrem grundlegend veränderten normativen Rahmen. Dagegen gelang die Verknüpfung der unternehmenseigenen Krupp-Geschichte aus der Kaiserzeit mit der NS-Zeit deutlich reibungsloser.

Bemerkenswert ist, dass während der NS-Zeit, weniger aber während der Weimarer Republik, die ersten kritischen Krupp-Geschichten von Außenstehenden veröffentlicht wurden. Krupp reagierte keineswegs auf jede kritische Geschichtsnutzung. Besonders auf sozialdemokratisch vorgebrachte Deutungen, argumentativ für Krupp lange bekannt und schon im Kaiserreich weitgehend ignoriert, wurde kaum reagiert. Was Krupp in der eigenen und als exklusiv verstandenen Deutungsmacht schließlich herausforderte und zum Handeln bewegte, war die sozialromantische Trivialisierung der Unternehm*er*geschichte. Hier zeigte sich, dass die vom Unternehmen während des Kaiserreichs verbreitete Krupp-Geschichte eine Beharrungskraft ausgebildet hatte, und zwar eine, die das Unternehmen nicht mehr umfassend beherrschen konnte. Krupp gab als Reaktion eine gezielt populäre Entgegensetzung bei Berdrow in Auftrag. Berdrows Darstellung wurde dann aber nicht als Substitut für die trivialisierte Krupp-Geschichte verstanden, sondern sie wurde mit der Veröffentlichung von Bernhard Menne in Beziehung gesetzt. Das war misslich: Berdrows Buch war zwar richtig, aber seicht und eng auf Alfred Krupp als Sonderfall bezogen. Mennes 1937 veröffentlichte Auslegung der Krupp-Geschichte dagegen kennzeichnete ein auch klar formulierter übergeordneter Interpretationsanspruch. Menne schrieb dem Unternehmen sehr viel mehr (und negativ bewertetes gesamtwirtschaftliches und politisches) Gewicht zu. Im „Dritten Reich" wurde das kaum zur Kenntnis genommen, auf Resonanz stieß Mennes Interpretation im Ausland, besonders in Großbritannien und den USA. Insgesamt hat Krupp seit der Zwischenkriegszeit langsam, verstärkt aber zu Beginn der NS-Zeit ein Stück der Deutungsmacht über die eigene Geschichte verloren.

Krupp hat sich geschichtspolitisch keineswegs vollends der NS-Ideologie unterworfen. Obwohl Gustav Krupp rassistische Stereotype aufnahm und damit die Möglichkeit der NS-Ideologie nutzte, um seinen eigenen Rang in der Krupp-Dynastie zu reklamieren, wäre die Annahme einer radikalen NS-Geschichtspolitik des Unternehmens verfehlt. Gustav Krupp persönlich ging es um die öffentliche Begründung, zunächst für sein Handeln im Ersten Weltkrieg, dann für seine Haltung in der Weimarer Republik. Er versuchte die Interpretationsräume, die sich geschichtspolitisch boten, zu nutzen und dabei einen eigenen und starken Stand des Unternehmens herauszustellen. Die Unterstützung der KRIEGSWIRTSCHAFTSGESCHICHTE, die von Krupp selbst nicht initiiert wurde, macht das sehr deutlich: Hier ging es Krupp nicht etwa um Unterordnung, sondern ganz anders darum, mit Wilhelm Treue einen ‚Gegenanwalt' für die Interessen Wirtschaft zu unterstützen. Treue sollte die Eigenständigkeit und die Bedeutung von Krupp historisch herleiten und in die staatliche, von Hitler selbst autorisierte Geschichtsschreibung einschleusen. Dies, genauso wie der Versuch, eine liberale Biografie über Gustav Krupp schreiben zu lassen, war motiviert von einem in die Zukunft weisenden Geltungsanspruch. Die Arbeit an der Geschichte war aber nicht mehr durch größtmögliche Objektivität charakterisiert, sondern bezweckt war eine selbstbestimmte Anschlussfähigkeit an das NS-System und dann, im Falle der Biografie, an die mögliche, aber unabsehbare nach-nationalsozialistische Zukunft. Diese erste Phase kennzeichnete insgesamt die Vorstellung von einer *machbaren Geschichte*, die ganz wesentlich aus dem Verständnis eines exklusiven Deutungsanspruchs resultierte und darauf fußte, dass sich das erforderliche Archivmaterial in der Hand des Unternehmens befand.

Für die zweite Phase, die nach dem Zweiten Weltkrieg einsetzte und mit dem 150-jährigen Unternehmensjubiläum 1961 abschloss, war die Erkenntnis zentral, dass die Krupp-Geschichte derart öffentlichkeitswirksam war, dass sie sich nutzen ließ, zur Umdeutung des Nachfolge-Prozesses, aber auch zur Verdeckung des Status quo der Gegenwart. Die Krupp-Geschichte erhielt die Funktion einer *retardierenden Geschichte*. Leitend wurde keineswegs eine einfache Ablehnung, ein Verschweigen oder der Versuch der Widerlegung der Anklage des Nürnberger Krupp-Prozesses, sondern die dort juristisch formulierte Wahrheit – die des kriegerischen Unternehmens und seiner Familie – wurde zum Rahmen für die Umdeutung. Krupp schloss an die im Kaiserreich verankerte Krupp-Geschichte an, wie auch die Anklage sich dieser Geschichte bedient hatte, und konnte auf diese Weise den eigenen Geltungsanspruch kommunizieren und die Krupp-Geschichte umdeuten. Mit insgesamt drei Veröffentlichungen wurden dabei zunächst die Politik, dann die allgemeine westdeutsche Öffentlichkeit und schließlich auch die englischsprachige Öffentlichkeit über diese Wahrheit informiert. Verstärkt wurde nun auf die Auswahl passender Autoren gesetzt. Denn insbesondere Wilmowsky erkannte die Bedeutung des Renommees der ausgewiesenen Verfasser für die Glaubhaftigkeit der Krupp-Geschichte. Genau das war aber auch ein substanzielles Problem, denn für keines der drei Vorhaben konnte der Wunschverfasser beauftragt werden. Die schließlich ausgewiesenen Autoren, Wilmowsky selbst, Gert von Klass und Louis Lochner waren nur Behelfslösungen. Wilmowsky als Kronzeuge, mit seiner Erfahrung in der ‚Opposition', der authentisch an der ‚deutschen Katastrophe' interessierte Romanautor Klass und der bekannte US-amerikanische Korrespondent der NS-Zeit Lochner bemühten sich,[1632] ihren Deutungen qua Reputation Wahrhaftigkeit zu verleihen. Besonderen Erfolg hatte die Ausarbeitung von Klass. Wilmowskys Buch und das von Lochner waren dagegen deutlich schwerer zu verbreiten. In allen

1632 S. Kap. 3.2–3.4.

drei Veröffentlichungen wurde Gustav Krupp zum unpolitischen Treuhänder für die NS-Zeit stilisiert, während sein Sohn, Alfried Krupp, zum ahnungslosen Lernenden verklausuliert wurde, der die ‚Verantwortung' schuldlos und über das Kriegsende hinaus zu tragen hatte.

Mit der Wirkung seiner etwaigen Rolle und seiner Bedeutung als Eigentümer hatte Alfried Krupp sich selbst und noch in der Haft auseinandergesetzt. Mit seiner Begnadigung wurde die neue Lesart strategisch eingesetzt und in die nun ausgeweitete Öffentlichkeitsarbeit integriert. Die geschichtspolitische Aktivität wurde darüber hinaus professionalisiert und in das strategische Zentrum des Konzerns verlagert. Carl Hundhausen formalisierte Vorgaben, die durch stetige Wiederholung ihre Wirkung entfalten sollten, etwa die Festschreibung der Relation von rüstungs- und ziviler Fertigung, obschon eine derartige Relation sich überhaupt nicht quantifizieren ließ, wie Hundhausen auch sehr genau wusste. Über gezielte Maßnahmen wurde die Krupp-Geschichte zitierfähig, den westdeutschen Schülern regelrecht eingeimpft und auch in den USA verbreitet. Alle von Hundhausen und seiner bezahlten Publicity verbreiteten Krupp-Geschichten waren eine Fortführung und Zuspitzung der Konzeption, die maßgeblich von Wilmowsky entwickelt worden war. Erfolgreich war das insbesondere deshalb, weil die Krupp-Geschichte, die vor 1945 verankert worden war, schon lange massenwirksam gewesen war. Die selbsthistorisierte Geschichte ließ sich glaubhaft verbreiten, weil sie auf der altbekannten Krupp-Geschichte aufsetzte, dabei Teile aus der Anklage des Nachfolge Prozesses verarbeitete und das Unternehmen dieserart an die Gegenwart anschloss. Die Gegenwart, das war in dieser Sicht der schuldlose und echte Alfred Krupp-Nachfolger Alfried Krupp. Die Komplexitätsreduktion der Krupp-Geschichte und auch der einhergehende eher nachlässige Umgang mit den Fakten stieß dabei auf Widerstand, und zwar insbesondere den des Managements. Deutlich wurde das besonders bei der konzerninternen Rückmeldung auf die ‚Festschrift' für das Jubiläum, für die Hundhausen fand, sie müsse als unabhängiges Verlagserzeugnis erscheinen.[1633] Mit Gert von Klass war dabei ein Autor gewählt worden, der sich für Krupp bereits bewährt hatte. Allein, die Öffentlichkeit und auch Krupp hatten sich inzwischen verändert, wie das Management auch klar identifizierte. Der pathetisch-nationale Stil von Klass stieß inzwischen negativ auf. Das Buch floppte, die Jubiläumsinszenierung aber gelang. Mit dem Jubiläum versuchte Krupp, die Geschichte 1961 öffentlichkeitswirksam festzuschreiben und gleichzeitig abzuschließen. Zwischen der präsentierten Geschichte und der Realität klaffte aber eine Lücke. Alfried Krupps Vorgaben an die Entwicklung des Unternehmens waren derart einschränkend, dass Krupp keineswegs ein Phoenix AUS SCHUTT UND ASCHE war, wie der Buchtitel von

---

1633 S. Kap. 3.8.

Klass' Krupp-Geschichte nahelegte, sondern tiefgehende strukturelle Probleme hatte.

In der dritten Phase, die 1961/62 begann, zog Krupp sich geschichtspolitisch zurück. Da die Kupp-Geschichte durch das Jubiläum auch von politischer Seite, etwa von Theodor Heuss, bestätigt worden war, das Unternehmen aber erhebliche Probleme hatte, wurde der Übergang in der Führung der Stabsabteilung von Hundhausen auf Georg-Volkmar Graf Zedtwitz-Arnim dazu genutzt, die Mittel für die Öffentlichkeitsarbeit und die bezahlte Publicity zu kürzen. Zedtwitz-Arnim richtete seine Öffentlichkeitsarbeit auf die Pressearbeit aus, auch erkannte er die Bedeutung der jahrzehntelangen Selbsthistorisierung für das Unternehmensimage nicht. Die zunächst verhaltene, sich dann aber verstärkende Umdeutung der Krupp-Geschichte durch unabhängige Autoren nahm er weder als zentral wahr, noch ging er geschichtspolitisch gegen die sich in der Gesellschaft verschiebende Deutungslinie vor. Für Zedtwitz-Arnim zählte die Gegenwart, aber nicht die Geschichte, die er für feststehend hielt, nicht aber als wandelbar verstand. Zedtwitz-Arnim schätzte den Anspruch des Vorhabens von William Manchester und auch den Journalisten deshalb falsch ein. Ihm blieb, angesichts der *zurückkehrenden Geschichte,* nur der Versuch der Schadensbegrenzung. Auch sie gelang nur halb, nicht zuletzt, weil es versäumte, Arndt von Bohlen und Halbach über das Krisenmanagement zu informieren. Mit der zeitlichen Koinzidenz der Stiftungsgründung, dem Tod von Alfried Krupp, dem Ansehen, das Manchester inzwischen genoss, und dem Zeitpunkt der Veröffentlichung von THE ARMS OF KRUPP kam die aktive Geschichtspolitik des Konzerns ans Ende. Die Reaktion des Unternehmens und der Stiftung auf Manchesters Geschichtsdeutung war ein Verstummen. Krupp reagierte auf den Verlust der Deutungsmacht mit Passivität.

Geschichte und Geltung

Die Bedeutung der eigenen Geschichte für Unternehmen und ihr gezielter Einsatz in der Kommunikation mit der Öffentlichkeit ist als Handlungsfeld bisher nur wenig beachtet worden. Von der Wirtschafts- und Unternehmensgeschichte eher am Rande behandelt und von der stärker kulturhistorischen Forschung als Diskurs anvisiert, hatte die Untersuchung von geschichtspolitischem Handeln bislang kaum einen Platz. Für beide Perspektiven gilt das Streben nach Legitimität als zentrale Motivation für die Geschichtspolitik.

Die Untersuchung hat den Versuch unternommen, diese Legitimität prozessual aufzulösen und die Arbeit an der Geschichte als Aushandlungs- und Deutungshandlung zu fassen. *Die* Geschichte wurde damit nicht auf das absolut Vergangene verkürzt, sondern als gegenwarts- und zukunftsrelevant verstanden, und der vorgenommene Deutungswandel über einen langen Untersuchungszeitraum verfolgt. Damit ist für die konzeptionelle Fassung und Untersuchung der Geschichtspolitik neben der ‚Vergangenheitsbewirtschaftung' a priori die Frage nach der Gegenwartsdiagnose und Zukunftsüberlegung zentral. Indem die je zeitgenössische Geschichtspolitik zur Handlung erhoben wurde, ließ sich zeigen, dass die Selbsthistorisierung zwar nicht durchgehend, aber doch in den zentralen Phasen der Unternehmensentwicklung eine strategische, die ökonomische Logik von Krupp betreffende Relevanz hatte und zudem, dass die Deutungsmacht des Unternehmens erheblich war. Das wertet die Kernfragen, die eine im engeren Sinne unternehmenshistorische oder kulturhistorische Perspektive bedeutet hätte, nicht ab, sondern schafft einen analytisch-empirischen Zwischenraum, der integrativ angelegt die interdependente Beziehung zwischen Unternehmen und Öffentlichkeit unter einem neuen Blickwinkel fassbar macht. So zeigt sich: Zu keinem Zeitpunkt war das geschichtspolitische Handeln von Management und Familie willkürlich, im Gegenteil. Die Geschichtspolitik war hochgradig voraussetzungsreich, ohne Archiv und Geschichtskompetenz ging es nicht, und sie setzte zudem ein hohes Reflexionsvermögen der geschichtspolitisch handelnden Akteure voraus, und zwar weil die zuvor verankerten Narrative und Topoi die Weitererzählung der Krupp-Geschichte deutlich einschränkten.

Als hilfreiche Sonde hat sich die Differenzierung von Geltungsansprüchen im Zeitkontinuum aus Vergangenheit, Gegenwart und Zukunft herausgestellt. Ein geschichtspolitscher Akt wird dabei von den Akteuren mit einem Geltungs- und Deutungsanspruch befrachtet: ein Geltungsanspruch, der *richtig* ist, lässt sich überprüfen. Übertragen auf die Geschichtspolitik bedeutet dies, eine Erzählung, ein Gründungsmythos oder auch der vielbeschworene ‚Geist' eines Unternehmens, kann nicht frei erfunden oder von PR-Beratern komponiert werden. Auf dem richtigen Geltungsanspruch aufbauend, muss eine Geschichte zudem *wahr* sein, um Wirkung zu entfalten. Sie muss sich anfügen an das gesellschaftliche Regel- und Normgefüge, um in der Breite adaptiert werden zu können. Auch das war zentral. Besonders Alfred Krupp galt zunächst als ‚technisches Genie', und erst dann als ‚Kanonenkönig'. Zur Zuschreibung eines technischen Innovators kam dann die des sozialen Innovators, aber erst später, nämlich als die Frage in der Gesellschaft virulent wurde. Die gesellschaftlich bereits verbreitete und als richtig geltende Bewertung von Krupp wurde seit 1903 schrittweise erweitert und der jeweiligen Gegenwart angepasst.

Dass dem Unternehmen aber die Einschreibung in die Weimarer Republik nicht gelang, lag – und zwar nicht zuletzt – an dem geänderten normativen Rahmen, der eine Fortführung der Krupp-Geschichte von vor 1914 nicht möglich machte, sondern per se als nicht glaubhaft galt, weil Krupp im Kaiserreich als zentraler Rüstungskonzern wahrgenommen worden war und sich auch selbst als

Rüstungskonzern mit Sonderstatus inszeniert hatte. Bei Krupp sah man sich nicht als irgendein Unternehmen, das auch Rüstungsgüter fertigte, sondern der Sonderstatus, der dem Unternehmen sowohl zugeschrieben als auch von Krupp selbst reklamiert wurde, basierte auf dieser Rüstungspotenz. Deshalb kann die Veröffentlichung Bernhard Mennes auch als zentral gelten, wenn auch die von Menne vorgenommene Deutung erst auf mittlere Sicht erfolgreich war. Es war die neue Einordnung der Krupp-Geschichte, die von Menne formulierte und fundamentalkritische *Wahrheit* der Rüstungsabhängigkeit des Staates von dem Unternehmen, die dem Buch sein Gewicht verlieh. Das Unternehmen wurde von Menne in das Rahmengerüst der neuen Zeit der Weimarer Republik gesetzt und für seinen Militarismus verurteilt. Damit war das, was bis in den Ersten Weltkrieg als positiv, fortschrittlich und ‚deutsch' bewertet worden war, verhängnisvoll und verdammenswert. Obschon erst 1937 veröffentlicht, war das von Menne angelegte Werte- und Normengefüge eindeutig das der Weimarer Republik.

Nach 1933 stellte sich zwar durchaus und erneut eine Chronoferenz zwischen dem Zeitenverständnis des Nationalsozialismus und Krupp heraus, aber sie war zumindest anfangs, und anders als während der Weimarer Republik, für Krupp nutzbar. Die militärtechnische Fortschrittserzählung des späten Kaiserreichs passte zur nationalsozialistischen Wirtschaftspolitik, und zwar je mehr die Aufrüstung und Kriegsvorbereitung auch propagandistisch griffen. Aufschlussreich ist, dass sich seit 1942 die Deutungsabsicht der geschichtspolitisch vorgebrachten *Wahrheit* veränderte. Sowohl das Vorhaben der „Kriegswirtschaftsgeschichte" als auch das Vorhaben einer biografischen „Skizze" von Josef Winschuh zielten auf eine Wahrheit des Unternehmens ab, bei der es um eine Abgrenzung vom Nationalsozialismus ging. Nicht beherrscht und gelenkt von einem totalen Regime, sondern als eigenständig und besonders wollte Krupp wahrgenommen werden.

Überaus bemerkenswert ist dann, dass der Anschluss an die Krupp-Geschichte nach 1945, anders als nach 1918, gelang. Auf dem richtigen und wahren Geltungsanspruch der vergangenen Geschichtspolitik aufsetzend, transportierte die geschichtspolitische Aktivität von Krupp nunmehr einen auf *Wahrhaftigkeit* abzielenden Geltungsanspruch. Dieser Geltungsanspruch konzipierte sich nicht nur durch das historisierte Objekt, die Eigentümer und das Unternehmen, sondern glaubhaft wurde die Krupp-Geschichte jetzt insbesondere durch den ausgewiesenen Erzähler der Geschichte. Das erklärt mit, warum die geschichtspolitischen Aktivitäten des Unternehmens während der Zwischenkriegszeit erfolglos bleiben mussten. Wilhelm Berdrow galt nach dem Ersten Weltkrieg nicht mehr als unabhängiger Chronist, sondern war als publizistisches Sprachrohr des Unternehmens aus der Zeit des Kaiserreichs bekannt. Insofern als seine Reputation in die Zeit vor 1914 verwies, in der der Militarismus gerade dem Rüstungsunternehmen den Rang eines ‚Nationalunternehmens' eingebracht hatte, war die von Berdrow verkörperte

Wahrhaftigkeit nicht mehr zeitgemäß. Anders war die UNION DER FESTEN HAND von Erik Reger für die Ruhrindustrie insgesamt eine problematische Veröffentlichung. Aber Krupp traf sie kaum. Denn Reger nahm Krupp im Vergleich zu den anderen Unternehmern in Schutz, was insofern wahrhaftig wirkte, als Reger das Unternehmen von innen heraus, von seiner eigenen Tätigkeit her, kannte. Die von Krupp vorgenommene Autorenwahl von Josef Winschuh war dann eine gezielte. Winschuh sollte der wirtschaftsliberalen Haltung von Gustav Krupp Glaubwürdigkeit verleihen. Winschuh verfügte über ein Renommee, das Berdrow nicht (mehr) genoss. Hieran anknüpfend war auch die geschichtspolitische Steuerung von Wilmowsky nach dem Krieg keineswegs willkürlich. Sein Netzwerk und sein Bekenntnis, während der NS-Zeit zur ‚Opposition' gezählt zu haben, war ganz wesentlich für den Erfolg seiner Konzeption der Krupp-Geschichte. Sie machte den Anspruch, die Krupp-Geschichte auch wahrhaftig vorbringen zu können, erst plausibel und anschlussfähig. Das wäre mit der ausgewiesenen Autorenschaft von Ernst Rudolf Huber oder einem der Verteidiger im Nachfolgeprozess Nr. X nicht der Fall gewesen. Wilmowskys Krupp-Geschichte überzeugte nicht nur die Experten, auf die sein Büchlein abgezielt hatte, sondern auch die allgemeine Öffentlichkeit, aber erst als Gert von Klass die geschichtspolitische Konzeption von Wilmowsky, ohne die Möglichkeit einer quellenfundierten Prüfung ausschrieb und dabei einen Stil anlegte, der für die von der Propaganda der NS-Zeit geprägten Öffentlichkeit verständlich und eingängig war. Wilmowskys Konzeption lässt sich dabei weder als Beschweigen noch als Wiederlegung des Nürnberger Nachfolgeprozesses charakterisieren. Vielmehr griff Wilmowsky die Argumentation der Anklage des Nürnberger-Nachfolgeprozesses auf und verband sie mit der alten, vor-nationalsozialistischen Krupp-Geschichte. Verantwortung wurde dabei nicht diskutiert, sondern über Gustav Krupp buchstäblich und narrativ abgeleitet. Dieser hatte laut Wilmowsky die Verantwortung, als ‚Treuhänder' aber hatte er die Lage nicht überblickt. Diese Setzung machte den Weg frei für das Narrativ vom unpolitischen und ungelernten Alfried Krupp. In den USA funktionierte das nicht. Das lag aber nicht an dem mangelnden Renommee von Lochner, sondern daran, dass seine formulierte Wahrheit nicht mit den gesellschaftlichen Bewertungsmaßstäben der USA zusammenpasste. Lochner hatte daraufgesetzt, dass seine Darstellung eine Kontroverse auslösen und sein Ansehen ihn dazu befähigen würde, diese Kontroverse als Sprecher zu führen. Lochners Darstellung eignete sich aber nicht für eine Debatte, sie war zu glatt und zu sehr an eine Logik des Kalten Krieges herangeschrieben, die bei Erscheinen seines Buches bereits Geschichte war. Lochners Darstellung geriet so einseitig, dass sie von etwaigen Kritikern als nicht satisfaktionsfähig galt, was sich daran zeigte, dass TYCOONS AND TYRANT kaum besprochen wurde.

Insgesamt ließ sich zeigen, dass die von Krupp akquirierten Autoren keineswegs willenlose oder einfach nur ‚käufliche' Auftragnehmer waren. Auch sie handelten interessengeleitet und waren sich der Bedeutung ihres Renommees sehr bewusst. Ehrenberg strebte nach einem eigenen Institut, und zwar ohne sich den Positionen der Kathedersozialisten anzunähern oder zu beugen. Winschuh begehrte einen sicheren Unterschlupf bis Kriegsende und setzte auf den Schutz des Unternehmens. Treue suchte einen Raum, in dem er seine Perspektive auf die deutsche Wirtschaftsgeschichte elaborieren konnte, ohne sich selbst im NS-System mobilisieren zu müssen. Klass strebte nach sozialem Aufstieg und Anerkennung in der Vorstellung, nach 1945 einen unverschuldeten Abstieg erlebt zu haben. Lochner strebte nach Kontroverse und wohl auch nach ‚Royalties'.

Gerade die gescheiterten, niemals veröffentlichten geschichtspolitischen Projekte sind für die Bewertung der Geschichtspolitik zentral, denn sie sagen einiges aus über die Gegenwartsdiagnostik der Akteure. Sie machen die reflektierte Einordnung des Normengefüges und den Deutungsanspruch der handelnden Akteure besonders deutlich. Gustav Krupp konnte sich nicht entscheiden, die KRIEGSDENKSCHRIFT zum Ersten Weltkrieg zu veröffentlichen, weil ihm lange unklar blieb, wohin der Nationalsozialismus wirtschaftspolitisch steuern würde und er keine – und womöglich negative – Konsequenz aus der Festschreibung des Verhältnisses von Staat und Wirtschaft riskieren wollte. Später wollte er die Veröffentlichung nicht mehr autorisieren, weil er sich nicht entscheiden konnte, die Geschichte so sehr zu verdrehen, dass sie den Primat des Staates ohne Vorbehalt anerkannte. Winschuh indes wollte die Biografie über Gustav Krupp nicht beenden, um seinen eigenen Ruf kurz vor Kriegsende nicht noch zu beschädigen.

Alle drei Geltungsansprüche wurden mit jeder der von Krupp vorgenommen und unterstützen Publikation reklamiert, aber unterschiedlich gewichtet. Die ‚objektive' Festschrift von Wilhelm Berdrow von 1912 war beinahe ausschließlich auf *Richtigkeit* angelegt. Das war 1912 ein großer Erfolg und für die zeitgenössischen Festschriftenpraxis sicherlich ein Meilenstein, später aber wuchs sich genau dieser Anspruch zum Problem aus. Denn die von ihm präsentierten Fakten ließen sich, und von Krupp nicht beabsichtigt, in andere Normengefüge und Bewertungslogiken übersetzen. Die Romanwelle, die noch im Krieg einsetzte, und in der Krupp thematisiert wurde, weil die Geschichte dicht und aufbereitet verfügbar war, macht das sehr deutlich. Der Anspruch an eine richtige Darstellung verlor nach 1945 an Bedeutung. Bei Hundhausens formalisierter Konzeption sogar erheblich, aber die dieserart umgedeutete Krupp-Geschichte griff und galt auch weiterhin als glaubhaft, weil die vorherige Deutung von Wilmowsky wirkmächtig war, und weil insbesondere die westdeutsche Gesellschaft für eine stärker analytische Sicht auf den Nationalsozialismus noch nicht bereit war. Erst seit dem Übergang zu den 1960er Jahren deutete sich ein Wandel der zementierten Meinungsstrukturen an, der multiple Beförderer hatte, und im Kern auf ein neues Normen- und Deutungsgefüge hinauslief und dabei die Wahrhaftigkeit der Krupp-Geschichte, insbesondere die ihres Eigentümers, zur Disposition stellte.

Geschichtspolitische Akteure

Die Arbeit an der Krupp-Geschichte wurde von Unternehmensseite beinahe durchgehend betrieben, changierte dabei aber zwischen Eigentümer bzw. Eigentümer-Vertreter und Management. Einzig am Ende des Zweiten Weltkrieges wurde von Gustav Krupp und vom Management gleichzeitig mit und an der Krupp-Geschichte gearbeitet. Damit wird deutlich, dass Eigentümer und Management durchaus nicht in allen Fragen an einem Strang zogen, die Ziel- und Strategieüberlegungen für das Unternehmen mitunter sogar weit auseinanderklafften. Das zeigte sich bereits bei der Denkschrift von 1875 zur GESCHICHTE DER KANONE, die Alfred Krupp erstellt und verbreitet wissen wollte, während seine Prokura dringend davon abriet. Für die Familie Krupp war die Pflege der Unternehm*er*geschichte auch nach innen, und, insbesondere dem Management gegenüber, von einiger Bedeutung, ging es doch darum, die Familie bzw. den Eigentümer als ausschlaggebendes und strategisches Entscheidungszentrum zu positionieren. Dafür war der fortwährende Rückbezug insbesondere auf Alfred Krupp zentral. Das Management dagegen befürwortete die starke Fokussierung auf den Eigentümer nicht, sondern wünschte sich eine stärkere Betonung der Leistungsfähigkeit des Unternehmens und damit auch eine Geschichtsschreibung über das Management. Aber erst 1964 wurde eine Managerbiografie über einen Krupp-Direktor veröffentlicht. Mit Otto Wiedfeldt war das bezeichnenderweise die Biografie eines Direktors der 1920er Jahre, der sich in der großen und zeitgenössisch strategischen Frage, dem Beitritt von Krupp in die Vereinigten Stahlwerke, nicht gegen den Eigentümervertreter Gustav Krupp hatte durchsetzen können.

Für eine Einordnung der Geschichtspolitik von Krupp ist die Vorstellung von einem Kollektivsingular „Krupp“ deshalb unbedingt aufzulösen. Es war gerade die Fassung des Unternehmens als eigentümergeführt und managementgeleitet, die zu der ausgeprägten und starken geschichtspolitischen Aktivität im Untersuchungszeitraum führte. Die Motivstrukturen hinter der geschichtspolitischen Aktivität sind dabei zu unterscheiden. Das Management bearbeitete die Geschichte kalkuliert und stärker gegenwarts- und geschäftsorientiert. Demgegenüber sahen sich die Familienmitglieder, die sich mit der Geschichte befassten, persönlich betroffen. Ihr Umgang mit der Geschichte war zuvorderst eine reflexive Standortbestimmung und erst dann berechnend. Alfried Krupp allerdings stach hierbei heraus: Sein Umgang mit der Krupp-Geschichte war selbstreflexiv, zielgerichtet und strategisch.

Die Langzeiterfolge der Geschichtspolitik von Management und Familie sind eindeutig: Im Grunde genommen ging der substanzielle Umbau des Konzerns sowohl nach dem Ersten als auch nach dem Zweiten Weltkrieg an den wirtschaftsjournalistisch Berichtenden und Bewertenden vorbei, während die unternehmenseigene Krupp-Geschichte im 20. Jahrhundert fester und vitaler Teil des kollektiven Gedächtnisses wurde. Zu kurz greift hierbei die Vorstellung von einem mythenevozierenden Diskurs, der sich in „Krupphasser" und „Kruppverehrer" unterteilen ließe.[1634] Nicht zuletzt deshalb, weil damit von der engagierten Beteiligung von „Krupp" abstrahiert wird. Viele ‚Kruppverehrer' waren in die Geschichtspolitik des Unternehmens eingebunden, mal direkt – wie Wilhelm Berdrow – mal vermittelter und absichtlich als außenstehend vermarktet, aber dennoch gebunden – wie Louis Lochner oder Gert von Klass. Für die ‚Krupphasser' gilt im Übrigen ähnliches, auch wenn für sie, aus Mangel an entsprechender Überlieferung, mit mehr Vorsicht zu urteilen ist. Im Falle von Manchester aber wird dies sehr deutlich, als ‚red-blooded American hero' wurde er gezielt auf das Thema der ‚Big Berthas' angesetzt.[1635] Sein Thema war nicht der militärische Fortschritt und dessen Folgen, die technische Entwicklung und ihre Folgen oder die betriebliche Sozialpolitik. Manchesters Thema war das Verhältnis von Wirtschaft und Staat in Deutschland, die er als unabänderliche und verhängnisvolle Symbiose deutete, was von Harry Sions auch genauso bezweckt worden war.

Das geschichtspolitische Handeln bei Krupp war durchgehend begleitet von einem konkreten und im Ergebnis, also der Veröffentlichung, nicht mehr erkennbaren Austausch von Deutungsüberlegungen, der Abschätzung von erwartetem Zuspruch, Verkauf und eingesetztem Renommee. Deshalb ist es methodisch unersetzlich, nicht nur die Publikationen selbst, das Ergebnis, zu analysieren, sondern auch, wo denn möglich, den Prozess der Entstehung empirisch nachzuverfolgen. In den Aushandlungsprozessen *vor* der Veröffentlichung zeigt sich die Auseinandersetzung der geschichtspolitischen Akteure, bilden sich Motive, Gegenwartsbewertung und Erwartungen an die Zukunft ab. Spezifisch motiviert waren alle hier weitergehend behandelten Akteure, ob sie den Ruf des Unternehmens bewahren oder das Unternehmen diskreditieren wollten. Das ist wesentlich. Das Ergebnis ist also nicht, dass eine persuasive Beeinflussung nur von Krupp verfolgt wurde, sondern das galt für die anderen, kritischeren Akteure im Feld ebenso.

1634 Mit Bezug auf *Friz, Lehming*, Zit. S. 212.
1635 S. Kap. 4.3.

Unternehmen und ihre Arbeit an der Geschichte im Vergleich

Die aktive Geschichtspolitik von Krupp stellte im 20. Jahrhundert sicherlich ein Extrem dar. Davon aber, dass andere, besonders große und in der Öffentlichkeit stehende Unternehmen, keine eigene Geschichtspolitik betrieben haben, ist nicht auszugehen. Zwar stehen hier umfassendere Untersuchungen noch aus, für einzelne Zeitabschnitte lassen sich aber durchaus Vergleiche zu anderen Unternehmen und ihren geschichtspolitischen Vorhaben vornehmen.

Die Krupp-Geschichte besaß Strahlkraft; das sahen nicht nur Journalisten und Autoren, sondern auch andere Industrielle, so etwa bei Thyssen. In den 1960er Jahren scheiterte Hans-Günther Sohl an der Spitze des Thyssen-Konzerns mit der Verankerung einer unternehmenseigenen und wirkmächtigen Geschichtspolitik. Sohl brachte seine Deutung der Thyssen-Geschichte nicht in den Aushandlungsprozess ein, sondern verzichtete auf inhaltliche Vorgaben. Einzig, dass er sich selbst, obschon Manager, als eigentlichen Erben des Konzerngründers August Thyssen sah, stand für ihn fest.[1636] Das bei Thyssen erst zu Beginn der 1960er Jahre eingerichtete Archiv war aber, auch personell, nicht in der Lage, diese sinnhafte Lücke in der eigenen Geschichtsdeutung abzufedern. Denn bei Thyssen fehlte der Gründungsmythos. Zudem war das Unternehmen, anders als Krupp, 1926 aufgeteilt worden. Den einen und durch die Familie zusammengehaltenen Thyssen-Konzern gab es seit 1926 nicht mehr. Ein Geschichtsbewusstsein gab es aber schon. Während der NS-Zeit hatte man Walter Däbritz damit beauftragt, eine Geschichte der Vereinigten Stahlwerke, in die Fritz Thyssen seinen Erbteil eingebracht hatte, zu verfassen. Däbritz hatte das Vorhaben aber nicht abgeschlossen.[1637] Mit Däbritz war ein Wissenschaftler ausgesucht worden, daran schloss man zu Beginn der 1960er an. Der mit der Ausarbeitung der Thyssen-Geschichte beauftragte „sachkundige" Wilhelm Treue war allerdings nicht bereit, den tragenden Erzählbogen der Thyssen-Geschichte zu entwickeln.[1638] Für Treue war Thyssen deshalb ein interessanter Gegenstand, weil er seine Quellenfunde in die zu der Zeit geführte Fischer-Kontroverse einbringen und sich als Wirtschafts- und Unternehmenshistoriker in der Politikgeschichte profilieren wollte. Das lässt sich mit Ehrenbergs Interesse zu Beginn des 20. Jahrhunderts durchaus vergleichen: Zu seiner Zeit war es die soziale Frage und die Einschaltung des Staates in die Sozialpolitik, die diskutiert wurde und an der er sich mittels der Quellenfunde aus dem Krupp-Archiv beteiligen wollte. Auch die Position von Ehrenberg und Treue im wissenschaftlichen Feld lässt sich

1636 *Roelevink*, Narrative Transformation, S. 214; anders *Markus*, S. 192–243.

1637 Typoskripte von Däbritz, ThyssenKrupp Corporate Archives, Duisburg (TKA), A/15500, A/15506, A/1741, A/1782, A/1724.

1638 *Roelevink*, Narrative Transformation, Zit. S. 204.

vergleichen. Beide gehörten eher zu den Außenseitern ihrer Profession. Treue und der Thyssen-Konzern gerieten schließlich in einen Konflikt, als es um die Einordnung von Fritz Thyssen in der NS-Zeit ging. Der entsprechende Teilband wurde am Ende von Journalisten geschrieben, Treue aber als Autor des Bandes aufgeführt. Thyssen hatte die Entwicklung der eigenen Thyssen-Geschichte mit der Wahl von Treue in außenstehende und nur schwer beeinflussbare Hände gegeben. Das war bei Krupp nur der Fall, als mit der Arbeit an der eigenen Geschichte begonnen wurde.

Ein Vergleich von IG-Farben i.L. und Krupp im Umgang mit der NS-Vergangenheit zeigt anderes. Der maßgebliche Unterschied lag in der gegenwärtigen Lage nach dem Zweiten Weltkrieg. Der IG-Farben-Konzern, der während der NS-Zeit ebenfalls besonders aktiv und tief in die Rüstungswirtschaft integriert war, wurde nach dem Krieg zerschlagen. Die Nachfolgegesellschaften der IG-Farben waren im Kern die Gründergesellschaften des 1925 gegründeten Trusts. Sie, v. a. Bayer und die BASF,[1639] konnten damit an die unternehmenseigenen Fortschrittsgeschichten, die sie bis 1925 gepflegt hatten, anknüpfen. Die Jahre seit 1925 und die NS-Zeit ließen sich dagegen auf die IG-Farben als „riesige schwarze Krake“[1640] konzentrieren und in der eigentlichen und für die Unternehmen sinnhaften Unternehmensgeschichte marginalisieren. Nach dem Krieg und nach der Aufteilung der IG-Farben konnten die Nachfolgegesellschaften deshalb stärker auf gegenwartszentrierte Repräsentationsmaßnahmen setzen und waren eher in der Lage als Krupp, wo sich mit Alfried Krupp eine Kontinuität in Eigentum und Führung einstellte, die eigene NS-Unternehmensgeschichte aus der Öffentlichkeit herauszuhalten. Für Krupp war eine Verschiebung der Verantwortung in dieser Weise nicht möglich.[1641]

Man ginge fehl, die Geschichtspolitik von Unternehmen auf die Zeit nach 1945 zu datieren und damit die Arbeit an der Geschichte auf eine Umgangsstrategie mit der NS-Zeit zu reduzieren. Dass die Geschichtsvermarktung eine Möglichkeit war, etwa mit der politischen Elite zu kommunizieren und dieserart Geltung zu reklamieren, kam schon früher vor. Darauf verweist nicht zuletzt die vom Ruhrbergbau in Auftrag gegebene und 1936 veröffentlichte Emil-Kirdorf-Biografie. Sie hatte den Zweck, die Loyalität der Ruhrindustriellen zum Regime herauszustellen und dabei auf die Fähigkeit der Selbstorganisation der Unternehmen hinzuweisen.[1642] Dieses Beispiel weist auf Gemeinsamkeiten, aber auch auf einen Unterschied hin: Die Industriellen im Bergbau-Verein wollten mit der Biografie einen Beleg für ihre eigene

1639 *Brünger*, Geschichte und Gewinn, S. 100 u. 103.

1640 So ein US-amerikanisches und in Analogie zu Standard Oil gestaltetes Pamphlet von 1942. Ebd., Zit. S. 63.

1641 S. *Roelevink*, Getrennter Wege?.

1642 S. *Roelevink*, „Volkstümliche“ Biographie.

politische Zuverlässigkeit festschreiben. Dieses Interesse verfolgte Krupp zwischen 1933 bis etwa 1942 ebenfalls. Bei Krupp aber war die Geschichtspolitik zu diesem Zeitpunkt die persönliche Angelegenheit des Eigentümers und nicht lediglich ein nach außen kommuniziertes Feigenblatt des Managements oder eine Angelegenheit, die man Interessenverbänden überließ.

Die Geschichte wurde aber noch früher eingesetzt. Die unternehmenseigenen Geschichtsdarstellungen von Banken und Versicherungen im ausgehenden 19. Jahrhundert etwa bezweckten die Stiftung von Vertrauen.[1643] Krupp agierte zu diesem Zeitpunkt aber anders. Die Auftritte auf den Gewerbe- und Weltausstellungen waren nicht in erster Linie als vertrauensbildende Maßnahmen konzipiert, sondern sollten die überlegene technische Leistungsfähigkeit des Unternehmens herausstellen. Anders als Versicherungen und Banken, die in ihrem breiten Kundenkreis mittels ihrer Unternehmensgeschichte Vertrauen erwecken wollten, was vor dem Hintergrund der erheblichen Währungs- und Finanzkrisen im Kaiserreich naheliegend war, war Krupp frühzeitig auf Staaten als Kunden ausgerichtet. Repräsentationsmaßnahmen und die öffentlichkeitswirksame Vermittlung von technischen Superlativen waren daher für das Unternehmen deutlich effektvoller, als den Staaten, die im ausgehenden 19. Jahrhundert selbst und verstärkt an ihrer eigenen historischen Legitimierung feilten, aus der Unternehmensgeschichte abgeleitete Qualitätsversprechen zu übermitteln.

Der Vergleich mit einem anderen Familienunternehmen ist da aufschlussreicher. Tatsächlich trafen Siemens und Krupp sich bei ihrer Arbeit an der jeweiligen Geschichte – zu Beginn des 20. Jahrhundert und mit ihrer Unterstützung von Richard Ehrenberg. Die Interessen beider Unternehmen waren zu der Zeit sehr ähnlich gelagert: Beide Unternehmen pflegten enge Beziehungen zum Staat und waren Nutznießer großer staatlicher Aufträge. Auch bei Siemens folgte auf den Tod von Werner von Siemens die Umformung in eine Aktiengesellschaft.[1644] Die soziale Frage, die Diskussion nach der Jahrhundertwende darüber, ob die betriebliche Sozialpolitik durch eine zwangsweise und staatlich vorgenommene, zumindest aber verordnete Sozialpolitik abgelöst werden sollte, war erneut virulent. Sowohl Krupp als auch Siemens mussten sich an dieser Diskussion stören. Denn in beiden Unternehmen wurde der betrieblichen Sozialpolitik eine hohe Bedeutung zugemessen. An ihren regionalen Standorten mit hochgradig segmentierten Arbeitsmärkten konfrontiert, verstanden beide Unternehmen ihre betriebliche Sozialpolitik als Alleinstellungsmerkmal. Die eigene Sozialpolitik als Reaktion auf diese stärkere politische Einflussnahme zu historisieren und als geschichtliches Faktum nach

1643 *Damm*, v. a. S. 25–27 u. 214–217.
1644 *Bähr*, S. 429–440.

außen zu kommunizieren, war daher für das Management beider Unternehmen naheliegend.

Historiographie, Public Relations und Journalismus

Die Untersuchung geschichtspolitischen Handels hat das Potential die Entwicklung und Professionalisierung der Unternehmensgeschichte zu fassen. So war bisher nicht weiter bekannt, dass die von Wilhelm Treue formulierte Konzeption einer Firmengeschichte keineswegs eine Nachkriegskonstruktion war, sondern er sie bereits deutlich vorher entfaltet und seine Lesart auch bereits wirtschaftsöffentlich vertreten hatte. Auch wenn die „Kriegswirtschaftsgeschichte" nicht veröffentlicht wurde und Treue Historiker und kein Nationalökonom war, so ist er doch neben Carl Brinkmann zu stellen.[1645]

Auch sind die ‚Pioniere' der Unternehmensgeschichte, Richard Ehrenberg, Wilhelm Berdrow und Walter Däbritz, zwar bekannt, nicht aber ihre wichtige Rolle für die Entdeckung und den Einsatz der Geschichte für die Unternehmen. Und hier wird deutlich, für die Unternehmen ging es keineswegs darum, sich eine ‚kollektive Identität' der Wirtschaft zuzulegen.[1646] Tatsächlich sind gerade das ‚wie' und die unternehmensspezifischen Faktoren, die Eigentümer- und Lenkungskonstellation, die Beziehung des Unternehmens zu Abnehmern, die Produktion und die mögliche Verwendung in Reiz- und Reaktionsschemata der öffentlichen Diskussion, relevant. Bevor hierzu generelle Aussagen oder Pauschalisierungen vorzunehmen sind, ist es erforderlich, die Unternehmen in ihrer jeweiligen und spezifischen ökonomischen Logik mit der etwaigen Geschichtsinstrumentalisierung zu verknüpfen. Zudem sollte – zumindest analytisch – die in aller Regel vorgenommene Trennung zwischen der wissenschaftlichen und populären Geschichtsschreibung aufgehoben werden. So angebracht die Trennung aus Sicht der Wissenschaft auch ist, aus Sicht der Unternehmen wurde hier zwar eine Unterscheidung gemacht, aber mit Blick auf die Adressaten, nicht auf die dargestellten Inhalte. Zudem stellte sich die Popularisierung unternehmenshistorischer Veröffentlichungen, ob nun als Roman oder wissenschaftliche Studie, deutlich vor dem in den 1970er Jahren einsetzenden ‚Geschichtsboom' ein.[1647]

Für die Erforschung des Nationalsozialismus, und zwar in dessen Wirkung auf Organisationen und damit nicht auf die politische Ebene begrenzt, spielte und spielt

1645 Vgl. dazu *Redlich*, S. 28.
1646 Anders *Wiesen*, Challenge, S. 52.
1647 S. dazu *Pehle*, S. 236–238.

die Unternehmensgeschichte sicherlich eine zentrale Rolle. Die anhaltende Forschungskonjunktur zu Ministerien, aber auch anderen, nicht per se politischen Institutionen, die sich heute beinahe flächig finden lässt, hat ihren Anfang in unternehmenshistorischen Untersuchungen genommen. Die gesellschaftlich relevante Frage nach Entschädigung und dem Einsatz von Zwangsarbeitern verzahnten sich, denn insbesondere Benjamin Ferencz erkannte, dass das Image der Unternehmen, und zwar in ihrer historischen und selbstentwickelten Lesart, *den* Hebel für die Unterstützung durch die Medien darstellte. Die von den Unternehmen betriebene ‚Bewirtschaftung' der eigenen Geschichte wirkte hier wie ein Türöffner.[1648]

Dass es sich bei den Unternehmensgeschichten vielfach um Auftragsforschung handelt, wird bis heute regelmäßig und kontrovers mit dem Rückgriff auf die ‚Freiheit der Forschung' diskutiert. Tatsächlich bleibt die Debatte dabei oft auf juristisch flankierter Begriffshuberei stehen. Ein Auftrag, der die Freiheit der Forschung garantiert, wird zum Argument erhoben, um die Unabhängigkeit der Forscher zu belegen. Dabei ist es nicht zuletzt die Gegenstandsbestimmung der geschlossenen Verträge, die die Forschung beengt. Wie die Einflussnahme funktionierte und welche Möglichkeiten dafür zur Verfügung standen, auch wenn eine größtmögliche Unabhängigkeit vertraglich zugesichert war, konnte an einigen Stellen der nachgezeichneten Geschichtspolitik von Krupp deutlich gemacht werden. Denn den Auftraggebern war schon sehr frühzeitig klar, dass je unabhängiger, ja wahrhaftiger, ein Schreiber in seinem Urteil auftreten konnte, desto größer konnte die Akzeptanz der veröffentlichten Studie sein. Gleichwohl konnte eine – und mitunter erhebliche – Einflussnahme auch erfolgen, wenn sie vertraglich ausgeschlossen worden war. Insofern, so ließe sich nach den Ergebnissen formulieren, ist eine ganz andere Frage aufzuwerfen, nämlich die nach dem reflektierten Geschichtsverständnis der geschichtspolitisch aktiven und auftraggebenden Organisation oder Institution. Zu beantworten ist sie mit der Untersuchung der Publikationen, und zwar in ihrem Entstehungsprozess. Eine Bewertung der veröffentlichten Publikationen vorzunehmen, reicht dazu nicht aus.

Und nicht zuletzt ist der immer wieder angebrachte Makel ‚apologetischer'[1649] Unternehmer- und Unternehmensbiografien nichts, was die Unternehmensgeschichte allein kennzeichnet. Denn auch anderorts wurden und werden Verträge geschlossen, wurde und wird der historische Gegenstand vorgegeben und enggeschnitten, nicht selten mit dem Verweis auf das vorhandene Archivmaterial. Gleichwohl, so legt die hier vorgelegte Untersuchung nahe, besteht der Knackpunkt

---

1648 McCloy Interview with Mr. Benjamin Ferencz, 13.9.1984, in: *Goschler* u.a., S. 180–218, hier S. 185f.

1649 *Conze*, Historikerkommission, S. 114.

weniger im Vertrag. Den hat es schon sehr früh gegeben. Der Knackpunkt liegt darin, dass insbesondere Historiker beinahe notorisch davon auszugehen scheinen, dass ihre vorherigen Forschungen lediglich in der eigenen Profession aufgenommen, von der Öffentlichkeit und von potenziellen Auftraggebern aber nicht zur Kenntnis genommen werden, und damit, dass keine Bewertung des Renommees durch etwaige Auftragnehmer vorgenommen wird. Das ist aber in keinem einzigen Fall feststellbar. Auch über Krupp hinaus, das zeigen die Untersuchungen zu Aufträgen von Thyssen in den 1960er und zur Ruhrkohlenwirtschaft in den 1930er Jahren, ist es zumindest für größere und in der Öffentlichkeit stehende Unternehmen auszuschließen, dass Autoren, ob nun mit Professorentitel oder nicht, willkürlich oder auf simplen Zuruf beauftragt wurden. Mag ein geschichtswissenschaftlicher Elfenbeinturm auch existieren, die Ergebnisse sind der Öffentlichkeit zugänglich. Um es mit den Worten von Constantin Goschler zu sagen: „In einem interaktionistischen Verständnis besteht kein Gegensatz zwischen Wissenschaft und Gesellschaft, sondern existiert Wissenschaft *in* der Gesellschaft."[1650]

Für Behörden, Ministerien und größere Unternehmen ist es wohl auszuschließen, dass Aufträge an Forscherpersönlichkeiten vergeben werden, deren ‚Haltung' nicht bereits im Vorfeld identifiziert ist. Und das nicht, weil Gelder versenkt werden könnten, sondern weil es für die Auftraggeber um eine ganz andere ‚Verwertungslogik', dem in seinem Wert kaum zu beziffernden Vermögenswert Image geht, der sich auch an der Wahrhaftigkeit des Verfassers einer historischen Auftragsstudie bemisst. Dieser Umstand ist sicher nicht auf die Unternehmensgeschichte zu begrenzen, sondern dürfte die zeithistorische Auftragsforschung genauso (be)treffen. Insgesamt existiert hier sicherlich ein Mangel an Selbstreflexion. Krupp jedenfalls hatte nicht nur einen Blick für den zeitgenössisch noch eher kleinen Markt potenzieller Firmenhistoriker oder für die Autoren von populären Industrieromanen. Auch was sich im 1949 gegründeten Institut für Zeitgeschichte tat, nahm das Unternehmen mit großem Interesse zur Kenntnis. Ein Bericht, der dem Kuratorium und dem Beirat 1951 vorgelegt und in dem über eine Studie zum „Aufstieg der NSDAP und der Industrie" informiert wurde, wurde sehr aufmerksam gelesen.[1651] Ein Kommentar zu der Studie wurde an Krupp, Flick sowie die Deutsche Kohlenbergbau-Leitung geschickt und dabei ventiliert, dass „[d]ie Leitung des Instituts für Zeitgeschichte" sich bereit erklärt habe, dafür zu sorgen, dass der Projektleiter „sich zwecks Gedankenaustausch" mit einem Kontaktmann aus der

1650 Zit. *Goschler*, Allerjüngste Geschichte, S. 242.
1651 IfZ, Arbeitsbericht für den Zeitraum 10.3.–5.11.1951, aus Anlass der Sitzung des Kuratoriums und Beirats am 5.11.1951 in München, HAKrupp, WA 94/39.

Wirtschaft in Verbindung setzen würde, worüber die Angeschriebenen dann noch informiert würden.[1652]

Die Untersuchung hatte keineswegs die Absicht, das Verhältnis von PR und Journalismus zu bewerten. Gleichwohl zeigen die Ergebnisse, dass dieses Feld deutlich weniger polar zu verstehen ist,[1653] als das gemeinhin von der Journalistik, in ihrem Beharren auf ihre Funktion als vierte Gewalt und ihre Unabhängigkeit, und der PR-Wissenschaft, in ihrem Versuch, die Public Relations aus dem Marginalbereich der Wirtschaftswissenschaften herauszulösen, konstatiert wird. Während das Intereffikationsmodell eine gegenseitige Bedingtheit von Journalismus und PR unterstreicht, zeigt die Auseinandersetzung mit Krupp anderes: Weder aufseiten des Journalismus noch aufseiten der Public Relations sollte man die Wirkung einer inklusiv wirkenden Berufsehre allzu hoch gewichten.[1654] Die Akteure, die im Rahmen der Untersuchung behandelt wurden, waren wesentlich für die Entwicklung der Public Relations als Wissenschaft (etwa Carl Hundhausen)[1655] und des literarischen Wirtschaftsjournalismus (Josef Winschuh, William Manchester). In diesen Feldern können sie zudem als wegweisende ‚Medien-Intellektuelle' gelten.[1656] Die Annahme eines „heterarischen" Beobachtungsverhältnisses scheint damit zielführender.[1657] Allerdings hält eine historische Untersuchung keine Lösung für eine stationäre Standortbestimmung bereit. Was sie aber zeigt, ist, dass das Verhältnis zwischen journalistischer und PR-geleiteter Betrachtung wohl weniger durchgängig interdependent und aufeinander bezogen funktionierte, wie es oft axiomatisch gesetzt wird.

Unbedingt ist eine aktiv betriebene Geschichtspolitik von Werbemaßnahmen zu unterscheiden. Die Krupp'sche Geschichtspolitik zielte auf die Marke, den Unternehmensnamen, ab. Die ‚Bewirtschaftung' der Geschichte war nicht lediglich ein

---

1652 Emmendörfer an Janssen, Kaletsch, Sogemeier, 28.1.1951, betr. Institut für Zeitgeschichte (München), HAKrupp, WA 94/39.

1653 S. zum Problem, PR zu definieren und den Beginn der PR in der BRD zu bestimmen: *Fröhlich*, v. a. S. 74 f.

1654 Dazu etwa *Altmeppen u. a.*, v. a. S. 9–11. Ein Überblick zur PR-Historiografie: *Bentele*, S. 137–169; ein Abriss zur Entwicklung des theoretischen Verhältnisses von Journalismus und PR bei *Hoffjann*; *Tucher*, S. 141–143, s. 28 f.

1655 Hundhausen hatte der Universität Erlangen-Nürnberg seine PR-Bibliothek zum Geschenk gemacht, und zwar um „Public Relations in Forschung und Lehre" zu ermöglichen. Dazu war eine Stiftung eingerichtet worden, die dann, als es um die Neubesetzung der Professur von Franz Ronneberger ging, zum wichtigen Argument für die Freigabe der Stelle mit der entsprechenden PR-Denomination wurde. Ronneberger an Stegmann (Stifterverband für deutsche Wissenschaft), 1. 3. 1977, HAKrupp, WA 125/7.

1656 *Schildt*, S. 12–29.

1657 Zit. *Görke*, S. 72.

automatisierter und rationalisiert arbeitender Apparat, sondern die Arbeit an der Geschichte war mit erheblichen Aushandlungs- und Deutungsprozessen verbunden. Richtig ist, die Public-Relations-Arbeit und wohl auch die Geschichtsarbeit selbst schufen keine Güter, die sich verkaufen ließen. Aber, und das ist für das Verständnis von Krupp als Unternehmen im 20. Jahrhundert zentral, die Geschichtspolitik half dabei, den Goodwill des Unternehmens, der zu einem sehr wesentlichen Teil auf dem immateriellen Wert, dem historischen Image, aufbaute, zu schützen und zu verteidigen. Das war sowohl dem Management nach 1902 und der Familie seit der Einheirat von Gustav von Bohlen und Halbach bewusst. Die in der Theorie der Public Relations mancherorts noch anzutreffende Perspektive, dass Public Relations nur in pluralistischen Gesellschaften existieren kann, greift daher deutlich zu kurz. Auch wenn das bis 1945 noch nicht als ‚PR' bezeichnet wurde, die eigene Geschichte wurde zur Stabilisierung des Goodwill des Unternehmens deutlich vor 1945 eingesetzt.[1658]

Besonders die Geschichtsarbeit, die unter Hundhausens Federführung vorgenommen wurde, kann nicht anders als nachhaltig bezeichnet werden. Bis heute ist ‚Krupp' tief in das kollektive Gedächtnis eingeschrieben. Das in der Gesellschaft verankerte Wissen ist so vital, dass Spielfilme, wie „Das Geheimnis der Freiheit", oder Krupp-Ausstellungen weiterhin als Zuschauer- und Besuchermagnet fungieren. Nach wie vor wirkt Krupp interessant, obschon ein grundsätzlicher Deutungskonflikt hier wohl kaum noch bestehen dürfte. Heute ist es nicht mehr die Aushandlung – über die Wurzel des technischen Fortschritts, die Frage nach der sozialen Verantwortung oder die Identifizierung von Verantwortung für die Verbrechen der NS-Zeit –, die Interesse hervorruft, sondern das kollektive Vergangenheitswissen selbst.

Unternehmen haben sich mit den Herausforderungen der Gegenwart zu befassen und die Zukunft zu antizipieren. Dazu braucht es Vergangenheitswissen. Dieses zu erarbeiten, es zu einer eigenen und sinnhaften Geschichte zu machen, ist aufwendig und eine andauernde Aufgabe; sie bedeutet Selbstreflexion. Die Geschichte hat für Unternehmen einen Wert, der deutlich über eine nach außen gerichtete und oftmals als ‚persuasiv' enggeschriebenen, kalkulierten Kommunikationsversuch hinausreicht. Ganz anders, und v. a. auch nach innen, macht die eigene Geschichte ein Unternehmen erst zukunftsfähig, denn die Selbsthistorisierung verschafft dem Erfolg oder Misserfolg der Vergangenheit einen Sinn. Eine systematische Geschichtspolitik aber richtet sich dabei sowohl an das Innen als auch das Außen, sie ist eine antizipierend angelegte interdependente und wandlungsintensive Handlungsaktivität – und sie kann strategischen Zwecken dienen.

1658 *Heinelt*, S. 16–18.

Abkürzungsverzeichnis

ADV	Alldeutscher Verband
AEG	Allgemeine Elektricitäts-Gesellschaft
AfS	Archiv für Sozialgeschichte
AP	Associated Press
AR	Aufsichtsrat
BArch	Bundesarchiv
BBC	British Broadcasting Corporation
BdI	Bund der Industriellen
BDI	Bundesverband der Deutschen Industrie
BH	Business History
BMW	Bayerische Motoren Werke AG
BuHR	Bulgarian Historical Review
Bulletin	Bulletin of the German Historical Institute
CDI	Centralverband deutscher Industrieller
CuW	Christ und Welt
DA	Das Argument. Berliner Hefte für Politik und Kultur/Zeitschrift für Philosophie und Sozialwissenschaften
DAF	Deutsche Arbeitsfront
DAZ	Deutsche Allgemeine Zeitung
Demag	Deutsche Maschinenbau-Aktiengesellschaft
DFB	Deutsche Führerbriefe [seit 1933: Deutsche Briefe]
DVF	Deutscher Flottenverein
DI	Deutsches Industrieinstitut
DIHT	Deutscher Industrie- und Handelskammertag
DIVO	Deutsches Institut für Volksumfragen
Docupedia	Docupedia-Zeitgeschichte
DPA	Deutsche Presse-Agentur
Erw.	Erwähnung
FAH	Familienarchiv Hügel
FAZ	Frankfurter Allgemeine Zeitung
Ferrum	Ferrum. Nachrichten aus der Eisenbibliothek
FdB	Führer des Betriebs [auch: Betriebsführer]
FK	Fa. Fried. Krupp, Essen
FWU	Friedrich-Wilhelms-Universität zu Berlin
GBAG	Gelsenkirchener Bergwerks-AG
Gestapo	Geheime Staatspolizei
GG	Geschichte und Gesellschaft
GHH	Gutehoffnungshütte
grdl.	grundlegend
HADB	Historisches Archiv der Deutschen Bank
HAKrupp	Historisches Archiv Krupp
HiO	Hervorhebung im Original
HU	Humboldt-Universität zu Berlin
HZ	Historische Zeitschrift

 https://doi.org/10.1515/9783111207193-006

IfZ	Institut für Zeitgeschichte
IG-Farben i.L.	I.G. Farbenindustrie AG in Liquidation
IHK	Industrie- und Handelskammer
Isf	Internationales Jahrbuch für Geschichtsunterricht/Internationale Schulbuchforschung
JCC	Conference on Jewish Material Claims Against Germany/Jewish Claims Conference
JRSO	Jewish Restitution Successor Organization
JTA	The Jewish Telegraphic Agency
JWG	Jahrbuch für Wirtschaftsgeschichte/Economic History Yearbook
KM	Kriegsmaterial
KPD	Kommunistische Partei Deutschlands
KZ	Konzentrationslager
Mefo	Metallurgische Forschungsgesellschaft mbH
MhJ	Medizinhistorisches Journal
MWT	Mitteleuropäischer Wirtschaftstag
NDB	Neue Deutsche Biographie
NRZ	Neue Ruhr Zeitung
NSDAP	Nationalsozialistische Deutsche Arbeiterpartei
NYT	The New York Times
OKH	Oberkommando des Heeres
OKW	Oberkommando der Wehrmacht
OMGUS	Office of Military Government for Germany
PEN	P.oets E.ssayists N.ovelists – Zentrum deutschsprachiger Autoren im Ausland
PR	Public Relations
Reichswerke	Reichswerke AG für Erzbergbau und Eisenhütten „Hermann Göring“
RDI	Reichsverband der Deutschen Industrie
Rez.	Rezension
RFdS	Reichsstelle zur Förderung des deutschen Schrifttums
RGBl.	Reichsgesetzblatt
RMA	Reichsmarineamt
RWI	Rheinisch-Westfälisches Institut für Wirtschaftsforschung
SD	Sicherheitsdienst des Reichsführers SS
Slg.	Sammlung
SPD	Sozialdemokratische Partei Deutschlands
StA	Stabsabteilung
SZ	Süddeutsche Zeitung
Tradition	Tradition. Zeitschrift für Firmengeschichte und Unternehmerbiographie
Transit	Transit. Europäische Revue
UA	Universitätsarchiv
Üb.	Übersetzung
UO	University of Oregon, USA
URO	United Restitution Organization
VfS	Verein für Socialpolitik
VfZ	Vierteljahrshefte für Zeitgeschichte
VSt	Vereinigte Stahlwerke AG
VSWG	Vierteljahrschrift für Sozial- und Wirtschaftsgeschichte
WA	Werksarchiv
WamS	Welt am Sonntag

WAZ	Westdeutsche Allgemeine Zeitung
Weltbühne	Die Weltbühne – Der Schaubühne. Wochenschrift für Politik, Kunst, Wirtschaft
WHS	Wisconsin Historical Society, Division of Library, Archives, and Museum Collections, University of Wisconsin, USA
WP	The Washington Post
WU	Wesleyan University, Special Collections and Archives, USA
WZ	Westfälische Zeitschrift
ZfG	Zeitschrift für Geschichtswissenschaft
ZUG	Zeitschrift für Unternehmensgeschichte/Journal of Business History

Abbildungs- und Tabellenverzeichnis

 https://doi.org/10.1515/9783111207193-007

Archiv- und Bestandsübersicht

Archiv des Bundesverbandes der Deutschen Industrie, Berlin (Archiv BDI)

A Akten der BDI-Geschäftsstelle

Bundesarchiv, Berlin, Freiburg im Breisgau u. Koblenz (BArch)

B 136 Bundeskanzleramt
N 1218 Menne, Bernhard
N 1223 Winschuh, Josef
R 58 Reichssicherheitshauptamt
RW 9 Der Beauftragte des Führers für die militärische Geschichtsschreibung

Historisches Archiv der Deutschen Bank, Frankfurt a. M. (HADB)

V01 Hermann Josef Abs

Historisches Archiv Krupp, Essen (HAKrupp)

Familienarchiv Hügel (FAH)

FAH 4 Privatsekretariat Krupp von Bohlen und Halbach
FAH 23 Sekretariat Gustav Krupp von Bohlen und Halbach
FAH 24 Sekretariat Alfried Krupp von Bohlen und Halbach
FAH 27 Sekretariat Berthold von Bohlen und Halbach
FAH 29 Tilo von Wilmowsky

Werksarchiv (WA)

WA 4 Akten
WA 7 f [Altbestände]
WA 40 Nürnberger Krupp-Prozess
WA 41 Zentralregistratur bis 1945
WA 42 Zentralbüro
WA 46 Sekretariat Fritz Wilhelm Hardach

 https://doi.org/10.1515/9783111207193-008

WA 50	Villa Hügel e.V.
WA 55	Presseausschnitt-Sammlung Krupp
WA 56	Geschichtliche Abteilung/Archiv
WA 63	Krupp Informationen für die Presse
WA 66	Sekretariat Johannes Schröder
WA 67	Sekretariat Eduard Houdremont
WA 78	Hüttenwerk Rheinhausen, verschiedene Büros
WA 94	Sekretariat Friedrich Janssen
WA 119	Zentralbereich Kommunikation, Stabsabteilung Information
WA 125	Büro Carl Hundhausen
WA 130	Stabsabteilung Recht und Anwälte/Zentralbereich Recht
WA 131	Personalwesen
WA 137	Kanzlei Friedrich von Bülow
WA 152	Werbung
WA 168	Personalwesen
WA 190	Sekretariat Erhard Reusch
WA 19	Direktorium/Vorstand Fried. Krupp/Fried. Krupp AG Hoesch-Krupp: Sitzungsprotokolle

Thyssenkrupp Corporate Archives, Duisburg (TKA)

A August Thyssen-Hütte AG

Universitätsarchiv, Humboldt-Universität zu Berlin (UA HU)

Phil.-Fak. 01	Habilitationsakten
UK-Personalia	Nationalsozialistischer Deutscher Dozentenbund

University of Oregon, USA (UO)

HSP, A Harry Sions Papers

Wesleyan University, Special Collections and Archives, USA (WU)

WMP William Manchester Papers

Wisconsin Historical Society, Division of Library, Archives, and Museum Collections, University of Wisconsin, USA (WHS)

Coll. 37 Louis P. Lochner Papers

Zeitungen, Zeitschriften und Periodika

Allgemeine Jüdische Wochenzeitung
The American Examiner, New York
American Photo
Der Arbeitgeber. Zeitschrift der Vereinigung der deutschen Arbeitgeberverbände
Aufbau/Reconstruction. An American Weekly
Berliner Börsen-Courier
Berliner Morgenpost
Berliner Tageblatt
Christ und Welt (CuW)
Daily Herald
Das neue Tagebuch
Deutsche Allgemeine Zeitung (DAZ)
Deutsche Illustrierte
Deutsche Presse-Agentur (DPA)
Deutsche Zeitung
Düsseldorfer Nachrichten
The Economist
Essener Allgemeine Zeitung
Essener Anzeiger
Essener Tageblatt
Essener Volks-Zeitung
The European Press
The Financial Times
Frankfurter Allgemeine Zeitung (FAZ)
Frankfurter Zeitung (FZ)
Germania
Handelsblatt
Holiday
Industriekurier
JTA Daily News Bulletin
Kruppsche Mitteilungen
Look
Manchester Guardian
Der Monat. Eine internationale Zeitschrift
Münchner Neueste Nachrichten
Neue Deutsche Biographie (NDB)
Neue Ruhr Zeitung (NRZ)
Neues Deutschland. Organ des Zentralkomitees der Sozialistischen Einheitspartei Deutschlands
New Statesman and Nation
New York Evening Post
New York Herald Tribune
The New York Times (NYT)
The Observer
Der Platow Brief

 https://doi.org/10.1515/9783111207193-009

Quick
Das Reich
Rheinisch-Westfälische Zeitung (RWZ)
Rheinische Post (RP)
Rote Fahne
Ruhr Nachrichten (RN)
Schweizer Illustrierte Zeitung (SIZ)
Sonntagsblatt
Der Spiegel
Stahl und Eisen
Stars and Stripes
Der Stern
Süddeutsche Zeitung (SZ)
Der Tag
Tagesspiegel
The Times
Tribüne (Wochenzeitung)
United Press International (UPI)
Vereinigte Wirtschaftsdienste (VWD)
Völkischer Beobachter
Der Volkswirt
Vorwärts [auch: Neuer Vorwärts]
Vossische Zeitung
The Washington Post (WP)
Die Welt
Welt am Sonntag (WamS)
Westdeutsche Allgemeine Zeitung (WAZ)
Westdeutsche Rundschau
Westfälische Rundschau
Die Zeit
Zeitbilder
Die Zukunft

Literaturverzeichnis

Abelshauser, W., Rüstungsschmiede der Nation? Der Kruppkonzern im Dritten Reich und in der Nachkriegszeit, 1933 – 1951, in: L. Gall (Hg.), Krupp im 20. Jahrhundert. Die Geschichte des Unternehmens vom Ersten Weltkrieg bis zur Gründung der Stiftung, Berlin 2002, S. 267 – 472.

Abelshauser, W., Gustav Krupp und die Gleichschaltung des Reichsverbandes der Deutschen Industrie, 1933 – 1934, in: ZUG 47/1, 2002, S. 3 – 26.

Abusch, A., Die Familie Krupp, in: Weltbühne, 25. 8. 1946, S. 132 – 135.

Adam, C., Lesen unter Hitler. Autoren, Bestseller, Leser im Dritten Reich, Berlin 2010.

Amelunxen, R., Ehrenmänner und Hexenmeister. Erlebnisse und Betrachtungen, München 1960.

Assmann, A., Jahrestage – Denkmäler in der Zeit, in: P. Münch (Hg.), Jubiläum, Jubiläum … Zur Geschichte öffentlicher und privater Erinnerung, Essen 2005, S. 305 – 314.

Assmann, K., Deutsche Schicksalsjahre. Historische Bilder aus dem Zweiten Weltkrieg und seine Vorgeschichte, Wiesbaden 1951[2].

Baedeker, D., Alfred Krupp und die Entwicklung der Gußstahlfabrik zu Essen. Mit einer Beschreibung der heutigen Krupp Werke. Nach zuverlässigen Quellen, Essen 1912[2].

Bähr, J., Werner von Siemens 1816 – 1892. Eine Biografie, München 2016.

Bähr, J. u. Kopper, C., Industrie, Politik, Gesellschaft. Der BDI und seine Vorgänger, 1919 – 1990, Göttingen 2019.

Baerns, B., Lenkung und Kontrolle beim Neuaufbau des Pressewesens (1945 – 1949), in: H.-D. Fischer (Hg.), Die Kommunikationskontrolle des 15. bis 20. Jahrhunderts, München 1982, S. 280 – 304.

Barbian, J.-P., Literaturpolitik im NS-Staat. Von der „Gleichschaltung“ bis zum Ruin, Frankfurt a. M. 2010.

Barbian, J.-P., „Ein Autor, der nicht mehr so darf, wie er will“. Erik Reger und der Rowohlt Verlag im Dritten Reich, in: ders. (Hg.), Die vollendete Ohnmacht? Schriftsteller, Verleger und Buchhändler im NS-Staat. Ausgewählte Aufsätze, Essen 2008, S. 227 – 252.

Bartel, W., Karl Liebknecht gegen Krupp, Berlin 1951.

Batty, P., The House of Krupp. The Steel Dynasty that armed the Nazis, London 1966.

Bauer, Y., Geschichtsschreibung und Gedächtnis am Beispiel des Holocaust, in: Transit 22, 2002, S. 189 – 192.

Bauert-Keetman, I., Die Autorin. Forschen, Ordnen und Nacherzählen, in: K. Kunkel (Hg.), Vom Hofbericht zur Pop-Broschüre. Über Firmenfestschriften, Unternehmerbiographien und Selbstdarstellungen, Köln 1971, S. 95 – 103.

Baumgardt, R., Das silberne Band, Darmstadt 1953.

Baumgartner, H. M., Narrativität, in: K. Bergmann u. a. (Hg.), Handbuch der Geschichtsdidaktik, Düsseldorf 1985[3], S. 146 – 149.

Baur, G., China um 1900. Aufzeichnungen eines Krupp-Direktors, hg. u. komm. v. E. Kaske, Köln 2005.

Bechtel, H., Die Wirtschaftsgeschichtsschreibung im Neuaufbau der Wirtschaftswissenschaft, in: Zeitschrift für die gesamte Staatswissenschaft 100/1, 1940, S. 38 – 92.

Becker, M., Geschichtspolitik in der „Berliner Republik“. Konzeptionen und Kontroversen, Wiesbaden 2013.

Beckert, J., Woher kommen Erwartungen? Die soziale Strukturierung imaginierter Zukünfte, in: JWG 59/2, 2018, S. 507 – 523.

Beismann, D., Eugen Kogon in der frühen Bundesrepublik. Ein öffentlicher Intellektueller zwischen Lehrstuhl und Fernsehstudio 1949 – 1969, Berlin 2020.

 https://doi.org/10.1515/9783111207193-010

Belgion, M., Victors' Justice. A Letter intended to have been sent to a Friend recently in Germany, Hinsdale 1949.
Benhabib, S., Die gefährdete Öffentlichkeit, in: Transit 17, 1997, S. 26–41.
Bentele, G., PR-Historiographie und funktional-integrative Schichtung. Ein neuer Ansatz zur PR-Geschichtsschreibung, in: P. Szyszka (Hg.), Auf der Suche nach Identität. PR-Geschichte als Theoriebaustein, Berlin 1997, S. 137–169.
Benz, W., Wilhelm Muehlon – ein Europäer und Humanist auf der Suche nach einer besseren Welt. Eine biographische Skizze, in: Wilhelm Muehlon, Ein Fremder im eigenen Land. Erinnerungen und Tagebuchaufzeichnungen eines Krupp-Direktors, 1908–1914, hg. u. eingel. v. W. Benz, Bremen 1989, S. 7–31.
Benz, W., Die Entstehung des Kruppschen Nachrichtendienstes (Dokumentation), in: VfZ 24/2, 1976, S. 199–212.
Benz, W., Der „Fall Muehlon". Bürgerliche Opposition im Obrigkeitsstaat während des Ersten Weltkriegs, in: VfZ 18/4, 1970, S. 343–365.
Bera, M., Lobbying Hitler. Industrial Associations between Democracy and Dictatorship, New York 2016.
Berdrow, W., Alfred Krupp und sein Geschlecht. Geschichte eines deutschen Familienunternehmens, Berlin 1937. [Üb.: The Krupps. 150 years Krupp History 1787–1937. Based on Documents from the Family and Works Archives, üb. v. F. Homann, Berlin 1937.]
Berdrow, W., Friedrich Krupp, der Erfinder und Gründer. Leben und Briefe, Berlin 1929.
Berdrow, W., Alfred Krupps Briefe 1826–1887. Im Auftrage der Familie und der Firma herausgegeben, Berlin 1928. [engl. Üb.: The Letters of Alfred Krupp, 1826–1887, üb. v. E. W. Dickes, London 1930; US-amer. Üb.: Krupp, a great business man seen through his letters, üb. v. E. W. Dickes, New York 1930].
Berdrow, W., Alfred Krupp, 2 Bde., Berlin 1926 u. 1927.
Berdrow, W., Die Familie von Bohlen und Halbach, Essen 1921.
Berdrow, W., Friedrich Krupp, der Gründer der Gussstahlfabrik, in Briefen und Urkunden, Essen 1915.
[Berdrow, Wilhelm], Krupp 1812–1912. Zum 100 Jährigen Bestehen der Firma Krupp und der Gussstahlfabrik zu Essen-Ruhr, hg. auf den Hundertsten Geburtstag Alfred Krupps, Essen 1912.
Berdrow, W., Buch berühmter Kaufleute. Männer von Tatkraft und Unternehmungsgeist in ihrem Lebensgange geschildert, Berlin 1905.
Berdrow, W., Buch der Erfindungen. Ausgabe in einem Bande, Leipzig 1901.
Berg, N., Kulturwirtschaftslehren gegen den Antisemitismus der Zeit. Die jüdischen Nationalökonomen Richard Ehrenberg, Hermann Levy und Julius Hirsch, in: M. König u. O. Schulz (Hg.), Antisemitismus im 19. Jahrhundert aus internationaler Perspektive, Göttingen 2019, S. 59–82.
Berger, S., Von der Begrenzung der Zukunft zur Suche nach der Zukunft: Die Zukunft der Sozialdemokratie vom Ersten Weltkrieg bis heute, in: L. Hölscher (Hg.), Die Zukunft des 20. Jahrhunderts. Dimensionen einer historischen Zukunftsforschung, Frankfurt a. M. 2017, S. 57–100.
Berger, S., Social Democracy and the Working Class in Nineteenth and Twentieth Century Germany, Harlow 2000.
Berghahn, V., Hans-Günther Sohl als Stahlunternehmer und Präsident des Bundesverbandes der Deutschen Industrie 1906–1989, Göttingen 2020.
Berghahn, V., Journalists between Hitler and Adenauer. From inner Emigration to the Moral Reconstrution of West Germany, Princeton 2018.

Berghahn, V., Industriegesellschaft und Kulturtransfer. Die deutsch-amerikanischen Beziehungen im 20. Jahrhundert, Göttingen 2010.

Berghahn, V., Transatlantische Kulturkriege. Shepard Stone, die Ford-Stiftung und der europäische Antiamerikanismus, Stuttgart 2004.

Berghahn, V., Die versunkene Welt der Bergassessoren, in: Revierkultur 3, 1986, S. 62–69.

Berghahn, V., Unternehmer und Politik in der Bundesrepublik, Frankfurt a. M. 1985.

Berghahn, V. u. Deist, W., Rüstung im Zeichen der wilhelminischen Weltpolitik: Grundlegende Dokumente 1890–1914, Düsseldorf 1988.

Berghoff, H., Moderne Unternehmensgeschichte. Eine themen- und theorieorientierte Einführung, Paderborn 2009[2] [2004].

Berghoff, H., „Dem Ziele der Menschheit entgegen". Die Verheißungen der Technik an der Wende zum 20. Jahrhundert, in: U. Frevert (Hg.), Das neue Jahrhundert. Europäische Zeitdiagnosen und Zukunftsentwürfe um 1900, Göttingen 2000, S. 47–78.

Berghoff, H., Transaktionskosten. Generalschlüssel zum Verständnis langfristiger Unternehmensentwicklung? Zum Verhältnis von Neuer Institutionenökonomik und moderner Unternehmensgeschichte, in: JWG 40/2, 1999, S. 159–176.

Berghoff, H., Unternehmenskultur und Herrschaftstechnik: Industrieller Paternalismus: Hohner von 1857 bis 1918, in: GG 23/2, 1997, S. 167–204.

Bernays, E., Propaganda. Die Kunst der Public Relations. Aus dem Amerikanischen von Patrick Schnur, Berlin 2020[12] [1928/1955].

Bernhard, L., Der „Hugenberg-Konzern". Psychologie und Technik einer Großorganisation der Presse, Berlin 1928.

Beyer, B., Vom Tiegelstahl zum Kruppstahl. Technik- und Unternehmensgeschichte der Gussstahlfabrik von Friedrich Krupp in der ersten Hälfte des 19. Jahrhunderts, Essen 2007.

Bieber, H.-J., Ethische Probleme in den Geschichtswissenschaften, in: H. G. Nutzinger (Hg.), Wissenschaftsethik – Ethik in den Wissenschaften, Marburg 2006, S. 111–127.

Bieler, D., Public Relations und Massenkommunikation. Einrichtung von Pressestellen um die Wende des 20. Jahrhunderts, Baden-Baden 2010.

Binder, E., Die Entstehung unternehmerischer Public Relations in der Bundesrepublik Deutschland, Münster 1983.

Boelcke, W. A., Die Waffengeschäfte des Dritten Reiches mit Brasilien: Teil I, in: Tradition 16/3–4, 1971, S. 177–200; Teil II, in: Tradition 16/5–6, 1971, S. 280–287.

Boelcke, W. A., Krupp und die Hohenzollern in Dokumenten. Krupp-Korrespondenz mit Kaisern, Kabinettschefs und Ministern, 1850–1918, Frankfurt a. M. 1970[2] [1956].

Bösch, F., Öffentliche Geheimnisse. Skandale, Politik und Medien in Deutschland und Großbritannien, 1880–1914, München 2009.

Bösch, F., Krupps „Kornwalzer". Formen und Wahrnehmung von Korruption im Kaiserreich, in: HZ 281, 2005, S. 337–379.

Bösch, F., Zeitungsberichte im Alltagsgespräch. Mediennutzung, Medienwirkung und Kommunikation im Kaiserreich, in: Publizistik. Vierteljahreshefte für Kommunikationsforschung 49/3, 2004, S. 319–336.

Böschen, S. u. Viehöver, W., Narrative Autorität und Wissensproduktion, in: C. Reinhardt u. a. (Hg.), Erzählung und Geltung. Wissenschaft zwischen Autorschaft und Autorität, Weilerswist 2015, S. 303–336.

Bolz, C., From „Garden City Precursors“ to „Cemeteries for the Living“: Contemporary Discourse on Krupp Housing and „Besucherpolitik“ in Wilhelmine Germany, in: Urban History 37/1, 2010, S. 90 – 116.

Bongartz, W., Unternehmensleitung und Kostenkontrolle in der rheinischen Montanindustrie vor 1914. Dargestellt am Beispiel der Firmen Krupp und Gutehoffnungshütte, in: Teil I, ZUG 29/1, 1984, S. 33 – 55; Teil II, ZUG 29/2, 1984, S. 73 – 113.

Borggräfe, H., Zwangsarbeiterentschädigung. Vom Streit um „vergessene Opfer“ zur Selbstaussöhnung der Deutschen, Göttingen 2014.

Borscheid, P., Der ökonomische Kern der Unternehmensgeschichte, in: ZUG 46/1, 2001, S. 5 – 10.

Bosl, K. u. a., Die Empfehlungen der deutschen Delegation, in: Isf 2, 1953, S. 148 – 156.

Brandi, P., Essener Arbeitsjahre. Erinnerungen des Ersten Beigeordneten. Abriß aus einer 1944 für die eigene Familie verfaßten Schrift „44 Jahre im Industriebezirk“, Essen 1959.

Brandt, T., Paradoxien der Unternehmensgeschichtsschreibung. Wissenschaftliche Arbeit zwischen Berufshabitus und sozialer Abhängigkeit, Bielefeld 2021.

Brechtken, M., Albert Speer. Eine deutsche Karriere, München 2017^2.

Brünger, S., Geschichte und Gewinn. Der Umgang deutscher Konzerne mit ihrer NS-Vergangenheit, Göttingen 2017.

Brünger, S., Der Vergangenheit eine Form geben. Mentale Kontinuitäten nach 1945 am Beispiel des IG-Farben-Prozesses und Fritz ter Meers, in: J. Osterloh u. H. Wixforth (Hg.), Unternehmer und NS-Verbrechen. Wirtschaftseliten im „Dritten Reich“ und in der Bundesrepublik Deutschland, Frankfurt a. M. 2014, S. 183 – 216.

Buchsteiner, M., „Ich stehe in der Wissenschaft allein.“ – Eine kritische Biographie, in: ders. u. G. Viereck (Hg.), „Ich stehe in der Wissenschaft allein“ – Richard Ehrenberg (1857 – 1921), Rostock 2008, S. 11 – 52.

Buchheim, C. u. Scherner, J., Corporate Freedom of Action in Nazi-Germany: A Response to Peter Hayes, in: Bulletin 45/Fall, 2009, S. 43 – 50.

Budrass, L., Essen, Krupp und das Ruhrgebiet: Erinnerungsort ‚Waffenschmiede‘, in: S. Berger u. a. (Hg.), Zeit-Räume Ruhr. Erinnerungsorte des Ruhrgebiets, Essen 2019, S. 770 – 787.

Budrass, L., Flugzeugindustrie und Luftrüstung in Deutschland, Düsseldorf 1998.

Bühler, H.-E. (in Verb. mit E. Bühler), Der Frontbuchhandel 1939 – 1945. Organisationen, Kompetenzen, Verlage, Bücher. Eine Dokumentation, Frankfurt a. M. 2002.

Bührer, W., Return to Normality: The United States and Ruhr Industry, 1949 – 1955, in: J. M. Diefendorf u. a. (Hg.), American Policy and the Reconstruction of West Germany 1945 – 1955, Cambridge 1993, S. 135 – 155.

Burchardt, L., Zwischen Kriegsgewinnen und Kriegskosten: Krupp im Ersten Weltkrieg, in: ZUG 32/2, 1987, S. 71 – 123.

Buschak, W., Gewerkschaftliche Organisierung, in: W. Köllmann u. a. (Hg.), Das Ruhrgebiet im Industriezeitalter, Bd. 1, Düsseldorf 1990, S. 729 – 806.

Clark, C., Von Zeit und Macht. Herrschaft und Geschichtsbild vom Großen Kurfürsten bis zu den Nationalsozialisten, München 2018.

Conze, E., Die Historikerkommission des Auswärtigen Amtes. Zeitgeschichte zwischen Auftragsforschung, öffentlicher Debatte und wissenschaftlichem Fortschritt, in: C. Cornelißen u. P. Pezzino (Hg.), Historikerkommissionen und historische Konfliktbewältigung, Berlin 2017, S. 109 – 118.

Conze, E., Aufstand des preußischen Adels. Marion Gräfin Dönhoff und das Bild des Widerstands gegen den Nationalsozialismus in der Bundesrepublik Deutschland, in: VfZ 51/4, 2003, S. 483 – 508.

Crivellari, F., ‚History Marketing'. Geschichte zwischen Wissenschaft und Verkaufsargument, in: Akkumulation 32, 2012, S. 13 – 28.

Cutlip, S. M., The unseen Power. Public Relations. A History, New Jersey 1994.

Czichon, E., Der Primat der Industrie im Kartell der nationalsozialistischen Macht, in: DA 47, 1968, S. 168 – 193.

Däbritz, W., Die Finanzgeschichte der Kruppschen Gußstahlfabrik unter ihrem Gründer Friedrich Krupp, in: Beiträge zur Geschichte von Stadt und Stift Essen, hg. v. Historischen Verein für Stadt und Stift Essen, Bd. 41, 1923, S. 1 – 39.

Damler, D., Konzern und Moderne. Die verbundene juristische Person in der visuellen Kultur 1880 – 1980, Frankfurt a. M. 2016.

Damm, V., Selbstpräsentation und Imagebildung. Jubiläumsinszenierungen deutscher Banken und Versicherungen im 19. und frühen 20. Jahrhundert, Leipzig 2007.

Daniel, U., Beziehungsgeschichten. Politik und Medien im 20. Jahrhundert, Hamburg 2018.

Daniel, U., Kompendium Kulturgeschichte. Theorien, Praxis, Schlüsselwörter, Frankfurt a. M. 2006[5] [2001].

Dascher, O., Einführung in die Quellenkunde zum Ruhrgebiet, in: W. Köllmann u. a. (Hg.), Das Ruhrgebiet im Industriezeitalter, Bd. 2, Düsseldorf 1990, S. 561 – 589.

De Groot, S. J., Ein Wolf im Schafspelz. Verdeckte deutsch-niederländische Rüstungsproduktion und die Firma IvS 1922 – 1945, Paderborn 2021.

Delbrück, H. u. a., Ueber die Stumm'sche Herrenhaus-Rede gegen die Kathedersozialisten. Schreiben an den Geh. Justizrat D. Dr. Hinschius, Vertreter der Universität Berlin im Herrenhaus, Berlin 1897.

Derix, S., Bebilderte Politik. Staatsbesuche in der Bundesrepublik Deutschland 1949 – 1990, Göttingen 2009.

Dietrich, V., Alfred Hugenberg. Ein Manager in der Publizistik, Berlin 1960.

Dietz, B., Der Aufstieg der Manager. Wertewandel in den Führungsetagen der westdeutschen Wirtschaft 1949 – 1989, Berlin 2020.

Diesel, E., Diesel. Der Mensch, das Werk, das Schicksal, Hamburg 1937.

Doering-Manteuffel, A., Konturen von ‚Ordnung' in den Zeitschichten des 20. Jahrhunderts, in: ders. (Hg.), Konturen von Ordnung. Ideengeschichtliche Zugänge zum 20. Jahrhundert, Berlin 2019, S. 3 – 32.

Doering-Manteuffel, A., Die deutsche Geschichte in den Zeitbögen des 20. Jahrhunderts, in: ders. (Hg.), Konturen von Ordnung. Ideengeschichtliche Zugänge zum 20. Jahrhundert, Berlin 2019, S. 33 – 66.

Doering-Manteuffel, A., Deutschlands 20. Jahrhundert im Wandel zeithistorischer Narrative, in: ders. (Hg.), Konturen von Ordnung. Ideengeschichtliche Zugänge zum 20. Jahrhundert, Berlin 2019, S. 126 – 154.

Doering-Manteuffel, A., Mensch, Maschine, Zeit. Fortschrittsbewußtsein und Kulturkritik im ersten Drittel des 20. Jahrhunderts, in: ders. (Hg.), Konturen von Ordnung. Ideengeschichtliche Zugänge zum 20. Jahrhundert, Berlin 2019, S. 157 – 190.

Doering-Manteuffel, A., Die Ordnung der Zeit im nationalsozialistischen Herrschaftssystem, in: L. Hölscher (Hg.), Die Zukunft des 20. Jahrhunderts. Dimensionen einer historischen Zukunftsforschung, Frankfurt a. M. 2017, S. 101 – 120.

Domeier, N., Weltöffentlichkeit und Diktatur. Die amerikanischen Auslandskorrespondenten im „Dritten Reich", Göttingen 2021.

Domeier, N., Der Eulenburg-Skandal. Eine politische Kulturgeschichte des Kaiserreichs. Frankfurt a. M. 2010.

Dommann, M., Dokumentieren: die Arbeit am institutionellen Gedächtnis in Wissenschaft, Wirtschaft und Verwaltung 1895–1945, in: Jahrbuch für Europäische Verwaltungsgeschichte 20, 2008, S. 277–299.

Dussel, K., Wie erfolgreich war die nationalsozialistische Presselenkung?, in: VfZ 58/4, 2010, S. 543–562.

Eberwein, T., Literarischer Journalismus. Theorie – Traditionen – Gegenwart, Köln 2013.

Edschmid, K., Der Zauberfaden, Neufassung, Wien 1953 [1949].

Ehrenberg, R., [Krupp-Studien I–III]: Krupp-Studien I: Durchschnittsverdienste und Verdienst-Klassen der Arbeiterschaft von Fried. Krupp in Essen 1845–1906, in: Thünen-Archiv 2, 1907/09, S. 204–220; ders., Krupp-Studien II: Verdienstmöglichkeiten von Arbeiter-Haushalten, in: Thünen-Archiv 2, 1907/1909, S. 220–227; ders., Krupp-Studien III: Die Frühzeit der Krupp'schen Arbeiterschaft, in: Archiv für exakte Wirtschaftsforschung 3, 1910/11, S. 1–164.

Ehrenberg, R., Die Unternehmungen der Brüder Siemens, Jena 1906.

Ehrenberg, R., Grosse Vermögen. Ihre Entstehung und ihre Bedeutung. Die Fugger – Rothschild – Krupp, Bd. 1, Jena 1905[2] [1902].

Ehrenberg, R. u. Racine, H., Krupp'sche Arbeiter-Familien. Entwicklung und Entwicklungs-Faktoren von drei Generationen deutscher Arbeiter, Jena 1912.

Eichholtz, D., Geschichte der deutschen Kriegswirtschaft 1939–1945. Bd. 2: 1941–1943. Mit einem Kapitel von Joachim Lehmann, Berlin 1985; ders., Geschichte der deutschen Kriegswirtschaft 1939–1945. Bd. 1: 1939–1941, Berlin 1971[2] [1969].

Eichholtz, D. u. Gossweiler, K., Noch einmal: Politik und Wirtschaft 1933–1945, in: DA 47, 1968, S. 210–228.

Eifert, C., Deutsche Unternehmerinnen im 20. Jahrhundert, München 2011.

Engelmann, B., Krupp. Die Geschichte eines Hauses. Legenden und Wirklichkeit, München 1969.

Epkenhans, M., Friedrich Alfred Krupp: Ein Großindustrieller im Spannungsfeld von Firmeninteresse und Politik, in: ders. u. R. Stremmel (Hg.), Friedrich Alfred Krupp. Ein Unternehmer im Kaiserreich, München 2010, S. 77–101.

Epkenhans, M., Zwischen Patriotismus und Geschäftsinteresse. F.A. Krupp und die Anfänge des deutschen Schlachtflottenbaus 1897–1902, in: GG 15/2, 1989, S. 196–226.

Epkenhans, M. u. Stremmel, R., Deutungen eines Lebens, in: dies. (Hg.), Friedrich Alfred Krupp. Ein Unternehmer im Kaiserreich, München 2010, S. 7–26.

Epple, A., Natura Magistra Historiae? Reinhart Kosellecks transzendentale Historik, in: GG 32/2, 2006, S. 201–213.

Epstein, J., Der Seeckt-Plan. Aus unveröffentlichten Dokumenten. Neues Tatsachenmaterial über die geheime Zusammenarbeit zwischen Reichswehr und Sowjet-Armee, in: Der Monat 2, 1948/49, S. 42–50.

Erll, A., Kollektives Gedächtnis und Erinnerungskulturen. Eine Einführung, Stuttgart 2011[2].

Etzemüller, T., Gegenwartsdiagnose heißt: etwas *als* etwas *sichtbar* machen. Wahrnehmung, Visualisierung und Intervention in *Gestalten der Moderne*, in: T. Alkemeyer u. a. (Hg.), Gegenwartsdiagnosen. Kulturelle Formen gesellschaftlicher Selbstproblematisierung in der Moderne, Bielefeld 2019, S. 105–126.

Fabian, R., Die Meinungsmacher. Eine heimliche Großmacht, Hamburg 1970.

Feldman, G.D., Unternehmensgeschichte des Dritten Reichs und Verantwortung der Historiker, Raubgold und Versicherungen, Arisierung und Zwangsarbeit, in: Gesprächskreis Geschichte 23, 1999, S. 5–32.

Feldman, G.D., Hugo Stinnes. Biographie eines Industriellen 1870–1924. Aus dem Engl. üb. v. Karl Heinz Siber, München 1998.

Feldman, G.D., Armee, Industrie und Arbeiterschaft in Deutschland 1914–1918, üb. v. Norma von Ragenfeld-Feldman, Berlin 1985.

Ferencz, B. B., Lohn des Grauens. Entschädigung jüdischer Zwangsarbeiter. Ein offenes Kapitel deutscher Nachkriegsgeschichte, Frankfurt a.M. 1986[2] [1979].

Fettich-Biernath, B., Präsenz ohne Einfluss? Die Bedeutung der Entwicklungs- und Aufrüstungspolitik der Bundesrepublik Deutschland 1956–1980 für ihr Selbstverständnis, in: GG 45/4, 2019, S. 523–550.

Feuersenger, M., Im Vorzimmer der Macht. Aufzeichnungen aus dem Wehrmachtführungsstab und Führerhauptquartier 1940–1945, mit einem Vorwort v. K. Sontheimer, München 1999[2].

Fielding, G., The Birthday King. A Romance, New York 1962.

Fischer, F., Griff nach der Weltmacht. Die Kriegszielpolitik des kaiserlichen Deutschland 1914/18, Düsseldorf 2013 [1961].

Ford, H. u. Crowther, S., My Life and Work, New York 1922.

Foster, W. M. u.a., The Strategic Use of Historical Narratives: A Theoretical Framework, in: BH 59/8, 2017, S. 1176–1200.

François, E. u.a. (Hg.), Geschichtspolitik in Europa seit 1989. Deutschland, Frankreich und Polen im internationalen Vergleich, Göttingen 2013.

François, E., Geschichtspolitik und Erinnerungskultur in Europa heute, in: ders. u.a. (Hg.), Geschichtspolitik in Europa seit 1989. Deutschland, Frankreich und Polen im internationalen Vergleich, Göttingen 2013, S. 531–558.

Frei, N., Vergangenheitspolitik: Die Anfänge der Bundesrepublik und die NS-Vergangenheit, München 2012 [1996].

Frei, N. u. Schmitz, J., Journalismus im Dritten Reich, München 1999[3].

Frevert, U., Was haben Gefühle in der Geschichte zu suchen, in: GG 35/2, 2009, S. 183–208.

Freytag, C., Deutschlands „Drang nach Südosten“. Der Mitteleuropäische Wirtschaftstag und der „Ergänzungsraum Südosteuropa“ 1931–1945, Göttingen 2012.

Friz, D.M., Die Stahlgiganten. Alfried Krupp und Berthold Beitz. Mit Auszügen aus einem unveröffentlichten Manuskript von Golo Mann, Frankfurt a.M. 1990.

Frobenius, H., Alfried Krupp. Ein Lebensbild, Dresden u.a. 1898.

Fröhlich, R., Auf der Suche nach dem „Urknall“. Mißverständnisse und Defizite in der PR-Geschichtsschreibung, in: P. Szyszka (Hg.), Auf der Suche nach der Identität. PR-Geschichte als Theoriebaustein, Berlin 1997, S. 69–78.

Fuhrberg, R., PR-Geschichte ohne PR-Berater. Defizite deutscher PR-Forschung, in: P. Szyszka (Hg.), Auf der Suche nach der Identität. PR-Geschichte als Theoriebaustein, Berlin 1997, S. 219–232.

Fulbrook, M., DDR-Geschichtswissenschaft und Geschichtspolitik, in: G. Iggers u.a. (Hg.), Die DDR-Geschichtswissenschaften als Forschungsproblem, München 1998, S. 419–429.

Gajek, E.-M., Sichtbarmachung von Reichtum. Das Jahrbuch des Vermögens und Einkommens der Millionäre in Preußen, in: AfS 54, 2014, S. 79–108.

Gall, L., Der Bankier. Hermann Josef Abs. Eine Biographie, München 2004.

Gall, L. (Hg.), Krupp im 20. Jahrhundert. Die Geschichte des Unternehmens vom Ersten Weltkrieg bis zur Gründung der Stiftung, Berlin 2002.

Gall, L., Von der Entlassung Alfried Krupp von Bohlen und Halbachs bis zur Errichtung seiner Stiftung, 1951–1967/68, in: ders. (Hg.), Krupp im 20. Jahrhundert. Die Geschichte des Unternehmens vom Ersten Weltkrieg bis zur Gründung der Stiftung, Berlin 2002, S. 473–589.

Gall, L., Krupp. Aufstieg eines Industrieimperiums, Berlin 2000.

Gebhardt, G., Die Wirtschaftspublizistische Vereinigung, in: ders. u. J. Schäfer (Bearb. u. Hg.), Wege der Wirtschaftspublizistik: Festgabe für Dr. Fritz Pudor zur Vollendung des 60. Lebensjahres, Essen 1959, S. 9–13.

Gebhardt, M., „Selfmademan" und „Busenwunder" – soziale Rekonstruktion, Delegation und Bindung im Verhältnis zwischen Prominenz und Öffentlichkeit, in: dies. u. a. (Hg.), Das integrative Potential von Elitenkulturen. Festschrift für Clemens Wischermann, Stuttgart 2013, S. 127–142.

Gerber, D., Was heißt „vergangene Zukunft"? Über die zeitliche Dimension der Geschichte und die geschichtliche Dimension der Zeit, in: GG 32/2, 2006, S. 176–200.

Gesterding, C., Genealogien und beziehungsweise Familienstiftungen Pommerscher, besonders ritterschaftlicher Familien, gesammelt, geordnet und weiter ausgearbeitet, Erste Slg., Berlin 1842.

Geyer, M., Deutsche Rüstungspolitik 1860–1980, Frankfurt a. M. 1984.

Glotz, P. u. Langenbucher, W. R., Der mißachtete Leser. Zur Kritik der deutschen Presse, Köln 1969.

Göllnitz, M., Wissenschaftspolitik im Spannungsfeld von akademischer Tradition und Ideologie. Die nationalsozialistische Dozentenakademie der Universität Kiel (1934–1936), in: ZfG 64/1, 2016, S. 51–72.

Görke, A., Journalismus und Öffentlichkeit als Funktionssystem, in: A. Scholl (Hg.), Systemtheorie und Konstruktivismus in der Kommunikationswissenschaft, Konstanz 2002, S. 69–90.

Götter, C., Die Macht der Wirkungsannahmen. Medienarbeit des britischen und deutschen Militärs in der ersten Hälfte des 20. Jahrhunderts, Berlin 2016.

Goschler, C., Allerjüngste Zeitgeschichte als Chance und Problem. Das Projekt zur Erforschung der Stiftung „Erinnerung, Verantwortung und Zukunft" und ihrer Partnerorganisationen, in: C. Cornelißen u. P. Pezzino (Hg.), Historikerkommissionen und historische Konfliktbewältigung, Berlin 2017, S. 231–243.

Goschler, C., Schuld und Schulden. Die Politik der Wiedergutmachung für NS-Verfolgte seit 1945, Göttingen 2005.

Goschler, C. u. a. (Hg.), Kriegsverbrechen, Restitution, Prävention. Aus dem Vorlass von Benjamin B. Ferencz, Göttingen 2019.

Grabas, M., „Zwangslagen und Handlungsspielräume". Die Wirtschaftsgeschichtsschreibung der DDR im System des real existierenden Sozialismus, in: VSWG 78/4, 1991, S. 501–531.

Graf, R. u. Herzog, B., Von der Geschichte der Zukunftsvorstellungen zur Geschichte ihrer Generierung. Probleme und Herausforderungen des Zukunftsbezugs im 20. Jahrhundert, in: GG 42/3, 2016, S. 497–515.

Gregor, N., Wissenschaft, Politik und Hegemonie. Zum Boom der NS-Unternehmensgeschichte, in: N. Frei u. T. Schanetzky (Hg.), Unternehmen im Nationalsozialismus. Zur Historisierung einer Forschungskonjunktur, Göttingen 2010, S. 80–93.

Grieger, M., Schriftstellerarbeit am Volkswagen-Mythos. Der Tatsachenroman „Die Autostadt" von Horst Mönnich aus dem Jahre 1951, in: Non Fiktion. Arsenal der anderen Gattungen 5/1–2, 2010, S. 159–166.

Gries, R., Die Geburt des Werbeexperten aus dem Geist der Psychologie. Der „Motivforscher" Ernest W. Dichter als Experte der Moderne, in: H. Berghoff u. J. Vogel (Hg.), Wirtschaftsgeschichte als Kulturgeschichte. Dimensionen eines Perspektivwechsels, Frankfurt 2004, S. 353–376.

Gries, R., Stilgedanken zur Macht. „Lerne wirken ohne zu handeln!“: Hans Domizlaff, eines Werbeberaters Geschichte, in: ders. u. a. (Hg.), „Ins Gehirn der Masse kriechen“. Werbung und Mentalitätsgeschichte, Darmstadt 1995, S. 45 – 74.

Gries, R. u. Schindelbeck, D., Einleitung. Kursorische Überlegungen zu einer Werbegeschichte als Mentalitätsgeschichte, in: dies. (Hg.), „Ins Gehirn der Masse kriechen“. Werbung und Mentalitätsgeschichte, Darmstadt 1995, S. 1 – 29.

Großbölting, T., Die Ordnung der Wirtschaft. Kulturelle Repräsentation in der deutschen Industrie- und Gewerbeausstellung des 19. Jahrhunderts, in: H. Berghoff u. J. Vogel (Hg.), Wirtschaftsgeschichte als Kulturgeschichte. Dimensionen eines Perspektivwechsels, Frankfurt 2004, S. 377 – 404.

Grothe, E., Eine ‚lautlose‘ Angelegenheit? Die Rückkehr des Verfassungshistorikers Ernst Rudolf Huber in die universitäre Wissenschaft nach 1945, in: ZfG 47, 1999, S. 980 – 1001.

Habermas, J., Erläuterungen zum Begriff des kommunikativen Handelns, in: ders. (Hg.), Vorstudien und Ergänzungen zur Theorie des kommunikativen Handelns, Frankfurt a. M. 1984, S. 595 – 601.

Hachmeister, L., Einleitung: Das Problem des Elite-Journalismus, in: ders. u. F. Siering (Hg.), Die Herren Journalisten. Die Elite der deutschen Presse nach 1945, München 2002, S. 7 – 34.

Hachmeister, L., Ein deutsches Nachrichtenmagazin. Der frühe „Spiegel“ und sein NS-Personal, in: ders. u. F. Siering (Hg.), Die Herren Journalisten. Die Elite der deutschen Presse nach 1945, München 2002, S. 87 – 120.

Hachtmann, R., Polykratie – Ein Schlüssel zur Analyse der NS-Herrschaftsstruktur, Vs. 1.0, in: Docupedia, 1. 6. 2018, DOI: http://dx.doi.org/10.14765/zzf.dok.2.1177.v1.

Hachtmann, R., Interessengeleitete Wissenschaftsgeschichte? Auftragsforschung für Hochschulen und außeruniversitäre Forschungseinrichtungen, in: Zeitgeschichte-online, Dezember 2012, https://zeitgeschichte-online.de/themen/interessengeleitete-wissenschaftsgeschichte [25. 11. 2022].

Hachtmann, R. u. Süß, W., Editorial: Kommissare im NS-Herrschaftssystem. Probleme und Perspektiven der Forschung, in: dies. (Hg.), Hitlers Kommissare. Sondergewalten in der nationalsozialistischen Diktatur, Göttingen 2006, S. 9 – 27.

Hall, A., Scandal, Sensation and Social Democracy. The SPD Press and Wilhelmine Germany 1890 – 1914, Cambridge 1977.

Hallgarten, G. W. F., Das Schicksal des Imperialismus im 20. Jahrhundert. Drei Abhandlungen über Kriegsursachen, Frankfurt a. M. 1969.

Hallgarten, G. W. F. u. Radkau, J., Deutsche Industrie und Politik. Von Bismarck bis in die Gegenwart, Hamburg 1981.

Hansen, P. H., Business History: A Cultural and Narrative Approach, in: Business History 84/4, 2012, S. 693 – 717.

Harten, H.-C. u. a., Rassenhygiene als Erziehungsideologie des Dritten Reichs. Bio-bibliographisches Handbuch, Berlin 2006.

Hartmann, H., Der deutsche Unternehmer. Autorität und Organisation, Frankfurt a. M. 1968.

Hartrich, E., The Fourth and the Richest Reich. How the Germans Conquered the Post War World, New York 1980.

Hayes, P., Corporate Freedom of Action in Nazi Germany, in: Bulletin 45/Fall, 2009, S. 29 – 42.

Heilmann, M., Richard Ehrenberg und die „Kathedersozialisten“, in: M. Buchsteiner u. G. Viereck (Hg.), „Ich stehe in der Wissenschaft allein“ – Richard Ehrenberg (1857 – 1921), Rostock 2008, S. 53 – 86.

Heimsoth, A., Alfred und Friedrich Alfred Krupp as the Butt of Jokes? The German Perception of the Economic Elites in the 19th Century, in: E. Cheauré u. R. Nohejl (Hg.), Humor and Laughter in History. Transcultural Perspectives, Bielefeld 2014, S. 33 – 58.

Heinelt, P., „PR-Päpste". Die kontinuierlichen Karrieren von Carl Hundhausen, Albert Oeckel und Franz Ronneberger, Berlin 2003.

Heinrich, H.-A. u. Fröhlich, C. (Hg.), Geschichtspolitik: wer sind ihre Akteure, wer ihre Rezipienten?, Stuttgart 2004.

Heinrichsbauer, A., Schwerindustrie und Politik, [Essen 1948].

Henle, S., Industriekultur und Architektur, in: W. Köllmann u. a. (Hg.), Das Ruhrgebiet im Industriezeitalter, Bd. 2, Düsseldorf 1990, S. 220 – 290.

Henning, F.-H., Hugenberg als politischer Medienunternehmer, in: G. Schulz (Hg.), Geschäft mit Wort und Meinung. Medienunternehmer seit dem 18. Jahrhundert, München 1999, S. 101 – 128.

Hentges, G., Neuanfang staatlicher politischer Bildung. Die Bundeszentrale für Heimatdienst 1952 – 1963, in: APuZ 62/46 – 47, 2012, S. 35 – 43.

Herbert, U., Fremdarbeiter. Politik und Praxis des „Ausländer-Einsatzes" in der Kriegswirtschaft des Dritten Reiches, Bonn 1999.

Herbert, U., Von Ausschwitz nach Essen. Die Geschichte des KZ-Außenlagers Humboldtstraße, in: Alte Synagoge (Hg.), Jüdisches Leben in Essen 1800 – 1933, Essen 1993, S. 173 – 192.

Herbert, U., Apartheid nebenan. Erinnerungen an die Fremdarbeiter im Ruhrgebiet, in: L. Niethammer (Hg.), „Die Jahr weiß man nicht, wo man die heute hinsetzen soll". Faschismuserfahrungen im Ruhrgebiet. Lebensgeschichte und Sozialkultur im Ruhgebiet 1930 bis 1960, Bd. 1, Bonn 1983, S. 233 – 266.

Herbert, U., Vom Kruppianer zum Arbeitnehmer, in: L. Niethammer (Hg.), „Hinterher merkt man, daß es richtig war, daß es schiefgegangen ist". Nachkriegs-Erfahrungen im Ruhrgebiet. Lebensgeschichte und Sozialkultur im Ruhgebiet 1930 bis 1960, Bd. 2, Bonn 1983, S. 233 – 276.

Herbst, L., Der Totale Krieg und die Ordnung der Wirtschaft. Die Kriegswirtschaft im Spannungsfeld von Politik, Ideologie und Propaganda 1939 – 1945, Stuttgart 1982.

Herchenröder, K.-H. u. a., Die Nachfolger der Ruhrkonzerne. Die „Neuordnung" der Montanindustrie, Düsseldorf 1954³.

Herzog, R., Die Stoltenkamps und ihre Frauen. Roman, Berlin 1917.

Hesse, J.-O., Der Wirtschaftshistorische Ausschuss des Vereins für Socialpolitik. Eine disziplinhistorische Miniatur, in: JWG 61/1, 2020, S. 1 – 18.

Heuss, T., Robert Bosch. Leben und Leistung, Tübingen 1946.

Hintze, O., Die Hohenzollern und ihr Werk, Berlin 1915.

Hobsbawm, E., Introduction: Inventing Traditions, in: ders. u. T. Ranger (Hg.), The Invention of Tradition, Cambridge 2013 [1983], S. 1 – 14.

Hochhuth, R., Der Stellvertreter. Ein christliches Trauspiel, Reinbek 1981 [1963].

Hockerts, H. G., Wiedergutmachung in Deutschland, eine historische Bilanz 1945 – 2000, in: VfZ 49/2, 2001, S. 167 – 214.

Hodenberg, C. v., Konsens und Krise. Eine Geschichte der westdeutschen Medienöffentlichkeit 1945 – 1973, Göttingen 2006.

Höft, L., Karl Aloys Schenzingers Anilin als „durchgesehene und ergänzte Neuauflage". Ein nationalsozialistischer Sachbuchbestseller und seine Transformation in die Frühphase der Bundesrepublik, Halle 2014.

Hölscher, L., Theoretische Grundlagen der historischen Zukunftsforschung, in: ders. (Hg.), Die Zukunft des 20. Jahrhunderts. Dimensionen einer historischen Zukunftsforschung, Frankfurt a. M. 2017, S. 7 – 38.

Hölscher, L., Vorsorge als Zukunftshandeln. Versuch einer theoretischen Bilanzierung im Hinblick auf die Geschichte der Zukunft, in: N. Hannig u. M. Thießen (Hg.), Vorsorgen in der Moderne. Akteure, Räume und Praktiken, Berlin 2017, S. 233 – 242.

Hölscher, L., Semantik der Leere. Grenzfragen der Geschichtswissenschaft, Göttingen 2009.

Hoeres, P., Außenpolitik und Öffentlichkeit. Massenmedien, Meinungsforschung und Arkanpolitik in den deutsch-amerikanischen Beziehungen von Erhard bis Brandt, Münster 2013.

Hoffjann, O., Angefreundete Feinde: Die Beziehungen zwischen Journalismus und Public Relations in sozialen Konflikten, in: A. Scholl (Hg.), Systemtheorie und Konstruktivismus in der Kommunikationswissenschaft, Konstanz 2002, S. 179 – 194.

Houwink ten Cate, J., Das U-Boot als geistige Exportware. Das Ingenieurskantoor voor Scheepvaart NV (1919 – 1957). Ein Beitrag zur Geschichte der Geheimrüstung der Reichsmarine, in: R. Melville u. a. (Hg.), Deutschland und Europa in der Neuzeit, Stuttgart 1988, Bd. 2, S. 907 – 929.

Huffschmid, B., Vertrauen zwischen Industrie und Presse, in: G. Gebhardt. u. J. Schäfer (Bearb. u. Hg.), Wege der Wirtschaftspublizistik: Festgabe für Dr. Fritz Pudor zur Vollendung des 60. Lebensjahres, Essen 1959, S. 42 – 48.

Hugenberg, A., Streiflichter aus Vergangenheit und Gegenwart, Berlin 1927[2].

Hundhausen, C., Public Relations. Theorie und Systematik, Berlin 1969.

Hundhausen, C., Die Bedeutung der Publizität unter besonderer Berücksichtigung der historischen Bedeutung, in: C. H. Barz (Hg.), Das Frankfurter Publizitätsgespräch. Vorträge und Diskussionen der gleichnamigen Tagung in Königstein/Ts. am 13. und 14. April 1962, Frankfurt a. M. 1962, S. 17 – 32.

Hundhausen, C., Art. Objektive Wirtschaftswerbung, in: Wirtschaftswerbung mit Archiv für Wettbewerbsrecht. Amtliches Organ des Werberates der Deutschen Wirtschaft, hg. v. H. Hunke, 11/7, 1944, S. 45 – 59.

Jahr, C., Rektor ohne Führung? Willy Hoppe und die Wissenschaftspolitik an der Friedrichs-Wilhelm-Universität zu Berlin in der NS-Zeit, in: M. Schalenberg u. P. T. Walther (Hg.), „... immer im Forschen bleiben." Rüdiger vom Bruch zum 60. Geburtstag, Stuttgart 2004, S. 179 – 198.

Jakob, M. u. a., Erfahrung und Erwartung – eine vernachlässigte wirtschaftshistorische Perspektive?, in: JWG 59/2, 2018, S. 329 – 341.

James, H., Krupp. Deutsche Legende und globales Unternehmen. Aus dem Englischen von Karl-Heinz Siber, München 2011.

Käppner, J., Berthold Beitz. Die Biographie, Berlin 2010.

Karlsch, R., Ein vergessenes Großunternehmen. Die Geschichte der Karpaten Öl AG, in: JWG 45/1, 2004, S. 95 – 138.

Kellen, T., Lehrbuch der kaufmännischen Propaganda. Im besonderen der Anzeige- und Reklame-Kunst, Leipzig 1911[2] [1899].

Kellen, T., Die Entwickelung der Kruppschen Werke unter Friedrich Alfred Krupp, in: Westermanns Illustrierte Deutsche Monatshefte 1903/04, S. 679 – 698 u. S. 836 – 849.

Kerkhof, S. van de, Waffen und Sicherheit im Kalten Krieg. Das Marketing der westdeutschen Rüstungsindustrie 1949 – 1990, Berlin 2019.

Kerkhof, S. van de, Von der Friedens- zur Kriegswirtschaft. Unternehmensstrategien der deutschen Eisen- und Stahlindustrie vom Kaiserreich bis zum Ende des Ersten Weltkrieges, Essen 2006.

Keßler, U., Zur Geschichte des Managements bei Krupp. Von den Unternehmensanfängen bis zur Auflösung der Fried. Krupp AG (1811 – 1943), Stuttgart 1995.

Klass, G. v., Der Schreiber. Meine literarische Wanderung durch die deutsche Industrie, in: K. Kunkel (Hg.), Vom Hofbericht zur Pop-Broschüre. Über Firmenfestschriften, Unternehmerbiographien und Selbstdarstellungen, Köln 1971, S. 73 – 93.

Klass, G. v., Aus Schutt und Asche. Krupp nach fünf Menschenzeitaltern, Tübingen 1961.

Klass, G. v., Hugo Stinnes, Tübingen 1958.

Klass, G. v., Stahl vom Rhein. Die Geschichte des Hüttenwerkes Rheinhausen, Darmstadt 1957.

Klass, G. v., Albert Vögler. Einer der Großen des Ruhrreviers, Tübingen 1957.

Klass, G. v., 50 Jahre Elektromark. Kommunales Elektrizitätswerk Mark AG., Hagen 1956.

Klass, G. v., Die Wollspindel. Ein schwäbisches Familienporträt, Tübingen 1955.

Klass, G. v., Die drei Ringe. Lebensgeschichte eines Industrieunternehmens, Tübingen 1953.

Klass, G.v., Denen nichts heilig ist. Roman, Wiesbaden 1949.

Kleinschmidt, C., Unternehmensgeschichte als „Nebenbeschäftigung“, in: ZUG 64/2, 2019, S. 274 – 291.

Kleinschmidt, C., Von der Autarkie zur Weltwirtschaft. „Werbung um öffentliches Vertrauen“ am Beispiel von IG-Farben-Nachfolgeunternehmen, in: W. Abelshauser u. a. (Hg.), Wirtschaftsordnung, Staat und Unternehmen: Neue Forschungen zur Wirtschaftsgeschichte des Nationalsozialismus, Essen 2003, S. 205 – 221.

Kleinschmidt, C., Der produktive Blick. Wahrnehmung amerikanischer und japanischer Management- und Produktionsmethoden durch deutsche Unternehmer 1950 – 1985, Berlin 2002.

Kleinschmidt, C. u. Ziegler, D., Deutsche Wirtschaftsinteressen zwischen Entwicklungshilfe und Dekolonisierung: eine Einleitung, in: dies. (Hg.), Dekolonisierungsgewinner. Deutsche Außenpolitik und Außenwirtschaftsbeziehungen im Zeitalter des Kalten Krieges, Berlin 2018, S. 1 – 17.

Klemperer, V., LTI. Notizbuch eines Philologen. Nach der Ausgabe letzter Hand hg. und komm. v. E. Fröhlich, Stuttgart 2020.

Knabe, S., Firmenjubiläen. Geschichtsbewusstsein deutscher Unternehmer 1846 bis 1997, Diss., LMU München 2004.

Kocka, J., Angemessenheitskriterien historischer Argumente, in: R. Koselleck u. a. (Hg.), Objektivität und Parteilichkeit in der Geschichtswissenschaft, München 1977, S. 469 – 475.

Kogon, E., Der SS-Staat. Das System der deutschen Konzentrationslager, Hamburg 2009 [1946].

Kohlrausch, M., Kaisertum und Moderne. Wilhelm II. und das Rheinland, in: T. Schleper (Hg.), Aggression und Avantgarde. Zum Vorabend des Ersten Weltkrieges, Essen 2014, S. 313 – 322.

Koleva, M., Der Beitrag des Krupp-Konzerns zur Festigung der Macht der Nationalsozialistischen Partei in Deutschland in den Jahren 1933 – 1934, in: BuHR 17/1, 1987, S. 80 – 88.

Koleva, M., Ausbau der Waffenproduktion im Krupp-Konzern unter den Bedingungen der legalen Aufrüstung Nazideutschlands und im Zeichen des „Neuen Plans“ (März 1935–September 1936), in: BuHR 15/1, 1989, S. 66 – 77.

König, W., Kaiser – Technik – Krieg. Wilhelm II. und die Förderung ziviler und militärischer Techniken, in: T. Meyer u. M. Popplow (Hg.), Technik, Arbeit und Umwelt in der Geschichte. Günter Bayerl zum 60. Geburtstag, Münster 2006, S. 239 – 252.

König, W., Männer machen Technikgeschichte. Die Matschoss-Feldhaus-Kontroverse als Exempel der frühen Technikgeschichte zwischen Wissenschaft, Kommerz und Rivalität, in: C. Matschoss (Hg.), Männer der Technik. Ein biographisches Handbuch, Düsseldorf 1985 [1925], S. V – XIV.

Koselleck, R., Vergangene Zukunft. Zur Semantik geschichtlicher Zeiten, Frankfurt a. M. 1979.

Koselleck, R., Art. Fortschritt, in: O. Brunner u. a. (Hg.), Geschichtliche Grundbegriffe. Historisches Lexikon zur politisch-sozialen Sprache in Deutschland, Bd. 2, Stuttgart 1972, S. 351 – 423.

Köster, R., Die Wissenschaft der Außenseiter. Die Krise der Nationalökonomie in der Weimarer Republik, Göttingen 2001.

Koszyk, K., Anfänge und frühe Entwicklung der sozialdemokratischen Presse im Ruhrgebiet (1875–1908), Dortmund 1953.

Koszyk, K. u. Eisfeld, G. (Bearb.), Die Presse der deutschen Sozialdemokratie, Bonn 1980².

Kranzbühler, O., Rückblick auf Nürnberg, Hamburg 1949.

Kremer, R. B., Autobiographie als Apologie. Rhetorik der Rechtfertigung bei Baldur von Schirach, Albert Speer, Karl Dönitz und Erich Raeder, Göttingen 2017.

Krüger, D., Die Nationalökonomen im wilhelminischen Deutschland, Göttingen 1983.

Krüger, F., Corporate Storytelling. Theorie und Empirie narrativer Public Relations in der Unternehmenskommunikation, Wiesbaden 2015.

Krupp von Bohlen und Halbach, G., Betriebsführer und Rüstungsarbeiter, in: J. Pöchlinger (Hg.), Front in der Heimat. Das Buch des Deutschen Rüstungsarbeiters, Berlin 1942, S. 92–110.

Kuczynski, J., Westdeutsche Unternehmensgeschichte über den Wiederaufbau der Firmen in Westdeutschland nach dem zweiten Weltkrieg, in: JWG 4/2, 1963, S. 143–200.

Kühberger, C., Geschichtsmarketing als Teil der Public History. Einführende Sondierungen zwischen Wissenschaft und Wirtschaft, in: ders. u. A. Pudlat (Hg.), Vergangenheitsbewirtschaftung. Public History zwischen Wirtschaft und Wissenschaft, Wien 2012, S. 13–53.

Kunczik, M., Geschichte der Öffentlichkeitsarbeit in Deutschland, Köln 1997.

Kürenberg, J. v. [Reichel, J. v.], Krupp – Kampf um Stahl, Berlin 1935.

Kutzner, M., Marktwirtschaft schreiben. Das Wirtschaftsressort der Frankfurter Allgemeinen Zeitung 1949–1992, Tübingen 2019.

Laak, D. van, Literatur und Geschichte. Eine Beziehungsanalyse, Berlin 2012.

Laak, D. van, Planung. Geschichte und Gegenwart des Vorgriffs auf die Zukunft, in: GG 34/3, 2008, S. 305–326.

Lahme, T., Golo Mann. Biographie, Frankfurt a. M. 2009.

Landwehr, A., Gegenwart. Erkundungen im zeitlichen Diesseits, in: T. Alkemeyer u. a. (Hg.), Gegenwartsdiagnosen. Kulturelle Formen gesellschaftlicher Selbstproblematisierung in der Moderne, Bielefeld 2019, S. 43–62.

Landwehr, A., Die anwesende Abwesenheit der Vergangenheit. Essay zur Geschichtstheorie, Frankfurt a. M. 2016.

Langewiesche, D., Der historische Ort des deutschen Kaiserreichs, in: B. Heidenreich u. S. Neitzel (Hg.), Das deutsche Kaiserreich 1890–1914, Paderborn 2011, S. 23–38.

Lauschke, K., Warum Erik Reger am Bochumer Stadttheater Hausverbot erhielt, in: P. Friedemann u. G. Seebold (Hg.), Industrieller Wandel und kulturelles Leben. Politische Kultur in Bochum 1860–1990, Essen 1992, S. 284–299.

Lehming, E.-M., Carl Hundhausen: Sein Leben, sein Werk, sein Lebenswerk. Public Relations in Deutschland, Wiesbaden 1997.

Leitz, C. M., Arms Exports from the Third Reich, 1933–1939: The Example of Krupp, in: Economic History Review 51/1, 1998, S. 133–154.

Lesczenski, J., Wirtschaftsbürgertum in der Zwischenkriegszeit. Zeitgenössische Analysen in Nationalökonomie und Wirtschaftspublizistik, in: W. Pyta u. C. Kretschmann (Hg.), Bürgerlichkeit. Spurensuche in der Vergangenheit und Gegenwart, Stuttgart 2016, S. 83–101.

Lochner, L. P., Tycoons and Tyrant. German History from Hitler to Adenauer, Chicago 1954 [Üb.: Die Mächtigen und der Tyrann. Die deutsche Industrie von Hitler bis Adenauer, Darmstadt 1955].

Lokatis, S., Wissenschaftler und Verleger in der DDR. Das Beispiel des Akademie-Verlages, in: GG 22/1, 1996, S. 46–61.

Lorenzen, J., Die Erfindung des Automobils. Automobil- und Unternehmenskultur im Spiegel der Jubiläen der Daimler Benz AG, Essen 2017.

Ludwig, C., Amerikanische Herausforderungen. Deutsche Großunternehmen in den USA nach dem Zweiten Weltkrieg, Frankfurt a. M. 2016.

Mahan, A. T., The Influence of Sea Power upon History, 1660–1783, New York 1890.

Malinowski, S., Die Hohenzollern und die Nazis. Geschichte einer Kollaboration, Berlin 2021.

Manchester, W., Controversy and other Essays in Journalism, Boston 1976.

Manchester, W., The Arms of Krupp. 1587–1968, Boston 1968 [Üb.: Krupp. Zwölf Generationen, üb. v. Evelyn Linke, München 1968].

Manchester, W., The Death of a President. November 1963, New York 1967 [Üb.: Der Tod des Präsidenten, Frankfurt a. M. 1967].

Manchester, W., Portrait of a President: John F. Kennedy in Profile, Boston 1962.

Mann, G., Deutsche Geschichte des XIX. und XX. Jahrhunderts, Frankfurt a. M. 1958[12].

Manova, D., „Sterbende Kohle" und „flüssiges Gold". Rohstoffnarrative der Zwischenkriegszeit, Göttingen 2021.

Markus, S., Bilanzieren und Sinn stiften. Erinnerungen von Unternehmern im 20. Jahrhundert, Stuttgart 2002.

Marx, C., Paul Reusch und die Gutehoffnungshütte. Leitung eines deutschen Großunternehmens, Göttingen 2013.

Maschke, H. M., Das Krupp-Urteil und das Problem der „Plünderung", Göttingen 1951.

Mason, T. W., Der Primat der Industrie? – Eine Erwiderung, in: DA 47, 1968, S. 193–210.

Mason, T. W., Der Primat der Politik – Politik und Wirtschaft im Nationalsozialismus, in: DA 41, 1966, S. 473–494.

Matschoss, C. (Hg.), Männer der Technik. Ein biographisches Handbuch, Düsseldorf 1985 [1925].

Mau, F. u. Woischnik, B., Freude am Kind. Zsgest. u. bearb. im Auftrag d. rassenpolitischen Amtes, Reichsleitung der NSDAP, Berlin 1938.

Menne, B., Krupp. Deutschlands Kanonenkönige, Zürich 1937 [engl. Üb.: Krupp, or the Lords of Essen, üb. v. G. H. Smith, London 1937; US-amer. Üb.: Blood and Steel. The Rise of the House of Krupp, üb. v. G. H. Smith, New York 1938].

Middendorf, S., Art. Masse, Vs. 1.0, in: Docupedia, 5.11.2013, DOI: http://dx.doi.org/10.14765/zzf.dok.2.32.v1.

Mischner, S., Das Zeitregime des Krieges: Zeitpraktiken im Ersten Weltkrieg, in: L. Hölscher (Hg.), Die Zukunft des 20. Jahrhunderts. Dimensionen einer historischen Zukunftsforschung, Frankfurt a. M. 2017, S. 75–100.

Mock, S. u. Schauhoff, S., Die unternehmensverbundene Stiftung – die Satzung der Alfried Krupp von Bohlen und Halbach-Stiftung, in: F. Fleischer u. S. Mock (Hg.), Große Gesellschaftsverträge aus Geschichte und Gegenwart, Berlin 2021, S. 817–874.

Moll, M., Führer-Erlasse 1939–1945. Edition sämtlicher überlieferter, nicht im Reichsgesetzblatt abgedruckter, von Hitler während des Zweiten Weltkrieges schriftlich erteilter Direktiven aus den Bereichen Staat, Partei, Wirtschaft, Besatzungspolitik und Militärverwaltung, Hamburg 2011.

Mommsen, W. J., War der Kaiser an allem schuld? Wilhelm II. und die preußisch-deutschen Machteliten, München 2002.

Mordhorst, M. u. Schwarzkopf, S., Theorising Narrative in Business History, in: BH 59/8, 2017, S. 1157–1175.

Morgner, C., Zeitlichkeiten globaler Medienereignisse. Am Beispiel der Ermordung John F. Kennedys, in: F. Lenger u. A. Nünning (Hg.), Medienereignisse der Moderne, Darmstadt 2008, S. 130 – 149.

Mühlen, N., The Incredible Krupps. The Rise, Fall, and Comeback of Germany's Industrial Family, New York 1959 [dt. Üb.: Die Krupps, üb. v. Walter Purgleitner, Frankfurt a. M. 1965² (1960)].

Mühlfriedel, W., Über die Betriebsgeschichtsschreibung der DDR, in: Ferrum 74, 2002, S. 49 – 57.

Muehlon, W., Ein Fremder im eigenen Land. Erinnerungen und Tagebuchaufzeichnungen eines Krupp-Direktors 1908 – 1914, hg. u. eingel. v. W. Benz, Bremen 1989.

Muehlon, W., Direktor für Kriegsmaterial bei Krupp. Erinnerungen bis zum Ersten Weltkrieg (1934), in: ders., Ein Fremder im eigenen Land. Erinnerungen und Tagebuchaufzeichnungen eines Krupp-Direktors 1908 – 1914, hg. u. eingel. v. W. Benz, Bremen 1989, S. 33 – 93.

Muehlon, W., Die Verheerung Europas – Aufzeichnungen aus den ersten Kriegsmonaten von August bis November 1914 (1917), in: ders., Ein Fremder im eigenen Land. Erinnerungen und Tagebuchaufzeichnungen eines Krupp-Direktors 1908 – 1914, hg. u. eingel. v. W. Benz, Bremen 1989, S. 95 – 237.

Müller, F. C. G., Krupp's Gussstahlfabrik, Düsseldorf 1896.

Müller, P., Geschichte machen: Historisches Forschen und die Politik der Archive, Göttingen 2019.

Müller, S. O., Die Nation als Waffe und Vorstellung. Nationalismus in Deutschland und Großbritannien im Ersten Weltkrieg, Göttingen 2002.

Münkel, D., Die Medienpolitik von Konrad Adenauer und Willy Brandt, in: AfS 41, 2001, S. 297 – 316.

Münkler, H., Die Deutschen und ihre Mythen, Berlin 2013³ [2009].

Muthesius, V., Das Gespenst der wirtschaftlichen Macht, Frankfurt a. M. 1960.

Muthesius, V., RuhrKohle 1893 – 1943. Aus der Geschichte des Rheinisch-Westfälischen Kohlensyndikats, Essen 1943.

Nationalrat der Nationalen Front des Demokratischen Deutschland. Dokumentationszentrum der Staatlichen Archivverwaltung der DDR (Hg.), „Braunbuch". Kriegs- und Naziverbrecher in der Bundesrepublik und in Westberlin. Staat, Wirtschaft, Verwaltung, Armee, Justiz, Wissenschaft. Staatsverlag der Deutschen Demokratischen Republik, Berlin 1965.

Neidhardt, F., Funktionen politischer Öffentlichkeit, in: Forschungsjournal Neue Soziale Bewegungen 23/2, 2010, S. 26 – 34.

Neumann, F., Geschichtsagenturen, in: Geschichte in Wissenschaft und Unterricht 60/2, 2009, S. 90 – 98.

Niemann, H.-W., Der Industrielle in der deutschen Erzählliteratur der Jahre 1890 bis 1945, in: H. Segeberg (Hg.), Technik in der Literatur. Ein Forschungsüberblick und zwölf Aufsätze, Frankfurt a. M. 1987, S. 174 – 232.

Niemann, H.-W., Das Bild des industriellen Unternehmers in deutschen Romanen der Jahre 1890 – 1945. Mit einem Geleitwort von Wilhelm Treue, Berlin 1982.

Nietzsche, F., Vom Nutzen und Nachteil der Historie für das Leben, in: Werke in drei Bänden, hg. v. K. Schlechta, München 1954, Bd. 1, S. 209 – 287 [Erstveröffentlichung in: ders., Unzeitgemässe Betrachtungen, Leipzig 1874].

Noelle-Neumann, E., Die Schweigespirale. Öffentliche Meinung, unsere soziale Haut, München 1982.

Nolte, P., Öffentliche Geschichte. Die neue Nähe von Fachwissenschaft, Massenmedien und Publikum: Ursachen, Chancen und Grenzen, in: M. Barricelli u. J. Hornig (Hg.), Aufklärung, Bildung, „Histotainment"? Zeitgeschichte in Unterricht und Gesellschaft heute, Frankfurt a. M. 2008, S. 131 – 146.

Nolte, P., Die Ordnung der deutschen Gesellschaft. Selbstentwurf und Selbstbeschreibung im 20. Jahrhundert, München 2000.

Obst, M. A. (Hg.), Die politischen Reden Kaiser Wilhelms II. Eine Auswahl, Paderborn 2011.

O.V., Aus dem Prozessbericht über die Zeugenvernehmung Karl Liebknechts im zweiten Krupp-Prozess, in: Sozialdemokratische Partei-Correspondenz Nr. 24, 29.11.1913, S. 435 f., abgedr., in: Institut für Marxismus-Leninismus beim ZK der SED (Hg.), Karl Liebknecht: Gesammelte Reden und Schriften, (Jan. – Dez. 1913), Bd. 6, Berlin (Ost) 1964, S. 402 – 406.

O.V., Art. Krupp, in: Der Neue Brockhaus. Allbuch in fünf Bänden und einem Atlas, Bd. 3, Wiesbaden 1959[3], S. 237 f.

O.V., The Krupp Case. Trials of War Criminals before the Nuernberg Military Tribunals under Control Council Law No. 10, Nuernberg October 1946–April 1949, Vol. IX, Washington 1950 [Green Series, Bd. IX].

O.V., Law Reports of Trials of War Criminals. Selected and prepared by The United Nations War Crimes Commission, Vol. X: The IG Farben and Krupp Trials, London 1949.

O.V., Katalog der Fest- und Denkschriften wirtschaftlicher Betriebe (Dr. Hjalmar Schacht-Sammlung), Berlin 1937.

O.V., Die Reden Hitlers am Parteitag der Freiheit 1953, München 1935.

Pahlow, L., „Vorzeigeunternehmen“ in der Wirtschaftspolitik. Die Carl-Zeiss-Stiftung und die Reformdebatten um das bundesdeutsche Recht der Unternehmensträgerschaft, in: ZUG 64/1, 2019, S. 19 – 47.

Paulmann, J., Pomp und Politik. Monarchenbegegnungen in Europa zwischen Ancien Régime und Erstem Weltkrieg, Paderborn 2000.

Pehle, W. H., Geschichtswissenschaft, Buchproduktion und Öffentlichkeit, in: K. Füßmann u. a. (Hg.), Historische Faszination. Geschichtskultur heute, Köln 1994, S. 235 – 241.

Petzina, D., Autarkiepolitik im Dritten Reich. Der nationalsozialistische Vierjahresplan, Stuttgart 1968.

Pfetsch, B. u. a., Das „Kommentariat“: Rolle und Status einer Öffentlichkeitselite, in: C. Eilders u. a. (Hg.), Die Stimme der Medien. Pressekommentare und politische Öffentlichkeit in der Bundesrepublik Deutschland, Hamburg 2004, S. 39 – 73.

Pierenkemper, T., Oskar Stillich (1872 – 1945). Ein wahrer Außenseiter unter „Außenseitern“, in: H.-M. Trautwein (Hg.), Die Zeit um den Ersten Weltkrieg als Krisenzeit der Ökonomen, Berlin 2016, S. 209 – 250.

Pierenkemper, T., „Moderne“ Unternehmensgeschichte auf vertrauten (Irr-)Wegen?, in: ZUG 57/1, 2012, S. 70 – 85.

Pierenkemper, T., Von Krise zu Krise. Die Fried. Krupp AG von der Währungsstabilisierung bis zum Ende der Weimarer Republik, 1924 – 1933, in: L. Gall (Hg.), Krupp im 20. Jahrhundert. Die Geschichte des Unternehmens vom Ersten Weltkrieg bis zur Gründung der Stiftung, Berlin 2002, S. 167 – 265.

Pierenkemper, T., Die Fried. Krupp AG und die Trustbildung in der Eisen- und Stahlindustrie in den 1920er Jahren, in: Westfälische Forschungen 50, 2000, S. 129 – 141.

Pierenkemper, T., Sechs Thesen zum gegenwärtigen Stand der deutschen Unternehmensgeschichtsschreibung – Eine Entgegnung auf Manfred Pohl, in: ZUG 45/2, 2000, S. 158 – 166.

Pierenkemper, T., Hans-Günther Sohl: Funktionale Effizienz und autoritäre Harmonie in der Eisen- und Stahlindustrie, in: P. Erker u. ders. (Hg.), Deutsche Unternehmer zwischen Kriegswirtschaft und Wiederaufbau. Studien zur Erfahrungsbildung von Industrie-Eliten, München 1999, S. 53 – 107.

Pierenkemper, T. u. Fremdling, R., Wirtschaft und Wirtschaftspolitik in Deutschland. 75 Jahre RWI – Leibnitz-Institut für Wirtschaftsforschung e.V. 1943 – 2018, Berlin 2018.

Pinner, F. [Faßland, F.], Deutsche Wirtschaftsführer, Charlottenburg 1925[5] [1924].

Plumpe, W., Carl Duisberg. 1861–1935. Anatomie eines Industriellen, München 2016.
Plumpe, W., Gustav Schmoller und der Institutionalismus: Zur Bedeutung der Historischen Schule der Nationalökonomie für die modern Wirtschaftsgeschichtsschreibung, in: GG 25/2, 1999, S. 252–275.
Plumpe, W., Unternehmerverbände und industrielle Interessenpolitik, in: W. Köllmann u. a. (Hg.), Das Ruhrgebiet im Industriezeitalter, Bd. 1., Düsseldorf 1990, S. 655–727.
Pöchlinger, J. (Hg.), Front in der Heimat. Das Buch des Deutschen Rüstungsarbeiters, Berlin 1942.
Pöhlmann, M., Kriegsgeschichte und Geschichtspolitik: Der Erste Weltkrieg. Die amtliche deutsche Militärgeschichtsschreibung 1914–1956, Paderborn 2002.
Pounds, N. J. G., The Ruhr: A Study in Historical and Economic Geography, Bloomington 1952.
Priemel, K. C., The Betrayal. The Nuremberg Trials and German Divergence, Oxford 2016.
Priemel, K. C., Tradition und Notstand. Interpretations- und Konfrontationslinien im Fall Krupp, in: ders. u. A. Stiller (Hg.), NMT. Die Nürnberger Militärtribunale zwischen Geschichte, Gerechtigkeit und Rechtschöpfung, Hamburg 2013, S. 434–463.
Priemel, K. C., Der Sonderweg vor Gericht. Angewandte Geschichte im Nürnberger-Prozess, in: HZ 294, 2012, S. 391–426.
Priemel, K. C., Gekaufte Geschichte. Der „Freundeskreis Albert Vögler". Gert von Klass und die Entwicklung der Unternehmerforschung nach 1945, in: ZUG 52/2, 2007, S. 177–203.
Prinz von Preussen, L. F., The Rebel Prince. Memoirs of Prince Louis Ferdinand of Prussia. Introduced by Louis Lochner, Chicago 1952.
Pritzkoleit, K., Wirtschaftsmacht – Gespenst oder Wirklichkeit?, Stuttgart 1962.
Pritzkoleit, K., Männer, Mächte, Monopole. Hinter den Türen der westdeutschen Wirtschaft, Düsseldorf 1953.
Przigoda, S., Unternehmensverbände im Ruhrbergbau. Zur Geschichte von Bergbau-Verein und Zechenverband 1858–1933, Bochum 2002.
Pulzer, P., Die jüdische Beteiligung an der Politik, in: Werner E. Mosse (Hg.), Juden im Wilhelminischen Deutschland 1890–1914, Tübingen 1998^2, S. 143–240.
Radkau, J., Theodor Heuss, München 2013.
Radzio, H., Das Revier darf nicht sterben. Pioniere, Probleme und ein Plädoyer, Düsseldorf 1984.
Raphael, L., Das Ende des Deutschen Reiches als Zäsur nationaler Expertenkulturen? Überlegungen zu den Folgen des politischen Umbruchs 1945 für Technik und Wissenschaften in Deutschland, in: A. Doering-Manteuffel (Hg.), Strukturmerkmale der deutschen Geschichte des 20. Jahrhunderts, München 2006, S. 181–195.
Raphael, L., Geschichtswissenschaft im Zeitalter der Extreme. Theorien, Methoden, Tendenzen von 1900 bis zur Gegenwart, München 2010^2 [2003].
Rasch, M., Adelige Unternehmer am Ende der Wilhelminischen Epoche, in: H. Berghoff u. a. (Hg.), Wirtschaft im Zeitalter der Extreme. Beiträge zur Unternehmensgeschichte Deutschlands und Österreichs. Im Gedenken an Gerald D. Feldman, München 2010, S. 21–46.
Reckendrees, A., Albert Vögler (1877–1945), in: P. Bormann u. a. (Hg.), Unternehmer in der Weimarer Republik, Stuttgart 2016, S. 259–276.
Reckendrees, A., Das „Stahltrust"-Projekt. Die Gründung der Vereinigten Stahlwerk A.G. und ihre Unternehmensentwicklung 1926–1933/34, München 2000.
Redlich, F., Anfänge und Entwicklung der Firmengeschichte und Unternehmerbiographie. Das deutsche Geschäftsleben in der Geschichtsschreibung, Baden-Baden 1959.
Reger, E. [Dannenberger, H.], Das wachsame Hähnchen. Polemischer Roman, Stuttgart u. a. 1950 [1932].

Reger, E. [Dannenberger, H.], Union der festen Hand. Roman einer Entwicklung, Berlin 1979 [1931].
Rehling, A., Die deutschen Wirtschaftseliten in der öffentlichen Wahrnehmung am Beispiel von „Spiegel", „Stern" und „Quick", in: Akkumulation 18, 2003, S. 1–13.
Reif, H., „Ein seltener Kreis von Freunden". Arbeitsprozesse und Arbeitserfahrung bei Krupp 1840–1914, in: K. Tenfelde (Hg.), Arbeit und Arbeitserfahrung in der Geschichte, Göttingen 1986, S. 92–120.
Reimann, N., Kulturgutschutz und Hegemonie. Die Bemühungen der staatlichen Archive um ein Archivalienschutzgesetz in Deutschland 1921 bis 1972, Ms., Münster 2003.
Requate, J., Medienmacht und Politik. Die politischen Ambitionen großer Zeitungsunternehmer – Hearst, Northcliffe, Beaverbrook und Hugenberg im Vergleich, in: AfS 41, 2001, S. 79–95.
Requate, J., Der Journalist, in: U. Frevert u. H.-G. Haupt (Hg.), Der Mensch im 20. Jahrhundert, Frankfurt a. M. 1999, S. 138–162.
Requate, J., Medien und Öffentlichkeit als Gegenstände historischer Analyse, in: GG 25/1, 1999, S. 79–95.
Requate, J., Journalismus als Beruf. Entstehung und Entwicklung des Journalistenberufs im 19. Jahrhundert. Deutschland im internationalen Vergleich, Göttingen 1995.
Richter, D., Friedrich Alfred Krupp auf Capri. Ein Skandal und seine Geschichte, in: M. Epkenhans u. R. Stremmel (Hg.), Friedrich Alfred Krupp. Ein Unternehmer im Kaiserreich, München 2010, S. 157–178.
Ritter, G., Carl Friedrich Goerdeler und die deutsche Widerstandsbewegung, München 1964.
Roelevink, E.-M., Getrennter Wege? Krupp, IG-Farben und die Vergangenheit, in: A. Jehn u. a. (Hg.), IG-Farben zwischen Schuld und Profit. Abwicklung eines Weltkonzerns, Marburg 2022, S. 373–390.
Roelevink, E.-M., Narrative Transformation: Die Entstehung von Thyssens „Die Feuer verlöschen nie" (1966 und 1969), in: I. Köhler u. dies. (Hg.), Transformative Moderne. Struktur, Prozess und Handeln in der deutschen Wirtschaft. Festschrift für Dieter Ziegler zum 65. Geburtstag, Münster 2021, S. 197–222.
Roelevink, E.-M., Des Unternehmers „volkstümliche" Biographie, oder: wie die Ruhrkohlenindustrie Geschichte machte, in: ZUG 63/1, 2018, S. 33–68.
Roelevink, E.-M. u. Ziegler, D., Wie organisiert war der Kapitalismus im Kaiserreich?, in: U. Pfister u. a. (Hg.), Deutschland 1871. Die Nationalstaatsbildung und der Weg in die moderne Wirtschaft, Tübingen 2021, S. 245–266.
Roesch, U., Das dritte Talent. Die Leistung der Frau als Unternehmerin gestern, heute, morgen, Berlin 1970.
Rothfuss, A., Korruption im Kaiserreich. Debatten und Skandale zwischen 1871 und 1914, Göttingen 2019.
Rüden, S. v., Die Geschichtsbilder historischer Romane. Eine Untersuchung des belletristischen Angebots der Jahre 1913 bis 1933, Berlin 2018.
Saldern, A. v., Das „Harzburger Modell". Ein Ordnungssystem für bundesrepublikanische Unternehmen, 1960–1975, in: T. Etzemüller (Hg.), Die Ordnung der Moderne. Social Engineering im 20. Jahrhundert, Bielefeld 2009, S. 303–329.
Saldern, A. v., Amerikanische Magazine. Zur Geschichte gesellschaftlicher Deutungsinstanzen (1880–1940), in: AfS 41, 2001, S. 171–204.
Sandhofer, G., Von der preußisch-deutschen Militärgeschichtsschreibung zur heutigen Militärgeschichte. Teilstreitkraft Marine, in: U. v. Gersdorff (Hg.), Geschichte und Militärgeschichte. Wege der Forschung, Frankfurt a. M. 1974, S. 55–66.

Sandkühler, T., Zwangsarbeit und Judenmord im Distrikt Galizien des Generalgouvernements. Die Rettungsinitiativen von Berthold Beitz, in: H. Kaienburg (Hg.), Konzentrationslager und deutsche Wirtschaft 1939 – 1945, Opladen 1996, S. 239 – 262.

Schach, A., Storytelling und Narration in der Public Relations. Eine textlinguistische Untersuchung der Unternehmensgeschichte, Wiesbaden 2016.

Schanetzky, T., After the Gold Rush. Ursprünge und Wirkungen der Forschungskonjunktur „Unternehmen im Nationalsozialismus", in: ZUG 63/1, 2018, S. 7 – 32.

Schanetzky, T., Pragmatische Profession. Historikerkommissionen im Auftrag großer Unternehmen, in: C. Cornelißen u. P. Pezzino (Hg.), Historikerkommissionen und historische Konfliktbewältigung, Berlin 2017, S. 119 – 131.

Schenzinger, K. A., Bei I.G. Farben, München 1953.

Schenzinger, K. A., Anilin. Roman der deutschen Farbenindustrie, Berlin 1937.

Schildt, A., Medien-Intellektuelle in der Bundesrepublik, hg. und mit einem Nachwort versehen v. G. Kandzora u. D. Siegfried, Göttingen 2021[3] [2020].

Schmid, H., Vom publizistischen Kampfbegriff zum Forschungskonzept. Zur Historisierung der Kategorie „Geschichtspolitik", in: ders. (Hg.), Geschichtspolitik und kollektives Gedächtnis. Erinnerungskulturen in Theorie und Praxis, Göttingen 2009, S. 53 – 75.

Schmidt, J., Stammarbeiterschaft als Arbeiteraristokratie? Zwei Konzepte der Arbeiterforschung im empirischen Test, in: ZUG 39/1, 1994, S. 1 – 17.

Schmitz-Berning, C., Vokabular des Nationalsozialismus, Berlin 2007[2] [1998].

Schmitz-Zerres, S., Die Zukunft erzählen. Inhalte und Entstehungsprozesse von Zukunftsnarrationen in Geschichtsbüchern von 1950 bis 1995, Göttingen 2019.

Schneider, T., Bestseller im Dritten Reich. Ermittlung und Analyse der meistverkauften Romane in Deutschland 1933 – 1944, in: VfZ 52/1, 2004, S. 77 – 98.

Schnell, A., Krupp oder: Wie man die Leute anspricht. Der Krupp-Konzern & die Anfänge moderner PR in Deutschland, Hemmingen 2017.

Schönhagen, P., Unparteilichkeit im Journalismus. Tradition einer Qualitätsnorm, Tübingen 1998.

Schönwälder, K., Historiker und Politik. Geschichtswissenschaft im Nationalsozialismus, Frankfurt a. M. 1992.

Schröder, E., Krupp. Geschichte einer Unternehmerfamilie, Göttingen 1968[2] [1957].

Schröder, E., Otto Wiedfeldt. Eine Biographie, Essen 1964.

Schröder, E., Wilhelm Berdrow. Lebensbild eines Firmenhistorikers, in: Tradition 5/4, 1960, S. 179 – 188.

Schröder, E., Alfred Krupps Generalregulativ, in: Tradition 1/1, 1956, S. 35 – 57.

Schröder, J., Die Entflechtung der Firma Krupp nach dem zweiten Weltkrieg. Persönliche Erinnerungen, in: Beiträge zur Geschichte von Stadt und Stift Essen, Bd. 89, 1974, S. 35 – 52.

Schröter, H. G., Die Institutionalisierung der Unternehmensgeschichte im deutschen Sprachraum, in: ZUG 45/1, 2000, S. 30 – 48.

Schug, A., History Marketing. Ein Leitfaden zum Umgang mit Geschichte in Unternehmen, Bielefeld 2003.

Schulte, J. E., Zwangsarbeit und Vernichtung: Das Wirtschaftsimperium der SS. Oswald Pohl und das SS-Wirtschafts-Verwaltungshauptamt 1933 – 1945. Mit einem Vorwort v. H. Mommsen, Paderborn 2001.

Schwartz, T. A., Die Begnadigung deutscher Kriegsverbrecher. John J. McCloy und die Häftlinge von Landsberg, in: VfZ 38/3, 1990, S. 375 – 414.

Segeberg, H., Literatur im Medienzeitalter. Literatur, Technik und Medien seit 1914, Darmstadt 2005.

Seliger, H., Politische Anwälte? Die Verteidiger der Nürnberger Prozesse, Baden-Baden 2016.

Shiller, R. J., Narrative Wirtschaft. Wie Geschichten die Wirtschaft beeinflussen – ein revolutionärer Erklärungsansatz, Kulmbach 2020.

Shirer, W. L., Aufstieg und Fall des Dritten Reiches, Herrsching 1983 [1961] [Üb.: The Rise and Fall of the Third Reich. A History of Nazi Germany, New York 1960].

Siegenthaler, H., Regelvertrauen, Prosperität und Krisen. Die Ungleichmäßigkeit wirtschaftlicher und sozialer Entwicklung als Ergebnis individuellen Handels und sozialen Lernens, Tübingen 1993.

Siering, F., Zeitung für Deutschland. Die Gründergeneration der „Frankfurter Allgemeinen", in: L. Hachmeister u. ders. (Hg.), Die Herren Journalisten. Die Elite der deutschen Presse nach 1945, München 2002, S. 35 – 86.

Sohl, H.-G., Notizen, [Privatdruck] 1984.

Speer, A., Erinnerungen, Frankfurt a. M. 1969.

Spoerer, M., Unternehmen und Unternehmensgeschichte: Was kommt heraus, wenn Gewinner Geschichte schreiben lassen?, in: C. Fröhlich u. H.-A. Heinrich (Hg.), Geschichtspolitik. Wer sind ihre Akteure, wer ihre Rezipienten? Stuttgart, 2004, S. 111 – 119.

Spoerer, M., Zwangsarbeit unter dem Hakenkreuz. Ausländische Zivilarbeiter, Kriegsgefangene und Häftlinge im Dritten Reich und im besetzten Europa 1939 – 1945, Stuttgart 2001.

Stein, O., Die deutsche Heeresrüstungspolitik 1890 – 1914. Das Militär und der Primat der Politik, Paderborn 2007.

Steininger, R., Der vergessene Krieg. Korea 1950 – 1953, München 2006.

Stenglein, F., Krupp. Höhen und Tiefen eines Industrieunternehmens, Düsseldorf 1998.

Stern, F., Die Historiker und der Erste Weltkrieg. Privates Erleben und öffentliche Erklärung, in: Transit 8, 1994, S. 116 – 136.

Stillich, O., Bd. 1: Eisen- und Stahlindustrie, Berlin 1904, u. Bd. 2: Steinkohlenindustrie, (Nationalökonomische Forschungen auf dem Gebiet der Großindustriellen Unternehmung), Berlin 1906.

Stöber, S., Bismarcks geheime Presseorganisation von 1882, in: HZ 262, 1996, S. 423 – 451.

Streim, G., ‚Krisis des Historismus' und geschichtliche Gestalt. Zu einem ästhetischen Geschichtskonzept der Zwischenkriegszeit, in: D. Fulda u. S. S. Tschopp (Hg.), Literatur und Geschichte. Ein Kompendium zu ihrem Verhältnis von der Aufklärung bis zur Gegenwart, Berlin 2002, S. 463 – 488.

Stremmel, R., Transformation steuern. Der Industrielle Alfred Krupp (1812 – 1887) regelt seine Nachfolge, in: I. Köhler u. E.-M. Roelevink (Hg.), Transformative Moderne. Struktur, Prozess und Handeln in der Wirtschaft. Festschrift für Dieter Ziegler zum 65. Geburtstag, Münster 2021, S. 249 – 268.

Stremmel, R., Identität, Stolz und Selbstbewusstsein. Erinnerungsort Kruppianer, in: S. Berger u. a. (Hg.), Zeit-Räume Ruhr. Erinnerungsorte des Ruhrgebiets, Essen 2019, S. 327 – 344.

Stremmel, R., Friedrich Alfred Krupp. Handeln und Selbstverständnis eines Unternehmers, in: M. Epkenhans u. ders. (Hg.), Friedrich Alfred Krupp: ein Unternehmer im Kaiserreich, München 2010, S. 27 – 75.

Stremmel, R., 100 Jahre Historisches Archiv Krupp. Entwicklung, Aufgaben, Bestände, Berlin 2009[2] [2005].

Stremmel, R., Richard Ehrenberg als Pionier der Unternehmensgeschichtsschreibung, oder: Wie unabhängig kann Unternehmensgeschichte sein?, in: M. Buchsteiner u. G. Viereck (Hg.), „Ich stehe in der Wissenschaft allein" – Richard Ehrenberg (1857 – 1921), Rostock 2008, S. 143 – 188.

Stremmel, R., Im Spannungsfeld zwischen Staat und Wirtschaft. Werksarchivarbeit im Vereinigte-Stahlwerke-Konzern seit den 1930er Jahren, in: Der Archivar 50, 1997, Sp. 311 – 326.

Strousberg, B. H., Dr. Strousberg und sein Wirken. Von ihm selbst geschildert. Mit einer Photographie und einer Eisenbahn-Karte, Berlin 1876.

Süß, W., „Gold ist Trumpf und weiter nichts." Reichtumskonflikte im langen 19. Jahrhundert, in: WerkstattGeschichte 73, 2016, S. 31–49.

Szyszka, P., PR-Geschichte als Theoriebaustein. Einführung, in: ders. (Hg.), Auf der Suche nach Identität. PR-Geschichte als Theoriebaustein, Berlin 1997, S. 9–17.

Szyszka, P., Marginalie oder Theoriebaustein? Zum Erkenntniswert historischer PR-Forschung, in: ders. (Hg.), Auf der Suche nach Identität. PR-Geschichte als Theoriebaustein, Berlin 1997, S. 111–136.

Taillez, F., Zwei Bürgerleben in der Öffentlichkeit. Die Brüder Fritz Thyssen und Heinrich Thyssen-Bornemisza, Paderborn 2017.

Take, G., Forschungen für den Wirtschaftskrieg. Das Kieler Institut für Weltwirtschaft im Nationalsozialismus, Berlin 2019.

Tarbell, I. M., The History of the Standard Oil Company, Bd. 1 u. Bd. 2, Bristol 2002 [1904].

Tebrake, H.-G., Meinungspflege als Beruf. Etablierung und Professionalisierung der PR-Beratung in der Bundesrepublik Deutschland bis 1974, Wiesbaden 2019.

Tenfelde, K., Lehrstück Unternehmensgeschichte. Die Kruppsche „Kriegsdenkschrift" 1914–1918–1925, in: D. Hein u. a. (Hg.), Historie und Leben. Der Historiker als Wissenschaftler und Zeitgenosse. Festschrift für Lothar Gall zum 70. Geburtstag, München 2006, S. 189–208.

Tenfelde, K., Der „Kruppianer" – Die Geburt eines Mythos aus dem Geist der „Werksgemeinschaft", in: Ferrum 79, 2006, S. 35–45.

Tenfelde, K., Im Zenit industriepolitischer Macht – Die Jahrhundertfeier der Fried. Krupp AG 1912, in: P. Münch (Hg.), Jubiläum, Jubiläum ... Zur Geschichte öffentlicher und privater Erinnerung, Essen 2005, S. 109–144.

Tenfelde, K., „Krupp bleibt doch Krupp". Ein Jahrhundertfest: Das Jubiläum der Firma Fried. Krupp AG in Essen 1912, Essen 2005.

Tenfelde, K., Krupp in Krieg und Krisen. Unternehmensgeschichte der Fried. Krupp AG 1914 bis 1924/25, in: L. Gall (Hg.), Krupp im 20. Jahrhundert. Die Geschichte des Unternehmens vom Ersten Weltkrieg bis zur Gründung der Stiftung, Berlin 2002, S. 15–165.

Tetzlaff, S., „A New Passage to India?". Westdeutsche Außenwirtschaftspolitik und Wirtschaftsbeziehungen mit Indien, ca. 1950–72, in: C. Kleinschmidt u. D. Ziegler (Hg.), Dekolonisierungsgewinner. Deutsche Außenpolitik und Außenwirtschaftsbeziehungen im Zeitalter des Kalten Krieges, Berlin 2018, S. 191–210.

Teuteberg, H. J., Wilhelm Treue als Nestor der Unternehmensgeschichte, in: ZUG 47/2, 2002, S. 123–157.

Teuteberg, H. J., Die Doktrin des ökonomischen Liberalismus und ihre Gegner, dargestellt an der prinzipiellen Erörterung des Arbeitsvertrages im ‚Verein für Socialpolitik' (1872–1905), in: H. Coing u. W. Wilhelm (Hg.), Wissenschaft und Kodifikation des Privatrechts im 19. Jahrhundert, Bd. 2, Frankfurt a. M. 1977, S. 47–73.

Thomann, K.-D. u. Kümmel, W. F., Naturwissenschaft, Kapital und Weltanschauung: Das Kruppsche Preisausschreiben und der Sozialdarwinismus (drei Teile), in: MhJ 30/2, 1995, S. 99–143; MhJ 30/3, 1995, S. 205–243; MhJ 30/4, 1995, S. 315–352.

Tilly, R., Willy H. Schlieker. Aufstieg und Fall eines Unternehmers (1914–1980), Berlin 2008.

Tooze, A., Ökonomie der Zerstörung. Die Geschichte der Wirtschaft im Nationalsozialismus, üb. v. Yvonne Badal, München 2007.

Treue, W., Entwurf zu einem Nekrolog oder Materialien für eine gute wissenschaftliche Nachrede, in: K. Mauel (Hg.), Wege zur Wissenschaftsgeschichte, Bd. II, Wiesbaden 1982, S. 111–139.

Treue, W., Eine Zeitschrift für Firmengeschichte und Unternehmerbiographie, in: Tradition 1/1, 1956, S. 1–12.

Treue, W., Die Bedeutung der Firmengeschichte für die Wirtschafts- und für Allgemeine Geschichte [1954], in: T. Pierenkemper (Hg.), Unternehmensgeschichte. Eine Einführung in ihre Methoden und Ergebnisse, Stuttgart 2011, S. 147–165.

Treue, W., Deutsche Wirtschaftsführer im 19. Jahrhundert. Fritz Hartung zum 60. Geburtstag, in: HZ 167/3, 1943, S. 548–565.

Treue, W., Wer war der ewige Angreifer, Deutschland oder Frankreich?, Berlin 1940.

Treue, W. u. a., Deutsche Marinerüstung 1919–1942. Die Gefahren der Tirpitz-Tradition, Herford 1992.

Troebst, S., Geschichtspolitik, Vs. 1.0, in: Docupedia, 4. 8. 2014, DOI: https://doi.org/10.14765/zzf.dok.2.590.v1.

Tucher, A., Not exactly lying. Fake News and Fake Journalism in American History, New York 2022.

Tucholsky, K., Deutsches Tempo. Gesammelte Werke, Ergänzungsband 1911 bis 1932, hg. v. M. Gerold-Tucholsky u. F. J. Raddatz, Reinbek bei Hamburg 1985.

Turner, H. A. jr., Faschismus und Kapitalismus in Deutschland, Göttingen 1980[2] [1972].

Turner, H. A. jr., The ‚Ruhrlade', Secret Cabinet of Heavy Industry in Weimar Republic, in: Central European History 3/3, 1970, S. 195–228.

Unger, C. R., Entwicklungspfade in Indien. Eine internationale Geschichte 1947–1980, Göttingen 2015.

Volkmann, P. O., Heinrich Brüning (1885–1970): Nationalist ohne Heimat. Eine Teilbiographie, Düsseldorf 2007.

Voosen, H., Die Jubiläumsschrift im Wandel der Zeiten. Ein Streifzug durch die Geschichte berühmter Firmen und Unternehmen, Berlin 1996.

Wehler, H.-U., Theorieprobleme der modernen deutschen Wirtschaftsgeschichte (1800–1945). Prolegomena zu einer kritischen Bestandsaufnahme der Forschung und Diskussion seit 1945 (1970), in: W. Plumpe (Hg.), Wirtschaftsgeschichte, Stuttgart 2008, S. 175–213.

Wehrheim, L. u. a., Diskurs, Narrativ, Sonderweg, Hitler, Turn: Konjunkturen geschichtswissenschaftlicher Begriffe im „Clio Viewer", Working Papers of the Priority Programme 1859, 27, 2020, https://edoc.hu-berlin.de/handle/18452/22761 [22. 11. 2022].

Welskopp, T., Zukunft bewirtschaften. Überlegungen zu einer praxistheoretisch informierten Historisierung des Kapitalismus, in: Mittelweg 36. Zeitschrift des Hamburger Instituts für Sozialforschung 36/1, 2017, S. 81–97.

Welskopp, T., Die deutsche Sozialdemokratie programmiert die „neue Zeit": Die Zukunft der Sozialdemokratie von den Anfängen bis zum Ersten Weltkrieg, in: L. Hölscher (Hg.), Die Zukunft des 20. Jahrhunderts. Dimensionen einer historischen Zukunftsforschung, Frankfurt a. M. 2017, S. 39–56.

Welskopp, T., Unternehmenskulturen im internationalen Vergleich – oder integrale Unternehmensgeschichte als typisierende Absicht?, in: H. Berghoff u. J. Vogel (Hg.), Wirtschaftsgeschichte als Kulturgeschichte. Dimensionen eines Perspektivenwechsels, Frankfurt a. M. 2004, S. 265–294.

Welskopp, T., Im Bann des 19. Jahrhunderts. Die deutsche Arbeiterbewegung und ihre Zukunftsvorstellungen zur Gesellschaftspolitik und „sozialer Frage", in: U. Frevert (Hg.), Das neue Jahrhundert. Europäische Zeitdiagnosen und Zukunftsentwürfe um 1900, Göttingen 2000, S. 15–46.

Welskopp, T., Betriebliche Sozialpolitik im 19. und frühen 20. Jahrhundert. Eine Diskussion neuerer Forschungen und Konzepte und eine Branchenanalyse der deutschen und amerikanischen Eisen- und Stahlindustrie von den 1870er bis zu den 1930er Jahren, in: AfS 34, 1994, S. 333–374.

Welter, E., Der Weg der deutschen Industrie, Frankfurt a. M. 1943.
Wendler, F., NS-Täter in der Geschichtsschreibung der SBZ und DDR bis in die 1960er Jahre, Berlin 2017.
Werner, S. u.a., Hitlers gläserne Arbeitskräfte. Das Arbeitsbuch als Quelle von Mikrodaten für die historische Arbeitsmarktforschung, in: JWG 52/2, 2011, S. 175 – 192.
Wessel, H.A., Wilhelm Treue – Nachweis seiner wissenschaftlichen Veröffentlichungen, in: ZUG 24/3, 1979, S. 189 – 201.
Westheider, R., Der Kanonenkönig und die Franzosen in Essen: Das Ruhrgebiet in europäischen und US-amerikanischen Geschichtsbüchern, in: Isf 10/3, 1988, S. 217 – 250.
White, M., Kennedy. A Cultural History of an American Icon, London 2013.
Wiesen, J. S., Die Verteidigung der deutschen Wirtschaft: Nürnberg, das Industriebüro und die Herausbildung des Neuen Industriellen, in: K.C. Priemel u. A. Stiller (Hg.), NMT. Die Nürnberger Militärtribunale zwischen Geschichte, Gerechtigkeit und Rechtschöpfung, Hamburg 2013, S. 630 – 652.
Wiesen, J. S., Germany's PR Man: Julius Klein and the Making of Transnational Memory, in: P. Gassert u. A. Steinweis (Hg.), Coping with the Nazi Past: West German Debates and Generational Conflict, 1955 – 1975, Oxford 2006, S. 294 – 308.
Wiesen, J. S., West German Industry and the Challenge of the Nazi-Past, 1945 – 1955, Chapel Hill 2001.
Wilke, J., Grundzüge der Medien- und Kommunikationsgeschichte. Von den Anfängen bis in 20. Jahrhundert, Köln 2000.
Wilke, J., Auf dem Weg zur „Großmacht": Die Presse im 19. Jahrhundert, in: R. Wimmer (Hg.), Das 19. Jahrhundert: Sprachgeschichtliche Wurzeln des heutigen Deutsch, Berlin 1991, S. 73 – 94.
Wilmowsky, T. Frh. v., Rückblickend möchte ich sagen… An der Schwelle des 150jährigen Krupp-Jubiläums, Oldenburg 1961.
Wilmowsky, T. Frh. v., Erinnerungen, Berlin 1951.
Wilmowsky, T. Frh. v., Warum wurde Krupp verurteilt? Legende und Justizirrtum. Frankfurt a.M 1963[3] [1950].
Wilson, C. P., The Journalist Who Was Always Late: Time and Temporality in Literary Journalism, in: Literary Journalism Studies 10/1, 2018, S. 112 – 139.
Winkler, H. A. (Hg.), Griff nach der Deutungsmacht. Zur Geschichte der Geschichtspolitik in Deutschland, Göttingen 2004.
Winkler, H. A., Auf ewig in Hitlers Schatten? Zum Streit über das Geschichtsbild der Deutschen, in: R. Augstein u. a. (Hg.), Historikerstreit. Die Dokumentation der Kontroverse um die Einzigartigkeit der nationalsozialistischen Judenverfolgung, München 1987, S. 256 – 263.
Winschuh, J., Der Unternehmer. Begegnungen mit der Werksgeschichte, in: K. Kunkel (Hg.), Vom Hofbericht zur Pop-Broschüre. Über Firmenfestschriften, Unternehmerbiographien und Selbstdarstellungen, Köln 1971, S. 27 – 51.
Winschuh, J., Über Wirtschaft schreiben. Wirtschaftspublizistik im Wandel der Zeit. Erinnerungen und Begegnungen, Baden-Baden 1963.
Winschuh, J., Der Verein mit dem langen Namen: Geschichte eines Wirtschaftsverbandes, Berlin 1932.
Winzen, P., Der erste politische Homosexualitätsskandal im Kaiserreich: Friedrich Alfred Krupp (1854 – 1902), in: Archiv für Kulturgeschichte 93/2, 2011, S. 415 – 450.
Wischermann, C., Unternehmenskultur, Unternehmenskommunikation, Unternehmensidentität, in: ders. (Hg.), Unternehmenskommunikation deutscher Mittel- und Großunternehmen, Münster 2003, S. 21 – 40.
Wittmann, R., Geschichte des deutschen Buchhandels, München 1991.

Wöllhaf, J., Albert Brackmann, in: I. Haar u. M. Fahlbusch (Hg.), Handbuch der völkischen Wissenschaften. Personen – Institutionen – Forschungsprogramme – Stiftungen, München 2008, S. 76 – 81.

Woischnik, B., Alfred Krupp. Meister des Stahls. Das Lebensbild eines grossen Deutschen, Bad Godesberg 1964[4] [1957].

Woischnik, B., Das Tor ist offen nach Deutschland, hg. i. A. des Bundesministeriums für wirtschaftliche Zusammenarbeit, Bonn 1952.

Woischnik, B., Juda erkannt: Die Völker erkennen ihren gemeinsamen Feind, München 1939.

Woischnik, B., Ein neues Europa entsteht, München 1939.

Woischnik, B., Der Westwall, München 1939.

Woischnik, B., Ein Volk, ein Reich, ein Führer. Sonderheft aus Anlass der Volksabstimmung am 10. April 1938, Berlin 1938.

Wojak, I., Die Verschmelzung von Geschichte und Kriminologie. Historische Gutachten im ersten Frankfurter Auschwitz-Prozeß, in: N. Frei u. a. (Hg.), Geschichte vor Gericht. Historiker, Richter und die Suche nach Gerechtigkeit, München 2000, S. 29 – 45.

Wolbring, B., Nationales Stigma und persönliche Schuld. Die Debatte über Kollektivschuld in der Nachkriegszeit, in: HZ 289/2, 2009, S. 225 – 264.

Wolbring, B., Krupp und die Öffentlichkeit im 19. Jahrhundert. Selbstdarstellung, öffentliche Wahrnehmung und gesellschaftliche Kommunikation, München 2000.

Wolfrum, E., Geschichtspolitik in der Bundesrepublik Deutschland. Der Weg zur bundesdeutschen Erinnerung 1948 – 1990, Darmstadt 1999.

Wulf, P., „Die Stimme ihres Herrn". Hugo Stinnes und die Deutsche Allgemeine Zeitung, in: ZUG 29/3, 1984, S. 153 – 179.

Young, G., The Fall and Rise of Alfried Krupp, London 1960.

Zdenek, J., Die Rolle des Krupp-Konzerns bei der wirtschaftlichen Vorbereitung des Ersten Weltkrieges, in: JWG 17/1, 1976, S. 133 – 162.

Zedtwitz-Arnim, G. V., Tu Gutes und rede darüber. Das „klassische" Handbuch der Public Relations für die Wirtschaft, München 1981 [1961].

Zimmermann, M., 1150 Jahre Stift und Stadt Essen: Die neue Suche nach einem alten Ursprung, in: P. Münch (Hg.), Jubiläum, Jubiläum… Zur Geschichte öffentlicher und privater Erinnerung, Essen 2005, S. 145 – 167.

Zipfel, A., Public Relations in der Elektroindustrie. Die Firmen Siemens und AEG 1847 – 1939, Köln 1997.

Zorn, W., Wilhelm Treue (1909 – 1992), in: VSWG 80/1, 1993, S. 1 – 3.

Zorn, W., Das deutsche Unternehmerportrait in sozialgeschichtlicher Betrachtung, in: Tradition 7/3, 1962, S. 79 – 92.

Personenregister

 https://doi.org/10.1515/9783111207193-011

Sachregister

https://doi.org/10.1515/9783111207193-012

www.ingramcontent.com/pod-product-compliance
Lightning Source LLC
LaVergne TN
LVHW010645300926
849161LV00005B/1040